大清一統志

第十五册

甘肅

上海古籍出版社

甘肃

目録

甘肅全圖

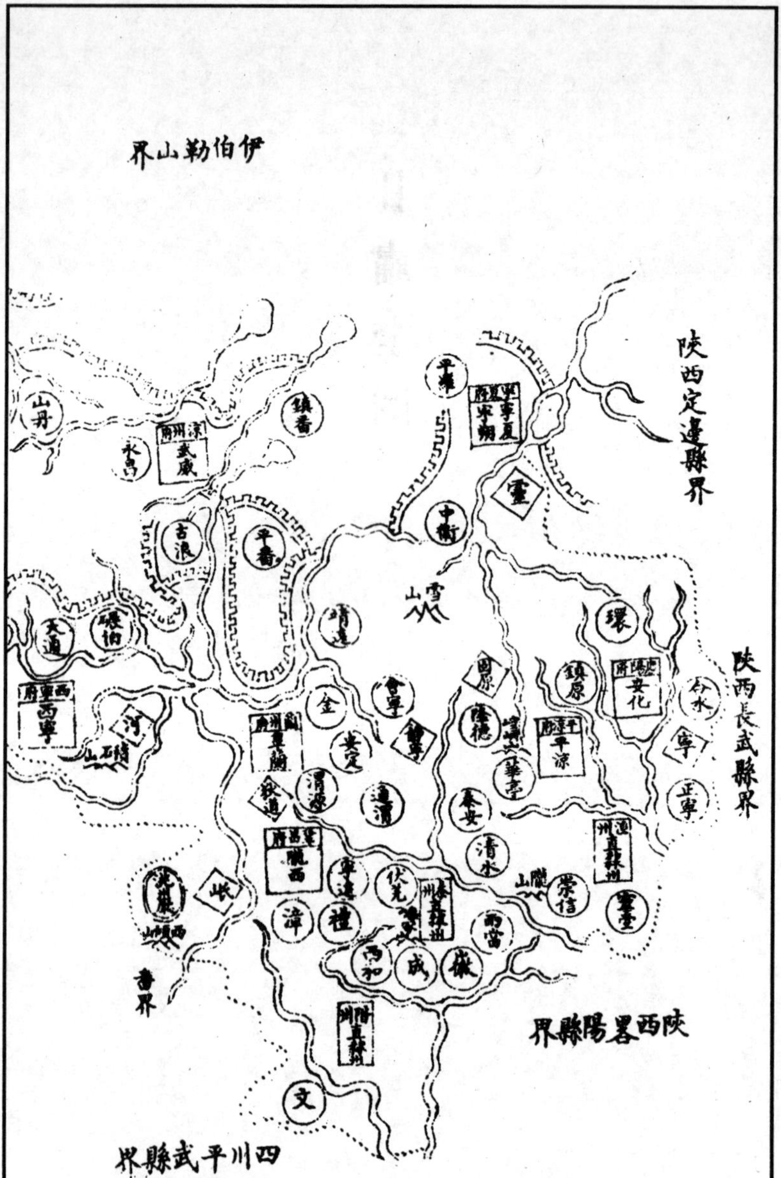

伊伯勒山界
陝西定邊縣界
陝西長武縣界
陝西畧陽縣界
四川平武縣界
番界
涼州府
武威
寧夏府
寧朔
平羅
中衛
靈
鎮番
永昌
古浪
平番
山丹
雪山
西寧府
西寧
大通
碾伯
河
積石山
蘭州府
皋蘭
金
靖遠
會寧
安定
狄道
渭源
通渭
鞏昌府
隴西
寧遠
伏羌
岷
洮州
漳
禮
西和
成
徽
兩當
秦州
階州
文
固原
隆德
華亭
平涼府
平涼
靜寧
莊浪
清水
秦安
崇信
靈臺
涇州
環
鎮原
慶陽府
安化
合水
寧
正寧

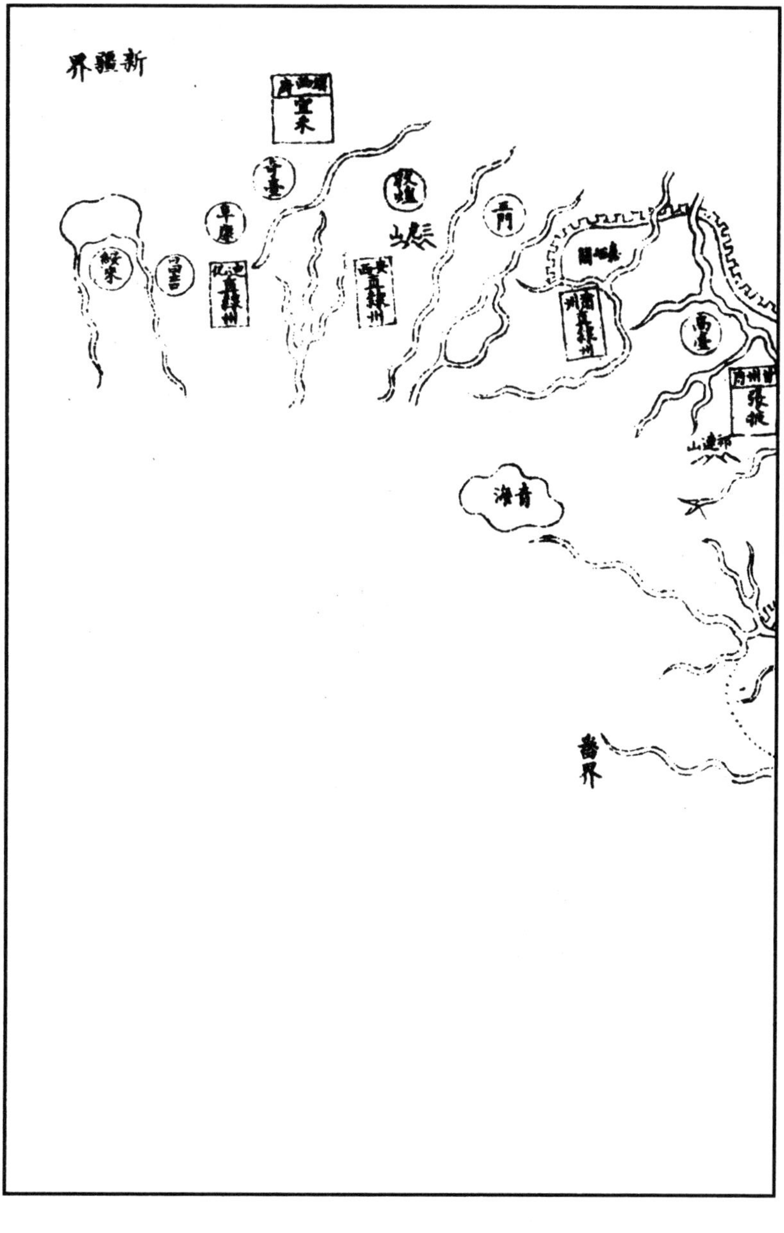
新疆界
敦煌
玉門
三危山
嘉峪關
祁連山
青海
番界

甘肅統部表

		蘭州府
秦	置隴西、北地二郡。	隴西郡地。
兩漢	置涼州，分領隴西諸郡，後漢末併雍州。	隴西郡地，始元六年後爲金城郡地。
三國	魏黄初中，復置涼州，又分置秦州，尋廢。	金城郡地。
晉	仍置涼州，泰始五年分置秦州。太康三年罷，併雍州。	金城郡東晉移置，治金城縣，苻堅廢。
南北朝	仍爲涼、秦二州。魏增置涇、豳、南秦、河、原、靈、瓜、鄯、渭等州。西魏增置岷、武、鹽、朔、會、甘、鄧州。周增置文、洮、宕、廓、疊、芳等州。	金城郡魏復移置，治子城縣。
隋	改置安定、北地、弘化、平涼、鹽川、靈武、五原、天水、隴西、金城、枹罕、澆河、西平、武威、張掖、敦煌等郡，屬雍州；漢陽、臨洮、宕昌、武都、同昌等郡，屬梁州。	金城郡初廢郡，置蘭州。大業初，復改郡，治金城縣。
唐	改郡爲州。貞觀初，分置隴右道，兼屬關内、山南二道。	蘭州金城郡復置州，治五泉縣，屬隴右道。寶應初，入吐蕃，廢。
五代		
宋金附	分屬秦鳳、環慶、涇原、熙河等路。紹興中，金分置慶原、臨洮二路，兼屬鳳翔路。	蘭州金城郡元豐四年復置，治蘭泉縣，屬熙河路。金爲蘭州，屬臨洮路。
元	至元中，置甘肅行省，宋屬陝西行省。	蘭州屬鞏昌路。
明	屬陝西布政司，分置陝西行都司，兼隸都司。	蘭州初降縣。成化十三年復州，屬臨洮府。

鞏昌府	平涼州
隴西郡地。	北地郡地。
隴西、天水二郡地。後漢中平五年分置南安郡。	安定郡地。
隴西郡魏移置，治襄武縣。	
隴西郡	東晉時苻秦置平涼郡。
渭州隴西郡魏永安三年增置州。	平涼郡魏又置隴東郡，周二郡俱廢。
隴西郡大業初廢州。	
渭州隴西郡復置州，屬隴右道。寶應後入吐蕃，大中五年收復。	渭州貞元十九年，徙原州來治。元和三年，州徙臨涇。四年，置行渭州。廣明初，入吐蕃。中和四年，復置渭州，治平涼縣，屬關內道。
羈縻地。	
鞏州熙寧五年置通遠軍，屬秦鳳路。崇寧三年改州，治隴西縣，屬熙河路。金皇統二年升通遠軍節度，屬臨洮路。	渭州隴西郡平涼軍節度，爲涇原路治。金升平涼府，屬鳳翔路。
鞏昌路屬陝西行省。	平涼州屬鞏昌路。
鞏昌府屬陝西布政司。	平涼府屬陝西布政司。

續表

慶陽府	寧夏府	甘州府
北地郡地。	北地郡地。	月氏地。
	後漢入西羌。	張掖郡 本匈奴昆邪王地。元鼎六年間置，治觻得縣。
		張掖郡
	義熙後爲赫連氏所據。	張掖郡 治永平縣，後陷於涼。
西魏置朔州，周廢。	懷遠郡 周置，治懷遠縣。	甘州 張掖郡 魏置張掖軍，尋復改郡。西魏分置西涼州。廢帝改曰甘州，周復置郡。
弘化郡 開皇十六年置慶州。大業初改郡，治合水縣。	廢。	張掖郡 開皇初郡廢。大業初復改州置，治張掖縣。
慶州 順化郡 復置州，改郡名，治順化縣，屬關内道。		甘州 張掖郡 武德初，改置州。天寶初改郡。乾元初復爲州，屬隴右道。永泰中陷。
慶州		爲回鶻所據。
慶陽府 初曰慶州安化郡，爲環慶路治。政和七年升慶陽軍節度。宣和七年改府。金廢，置慶原路。	咸平中西夏置興州，尋建都，升興慶府，又曰中興府。	鎮夷郡 屬西夏，改名。
慶陽府 屬鞏昌路。	寧夏路 至元八年立西夏中興等路行省，二十五年改置路，尋罷行省，屬甘肅行省。	甘州路 初置甘肅路總管府，後改名，爲甘肅行省治。
慶陽府 治安化縣，屬陝西布政司。	寧夏衛 初置府。洪武五年府廢，九年改置衛，屬陝西都司。	甘州衛 洪武五年置甘肅衛，二十五年改名，爲行都司治。

續表

涼州府	西寧府	鎮西府
月氏地。		
武威郡本匈奴休屠王地，元狩二年開置，治姑臧縣。	西平郡後漢建安中析金城置，治西都縣。	匈奴東蒲類王茲力支地。後漢屬伊吾盧地。
涼州武威郡魏黃初中移置，州治。	西平郡	鮮卑西部
涼州武威郡前涼、後涼、北涼皆都此。	西平郡	
涼州武威郡	魏廢，爲鄯州地。	蠕蠕國地
武威郡初廢郡。大業初復，改州置。		伊吾郡地附突厥。
涼州武威郡武德初復爲州，景雲初置河西節度使。天寶初復爲郡，乾元初復爲州。廣德初陷。		伊吾郡地屬伊州。
西涼府初改府，後陷西夏。	西寧州崇寧三年改故鄯州置，屬熙河路，後入西夏。	伊州地
西涼州至元十五年降州，屬永昌路。	西寧州屬甘肅行省。	
涼州衛洪武九年改置衛，屬陝西行都司。	西寧衛洪武六年置，屬陝西行都司。	哈密地

續表

涇州直隸州	秦州直隸州
北地郡地。	
	秦州 魏分隴右置，治上邽縣，尋廢。
安定郡 東晉移置，治安定縣。	秦州天水郡 初移郡治，復初名，太康七年置州。
涇州安定郡 魏置州。	秦州天水郡 治上封縣。
安定郡 初廢郡。大業初復改州置。	天水郡 初廢郡，大業初復改州置，治上邽縣。
涇州保定郡 至德初更郡名，治保定縣，屬關內道。廣德初入吐蕃。大曆初復置涇原節度，亦曰彰義軍節度。	秦州天水郡 復曰秦州，開元中徙。天寶初復還治，改天水郡。乾元初復曰秦州，屬隴右道。後陷吐蕃，廢。
彰義軍節度	
涇州安定郡彰化軍節度 屬涇原路。金屬慶原路。	秦州天水郡雄武軍節度 復移置，治成紀，爲秦鳳路治。金曰秦州，屬鳳翔路。後升鎮遠軍節度。
涇州 治涇川縣，隸陝西行省。	秦州 屬鞏昌路。
涇州 屬平涼府。	秦州 屬鞏昌府。

續表

階州直隸州	肅州直隸州	安西直隸州
羌道縣地，後漢爲武都郡地。	酒泉郡本匈奴昆邪王分地。元狩二年開置，治禄福縣。後漢作福禄。	敦煌郡地。
	酒泉郡治福禄縣。	
	酒泉郡義熙初爲西涼郡，後屬北涼。	晉昌郡元康五年分置。
武階郡魏置，治北部縣。	酒泉郡魏初爲軍，孝昌中復置郡。	魏分置常樂郡。周改晉昌曰永興。
開皇三年廢。	開皇初郡廢，仁壽二年分置肅州，大業初州廢。	開皇初，二郡俱廢，屬敦煌郡。
大中五年于此立武州，景福初改爲階州，移治皋蘭鎮。	肅州酒泉郡武德初復置州，屬河西道。天寶初復爲酒泉郡。乾元初復爲肅州，治酒泉縣。大曆初陷于吐蕃。	瓜州晉昌郡武德二年置州，治晉昌縣，屬隴右道。大曆十一年陷吐蕃。大中五年收復，後又廢。
階州唐長興三年，移治福津縣。		
階州武都郡屬秦鳳路，南宋屬利州路。	肅州屬西夏。	屬西夏。
階州移置，屬鞏昌路。	肅州路至元七年置路，屬甘肅行省。	瓜州至元十四年置，屬沙州路。
階州洪武初降縣，移置。十年復爲州，屬鞏昌府。	肅州衛洪武二十七年置，屬陜西行都司。	赤斤蒙古、沙州二衛地。

迪化直隸州
蒲類前國地 後漢爲蒲類國地。
蒲陸國地
魏爲高車地，後入蠕蠕，周爲突厥地。
西突厥鐵勒地
後庭縣 本蒲類，隸西州，後隸北庭都護府，寶應間更名。
高昌國北庭地
回鶻五城地
衛拉特地

大清一統志卷二百五十一

甘肅統部

在京師西南四千四十里。東西距二千一百二十里，南北距二千四百十里。東至陝西邠州長武縣界一千里，西至河州闇門番界一千一百二十里，南至四川龍安府平武縣界一千三百七十里，北至伊伯勒山一千四十里。東南至陝西漢中府略陽縣界一千二百三十里，西南至洮州廳番界九百三十里，東北至陝西延安府保安縣界一千四百三十里，西北至安西州外新疆及伊犂、新疆界四千一百四十里。「伊伯勒」舊作「亦不剌」，今改。

分野

天文東井、輿鬼分野，鶉首之次。唐書天文志：初，東井十二度。終，柳六度。自漢三輔及北地、上郡、安定，西自隴坻至河右，西南盡巴、蜀、漢中之地。

建置沿革

禹貢雍州之域，春秋、戰國時屬秦及西戎地。史記：自隴以西有緜諸、緄戎、翟、豲之戎，岐、梁山、涇、漆之北有義渠、大荔、烏氏、朐衍之戎，各散居谿谷，自有君長。其後義渠之戎築城郭以自守。至秦昭王伐殘義渠，於是秦有隴西、北地、上郡。

秦并天下，置隴西、北地二郡。漢武帝分置天水、安定、漢書地理志：二郡俱元鼎三年置。武都漢書地理志：元鼎六年置。三郡。又得匈奴昆邪王地，開置武威、酒泉、漢書武帝紀：二郡俱元狩二年置。張掖、敦煌漢書武帝紀：二郡俱元鼎六年置。四郡。昭帝始元六年，又分置金城郡，晉書地理志：張掖、酒泉、敦煌、武威、金城，謂之河西五郡。地勢西北邪出，在南山之間，南隔西羌，西通西域，於時號爲斷匈奴右臂。俱屬涼州部。晉書地理志：涼州以地處西方，常寒涼也。按：漢書地理志武帝改雍曰涼。蕭望之傳亦以隴西以北、安定以西八郡爲涼州。而隴西等十郡下缺載所屬州名，以後漢志參之，蓋皆涼州部也。後漢亦曰涼州。治隴縣。永平十七年，改天水爲漢陽郡。中平五年，分漢陽置南安郡。後獻帝又分張掖置西郡，以張掖居延屬國爲西海郡。興平元年，分河西四郡置雍州。晉書地理志作五郡。建安十八年罷涼州，并屬雍州。獻帝起居注：時省涼州、雍州，得安定、隴西、漢陽、北地、武都、武威、金城、西平、西郡、張掖、張掖屬國、酒泉、敦煌、西海、漢興、永陽、南安等郡〔一〕。三國屬魏，復置涼州。晉書地理志：魏分隴右置秦州，領護羌校尉，中間暫廢。晉因之，晉書地理志：涼州統金城、西平、武威、張掖、西郡、酒泉、敦煌、西海八郡。元康五年，惠帝分敦煌、酒泉立晉昌郡。又分置秦州。晉書地理志：泰始五年，置秦州，治冀城。太康三年罷，併雍州。七年，復立，鎮上邽，統隴西、南安、天水、略陽、武都、陰平六郡。惠帝分隴西置狄道郡。張駿又立武始郡。永寧初，涼州爲張氏所有，分置河、沙二州。晉書地理志：張軌於姑臧西北置武興郡，又分西平置晉興郡。張寔分金城立廣武郡。張駿分武威、武興、西平、張掖、酒泉、建康、西郡、湟河、晉興、須武合十一郡〔二〕，爲涼州；興晉、金城、武始、南安、永晉、大夏、武成〔三〕、漢中爲河州；敦煌、晉昌、西域都護、戊己校尉、玉門大護軍三郡三營爲沙州。張天錫又別置臨松郡。是後秦、涼二州之地，相繼割據，分爲西秦五涼。張軌爲前涼，都姑臧，始晉永寧元年，至太元元年，地入苻秦。呂光爲後涼，亦都姑臧，始太元十年，至隆安二年呂隆降姚興，其地三分。禿髮烏孤爲南涼，都樂都，始隆安元年，至義熙十年，地入西秦。沮渠蒙遜爲北涼，初都張掖，後遷姑臧，始隆安元年，至宋元嘉十六年，地入後魏。李暠爲西涼，都酒泉，始隆安四年，至宋永初元年，地入北涼。乞伏國仁爲西秦，有河南地。初都苑川，後都枹罕。始太元十年，至宋元嘉七年，爲赫連定所滅，地屬吐谷渾。又永嘉後，氐楊氏據仇池地，義熙三年，立北秦州。至宋元嘉中討平之，尋入後魏。後魏神䴥、太延中，併有其地，仍爲秦、涼二州。又分置涇、神䴥二年置。豳、皇興二年置華州，太和十一年改班州，十四年改邠州，二十年又改。南秦、太和十二年置梁州，正始初改。河、太和十六年，即乞伏乾歸都置。原、正光五年置。靈瓜、改張氏沙州置。鄯、上三州皆孝昌中置。渭永安三年置。諸州。西魏增置朔、鹽、會、甘、武、岷、鄧等州。廢帝三年，改豳州爲寧州，南秦爲成州。後周增置文、洮、宕、廓、疊、芳等州。

隋開皇初，增置蘭、豐二州。三年，廢郡存州。大業初，改諸州爲安定、本涇州。北地、本寧州，大業初復曰豳州。弘化、本西魏朔州，後周廢。開皇十六年置慶州。平涼、本原州。鹽川、本鹽州。靈武、本靈州。五原、本豐州。天水、本秦州。隴西、本渭州。金城、本蘭州。枹罕、本河州。澆河、本廓州。西平、本鄯州。武威、本涼州。張掖、本甘州。敦煌本瓜州。諸郡。唐武德初，復改諸郡爲州。貞觀元年，置隴右道。治秦州，領河、渭、鄯、蘭、臨、階、洮、岷、廓〔四〕、疊、宕、涼、沙、瓜、甘、肅、伊、西，共十九州，北庭、安西二都護府。兼屬關內、山南二道。涇、原、渭、武、寧、慶、靈、威、雄、警、會、鹽、豐等十三州屬關內道，成、文、扶三州屬山南西道。後又分置朔方、河西、隴右、涇原諸節度使。貞元後，河西、隴右之地悉陷吐蕃。唐書地理志：大中後，吐蕃微弱，秦、武二州漸復故地，置官守。五年，張義潮以瓜、沙、伊、肅、鄯、甘、河、西、蘭、岷、廓十一州來歸，而宣、懿不暇疆理，唯名存有司而已。五代時，分屬中國、吐蕃及岐、蜀。按王存職方考：梁時止有靈、鹽二州，其寧、慶、涇、原、渭、武等州初屬岐，後屬唐；秦、階、成三州初屬前蜀，同光時屬唐。初漢又入蜀。周世宗復取之。文州則屬後蜀。又有威州，晉置，周改環州。宋初，屬陝西路。熙寧五年，分置秦鳳路，兼屬永興軍路。秦鳳路，治秦州，領涇、熙、成、岷、渭、原、階、河、蘭等州，鎮戎、德順、通遠三軍；後增積石、震武、懷德三軍；西寧、樂、廓、西安、洮、會六州。又改通遠軍爲鞏州。其慶陽府環、寧二州及定邊軍則屬永興軍路。文州別屬利州路。其朔方、河西之地，皆屬西夏。宋史夏國傳：咸平五年，繼遷攻陷靈州，以爲西平府，遂爲都。乾興二年，德明城懷遠鎮爲興州以居。元昊仍居興州。河之内外州郡凡二十有二：河南之州九，曰靈、洪、宥、銀、夏、石、鹽、南威、會；河西之州九，曰興、定、懷、永、涼、甘、肅、瓜、沙；熙、秦河外之州四，曰西寧、樂、廓、積石。紹興中，陝西地入金，分置慶原、臨洮二路，兼屬鳳翔路。慶原路，舊作陝西之路，領慶陽府，環、寧、原、涇等州。臨洮路，皇統二年置。熙秦路，大定二十七年更名，領臨洮府，積石、洮、蘭、鞏、會、河六州。又平涼府及德順、鎮戎、秦州，分屬鳳翔路。其文、階、成、岷四州則仍屬宋利州路。西安州、定邊軍則賜夏國，與夏以河爲界。元屬陝西等處行中書省。至元十八年，分置甘肅等處行中書省。鞏昌、平涼、臨洮、慶陽四府，涇、開成、莊浪、秦、隴、寧、定西、鎮原、西和、環、金、静寧、蘭、會、徽、階、成、金洋、洮、岷、貴德、文等二十二州及河州路俱屬陝西行省。甘肅行省所領爲甘州、永昌、肅州、沙州、額齊訥、寧夏府、烏拉噶七路，山丹、西寧二州。「額齊訥」舊作「亦集乃」，「烏拉噶」舊作「兀剌海」，今並改。明屬陝西布政使司。洪武二十五年，又置陝西行都指揮使司於甘州，領諸衛所。領甘州左、右、前、中、後、肅州、山丹、永昌、涼州、鎮番、莊浪、西寧十二衛，鎮夷、古浪、高臺、碾伯四千户所。

本朝康熙二年，以陝西右布政使司駐鞏昌，領臨洮、鞏昌、平凉、慶陽四府。五年，改曰甘肅布政使司，移治蘭州。雍正二年，省行都司及諸衛所，改置甘州、凉州、寧夏、西寧四府。於古瓜、沙地置安西、沙州、柳溝三衛，以安西同知領之。於古赤斤衛地置靖逆衛、赤金所，以靖逆同知領之。七年，改肅州衛爲州，并升鞏昌之秦、階二州俱爲直隸州。乾隆三年，移臨洮府治蘭州，改曰蘭州府。二十四年，省安西廳及所轄之安西、柳溝、沙州三衛，又省靖逆廳及所轄之靖逆衛、赤金所，置安西府。三十八年，於巴勒庫勒置鎮西府，於新疆烏嚕木齊置迪化直隸州。三十九年，改安西府爲安西直隸州。四十二年，升平凉府之涇州爲直隸州，凡領府九，直隸州六。

蘭州府、鞏昌府、平凉府、慶陽府、寧夏府、甘州府、凉州府、西寧府、鎮西府、涇州直隸州、秦州直隸州、階州直隸州、肅州直隸州、安西直隸州、迪化直隸州。

形勢

東接邠、岐，平凉府東與鳳翔、邠州皆接境。南控巴蜀，階州文縣之南與四川龍安府接界，即古陰平道也。西抵羌、戎，甘、凉、西寧、洮〔五〕、岷以西，皆古羌、戎地。北届流沙。居延澤在甘州邊外，元時爲額齊訥路，即古弱水、流沙。又西北爲肅州、安西，皆以沙漠爲界。「額齊訥」改見前。其名山則有隴山，在秦州清水縣東北，及平凉府静寧州東，華亭縣西南。延亘而北，抵固原州界，古稱隴西、隴右，以此。嶓冢、漢書地理志：西縣有禹貢嶓冢山，西漢水所出，在今秦州西南七十里。崆峒、即開頭山，在平涼縣西三十里。西傾、在鞏昌府洮州廳西南四百餘里番界。一名嵹臺山，又名西強山。積石、在蘭州府河州西南番界。一名大積石山。又有小積石山，在河州西北百二十里，乃古唐述山也。賀蘭、在寧夏府西六十里，陽屏寧夏，西阻北番，延亘五百餘里，爲邊塞巨防。祁連、在甘州府西南二百里，古張掖、酒泉二郡界上。一名天山。東西連亘甘肅界。三危。在安西直隸州敦煌縣南三十里。其大川則有黄河、源出西番，東北流由歸德所入塞，經西寧府南、河州北，又東北經蘭州靖遠縣北，至寧夏府南，釃爲漢、唐諸渠。又東北出塞，經鄂爾多斯界。西漢水、源出秦州西南嶓冢山，西南流經西和縣西、徽縣南，合兩當水，入漢中府略陽縣界。渭水、源出蘭州府渭源縣西鳥鼠山，東流經鞏昌府及寧遠伏羌縣北、通渭縣南、秦州北、清水縣南，入鳳翔府隴州界。涇水、源出平涼府西開頭山，東流經府城北，又東經涇州北，入邠州長武縣界。洮水、源出洮州廳西南西傾山，東北流經岷州北、臨洮府西，至蘭州西入黄河。湟水。源出西寧塞外，東流經西寧、碾伯二縣合浩亹水，至蘭州西入黄河。其重險則有蕭關、在平涼府固原州東南三十里，襟帶西涼，咽喉靈武，爲北面之險。嘉峪關、在肅州西七十里，明初置爲中外巨防。玉門關。在敦煌縣西北故龍勒縣西北一百十八里，漢置，爲通西域之北道。又有陽關，在故縣西六里，謂之南道。山川雄壯，邊屯墾闢，爲新疆之孔道，實天府之要區。舊志。

文職官

陝甘總督兼管巡撫事。駐蘭州府。乾隆二十九年，改甘肅巡撫衙門爲陝甘總督署，令總督移駐，兼管巡撫事。

提督陝甘學政。駐陝西省。

布政使。駐蘭州府。廣積庫大使。照磨。

按察使。駐蘭州府。照磨。兼管茶馬大使。司獄。舊志：按察使衙門無司獄，乾隆二十八年，裁河州茶馬大使，改設按察使司獄，以按察使照磨兼管茶馬大使。

分巡蘭州道。駐蘭州府，原名臨洮道。乾隆二十八年，改爲驛傳道，兼巡蘭州府。五十五年，改爲分巡蘭州道。

分巡平慶涇兵備道。駐固原州，兼管鹽法、驛務。舊駐平涼府，乾隆十三年改駐固原。

分巡鞏秦階道。駐岷州。舊設洮岷道，乾隆二十八年改今名。兼管驛務。

分巡寧夏兵備道。駐寧夏府，兼管鹽法驛務。

分守甘涼兵備道。駐涼州府。舊設甘州道，駐甘州府，後改涼莊道，駐涼州府。後復改今名，兼管驛務。

分巡西寧兵備道。駐西寧府，兼管驛務。

分巡安肅兵備道。駐肅州。兼管驛務。舊名肅州道，乾隆三十七年，兼轄安西，改名安肅道。

分巡鎮迪糧務兵備道。駐烏嚕木齊。舊設安西道，乾隆二十四年移駐哈密。三十二年，仍由哈密移駐安西。三十七年，移駐巴里坤，改爲巴里坤糧務兵備道。四十二年，移駐烏嚕木齊，改名鎮迪道。

蘭州府知府，同知，駐循化。舊設河州同知，乾隆三十六年，改蘭州同知，移駐闢展。府學教授，訓導二員，一駐循化。經歷。知州二員，狄道、河州。州判二員，狄道州州判駐沙泥，河州州判駐太子寺。乾隆四十一年裁，四十六年復設。州學學正二員，訓導，狄道州。吏目二員。知縣四員，皋蘭、金、渭源、靖遠。縣丞，皋蘭，駐紅水堡。縣學教諭二員，皐蘭、靖遠。訓導三員，皐蘭、金、渭源。主簿，皐蘭舊設河橋同知。乾隆三十六年裁，四十一年添設主簿，管理河橋。典史四員。

鞏昌府知府，府學教授，訓導，經歷。知州，岷。州學學正，吏目。知縣八員，隴西、安定、會寧、通渭、漳、寧遠、伏羌、西和。縣學教諭一員，隴西、安定。訓導八員，典史八員。洮州廳撫番同知，教授，照磨。兼司獄事。舊設茶馬大使，乾隆二十四年裁。

平涼府知府，鹽茶同知，舊駐固原州城，乾隆十四年移駐海喝都。府學教授，訓導，經歷，照磨。乾隆二十六年裁瓦亭驛巡檢，改設鹽茶廳照磨，兼管司獄。知州二員，靜寧、固原。州學學正二員，吏目二員。知縣三員，平涼、華亭、隆德。縣丞。隆德，駐莊浪。舊設莊浪縣，乾隆四十二年改爲縣丞，歸併隆德。縣學教諭二員，平涼、華亭。訓導二員，隆德。乾隆二十二年添設莊浪鄉學。典史三員。

慶陽府知府，府學教授，訓導，經歷。知州，寧。州學學正，訓導，吏目。知縣四員。安化、合水、環、正寧。縣學訓導四員，典史四員。

寧夏府知府，同知二員，一理事，一水利，舊設西路同知，乾隆三十七年裁。鹽捕通判，駐靈州惠安堡。府學教授，訓導。吉蘭泰鹽場大使，河口批驗大使，磴石鹽課大使，經歷。兼管鹽法道、庫大使事務。知州，靈。州同，駐花馬池。州學學正，舊設訓導，雍正三年改設學正。吏目。知縣四員，寧夏、寧朔、平羅、中衛。縣丞，平羅。縣學教諭三員，寧夏、寧朔、中衛。訓導。平羅。主簿。平羅，駐石觜山。嘉慶十二年添設。巡檢，中衛，駐渠寧堡。典史四員。

甘州府知府，撫彝通判，乾隆十八年設。府學教授，訓導，經歷。知縣二員，張掖、山丹。縣丞，張掖，駐東樂堡。縣學教諭二員，典史二員。

涼州府知府，莊浪同知，駐平番。涼莊理事通判，府學教授，訓導，經歷。知縣五員，武威、鎮番、永昌、古浪、平番。縣丞，平番，兼管大通驛。舊設紅城堡主簿，嘉慶十二年裁。縣學教諭三員，武威、鎮番、永昌。訓導，古浪、平番。巡檢，古浪，駐大靖堡。典史五員。

西寧府知府，理番同知，駐貴德。舊設縣丞，乾隆五十六年改設同知。通判，駐巴燕戎格。府學教授，訓導，駐貴德。經歷。知縣三員，西寧、碾伯、大通。縣學教諭，西寧。訓導二員，碾伯、大通。主簿，西寧，駐丹噶爾。典史三員。

鎮西府知府，同知三員，一伊犁理事，一伊犁撫民，一吐魯番。通判二員，一哈密，一烏嚕木齊。府學教授，經歷，巡檢八員。呼圖壁、闢展、惠寧城、哈密、霍爾果斯、惠遠城、綏定城、吐魯番。知縣二員，宜禾、奇臺。縣學訓導二員，巡檢，舊設東吉爾瑪泰巡檢，乾隆四十一年移駐古城。典史二員。

涇州直隸州知州〔六〕，州學學正，訓導，吏目。知縣三員，崇信、靈臺、鎮原。縣學教諭二員，靈臺、鎮原。訓導，崇信。典史三員。

秦州直隸州知州，州判，駐迤東三岔鎮。州學學正，訓導，吏目。知縣五員，秦安、清水、禮、徽、兩當。縣學教諭，徽。訓導四員，秦安、清水、禮、兩當。典史五員。秦安舊設隴城巡檢，乾隆四十二年裁。

階州直隸州知州，西固州同，州判，駐白馬關。州學學正，訓導，駐西固。吏目。知縣二員，文、成。

縣學教諭，文。訓導，成。典史二員。

肅州直隸州知州，州同，原駐王子莊堡。乾隆二十七年，移駐金塔堡。又九家窰舊設州判，乾隆四十年裁。州學學正，吏目，巡檢。駐嘉峪關。知縣，高臺。縣丞，駐毛目城，管理屯田。縣學教諭，典史。

安西直隸州知州，州判，舊設馬蓮井縣丞，乾隆三十八年改設州判。州學學正，吏目。知縣二員，敦煌、玉門。縣學訓導二員，典史二員。

迪化直隸州知州，州學學正，吏目，舊設管倉大使，乾隆三十八年改設州吏目。巡檢。迪化城。知縣三員，昌吉、阜康、綏來。縣丞，阜康，駐濟木薩。舊設巡檢，乾隆四十一年改設縣丞。訓導三員，典史三員。

武職官

鎮守寧夏將軍，統轄滿兵，駐寧夏府。副都統一員。原設二員，乾隆三十一年裁一員。滿洲協領四員，佐領十二員，原設十六員，乾隆三十五年裁四員，歸協領兼攝。防禦十六員，驍騎校十六員。蒙古協領一員，原設二員，乾隆三十五年裁一員。佐領七員，原設八員，乾隆三十五年裁一員，歸協領兼攝。防禦八員，步營防禦二員，驍騎校八員。筆帖式三員。

鎮守涼州副都統，駐涼州府。協領兼佐領二員。滿洲佐領六員，防禦八員，驍騎校八員。蒙古佐領二員，防禦二員，驍騎校二員。筆帖式二員。莊浪城守尉。滿洲佐領四員，防禦四員，驍騎校四員。蒙古佐領一員，防禦一員，驍騎校一員。筆帖式一員。

西寧辦事大臣。駐西寧府，節制西寧鎮道文武官員。

督標，駐蘭州府，中、左、右、前、後五營。副將，中軍兼中營。參將二員，左營駐蘭州府。右營舊駐蘭州城，乾隆四十八年移駐城外西郊華林山。遊擊二員，前、後二營。俱駐蘭州府。都司，中營。守備四員，左、右、前、後四營。千總十員，五營各二員。把總二十員，五營各四員。經制外委三十員，五營各六員〔七〕。内派往庫車防换二員，係五營輪流更换。額外外委二十四員。中營六員，左右二營各五員，前後二營各四員。

甘肅提督，駐甘州府。中、左、右、前、後五營。參將，中軍兼中營。遊擊三員，左、右、前三營。都司，後營。舊設遊擊，乾隆二十五年改。守備五員，五營各一員。千總九員，中、左、右、前四營各二員，後營一員。把總二十員，五營各四員，舊設二十五員，乾隆二十八年裁一員，四十一年裁四員，均移駐新疆。經制外委三十五員，五營各七員。額外外委二十五員。五營各五員。

固原提督，駐固原州，中、左、右、前、後五營。參將，中軍兼中營。遊擊四員，左、右、前、後四營各一員。中軍守備五員，五營各一員。千總十員，五營各二員。把總十八員，中、左、右各四員，前、後二營各三員。經制外委三十五員。中右各八員，左營七員，前後各六員。額外外委二十一員。中、左、右各五員，前後各三員。

安西提督，駐烏嚕木齊。舊設總兵，乾隆二十九年改。中、左、右三營。參將，中軍兼中營，駐迪化城。遊擊，左營，駐昌吉。都司，右營，駐景化城。守備三員，三營各一員。千總六員，三營各二員，内中營一員，駐阜康汛。把總十二員，三營各四員。經制外委十七員，中營五員，左、右營各六員。額外外委二十二員。中營八員，左、右營各七員。

寧夏鎮總兵官，駐寧夏府，左、右、前、後四營。遊擊三員，左、右、前三營，其前營遊擊駐寧朔縣。都司，後營。舊設遊擊，乾隆四十七年改都司，兼管城守營。中軍守備四員，四營各一員。千總八員，四營各二員。把總十五員，左、右、前三營各四員，後營三員。經制外委二十二員，左營六員，右營五員，前營五員，後營六員。額外外委十六員。四營各四員。

西寧鎮總兵官，駐西寧府鎮標中、左、右、前、後五營。遊擊三員，中、左、右三營。都司二員，前營、後營。中軍守備五員，五營各一員。千總十員，五營各二員。把總二十員，五營各四員。經制外委二十八員，中、左、右三營各六員，前、後二營各五員。額外外委十九員。中、左、右、前四營各四員，後營三員。

涼州鎮總兵官，駐涼州府，中、左、右、前、後五營。遊擊三員，中、左、右三營。都司二員，前營、後營。其後營兼管城守營。守備五員，五營各一員。千總十員，五營各二員。把總二十員，五營各四員。經制外委三十員，五營各六員。額外外委二十員。五營各四員。

肅州鎮總兵官，駐肅州。中、左、右三營。遊擊三員，三營各一員。中軍守備三員，三營各一員。千總六員，三營各二員。把總十二員，三營各四員。經制外委二十一員，三營各七員。額外外委十九員。中營七員，左、右二營各六員。

以上寧夏等四鎮，均聽陝甘總督、甘肅提督節制。

河州鎮總兵官，駐河州，左右二營。遊擊二員，中軍兼左營、右營各一員。中軍守備二員，二營各一員。千總四員，二營各二員。把總八員，二營各四員。經制外委十二員，二營各六員。額外外委八員。左右各四員。

定羌驛汛千總一員，經制外委一員，額外外委一員。唐家川汛經制外委一員。

右河州鎮，聽陝甘總督、固原提督節制。

巴里坤鎮總兵官，駐鎮西府宜禾縣。舊設提督，乾隆二十八年改。中、左、右三營。遊擊三員，三營各一員。中軍守備三員，三營各一員。千總六員，三營各二員。把總十二員，三營各四員。經制外委十八員，三營各六員。額外外委十八員。三營各六員。

右巴里坤鎮，聽安西提督節制。

永固協副將，駐山丹縣。中軍都司，千總，舊設二員，乾隆四十三年裁一員。把總三員，舊設四員，乾隆三十年裁一員。經制外委六員，額外外委四員。馬營墩營都司，駐山丹縣。經制外委二員，額外外委一員。黑城堡把總，駐山丹縣。經制外委一員，額外外委一員。甘州城守營參將，駐張掖縣。中軍守備一員，千總一員，把總一員，經制外委六員，額外外委四員。黎園堡都司，駐撫彝廳。把總一員，經制外委一員，額外外委一員。洪水營遊擊，駐張掖縣。千總一員，把總一員，駐洪水堡。經制外委三員，額外外委二員。南古城堡守備，駐張掖縣。經制外委一員，額外外委一員。山丹營遊擊，駐山丹縣。千總一員，把總二員，經制外委三員。額外外委三員。硤口營都司，駐山丹縣。經制外委一員，額外外委一員。定羌廟把總，駐山丹縣。額外外委一員。大馬營遊擊，駐山丹縣。千總一員，把總二員，經制外委三員，額外外委二員。

右永固協，屬甘肅提督管轄。

靖遠協副將，駐靖遠縣。中軍都司一員，千總一員，把總二員，經制外委四員，額外外委三員。蘆塘營遊擊，駐靖遠縣。千總一員，經制外委一員，額外外委一員。西安州營都司，駐平涼府鹽茶驛。千總，分防鹽茶汛。經制外委二員，內一員分防鹽茶汛。額外外委二員。內一員分防鹽茶汛。下馬關營守備，駐固原州。把總二員，經制外委一員，額外外委一員。永安堡營守備，駐靖遠縣。經制外委二員，內一員分防蘆溝汛。額外外委一員。八營守備，駐固原州。千總，分防李旺堡汛。經制外委一員，額外外委二員。內一員分防李旺堡汛。

靜寧協副將，駐靜寧州。中軍都司，千總二員，內一員分防底店汛。把總三員，經制外委四員，內一員分防底店汛。額外外委五員。內一員分防底店汛。隆德營守備，把總二員，內一員分防莊浪汛。經制外委三員，內一員分防莊浪汛，一員分防楊家莊汛。額外外委四員。內一員分防莊浪汛。會寧營守備，駐會寧縣。千總，分防馬家堡汛。把總二員，內一員分防郭城驛汛。經制外委二員，內一員分防馬家堡汛。額外外委二員。馬營監營遊擊，駐通渭縣。中軍千總一員，把總二員，經制外委四員，額外外委四員。石峯堡守備，駐通渭縣。把總三員，內一員分防安寧汛，一員分防通渭汛。經制外委二員，內一員分防通渭汛。額外外委二員。一分防安定汛，一分防通渭汛。

慶陽協參將，駐安化縣。守備一員，千總一員，把總二員，內一員分防寧州汛。經制外委三員，一分防正寧汛，一分防董志汛，一分防合水汛。額外外委三員。涇州營都司，駐涇州。千總一員，把總一員，經制外委五員，內一員分防瓦雲驛汛，一員分防崇信汛，一員分防靈臺汛。額外外委二員。紅德城營守備，駐環縣。額外外委一員，環縣汛經制外委一員。

固原城守營遊擊，駐固原州。守備一員，千總二員，一分防瓦亭汛，一分防黑城子汛。把總一員，經制外委五員，內一員分防黑城子汛，一員分防鎮原汛，一員分防新營汛。額外外委五員。內一員分防瓦亭汛，一員分防黑城子汛。

平涼城守營遊擊，駐平涼縣。千總一員，把總，分防白水汛。經制外委二員，一分防安國鎮汛，一分防華亭汛。額外外委四員。

秦州營遊擊，駐秦州。守備一員，千總三員，內一員分防秦安縣汛，一員分防蓮花城汛。把總，分防清水縣汛。經制外委五員，內一員分防秦安縣汛，一員分防禮縣汛，一員分防西和縣汛。額外外委五員。內一員分防蓮花城汛。

利橋營都司，駐秦州三岔廳。中軍千總一員，把總二員，內一員分防三岔汛。經制外委二員，額外外委二員。徽縣汛把總一員。兩當縣汛經制外委一員。

以上靖遠等三協，固原城守等四營，均屬固原提督管轄。

瑪納斯協副將，乾隆四十一年，自陝西西鳳協移駐綏來縣，左、右二營。都司二員，左營、右營。左營兼中軍。守備二員，千總四員，左、右營各二員。把總七員，左營四員，右營三員。經制外委十員，內一員分防塔爾巴哈臺。額外外委十二員。

濟木薩營參將，駐阜康縣。中軍守備一員，千總二員，把總四員，經制外委八員，額外外委八員。

庫爾喀喇烏蘇營遊擊，駐慶綏城。中軍守備一員，千總二員，把總二員，經制外委四員，額外外委五員。

精河營都司，駐安阜城。千總一員，把總二員，舊設一員，乾隆五十一年增設一員。經制外委三員，額外外委三員。

鞏寧城守營都司，駐鞏寧城。千總一員，把總一員，經制外委二員，額外外委四員。

烏嚕木齊城守營都司，駐迪化城。中軍守備一員，千總二員，把總四員，經制外委六員，額外外委八員。

喀喇巴爾噶遜營守備，駐嘉德城。把總二員，經制外委二員，額外外委二員。

以上瑪納斯一協、濟木薩等六營，均隸安西提督管轄。

中衛協副將，駐中衛縣。中軍都司，千總一員，把總三員，內二駐本營，一防香山堡。經制外委六員，五駐本營，一防鎮羅堡。額外外委四員。平羅營參將，駐平羅縣。中軍守備，千總一員，把總三員，一駐本營，二分防李綱堡、石觜子二汛。經制外委四員，內三駐本營，一防威鎮堡。額外外委三員。洪廣營遊擊，駐平羅縣。中軍守備，把總四員，內一員分防鎮朔堡，一員分防鎮北堡。經制外委四員，額外外委二員。玉泉營遊擊，駐寧朔縣。中軍守備，把總四員，內一員分防大壩堡，一員分防平羌堡。經制外委五員，內一員分防大壩堡，一員分防平羌堡。額外外委二員。廣武營遊擊，駐中衛縣。中軍守備，把總三員，內一員分防棗園堡。經制外委四員，額外外委二員。石空寺堡守備，經制外委一員，額外外委一員。古水井堡守備，經制外委一員，額外外委一員。

花馬池營參將，駐靈州。守備二員，一中軍，一分防安定堡。千總一員，把總三員，內一員分防韋州堡，一員分防惠安堡。經制外委六員，內一員分防安定堡。額外外委三員。靈州營參將，駐靈州。守備二員，一中軍，一分防同心城。把總五員，內一員分防同心城，一員分防紅寺堡，一員分防臨河堡。經制外委六員，內一員駐石溝驛，一員分防同心城，駐胭脂川。額外外委五員，內一員分防同心城。橫城營都司，駐靈州。經制外委一員，額外外委一員。紅山堡把總。清水營把總。興武營都司，駐靈州。舊設遊擊，乾隆二十五年改。舊設中軍守備，四十一年改千總，四十七年裁。把總二員，內一員分防毛卜剌堡。經制外委三員，額外外委二員。

寧夏城守營把總二員，駐寧夏府。舊設都司，乾隆四十七年裁，今以後營都司兼管。經制外委三員，額外外委二員。

以上中衛協、花馬池等二營，均隸寧夏鎮管轄。

大通協副將，駐大通縣。中軍都司，千總一員，把總二員，經制外委五員，額外外委四員。內一員分防黑石頭堡。永安營遊擊，駐大通縣。千總一員，舊設中軍守備，乾隆四十七年裁。把總二員，內一員分防黑石頭堡。舊設三員，乾隆四十六年裁一員。經制外委三員，額外外委二員。白塔營都司，駐大通縣。把總二員，舊設千總，乾隆四十二年裁。經制外委二員，額外外委二員。鎮海營遊擊，駐西寧縣，舊設參將，乾隆四十七年改遊擊。千總一員，把總三員，經制外委五員，額外外委二員。鎮海堡守備，駐西寧縣。經制外委一員，額外外委一員。哈拉庫圖爾營千總，駐西寧縣。經制外委一員，額外外委一員。喇課營千總，駐西寧縣。經制外委一員。貴德營遊擊，駐貴德廳。舊設都司，乾隆三十九年改遊擊。千總一員，把總一員，經制外委三員，一分防瓦家堡，一分防乜家堡。額外外委二員。康家寨千總，原屬巴燕戎格營管轄，嘉慶十八年改隸貴德營。額外外委一員。南川營都司，駐西寧縣。把總一員，經制外委一員，額外外委一員。亦襍石營千總，駐西寧縣。經制外委一員。千户莊堡把總，駐西寧縣。額外外委一員。北川營都司，駐大通縣。舊設遊擊，乾隆五十九年改都司。把總一員，經制外委一員。威遠營都司，駐西寧縣。把總一員，經制外委二員。碾伯營都司，駐碾伯縣。千總，分防西大通堡。把總二員，一分防老鴉堡，一分防冰溝堡。經制外委一員，額外外委四員。內一員分防大通堡，一員分防老鴉堡，一員分防冰溝堡。巴燕戎格遊擊，駐巴燕戎格撫彝廳城。千總一員，把總一員，經制外委三員，額外外委二員。巴暖營守備，駐碾伯縣。把總一員，經制外委一員，額外外委一員。甘都堂堡千總，經制外委一員，額外外委一員。札什巴堡千總，經制外委一員。乩思觀堡把總一員，額外外委一員。

西寧城守營都司，駐西寧府。把總二員，經制外委一員，額外外委一員。

以上大通一協，西寧城守一營，均隸西寧鎮管轄。

永昌協副將，駐永昌縣。中軍都司，千總一員，把總三員，經制外委四員，額外外委四員，永安堡把總。寧遠營守備，駐永昌縣。經制外委一員。水泉堡守備，駐永昌縣。經制外委一員，額外外委一員。新城堡都司，駐永昌縣。把總一員，經制外委一員。高古城營千總，駐永昌縣。舊設遊擊，乾隆三十六年改千總。經制外委一員。張義營都司，駐武威縣。經制外委一員，靖邊堡經制外委一員。鎮番營遊擊，駐鎮番縣。舊設守備，乾隆四十七年裁。千總一員，把總。舊設二員，乾隆三十三年裁一員。經制外委三員。安遠營都司，駐古浪縣。經制外委一員，額外外委一員。大靖營遊擊，駐古浪縣。舊設參將，乾隆三十六年改遊擊。中軍守備，把總二員，舊設千總，乾隆四十一年裁。經制外委三員，額外外委二員。土門堡守備，駐古浪城。經制外委一員，額外外委一員。古浪堡把總一員，經制外委一員，額外外委一員。黑松堡把總一員。

莊浪協副將，駐平番縣。舊設參將，乾隆五十八年改副將。中軍都司，舊設守備，乾隆五十八年改都司。千總一員，把總二員，經制外委三員，額外外委二員。武勝堡把總一員。俄卜嶺營遊擊，駐平番縣。千總一員，經制外委二員，額外外委二員。松山營守備，駐平番縣。經制外委一員。裴家營把總一員。鎮羌營遊擊，駐平番縣。千總一員，把總一員，經制外委四員，額外外委二員。岔口營都司，駐平番縣。經制外委一員，額外外委一員。紅水營守備，駐蘭州府皋蘭縣。經制外委一員，額外外委一員。三眼井營都司，駐皋蘭縣。經制外委一員，額外外委一員。永泰營把總。駐皋蘭縣。紅城堡守備，駐平番縣。舊屬固原鎮，乾隆四十七年改歸涼州鎮莊浪協轄。把總一員，經制外委一員，額外外委一員。苦水堡把總一員。

涼州城守營守備，駐西把截堡。千總二員，一蔡旗營，一高溝堡。把總三員，一上古城堡，一炭山堡，一南把截堡。經制外委三員，一蔡旗營，一西把截堡，一豐樂堡。額外外委一員。駐高溝堡。

以上永昌二協、涼州城守一營，均隸涼州鎮管轄。

金塔協副將，駐肅州。中軍都司，千總一員，把總三員，舊設四員，乾隆四十六年裁一員。經制外委五員，額外外委三員。威虜堡千總一員。下古城堡經制外委一員。兩山口堡把總一員。臨水堡把總一員，額外外委一員。鎮夷營遊擊，駐高臺縣。中軍千總一員，經制外委二員，額外外委二員。雙井堡把總，駐高臺縣。額外外委一員。鹽池堡把總，駐高臺縣。額外外委一員。深溝堡把總，駐高臺縣。額外外委一員。毛目城堡把總。駐高臺縣。清水營都司，駐高臺縣。舊設守備，今改都司。經制外委一員，額外外委一員。高臺營都司，駐高臺縣。舊設遊擊，嘉慶十五年改都司。中軍千總一員，經制外委二員，額外外委二員。平川堡守備，駐撫彝廳。經制外委一員。撫彝堡經制外委。沙河堡經制外委。紅崖堡守備，駐高臺縣。經制外委一員，額外外委一員。

安西協副將，駐安西州。舊設參將、守備，屬安西提督及巴里坤鎮管轄。乾隆四十三年改設副將、都司，歸肅州鎮管轄。中軍都司一員，千總二員，把總四員，經制外委七員，額外外委五員。布隆吉爾營都司，駐安西縣。舊設遊擊，乾隆二十六年改都司。中軍千總，舊設二員，乾隆二十八年裁一員。把總二員，經制外委三員，內一員分防阿克蘇。額外外委三員。橋灣營都司，駐安西州。把總一員，經制外委一員，額外外委一員。踏實營千總，駐安西州。舊設都司，乾隆四十四年改千總。額外外委一員。雙塔堡千總，駐安西州。額外外委一員。瓜州營千總，駐安西州。額外外委一員。靖逆營遊擊，駐玉門縣。中軍千總一員，把總二員，經制外委五員，內一員分防塔爾灣汛。額外外委四員。赤金營都司，駐玉門縣。把總一員，經制外委一員，額外外委一員。惠回堡千總，駐玉門縣。額外外委一員。沙州營參將，駐敦煌縣。舊設副將，乾隆四十三年改參將。中軍守備一員，千總二員，把總三員，經制外委六員，額外外委四員。黃墩堡把總，舊設千總，乾隆四十七年改把總。額外外委一員。

肅州城守營都司，駐肅州。中軍千總一員，把總二員，經制外委三員，額外外委三員。嘉峪營遊擊，駐肅州。中軍千總一員，把總二員，經制外委二員，額外外委三員。野麻灣堡把總一員，額外外委一員。新城堡把總一員，額外外委一員。金佛寺堡把總一員，額外外委一員。卯來泉堡把總一員，額外外委一員。

以上金塔等二協、肅州城守等二營，均隸肅州鎮管轄。

洮岷協副將，駐洮州廳。中軍都司，千總一員，把總三員，經制外委六員，額外外委四員。岷州營都司，駐岷州。把總一員，經制外委二員，額外外委一員。舊洮營都司，駐洮州廳。經制外委二員，額外外委二員。階州營遊擊，駐階州。把總二員，經制外委二員，額外外委二員。成縣汛經制外委一員。文縣營都司，駐文縣。把總一員，經制外委二員，額外外委二員。西固營都司，駐西固州同城。千總一員，經制外委一員，額外外委一員。

蘭州城守營參將，駐皋蘭縣。中軍守備，千總一員，把總三員，經制外委四員，額外外委三員。金縣營把總，駐金縣。經制外委一員。

循化營參將，駐循化廳。中軍守備，千總二員，把總三員，經制外委六員，額外外委四員。保安營都司，駐河州。把總二員，經制外委二員，額外外委二員。起台堡守備，駐河州。經制外委二員，額外外委二員。臨洮營都司，駐狄道州。把總一員，經制外委一員，額外外委二員。沙泥站經制外委一員。鞏昌營遊擊，駐隴西縣。千總一員。伏羌營千總，駐伏羌縣。經制外委二員，額外外委四員。寧遠汛經制外委一員。漳縣汛經制外委一員。河州城守營都司，駐河州。千總二員，把總四員，額外外委四員。以上洮岷一協、蘭州城守等四營，均隸河州鎮管轄。哈密協副將，駐哈密廳。中軍都司，千總二員，把總四員，經制外委五員，額外外委六員。塔爾納沁屯田都司，駐哈密。把總一員，經制外委一員，額外外委一員。蔡把什屯田把總一員，額外外委一員。頭屯所千總。駐迪化州。蘆草溝所千總。駐昌吉縣。塔西河所千總。駐綏來縣。巴里坤城守營都司，駐宜禾縣。乾隆四十四年添設。千總一員，把總二員，經制外委二員，額外外委二員。古城營遊擊，駐奇台縣。千總一員，把總二員，舊設一員，乾隆四十二年增一員。經制外委四員，額外外委四員。木壘營守備，駐宜禾縣。把總二員，經制外委二員，額外外委二員。吐魯番都司，由內地各營派撥，五年輪流更換。守備，千總四員，把總四員。

以上哈密一協、巴里坤城守等四營，均隸巴里坤鎮管轄。

伊犂鎮總兵官，中、左、右三營。鎮標遊擊三員，中營、左營。都司，右營。守備三員，中、左、右三營。千總六員，中、左、右各二員。把總十二員，中、左、右各四員。經制外委十八員，中、左、右各六員。額外外委十八員。中左右各六員。

霍爾果斯營參將一員，守備一員，千總二員，把總四員，經制外委六員，額外外委六員。

塔爾奇營守備一員，千總一員，把總一員，經制外委二員，額外外委二員。

巴燕岱營都司一員，千總一員，把總二員，經制外委三員，額外外委三員。

惠遠城營守備，把總二員。

以上各營屬伊犂鎮管轄。

户口

康熙五十二年，原額民丁三十九萬二百九十八，屯丁五萬六千一百三十九。乾隆三十七年，停編丁。今滋生民丁男婦大小共一千一百十四萬五千三百五十二名口，屯丁男婦大小共四百二十七萬七千六百六十七名口，統計二百三十三萬八千一百六十户。

田賦

田地共二十四萬六千六百十頃九十八畝五分有奇，番地二十三萬三千九百十六段又六頃三十九畝有奇，額徵正、雜銀三十一萬八百十六兩九錢一分有奇，糧五十七萬一千八百二十四石四斗四升六合有奇。

税課

各屬商税正項銀五千三百餘兩，盈餘銀四千二三百兩不等。西和縣原額鹽引一千六百二十六道，行銷西和縣、階州、成縣、文縣、徽縣、禮縣、兩當縣等處地方。隴西縣丞原額鹽引三千六百二十二道，行銷隴西縣、寧遠縣、伏羌縣、安定縣、會寧縣、洮州廳、通渭縣、岷州、靖遠縣、西固州，同秦州、清水縣、秦安縣、隴西縣丞等處地方。鹽捕廳原額鹽引六萬七千四百四十道，行銷平涼、慶陽、寧夏三府，并涇州所屬地方。每引配鹽徵課各不等，共額徵正課銀一萬九千八百四十一兩七錢六分八釐。西、莊、甘三司原額并新增茶引二萬八千九百九十六道，行銷西寧府、莊浪廳、皋蘭縣等處地方，共額徵折色銀七萬八千二百八十九兩二錢。

名宦

漢

鄧訓。新野人。章和二年，爲護羌校尉。前校尉張紆誘誅燒當種羌迷吾等，由是諸羌怨叛。訓開廣恩信，擁衛小月氏胡，得其死力。因發兵擊破迷唐種羌殆盡，餘皆款塞納質。於是綏接歸附，威信大行。永元四年，卒於官。羌胡旦夕臨者日數千人，皆吼號，或以刀自割，曰：「鄧使君已死，我曹亦俱死耳。」家家爲訓立祠，疾病輒請禱焉。

貫友。永元五年，爲護羌校尉。以迷唐難，以德服。乃遣譯使搆離諸種，因其解散，遂攻迷唐於大、小榆谷，獲首虜八百餘人。夾逢留大河築城隖，作大航，造河橋，欲度兵擊之。迷唐乃率部落遠徙賜支河曲。

侯霸。永初四年，爲護羌校尉，移居張掖。七年，與騎都尉馬賢討破先零别部牢羌於安定，首虜千人。又擊號多於枹罕，斬首二百餘級。

龐參。緱氏人。元初元年遷護羌校尉，以恩信招誘叛羌。明年，燒當羌種號多等皆降，始得還都令居，通河西路。

馬賢。元初二年領護羌校尉事。四年，與中郎將任尚討先零羌，戰於富平上河，大破之。六年，擊勒姐種及隴西種羌號良等於安故，斬號良，餘皆降散。永寧元年，沈氏種羌寇張掖，賢擊破之。還軍，復破當煎種羌饑五等。建光元年，擊斬饑五同種大豪盧怱〔八〕。永建元年，隴西種羌反，賢擊破之於臨洮。進封賢都鄉侯。自是涼州無事。永和元年，賢再爲校尉。白馬羌反叛連年，賢擊斬其渠帥，於是隴右復平。

馬續。茂陵人。永建五年爲護羌校尉。前校尉韓皓轉湟中屯田，置兩河間，以逼羣羌。羌恐見圖，乃解仇詛盟，各自儆備。續欲先示恩信，移屯田還湟中，羌意乃安。至陽嘉三年，鍾羌良封等復寇隴西、漢陽〔九〕，續擊破之。

趙沖。漢安元年爲護羌校尉，招懷叛羌，罕種率邑落五千餘户詣沖降。三年，與漢陽太守張貢擊破燒何種羌於參緣，又破之於阿陽。於是諸種前後三萬餘户詣涼州刺史降。建康元年，沖復追叛羌，遇伏戰歿。沖雖身死，而前後多所斬獲，羌由是衰耗。永嘉初，封沖子愷義陽亭侯。

第五訪。長陵人。永壽元年爲護羌校尉，邊境服其威信，西陲無事。

种暠。洛陽人。梁太后以爲涼州刺史。甚得民心，被徵當還，吏人詣闕請留。太后歎曰：「未聞刺史得人心若是！」乃許之。暠復留一年，遷漢陽太守，戎夷男女送至漢陽界。暠相與揖謝，千里不得乘車。

段熲。姑臧人。延熹二年爲護羌校尉。燒當等八種羌寇隴西金城塞，熲轉戰連年，屢擊破之。爲涼州刺史郭閎所誣，徵下獄，羌遂陸梁，吏人守闕訟熲以千數。時寇勢轉盛，涼州幾亡。六年，復以熲爲校尉，進擊諸羌。至永康元年，而西羌弭定。建寧二年，而東羌悉平。凡百八十戰，斬三萬八千六百餘級。熲行軍仁愛，士卒有疾病者，親自瞻省，手爲裹創。在邊十餘年，未嘗一日蓐寢，與將士同苦，故皆樂爲死戰。

皇甫規。朝那人。延熹四年，爲中郎將，持節監關西兵，討叛羌零吾等，破之。先零諸種慕規威信，相勸降者十餘萬。明年，規因發其騎兵討隴右。東羌遂遣使乞降，涼州復通。先是，安定太守孫儁受取狼籍，屬國都尉李翕、督軍御史張禀多殺降羌，涼州刺史郭閎、漢陽太守趙熹並老弱不堪任職，而皆倚恃權貴，不遵法度。規到州界，悉條奏其罪，或免或誅。羌人聞之，翕然反善。沈氏大豪滇昌、饑恬等十餘萬口復詣規降。

三國　魏

張既。高陵人。文帝初，置涼州，以鄒岐爲刺史。盧水胡反，帝召岐，以既代之。既渡河深入，潛軍由且次至武威。胡以爲神，引還顯美。遂進擊，大破之。又擊破酒泉蘇衡等，遂上疏請治左城，築障塞，置烽堠，以備胡。西羌率衆二萬餘落降。後西平麴光等殺郡守，既檄諭諸羌斬送光首，其餘安堵如故。既臨二州十餘年，政惠著聞，其所禮辟，皆有名位。

孟建。汝南人。爲涼州刺史，有治名。

徐邈。燕國薊人。明帝時，爲涼州刺史。河右少雨，常苦乏穀。邈修武威、酒泉鹽池，以收虜穀。又廣開水田，募貧民佃之，家家豐足。然後立學明訓，禁厚葬，斷淫祀，進善黜惡，風化大行。西域流通，羌戎入貢，皆邈勳也。

李憙。銅鞮人。魏末，除涼州刺史，領護羌校尉。綏禦華夷，甚有聲績。羌虜犯塞，憙因其隙會，不及啓聞，輒以便宜深入，遂大尅獲，以功重免譴。時人比之漢朝馮、甘焉。

晉

張軌。安定烏氏人。永寧初，爲涼州刺史。威著西州，化行河右。於時天下既亂，所在使命，莫有至者。軌遣使奉貢，歲時不替。

唐

楊恭仁。隋觀王雄子。武德初，爲涼州總管。恭仁久乘邊，習種落情僞，悉心綏慰，由葱嶺以東，皆奉貢贄。突厥頡利率衆數萬獵其境，恭仁應機設拒，張疑屯虚幟示之，頡利懼而走。瓜州刺史賀拔行威叛，朝廷未即討，恭仁募驍邊倍道進，遂克二城，縱所俘還，衆感悦，遂相與縛行威降。

李大亮。涇陽人。貞觀初，爲涼州都督。嘗有臺使見名鷹，諷大亮獻之。大亮密表曰：「陛下絶田獵久，而使者求鷹。信陛下意耶？乃乖昔旨。如其擅求，是使非其才。」太宗報書曰：「有臣如此，朕何憂！」

唐休璟。始平人。聖曆中，授涼州都督，持節隴右諸軍副大使。吐蕃大將麴莽布支率騎數萬寇涼州，休璟被甲先登，六戰皆克，斬二將，獲首二千五百，築京觀而還。

郭元振。貴鄉人。武后時，拜涼州都督。初，州境廣輪纔四百里，虜來必傅城下。元振始於南峽口置和戎城，北磧置白亭軍，制束要路，遂拓境千五百里，自是州無虜憂。又遣甘州刺史李漢通闢屯田，盡水陸之利，稻收豐衍，支廥十年，牛羊被野。治涼五歲，善撫御，夷夏畏慕，令行禁止，道不舉遺。河西諸郡置生祠，揭碑頌德。

蕭嵩。開元十四年，吐蕃陷瓜州，殺涼州守將王君㚟〔一〇〕，河隴大震。帝擇堪任邊者，時嵩已領朔方節度使，徙河西節度，判涼州事。嵩表裴寬、郭虚已、牛仙客置幕府，以張守珪爲瓜州刺史，完樹陴隝，懷保邊人。與吐蕃戰祁連城下，自晨迄晡，賊大潰，哭震山谷。帝大悦，授嵩同中書門下三品。

王忠嗣。華州鄭人。天寶初，爲河西、隴右節度使，兼權朔方、河東節度，佩四將印。勁兵重地，控制萬里，數出戰青海、積石，虜輒奔破。又討吐谷渾於墨離，平其國。

哥舒翰。天寶中，爲河西節度使，攻破吐蕃洪濟、大漠門等城。收黄河九曲，以其地置洮陽郡，並置神策、宛秀二軍。

李晟。臨潭人。興元初，拜鳳翔、隴右、涇原節度使，兼行營副元帥。時涇州倚邊，數戕其帥。晟請治不龔命者，因以訓耕積粟實塞下，羈制西戎。至鳳翔，亂將王斌等十餘人以次伏誅。至涇，田希鑒迎謁，執之，并其黨石奇等悉伏誅〔一一〕。常曰：「河隴之陷，非吐蕃能取之，皆將臣貪沓，暴其種落，不得耕稼，日益東徙，自棄之爾。」因悉家貲懷輯降附。吐蕃尚結贊興兵踰隴、岐，晟選兵伏汧陽擊之。又攻摧沙堡，拔之。會張延賞當國，與晟有隙，遂罷其兵。

李聽。晟之子，爲靈鹽節度使。部有光禄渠，久廢，聽始復屯田以省轉餉，即引渠溉塞下地千頃，後賴其利〔一二〕。

宋

劉綜。虞鄉人。咸平中，爲陝西轉運副使。時梁鼎議禁解鹽，官自貨鬻。命綜制置青白鹽事。綜條上利害，力言非便，卒罷其事。俄充轉運使，獻議於鎮戎軍置屯田務。又録唐安國鎮制置城壕鎮戎古記石本以進，詔從其請。

王博文。濟陰人。真宗時爲陝西轉運使。屬羌叛，寇原州、環州，杜澄、趙世隆戰没。博文劾奏周文質、王懷信爲涇原、環慶兩路鈐轄，翫寇逗留，耗用邊費，請用曹瑋、田敏代之，寇遂平。

俞獻卿。歙人。仁宗時，除陝西轉運使。時邊吏因事邀功，涇原路鈐轄擅於武英州鑿邊壕，置堡寨，獻卿度必招寇患，亟檄罷之。未幾，賊果至，殺將士，塞所鑿壕而去。

陳繹。開封人。爲陝西轉運副使，時方行青苗法，繹止環、慶等六州，毋散青苗錢，且留常平倉物以備用。條例司劾其罪，詔釋之。

游師雄。武功人。哲宗時，爲陝西轉運判官，提點秦鳳路刑獄。夏人侵涇原，復入熙河。師雄言宜於定西、通渭之間建安遮、納迷、結珠三栅，及護畊七堡，以固藩籬。

鄭僅。彭城人。爲陝西都轉運使。論餽餉河湟功，進顯謨閣待制。僅請籍閑田爲官莊，是歲鎮戎、德順收穀十餘萬。

毛漸。江山人。爲陝西轉運使，攝帥涇原，日夜治兵，乘夏人犯邊，遣將擣其虚，遂破没煙寨。

路，人心稍安。視山川險阻，分地置將，前後屢捷，上所倚重。

盧法原。德清人。紹興初，爲川陜等路宣撫處置副使。方巨盜充斥，秦隴叛兵欲窺蜀，法原極意拊循，嚴爲備禦，傳檄諸

金

毛碩。甘陵人。天德二年充陜西路轉運使。碩以陜右荒邊，種藝不過麻粟蕎麥，賦入甚薄，市井交易惟川絹乾薑，商賈不通，酒稅之入耗減，請視汴京、燕京例，給交鈔通行。而鞏、會、德順道路多險，鹽斤引數太重，請一引分作三四，以從輕便。朝廷皆從之。秦州倉粟陳積，而百姓有支移者，止就本州折納其直，公私便之。

盧庸。豐潤人。至寧元年爲陜西按察副使。夏人犯邊，庸繕治平涼城池，積芻粟，團結土兵爲備。夏人掠鎮戎，陷涇、邠，遂圍平涼。庸矢盡，募人取夏兵射城上箭以濟急用。出府庫賞有功者，人樂爲死，平涼賴以完。貞祐二年詔賞功，進官四階，遷按察轉運使。

元

廉希憲。輝和爾人。世祖即位，爲京兆、四川宣撫使。雅圖罕反，時關中無兵備，希憲命汪惟良將秦、鞏諸軍進六盤，又發蜀卒更戍及在家餘丁，令蒙古官伯沁將之。雅圖罕聞京兆有備，遂西渡河，趨甘州。阿勒達爾復自和林提兵與之合。時諸將失利，河右大震。朝議欲棄兩川，退守興元。希憲力言不可。會親王哈坦及汪惟良、伯沁等合兵，復戰西涼，大敗之，俘斬略盡，得二叛首以送，梟之市。事聞，帝大嘉之，曰：「希憲真男子也。」進平章政事。「輝和爾」舊作「畏吾」，「雅圖罕」舊作「洋都海」，「阿勒達爾」舊作「阿藍荅兒」，「伯沁」舊作「八春」，「哈坦」舊作「合丹」，今並改。

商挺。濟陰人。世祖初，以廉希憲及挺宣撫陝、蜀。雅圖罕反，阿勒達爾自和林引兵南來，挺與希憲定議，令伯沁、汪惟良發兵禦之，戰於甘州，殺阿勒達爾、雅圖罕。事聞，帝大悦，曰：「商孟卿，古之良將也。」

巴圖。蒙古人。延祐元年，拜甘肅行省平章政事。時米價騰湧，陸輓每石費二百緡。巴圖爲經畫計，所省至四百餘萬緡，自是諸倉俱充溢。甘州氣寒地瘠，少稔歲，民饑則發粟賑之，春闕種則貸之。於是兵饟既足，民食亦給。詔賜名鷹、冑甲、弓矢及鈔五千緡以勞焉。「巴圖」舊作「伯都」，「蒙古」舊作「忙兀」，今並改。

鼎滿台。穆呼哩五世孫。至治三年，拜甘肅行省平章政事，佩金虎符。甘肅歲糴糧於蘭州，多至二萬石，距寧夏各千餘里至甘州，自甘州又千餘里始達額齊納路，而寧夏距額齊納僅千里。鼎滿台令輓者自寧夏徑趨額齊納，歲省費六十萬緡。「鼎滿台」舊作「乃蠻台」，「穆呼里」舊作「木華黎」，今並改。「額齊納」譯見前。

明

宋晟。定遠人。洪武中，充總兵官，鎮甘肅。先是，西域諸國來朝貢者，多爲哈瑪爾王烏訥錫所遏，帝怒，決計征之。晟令軍中多具糧糗，疾馳千里，奄至城下，即日克之，擒其王子及僞國公以下三十餘人，收其部落輜重以歸。建文初，仍鎮甘肅。成祖即位，入朝，擢左都督，拜平羌將軍，遣還鎮。尋以招降功多，晉封侯爵。晟四鎮涼州，前後二十餘年，威信著絶域，帝專任以邊事。所奏輒報可，敕便宜行事。「哈瑪爾」舊作「哈海里」，「烏訥錫」舊作「兀納失」，今並改。

李彬。定遠人。永樂初，命往甘肅經略降酋。涼州克德緯反，彬令土官李英追躡之，盡俘其衆。尋佩征虜將軍印，總兵鎮甘肅。赤斤蒙古縛克德緯以獻，帝嘉其功，賞賚甚厚。「克德緯」舊作「老的罕」，今改。

費瓛。定遠人。永樂中，充總兵官，鎮甘肅。以涼州多閑田，請給軍屯墾足邊餉。從之。瓛爲人和易，善撫士，在鎮十五年，境内安謐。

柴車。錢塘人。正統初，協贊甘肅軍務，調遣得宜。多爾濟寇涼州，副總兵劉廣喪師不以實聞，反要功賞。車劾其罔，又奏寧夏等處守將失律，前後章數十上，甚剴切。岷州土官冒功得升，車反覆論不可，卒罷所升官。詔嘉之。「多爾濟」舊作「朵兒只」，今改。

金濂。山陰人。正統三年擢僉都御史，參贊寧夏軍務。寧夏舊有五渠，而鳴沙州七星、漢伯、石灰三渠淤，濂請濬之，溉蕪田一千三百餘頃。時詔富民輸米助賑，千石以上，褒以璽書。濂言邊地粟貴，請并旌不及千石者。儲由此充。

宋誠。晟曾孫。天順中，佩征西將軍印，鎮甘肅。邊備修飭，西陲晏然。

徐廷璋。羅山人。成化中，以右僉都御史巡撫甘肅。數條上邊務，且請設肅州學校，其山丹、涼、莊等已建學者，諸生得食廩充貢如中土，帝多從之。在鎮七年，武備整飭。調撫寧夏，大築邊牆，塹山堙谷，亘數百里，邊人賴保障。時余子俊撫延綏，馬文升撫陝西，廷璋名與埒，稱「關中三巡撫」。

朱英。桂陽人。成化十年，以右副都御史巡撫甘肅，先後陳安邊二十八事。其請徙居戎、安流離、簡貢使，於時務尤切。積軍儲三十萬，不以聞。或問之，答曰：「此邊臣常事，何足言。」

賈俊。束鹿人。成化十三年，以右僉都御史巡撫寧夏，單車就途，不攜家。既至，肅憲度，申軍令，將吏畏其威，莫不自勵。在鎮七年，軍民樂業。

王璽。廣陵人。成化中，以署都督僉事鎮守甘肅。與番人畫疆域，立界石，復洪武初舊制。初，哈密爲土魯番所據，璽以計復之，并復剌木等八城。授都督同知。璽習韜略，諳文事，勇而有謀，番人憚之。

羅明。延平人。弘治初，以右副都御史巡撫甘肅。言鎮守中官競尚貢獻，皆扣剋軍資，或巧奪番人，乞嚴禁止。從之。甘州城北有湖數十頃，舊聽軍民採草，後爲勢要所據。以明言，歸之官。明莅陝久，凡所張弛，及進退邊將，皆協輿論。又請增貢士額，製古樂器，易文廟俗樂，邊人益善之。

許進。靈寶人。弘治七年，以右僉都御史巡撫甘肅。時土魯番酋攻陷哈密，執忠順王建巴，使其將牙蘭守之。進潛師千里，襲破其城，牙蘭遁去。自是番酋畏讋，遣使上書謝罪。以建巴及金印來歸，西域遂定。「建巴」舊作「陝巴」，今改。

陳九疇。曹州人。正德中，爲肅州兵備副使。番酋蘇爾塔瑪蘇爾遣斬巴爾斯等以馳馬至肅州，詭言乞和，陰令其黨爲内應。九疇廉知賊計，執其黨。賊知有備，遂遁還。嘉靖初，擢右僉都御史，巡撫甘肅。蘇爾塔瑪蘇爾復以二萬騎圍肅州。九疇自甘州疾馳至，擊走之。論功進副都御史。「蘇爾塔瑪蘇爾」舊作「速檀滿速兒」，「斬巴爾斯」舊作「斬巴思」，今改。

劉天和。麻城人。嘉靖初，以右僉都御史督甘肅屯政。請以肅州丁壯及山、陝流民於近邊耕牧，且推行於諸邊。尋奏當興革者十事，田利大興。

楊守禮。蒲州人。嘉靖初，以右副都御史巡撫寧夏。寇犯固原，守禮邀擊破之。進右都御史，代劉天和爲總督。録前後功，進兵部尚書。

劉濟。騰驤衛人。嘉靖初，以吏科給事中出覈甘肅邊餉，奏革涼州分守中官及永昌新添遊兵，軍民稱便。

寇天敘。榆次人。嘉靖三年，以右僉都御史巡撫甘肅。回賊犯山丹，督將士擒其長托克塔瑪。西域貢獅子、犀牛、西狗，天敘請却之，不聽。尋移撫陝西。「托克塔瑪」舊作「脱脱木兒」，今改。

翟鵬。撫寧衛人。嘉靖七年，以右僉都御史巡撫寧夏。時邊政久弛，壯卒私役中官家，守邊者並羸老不任兵，又番休無期。鵬盡清占役，使得迭更。野雞臺二十餘墩，孤懸塞外，久棄不守，鵬盡復之。歲大祲，請於朝，蠲租發帑，民獲蘇息。

張文魁。蘭陽人。嘉靖七年，以右副都御史巡撫寧夏，添置平遠迤北黄河戰船，用扼潛渡之敵。人懷思之。

范鏓。瀋陽人。嘉靖二十年，以右副都御史巡撫寧夏。鏓爲人持重有方略，既莅重鎮，不上首功，一意練步騎，廣儲蓄，繕治關隘亭障，寇爲遠徙，俘歸者五百人。又言邊將各有常禄，無給田之制，宜還之軍民，任其得耕種。帝從其請。

楊博。蒲州人。嘉靖二十五年，以右僉都御史巡撫甘肅。劾仇鸞欺罔貪黷，大興屯田，修築肅州榆樹泉及甘州平川境外大蘆泉諸處墩臺，聲勢聯接。又築金塔、白城七堡，以居罕東屬番，徙去七百餘帳，大患頓除。部内饑，奏行救荒四事。鑿龍首諸渠，募民墾田萬餘頃。累以破賊功，進右副都御史。

胡東皐。餘姚人。嘉靖中，以右僉都御史巡撫寧夏。以地與鄰境錯，乃築牆捍之。自花馬池至鎮城，經賀蘭山抵定邊營，延袤二百餘里，並緣牆治塹，置墩堡營舍。自是塞下田咸得耕植。

王崇古。蒲州人。嘉靖四十三年，以右僉都御史巡撫寧夏。崇古喜談兵，具知諸邊阨塞，身歷行陣，修戰守，納降附，數出兵擣巢。寇屢殘他鎮，寧夏獨完。

邢玠。益都人。萬曆初，以御史巡按甘肅。時俺答欲赴青海，玠疏陳利害甚悉。其後色呼格嗣封，果有洮河之患。時謂玠有先見。「色呼格」舊作「撦力克」，今改。

李懷信。大同人。萬曆末，擢甘肅總兵官。松山寇入掠蘆溝墩諸處，又犯鎮番諸堡，懷信皆大敗之。甘延最當敵衝，甘肅北有松山，南臨青海，諸部落環居其外，尤難禦。自懷信在鎮，邊人恃以無恐。

呂大器。遂寧人。崇禎十一年，遷固原副使。時陝西大盜悉平，惟長武爲賊據，巡撫檄大器討之。用穴地火攻法，賊遂滅。十四年，擢右僉都御史，巡撫甘肅。總兵官柴時華爲變，大器討之，時華自焚死。羣番爲亂，遣將分道出勦，撫安三十八族而還，西陲略定。

林日瑞。詔安人。崇禎十五年，以右僉都御史巡撫甘肅。李自成據關中，遣將賀錦進逼甘州。日瑞率副將郭天吉等扼賊河干，賊踏冰直抵城下，日瑞入城，戰且守。賊使諸生説降，戮之以徇。大雪，士皆墮指，守者引賊上，城遂陷。執日瑞誘以美官，日瑞大駡，被磔死。天吉及總兵官馬爌、撫標中軍哈維新、姚世儒，監紀同知藍臺，並死之。

本朝

孟喬芳。奉天鑲黄旗人。順治二年，總督陝西軍務。回人米剌印反，攻陷河州、蘭州、臨洮等處，進至鞏昌。喬芳調兵勦擒，悉復諸州縣。又擊斬叛回丁國楝等於肅州。軍旅所至，閭閻安堵。請免各屬積年荒糧，招撫流移，民皆復業。

張文衡。開平衛人。順治五年，以右僉都御史巡撫甘肅。總督孟喬芳調回兵征蜀，其酋米剌印、丁國棟結連生羌，乘間至蘭州爲亂，執總兵劉良臣。文衡倉猝聞變，部兵已與賊合，僅將親卒三十餘人與賊巷戰。賊攢射之，遂遇害。贈右都御史。

劉斗。奉天人。康熙初，巡撫甘肅。初，巡撫駐甘州，徙涼州，至是改駐蘭州，後遂因之。斗爲政嚴明，綱紀肅清，請免所部新舊荒糧，修葺學校，士民感之。

圖海。滿洲正黄旗人。康熙十五年，王輔臣叛，據平涼。以海爲撫遠大將軍討之。師抵平涼城下，諸將請即攻，海念城中百姓皆國家赤子，若即攻，恐多殺戮，特許其降。城内人聞之，莫不感激，規自拔以出。城北有虎山墩，地最高，賊遣精兵據守，以通糧運。圖海周覽形勢，即麾兵攻奪虎山墩，斷賊餉道。發巨礮攻城，輔臣勢窮乞降。乃令副都統吴丹入城安撫，命有司賑卹百姓。於是遠近諸從賊者盡來歸附，秦隴悉平。

張勇。咸寧人。順治五年，以遊擊從孟喬芳征勦河西叛回，收復鞏昌、臨洮、蘭州、涼州、甘肅城堡數百餘處，擢甘肅總兵。繕城郭，完堡柵，百廢具舉。康熙初，進甘肅提督。吴三桂叛，臨鞏陷賊，河西震動。勇統兵援勦，諸郡以次討平。累晉靖逆將軍、一等侯。在邊三十餘年，爲西陲保障。

陳福。延綏人。康熙十三年，任寧夏總兵。吳三桂反，洮、蘭以東皆爲賊有。福領兵東收花馬池、定邊，斬僞將朱龍、陳江、倪五等。移師西討，至惠安堡，兵變遇害。贈公爵，謚忠愍。

趙良棟。延綏安邊人。陳福被害，沿邊擾亂，良棟時爲天津總兵，馳至寧夏，宣布朝廷德意，誅首惡，寬脅從，遠近悉安。在鎮三年，日練兵儲餉，規畫已定，由是進取川、滇。

王進寶。靖遠人。王輔臣之叛，蘭州已陷，進寶以永固副總兵率兵渡黄河，遂拔安定，復金縣。乘雪夜破臨洮，復蘭州，南安、天水相繼投款。論功進陝西提督，鎮秦州，南扼川賊，北復通渭、静寧、平涼，隴右遂平。

孫思克。漢軍鑲白旗人。康熙元年任甘肅總兵。厄魯特蒙古駐牧塞下，蹂躪居民。思克驅令遠徙，屬番闌入者，輒窮捕正法。尋移駐涼州。吳三桂叛，隴右郡縣失守，思克率兵收靖遠衛，偕張勇等復蘭州、鞏昌，又收秦州及静寧、隆德諸州，遂與大將軍合兵降下平涼。二十三年，進甘肅提督。三十四年，征噶爾丹，領兵出塞，以功加振武將軍。鎮守河西幾四十年，威惠所被，兵民俱感。

潘育龍。靖遠人。吳三桂叛，育龍從大將軍克復平涼及興安城邑。康熙三十年，擢肅州總兵。在鎮八年，屢敗賊兵，修築邊牆及嘉峪關，邊備甚飭。四十年，擢固原提督。立義塾，以課軍民子弟。整飭防汛，定捕盜賞格。由是兵民輯和，盜賊衰息，士馬精强，甲於他鎮。

高天喜。西寧人。乾隆二十二年，由甘肅鎮番營參將授金塔寺營副將。二十三年四月，遇賊於庫隆珪山，天喜挾礮先登，大破之。奏入，授西寧鎮總兵。從定邊將軍兆惠征葉爾羌。天喜奉將軍令，督修喀拉烏蘇河橋。軍未渡河，有逆回二萬餘來犯。天喜聞將軍等圍急，捨橋工衝入圍中，奮勇鏖戰數次，以傷重亡於陣。奏入，賜卹，謚果義，入祀昭忠祠。

豆斌。固原人。乾隆二十一年，授甘肅安西提督。奉命隨定邊右副將軍富德征兩和卓木。二十三年七月，於那林果爾等處追襲巴拉賊衆〔一三〕。嗣隨富德等自阿克蘇進援將軍兆惠於黑水堡。二十四年正月，行次呼爾璊地方，突遇逆酋小和卓木擁騎五千餘人迎戰，官軍分隊拒敵。豆斌率緑旗兵列槍礮奮進，賊衆敗走。至哈爾巴渾地方，復與賊力戰。自晝及夜，奮勇直前，奪取賊人險隘。左乳下中槍傷，越五日，殁於軍。事聞，得旨，加恩照八旗一品大臣例議卹，賜祭葬，謚壯節，入祀昭忠祠。

黄廷桂。漢軍鑲紅旗人。乾隆十六年，由提督授甘肅巡撫。疏奏恤孤貧、瘞枯骨、勸輸社倉、清查監獄、開渠灌田，及教民種樹紡織各事，均得旨嘉奬。尋晉大學士、總督陝甘。時西陲甫定，大兵征勦回部，陝甘地當孔道，軍需旁午，廷桂調兵防守，馬駝芻粟先期儲偫。賞雙眼花翎，給騎都尉世職。卒，謚文襄。

尹繼善。滿洲鑲黄旗人。屢任陝甘總督。先是，哈密蔡伯什湖屯田萬畝，令屯兵承種。乾隆七年，改回民承種。嗣貝子玉素富以收成歉薄，請罷。繼善奏請選安西兵丁子弟或招各衛户民承種，可寓兵於農。上韙其言。

陳弘謀。廣西臨桂人。兩任甘肅巡撫。疏請赤金、靖逆、柳溝、安西、沙州五衛疏浚渠源，於農隙分段公修。又言準噶爾既内附，請定互市地，以茶易馬，歸官充營伍用。詔從所議。

吴達善。滿洲正紅旗人。乾隆二十年授甘肅巡撫，宣力軍營，辦理諸務，周詳妥協。再任陝甘總督，卒於官。贈太子太保，謚勤毅。

校勘記

〔一〕南安等郡　「南安」，乾隆志卷一九七甘肅統部建置沿革（下同卷簡稱乾隆志）同，後漢書卷二八百官志劉昭注引獻帝起居注作「東安南」。蓋清一統志史臣以「東安南」爲誤而改作「南安」。

〔二〕張駿分武威武興西平張掖酒泉建康西郡湟河晉興須武合十一郡　乾隆志同。按，十一郡僅録十録，中華書局點校本晉書卷一四地理志據魏書卷九九張駿傳補西海郡，又改「須武」爲「廣武」，是也。

〔三〕武成　原作「武威」，乾隆志作「武城」，皆誤，據晉書卷一四地理志改。

〔四〕廓　原作「郭」，據乾隆志及新唐書卷四〇地理志改。

〔五〕洮　原作「兆」，據讀史方輿紀要卷五二陝西改。

〔六〕涇州直隸州知州　「直隸州」，原脱「州」字，據文例補。

〔七〕五營各六員　「員」，原脱，據文例補。

〔八〕擊斬饑五同種大豪盧怱　「盧怱」，原作「盧忽」，乾隆志同，據後漢書卷八七西羌傳改。

〔九〕鍾羌良封等復寇隴西漢陽　「鍾」，原作「種」，乾隆志同，據後漢書卷八七西羌傳改。

〔一〇〕殺涼州守將王君㚟　「㚟」，原作「毚」，乾隆志同，據新唐書卷一〇一蕭嵩傳改。按，王君㚟，瓜州人，舊唐書卷一〇三有傳。

〔一一〕并其黨石奇等悉伏誅　「石奇」，原作「石章」，乾隆志同，據新唐書卷一五四李晟傳改。

〔一二〕後賴其利　「後」，原作「復」，據乾隆志及新唐書卷一五四李聽傳改。

〔一三〕於那林果爾等處追襲巴拉賊衆　「巴拉」，原作「巴把」，據乾隆志及清乾隆實録卷五六七乾隆二十三年七月、卷五六九乾隆二十三年八月記事改。

蘭州府圖

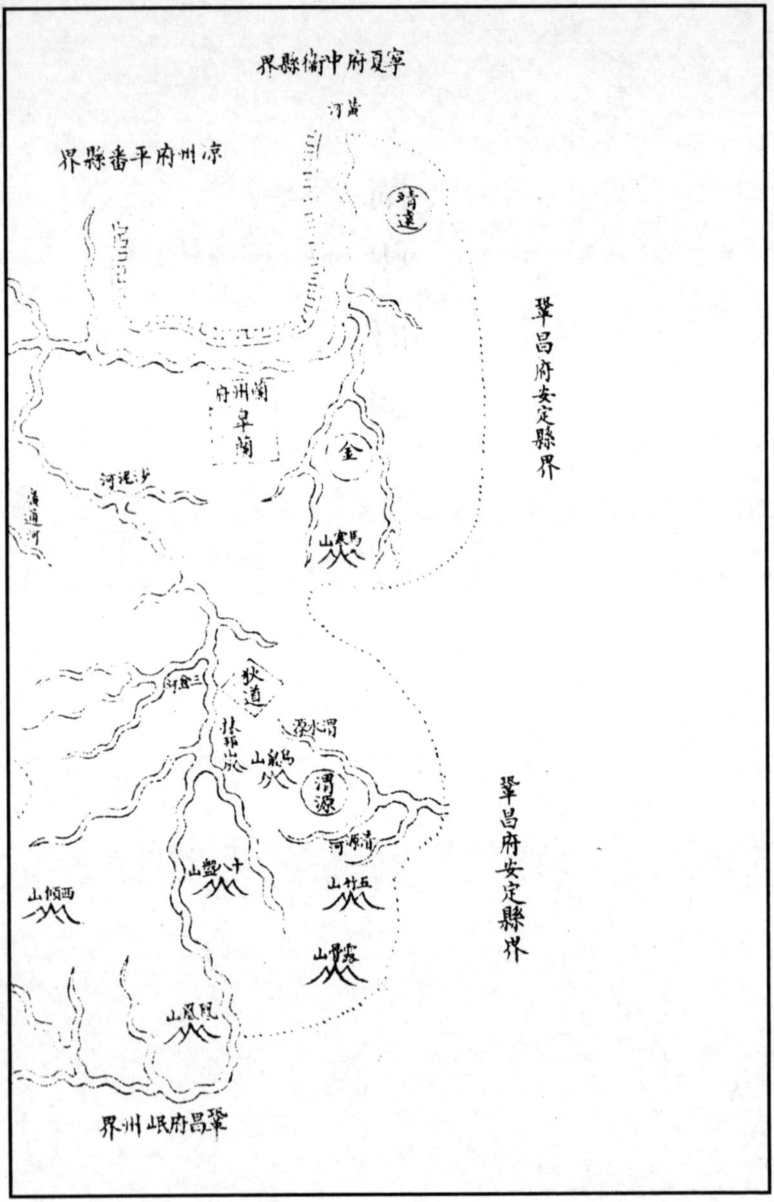
寧夏府中衛縣界
黃河
涼州府平番縣界
靖遠
鞏昌府安定縣界
蘭州府
皋蘭
金
沙泥河
馬寒山
狄道
三岔河
抹邦山
鳥鼠山
渭水源
渭源
清源河
鞏昌府安定縣界
十八盤山
五竹山
西傾山
露骨山
鳳凰山
鞏昌府岷州界

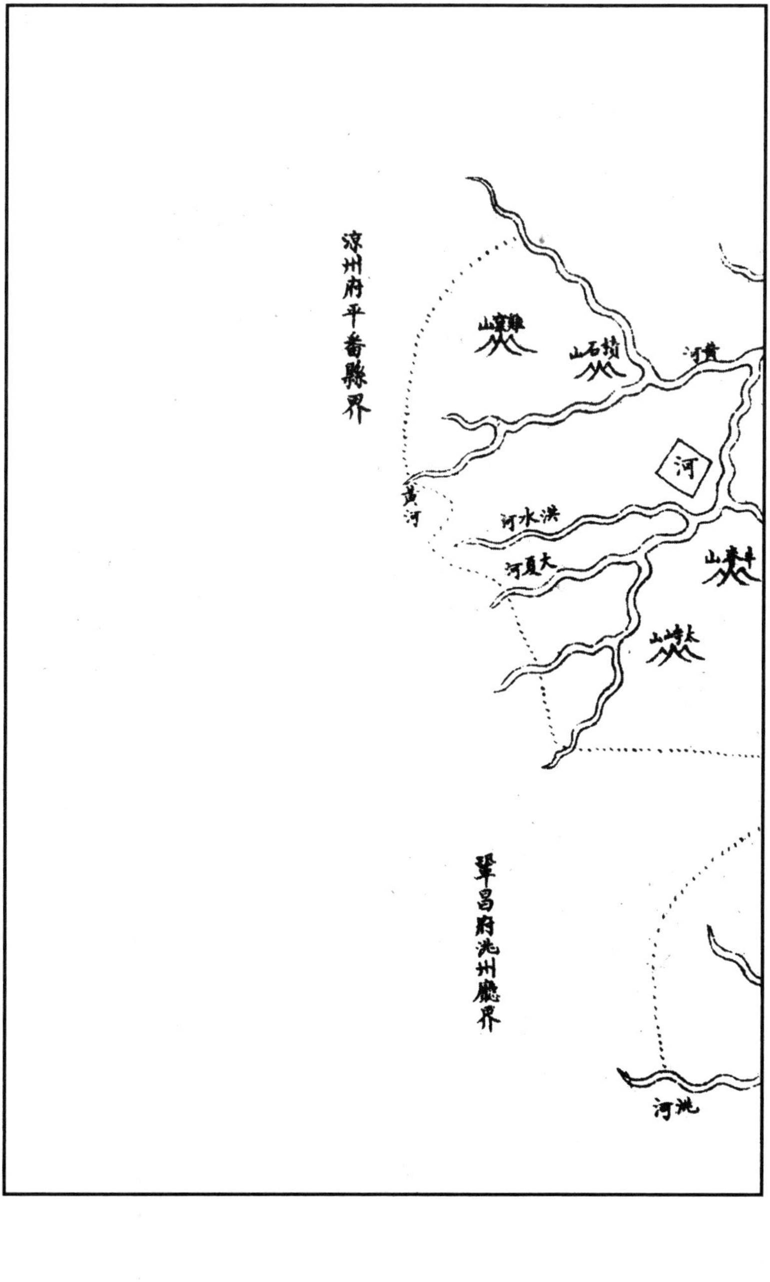
涼州府平番縣界
積石山
黃河
河
黃河
洪水河
大夏河
鞏昌府洮州廳界
洮河

蘭州府表

	蘭州府	皋蘭縣
秦	隴西郡地。	
兩漢	隴西郡地。始元六年後爲金城郡地。	金城縣屬金城郡。 金城郡始元六年置。
三國	金城郡地。	金城縣 金城郡
晉	金城郡東晉移治，苻堅廢。	金城縣東晉爲郡治。 徙。
南北朝	金城郡魏復徙郡來治。	子城縣魏改置，郡治。
隋	金城郡初廢郡置蘭州，大業初復。	金城縣大業初更名，郡治，後改名五泉。
唐	蘭州金城郡復置州，屬隴右道。寶應初入吐蕃，廢。	五泉縣後廢。
五代		
宋金附	蘭州金城郡元豐四年復置，屬熙河路。金爲蘭州，屬臨洮路。	蘭泉縣崇寧三年置州治。金省入州。 阿干縣金大定二十二年堡升，屬蘭州。
元	蘭州屬鞏昌路。	至元七年併入州。
明	蘭州初降縣，成化十三年復州。	蘭縣洪武初州降，屬臨洮府，後復升州。

	金縣
	榆中地。
允吾縣郡治。 媼圍縣屬武威郡。	榆中縣屬金城郡。 勇士縣屬天水郡。
允吾縣 媼圍縣	榆中縣 勇士縣
廢。後涼嘗置允吾郡。 省。	金城郡移治。 榆中縣郡治。 廢。
	魏徙。 榆中縣魏省。
	五泉縣地。
	金州金正大間置。 龕谷縣金大定間升龕谷寨爲縣，後置金州，爲州治。 定遠縣金大定二十二年置，屬蘭州。正大中改屬金州。
	金州省龕谷縣入州，屬鞏昌路。 併入州。
	金州洪武二年降縣。 金縣屬臨洮府。成化七年改屬蘭州。

續表

續表

狄道州		
隴西郡。		
隴西郡	狄道縣 郡治。	安故縣 屬隴西郡。
魏徙。	狄道縣 屬隴西郡。	安故縣
狄道郡 惠帝置。東晉時張駿改曰武始郡。	狄道縣 後爲郡治。	初省，後張氏復置，兼置安故郡。後廢。
魏徙。	狄道縣 屬武始郡。	
	狄道縣 屬金城郡。	
臨州狄道郡 初爲蘭州地。天寶中置郡，後改州，屬隴右道。寶應初入吐蕃，號武勝軍。	狄道縣 初屬蘭州。乾元初爲臨州治。後入吐蕃，廢。	長樂縣 天寶初置安樂縣，屬臨州。乾元初更名。寶應初入吐蕃，廢。
熙州臨洮郡鎮洮軍節度 熙寧五年置，屬秦鳳路，尋置臨洮府。	狄道縣 熙寧五年復置州治。金爲府治。	康樂縣 金置，屬臨洮府。
臨洮府 屬鞏昌路。	狄道縣	廢。
臨洮府 屬陝西布政司。	狄道縣	

	渭源縣	靖遠縣
	首陽縣屬隴西郡。	祖厲縣屬安定郡。後漢屬武威郡。
	首陽縣	祖厲縣
武街縣屬狄道郡。	首陽縣	省。
魏省。水池縣魏置。	渭源縣西魏大統十七年改置，兼置渭源郡，尋廢。	會州西魏置，周廢。
水池縣屬枹罕郡。	渭源縣屬隴西郡。	
廢。	渭源縣屬渭州。廣德中入吐蕃，廢。	會州會寧郡武德二年置西會州。貞觀八年改粟州，又改會州。天寶初改郡。乾元初復州，屬關內道。廣德後入吐蕃。
當川縣金置，屬臨洮府。	熙寧五年置渭源堡，屬熙州。金屬臨洮府。	會州天聖後屬西夏。元符二年收復，屬涇原路。金廢。
廢。	渭源縣至元十三年復縣，屬臨洮府。	
	渭源縣	

鶉陰縣 屬安定郡。後漢曰鸇陰，屬武威郡。
鸇陰縣
省。
會寧縣 魏置州治，周廢。
會寧縣 開皇十六年置，屬平涼郡。
會寧縣 州治。廣德後陷於吐蕃。 烏蘭縣 武德九年置，屬會州，後入吐蕃，廢。
敷川縣 崇寧三年置州治。金大定二十二年改保川縣，旋入於河西。 新會州 金僑置，治會川城，屬臨洮路。 會川縣 州治。
徙廢。 徙廢。
靖虜衛 正統二年置，屬陝西都司。弘治九年改屬固原鎮。

續表

河州			
	枹罕縣 屬金城郡，後漢屬隴西郡。	大夏縣 屬隴西郡。	
	枹罕縣	大夏縣	
咸康初張駿置河州。	初廢，惠帝復置。	廢。涼張駿置大夏郡，尋廢。	
河州 魏初置枹罕鎮。太和十六年復置州。周又置枹罕郡。	枹罕縣 州治。	大夏縣 魏初置郡，後降縣，屬金城郡。	
枹罕郡 初廢郡，大業初復置。	枹罕縣 郡治。	大夏縣 屬枹罕郡。	
河州安鄉郡 武德二年復置州。天寶初改郡。乾元初復州，屬隴右道。寶應初入吐蕃，廢。	枹罕縣 後廢。	大夏縣 屬河州。廣德後没吐蕃，廢。	
河州安鄉郡 熙寧六年收復，仍置郡，屬熙河路。金屬臨洮路。	枹罕縣 熙寧六年復置，旋省入州。金貞元二年復置州治。	寧河縣 崇寧四年置，屬河州。	
河州路 初屬鞏昌路。至元六年置吐蕃宣慰司。	廢入州。	寧河縣	定羌縣 嘗爲州治，後廢。
河州 初置河州衛，屬陝西都司。景泰二年復置州，屬臨洮府。		廢。	

白石縣屬金城郡。後漢屬隴西郡。			河關縣屬金城郡。後漢屬隴西郡。	
白石縣			河關縣	
省。	張軌分置永固縣，屬晉興郡。		河關縣初廢，惠帝復置，屬狄道郡，後廢。	
				周置廓州澆河郡。
				澆河郡初廢郡，大業初改。
		鳳林縣儀鳳初置安鄉縣。天寶初更名，屬河州。後入吐蕃，廢。		
		安鄉縣屬河州，後廢。		

續表

河津縣郡治。		
廢。	米川縣貞觀五年置，屬河州。後入吐蕃，廢。	積石軍儀鳳二年置，後陷入吐蕃。
	積石軍大觀二年復開置，屬熙河路。金大定中升州，屬臨洮府。	懷羌縣屬積石州。
	積石州	廢。
	廢。	

大清一統志卷二百五十二

蘭州府一

在甘肅省治。東西距二百四十里，南北距六百十里。東至鞏昌府安定縣界一百四十里，西至涼州府平番縣界一百里，南至鞏昌府岷州界一百八十里，北至平番縣界四百三十里。東南至安定縣界一百六十里，西南至鞏昌府洮州廳界三百四十里，東北至寧夏府中衛縣界三百二十里，西北至平番縣界四百里。至京師四千四十里。

分野

天文東井、輿鬼分野，鶉首之次。

建置沿革

禹貢雍州之域。周初爲西羌地。春秋屬秦。漢書韓安國傳：秦繆公辟地千里，并國十四。隴西、北地是也。戰國秦昭王置隴西郡。史記：秦昭王二十七年，司馬錯發隴西，因蜀攻楚黔中。水經注：隴西郡，秦昭王二十八年置。應劭曰：「有隴坻在其東，故曰隴西。」漢初，爲隴西郡地。昭帝始元六年，分置金城郡，治允吾。領金城、榆中。王莽改曰西海，後漢初復故。建武十二年，省郡，屬隴西。十三年，復置。西羌傳：永初四年，徙郡居襄武。晉初，爲金城郡地，東晉爲金城郡治。晉志：郡治榆中，在今金縣。元和郡縣志：前涼張寔移理金城。太元中，西秦乞伏氏都此，尋罷。後魏亦爲金城郡地，尋移置金城郡，治金城。隋開皇初，置蘭州總管府。大業初，府廢，尋復曰金城郡。唐武德二年，平薛舉，復曰蘭州，治五泉縣。八年，置都督府。顯慶元年，府罷。天寶初，復曰金城郡。乾元初，復曰蘭州，屬隴右道。寶應初，陷吐蕃。宋元豐四年，復置蘭州金城郡，屬熙河路。崇寧三年，置蘭泉縣爲倚郭。金曰蘭州，省蘭泉縣入之，屬臨洮路。元屬鞏昌路。明洪武初，降州爲蘭縣，屬臨洮府。成化十三年，復升爲州。

本朝康熙五年，設甘肅布政使司，駐蘭州。乾隆三年，移臨洮府治蘭州，改曰蘭州府。置皋蘭縣，升狄道縣爲州，移鞏昌府之靖遠縣來隸。二十六年，省歸德所入西寧府。凡領州二、縣四。

皋蘭縣。附郭。東西距一百五十里，南北距四百九十里。東至金縣界五十里，西至涼州府平番縣界一百里，南至狄道州界六十里，北至平番縣界四百三十里。東南至金縣治九十里，西南至河州界一百里，東北至靖遠縣界一百十里，西北至平番縣界四十里。漢初隴西郡地。昭帝置金城縣，屬金城郡，治允吾。後漢建武十二年省郡，屬隴西，十三年復置。前涼張寔移郡來治。太元中，乞伏氏都此，尋罷。後魏初省，尋復置子城縣，兼移金城郡來治。隋開皇初，郡廢。大業初，改縣曰金城，復置郡，尋又改縣曰五泉。唐爲蘭州治。天寶元年，復曰五泉，屬蘭州。宋崇寧三年置蘭泉縣，爲州治。金省入州。明洪武初，降州爲蘭縣，屬臨洮府。成化十三年，復升爲州。本朝乾隆三年，移臨洮府治蘭州，置縣，爲蘭州府治。

金縣。在府東五十里。東西距一百里，南北距二百二十里。東至鞏昌府安定縣界七十里，西至臯蘭縣界三十里，南至狄道州界五十里，北至臯蘭縣界一百七十里。東南至安定縣界七十里，西南至臯蘭縣界四十里，東北至安定縣界一百三十里，西北至臯蘭縣界四十五里。戰國時秦榆中地。漢置榆中縣，屬金城郡。後漢因之。晉移金城郡來治。後魏因之，後移郡治金城，省縣入之。唐爲五泉縣地。宋元豐四年，置龕谷寨，屬蘭州。金大定間，升爲龕谷縣。至大間，又於縣置金州。元至元七年，併縣入州，屬鞏昌路。明洪武二年，降州爲縣，屬臨洮府。成化七年，改屬蘭州。本朝乾隆三年，移府治蘭州，屬蘭州府。

狄道州。在府南二百十里。東西距一百十里，南北距二百七十里。東至渭源縣界七十里，西至河州界四十里，南至鞏昌府岷州界一百二十里，北至臯蘭縣界一百五十里。東南至渭源縣界四十里，西南至鞏昌府洮州廳界一百四十里，東北至金縣界八十里，西北至河州界七十里。漢置狄道縣，爲隴西郡治。後漢因之。三國魏屬隴西郡。晉初因之。惠帝時，爲狄道郡治。張駿改縣曰降狄道，爲武始郡治。尋復曰狄道。後魏屬武始郡。隋開皇初，郡廢，屬金城郡。唐初，屬蘭州。天寶三載，復於縣置狄道郡。乾元初，爲臨州治。寶應初廢。宋熙寧五年，復置狄道縣，爲熙州治。九年省。元豐二年，復置。金爲臨洮府治。元、明因之。本朝乾隆三年，移府治蘭州，升狄道縣爲州，屬蘭州府。

渭源縣。在府東南二百六十里。東西距六十五里，南北距一百五十里。東至鞏昌府隴西縣界十五里，西至狄道州界五十里，南至鞏昌府岷州界八十里，北至鞏昌府安定縣界七十里。東南至隴西縣界十五里，西南至狄道州界六十里，東北至安定縣治二百里，西北至狄道州界七十里。漢置首陽縣，屬隴西郡。後漢、晉、魏因之。西魏大統十七年，改縣曰渭源，又分置渭源郡，尋廢。隋仍屬隴西郡。唐屬渭州。廣德初，隨州陷吐蕃，縣廢。宋熙寧五年，置渭源堡，屬熙州。金屬臨洮府。元至元十三年，復爲渭源縣，屬臨洮府。明因之。本朝乾隆三年，移屬蘭州府。

靖遠縣。在府東北二百三十里。東西距二百二十里，南北距三百十五里。東至平涼府固原州界一百三十里，西至臯蘭縣界九十里，南至鞏昌府會寧縣界九十里，北至松山邊牆二百二十五里。東南至會寧縣界一百三十里，西南至皋蘭縣界一百二十里，東北至寧夏府中衛縣界二百十里，西北至皋蘭縣界八十里。秦隴西郡地。漢置祖厲、鶉陰二縣，屬安定郡。後漢屬武威郡。晉時徙廢。西魏廢帝置會州及會寧縣。後周保定二年，廢州爲會寧防。隋開皇元年，改防爲鎮；十六年，復置會寧縣，屬平涼郡。唐武德二年，置西會州。貞觀八年，改曰粟州，其年復曰會州。天寶初，改會寧郡。乾元初，復曰會州，屬關内道。廣德後，陷於吐蕃。宋初，亦曰會州。天聖後，入於西夏。元符二年收復，仍置會州，屬涇原路。崇寧三年，置倚郭縣，曰敷川。金大定二十二年，改縣曰保川，尋陷於河西，僑治會川城，曰新會州，屬臨洮路。元初徙廢。明正統二年，改置靖虜衛，屬陝西都司。弘治九年，改屬固原鎮。本朝初，曰靖遠衛，屬陝西行都司。雍正二年，裁衛設同知。八年，改置靖遠縣，屬鞏昌府。乾隆三年，改屬蘭州府。

河州。在府西二百二十里。東西距二百三十里，南北距二百九十里。東至狄道州界一百十里，西至循化廳界一百二十里，南至鞏昌府洮州廳界一百四十里，北至西寧府西寧縣界一百五十里。東南至狄道州界一百五十里，西南至洮州廳界二百四十里，東北至皋蘭縣界一百二十里，西北至西寧縣界一百五十里。古西羌地。漢置枹罕縣，屬金城郡。後漢改屬隴西郡。晉初廢。惠帝時，復置。張軌分屬晉興郡，後又分置興晉郡。咸康初，張駿以郡置河州。義熙中，爲西秦國都。宋元嘉中，地入吐谷渾。後魏初，爲枹罕鎮。太和十六年，復置河州。後周又置枹罕郡。隋開皇初，郡廢。大業初，又改州爲枹罕郡。唐武德二年，李軌復置河州。天寶初，改曰安鄉郡。乾元初，復曰河州，屬隴右道。寶應元年，陷於吐蕃。宋熙寧六年，復置河州安鄉郡，并置枹罕縣，屬熙河路。九年，省枹罕縣入州。金亦曰河州，屬臨洮路。貞元二年，復置枹罕縣，爲州治。貞祐四年，置平西軍節度。元曰河州路，省枹罕縣入之。初屬鞏昌路，至元六年置吐蕃等處宣慰司。明洪武三年，置河州衛。五年，改置河州府。七年，置陝西行都司。十年，又置河州左、右二衛。十二年，省行都司及河州府，仍改置河州衛，屬陝西都司。景泰二年，復置河州，屬臨洮府。本朝雍正四年，併河州衛入州。乾隆三年，移屬蘭州府。

形勢

境接巴蕉之襟裔，宋張舜民復熙河頌。中原迤西，山川阨塞。明太祖諭徐達文。據隴首，擦西傾，襟帶關河。長城之險，抗衡三邊。臨洮府志。臯蘭峙其南，黄河繞其北。明統志。

風俗

以鞍馬射獵爲事，勁悍而質木，宋史地理志。尚武務農。元志。民尚施濟，不務游藝。士崇氣節，忌脂韋。臨洮府志。

城池

蘭州府城。周六里有奇，門四，濠深二丈，北面臨河。明初因故址增築。本朝康熙六年設爲省會。乾隆三年大修，四十七年添修，嘉慶十七年補修。又於十九年拆修，二十二年補修。自城西北至城東，明宣德中築外郭城十四里有奇。正統十二年，又築東門外郭城七百九十餘丈，爲門九。萬曆八年甎甃。本朝乾隆五十四年修。臯蘭縣附郭。

金縣城。周三里有奇，門二，濠深一丈五尺。明初因舊址修築。本朝康熙二十四年修，乾隆三十二年重修。

狄道州城。周九里有奇，門四，濠廣二丈。明洪武三年因故址增築。本朝乾隆二十五年修。

渭源縣城。周三里有奇，門二，濠深一丈。宋時故址，明嘉靖十八年修。本朝康熙二十五年重修，乾隆三十二年補修。

靖遠縣城。周六里有奇，門二，濠深三丈。明正統二年即古會州城舊址重築。本朝乾隆二十五年修，五十一年重修。

河州城。周九里有奇，門三，濠廣三丈。明洪武十二年，因舊城改築。隆慶元年，建南郭城，周三里有奇，門一。本朝康熙四十四年修，乾隆二十五年重修。

學校

蘭州府學。在府治東南。元至元五年建。本朝康熙五年增修。入學額數二十名。乾隆五十年設循化廳學，入學額數四名。

皋蘭縣學。在縣治東北。本朝乾隆三年建。入學額數十五名。

金縣學。在縣治西。元至治二年建。入學額數八名。

狄道州學。在州治西。明洪武五年建。崇禎十四年重建。入學額數十五名。

渭源縣學。在縣治東。明洪武四年建。本朝康熙二十一年重修。入學額數八名。

靖遠縣學。在縣治東南。明正統三年建。入學額數八名。

河州學。在州治東南。舊在州治西南，本元時州人張德載家塾〔一〕，延祐二年建爲學。本朝康熙五十四年，遷建今所。

入學額數十二名。

蘭山書院。在府治東。本朝雍正十二年建，爲通省士子肄業之所。又府屬有五泉書院，嘉慶二十三年建。

增秀書院。在金縣。本朝乾隆三十二年建。

洮陽書院。在狄道州。本朝建。舊有超然書院，明嘉靖三十年，兵部員外郎楊繼盛謫狄道時建。

敷文書院。在靖遠縣。

鳳林書院。在河州。

户口

原額民丁共十二萬七千三百六十，屯丁共一萬一千三百六十八，今滋生民丁男婦大小共二百十八萬九千三百二十一名口，屯民男婦大小共五十萬五千六百七十名口，統計四十二萬九千九百七十三户。

田賦

田地共二萬三千一百三十一頃十二畝八分，番地共四萬九千二十九段，額徵銀共四萬四千二百十三兩八錢五分九釐，糧共六萬三千三十八石二十三升九合有奇。

山川

闍王溝山。在皋蘭縣東二十五里。形勢峻拔，爲縣東壁，上有烽堠。

柳溝山。在皋蘭縣東南四十里。有皇坡，下有磁窑。又縣西南三十里亦有柳溝山。

白石山。在皋蘭縣東南八十里。有梁泉。

皋蘭山。在皋蘭縣南。元和志：蘭州以皋蘭山爲名。九域志：州南至皋蘭山四里。元統志：山在州南五里，下有五眼龍泉。圖經云：山下地勢平夷，可屯兵百萬。漢霍去病擊匈奴，至皋蘭，即此。又龍尾山，在縣南三里，山形如龍尾落河壖。臨洮府志：皋蘭山高峻雄渾，左右蜿蜒，如張兩翼，東西環拱州城，延袤二十餘里。其東麓爲紅山，土色皆赤。龍尾則其西支也。按：漢霍去病所至之皋蘭，水經注、元和志皆以爲石門山，元、明二志移其事於此，非是。詳見下。

康狼山。在皋蘭縣南。晉義熙四年，西秦乞伏熾盤招結諸部，築城於康狼山以據之。宋元嘉三年，夏將呼盧古敗西秦曇達於康狼山。元和志亦名熱薄汗山，在五泉縣南一百四十里。寰宇記亦名可狼山。明統志在蘭州南一百七十里。

樺林山。在皋蘭縣南三十里，與馬寒、皋蘭二山並峙。

天都山。在皋蘭縣南三十里。阿干水出此。

尖山。在皋蘭縣南六十里。去金縣界西南二十五里有黄峪溝出此，經西北七里入河。

瓦埠山。在臯蘭縣西南十里。其東麓曰古峯山，去縣三里，林泉秀麗，爲縣勝境。又第一源山，在縣西南十五里，脈連瓦埠，宜藝五穀。

黄峪山。在臯蘭縣西南二十五里。

九州臺山。在臯蘭縣北黄河北五里。其形峭拔，直上如臺，登之可以遠望。相近有白塔山，拱遶三關，如屏障然。

松山。在臯蘭縣北二百餘里，接涼州府平番縣界。有大小二山，一名密哈山，番人謂肉密哈，言此山多禽獸可資肉食也。明永樂中，驅番部於河外，松山爲内地。成化初，博囉入據河套，松山遂爲所有。萬曆初，克酬卓哩克圖等盤據松山，蘭境每被荼毒，莊、涼遂成一綫。後兵備張楝等分路堵勦，再大破之。自是遁跡沙漠，松山復爲内地。「密哈」舊作「米哈」，「博囉」舊作「孛羅」，「克酬卓哩克圖」舊作「火酋著力兔」，今並改。

駝頂山。在金縣東南三十五里。以形似名。

龕山。在金縣南二十里。宋置龕谷寨於此。下有小龕河。

興隆山。在金縣西南十里。

豬觜山。在金縣西北四十里。金於此置鎮。

北巒山。在金縣東北四十五里。舊名亂山。明統志：亂山相連數百里，參差亂如列戟。黄河經其中，一名萬山。臨洮府志：萬山在縣東北五十里。

白石山。在狄道州東。漢書地理志：狄道縣，白石山在東。水經注：隴水西北歷白石山下。按：此山本在今狄道州東，隴水所經。自寰宇記謂山有梁泉，後人遂謂即前蘭州之山，誤。

嶽麓山。在狄道州東一里。上有東嶽廟，故名。

崆峒山。在狄道州東五十里。俗訛爲空頭山。

抹邦山。在狄道州東南。宋史：熙寧五年，王韶引兵城渭源堡，乞神平破蒙羅角等族。初，羌保險，韶乃徑趣抹邦山，壓敵軍而陣，逆擊破之。明統志：在府城南二十五里。臨洮府志：在縣東南三十里。

十八盤山。在狄道州東南一百里。高險，有石級一十八盤。路通岷州，古有驛道。

碧井山。在狄道州南二十五里。又南五里有廟兒山，山麓相連。

翠屏山。在狄道州南六十里。林木森鬱，儼若翠屏。

煤山。在狄道州南八十里。明嘉靖中，楊繼盛始開，居民利之。

蓮花山。在狄道州南一百五十里。山有數峯，宛如蓮花。

幞頭山。在狄道州西南三十里。

珠翠山。在狄道州西南五十里。俗名筆架山。

常家山。在狄道州西南。宋元祐二年，羌酋鬼章與西夏交結，駐兵常家山，爲宋將游師雄所破。明統志：在府西南六十里，與西傾山相連。臨洮府志：山有龍湫，甚深廣，衍爲九曲十八灣。

西傾山。在狄道州西南一百五十里。詳見鞏昌府洮州廳。

西平山。在狄道州西五里。

寶鼎山。在狄道州西十里。峯形似鼎，故名。

臥龍山。在狄道州西二十里。山勢蜿蜒，如龍偃臥。有泉，遇旱禱雨於此。

夏牟山。在狄道州西三十里，連接寶鼎山。山下産牟麥特盛，故名。有亥母洞。

𪓿山。在狄道州西北五十里。以形似名。

黎紫山。在狄道州西北八十里。又黑石山，在州西北一百里。

翠微山。在狄道州北六十里。

馬銜山。在狄道州北，接臯蘭縣及金縣界。宋史吐蕃傳：大中祥符七年，曹瑋言唃廝囉率馬銜山等羌兵至伏羌砦，擊敗之。九域志：熙州東北至馬銜山四十里。臨洮府志：在狄道縣北九十里，金縣西南三十里。其山緜亘凡數百里，勢極高峻，雖炎夏，冰雪不消。亦名馬寒山。

廟坡山。在渭源縣南二里。爲縣屏障。

露骨山。在渭源縣南五十里，與平頂山相連。俗傳即宋王韶穿道入洮州處。又平頂山，在縣南七十里。

五竹山。在渭源縣西南三十里，即青雀山之支，與露骨山相連。盛夏積雪不消，産五色細竹。有秀峯巖，下爲銀溝峪。

鳥鼠山。在渭源縣西。書禹貢：「導渭自鳥鼠同穴。」孔安國傳：「鳥鼠共爲雌雄，同穴處此山，遂名山曰鳥鼠。」爾雅：「鳥鼠同穴，其鳥名鵌，其鼠名鼵。」郭璞注：「鼵如人家鼠而短尾，鵌似鵽而小，黄黑色，穴地入三四尺。鼠在内，鳥在外。」漢書地理志：首陽縣，禹貢鳥鼠同穴山在西南。元和志：鳥鼠山，今名青雀山，在渭源西七十六里。鳥如家雀，色小青；鼠如家鼠，色小黄。近火溲溺，氣甚辛辣，使人氣逆嘔吐。如牛馬得其氣，多疲卧不起而大汗。臨洮府志：青雀山在縣西南三十里。

南谷山。在渭源縣西北。水經注：渭水出南谷山，在鳥鼠山西北十五里。明統志：在縣西二十五里。

鳳凰山。在渭源縣北五十里。

七峯山。在渭源縣東北三里。七峯錯峙。亦名七聖山。

紅山。在靖遠縣東十五里。石崖有泉，曰法泉，禱雨多應。

烏蘭山。在靖遠縣南一百二十里，接鞏昌府會寧縣界。下有烏蘭關，唐烏蘭縣以此名。

紅觜山。在靖遠縣西北五里。上有懸崖，在黄河右，祖厲水流其下。

雪山。在靖遠縣東北一百二十里。山勢高聳，積雪不消。其南二十里曰分水嶺，與雪山相連。又尖山，在縣北一百三十里。皆西距黄河。

韋精山。在靖遠縣東北一百三十里，東連雪山，西臨黄河。河自上垂流數十丈，轉折而東，入寧夏界。

鳳凰山。在河州東十二里。山形如鳳。

棃子山。在河州東五十里。多生酸棃。其東即洮河渡。

金劍山。在河州東南。隋書地理志：大夏縣有金鈕山。元和志：金劍山，在大夏縣西二十里。蓋即金鈕也。

牛脊山。在河州南二十里。又喬家山，在州南六十里。

白石山。在河州西南。應劭曰：「白石縣有白石山，在東。」水經注：灕水逕白石山北。按：此又與狄道、臯蘭之白石山各别。或曰即今雪山也。

石門山。在河州西南。水經注：灕水東北逕石門口，山高險絶，對崖若門，故峽以此名。疑即臯蘭山門也。漢元狩二年，霍去病出隴西，至臯蘭。漢書音義曰：「臯蘭在白石縣，塞外河名也。」孟康曰：「山關名也。」今是山去河不遠，故論者疑在河山之間矣。元和志：石門山在鳳林縣東北二十八里，即臯蘭山門也。

雪山。在河州西南一百五十里，接洮州番界。四時積雪，石如骨露，亦名露骨山。宋熙寧六年，王韶復河州，進破諾押桑城，穿露骨山入洮州，即此。「諾押桑」舊作「阿諾木藏」，今改。

積石山。在河州西北，接西寧界。亦曰小積石山，本古唐述山也。水經注：黄河北有層山，山甚靈秀。山峯之上，立石數百丈，亭亭傑竪，競勢争高。其下層巖峭舉，壁岸無階。中多石室，室中若有積卷，而世士罕有津逮者，因謂之積書巖。巖堂之内，每見神人往還。俗人不悟其仙，乃謂之神鬼。彼羌目鬼曰「唐述」，因名爲唐述山，指其堂密之居爲唐述窟。故秦州記曰：「河峽崖傍有二窟，一曰唐述窟，高四十丈，西二里有時亮窟，高百丈，廣二十丈，深三十丈。崖下有水，南注河，謂之唐述水。」括地志：「小積石山，在枹罕縣西北七十里。」元和志：枹罕縣積石山，一名唐述山，今名小積石山。按：河出積石山，在西南羌中。故今人目彼大積石，此爲小積石。臨洮府志在河州西北一百二十里，西臨番界，兩山如削，河流經其中。按：禹貢導河之積石山，本在徼外，自唐以静邊城置積石軍，始移其名於唐述。然唐人尚不誤，元人竟以大積石山爲崑崙，遂誤以小積石山爲夏禹貢之積石。詳見「西海」。

雞窠山。在河州西北一百四十里。屹立霄漢。

鳳林山。在河州北。水經注：河水東歷鳳林北。鳳林，山名也。五巒俱峙，耆彦云，昔有鳳飛遊五峯，故山有斯目。秦州記曰枹罕原北名鳳林川，川中則黄河東流也。隋書地理志：枹罕縣有鳳林山。元和志：在州北三十五里。

沃干嶺。在臯蘭縣西南。亦曰沃干阪。三國魏正元二年，陳泰救王經於狄道，姜維退還涼州，軍從金城南至沃干阪。舊志：在大夏縣東南洮水西北，自涼州濟河，必度此嶺，乃至狄道。

白嶺。在臯蘭縣西一百里。

車道嶺。在金縣東南七十里，接鞏昌府安定縣界。

胭脂嶺。在狄道州西三十里。下有胭脂川。

摩雲嶺。在狄道州北一百五十里，去蘭州南六十里。雄峻參天，上有關。

胡麻嶺。在狄道州東北一百二十里，路通安定。

白樺嶺。在渭源縣南九十里。上多白樺樹，路通岷州。

高城嶺。在渭源縣西。魏志陳泰傳：姜維圍狄道，泰到隴西，度高城嶺，潛行，夜至狄道。水經注：南谷山有高城嶺，嶺上有城，號渭源城，渭水出焉。又隴水出鳥鼠山西北高城嶺。明統志：分水嶺在渭源西十五里，其水分流，東者入渭，西者入洮。舊志：分水嶺即高城嶺也。

鷩驄嶺。在河州南五十里。

焦紅嶺。在河州西一百里，路通西寧。

分水嶺。在河州西北二百里黄河外，接西寧界。

黑茨嶺。在河州東北九十里。

平頂峯。在臯蘭東北六十里。

玉井峯。在狄道州東南三十里。以峯頭有井，故名。峯後有棲雲洞，一名懸空洞。

夜雨巖。在臯蘭縣西南十里臯蘭山後。有泉自山巔而下，夜深籟静，泉流潺湲，聽之如雨。一方田畝，資此灌溉。俗名後五泉。

伏冰巖。在狄道州東五里。巖中滴水，味甚甘，盛夏尚有伏冰。

滴水巖。在狄道州西十里。有泉自石竇中出。

石嶮峽。在皐蘭縣東二十五里。兩巖懸立，黄河經此東流入金縣北戀山。

小龕峽。在金縣南二十里。兩山相對，自南抵北約十里，形勢巉巖。又大峽，在縣西南十里，浩亹河自此分流，爲神濟河，繞縣西，仍東合浩亹。

鎖林峽。在狄道州南六十里。洮水所經，兩巖懸絶，林木森鬱，宛似對固，故名。

石井峽。在狄道州東北一百二十里。中有泉，四時不竭。

陽武下峽。在靖遠縣。晉隆安初，後涼呂光攻乞伏乾歸，拔金城。遣其將梁恭等與秦州刺史没奕干出陽武下峽，攻其東。通鑑注：在高平西界，河水所經。

木婆谷。在狄道州東三十里。又東谷，在州東五十里。宋王韶自東谷經趨武勝，即此。

贊嘉谷。在狄道州南七十里。中有靈湫池。

紅道谷。在狄道州西南二十里。其相近有巴麻谷，又有十公谷，在州西南四十五里。

通谷。在狄道州西六十里。其谷東入西出，不踰數十步，中可容千百人。上有竅，可見天日。宋熙寧中，嘗於谷口置堡。

鍬谷。在渭源縣南五里。

榆谷。在河州西。後漢書西羌傳：自燒當至滇良，世居河北大允谷。滇良父子擊破先零、卑湳，奪居大、小榆谷。永元中，羌種瓦解，遠踰賜支河首，依發羌居。西海及大、小榆谷左右無復羌寇。隃麋相曹鳳上言：「西戎爲害，自建武以來，常從燒當種起。所以然者，以其居大、小榆谷，土地肥美，南得鍾存以廣其衆，北阻大河，因以爲固。又有西海魚鹽之利，緣山濱水，以廣田蓄，故能彊大。今者衰困，遠依發羌，宜及此時建復西海郡縣，規固二榆，廣設屯田，隔塞羌胡交關之路，植穀富邊，省轉輸之役。」後長史上官鴻開置歸義、建威屯田二十七部，侯霸復置東西邯屯田五部，增留、逢二部，列屯夾河。永初中羌叛，乃罷。水經注：河水東經允川，而歷大榆、小榆谷北。自晉以後，皆爲羌胡所據。後周逐吐谷渾，復收其地。唐時亦曰九曲。景龍初，吐番請河西九曲爲金城公主湯沐。鄯州都督楊矩奏與之。天寶十三載，隴右節度哥舒翰擊吐蕃，拔洪濟、大漠等城，悉收九曲部落，置洮陽郡，築神册、宛秀二城。尋復没於吐蕃。通鑑注：大、小榆谷，即唐之九曲，去積石軍二百里。

女遮峪。在臯蘭縣東三十五里。宋李憲與苗綬城蘭州，敗夏人於此。

阿干峪。在臯蘭縣南四十里。其土宜爲陶器，入火不裂。

李麻峪。在臯蘭縣西四十里，路通甘州府。

白草原。在金縣南二十里。草地廣闊，滋長繁茂，俗亦名百草原。

故關原。在狄道州北三十里。魏正元中，王經與姜維戰於故關，即此。相近有太平原，上有平地百頃，可屯軍。

東岡坡。在臯蘭縣東二十五里。相傳唐太宗爲秦王時，獲褚亮於此。

麝香坡。在狄道州西南，與夏牟山相近。中產麝香。又有高峯坡，在州東北十五里。

安遠坡。在河州東南四十里。又當川坡，在州東南一百六十里，路通蘭州府。

隴坻。在狄道州東。水經注：隴水西逕隴坻，其山崖崩落者，聲聞數百里。揚雄稱「響若坻頹」是也。

河夾岸。在河州東北。水經注：大河東逕赤岸北，即河夾岸也。秦州記曰，抱罕有河夾岸，廣四十丈。義熙中，乞佛於此河。上作飛橋，高五十丈，三年乃就。

廣大坂。在河州北。十三州志：在枹罕縣西北，罕開在焉。昔慕容吐谷渾自燕歷陰山，西馳而創居於此。州志：一名廣大原，在州北二里。四望寬平，居民稠密，東西八十里，南北四十里。又名萬頃原，其上有重臺原。

萬斛堆。在靖遠縣西。晉泰始六年，鮮卑樹機能叛，秦州刺史胡烈討之，至萬斛堆被殺。通鑑注：在温圍水東北。

黄石坪。在金縣南四十里。

新道坪。在狄道州南。或謂之辛道坪，以辛氏多居於此。

嵐關坪。在狄道州南二十里。一名南關。關口險隘，坪上高敞，延袤可十餘里。

他剌坪。在河州北一百里黄河外，接莊浪界。

豬肝岔。在靖遠縣東北大河南岸。明成化十年，寇從此入邊。

硇砂洞。在皋蘭縣南四十五里。洞產硇砂。又煤洞，在縣西南四十里，洞凡數十，縣民賴之。又金縣西北四十里亦有煤洞，深十餘丈。

仙人洞。在金縣南二十五里。又縣南三十里有黄猴洞，縣南四十里有千佛洞。

水簾洞。在狄道州西三十里。

黄河。自西番流入，經河州北，東經皋蘭縣北，至金縣北，又經靖遠縣西，轉北入寧夏府中衛縣界〔二〕。漢書地理志：河關縣，河水行塞外，東北入塞内，至章武入海，過郡十六，行九千四百里。水經注：河水自河曲逕西海郡南，又東逕允川，而歷大榆、小榆谷北。又東逕沙州北，又東過河關縣北，澆水從東南注之。又東北入西平郡界，又東逕澆河故城北。又東北逕黄川城，又東逕石城南，又東北逕黄河城南，又東北逕廣威城北〔三〕，又東逕邯川城南。又東，臨津溪水注之。又東逕臨津城北、白土城南。又東，左會白土川水，又東歷鳳林北，又東與灕水合，又逕左南城南，又東逕赤岸北，又東，洮水注之。又東過金城允吾縣南，湟水注之，謂之金城河。又東逕石城南，謂之石城津。又東南逕金城縣故城北，有梁泉注之。又東過榆中縣北，又東過天水北界，菀川水北入之〔四〕。又北過武威媼圍縣東北〔五〕。又東北過天水勇士縣北，二十八渡水注之。又有赤蒿谷水北流注之。又東北過安定祖厲縣故城西北。又東北，祖厲川水注之。又東北逕麥田城西，又北與麥田泉水合，又東北逕麥田山西，又東北逕黑城北，又東北，高平川水注之。元和志：河水在枹罕縣北五十里，流經五泉縣北，去縣二十里，流入會寧縣，有黃河堧。開元七年，河流漸逼州城。刺史安敬忠率團結兵起作〔六〕，拔河水向西北流，遂免淹没。元史河源附録：黃河過崑崙，東北流，約行半月，至貴德州。又四五日，至積石州。又五日，至河州安鄉關。一日，至打羅坑。東北行一日，洮河水南來入河。又一日，至蘭州，過北卜渡，至鳴沙州。明統志：黃河自蘭州石嶮峽流入金縣亂山二百餘里，始瀉落巨川，如瀑布然。土人沿山引水〔七〕，灌田甚多。禹貢錐指：河自西寧衛西南塞外，至河州西七十里入塞。又東北經州北，合灕水。又東北，合洮水。又東北，經蘭州西南，湟水合浩亹水自西來注之。又東北經州北，又東北經金縣北，又東北經靖遠衛北。通志：黃河在河州北八十里，蘭州城北五步，金縣北六十里，靖遠衛北五里。

清水河。在金縣東三十里，北流合浩河入河〔八〕。按：水經注有二十八渡水，出勇士縣南，東北流，谿澗縈曲，途出其中，逕二十八渡。行者勤於溯涉，故名。又北逕其縣下注。疑即此。

浩亹河。在金縣南，源出馬寒山峽中，東北流經縣南門外。又小龕河，在縣南十五里，源出龕山，北流入浩亹河。又神濟河，在縣西南十里，自浩亹河分流經縣西，仍東合於浩亹。又連達溝，在縣西北十里，兩溝相接，故名，亦入浩亹河。按：水經注有苑川水，出勇士縣子城南山，東北流歷子城西，世謂之子城川。又北逕牧師苑，又北入河。即此。浩亹爲金城大河，即今西寧之大通河也。此乃小水，土俗傳訛，混取古名耳。

渭河。在渭源縣北，東流入鞏昌府隴西縣界。漢書地理志：鳥鼠同穴山，渭水所出，東至船司空入河，過郡四，行千八百七十里，雍州寖。水經注：渭水出首陽縣首陽山渭首亭南谷山〔九〕，三源合注，東北流逕首陽縣西，與別源合。水出南鳥鼠山渭水谷，東北流過同穴枝間。又東北流而會於殊源。又東南流逕首陽縣南，右得封溪水〔一〇〕，次南得廣相溪水，次東得共谷水，左則天馬谿水，次南則伯陽谷水，並參差翼注，亂流東南出。明統志〉：渭河在縣北二里，源出南谷，至鳥鼠山轉而東流。〈府志〉：在縣西北一里二百步，有渭泉，在縣西二十里，即渭水源也。又有清源河，在縣南，源出五竹山。其水甚清，故名。又鍬谷河，在縣南七里，俱東北流入渭。按：輿圖，今南谷山之水在縣西北，鳥鼠山之水在縣西南，分繞縣之南北，至縣東合流爲渭水。舊志以經縣城南，又繞縣東門者爲清源河，非是。

祖厲河。在靖遠縣西北。本名庥岔河，亦名南河。自鞏昌府會寧縣流入，爲祖厲河下流，入黄河。水經注：祖厲水出祖厲南山，北流逕祖厲縣而西北流注於河水。靖遠衛志：城中無清泉，祖厲舊在衛西，復醶苦，汲者必涉祖厲而後達於河。遇水潦，即漲溢不可渡，乃截其上流。去衛五里，地有江嵴者，決而導之，使北入河。於是故道湮平，往來便易。

亥剌河。在靖遠縣北，西流入河。水經注：「麥田水出麥田城西北，西南流注河。」即此。又縣北有三石剌川，其西爲五郎口，明初孫興祖戰死於此。

湟水。在皐蘭縣西。自西寧府界流入，入黄河。漢書地理志：臨羌湟水，東至允吾入河。水經注：湟水自破羌縣〔一一〕東南逕小晉興城北，又東與閤門河合，即浩亹河也。又東逕允吾縣北，爲鄭伯津，與澗水合。又東逕允街縣故城南，又東逕枝陽縣，逆水注之。又東注於金城河，即積石黄河也。明統志：在州西一百八十里。

阿干水。在皐蘭縣西。九域志：阿干堡有阿干水。蘭州志：在州西三里，源出狄道馬寒山，自分水嶺分爲二派，東入金縣爲閤門河，北入州界阿干峪爲阿干河。自峽奔流至縣城，沿河居人多爲水磨，亦謂之水磨河，溉軍民園地幾百頃。按：明彭澤溥惠渠記云阿干水出天都山，與州志不同。

澗水。在皐蘭縣西北。自平番縣流入，入湟水。漢書地理志：令居縣澗水，至縣西南入鄭伯津。水經注：澗水逕令居縣，又南逕永登亭西，歷黑石谷，南流注鄭伯津。舊志：今有可可河，在州西八十里，自莊浪所流入，入湟河，疑即澗水也。

逆水。在皐蘭縣西北，自平番縣流入。漢書地理志：允吾縣烏亭逆水，出參街谷，東至枝陽入湟。水經注：逆水逕廣武城，又東逕枝陽縣故城南，東南入湟水。舊志：今有莊浪河，在州西北七十五里，自莊浪所流入，入湟水，疑即逆水也。按：輿圖，今莊浪河入大河，不入湟水。

隴水。在狄道州東，源出渭源縣西北，流入州境，注於洮水。水經注：隴水即山海經所謂濫水也。出鳥鼠山西北高城嶺，西逕隴坻，又西北歷白石山下，又西北逕武階城南，又西北逕降狄道故城東。昔馬援爲隴西太守六年，於狄道開渠引水，種植秔稻，郡中樂業，即此水也。又西北流注於洮水。明統志有東峪河，在府城東三里，源出渭源縣界。舊志：源出渭源縣分水嶺，會馬兒藏南峪水成河，西北流經府城東，又繞城北入洮河。其下流亦名小河溝。

蕈川水。在狄道州南。水經注：水出桑嵐西谿，東流歷桑嵐川。又東逕蕈川北，東入洮水。

蕈塏川水。在狄道州南。水經注：水出東南石底嶺下。北歷蕈塏川，西北注洮水。按：此疑即今之抹邦河也。

藍川水。在狄道州南。水經注：源出自歷川西北谿，南流歷川〔一二〕，東北流逕藍川，歷水池城北〔一三〕，又東入洮水。

和博川水。在狄道州南。水經注：水出和博城西南山下，東北逕和博城南，東北注於洮水。舊志：今有邦金川，在州南六十里。宋元祐中，种誼擊鬼章，夜濟邦金川，至鐵城，大破之，即此。

南川水。在狄道州南。明統志：抹邦河，在臨洮府城南三十里，源出南川，西流入洮水。臨洮府志：南川在狄道縣南九十里，源出渭源露骨山，西北入洮。舊縣志：源出蓮花山，流經抹邦山，因名抹邦河。

洮水。在狄道州西。自鞏昌府岷州流入，又西北經臯蘭縣西界入黄河。漢書地理志：洮水北至枹罕東入河。水經注：洮水從步河亭東，又北出門峽，歷求厥川，蕈川水注之。又北歷峽，逕偏橋，出夷始梁，右合蕈塏川水，又東北逕桑城東，又北會藍川水，又北逕外羌城西，又北逕和博城東，左合和博川水。又北逕安故縣故城西，又北逕降狄道故城西，又北，隴水注之。又右合二水，又左會大夏川水。又北翼帶三水，亂流北入河。明統志：洮河在府城西，源出番地，流入本境盤東山峽中，千數百里，始經府城南，浩然奔放，聲如萬雷。又洮水流經府界，謂之桓水。臨洮府志：洮河在府西三里，由深溝兒至府城西，可灌田百餘頃。通志：洮河新渠，在狄道縣北六十里。雍正三年開，引洮水北流二十里，灌田三百頃。

大夏水。在狄道州西北。水經注：大夏川水出西山，二源合而亂流，逕金柳城，又東北逕大夏縣故城南，又東北出山，注於洮水。元和志：大夏水經大夏縣南，去縣十步。寰宇記：一名白水，出縣西南山谷中。舊志：今有三岔河，在臨洮府西北十里，源出河州界麻山關大馬家灘火石界内，三派會流，東北入洮河。又打壁河，在府北三十里，源出石井峽。又結河，在府北六十里，源出馬銜山，俱西流入洮。按：今州西入洮之水唯三岔河稍大，又在古大夏縣南，其爲大夏水無疑。舊志知今大夏河之爲灕水，而疑今廣通河即大夏水，以此爲水經注洮水右合之二水，皆非。

灕水。在河州南，自番界流入。漢書地理志：白石縣灕水出西塞外，東至枹罕入河。水經注：灕水導源塞外羌中，東北流逕河列城東（一四），列水入之。又東北，右合黑城谿水，又東北逕榆城東，榆城谿水注之。又東北逕石門口，又東北，臯蘭山水自山左右翼注之。又東，白石川水注之。又東逕白石縣故城南，又東逕白石山北，羅溪注之。又東，左合罕幵南谿，又東逕枹罕縣故城南。又東北，故城川水注之。又東北，左合白石川之枝津。又東北出峽，北流注於河。元和志：灕水在鳳林縣西，去縣二百步。明統志謂之大夏河，在州南三里。舊志：大夏河去州五里，源出邊外，由土門、槐樹、老鴉三關入境，經州南折北流入河。又牛脊河，在州西南十里，源亦出邊外，由喬家岔關入境，東北入大夏河。又洪水河，源出大溝河，流經州南門外，又東入大夏河。又廣通河，在州東南六十里寧河城東，西北流入大夏河。通志：本朝康熙六年，州人自西古城開渠引大夏河，長三十里，灌田無數。年久湮廢。四十三年，知州王全臣等重修，並引水入城，居民利之。按：古大夏水入洮，此水入河，乃灕水也。自明統志訛爲大夏河，又云灕水在蘭州東南十五里，諸志從之，皆誤。又考輿圖，此水在邊外名阿拉藏河，東流會五六小水，行四百餘里，始折東北入州境，與水經注合。今土人皆名爲大夏河，不知爲灕水矣。

裴家川。在靖遠縣北一百三十里河外，自莊浪衛流入。又蘆溝，亦在縣北河外寧夏固原邊接境處。

鎖黄川。在靖遠縣東北蘆溝堡東一百八十里。其地曠遠，明時套夷每由此入。

銀川。在河州西北六十里。宋史吐蕃瞎氊少子瞎吴叱居銀川，即此。又漾卑河，在州西北一百里。

俺哥川。在河州北五十里黄河南。土脈膏腴，五穀茂盛。又胖哥川，在州東北八十里河外。

西湖。在狄道州西南二里，引洮水注之。每重五日，郡人競游於此。

笱籠溝。在皋蘭縣西南六里，北流入黄河。又黄峪溝，在縣西七里；大、小金溝，在縣西二十里；又有東西二柳溝，共灌田三百餘頃。

囮子溝。在河州東北二十里。亦名洞子溝，洮水支流也。溝甚隘，深數十丈，長二十里，路通皋蘭。

溥惠渠。在皋蘭縣西五里，引阿干水溉田。

古蹟渠。在河州南。舊志：自老鴉山口引水至九眼泉。明成化十九年，守備康永開壩一百五十里，灌田千頃。年久湮廢，萬曆三十年，知州陳文焯復開新渠，自焦家壩北折至九眼泉，長三十里。

西溪。在河州西。明州人王竑别業在焉。有迴瀾閣、醒心亭、一鑑池、漣漪橋、半畝塘、秋香徑、丹霞塢、水竹居八詠。

蓮花池。在皋蘭縣西七里，周數十里。明時肅藩令瀦神泉水爲池，花木暢茂，魚鼈充牣，爲縣勝境。又龍池，在縣西南四十里瓦埠山後。

河池。在靖遠縣東。元和志：會寧縣有河池，西去州一百二十里。其地春夏因雨生鹽。雨多鹽少，雨少鹽多，遠望如河，故曰河池。舊志有鹽乾州，在衛東一百二十里。

湫池。在河州西北二百里積石關西，周圍三十里。岸上萬木森列，一葉落其中，輒移岸上，土人名爲顯神池。

梁泉。在皋蘭縣東。水經注：泉出金城縣之南山。耆舊言，梁暉，漢梁冀之後，爲羌渠帥，自金城將移居枹罕，出頓此山，爲羣羌圍迫，無水。暉以所執榆鞭豎地，以青羊祈山神，飛泉湧出。其水自縣北流注於河。明統志：泉在白石山。

曲柳泉。在皋蘭縣東二十里。其水流爲東柳溝，東北入河。

甘泉。在皋蘭縣南三里。味甘美，可瀹茗。

蘭泉。在皋蘭縣南。亦曰五眼龍泉。九域志：皋蘭堡有蘭泉。明統志：五眼泉在皋蘭山下，泉有五眼。相傳霍去病擊匈奴至此，以鞭卓地而泉出。舊志：皋蘭水在州西南三里，即五眼泉匯流成溪，灌溉州東南園田，與阿干河並利。按：明統志謂此水左右翼注灘水。又云灘水在蘭州東南十五里，源出塞外，經皋蘭山，與皋蘭水合。今考灘水在河州西，不經蘭州界。明統志移水經注之文於蘭州之小水，誤。

紅泥泉。在皋蘭縣南。亦出皋蘭山麓，下流入河。

神泉。在皋蘭縣西七里。俗呼獅跑泉，遇旱取水，禱雨輒應。

萬眼泉。在皋蘭縣東北三十里，沿河諸山巖間湧泉甚多，可資灌溉。

温泉。在金縣南十里。又有暖水泉，在縣西南十里。

黄眼泉。在金縣北六十里。

玉潤泉。在狄道州東三里。清洌可掬。

唐古泉。在狄道州南二十五里。其水由清水渠至番城，溉田二百餘頃。

石井泉。在狄道州北一百二十里。自山峽中湧出。

通濟泉。在渭源縣南鍬峪川。又息家泉，在縣西五十里，歲旱不涸。

九眼泉。在河州東十里。泉有九穴，居民引以溉田。又駝岡泉，在州南十里，水清泠。

校勘記

〔一〕本元時州人張德載家塾　「本」，原闕，據乾隆志卷一九八蘭州府學校（下同卷簡稱乾隆志）補。

〔二〕轉北入寧夏府中衛縣界　「北」，原作「行」，據乾隆志改。

〔三〕又東北逕廣威城北　「廣威城北」，「北」原作「南」，乾隆志同，據水經注卷二河水改。

〔四〕菀川水北入之　「菀」，乾隆志同。按，戴震校水經注改作「苑」。本志下文浩亹河下接按語引水經注，亦作「苑川水」，字當作「苑」。

〔五〕又北過武威媼圍縣東北　乾隆志同。按，戴震校水經注，「又」下添「東」字，「東北」改作「南」。

〔六〕刺史安敬忠率團結兵起作　「團結兵」，原作「團積兵」，據乾隆志改。按，元和郡縣志卷四關内道作「團練兵」，團結兵即團練兵。唐代宗大曆十二年五月，詔諸州兵，差點土人，春夏歸農、秋冬追集，給身糧醬菜者，謂之「團結」。參資治通鑑卷二二五唐紀，「代宗大曆十二年」條。

〔七〕土人沿山引水　「土」，原作「士」，據乾隆志及明一統志卷三六臨洮府山川改。

〔八〕北流合浩河入河　「浩河」，乾隆志同，疑當作「浩亹河」，脱「亹」字。

〔九〕渭水出首陽縣首陽山渭首亭南谷山　乾隆志同。按，「南谷山」之「山」字當刪。水經注卷一七渭水此下尚有「在鳥鼠山西北」六字，此「山」字當連此六字爲句。一統志史臣或誤讀水經注文，下文按語亦以「南谷山」連讀可證也。

〔一〇〕右得封湲水　「湲」，乾隆志同。按，戴震校水經注，謂「湲」爲「溪」之訛字。

〔一一〕湟水自破羌縣　乾隆志同。按，據水經注卷二河水，此下脱「故城南」三字。

〔一二〕源出自歷川西北谿南流歷川　「自」，乾隆志作「來」。按，戴震校水經注此句作「源出求厥川西北溪」，按語云：「近刻作『出來歷川西北溪，南流歷川』。」

〔一三〕歷水池城北　「池」，乾隆志作「城」。按，戴震校水經注，此句改作「歷桑城北」，按語云：「近刻訛作『歷水城城北』。」

〔一四〕東北流逕河列城東　乾隆志同。按，戴震校水經注，以「河」爲衍文刪去。

大清一統志卷二百五十三

蘭州府二

古蹟

金城故城。在臯蘭縣西南。漢置縣，屬金城郡。應劭曰：「初築城得金，故曰金城。」薛瓚曰：「稱金，取其堅也。」東晉時爲金城郡治。咸康元年，張駿分郡屬河州。秦苻堅建元七年，移涼州治金城郡，尋罷。乞伏乾歸太初元年，自苑川遷都金城，稱河南王。明年，稱金城王。七年，稱秦王，遷都西城。涼呂光龍飛二年，伐秦，克金城。其年，南涼禿髮烏孤攻涼金城，克之。皆金城縣也。後魏省，尋復置子城縣，兼移金城郡來治。隋書地理志：金城縣，舊曰子城，帶金城郡。大業初，改爲金城。隋末，陷薛舉。其後，又改縣曰五泉。唐爲蘭州治。元和志：州南至臨州一百九十里，西南至河州三百里。舊唐書地理志：五泉，漢金城縣，幵羌所處〔一〕。乞伏乾歸都此，稱涼。隋志：五泉縣，咸亨二年復爲金城。天寶元年，復爲五泉。後陷吐蕃。宋時入西夏。元豐四年，宦者李憲帥五路之師伐夏，收復蘭州。崇寧三年，復改置蘭泉縣爲倚郭。金省入州。元統志有石龜城，在州城北河畔。蘭州志：石龜城即州基也。北臨黄河，有石如龜，伏城垣下。又有西古城，在州西南四十里河南岸，即金城故址。明弘治十八年置堡。

允吾故城。在臯蘭縣西北。漢置縣，爲金城郡治。應劭曰：「音鉛牙。」後漢因之。晉初，徙郡治榆中，縣廢。隆安元年，乞伏乾歸攻涼允吾郡，克之。四年，乾歸爲姚興所敗，西保允吾，即故城也。水經注：允吾縣，在大河之北，湟水之南。元和志：

在廣武縣西南一百六十里。按：漢允吾在黄河之北。明統志謂允吾城在蘭州西南五十里，蘭州志土人謂之西古城，弘治十年爲堡，皆誤。

榆中故城。在金縣西北。戰國策：蘇厲説趙曰：「楚扞關至榆中千五百里。」史記：秦始皇三十三年，西北自榆中並河以東〔二〕。漢置榆中縣，屬金城郡。水經注：河水東過榆中縣北。昔蒙恬爲秦北逐戎人，開榆中之地，即此。晉初，爲金城郡治。十六國春秋：西秦乞伏乾歸更始二年，攻秦，拔金城郡。以乞伏務和爲東金城太守，鎮之。蓋東晉後移郡治金城，故以此爲東金城也。後魏亦爲金城郡治，後郡徙縣廢。後漢書注：在今金城縣東。通鑑注：在蘭州東五十里。按：寰宇記謂即大、小榆谷，明統志又云在蘭州西二百里，皆誤。

勇士故城。在金縣東北。漢置，屬天水郡。地理志：縣有屬國都尉，治滿福。後漢屬漢陽郡，晉廢。十六國春秋：苻秦皇始中，鮮卑乞伏司繁自麥田遷於度堅山。建元七年，苻堅使王統攻之。司繁兵敗，詣統降。以其從叔吐雷爲勇士護軍，撫其部衆。尋復使司繁還鎮勇士川。及堅敗，司繁子國仁遂擊併諸部，以晉太元十年，稱秦、河二州牧，分其地置十二郡，築勇士城居之。十三年，國仁弟乾歸又遷於金城。顔師古漢書注：「勇士縣，即今俗呼爲健士者也。隋初，避太子諱，因而遂改。」舊志：在靖遠衛西南二百里。

狄道故城。在狄道州西南。史記匈奴傳：隴西有翟、豲之戎。百官表：縣有蠻夷曰道。漢因置狄道縣，爲隴西郡治。後漢永初五年，羌亂，詔隴西郡徙襄武。延光二年，還治狄道。晉建元元年，張駿以狄道立武始郡。水經注：洮水逕降狄道故城西。闞駰曰：「今曰武始也。」後魏時，武始郡治勇田縣，仍領狄道及陽素二縣。隋屬金城郡。唐初屬蘭州。乾元初，爲臨州治。寶應初，陷廢。寰宇記：縣在蘭州南一百九十里。宋熙寧五年，王韶破羌族，遂城武勝，建爲鎮洮軍，更名熙州。金、元增修，在洮河之上，亦曰洮城。臨洮府志有舊土城，俗名番城，在縣南一里許。東、西、南三面與府城濠相連，即故城也。又舊志有武始城，在縣北七十里，蓋即故勇田縣。其陽素無考。

安故故城。在狄道州南。漢置縣，屬隴西郡。後漢因之。晉初省，前涼復置，兼置安故郡。十六國春秋：永昌元年，張茂分安故郡，屬定州。又乞伏國仁建義元年置安固郡，後廢。水經注：洮水逕安故縣故城西。十三州志曰，縣在隴西郡南四十七里。蓋延轉擊狄道、安故、五谿羌，大破之，即此也。按：寰宇記安故城在五泉縣西南，明統志在蘭州西八十里，舊志在今狄道縣西南一百六十里，皆與水經注不合。

首陽故城。在渭源縣東北。漢置縣，屬隴西郡。漢書：永光二年，隴西羌多姐旁種反，詔馮奉世討之，屯首陽西極上。如淳曰：「西極，山名也。」水經注：首陽縣高城嶺上有城，號渭源城。隋志無首陽，而有渭源縣。元和志：渭源縣正東微南至渭州九十里，西魏文帝分隴西置渭源郡，因渭水爲名。開皇三年罷。舊唐書地理志：渭源，漢首陽縣地。後魏分置渭陽郡，又改首陽爲渭源縣。上元二年，改首陽縣，仍於渭源故城分置渭陽縣。儀鳳三年，廢首陽，併入渭源。九域志：熙州有渭源堡，熙寧五年置，在州東九十二里。金志：屬康樂縣，臨宋界。元志：至元十三年，復升堡爲縣。明統志：在府東一百二十里。臨洮府志：渭源故城在縣東北，與今城相連。又渭源堡，在縣西北三百步許岡上，周五里。明嘉靖、萬曆間重修。

祖厲故城。在靖遠縣西南。漢置縣，屬安定郡。李斐曰：「音『嗟賴』。」後漢屬武威郡，晉省。魏書地形志：隴東郡有祖厲縣。在今平涼府界，非故縣也。寰宇記：祖厲城，一名馬城。明統志：祖厲地在衛城西南一百三十里。

烏蘭故城。在靖遠縣西南，唐置，屬會州。元和志：縣東南至州一百四十里，本漢祖厲縣地，前涼張軌收其縣人，於涼州故武威縣側近別置祖厲縣。周武帝西巡，於此置烏蘭關，又置縣在會寧關東南四里。舊城内沙石不堪久居，天授二年移置於東北七里平川。寰宇記：縣在州西北驛路一百八十里。按：元和志「東南」當爲「東北」，寰宇記「西北」當作「西南」。

鸇陰故城。在靖遠縣西北。漢置鶉陰縣，屬安定郡。後漢曰鸇陰，屬武威郡。魏黃初二年，張既爲涼州刺史，至金城渡河，賊騎逆拒於鸇陰口。晉省。十六國春秋：苻秦建元二十一年，尉祐據允吾叛，從弟隨據鸇陰起兵應之。即此。魏書地形志：平涼郡治鸇陰縣。在今平涼府界，非故縣也。章懷太子曰：「故城在姑臧東南，因水爲名。」寰宇記：鸇，水名，其城俗名正陰城。

枹罕故城。今河州治。漢置縣，屬金城郡。應劭曰：「故罕羌侯邑也。」後漢改屬隴西郡。靈帝時，隴西宋建聚衆據枹罕，自稱河首平漢王。建安十九年，曹操遣夏侯淵討平之。十三州志：枹罕縣在郡西二百一十里。灕水在城南門前東過也。晉初廢。惠帝時，置枹罕護軍。十六國春秋：咸和二年，劉曜將劉胤攻涼〔三〕，枹罕護軍辛晏降之，遂失河南地。五年，張駿收復河南地。咸康元年，分晉興郡置河州。秦苻堅建元三年，克枹罕，以彭越爲涼州刺史鎮之。七年，徙涼州治金城，以李儼子辨爲河州刺史，領晉興太守，鎮枹罕。西秦乞伏乾歸太初二年，枹罕羌彭奚念來附，以爲北河州刺史。更始元年，以屋列破光爲河州刺史，鎮枹罕。乞伏熾磐永康元年，遷都枹罕。魏書地形志：河州，乞伏乾歸都，真君六年置鎮，後改州，治枹罕。元和志：河州，晉惠帝立枹罕護軍，前涼張軌立晉興郡，張駿二十一年，以州界遼遠，分置河州，後乞伏熾磐又自金城都於此。後魏置枹罕鎮。太和十六年，復爲河州。大業三年，改爲枹罕郡。武德二年，討平李軌，改置河州。寶應元年，入於吐蕃。宋史吐蕃傳：嘉祐中，瞎氈子木征居河州，後徙安江城。九域志：熙寧六年，收復置河州，以唐枹罕縣地置枹罕縣，九年省。金史地理志：枹罕縣，貞元二年復置。臨洮府志：枹罕廢縣，在河州西。有西古城，在州西二十里，相傳宋時築。又有北古城，在州北一里，俗名番城，疑即金貞元時城也。

大夏故城。在河州東南。漢置，屬隴西郡。後漢因之。晉初縣廢。惠帝時，張軌復置，屬晉興郡。張駿又置大夏郡。十六國春秋：咸康元年，張駿以大夏郡屬河州。永和二年，石趙將麻秋克金城，進取大夏，執太守朱晏。太和二年，張天錫擊李儼，克大夏郡。皆即故城也。後郡廢。後魏皇興三年，復置大夏郡。後復爲縣，屬金城郡。隋屬枹罕郡。唐屬河州。貞觀元年，省入枹罕。五年復置。元和志：縣西北至河州七十里。廣德後没於吐蕃。

白石故城。在河州西南。漢置，屬金城郡。永光二年，馮奉世討隴西叛羌，以典屬國任立爲右軍，屯白石。後漢改屬隴西郡，晉初縣廢。十三州志：白石縣，在狄道縣西北二百八十五里。十六國春秋：苻堅建元三年，張天錫攻李儼於枹罕，王猛馳救，使姜衡屯白石。乞伏熾磐永康三年，討破休官於白石川，進據白石城，即故地也。

鳳林故城。在河州西南，本漢白石縣地。晉惠帝時，張軌分置永固縣，屬晉興郡。唐改置鳳林縣，屬河州。元和志：縣東北至州八十里。儀鳳元年，於河州西移安鄉縣理此。天寶元年，改名鳳林。舊唐書地理志：鳳林，漢白石縣。張駿改爲永固。貞觀七年，於廢縣置烏州。十一年，州廢，於城内置安鄉縣。天寶元年，改爲鳳林，取關名也。按：漢白石縣，晉末其城尚在。舊唐志謂張氏改爲永固，特置於其地耳。寰宇記又云張駿八年改。晉志張軌時已有永固縣，亦非駿改也。安鄉，新唐志作安昌，諸書多不同。

河關故城。在河州西。漢置縣，屬金城郡。水經注引地理志曰宣帝神爵二年置，蓋取河之關塞也。後漢改屬隴西郡。晉初省，惠帝復置，屬狄道郡。十六國春秋：後涼呂光龍飛二年，攻西秦，克河關。即此。後入吐谷渾，廢。

會寧舊城。在靖遠縣東北。元和志：會州，古西羌地。周太祖爲西魏相，來巡，會師於此。土人張信罄資饗六軍，太祖悦，因命置州，以「會」爲名。周保定二年，廢州，改爲會寧防。隋開皇元年，改防爲鎮。武德二年，討平李軌，置西會州。貞觀八年，以此州倉儲殷實，改爲粟州。其年又爲會州。東南至原州三百九十里，西南至蘭州三百八十里，治會寧縣。本漢鶉陰縣地。周太祖置會寧縣，屬會州。大業二年，改爲涼州縣。武德二年，又改會寧。宋史：雍熙二年，李繼遷破會州，焚毁城郭而去。元統志：宋崇寧三年，置會州倚郭縣曰敷川。金大定二十二年，置保川縣。明年，州陷河西，遷治會州城。明統志：正統二年，復修廢城置衛，即今治。按：今治即宋之敷川廢縣，而唐之會寧縣又在其東北也。敷川縣，宋志作「敷文」，誤。

武城廢郡。在河州。東晉時，前涼張氏置。十六國春秋：咸康元年，張駿分武城郡屬河州。永和初，趙將麻秋來伐，武城太守張悛同守枹罕。又西秦乞伏國仁亦置武城郡。

澆河廢郡。在河州西，古西羌所居。後漢延熹中，燒當等八種羌爲寇，段熲擊破之，遂定其地。東晉時，呂光置澆河郡。隆安初，爲南涼禿髮烏孤所取。後入吐谷渾。宋景平元年，拜吐谷渾阿豺爲澆河公。水經注：河水東逕澆河故城北，有二城東西角犄，東北去西平二百二十里。宋少帝拜阿豺爲澆河公，即此城也。隋書地理志：澆河郡，後周武帝逐吐谷渾，以置廓州總管府。

開皇初，府廢，治河津縣。後周置洮河郡，領洮河、廣威、安戎三縣。開皇初，郡廢，併三縣入焉。大業初，置澆河郡。元和志：秃髮烏孤以河南地爲澆河郡。後周建德五年，於今州理西南達化縣界澆河故城置廓州，以開廓邊境爲義。舊唐書地理志：澆河城，在達化縣西一百二十里。寰宇記：澆河城，亦謂之故廓州城，相傳趙充國所築，即阿豺舊理。按：唐時廓州治化隆，别見西寧府。

積石廢州。在河州西。唐書地理志：達化縣西有積石軍，本静邊鎮。元和志：積石軍，在廓州西南一百五十里。儀鳳二年置。北枕黄河，即隋澆河郡所理。宋史地理志：積石軍本溪哥城，元符間爲吐蕃溪巴温所據。大觀二年，臧征撲哥以城降，即其地建軍，東至廓州界八十里，西至青海一百餘里，北至西寧州八十里。金大定二十二年，升爲積石州。明初廢。又宋時西夏亦置積石州。夏國傳：河外有積石州。元太祖本紀：「二十二年，伐西夏，留兵攻夏王城，自帥師渡河攻積石州。」此别自一城。或謂即唐、宋積石軍，非是。

阿干廢縣。在臯蘭縣南。九域志：元豐六年，置阿干堡，在州西南四十里。元統志：金大定二十二年，升阿干堡爲縣，屬蘭州。至元七年，併入州。明統志：廢縣在州南四十五里。

媪圍廢縣。在臯蘭縣東北。漢置縣，屬武威郡，後漢因之。晉省。水經注：河水逕媪圍縣界，東北流。

龕谷廢縣。在金縣南。宋史吐蕃傳：景德中，西涼府率龕谷、蘭州諸族攻者龍族。嘉祐中，唃廝囉子瞎氈居龕谷，屢通貢。九域志：元豐四年，置龕谷砦，在州東九十四里。宋史地理志：龕谷砦，元祐七年廢。紹聖三年，復修爲堡。東至定遠砦二百里，西至阿干堡七十里，南至通谷堡二百二十里，北至定邊城三十里。元統志：金大定二十二年，升龕谷爲縣。正大三年，以龕谷縣爲金州治所。元史地理志：至元七年，併龕谷縣入州。明統志：洪武初，改金州爲金縣，廢龕谷縣，在金縣南二十里。

定遠廢縣。在金縣西北。宋史：种誼知蘭州，以蘭與通遠皆絶塞，中間保障不相接，腴田多棄不耕，乃請城李諸平以扼衝要。地理志：蘭州定遠城，元祐七年築。舊名李諸平，本屬龕谷砦，因地窄無水，廢之，後築爲定遠軍城。東至安西城八十里，西至東關堡五十里，南至龕谷堡三十里，北至黃河一百七里。元統志：金大定二十二年，升爲定遠縣。正大中，屬金州。元廢。明統志：故縣在金縣北三十里。按：唐志有警州，本定遠城，在今寧夏府靈州東北二百里。明統志以爲即此城，誤甚。

武街廢縣。在狄道州東。晉惠帝分狄道置武街縣，屬狄道郡。咸和中，張駿收河南地，置武街屯護軍。水經注「濫水西北逕武階城南」，即武街之譌也。唐置武街驛。開元二年，隴右防禦使薛訥擊吐蕃〔四〕，軍至武街，即此。

水池廢縣。在狄道州西南。魏書地形志：河州洪和郡，領縣三：水池，真君四年置郡，後改；藍川，真君八年置郡，後改；蕈川，延興四年置。隋書地理志：枹罕郡統水池縣，後魏曰蕈川，後周改。舊志：水池城，在洮州衛東北一百六十里。

長樂廢縣。在狄道州西。唐天寶初，分狄道置安樂縣，屬臨州。乾元後改曰長樂。寶應初陷吐蕃，廢。

康樂廢縣。在狄道州西。九域志：熙州領康樂砦，熙寧六年置，在州東三十六里。金時升爲縣，屬臨洮府。元廢。

當川廢縣。在狄道州西。九域志：熙州領當川堡，熙寧六年置，在州西四十里。金升爲縣，屬臨洮府。元廢。

定羌廢縣。在河州東南。宋史地理志：熙寧七年，改河諾城爲定羌城。九域志：城在河州東七十里。金亦曰定羌城。元升爲縣，嘗爲州治。元末廢。按：此城當在州東南。臨洮府志在州北一百里，誤。

懷羌廢縣。在河州西南。宋史地理志：河州懷羌城，崇寧三年王厚收復。東至南川砦六十里，南至洮州界一百七十餘里。金升爲縣，屬積石州。金志：縣西至生羌界八十里。

米川廢縣。在河州西，本漢枹罕縣地。唐貞觀五年於此置米州及米川縣。貞觀十年，州廢，屬河州。永徽六年，移於河北，改屬廓州，此城遂廢。寰宇記有米川水，源出縣東南小米川，北流入河，縣蓋以此得名。又見西寧府。

臨津廢縣。在河州西北。晉惠帝時，張軌置，屬晉興郡。後魏省。水經注：臨津溪水自南山北逕臨津城西，而北流注於河。又河水東逕臨津城北白土城南，爲緣河濟渡之處。隋書煬帝紀：大業五年，自將伐吐谷渾，出臨津關。州志：臨津城在州之西北一百二十里，下臨河津。

安鄉廢縣。在河州北。宋置安鄉關，屬河州。宋史地理志：安鄉關，舊城橋關，元符二年賜名。南至河州界三十五里。金曰安鄉關城。元升爲縣，元末廢。州志：城在州東北五十里，臨河。

寧河舊縣。在河州東南。九域志：熙寧七年，置寧河寨〔五〕，在州東南四十五里。宋史地理志：崇寧四年，升寧河砦爲縣，舊香子城也。別有寧河寨，東至定羌城三十里，西至河州四十五里，南至通會關三十里，北至河州界二十里。明統志：在河州南六十里，宋升爲縣，金、元因之。後廢爲鎮。舊志：明洪武初廢，五年復置，十二年又廢。後置守禦千户所，尋廢守禦，置和政驛。

王保保城。有二：一在臯蘭縣東東岡坡，一在縣北金城關北。皆明初王保保據州時築。

西市新城。在臯蘭縣東南。宋元豐四年李憲敗夏人於此。蘭州志：城在州東南七十里。又大定城，在縣北，宋元豐中，與夏人分界處。明嘉靖中，議者謂復大定城則可屯礦兵守河北，蓋衝要之地。

安西城。在臯蘭縣南天都山。

嵻峎城。在臯蘭縣南嵻峎山下。晉義熙四年，西秦乞伏乾歸子熾磐在苑川，畏姚秦之逼，築城於嵻峎山以據之。七年，乾歸以子木奕干爲武威太守，鎮嵻峎城。後廢。

瓦川會城。在臯蘭縣西南一百二十里馬銜山，宋時李元昊所築。

石城。在臯蘭縣西北。晉太元初，苻秦伐涼軍於西河，苟萇濟自石城津。水經注：河水東逕石城南，謂之石城津。闞駰曰：「在金城西北。」

定火城。在臯蘭縣北，黃河北四十五里。宋時堡也。明置鐵古城堡於其地。

苑川城。在金縣東北。後漢書西羌傳：建光元年，羌忍良等攻金城諸縣，馬賢擊之，戰於牧苑，兵敗。十六國春秋：東晉初，鮮卑乞伏述延破別部莫侯於苑川，自牽屯徙居之。咸和中，遷於麥田。其後國仁又遷於勇士。太元十年，分其地置苑川郡。十二年，苻登署國仁爲苑川王。二十年，乾歸自金城遷都西城。隆安四年，又遷苑川。水經注：苑川水北逕牧師苑，故漢牧苑之地。羌豪迷吾等到勇士抄苑馬，焚燒驛亭，即此。有東西二苑城，相去七里。西城即乞伏所都也。按：唐時未置金縣，故元和志謂苑川即蘭州。元統志云在蘭州西，誤。

平地城。在金縣北四十里。又三角城，在縣東十里。東古城，在縣東二十里。皆唐時戍兵所築。

桑城。在狄道州南。晉書載記：大興三年，劉曜陷安定，南陽王保遷於桑城。水經注：洮水東北逕桑城東。

鞏令城。在狄道州西南。宋史王韶傳：熙寧六年，韶圖武勝，使德順將景思立分兵制敵於南路，自南甲趨鞏令城。舊縣志：鞏令城在府西南一百五十里。南甲在府南三十里。

鳴鶴城。在狄道州西南。相近又有三足城。明統志：皆唐時吐谷渾所築。

呂布城。在狄道州西二里洮水東岸，相傳呂布所築。

故關城。在狄道州北三十里佛兒崖，廢址尚存。

長城。在狄道州北。秦築長城所起，唐置長城堡。開元二年，隴右節度使王晙襲吐蕃，追奔至洮水，復戰於長城堡，即此。臨洮府志：在狄道縣北三十五里。

德威城。在靖遠縣南。宋史地理志：政和六年，築清水河新城，賜名，屬秦鳳路。東至麻累山二十五里，西至黃河四里。金廢。

新泉城。在靖遠縣西南。唐書：郭元振置新泉軍。地理志：會州有新泉軍。開元三年廢爲守捉。宋史地理志：會州有新泉砦，舊名東北冷牟。元符元年賜名，屬秦鳳路。南至會川城三十里，北至會州四十里。金廢。

會川城。在靖遠縣西南八十里。宋史地理志：舊名青南訥心。元符二年建築，賜名，屬秦鳳路。南至會寧關六十里。元統志：金會州陷於河西，僑治西南一百里會川城，名新會州。元初，又遷西寧。

麥田城。在靖遠縣東北。十六國春秋：晉咸和中，乞伏傉大寒自苑川遷於麥田無孤山。秦皇始中，乞伏司繁又遷於度堅山。水經注：河水逕麥田城西，又東北逕麥田山西。在安定西北六百四十里。

定連城。在河州東南。宋元嘉三年，乞伏熾磐爲夏將呼盧古所攻，自枹罕遷保定連。六年，乞伏暮末初嗣位，會沮渠蒙遜來伐，復自枹罕遷保定連。

疊蘭城。在河州東南。晉義熙七年，乞伏乾歸徙羌衆於疊蘭城，以兄子阿柴爲興國太守鎮之。通鑑注：疊蘭在大夏縣西南，嵻峎東北。

金柳城。在河州東南。十三州志：大夏縣西有故金柳城，去縣四十里，本都尉治。寰宇記：大夏縣西二十里有金劍城，一名金柳城。前涼曾置金劍縣於此。

講朱城〔六〕。在河州南。宋史地理志：河州講朱城，元符二年，洮西安撫司收復河南講朱、一公、錯鑿、當標、彤撒、東迎六城，尋棄之。崇寧二年，再收復。講朱、錯鑿、一公、當標皆在河州之南。元符二年，邊厮波結先以此四城來降，未幾，王贍乃進據之。州志：在州西南一百里。

列渾城。在河州西南一百八十里。宋永初二年，乞伏熾磐遣乞伏孔子擊契汗禿真於羅川，大破之。三年，以乞伏是辰爲西胡校尉，築列渾城於汗羅以鎮之。通鑑注：「汗羅，即羅川之地。」

平夷城。元和志：平夷守捉，在河州西南四十餘里。開元三年，郭知運置。

歷精城。在河州西南。宋史吐蕃傳：角廝囉三妻喬氏居歷精城。舊志：按宋志，州南有下橋家族地。臨洮府志：州西南有國家關，歷精城當在其地。

鹽泉城。在河州西。唐開元二十六年，杜希望奪吐蕃河橋，於河左築鹽泉城，號鎮西軍。元和志：鎮西軍，在河州西一百八十里。開元三年，哥舒翰於索恭川置。又天成軍，在州西八十里，開元三年，哥舒翰於索磨川置。振威軍，在天成軍西百餘里。天寶十三年，哥舒翰攻吐蕃雕窠城置。又曜武軍，在廓州南二百里黑峽川。又唐天寶初，河西節度使王倕攻破吐蕃漁陽及遊奕等軍，其後郭子儀破枹罕等十寨，取漁海等五縣，蓋吐蕃所置縣也。舊志：漁海，在洪濟橋東。

大通城。在河州西。宋史地理志：大通城，舊名達南城。崇寧二年收復，改名。東至通津堡界十五里，北至樂州寧川堡界十五里。金史地理志：城臨河、夏界。

譚郊城。在河州西北。晉義熙七年，乞伏乾歸克秦水洛城，徙其民三千餘户於譚郊，因城其地。八年，徙都之。通鑑注：「譚郊在治城西北。」按：乾歸本都譚郊，至熾磐始都枹罕，而譚郊本亦枹罕縣地，故魏收志遂以枹罕爲乾歸都也。

治城。在河州西北一百十里。宋元嘉六年，西秦南安太守翟伯承等據罕幵谷叛，應河西。乞伏暮末擊破之，進至治城。八年，夏赫連定畏魏人之逼，擁秦民自治城濟河，欲擊河西而奪其地。通鑑注：「其地當在黄河南。」

來羌城。在河州西北。宋史地理志：河州來羌城，崇寧三年王厚收復。東至安鄉關七十里，北至黄河二十里。金史地理志：城臨夏邊。

踏白城。在河州西北。宋熙寧七年，吐蕃首領鬼章誘知河州景思立、偏將王寧會於踏白城〔七〕，伏發，二將俱没。八年，王韶解河州之圍，以兵循西山，繞出踏白城後燒賊廬帳，瞎征窮蹙丐降。州志：城在銀川驛西。

蘭州故衛。在府治東。明初建，領五所。

臨洮故衛。在狄道州治東。明洪武三年建，領五所。

河州故衛。在州治東。明洪武十三年建，領五所。又領中右所一。

黄沙戍。在河州西。唐書地理志：達化縣東有黄沙戍。

鐵冶。在臯蘭縣境。元統志：去蘭州五十里。又有磁窑，去州四十五里。

望河樓。在臯蘭縣西北二里黄河南岸。明洪武中建，今名觀瀾閣。

棲雲閣。在金縣西三十里馬寒山口，有宋人詩刻石壁。

臨川閣。在狄道州城内。唐天寶中建。

元昊臺。在臯蘭縣西十五里，有級十數重。相傳元昊攻阿干，駐兵於此。

超然臺。在狄道州東一里。今名鳳臺，宋熙寧中蔣之奇改名。明嘉靖中，楊繼盛建書院於此。

平遠堂。在臯蘭縣西北六里。宋建。

關隘

阿干鎮關。在臯蘭縣南，即宋阿干堡。明初置關，與金城關俱蘭州衛兵防守，後廢。

京玉關。在臯蘭縣西。宋史地理志：京玉關，本號把拶橋，元符三年賜名。東至西關堡四十里，南至臨洮堡一百三十九里。元廢。舊州志：在州西北四十五里。

金城關。在臯蘭縣北。隋書地理志：金城縣有關官。元和志：金城關在蘭州城西。周武帝置金城津，隋開皇十八年，改津爲關。宋史地理志：金城關，紹聖四年進築。南距蘭州約二里。崇寧三年，王厚乞移置斫龍谷口，不行。明統志：在州北黄河西北山要隘處。今於河南置巡司。舊志：明景泰中甃石重建，其西爲土城，女牆直冠白塔山巔。迤邐循山而東，復爲一關，於白塔山下仍築羅城。萬曆二十五年，易以磚。

南關。在狄道州南。九域志：南關堡，在熙州南二十里。北關堡，在州北二十里。宋史地理志：北關，熙寧五年置；南關，六年置。明統志又有下襯關，在府南一百里。八角關，在府南一百十里。十八盤關，在府南一百二十里。三岔關，在府西三十里。打壁峪關，在府北三十五里。皆臨洮衛戍卒防守。

摩雲嶺關。在狄道州北一百五十里，最高險。明置巡司，今裁。

分水嶺關。在渭源縣西十五里分水嶺。新志又有湼家關，在縣西三十里，西南通河州，二十四關要口，爲入府孔道。

烏蘭關。在靖遠縣南一百二十里。詳見古蹟。

會寧關。在靖遠縣西南。元和志：東南去會州一百四十里。宋史地理志：會寧關，舊名顛耳關，元符元年建築，賜名通會，未幾改今名。又保川縣有會寧關。元統志：金大定八年，改爲會安關，嫌與會寧府同也。舊志：在衛西南一百三十里。又西南至安定縣界一百里。

通會關。在河州東南七十里。宋熙寧七年置。金曰通會關寨，元廢。又宋置安鄉關，在州東北。

麻山關。在河州東南一百四十里，接鞏昌府洮州廳界。又東南爲安龍關。

陡石關。在河州南八十里，有堡。迤東爲大馬家灘關、小馬家灘關，皆有堡。

殺馬關。在河州西南八十里。林麓控搤，足以守禦。自此而西，舉足浸高。又行一日，至嶺西，其地益高。元遣達什訪河源，路出於此。俗又名沙麻關。迤東爲思巴思關。「達什」舊作「都實」，今改。

土門關。在河州西南九十里。迤東爲石鮝兒、朵只巴、船板、槐樹、西兒、喬家岔、牙塘等關。

乩藏關。在河州西七十里。又老鴉關，在州西九十里乩藏關南。又南爲莫泥關。

鳳林關。在河州西北。唐書地理志：鳳林縣北有鳳林關。咸通中，吐蕃尚延心獻款，高駢收鳳林關，即此。又臨津關，在州西北廢臨津縣。

積石關。在河州西北一百二十里，東去積石山五十里。明初，於州置茶馬司，此爲市易之處，有官軍守戍。迤東有樊家峽、崔家峽、五臺、西小路、紅崖子等關。州境之關，凡二十四。

循化廳。在府西，即故循化城，今爲循化營城。本朝乾隆二十八年設廳，移蘭州同知駐此。東至河州界一百二十里，西至西寧府貴德廳界一百九十里，南至鞏昌府洮州廳界三百五十里，北至西寧府巴燕戎格廳界一里。

沙泥州判城。在狄道州境。有州判駐此，兼設外委防守。

太子寺。在河州境。設州判駐此。

邊牆。在皐蘭縣北，有新邊、衞邊。明初舊址，自鎮番直抵寧夏中衞。後以番郎入據松山，改築由靖虜衞北界，傍黄河西岸迤邐而南，繞蘭州之北，至苦水堡，折而北，歷莊浪、古浪至涼州，凡千四百里，謂之衞邊。萬曆二十六年，以松山平定，加築新邊，東自靖虜衞界黄河索橋起，至莊浪衞界土門山，共長四百里。又於邊内築索橋、蘆塘、三眼井、紅水、阿壩、裴家、大靖、土門諸堡，設官兵守之。本朝乾隆五十年，添設塘汛十六，曰沙溝口、水頭、崖渠、一壑峴、前河、藜家河、深河溝口、拐角渡、大牌岔、鹿角峴、紅柳窟窕、狼窩喇牌、土泉灣、萱帽塔、腰溝、聶家窑。

納米鎮。在皐蘭縣東。金史地理志：蘭州有原川、豬鮝、納米三鎮。臨洮府志：納米鎮，在州東；豬鮝鎮，在金縣西北四十里。

華林山。在府城外西郊。乾隆四十八年，移督標右營駐此。

循化營。在河州，與循化廳同城。舊設遊擊及千把總駐防。乾隆四十七年，改設參將，屬河州鎮。

通安砦。在靖遠縣東南。宋史地理志：西安州有通安砦。崇寧五年，築烏雞三岔新砦，賜名通安。東至寧安砦六十一里，西至管下同安堡二十五里。元統志：金新會州仍領通安砦。至元七年，併入州。

南川砦。在河州西南七十里。九域志：熙寧七年置，在河州南四十里。臨洮府志：明河州衛，轄十里屯、水泉坪、安遠坡、古城等四寨。

安疆砦。在河州西。宋史地理志：安疆砦，舊名當標城〔八〕。崇寧二年收復，改今名。南至循化城一百十里，北至黄河十里。金廢。

東關堡。在臯蘭縣東十八里。宋元豐四年，置鞏哥關。六年，改曰東關。元廢。明景泰初重築。

質孤堡。在臯蘭縣東五十里。宋史地理志：元豐五年，置勝如、質孤二堡。六年，廢。元祐五年復修，尋廢。金復置質孤堡。元廢。

買子堡。在臯蘭縣東五十里。又把石溝堡，在縣東六十里。十字川堡，在縣東北一百三十里。皆在河南，接金縣界。明弘治十八年置。

臯蘭堡。在臯蘭縣南九十五里。宋元豐四年置。七年廢。明弘治十八年重修。

西古城堡。在臯蘭縣西南四十里。又積積灘堡，在縣西南八十里，皆在河南。明弘治十八年置。

通川堡。在臯蘭縣西。宋史地理志：蘭州通川堡，元符三年，自京玉關至囉叽抹通城中路鏹厮狐川新築堡，賜名，尋棄之。崇寧二年再收復。東至京玉關四十里。今廢。

西關堡。在皐蘭縣西。九域志：在蘭州西二十里，元豐五年置。金史地理志：關臨黄河夏邊，元廢。

安寧堡。在皐蘭縣西北三十里黄河北，西北去莊浪沙井驛二十里。明弘治十八年置。

鎮路堡。在皐蘭縣北一百八十里，舊曰鎮虜。又保定堡，在鎮路東一百二十里。皆明萬曆三十二年置。周一百六十丈。

永泰城堡。在皐蘭縣北二百四十里，紅水堡西南一百二十里。明萬曆三十二年，總督李汶、巡撫顧其志以紅水、三眼井二堡去州遼遠，因於適中之地舊老虎城置堡，周三里，名曰永泰，設副總兵鎮守。又立保定、鎮虜二堡，與紅水堡相脣齒。本朝初設遊擊。康熙十六年，改設千總。乾隆三十六年，改設把總。

三眼井堡。在皐蘭縣北二百九十里。明萬曆二十七年建城，周二里有奇。本朝初設守備，今改都司，屬涼州鎮鎮羌營。

紅水河堡。在皐蘭縣北三百三十里。明萬曆二十七年平松山，建堡於此，設守備駐防。城周一百二十丈。二十九年，以極邊衝要，改設遊擊。復於城東、西、南三面接築新城一百四十九丈。所管邊牆，東自靖虜衛永泰川，西至莊浪衛界，長九十里。本朝康熙十六年，改設守備，屬鎮羌營，又設縣丞分駐。

鹽場堡。在皐蘭縣東北十里。其地環匝二十餘里，皆斥鹵可爲鹽，縣人賴之。明弘治十八年置。萬曆三十三年，設守備駐此。

一條城堡。在金縣東北一百里。明萬曆二十五年，兵備張棟以龍溝堡改建一條城，移黨家堡守備於此。輿程記：十字川東二十里爲一條城，又東北九十里爲平灘堡，又九十里至靖遠衛。

通谷堡。在狄道州東。九域志：在州東二十二里，熙寧五年置。又南川堡，在州南三十里，熙寧六年置。結河堡，在州北二十里，熙寧七年置。明統志：結河堡，在府北六十里，即宋所置堡也。臨洮府志：通谷堡，一名寸金城，舊址尚存。

臨洮堡。在狄道州北。宋史地理志：元豐七年置臨洮堡，南至熙州六十五里，北至阿干堡七十里。金志：屬康樂。元廢。臨洮府志：在縣北七十里。明洪武二年，改築大城，周五百七十丈有奇。城北築郭，東、西、北三門，設都司駐防，屬陝西河州鎮。

慶平堡。在渭源縣西北。宋熙寧五年置。屬熙州。九域志：在州東六十七里。臨洮府志：在今渭源縣西北三十里，城垣尚存。

懷戎堡。在靖遠縣東。宋史地理志：會州有懷戎堡，崇寧二年築。西由香谷至會州六十里，南至會川城分界三十五里〔九〕。

打剌赤堡。在靖遠縣東七十里。其地本名乩麻川，明天順中，官軍討滿四，分道出此。成化十年，巡撫馬文升置堡。又乾鹽池堡，在縣東一百二十里，接固原州界。成化十八年，巡撫阮鸎置，周四里。

靜勝堡。在靖遠縣西南。宋史地理志：政和六年，賜清水河新城接應堡。名靜勝，係會川城管下〔一〇〕，在黃河南石觜上，至本城一百二十里。又通泉堡，屬新泉砦管下，在黃河南嶺上，至本砦四十里。

平灘堡。在靖遠縣西南九十里。黃河自此入境。舊爲蘭州地，明成化二十二年築堡，改屬靖虜衞。又西南九十里，即金縣之一條城，爲往來要道。

迭烈孫堡。在靖遠縣北九十里。明置巡司，久廢。

蘆塘營堡。在靖遠縣北二百二十里黃河外。明萬曆二十二年築新邊，建堡，周二里，設參將駐守。本朝改設遊擊。東至河一百里，北至邊牆十五里。

永安營堡。在靖遠縣東北一百三十里河東裴家川。城周二里，今設守備。

蘆溝堡。在靖遠縣東北一百四十里。明萬曆二十四年築堡，周二里。今設外委。又小蘆塘堡，在縣東北二百里河外。索橋堡，在蘆塘東四十里河北岸。皆同時置。

東谷堡。在河州東南。唐會昌四年，吐蕃叛將論恐熱攻鄯州，爲尚婢婢所拒，退保東谷。九域志：熙寧七年，置東谷堡，在河州東南十五里。金廢。

雙城堡。在河州南。又龍溝堡，在州西南，及馬灘、陡吹、麻千、觀臺等共十堡，皆轄於河州鎮營。

闊精堡。在河州西。九域志：熙寧八年置，在河州西南十五里。宋志作閤精堡。又元豐三年，置西原、北河二堡。金皆廢。

來同堡。在河州西。宋史地理志：來同堡，舊名甘撲堡。崇寧三年築，賜今名。東至南川砦九十里。金屬積石州。元廢。

通津堡。在河州西一百六十里。宋史地理志：通津堡，舊名南達堡，崇寧三年賜今名。東至安疆砦四十五里。今屬積石州。元廢。

順通堡。在河州西。宋置，屬積石軍。宋史地理志：東至廓州界五十里，北至黄河十五里。今皆廢。

起臺堡。在河州西二百四十里。明萬曆中修築，周一百六十丈。設守備駐防。本朝因之。

保安堡。在河州西三百五十里，有城。明置保安站及保安操守所。本朝舊設守備，今設都司。

臨灘堡。在河州西北。宋史地理志：臨灘堡東至安鄉關四十里，北至黄河四十里。金屬積石州。元廢。

大通堡。在河州北八十里，河北岸。有邊牆自大通河起至迭遜溝，長八十里。又景古城堡，在州東南一百三十里。明萬曆十八年，設守備於此。三十三年，移駐蘭州。

定羌堡。在河州北一百里，有千總駐防。州境又有黨家、和政、銀川、長寧、韓家、尹家、吹麻、黑石山、高陵山、紅土坡等堡。

茶馬司。在河州治東南。明洪武七年建。四夷考：唐時回紇入貢，即以馬易茶。宋熙寧間復行之。明洪武二十六年，製金牌信符，頒給諸番，遇有差發，合符乃應。正統十四年，停金牌。成化十七年，給衛藏諸番王及長河西、漁通、寧遠等宣慰司敕書勘合，令貢時於陝西、四川驗入。弘治十八年，都御史楊一清及巡按李璣言國初金牌僉發之功，請復其舊。正德初，伊伯勒之亂，金牌散失。嘉靖二十八年，兵部議金牌不可數給，宜給勘合，如成化故事。從之。「衛藏」舊作「烏思藏」，「伊伯勒」舊作「亦不剌」，今並改。

蘭泉驛。在臯蘭縣南關。明洪武九年置。東至定遠驛，西至沙井驛，南至摩雲驛，皆從此分。

摩雲驛。在臯蘭縣南六十里，南接沙泥驛。

沙井驛。在臯蘭縣西北四十里。又西七十里爲莊浪廳之苦水驛。

清水驛。在金縣東三十里清水鎮。其地有城堡，明置驛於此，有驛丞，今裁。又東六十里至安定之秤鉤驛。

定遠驛。在金縣西北四十里定遠鎮。亦有堡，明置驛，本朝因之。去臯蘭五十里。

窑店驛。在狄道州東五十里。

沙泥驛。在狄道州北九十里，北去蘭州一百二十里。明洪武十三年置。有驛丞，今裁。

洮陽驛。在狄道州東北一里。明洪武四年置。

慶平驛。在渭源縣東。又舊有石井遞運所，在縣西二十里。

和政驛。在河州東南六十里。又定羌驛，在州東南一百二十里，去洮陽驛七十里，路通狄道州。又舊有銀川驛，在州西北六十里。長安驛，在州西北一百二十里，路通西寧，今裁。

鳳林驛。在河州南。明洪武中置。

津梁

通濟橋。在皋蘭縣東二十里。

望仙橋。在皋蘭縣西南三里，後改名惠遠。又西津橋，在縣西二里。皆跨阿干水。

鎮遠浮橋。在皋蘭縣西北二里金城關。明洪武五年，宋國公馮勝建於城西七里以濟師，師還遂撤。九年，衛國公鄧愈移建州西十里，名曰鎮遠。十八年，又移建於此，用巨舟二十四，横亘黄河上，架以木梁。南北兩岸爲鐵柱四，長二丈，維鐵纜二，各長一百二十丈，以通河西、甘肅等路，爲往來要津。

清水鎮橋。在金縣東二十五里。

閤門河橋。在金縣南門外。

迎善橋。在金縣西南十里。

均利橋。在金縣西南十里。

永寧橋〔一二〕。在狄道州西北洮河上。宋熙寧中建浮梁，賜名永通。明初移於縣西三里，造舟十二，兩岸置木柱十二，維以鐵纜、草纜各二，更今名。本朝康熙十三年，靖逆侯張勇仍移建城西北五里。

宏濟橋。在狄道州西北一百三十里洞子溝，爲蘭、河通道。明萬曆中建。用船十二，闊四十餘丈，冬撤春建。又長濟橋，在州東五里，萬曆三年建。

渭河橋。在渭源縣北五里。

摺橋。在河州東十里。兩岸禹鑿石蹟尚存。

洩湖橋。在河州東三十里。相傳上古時州境皆湖，禹疏鑿之，導水入河，因名。

大夏橋。在河州南三里。凡五十六空。又有洪水河橋、廣通河橋。

黄河上渡。在河州西北積石關，路通西寧。

黄河下渡。在河州東北剌麻川，通涼州府平番縣。

陵墓

隋

薛舉墓。在臯蘭縣西四里。

唐

李晟墓。在狄道州西。明統志：在臨洮府西五里，地名西平莊。臨洮府志：在狄道縣西二十里。按：雍勝略云：「晟墓在高陵縣南，有碑現存，春秋致祭。此墓係晟父母墓。」考據最爲确當。又據舊志，明萬曆三十一年，京山李維楨至狄，謂西平乃其遠祖。訪得一石刻，上有知熙州宋京五言律一首，題曰謁西平祠。則此處向有西平祠，而無西平墓也。州志即注爲李晟父母墓。

金

和呑墓。在狄道州北。「和呑」舊作「胡土門」，今改。

明

趙安墓。在狄道州東五十里閻家嶺。

李光啓墓。在靖遠縣東南八里。

劉昭墓。在河州南十五里。

王竑墓。在河州東北萬頃原下。

本朝

王進寶墓。在靖遠縣東馬營水。

祠廟

三將軍祠。在府城東門外。舊在皐蘭山下，祀漢霍去病、趙充國、鄧訓，明嘉靖元年，改建於此。

王莊毅祠。在河州學宫戟門西，祀明王竑。明馬應龍記：祠舊附鄉賢，正德十年題准專祭。

楊忠愍祠。舊在狄道州東超然臺，祀明楊繼盛。本朝雍正六年，遷於舊衛署内。

奮威將軍祠。在靖遠縣東馬營水，祀本朝王進寶。

河神廟。在府城西河南岸。又有廟在河州積石關外。本朝雍正六年敕建，有御製碑文。

大禹廟。在河州西北。晉地道記：大夏縣有禹廟。括地志：在河州枹罕縣西七里。臨洮府志：在河州西北積石關。

又有廟在渭源縣城内。

寺觀

嘉福寺。在府治西北隅。唐建，有浮圖十三級。一名木塔寺。

丙靈寺。在河州北六十里。唐建。下臨黄河，琢山石爲佛，高十餘丈。地産檀香。有泉清洌異常。

金天觀。在府城内。明建。本朝乾隆元年，以雷祖靈應，賜名曰顯仁應瑞，額曰「宣暢太和」。

校勘記

〔一〕幵羌所處　「幵羌」，乾隆志卷一八九蘭州府古蹟（下同卷簡稱乾隆志）同，舊唐書卷四〇地理志作「西羌」。按幵羌爲西羌之一種。

〔二〕西北自榆中並河以東　乾隆志同。按，此引史記，語意未完。史記卷六秦始皇本紀云：「自榆中並河以東，屬之陰山，以爲十四縣，城河上爲塞。」

〔三〕劉曜將劉胤攻涼　「劉胤」，原作「劉引」，乾隆志同，據十六國春秋卷七前趙録改。按，此避清世宗諱改字，今改回。

〔四〕開元二年隴右防禦使薛訥擊吐蕃　「訥」，原作「納」，乾隆志同，據新唐書卷五睿宗本紀開元二年十月條記事改。按，薛訥，字慎言，新唐書卷一一一有傳。

〔五〕熙寧七年置寧河寨　「熙寧」，原作「興寧」，據元豐九域志卷三陝西路河州改。

〔六〕講朱城　「朱」，原作「米」，據乾隆志及宋史卷八七地理志改。下文同改。

〔七〕吐蕃首領鬼章誘知河州景思立偏將王寧會於踏白城　「王寧」，原作「王安」，據乾隆志及讀史方輿紀要卷六〇陝西改。按，本志避清宣宗諱改字，今回改。

〔八〕舊名當標城　「當標城」，原脱「城」字，乾隆志脱「當」字，據宋史卷八七地理志補。

〔九〕南至會川城分界三十五里　「會川城」，原作「會州城」，乾隆志同，據宋史卷八七地理志改。本志上文有「會川城」條。

〔一〇〕係會川城管下　「川」，原作「州」，據乾隆志及宋史卷八七地理志改。

〔一一〕永寧橋　「寧」，原作「安」，據乾隆志及雍正甘肅通志卷一〇關梁改。按，本志避清宣宗諱改字，今改回。

大清一統志卷二百五十四

蘭州府三

名宦

漢

袁盎。楚人。孝文時，調爲隴西都尉。仁愛士卒，士卒皆争爲死。

馮野王。杜陵人。元帝時，遷隴西太守。以治行高，入爲左馮翊。

馮逡。野王弟。成帝時，爲隴西太守，治行廉平。

厙鈞。光武初，爲金城太守。與河西都尉竇融等共全五郡。建武中，封輔義侯。

馬援。茂陵人。建武十一年，拜隴西太守，擊破先零羌於臨洮，守塞諸羌八千餘人詣援降。諸種有數萬，屯聚寇鈔，拒浩亹隘，援擊之，羌因移其妻子輜重於允吾谷。援潛行間道，掩赴其營，羌驚潰遠徙。時朝臣以金城破羌之西塗遠多寇，欲棄之，援以爲不可。帝然之。於是詔武威太守，令悉還金城客民，歸者三千餘口。援奏置長吏，繕城郭，起塢堠，開導水田，勸以耕牧，郡中樂業。又遣羌豪楊封譬説塞外羌，皆來和親。十三年，武都參狼羌與塞外諸種爲寇。援將四千人擊之。羌在山上，援軍據便地，奪其水草，不與戰，羌遂窮困，豪率數十萬亡出塞，諸種萬餘人悉降，隴西清靜。

劉盱。中元初，爲隴西太守。遣兵擊武都參狼羌，斬其酋豪首，虜千餘人，餘悉降。

張紆。元和中，爲隴西太守，燒當羌迷吾與弟號吾寇隴西。紆擒獲號吾，號吾曰：「誠得生歸，必不復犯塞。」紆放遣之，羌即解散。

侯霸。密人。永元中，爲金城太守，與護羌校尉周鮪討迷唐〔一〕。鮪還營自守，唯霸兵陷陣，斬首四百餘級，降者六千餘口，迷唐遂弱。

曹鳳。和帝時，拜金城西部都尉。鳳初爲隃麋相，時迷唐衰弱，西海及大、小榆谷無復羌寇。鳳上言宜及此時建復西海郡縣，規固二榆，廣設屯田，隔塞羌胡交關之路，植穀富邊，可以無西方之憂。帝乃拜鳳爲都尉，徙士屯龍耆。

魯謙。平陵人。爲隴西太守，有名績。

霍諝。鄴人。順帝時，爲金城太守。性明達篤厚，以恩信化誘殊俗，爲羌種所敬服。

孫羌。延熹中，爲隴西太守，擊破滇那羌。

三國　魏

蘇則。武功人。爲金城太守。時喪亂之後，户口損耗，則撫循之甚謹。外招懷羌衆，得其牛羊以養貧老，與民分糧而食。旬月之間，流民皆歸，得數千家。乃明爲禁令，有干犯者輒戮，其從教者必賞。親自教民耕種。是歲大豐，由是歸赴者日多。

晉

宋矩。燉煌人。張重華以爲宛戍都尉。太守宋晏爲石季龍將麻秋所得，秋遣晏以書致矩。矩既至，謂秋曰：「辭父事君，當立功與義。苟功義不立，當守名節。矩終不背主覆宗，偷生於世。」先殺妻子，自刎而死。秋命葬之。

車濟。燉煌人。張重華以爲金城令，爲石季龍將麻秋所陷。濟辭色不撓，伏劍而死。

南北朝　周

任蘭。姚興時，爲金城太守。乞伏乾歸以衆叛，攻陷金城，執蘭。蘭厲色責乾歸以背恩違義，乾歸怒而囚之。蘭不食死。

李賢。成紀人。保定四年，授河州總管。河州舊非總管，至是創置。賢乃大營屯田，以省漕運。多設斥堠，以備寇戎。於是羌戎斂迹，不敢向東。

長孫紹遠。代人。爲河州刺史。河右戎落之俗，同姓爲婚。紹遠導之以禮，大革弊風。政在簡恕，百姓悦服。

隋

段文振。期原人。高祖時，爲河州刺史，有威惠，遷蘭州總管。

崔仲方。安平人。開皇中，爲會州總管。時諸羌猶未賓附，詔令仲方擊之。與賊三十餘戰，諸部悉平。

裴倫。河東人。大業末，爲渭源令。爲薛舉所陷，遇害。

唐

崔知温。鄢陵人。高宗時，累遷蘭州刺史。党項羌三萬入侵，州兵寡，衆懼，莫知所出。知温披闔不設備，羌怪之，不敢進。會將軍權善才率兵至，大破其衆。善才欲窮追之，知温曰：「古善戰弗從奔。且谿谷復深，萬一有變，不可悔。」善才曰：「善。」分降口五百贈知温，辭曰：「我議公事，圖私利耶？」

安敬忠。開元中，爲會州刺史。黄河横浸州城，敬忠築堰以捍之。

五代

晉

楊承信。沙陀人。少帝時，領蘭州刺史，爲政不苛。及卒，蘭民表乞祠之。

宋

王嗣宗。汾州人。通判河州。太宗遣武德卒潛察遠方事，嗣宗因奏請委任天下賢俊，不宜猥信此輩以爲耳目。

王韶。德安人。熙寧中，知通遠軍，引兵城渭源堡，破蒙羅角、抹耳水巴等族。遂城武勝，建爲鎮洮軍，更名熙州。以韶知州事。六年，取河州，攻破諾扔桑城〔二〕，穿露骨山，南入洮州，連拔宕、岷二州，疊、洮羌皆以城附。七年，入朝，還至興平，聞景思立敗於踏白城，賊圍河州，日夜馳至熙，直扣定羌城，破結河族，斷夏國通路。又循西山繞出踏白後，焚八千帳。瞎征窮蹙丐降，遂俘以獻。

苗授。潞州人。熙寧中，從王韶爲先鋒，盡得河湟地。鬼章寇河州，詔授往。一戰克撒宗，論功第一，遂知州事。復討生羌於露骨山，斬首萬級，獲其大酋冷雞朴，羌族十萬七千帳内附，威震洮西。徙知熙州。元豐中，取定西，蕩禹臧花麻諸族，降户五萬。城蘭州〔三〕，遇賊數萬於女遮谷，登山逆賊，敗之。又踰天都山，焚南牟，屯没煙，凡師行百日，轉鬭千里，始入塞。

王君萬。寧遠人。熙寧中，爲熙河路鈐轄。洮西羌叛，圍河州。君萬請於王韶，以爲南撒宗城小而堅，强勇所聚，若併兵破之，圍當自解。韶用其計，圍果解。

趙隆。成紀人。崇寧中，鈐轄熙河兵，將前軍出邈川，豫復鄯、廓。夏人寇涇、原，詔熙河深入。師至鐵山，隆先登，士皆殊死戰，敵解去。召詣闕慰勞之。

張守約。濮州人。神宗時，爲熙河鈐轄，仍統秦鳳羌兵，駐通遠。河州羌率衆三萬屯於敦波，欲復舊地。守約度洮水，擊破之。取窖粟食軍。羌老弱畜産走南山，左右欲邀之，守約曰：「彼非敢迎戰，逃死耳。輒出者斬！」

張詵。浦城人。熙寧中，知熙州。薰氊遣鬼章逼岷州，詵往討，破之於錯鑿城，斬首萬級。元豐中，權經略熙河事。時倉卒治戎，有司計産調夫，民多流亡。詵訴其狀，乞敕劍外招攜之。

劉仲武。成紀人。熙寧中，遷熙河都監，知河州。吐蕃趙懷德、狼阿章衆數萬叛，仲武以伏兵敗之，復西寧州。未幾，懷德、阿章降。

李浩。西河人。神宗時，爲熙河鈐轄。李憲討山後羌，浩將右軍，至合龍嶺會戰。遣降羌乞嗺輕騎突敵帳，俘其酋冷雞朴、李密撒，馘三千。

王文郁。新秦人。元豐中，爲熙河路鈐轄。夏人圍蘭州，已奪兩關門。文郁募死士夜縋而下，持短兵突入，賊即掃營去。擢知蘭州。諜知夏人將大入，清野以俟。果舉國趨皋蘭，文郁乘城禦之，殺傷如積，圍九日而解。進秩知河州，築安西城、金城關。

劉舜卿。開封人。元祐初，知熙州。夏人聚兵天都，連西羌鬼章青宜結先城洮州，將大舉入寇。舜卿欲乘其未集擊之，會諸將議方略。使姚兕部洮西，領武勝兵，合河州熟羌，擣講朱城，遣人間道焚河橋以絶西援；种誼部洮東，由哥龍谷宵濟邦金川〔四〕，黎明至臨洮城下，一鼓克之，俘鬼章并首領九人，斬馘數千計。

种誼。雒陽人。元祐初，知蘭州。蘭與通遠皆絶塞，中間保障不相接，腴田多棄不耕。誼請城李諾平以扼衝要。

姚兕。五原人。元祐初，爲熙河副總管，與种誼合兵討鬼章於洮州，破六浦宗城〔五〕，夜斷浮橋，援兵不得渡，遂擒鬼章。

范育。三水人。元祐初，出知熙州。時議棄質孤、勝如兩堡，育争之曰：「熙河以蘭州爲要塞，此兩堡者，蘭州之蔽也。棄之則蘭州危，熙河有腰背之憂矣。」又請城李諾平、汝遮川，曰：「此趙充國屯田古榆塞之地也。」不報。紹興中，採其抗論棄地及進築之策，贈寶文閣學士。

孫路。開封人。元祐初，司馬光議棄河、湟，邢恕謂路嘗爲河、蘭二州判官，在彼四年，有捍禦之功。光亟召問，路挾輿地圖示光曰：「自通遠至熙州，纔通一徑，熙之北已接夏境。今自北關辟土百八十里，瀕大河，城蘭州，然後可以捍蔽。若捐以予敵，一道危矣。」光幡然曰：「賴以訪君。不然，幾誤國事。」議遂止。

王厚。韶子。紹聖中，幹當熙河公事。會瞎征、隴拶争國，河州守將王贍與厚同獻議復故地〔六〕。元符元年，師出塞，下邈川，降瞎征，隴拶出迎，遂定湟、鄯。命厚知湟州。崇寧中，爲熙河經略安撫使，擊溪賒羅撒〔七〕，大敗之。其母與諸酋開鄯州降，遂入廓州。

蔣之奇。宜興人。元祐中，知熙州。夏人論和，請畫封境。之奇揣其非誠，務守備，謹斥候，常若敵至。夏人不敢犯塞。

范純粹。吴縣人。哲宗時，知熙州。章惇、蔡卞經略西夏，疑純粹不與共事，改知鄧州。

游師雄。武功人。元祐初，吐蕃謀據熙河，詔遣師雄與邊臣措置。師雄請於帥劉舜卿，分兵二道以攻之，遂破洮州，擒鬼章。紹聖中，詔攝熙州。以夏人擾邊，詔使者與熙帥、秦帥共謀之。使者鋭於討擊，師雄謂進築城壘以自蔽，未應深入。上章争之，不報。既而卒用師雄策。

何常。京兆人。哲宗時，爲熙河轉運副使。議者欲貸民金帛，而使入粟塞下。常曰：「車牛轉輸，民力已病。然未至死亡者，粟自官出，而民無害也。今强以金帛，使自入粟，懼非貧弱之利。」

鍾傅。樂平人。哲宗命幹當熙河、涇原、秦鳳三路公事。夏人陷金明，渭帥毛漸出兵攻其没煙寨，傅合擊，破之。又與熙州王文郁進築安西城，遂作金城關。

种朴。誼子。紹聖中，爲熙河鈐轄，知河州，安撫洮西沿邊公事。河南蕃部叛，拒官軍。朴至州才二日，熙帥胡宗回迫之出討。遇伏，力戰而死。事聞，贈朴雄州防禦使，官其後十人。

姚雄。五原人。哲宗時，知河州。种朴戰殁，王贍軍陷敵中〔八〕，雄自鄯至湟，四戰皆捷，拔出之。遂築安鄉關，夾河立堡，以護浮梁，通湟水漕運，商旅負販入湟者，始絡繹於道。

苗履。授子。元符初，以熙河、蘭、會都鈐轄知蘭州〔九〕。詔同王贍取青唐〔一〇〕，與姚雄合兵討峗羌籛羅結〔一一〕，焚其族帳而還。

程之邵。眉山人。徽宗時，爲熙河都轉運使。敵犯熙河，之邵攝帥事，屯兵行邊境，解去。

鄭驤。玉山人。姚古奏爲熙河蘭廓路經略司屬官。地震，秦隴金城六城壞，驤自請董兵護築益機灘新堡六百步，以控西夏。堡成，以功遷官。嘗摭熙寧迄政和攻取建置之迹爲拓邊録十卷〔一二〕，兵將蕃漢雜事爲别録八十卷，圖畫西蕃、西夏、回鶻、盧甘諸國人物圖書爲河隴人物志十卷，序贊普迄溪巴温、董氊世族爲蕃譜系十卷。

吴擇仁。永興人。徽宗時，擢熙河路轉運判官，即以直祕閣爲副使，從招討使王厚領兵深入，克蘭、廓城栅十三。

何灌。祥符人。徽宗時，提舉熙河蘭湟弓箭手，入言：「漢金城、湟中穀斛八錢，今西寧、湟、廓即其地，漢唐故渠尚可考，若葺渠引水，使田不病旱，則人樂應募，而射士之額足矣。」從之。甫半載，得善田二萬六千頃，募士七千四百人。改知蘭州，攻仁多泉城，砲傷足不顧，卒拔之。

趙遹。開封人，徽宗時，知熙州。諸蕃聞遹至，相賀曰：「朝廷真欲無事矣。」争出鉏耨，牛價爲頓高。時議更陝西大鐵錢，價與銅錢輕重等。遹上言：「銅重鐵輕，自然之理。今反其禁，民誰信之？以人奪天，雖厲其禁，終不可行也。」

張叔夜。開封人。徽宗時，爲蘭州録事參軍。州本漢金城郡地，最極邊，恃河爲固。每歲河水合，必嚴兵以備，士不釋甲者累月。叔夜曰：「此非計也。」有地曰大都者，介五路間，羌人入寇，必先至彼點集，然後議所向。每一至，則五路皆悚，叔夜按其形勢，畫攻取之策，訖得之，建爲西安州。自是蘭無羌患。

劉韐。崇安人。徽宗時，王厚鎮熙州，辟狄道令，提舉陝西平貨司。河、湟兵屯多，食不繼。韐延致酋長，出金帛從易粟，就以餉軍，公私便之。

張浚。綿竹人。徽宗時，爲熙河幕官。偏行邊壘，覽山川形勢，時時與舊戍將握手飲酒，問守邊舊法，及軍陣方略之宜。故能通知邊事本末。

劉惟輔。涇州人。建炎中，爲熙河馬步軍副總管。金得秦州，經略使張深遣惟輔將三千騎禦之。夜趨新店，黎明，短兵相接。惟輔舞矟刺殺其先鋒貝勒哈富，敵遂退。會都護張嚴遇伏死，金兵掠熙河，惟輔爲所執。百方誘之，終不言而死。贈昭化軍節度使，立廟號忠烈。「貝勒哈富」舊作「孛堇黑鋒」，今改。

高子儒。狄道人。建炎中，知蘭州龕谷砦。金兵執劉惟輔，子儒聞其尚存，固守以待。及城陷，先刃其家而後死。

韓青。建炎中，爲熙河馬步軍第六將，間行從劉惟輔，爲金兵所擒，亦罵不絶口而死。

龐迪。延安人。天眷中，爲臨洮尹，兼熙秦路兵馬都總管。陝右大饑，流亡四集。迪開渠溉田，流民利其食，居民藉其力，郡人立碑紀政績。

璞薩忠義。上京巴爾古河人。爲臨洮尹，兼熙秦路兵馬都總管。海陵召至京師，謂之曰：「洮河地接吐蕃、木波，異時剽害良民，州縣不能制。汝宿將，故以命汝。」賜絛服玉具佩刀，閱再考，乃徙去。「璞薩忠義」舊作「僕散忠義」，「巴爾古河」舊作「拔盧古河」，今並改。

楊仲武。保安人。海陵時，同知臨洮尹。臨洮地接西羌，與木波雜居。邊將貪暴，木波苦之，遂相率寇掠。仲武時改同知河中府，以前治臨洮，乃從數騎入其營，諭之曰：「此皆將校侵漁汝等，以至此耳。今懲治此輩，不復擾害汝也。」并以禍福曉之。羌人喜悅，寇掠遂息。後復掠熙河，熙河主帥使人諭之，不肯去，曰：「楊總管來，吾乃解去。」熙河具奏，詔復遣仲武。及至，與其酋帥相見，責以負約。對曰：「邊將苦我，今之來，求訴於上官耳。幸見公，願終身不犯塞。」乃舉酒酹天，折箭爲誓。仲武因以卮酒飲之，曰：「當爲汝更請。若復背約，必舉兵矣。」羌人羅拜而去。

張中彥。張義堡人。大定中，爲臨洮尹。華州劉海搆亂，既敗，籍從亂者數千人，中彥惟論爲首者戮之。西羌吹折、密臧、隴逋、龐拜四族恃險不服，使侍御史沙醇之就中彥論方略〔一三〕。中彥曰：「此羌叛服不常，非中彥自行不可。」即至積石達南寺，酋長四人來與之約降，事遂定。卒於官，百姓哀號輟市，立像祀之。

圖克坦哈希。上京人。爲臨洮尹。時關陝以西初去兵革，百姓多失業。圖克坦哈希守之以靜，民多還歸。「圖克坦哈希」舊作「徒單合喜」，今改。

璞薩揆。忠義子。章宗初，知臨洮府事。陝西提刑司舉揆剛直明斷，獄無冤滯，禁戢家人，百姓莫識其面。積石、洮二州舊寇皆遁，商旅得通。於是晉官一階，仍詔褒諭。「璞薩揆」舊作「僕散揆」，今改。

圖們和吞。貞祐三年，知臨洮府，兼本路兵馬都總管。叛賊蘭州奇徹克森等誘夏人入寇，圍臨洮，凡半月，城中兵數千，粟且不支，衆皆危之。圖們和吞爲開諭禍福，皆自奮。乃夜出襲賊壘，夏兵大亂，遂大捷，夏人遁去。正大三年，復爲臨洮府總管。元兵破臨洮，圖們和吞被執，誘之降，不屈，遂殺之。詔贈中京留守，立像褒忠廟。「圖們和吞」舊作「陀滿胡土門」，「奇徹克森」舊作極陳僧，今並改。

元

趙阿爾班。世居臨洮。世祖時，爲臨洮府元帥。歲饑，發私廩以賑貧乏，人賴不饑。郡當孔道，傳置旁午，有司斂於供給。趙阿爾班以私馬百匹充驛騎，羊千口代民輸。帝聞而嘉之，詔京兆行省酬其值。趙阿爾班曰：「我豈以私惠邀公賞耶？」卒不受。「趙阿爾班」舊作「趙阿哥潘」，今改。

明

甯正。壽州人。洪武三年，爲河州衛指揮使。奏言民間轉輸甚勞，而茶布可以易粟，以茶給軍士，令自相貿易，庶省西民之勞。詔從之。正初至，衛城空虛，正勤於勞徠，不數年，遂爲樂土。璽書嘉勞。

張忠。太康人。永樂中，知蘭縣。時邑中户僅滿千，而每月役以萬計，歲修黄河浮橋，尤爲民累。忠奏請軍民並役，而浮橋令各縣衛協修。境中水利，舊爲豪家所占，忠令均之於民。民困始甦。

劉昭。全椒人。宣德中，以都督同知鎮西寧、河州，歷二十年，番漢畏服，西陲晏然。

楊繼盛。容城人。嘉靖中，以兵部員外郎諫馬市，貶狄道典史。地雜番俗，罕知詩書。繼盛簡子弟秀者百餘人，聘三經師教之。鬻所乘馬，出婦服裝，市田資諸生。番民信愛之，呼曰楊父。縣有煤山，番人制之不開，民仰薪二百里外。繼盛往召番諭之，咸曰：「楊公即須我曹穹帳，亦舍之，况煤山耶？」

劉綎。南昌人。萬曆中，爲臨洮總兵官。和爾啓、宰桑、昆都楞、岱青塔布囊等掠番境，窺内地。綎遣部將擊之莽剌川，斬獲甚多。帝爲告郊廟宣捷，進綎秩予廕。「和爾啓」舊作「火落赤」，「宰桑」舊作「真相」，「昆都楞」舊作「昆都魯」，「岱青塔布囊」舊作「歹成他卜囊」，今並改。

曹變蛟。大同人。崇禎中，爲臨洮總兵官。時陝西諸將剿賊皆無功，惟變蛟降小紅狼，餘賊走竄，不敢大逞。闖賊自洮州出番地，變蛟偕賀人龍追敗之，轉戰千餘里，不解甲者二十七晝夜。賊潰入塞，洮州將扼戰不力，遂復入岷州及西和、禮縣山中。變蛟還勦，賊敗入山，尋復東遁。變蛟追之，設三覆於潼關南原，賊奔入伏中，死者相枕藉，賊妻女盡失，僅從七人竄。録功，進左都督。

本朝

李絮飛。奉天正黄旗人。順治五年，爲臨鞏道，甫至任，會回人米剌印叛〔一四〕，殉節死。又蘭州同知趙翀學，正白旗人，同時死難。

魏勷。柏鄉人。順治間，任臨洮道。歷政四載，苞苴不行，士民頌之。

李淐。定興人。順治二年，爲渭源知縣。政尚平恕，遭回變，淐議守城。姦民爲賊内應，遂被執。罵賊不屈死。

季佺。正定人。康熙初，爲西寧遊擊，從張勇、王進寶恢復臨洮。時軍務填委，以佺有文武才，奏授臨洮知府。佺撫綏流移，經理輓運，事集而民不擾。

王之鯨。黄岡人。知金縣。前令王鯤化因虧空倉穀二千餘石繫獄，逮役四十餘人。之鯨至，檢縣中荒地，買牛種，募人耕墾。計歲所穫納糧外，即以貯倉，積三年，乃以代償逋課，由是官吏皆得釋歸。時方興屯田，數多虛報，之鯨力請減免。民有鬻子女者爲贖還，民勒石頌之。

楊宗仁。奉天正白旗人。康熙中，由階州知州遷臨洮同知，監蘭州鎮遠橋商税。值歲歉，請發倉賑饑，減税額，招流亡。上官有疑獄，輒付宗仁，一訊即決。郡多盜，有老瓜賊，尤爲民害。因讞他獄，得百餘案，皆爲窮治，捕置諸法，盜風頓息。

人物

漢

辛慶忌。狄道人。父武賢，宣帝時，爲酒泉太守，拜破羌將軍。慶忌少以父任爲右校丞，屯田烏孫赤谷城，與歙侯戰，陷陳卻敵。元帝初，舉茂才，遷郎中、車騎將軍。朝廷多重之者。遷張掖太守，徙酒泉，所在著名。成帝時，大將軍王鳳薦爲光禄大夫、執金吾，後拜爲左將軍。慶忌居處恭儉，食飲被服尤節約，爲國虎臣。遭世承平，匈奴、西域親附，敬其威信。長子通，中子遵，少子茂，出爲郡守，皆有將帥之風。宗族支屬，至二千石者十餘人。

牛邯。狄道人。有勇力，才氣雄於邊陲。隗囂據隴坻，使邯軍瓦亭。帝征囂，王遵與邯舊故，以書喻之。邯得書，乃謝士衆，歸命洛陽，拜爲大中大夫。杜林、馬援並薦之，以爲護羌校尉，與來歙平隴右。

晉

辛勉。狄道人。博學，有貞固之操。懷帝時，爲侍中，隨帝至平陽。劉聰將署爲光禄大夫，勉固辭不受。聰遣其黄門侍郎喬度齎藥酒逼之，勉引藥將飲，度遽止之，曰：「相試耳。」聰嘉其貞節，深敬異之，爲築室平陽西山，月致酒米，勉亦辭不受。年八十卒。

辛賓。勉族弟。愍帝時，爲尚書郎。帝蒙塵於平陽，劉聰使帝行酒洗爵，賓起而抱帝大哭，遂被害。

辛謐。狄道人。博學，善屬文，工草隸書。性恬静，不妄交遊。永嘉末，兼散騎常侍，慰撫關中。及長安陷没於劉聰，聰拜大中大夫，固辭不受。石勒、季龍之世，並不應辟命。雖處喪亂之中，頹然高邁。及冉閔僭號，備禮徵爲太常，謐遺閔書，勸以歸身本朝。因不食而卒。

辛恭靖。狄道人。隆安中，爲河南太守。姚興陷河南，被執至長安，欲官之。恭靖厲色曰：「我願爲國家鬼，不爲羌賊臣。」興怒，幽之别室。三年，至元興中，誑守者，乃踰垣遁歸於江東。

南北朝　魏

趙柔。金城人。少以德行才學知名河右。沮渠牧犍時，爲金部郎。太祖平涼州，内徙京師，歷著作郎、河内太守，甚著信惠。

辛紹先。狄道人。父淵，仕西涼爲驍騎將軍，涼後主歆與沮渠蒙遜戰於蓼泉，軍敗失馬。淵以所乘授歆，而身死於難，以義烈見稱西土。涼州平，紹先内徙，家晉陽。有至性，丁父憂，三年口不甘味，頭不櫛沐。自中書博士轉神部令。皇興中，爲下邳太守，卒於郡。子鳳達，耽道樂古，有長者名，爲京兆王子推國常侍。

辛琛。狄道人。少孤，曾過友人，見其父母無恙，垂涕久之。釋褐奉朝請、滎陽郡丞。景明中，爲揚州征南府長史。刺史李崇多事産業，琛每諫折。卒於官。琛寛雅有度量，涉獵經史，喜愠不形於色。當官奉法，所在有稱。

辛穆。鳳達弟。舉茂才，東雍州別駕。初隨父在邳州，與彭城陳敬文友善。敬文病，臨卒，以雜綾二十疋，託穆與其弟敬武。穆久訪不得，經二十年，始於洛陽見敬武，還之，封題如故，世稱廉行。歷東荆州司馬，轉長史，帶義陽太守領戍，轉汝陽太守，有惠政。正光中，除平原相，卒於郡。

辛雄。狄道人。有孝性。清河王懌爲司空，辟爲左曹。雄用心平直，加以閑明，政事經其斷剖，莫不悦服。歷尚書駕部三公郎，每有疑議，與公卿駮難，事多見從。孝莊時，累除度支尚書兼侍中。

辛祥。鳳達子。舉司州秀才，再遷司空主簿。咸陽王禧妃，即祥妻之妹，及禧構逆，親知多罹塵謗，祥獨不預。後除郢州龍驤府長史，帶義陽太守。白早生反，梁遣來援。祥堅城固守，州境獲全。

辛子馥。穆子。累遷平原相。元顥入洛，子馥不從。天平中，除太尉府司馬。白山連接三齊，瑕丘數州之界多有盜賊。子馥受使檢覆，因辯山谷要害，宜立鎮戍之所。諸州豪右，在山鼓鑄，姦黨多依之，又得密造兵仗。上表請破罷諸冶，朝廷喜而從之。卒於清河太守。

辛少雍。祥弟。有孝行，爲祖父紹先所愛。紹先性嗜羊肝，及卒，少雍終身不食肝。性仁厚有禮義，門内之法爲時所重。稍遷司空高陽王雍田曹參軍，清正不憚强禦，積年久訟，造次決之。請託路絶，時稱賢明。卒於給事中。

辛慶之。狄道人。少以文學徵，至洛陽，對策第一，除祕書郎。大統中，歷度支尚書，遷南荆州刺史。位遇雖隆，而率性儉素，志量淹和，有儒者風度。又以其經明行修，令與盧誕等教授諸王，拜祕書監。

北齊

辛術。琛子。仕魏爲清河太守，政有能名。累遷散騎常侍。武定六年，侯景叛，除東南道行臺尚書，與高岳等破侯景，擒蕭淵明。齊天保元年，侯景徵江西租稅，術率諸軍渡淮斷之，燒其稻數百萬石。還鎮下邳，人隨術北渡淮者三千餘家。及王僧辯破景，術招攜安撫，城鎮相繼款附，於是移鎮廣陵。歷遷吏部尚書。遷鄴以後，大選之職，知名者數四，互有得失。術取士以才以器，循名責實，新舊參舉，管庫必擢，門閥不遺，考之前後銓衡，最爲折衷。術清儉寡嗜欲，勤於所職。臨軍以威嚴，牧人有惠政。少愛文史，晚更勤學，雖在戎旅，手不釋卷。

周

王傑。本名文達，金城直城人。善騎射，有膂力。從魏孝武西遷，周文奇其才，擢授羽林監。嘗謂諸將曰：「王文達，萬人敵也。」從復潼關，破沙苑，争河橋，戰芒山，皆以勇敢聞。親待日隆，賜姓宇文氏，進爵爲公。魏恭帝元年，從于謹拔江陵。孝閔踐阼，進爵張掖郡公，爲河州刺史。建德初，除涇州總管，爲百姓所慕。

辛昂。慶之族子。尉遲迥平蜀，表爲龍州長史，領龍安郡事，威惠洽著。尋行成都令，遷梓潼郡守。入爲司隸上士，遷吏部。天和初，陸騰討信州蠻，詔昂運糧饋之，莫有怨者。巴州萬榮郡人反叛，昂募人出其不意，直趨賊壘，望風瓦解。歷渠州刺史，轉通州。進位驃騎大將軍。

辛威。隴西人。初從賀拔岳征討有功，假輔國將軍都督。及周文統岳衆，見威奇之，引爲帳内。從擒竇泰，復弘農，戰沙苑，並先登陷敵，勇冠一時。爲河州刺史、本州大中正，頗得人和。累封宿國公。威性持重有威嚴，歷官數十年，未嘗有過，故得以身名終。其家五世同居，時并稱之。

劉雄。臨洮子城人。初爲文帝親信，後拜中大夫，賜姓宇文氏。天和中，封周昌侯，尋爲河州刺史。宣政元年，突厥入幽州，雄戰歿，贈亳州總管。

隋

李禮成。狄道人。沈深有行檢。周時，以軍功拜車騎大將軍。時朝廷有所徵發，禮成度鑾必爲亂，上表固諫，周武帝從之。從伐齊，拜北徐州刺史。未幾，徵爲民部中大夫。高祖受禪，進封絳郡公。

辛德源。術族子。沈静好學，博覽强記。齊中書侍郎劉逖上表薦之，除散騎侍郎。聘陳還，待詔文林館。高祖受禪，隱林慮山。祕書監牛弘以德源才學顯著，奏與著作郎王劭同修國史〔一五〕，撰集注春秋三傳三十卷，注楊子法言二十三卷，有集二十卷。子素臣、正臣，並博涉有文義。

李安。狄道人。仕周，授儀同、少師右上士。高祖引之左右，遷職方中大夫。復拜安弟悊爲儀同。安叔父璋與周趙王謀害高祖，誘悊爲内應，安陰白之。及趙王等伏誅，將加官賞，安頓首曰：「豈可將叔父之命以求官賞？」俯伏流涕。高祖爲之改容，命有司罪止璋身。高祖即位，歷黄門侍郎。平陳之役，安率衆先鋒大破陳師，進位上大將軍。高祖嘗愍安兄弟滅親奉國，拜安、悊俱爲柱國。安歔欷悲感，不能自勝，疾甚而卒。

辛公義。狄道人。早孤，母氏親授書傳。周天和中，選任太學生，以勤苦著稱。武帝時，召入露門學，每月集御前與大儒講論，數被嗟異。從平齊，遷掌治上士。開皇元年，除主客侍郎。從平陳，以功除岷州刺史，境内呼爲慈母。遷牟州刺史，亦有異政。仁壽初，充揚州道黜陟大使。後爲司隸大夫。

辛彦之。狄道人。九歲而孤，博涉經史。文帝初，除太常少卿，累拜禮部尚書，與祕書監牛弘撰新禮。吴興沈重名爲碩學，彦之與重議論，重不能抗，謝曰：「辛君所謂金城湯池，無可攻之勢。」後爲隨州刺史，遷洛州，俱有惠政。所撰有墳典、六官、祝文、禮要、新禮、五經異義。

唐

渾瑊。臯蘭州人〔一六〕。本鐵勒九姓部落之渾部也。父釋之，有才武，從朔方軍，積功封寧朔郡王。廣德中，與吐蕃戰歿於靈武。瑊年十一，即善騎射，從破賀魯部，勇冠三軍。後從李光弼定河北，又從郭子儀復兩京，敗安慶緒，數破吐蕃有功，累遷單于大都護。德宗幸奉天，授都虞候、京畿渭北節度使。朱泚兵薄城，瑊力戰卻之，遷檢校尚書左僕射、同平章事，兼奉天行營副元帥。朱泚平，論功加侍中，封咸寧郡王。卒，贈太師，謚忠武。瑊通春秋、漢書，天性忠謹，功高而志益下，世方之金日磾。

辛雲京。金城人。世爲將家，有膽決，以擒生斬馘常冠軍，遷太常卿。史思明屯相州，雲京以鋭兵襲滏陽，追破其衆，加代州都督。太原軍亂，帝以雲京沈毅，授太原尹，進封金城郡王。數年，太原大治。加檢校尚書僕射、同中書門下平章事，卒，贈太尉。謚忠獻。

辛京杲。雲京從弟。信安王禕節度朔方，京杲與弟旻以策説禕〔一七〕，評咨加異。後從李光弼出井陘，督趫盪先驅，戰嘉山尤力。肅宗召見，許爲黥、彭、關、張之流。累遷鴻臚卿。召爲英武軍使。代宗立，封肅國公〔一八〕，遷左金吾衛大將軍，進晉昌郡王，後爲工部尚書致仕。朱泚盜京師，以老病不能從，西嚮慟哭而卒。贈太子少保。旻亦從光弼定恒、趙。後署太原三城使。史思明屯相，軍及滏陽，旻逆擊走之。東都陷，退守河陽，卒於屯。

辛讜。雲京曾孫。學詩書，能擊劍，重然諾，賑人之急。龐勛反，攻杜慆於泗州。讜趨泗口，貫賊栅，入城見慆，乃夜踰淮，至洪澤，見戍將郭厚本告急。厚本付兵五百，即濟淮與慆表裏擊賊，大破之。圍三月，救兵外敗，城益危。讜復夜斬賊栅，出見淮南節度使令狐綯，詣浙西見杜審權，合兵五千，與賊決戰，圍乃解。以功拜亳州刺史，終嶺南節度使。

宋

王淵。熙州人。善騎射，應募擊夏國，屢有功，累遷西河路部將。宣和中，從劉延慶討平方臘。靖康初，爲真定府都統制，討平叛寇吴湛。高宗即位，羣盜蜂起，以淵爲制置使，提兵四出，所向皆捷，拜僉書樞密院事，爲苗傅、劉正彦所害。贈少保，謚襄愍。

金

郭哈瑪爾。會州人。世爲保甲射生手，與兄羅丹俱以善射應募。羅丹以功授會州刺史。夏人攻破會州，兄弟俱被擒，羅丹見殺，哈瑪爾獨拔歸。元光二年，復取會州，以功遥授知鳳翔府事、本路兵馬都總管元帥、左都監，兼行蘭會洮河元帥府事。甲午春，金亡，西州無不歸元，獨哈瑪爾堅守孤城。元兵盡力攻之，哈瑪爾集州内金銀銅鐵雜鑄爲礮，以擊攻者，殺牛馬以食戰士。軍士死傷者衆，乃命積薪州廨，呼集家人及城中將校妻女，閉諸一室，將自焚之。火既熾，率將士於火前持滿以待城破。鏖戰既久，士卒弓盡矢絶者，挺身入火中。哈瑪爾獨上大草積，以門扉自蔽，發二三百矢，無不中者，矢盡自焚。「郭哈瑪爾」舊作「郭蝦蟆」，「羅丹」舊作「禄大」，今並改。

趙安。狄道人。永樂初，除臨洮百户，使西域。從北征，立功，進都指揮同知。宣德中，從陳懷討平松潘番，進都督僉事。復以左參將從史昭討曲先，又與侍郎徐晞偕出塞討阿勒台，俱有功。正統初，進都督同知，充右副總兵，協任禮鎮甘肅。明年，與王驥、任禮、蔣貴分道進師，安至刁力溝，縶鼐呼及烏克台等。封會川伯。子英嗣官，立功，進都督同知。「阿勒台」舊作「阿台」，「鼐呼」舊作「乃顏忽」，「烏克台」舊作「奄克台」，今並改。

王竑。河州人。正統中進士，授户科給事中。英宗北狩，郕王攝朝，羣臣劾王振誤國，請夷振族。錦衣指揮馬順叱言者去，竑怒，奮臂捽順髮，衆共擊之，立斃。額森入犯，命守禦京城。尋擢右僉都御史，鎮守居庸關。改督漕運兼巡撫江北。時道殣相望，竑不待報，開倉賑之，全活以百萬計。英宗復辟，追論擊馬順事，除名，編管江夏。及於宫中得竑疏，見「正倫理」、「篤恩義」語，遣官送歸。尋起故官，參贊都督馮異軍，討伯埒克，師還，仍督漕撫淮揚。憲宗初，進兵部尚書。竑剛方廉直，執法以道，不合時，抗疏力辭去，聲重於朝野。正統中，追贈太子太保，謚莊毅。「額森」舊作「也先」，「伯埒克」舊作「孛來」，今並改。

毛忠。初名哈喇，本西陲人。曾祖哈喇台歸附，居蘭州。忠襲職爲永昌百户。正統中，歷都督僉事，賜姓名，充右參將協守甘肅。番僧扎實琳沁憾之，宣言忠與額森交通。景帝因遣忠福建，徙其家屬京師。英宗在塞外知之，比復辟，即擢副總兵，鎮甘肅。伯埒克以數萬騎分掠甘肅諸道，忠力戰，大破之。積功，封伏羌伯。成化四年，討固原賊滿四，中流矢卒。從子海、孫壵，前救忠亦死。事聞，忠贈侯，謚武勇。弘治中，詔建忠義坊於蘭州，以表其里。「哈喇台」舊作「哈喇歹」，「扎實琳沁」舊作「加失領真」，今並改。

周敔。河州衛人。正統末，聞英宗北狩，大哭，不食七日，死。子路，爲諸生，方讀書別墅，聞父死，慟哭奔歸，以頭觸庭槐死。路妻方氏守節，撫其子堂成立，後爲知縣。

段堅。蘭州人。正統中，以舉人入國子監。景泰初，上書請悉徵還四方監軍，罷天下佛老宫。疏奏，不行。尋成進士，授福山知縣。成化初，擢萊州知府。期年，化大行。改知南陽，居數年，大治，引疾去。堅之學，私淑河東薛瑄，務致知而踐其實，故儒術吏治並稱於世。及卒，南陽祠祀之。

彭澤。蘭州人。弘治二年進士，歷知徽州、真定府，遷浙江副使、河南按察使，所至以威猛稱。擢右副都御史，偕仇越討平劉惠、趙鐩等於河南。進右都御史，總督川陝諸軍。復破平川賊，進左都御史、太子太保。與王瓊忤，乞歸，斥爲民。世宗初，起兵部尚書，時部事積壞，澤覈功罪，杜干請，兵政一新。引疾歸，復以事奪職，卒。隆慶初，復官，謚襄毅。

殷承敘。蘭州人。正德中進士，任南陽推官，升刑部主事。會議大禮，抗疏極諫，廷杖死。隆慶初，贈光禄大夫。

劉漳。蘭州人。正德中進士，授户部主事。世宗初，上正朝廷、安中國、固要圉要務十四事，帝嘉納之。歷開封知府，治行最，累擢右副都御史，尋撫遼。漳居官廉直，所在稱治。

張萬紀。狄道人。嘉靖中進士，授行人，遷吏科給事中。劾罷僉事尹耕，爲嚴嵩所銜，改禮科給事中。帝建醮西城〔一九〕，萬紀執弗進香，被廷杖。嵩欲殺楊繼盛，萬紀上疏抗救，遂出爲廬州知府。以星變考察，奪職歸。

朱家仕。河州人。崇禎初進士，授户部主事，歷大同兵備副使。李自成犯大同，總兵官姜瓖開門降，家仕盡驅妻妾子女入井，而已懷敕印從之，一家死者十六人。

本朝

王世德。河州衛人。以軍功授臨洮守備。順治五年，遇回變不屈死。

郝璧。蘭州人。任安徽按察使。順治初，由太常寺博士擢給事中，前後章疏凡數十上，有漕運、鹽法、河道諸議。所著蘭石集二十二卷，行世。康熙初，入祀鄉賢祠。

岳昇龍。臨洮衛人。父鎮邦，積戰功，擢洮岷副將。吴逆叛，昇龍從將軍王進寶復臨洮，禁戢步卒，還所掠人口。遊擊許進忠潛通賊，昇龍擒斬之。歷遊擊、參將，扈從北征，平噶爾丹。累官四川提督，征建昌、涼山諸番，降十萬户。昇龍事母孝，友愛兄弟，爲人所稱。雍正十二年，入祀鄉賢祠。

周化鳳。狄道人。初從王進寶討吴逆，復天水，收岳州，進取辰龍關，克偏橋、興隆諸處，奪沙子哨，攻拔臘茄陂，復新興、普安。賊平，擢襄陽總兵官，調雲南永順，攝提督事。化鳳爲將，所向有功，在鎮部伍整肅，威德並著。

王潮海。狄道人。智勇過人。吴逆叛，黄河以東悉爲賊有。潮海以先鋒破賊，夜渡河，克復臨洮、蘭州。進勦寶雞、連雲棧，生擒賊將三百餘名，又進取漢中、保寧等處〔二〇〕，凡經數百戰。累官至重慶總兵，改貴州威寧鎮〔二一〕。討平蠻賊王成龍等，擢貴州提督。

張憲載。狄道人。由武生效力。康熙十四年，以千總從張勇征吴逆，有功。又從趙良棟進勦四川，克成都，解永寧圍，收復寧越、越嶲等城，直抵建昌。擢涼州參將，累遷陝西興安總兵。

王進寶。靖遠人。驍勇善騎射。順治中，從總督孟喬芳討平河西叛回，又從提督張勇破李定國，以功累遷西寧總兵。康熙十三年，平涼提督王輔臣叛附吴逆，陷蘭州。進寶統兵渡河，大破賊衆，乘勝破臨洮，克蘭州。擢陝西提督，鎮秦州。隴右既平，進奮威將軍。與趙良棟分路進師，由漢中奪朝天關，拔廣元、昭化，直抵保寧。遣子用予斬門入，賊帥王屏藩自縊死，餘悉降，全蜀遂定。論功授三等子世職。卒，贈太子太保，謚忠勇。子用予從父征蜀，先登陷陣，所至披靡。蜀平，授松潘總兵，後歷太原、固原、涼州，凡四鎮。

潘育龍。靖遠人。初效力陝督標下，屢勦賊有功。吳逆亂，以參將從大將軍圖海討王輔臣，累戰皆捷。進勦川東，復大行等縣。蜀平，乘勢進兵雲南，定曲靖，授肅州副將，尋擢總兵。康熙三十五年，同孫思克征噶爾丹於兆摩多，飛礮中右頤，貫耳後，仍奮戰，賊大敗。改鎮天津，擢固原提督，進鎮綏將軍，仍管提督事。卒，贈太子少保，謚襄勇。「兆摩多」舊作「昭莫多」，今改。

潘之善。育龍從孫，隨營效力，擢肅州鎮標前營遊擊。康熙五十四年，策妄阿剌布坦遣賊二千，侵哈密，之善率兵二百擊敗之。後隨靖逆將軍富寧安擊準噶爾於烏嚕木齊，多俘獲。雍正元年，青海台吉羅卜藏丹津叛，之善與參將孫繼宗等併力夾擊，斬獲無算，擢四川川北鎮總兵，署四川提督。奏請賞給土兵口糧，備勦金格等蠻。調安西總兵。又奏言於伊遜察罕齊老圖及察罕烏蘇諾爾等處，多設卡路，以備偵禦。皆奉旨允可。後署固原提督，卒，賜祭葬。

崔琪。渭源人。邑庠生。祖岱，攜赴省試，不第。歸至鳳翔，祖病劇，百計療治，籲天願以身代，尋愈。未幾，岱卒，琪父拱辰亦卒，琪廬墓三年，足迹不入家庭。母張氏憫其瘠，臨歿，戒勿復廬墓。琪行之益力，未及一年，卒於墓次。乾隆七年旌。

陳琦。靖遠人。孝友性成。乾隆三十四年，邑荒歉，琦貸於人以煮粥，活者甚衆。四十六年，逆回猖亂金城，靖遠應運糧草，檄到，無人敢前，琦獨赴縣認辦。四十九年，軍需承辦亦如之。嘉慶年間，以孝旌。

王守官。靖遠人。敦學䘏貧。幼失怙，事祖盡孝。嘉慶四年，以順孫題請旌表。又同邑孝子黃元，並於嘉慶年間旌。

劉炯。狄道州武舉。盡孝敦倫，終身孺慕。乾隆四十一年旌。又壽民楊正，年百歲，嘉慶元年旌。

吳世廣。皐蘭人。以孝友稱。與同邑順孫劉世延、壽民海三魁，年逾百歲，五世同堂，均於嘉慶二十五年旌。

劉尚傑。皐蘭縣陰陽學訓術，遇賊不屈，被戕。嘉慶二十三年，入祀忠義孝弟祠。

流寓

漢

繆彤。召陵人。爲郡決曹吏。安帝初，送太守梁湛喪還隴西。始葬，會西羌叛，湛妻子悉避亂他郡，彤獨留不去，爲起墳冢，乃潛穿井傍以爲窟室，晝則隱竄，夜則負土，及賊平，而墳已立。其妻子意彤已死，還見大驚。關西咸稱傳之，共給車馬衣資，彤不受而歸。

樊志張。南鄭人。嘗遊隴西，時破羌將軍段熲出征西羌，請見志張。其夕，熲軍爲羌所圍，留軍中三日不得去。夜謂熲曰：「東南角無復羌，宜乘虛引出住百里，還師攻之，可以全勝。」熲從之，果以破賊。

列女

晉

梁緯妻辛氏。狄道人。緯爲散騎常侍，西都陷没，爲劉曜所害。辛有殊色，曜將妻之。辛據地大哭，仰謂曜曰：「妾聞女不再醮，乞就死地下事舅姑。」遂號哭不止。曜曰：「貞婦也，任之。」乃自經而死。曜以禮葬之。

南北朝　魏

辛少雍妻王氏。有德義。少雍與從弟懷仁兄弟同居，閨門禮讓，人無間焉。

明

金國宗妻陳氏。蘭州人，一云金縣人。國宗死，氏年十八，以首觸柱，不死，復至墓前縊死。

文晉妻陳氏。蘭州人。晉以郡吏給由京都，陳從之。晉死，陳扶櫬歸，自縊死。

董守中妻毛氏。狄道人，毛芾女。守中舉賢良，任四川布政使都事，卒於官。毛聞訃慟哭，遂自經死。又魏大信妻任氏、李時郁妻陳氏，皆以夫歿自縊。

張建中妻趙氏。狄道人。建中爲諸生，早歿，遺一女在襁褓，趙撫之而泣，曰：「未亡人爲汝勉活耳。」後女長，及嫁之夕，饌女畢，鍵門焚香，再拜自縊。萬曆年間旌。

甄鼐妻韓氏。渭源人。鼐爲邑諸生。正德中，兵亂執鼐及韓，鼐以賄得脱。賊欲污韓，韓大罵，遂遇害。

劉烈女。河州人，劉思信女，名秋喜。年十七，許同里任國卿。國卿死，女欲往，母不允，遂投井死。

本朝

張友科妻駱氏。臯蘭人。科早歿，值回變，攜其婦及已嫁女投河死。又張希堯妻顔氏、王學文妻韓氏，值回變，夫被害，俱自縊以殉。

周國璧女。皋蘭人。年十四，值回變，爲賊所掠。至黄河中流，奮身躍水死。

楊智妻李氏。皋蘭人。夫亡殉節。又同縣韓陛寵妻周氏、孔啓忠妻楊氏、于養鯤妻陳氏、王三問妻張氏，皆夫亡殉節。

雷從龍妻趙氏。狄道人。吴逆叛，城陷，遇難自刎未死，夫亡守節。乾隆四年旌。

馬有驥妻張氏。狄道人。夫死自縊。

路寅妻郭氏。靖遠人。夫亡守節。同邑烈婦馬海妻楊氏、陳啓堯妻王氏，俱康熙年間旌。

韓萬才妻辛氏。河州人。同州柴門興妻吴氏，皆夫亡殉節。

程翱妻李氏。皋蘭人。年二十九，夫亡，守節撫孤。壽至百有一歲。雍正三年旌。又同縣節婦牟堯妻廖氏、張從發妻許氏、唐祚堯妻張氏、姚詰妻楊氏、邱永正妻陳氏、高岣妻吕氏、劉垣妻張氏、方毓賢妻王氏、高德鳳妻海氏、胡延壽妻李氏、羅文成妻賈氏、陳棟妻王氏、孫爾茂妻賈氏、王國器妻鄭氏、陳櫄妻劉氏、顔鳳朝妻唐氏、高玉成妻海氏、石琦妻岳氏、陳忠妻陳氏、沈林妻朱氏、王者權妻孔氏、邸連捷妻張氏、李文選妻胡氏、崔萬峯妻楊氏、顔奉文妻崔氏、金探妻王氏〔一二〕、靳登策妻馬氏、楊爾楠妻張氏、楊積榮妻安氏、駱宏基妻劉氏、方洛妻金氏、曾欽妻顔氏、孫慧妻吴氏、劉珠妻王氏、劉時和妻王氏、楊振闕妻鄭氏、顔偲如妻徐氏、史瑜妻徐氏、匡九成妻韓氏、陳嘉貴妻史氏、劉芃妻宋氏、基續妻徐氏〔一三〕、徐光義妻邢氏、田錫爵妻趙氏、陳嘉棟妻顔氏、陳秉仁妻封氏、楊自材妻海氏、徐秉義妻石氏、彭好商妻石氏、黄錫妻彭氏、彭翏鳳妻王氏、陳介妻王氏、吕周儒妻宋氏、劉登第妻柴氏、劉登高妻陳氏、劉奉瑲妻柴氏、吴昌妻王氏、陳秉忠妻段氏、閆深妻楊氏、閆勷龍妻張氏、邢貞文妻侯氏、張象祖妻陳氏、陳登科妻蔣氏、李葶妻王氏、張申妻牟氏、王藴珍妻任氏、張俊妻徐氏、吕周謙妻侯氏、陳邦孚妻竇氏、張啓貞妻王氏、楊爾權妻徐氏、耿澤昌妻楊氏、李蔭妻段氏、范牲妻劉氏，并烈婦盧槟妻張氏、良國連妻粱氏，又蘭州民賀洪道養媳方氏，守正被戕，俱乾隆年間旌。又節婦朱國伯妻楊氏、徐登邦妻黃氏、劉大璘妻竇氏、耿鋭妻張氏、趙爾明妻江氏、王運成妻顔氏、李積福妻陶氏、張廷相妻駱氏、劉成妻陳氏、楊生林妻段氏、第五文燦妻王氏、毛傑妻石氏、劉承昭妻段氏、劉承烈妻戴氏、任世隆妻孫氏、鄭漢妻王氏、劉于孝妻李氏、守備毛明妻葉氏、史可久妻張氏、吳國遴妻趙氏、鍾林妻蔡氏、鍾世俊妻王氏、顔文説妻楊氏、張邦俊妻陸氏、徐英妻談氏、曾維章妻李氏、吳子能妻王氏、祁有士妻李氏、邵國柏妻杜氏、黃廷獻妻陳氏、徐順義妻林氏、吳國寶妻史氏、外委張得妻張氏、楊生株妻劉氏、蒲漢有妻王氏、陶德妻李氏、周榮聖妻鄭氏、楊若松妻馬氏、范學仁妻王氏、錢尚臧妻陸氏、羅爾英妻王氏、許克敬妻王氏、呂源裕妻周氏、孫嗣鳳妻徐氏、黃佩蘭妻呂氏、金彩妻黃氏、劉得觀妻陳氏、史鑑妻徐氏、雷守體妻安氏、張其孝妻劉氏、李滲妻王氏、張爾能妻章氏、唐永盛妻劉氏、賈正元妻魏氏、張士俊妻王氏、李元慶妻王氏、金毓彩妻陳氏、王則陽妻邢氏、陶盛璽妻李氏、秦基會妻沈氏、王建奎妻侯氏、劉超祖妻趙氏、段安仁妻蘇氏、孫訓建妻劉氏、王汶妻劉氏、崔爾果妻董氏、黃永泰妻王氏、鄧廷蔚妻鄒氏、劉萬鎰妻王氏，并烈婦蔡紹祖妻張氏、楊生蓮妻唐氏，俱嘉慶年間旌。

王好學妻劉氏。金縣人。夫亡，事姑至孝，矢志撫孤。乾隆二年旌。又同縣節婦趙居正妻李氏、寇臣隆妻陳氏、魏炌妻白氏、張懋績妻李氏、張舉爾妻李氏、劉清妻張氏、張榮妻章氏，俱乾隆年間旌。韋可觀妻高氏、周易妻祁氏、魏明相妻邱氏，俱嘉慶年間旌。

張璠妻劉氏。狄道人。夫亡，吞金不隕，遂自縊。乾隆二十二年旌。又同州節婦黃世清妻趙氏、牛顯堯妻裴氏、牛昭妻江氏、劉中淑妻張氏、劉加明妻留氏、趙志文妻許氏、楊文選妻蘇氏、楊進爵妻羊氏、趙天相妻楊氏、王世隆妻李氏、王章妻田氏、孫錞妻桑氏、魏榮妻張氏、楊文元妻趙氏、石荆璽妻楊氏、袁世雄妻于氏、黃養存妻魏氏、黃鋭妻李氏、文天達妻朱氏、許奮鼇妻石氏、王成總妻陳氏、楊生華妻孫氏、張端妻吳氏、牟采妻張氏、牟樺妻蘇氏、智文煜妻宋氏、杜尚智妻寇氏、黃其榮妻趙氏、于志公妻陳氏、楊相柏妻羊氏、楊緒宗妻郭氏、馬朝卿妻王氏、師聖璽妻潘氏、劉瑜妻楊氏、任正謤妻仁氏、劉啓鞏妻林氏、徐懷麟妻魏氏、魏徽妻吳氏、張國寶妻魏氏、張紹良妻劉氏、杭棟妻劉氏、文鐶妻孫氏、黎爲霖妻張氏、張可選妻許氏、張汝荃妻史氏、韓景賢妻苟氏，又劉杭妻沈氏，夫亡殉節，俱乾隆年間旌。又節婦于宁廷妻杜氏、袁文炤妻李氏、張仲魁妻章氏、羅文華妻包氏、馬元魁妻晏氏、張應閨妻趙氏、李蕙妻劉氏、閻恭妻黨氏、王之端妻汪氏、安文華妻趙氏、漆毓棟妻沈氏、周廷元妻馬氏、雍中行妻邊氏、姜世臣妻史氏、梁定妻賈氏、馬振榮妻王氏、閻國英妻袁氏、劉緒妻趙氏、李步雲妻史氏、周良妻王氏、趙涵鼎妻周氏、王文鎮妻司氏、線國遴妻趙氏、文翥妻趙氏、馬興祖妻劉氏、趙守典妻李氏、趙琮妻宋氏、趙耀祖妻李氏、劉應舉妻王氏、張克儉妻任氏、黎文生妻黄氏、岳魏秀妻姚氏、岳壘妻何氏、李正乾妻梁氏、韋學琴妻趙氏、梁璞妻黎氏、梁文煥妻毛氏，又烈婦陳貌妻劉氏、陳茂妻劉氏、楊噶三兒妻張氏，均嘉慶年間旌。

蕭文美妻陳氏。渭源人。夫亡守節，撫子璠成立。娶婦閻氏，未幾，璠又卒，姑婦共勵苦節，始終如一。乾隆七年旌。又同縣節婦朱顯祖妻金氏、魏大宅妻毛氏、鄭鑑妻張氏、丁紹尹妻朱氏、崔雲端妻魏氏、張瑜妻田氏、姚光增妻劉氏、吳建功妻張氏，俱乾隆年間旌。

王德元妻劉氏。靖遠人。自二十三歲，夫亡守節，至百有二歲。乾隆年間旌。又同縣節婦常懷寶妻楊氏、劉滚妻陳氏、白作璽妻王氏、葉苾英妻王氏、孟福相妻張氏、劉光琮妻徐氏、楊存儒妻訾氏、房作翰妻劉氏、焦瑋妻石氏、趙國璽妻師氏、王得禄妻王氏、宋品妻吳氏、焦穎妻張氏、郭應貴妻吳氏、李若芝妻杜氏、張可權妻楊氏，俱乾隆年間旌。張維翰妻王氏、胡有德妻馮氏、孟敏妻趙氏、劉朝維妻白氏、劉建統妻姚氏、高科妻杜氏、張譽妻章氏、黑有連妻侯氏、劉宜浩妻董氏、趙龍妻閻氏、任士錦妻葛氏、劉如楓妻田氏、高岱妻問氏、季發斌妻杜氏、黄浩妻李氏、葉起蔚妻苟氏、畢達妻吳氏、李名靖妻陳氏、芮成全妻羅氏、劉應琪妻師氏、劉霞妻楊氏、呂連妻昝氏、姚三級妻黄氏、馮尚友妻楊氏、劉偉妻吳氏、陳禮妻賀氏、蘇起貴妻張氏、呂作義妻張氏、李世爵妻楊氏、李養韡妻張氏、李敷穠妻任氏、王廷翰妻李氏、王廷祐妻曹氏、楊景昌妻吳氏、張守儒妻石氏、王一滿妻張氏、蘇有悌妻蓟氏、張忠妻房氏、魏天佑妻丁氏、彭自福妻來氏、劉續功妻師氏、高鉞妻葉氏、王夢熊妻趙氏、李榮貞妻詹氏、王樹槐妻楊氏、許兆鵬妻來氏、鄭邦盈妻吳氏，又烈婦裴保泰妻馬氏，均嘉慶年間旌。

杜文倫妻羅氏。河州人。夫亡，守節撫孤。乾隆四年旌。

脱有德妻馬氏。河州人。遇暴不從，被殺。同州烈婦潘倫紀妻蘇氏、陳倫妻賈氏，及張王氏，均夫亡自殉，俱乾隆年間旌。又節婦張素妻朱氏、盧宗世妻耿氏、范仲魁妻楊氏、陳所達妻何氏，俱嘉慶年間旌。

仙釋

南北朝　齊

玄暢。金城人。往涼州出家，復至揚州。洞曉經律，深入禪要，占記吉凶，無有不驗。遊成都，止大石寺。入齊后山，結草爲菴。齊太子遣使徵迎，曰：「吾數盡矣。」至京而卒。

梁

寶誌。金城人。七歲出家，長修禪業，止江東道林寺。梁武即位，下詔曰：「誌公神遊冥寂，勿禁出入。」嘗與白鶴道人争得灊山麓。武帝以二人俱靈通，俾各以物識其地。已而鶴飛去，至麓，忽聞空中錫飛聲，遂卓於山麓，鶴止他所。天監十三年，無疾而終。

元

程守善。狄道人。含真養素，禱雨立應。所居萬壽觀，枯槐復茂。至正中，無疾而逝。賜號通真子。

土產

青稞麥。府境俱出。

氂。出臯蘭縣及狄道州，有牛䍁、羊䍁、羊毛三品。元和志：蘭州貢氂。宋史地理志：熙州貢毛氂。

樺皮。府境俱出。

犛牛。府境出。其尾可爲旌旄。又有犏牛，力如水牛。

駱駝。本府及河西俱出。

黄羊。各縣俱有。通志：環羊，出蘭州府境。大角，其形巨如牛。

冬果。府境俱出，又有果單，以赤柰爲之。

藥。府境出種甚多。宋史地理志：蘭州貢甘草。金史地理志：臨洮府産甘草、菴閭子、大黄。

棃。出臯蘭縣。有數品，味皆甘美。

硇砂。各縣俱有。按：唐書地理志蘭州土貢麩金、麝香、鼧鼥鼠，河州貢麝香。宋史地理志熙州、河州貢麝香。又狄道州有麝香坡，中産麝香。因附識於此。

校勘記

〔一〕與護羌校尉周魴討迷唐　「護」，原作「獲」，據乾隆志卷一九九蘭州府名宦（下同卷簡稱乾隆志）及後漢書卷八七西羌傳改。

〔二〕攻破諸捫桑城　「諸捫桑城」，乾隆志略同（「捫」作「門」），宋史卷三二八王韶傳作「訶諾木藏城」。按，據一統志撰例，此改譯當在小傳文末注出，蓋誤漏。

〔三〕城蘭州　「州」，原作「川」，據乾隆志及宋史卷三五〇苗授傳改。

〔四〕由哥龍谷宥濟邦金川　「邦」，原作「拜」，乾隆志同，據宋史卷三四九劉舜卿傳改。

〔五〕破六浦宗城　「浦」，乾隆志作「府」，宋史卷三四九姚兕傳作「逋」。

〔六〕河州守將王贍與厚同獻議復故地　「王贍」，原作「王瞻」，據乾隆志及宋史卷三二八王厚傳改。按，王贍，秦州寧遠人，王君萬之子，宋史卷三五〇亦有傳。

〔七〕擊溪賒羅撒　「羅」，原作「罷」，乾隆志同，據宋史卷三二八王厚傳改。

〔八〕王贍軍陷敵中　「王贍」，原作「王瞻」，據乾隆志及宋史卷三四九姚雄傳改。

〔九〕以熙河蘭會都鈐轄知蘭州　「州」，原作「川」，據乾隆志及宋史卷三五〇苗履傳改。

〔一〇〕詔同王贍取青唐　「王贍」，原作「王瞻」，據乾隆志及宋史卷三五〇苗履傳改。

〔一一〕與姚雄合兵討峗羌篯羅結　「篯」，乾隆志及宋史苗履傳同，宋史卷三五〇王贍傳卷四九二吐蕃傳及續資治通鑑長編卷五〇七等皆作「籛」。

〔一二〕嘗摭熙寧迄政和攻取建置之迹爲拓邊録十卷　「摭」，原作「撫」，乾隆志同，據宋史卷四四八鄭驤傳改。

〔一三〕使侍御史沙醇之就中彦論方略　「沙」，原作「何」，乾隆志同，據金史卷七九張中彦傳改。

〔一四〕會回人米剌印叛　「回」，原作「同」，據乾隆志及雍正甘肅通志卷三七忠節改。

〔一五〕奏與著作郎王劭同修國史　「劭」，原作「邵」，乾隆志同，據隋書卷五八辛德源傳改。

〔一六〕渾瑊皋蘭州人　「皋」，原脱，乾隆志同，據舊唐書卷一三四渾瑊傳補。

〔一七〕京杲與弟旻以策説禕　「旻」，原作「雯」，據乾隆志及新唐書卷一四七辛雲京傳改。下文同改。辛傳「説」上有「干」字，「禕」從下句。

〔一八〕封肅國公　「肅」，原作「庸」，據乾隆志及新唐書卷一四七辛雲京傳改。

〔一九〕帝建醮西城　「建」，原作「進」，據乾隆志及雍正甘肅通志卷三四人物改。

〔二〇〕又進取漢中保寧等處　「保」，原作「寶」，乾隆志同，據雍正甘肅通志卷三四人物改。

〔二一〕改貴州威寧鎮　「威」，原作「咸」，乾隆志同，據雍正甘肅通志卷三四人物改。

〔二二〕金探妻王氏　「探」，乾隆志作「琛」。

〔二三〕基續妻徐氏　「續」，乾隆志作「緒」。

肇昌府圖

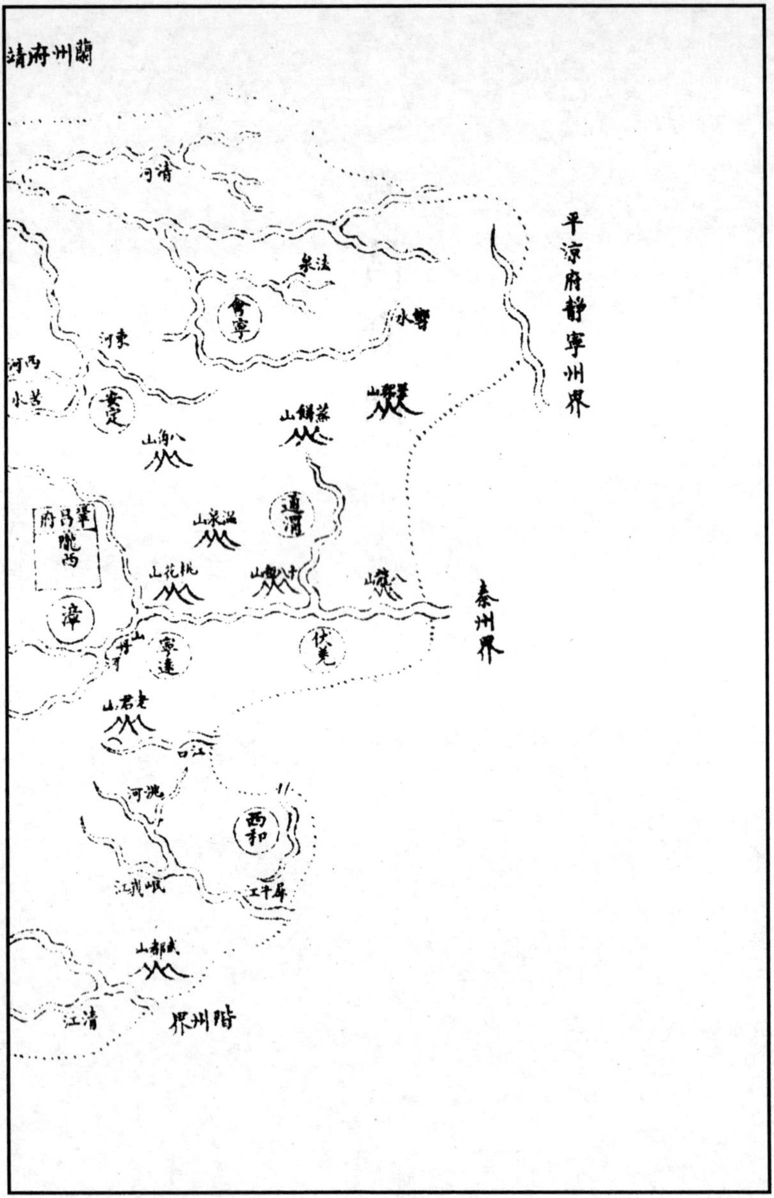
蘭州府靖
清河
法泉
會寧
響水
平涼府靜寧州界
東河
西河
苦水
安定
八海山
蒸餅山
通渭
溫泉山
鞏昌府
隴西
桃花山
漳
寧遠
伏羌
秦州界
老君山
江口
洮河
西和
犀牛江
武都山
清江
階州界

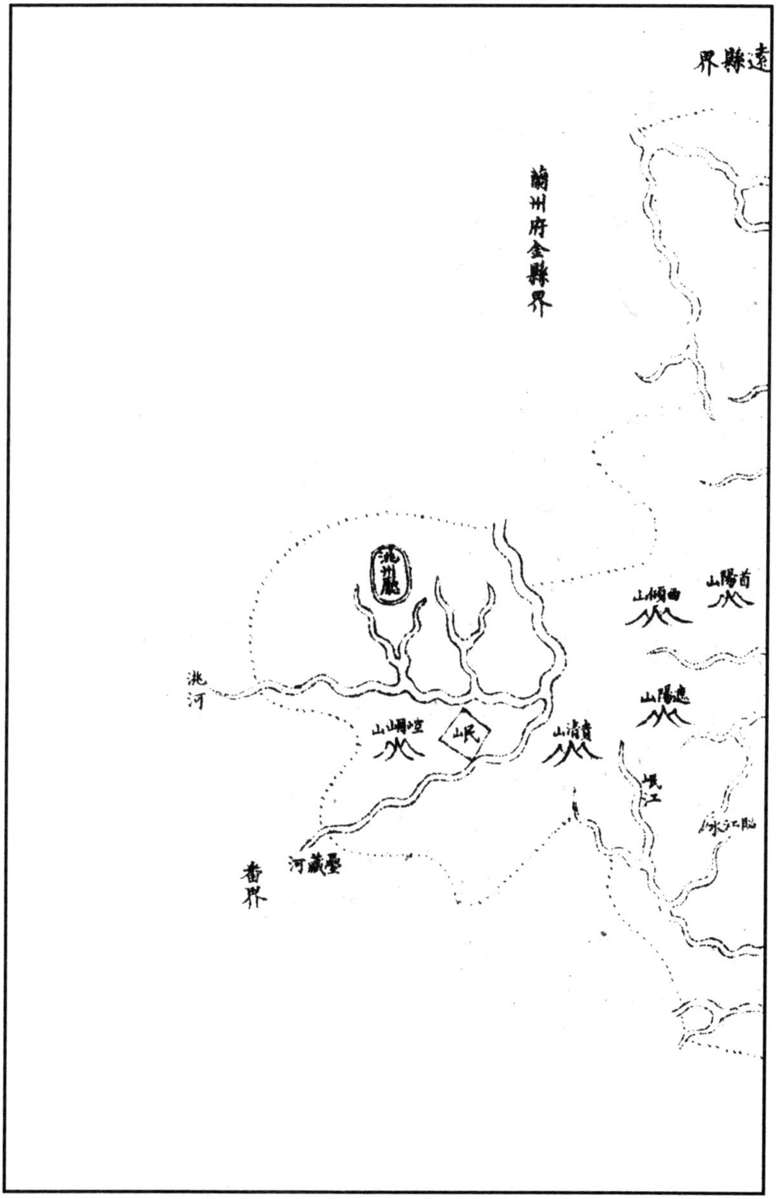
遠縣界
蘭州府金縣界
洮州廳
洮河
岷
崆峒山
貴清山
西傾山
首陽山
遮陽山
岷江
臨江水
疊藏河
番界

鞏昌府表

	鞏昌府	隴西縣
秦	隴西郡地。	
兩漢	隴西、天水二郡地。後漢中平五年分置南安郡。	襄武縣屬隴西郡。
三國	隴西郡魏移治。	襄武縣郡治。　南安郡
晉	隴西郡	襄武縣　南安郡
南北朝	渭州隴西郡魏永安三年增置州。	襄武縣魏太平真君八年省。旋爲郡治，兼爲州治。　南安郡
隋	隴西郡大業初廢州。	襄武縣郡治。　廢。
唐	渭州隴西郡復置州，屬隴右道。寶應後入吐蕃。大中五年收復。	襄武縣州治，後廢。
五代	羈縻地。	
宋金附	鞏州熙寧五年置通遠軍，屬秦鳳路。崇寧三年改州，屬熙河路。金皇統二年升通遠軍節度，屬臨洮路。	隴西縣皇祐四年置古渭砦。元祐五年改置，後爲州治。
元	鞏昌路屬陝西行省。	隴西縣鞏昌路治。
明	鞏昌府屬陝西布政司。	隴西縣府治。

續表

	安定縣
獂道縣 屬天水郡。後漢屬漢陽郡。	勇士縣地，後漢獂道縣地。
獂道縣 中陶縣 屬南安郡。	
獂道縣 中陶縣	
桓道縣 中陶縣 魏太平真君八年省。	
隴西縣 開皇初更名武陽。十年又改名，屬隴西郡。	
隴西縣 後入吐蕃。	渭州地。
	安西縣 金升安西城爲縣，初屬鞏州，貞祐四年屬定西州。 定西州 金初升定西城爲縣，屬鞏州。貞祐四年升州。 通西縣 金置，初屬鞏州，後屬定西州。
	定西州 移治安西，省縣入焉，屬鞏昌路。後改安定州。 徙廢。 廢。
	安定縣 洪武初州降，屬鞏昌府。

續表

會寧縣	通渭縣	漳縣
安定郡祖厲縣地。後漢武威郡地。	天水郡，元鼎三年置，後漢徙廢。平襄縣，郡治。後漢屬漢陽郡。	
	平襄縣	
荒廢。	平襄縣，屬略陽郡。	東晉時西秦置廣寧郡。
會州地。	魏省。	廣寧郡，西魏更名廣安，周廢。
	隴西縣地。	
西寧縣，金置，屬秦州。貞祐四年升州，尋降，屬會州。	通渭縣，熙寧初置通渭堡，元豐中升縣，屬鞏州。崇寧五年廢。金復置，仍屬鞏州。	
會州，初移治西寧縣。至元七年省縣入焉，屬鞏昌路。	通渭縣，屬鞏昌路。	
會寧縣，洪武初州降，屬鞏昌府。	通渭縣，屬鞏昌府。	

續表

	寧遠縣	伏羌縣
鄣縣 後漢分襄武縣置，屬隴西郡。	襄武縣地。後漢中平五年析置新興縣，屬南安郡。	漢陽郡 後漢永平中移天水郡來治，改名。靈帝時兼爲涼州治。
鄣縣	新興縣	天水郡 魏改名。
鄣縣 永嘉後廢。	新興縣	徙。
鄣縣 魏景明三年置，郡治。周屬略陽郡。	新興縣 魏改屬廣寧郡，周廢。	
障縣 更名，屬隴西郡。	隴西縣地。	
鄣縣 屬渭州。天授二年更名武陽，神龍初復。廣德後入吐蕃。		
廢。		
熙寧六年置鹽川砦，屬鞏州。金爲鹽川鎮，屬定西州。 永寧縣 崇寧三年置。	寧遠縣 天禧二年置寧遠寨，屬通遠軍。崇寧三年升置，屬鞏州。金廢。	
彰縣 至元十七年置，屬鞏昌路。 廢。	寧遠縣 復置，屬鞏昌路。	
漳縣 改名，屬鞏昌府。	寧遠縣 屬鞏昌府。	

續表

	西和縣
冀縣	
冀縣 屬天水郡。後漢郡治。	
冀縣	
冀縣 屬天水郡。永嘉後省。	
當亭縣 魏太平真君八年改置，屬天水郡。周改名冀城，尋省入黃瓜縣。	天水郡 魏太平真君七年置。周廢。
冀城縣 大業二年改名，移治，屬天水郡。	
伏羌縣 武德三年改置，兼置伏州。八年州廢，屬秦州。至德後入吐蕃。 鹽泉縣 武德九年置。貞觀初更名夷賓，二年省。	
熙寧三年置伏羌城，屬秦州。金屬秦州秦安縣。 甘谷縣 分置，屬秦州。貞祐四年屬西寧州。	
伏羌縣 至元十三年升置，屬鞏昌路。 廢。	
伏羌縣 屬鞏昌府。	

續表

	岷州
	臨洮縣 屬隴西郡。
西縣及武都郡地。	臨洮縣
	臨洮縣
始昌縣 屬天水郡，後廢。	臨洮縣 惠帝分屬狄道郡。
水南縣 魏太平真君二年置，後爲郡治。周廢。	臨洮郡 魏太平真君二年置。西魏改置同和郡及岷州。 龍城縣 魏太和十一年置，郡治。周廢。 魏廢。西魏改置溢樂，爲州郡治。
長道縣地。	初廢郡，大業初廢州。義寧二年復置岷州。 臨洮縣 大業初更名，屬臨洮郡。義寧二年復名溢樂。
漢源縣 屬成州。寶應中入吐蕃。	岷州和政郡 屬隴右道。上元二年入吐蕃。 溢樂縣 州治。上元二年入吐蕃。
西和州和政郡 紹興初移岷州來治，更名。	岷州和政郡 熙寧六年收復，屬秦鳳路。紹興初入金，改祐州。十二年收復，徙廢。
西和州 屬鞏昌路。	岷州 復置，屬鞏昌路。至元八年屬圖沙瑪路。
西和縣 洪武初州降，屬鞏昌府。	岷州衛 洪武十一年置，屬陝西都司。

赤水縣 魏置，屬臨洮郡。後廢。	基城縣 周置，兼置祐川郡。	和政縣 周置，兼置洮城郡。尋廢。	當夷縣 周置，兼置洪和郡。尋廢。	宕昌郡 周置，兼置宕州。	陽宕縣 周置，郡治。
	基城縣 初郡縣俱廢，義寧二年復置縣。	和政縣 屬臨洮郡。	當夷縣 屬臨洮郡。	宕昌郡	良恭縣 開皇十八年更名。
	祐川縣 先天初更名。後入吐蕃。	和政縣 屬岷州，後入吐蕃。	神龍初省。	徙廢。	良恭縣 後廢。
	祐川縣 崇寧三年復置，爲岷州治。後徙廢。				

續表

	洮州廳
	臨洮縣地。
	後爲吐谷渾地。
懷道縣 周置，兼置甘松郡。	洪和郡 魏太平真君中置，旋入吐谷渾。周爲美相縣地。 周置洮陽郡，又置洮州。
懷道縣 廢郡，屬宕昌郡。	臨洮郡 開皇初廢郡。大業初改州爲郡。
宕州懷道郡 復置州，移治，屬隴右道。後入吐蕃。 懷道縣 州治。後廢。	貞觀四年移洮州及美相縣來治，州尋復還舊治，以縣屬之。天寶中省入臨潭。 洮州臨洮郡 初置旭州。貞觀四年徙廢。開元二十年置臨州，尋復曰洮州。廣德初入吐蕃，號臨洮城。
	洮州 大觀二年收復，屬秦鳳路。金屬臨洮路。
	洮州 初屬鞏昌路，後屬吐蕃等處宣慰司。
	洮州衛 洪武四年置，屬陝西都司。

美相縣
周置，州郡治。

美相縣
郡治。後亂廢。

臨潭縣
貞觀四年美相縣徙，五年改置縣，尋爲州治。廣德初入吐蕃，廢。

大清一統志卷二百五十五

鞏昌府一

在甘肅省治東南四百二十里。東西距二百九十五里，南北距九百十里。東至秦州界二百二十里，西至蘭州府渭源縣界七十五里，南至階州界五百三十里，北至蘭州府靖遠縣界三百八十里。東南至階州成縣界二百八十里，西南至岷州番界三百四十里，東北至平涼府固原州界七百四十里，西北至蘭州府金縣治二百九十五里。自府治至京師三千八百里。

分野

天文東井、輿鬼分野，鶉首之次。

建置沿革

禹貢雍州之域。春秋時爲羌戎所居。秦爲隴西郡地。漢爲隴西、天水二郡地。時郡治狄道，爲今蘭州府狄道州東北，置天水郡，兼爲安定郡地。後漢中平五年，分置南安郡。三國魏移隴西郡來治。南安治獂道，隴西治襄武。晉因之。後魏永安三年，於隴西郡置渭州。見元和志。隋開皇初，郡廢。大業初，州廢，復曰隴西郡。唐武德初，復曰渭州。天寶初，仍曰隴西郡。乾元初，復曰渭州，屬隴右道。寶應後，陷於吐蕃。大中五年收復。五代時，爲羈縻之地。宋熙寧五年，始置通遠軍，屬秦鳳路。崇寧三年，升爲鞏州，屬熙河路。金仍曰鞏州。皇統二年，置通遠軍節度，屬臨洮路。元志金爲鞏昌府，而金志止稱鞏州。元初，置鞏昌路總帥府，屬陝西行省。明爲鞏昌府，屬陝西布政使司。本朝屬甘肅省。雍正七年，升秦、階二州俱爲直隸州，又改岷州衛爲州。乾隆三年，移靖遠縣屬蘭州府。十三年，改洮州衛爲廳。凡領州一，廳一，縣八。

隴西縣。附郭。東西距一百二十里，南北距一百五十里。東至寧遠縣界四十五里，西至蘭州府渭源縣界七十五里，南至漳縣界六十里，北至安定縣界九十里。東南至漳縣界六十里，西南至岷州界一百里，東北至通渭縣界七十里，西北至安定縣界七十里。漢置襄武縣，屬隴西郡。後漢因之。三國魏移隴西郡來治。晉因之。後魏真君八年，縣廢，尋復置，仍爲郡治。後兼爲渭州治。隋爲隴西郡治。唐爲渭州治。寶應以後，没於吐蕃。宋皇祐四年，置古渭砦，屬秦州。熙寧五年，爲通遠軍治。元祐五年，改置隴西縣，爲鞏州治。金因之。元爲鞏昌路治。明爲鞏昌府治。本朝因之。

安定縣。在府北一百六十里。東西距一百四十里，南北距一百九十里。東至會寧縣界六十里，西至蘭州府狄道州界八十里，南至隴西縣界七十里，北至蘭州府靖遠縣界一百二十里。東南至隴西縣界七十里，西南至蘭州府渭源縣治二百里，東北至會寧縣界六十里，西北至蘭州府金縣治一百二十里。漢天水郡勇士縣地。後漢以後，爲獂道縣地。唐屬渭州，爲西市貿馬之所。寶應中，陷於吐蕃。宋築定西、安西二城，屬通遠軍。金初，升二城皆爲縣，屬鞏州。貞祐四年，升定西爲州，以安西屬之。元至元三年，併安西縣入州，屬鞏昌路。後改爲安定州。明洪武初，降州爲縣，屬鞏昌府。本朝因之。

會寧縣。在府東北二百十里。東西距一百四十里,南北距二百四十里。東至平涼府靜寧州界一百二十里,西至安定縣界二十里,南至通渭縣界六十里,北至蘭州府靖遠縣界一百八十里。東南至靜寧縣界一百里,西南至隴西縣界一百二十里,東北至平涼府固原州界二百五十里,西北至蘭州府金縣界一百里。漢安定郡祖厲縣地。後漢爲武威郡地。晉後廢。西魏以後,爲會州地。金置西寧縣,屬秦州。貞祐四年,升爲西寧州,尋復爲縣,屬會州。元初,移會州來治,屬鞏昌路。至元七年,併西寧縣入州。明洪武初,降州爲會寧縣,屬鞏昌府。本朝因之。

通渭縣。在府東北二百里。東西距七十里,南北距一百五十里。東至平涼府靜寧州界五十里,西至會寧縣界二十里,南至伏羌縣界一百里,北至會寧縣界五十里。東南至秦州秦安縣治一百里,西南至隴西縣界一百二十里,東北至靜寧州界一百里,西北至會寧縣界三十里。漢置平襄縣。元鼎三年,兼置天水郡治焉。後漢屬漢陽郡。晉屬略陽郡。後魏省。隋、唐爲隴西縣地。宋元豐中,置通渭縣,屬鞏州。崇寧五年廢。金復置縣,仍屬鞏州。元屬鞏昌路。明屬鞏昌府。本朝因之。

漳縣。在府南七十里。東西距七十里,南北距三十里。東至寧遠縣界二十五里,西至岷州界四十五里,南至岷州界十五里,北至隴西縣界十五里。東南至秦州禮縣界七十里,西南至岷州界五十里,東北至寧遠縣界五十里,西北至蘭州府渭源縣界一百二十里。漢隴西郡襄武縣地。後漢分置鄣縣,屬隴西郡。晉永嘉後,縣廢。東晉時,西秦置廣寧郡。後魏景明三年,復置鄣縣,爲廣寧郡治。西魏爲廣安郡治。後周郡廢,屬略陽郡。隋曰障縣,屬隴西郡。唐復曰鄣縣,屬渭州。天授二年,改曰武陽。神龍初,復故。廣德後,陷於吐蕃。宋熙寧六年,置鹽川砦,屬鞏州。金爲鹽川鎮,屬定西州。元至元十七年,改置彰縣,屬鞏昌路。明曰漳縣,屬鞏昌府。本朝因之。

寧遠縣。在府東南九十里。東西距八十五里,南北距一百五十里。東至伏羌縣界四十里,西至隴西縣界四十五里,南至秦州禮縣界九十里,北至通渭縣界六十里。東南至禮縣界六十里,西南至漳縣治一百里,東北至通渭縣界八十里,西北至隴西縣界六十里,漢隴西郡襄武縣地。後漢中平五年,析置新興縣,屬南安郡。晉因之。後魏改屬廣寧郡。後周廢。隋、唐爲隴西縣地。

宋天禧二年，置寧遠寨，屬通遠軍。崇寧三年，升爲縣，屬鞏州。金廢。元復置，屬鞏昌路。明屬鞏昌府。本朝因之。

伏羌縣。在府東南一百九十里。東西距八十里，南北距九十里。東至秦州界三十里，西至寧遠縣界五十里，南至秦州禮縣界七十里，北至通渭縣界二十里。東南至秦州治一百二十里，西南至寧遠縣界六十里，東北至秦州秦安縣界三十里，西北至隴西縣界八十里。古冀戎地。秦置冀縣。漢屬天水郡。後漢自平襄移郡來治。永平十七年，改郡曰漢陽。靈帝後，兼爲涼州治。三國魏復改郡曰天水。晉初，屬天水郡。泰始五年，置秦州。泰康三年，州廢。永嘉以後，縣亦省。後魏真君八年，改置當亭縣，仍屬天水郡。後周改曰冀城，尋省，入黄瓜縣。隋大業二年，改黄瓜縣曰冀城。唐武德三年，改置伏羌縣，又於縣置伏州。八年，州廢，縣屬秦州。至德後，没於吐蕃。宋建隆三年，置伏羌寨，屬秦州。熙寧三年，升爲伏羌城。金屬秦州秦安縣。元至元十三年，升爲縣，屬鞏昌路。明屬鞏昌府。本朝因之。

西和縣。在府東南三百十里。東西距一百三十里，南北距一百十里。東至秦州界一百里，西至秦州禮縣界三十里，南至階州成縣界八十里，北至禮縣界三十里。東南至成縣界七十里，西南至階州界一百十里，東北至禮縣界六十里，西北至禮縣界二十里。漢隴西郡西縣及武都郡地。晉改置始昌縣，屬天水郡，後廢。後魏太平真君二年，置水南縣。七年，於縣置天水郡，屬南秦州。後周郡縣皆廢，入漢陽。隋爲漢陽郡長道縣地。唐置漢源縣，屬成州。寶應中，入吐蕃，廢。宋爲長道縣之白石鎮。紹興十二年，移岷州來治，改曰西和州，亦曰和政郡。元屬鞏昌等處總帥府。明初，降州爲縣，屬鞏昌府。本朝因之。

岷州。在府西南二百四十里。東西距一百九十里，南北距三百五十里。東至寧遠縣界一百三十里，西至洮州廳界六十里，南至階州西固城界一百七十里，北至蘭州府狄道州界一百八十里。東南至階州界一百八十里，西南至生番界二百五里，東北至漳縣界一百三十五里，西北至洮州番界一百二十里。古西羌地。秦置臨洮縣，屬隴西郡。漢爲隴西南部都尉治。後漢因之。晉亦曰臨洮縣。惠帝分屬狄道郡。後魏太平真君六年，置臨洮郡，屬河州。西魏大統十年，改置溢樂縣，兼置岷州及同和郡。隋開皇初，郡廢。大業初，州廢，改縣曰臨洮，屬臨洮郡。義寧二年，復曰溢樂，於縣置岷州。唐武德四年，置總管府。貞觀十二年，府罷。天寶初，改和政郡。乾元初，復曰岷州，屬隴右道。上元二年，陷於吐蕃。宋熙寧六年收復，仍曰岷州和政郡，屬秦鳳路。紹興元年，入金，改爲祐州。十二年收復，徙廢。元復置岷州，初屬鞏昌路。至元八年，割屬圖沙瑪路。明洪武十一年，置岷州衛軍民指揮使司，屬陝西都司。本朝初因之。雍正八年，改爲岷州，屬鞏昌府。「圖沙瑪」舊作「脱思麻」，今改。

洮州廳。在府西南二百六十里。東西距一百五十里，南北距一百九十里。東至岷州界五十里，西至生番界一百里，南至番界五十里，北至蘭州府狄道州界一百四十里。東南至番界五十里，西南至番界一百五十里，東北至岷州界七十里，西北至蘭州府河州界一百二十里。古西羌地。秦、漢爲隴西郡臨洮縣地。東晉後，爲吐谷渾所據。後魏太平真君中，置洪和郡，屬河州，尋復陷廢。後周武成中，逐吐谷渾，置洮陽防。保定元年，置洮州及洮陽郡，治美相縣。隋開皇初，郡廢。大業初，改置臨洮郡。唐武德二年，復曰洮州。貞觀四年，移州治洪和城。五年，於故州治置臨潭縣。八年，復移州治臨潭縣。永徽元年，置都督府。開元十七年，廢入岷州。二十年，又於臨潭置臨州。二十七年，復曰洮州，屬隴右道。天寶初，仍曰臨洮郡。乾元初，復曰洮州。廣德後，陷吐蕃。宋大觀二年收復，仍曰洮州，屬秦鳳路。金屬臨洮路。元初，屬鞏昌路，後屬吐蕃等處宣慰司。明洪武四年，改置洮州衛軍民指揮使司，屬陝西都司。本朝初因之。雍正八年，屬鞏昌府。乾隆十三年，改爲洮州廳，設撫番同知，仍屬鞏昌府。

形勢

黄河清渭，前帶後環。軒谷羲臺，左遮右拱。遠眺岷、嶓，秀啓西傾。鞏昌府題名記。西控番戎，東蔽湟隴諸邊之要地。明統志。

風俗

高上氣力，民俗質木。漢書地理志。尚儉約，習仁義，勤稼穡，多畜牧。隋書地理志。婚葬之儀，多循古制。元志。

城池

鞏昌府城。周九里有奇，門四，濠廣三丈。宋、元舊址，明正德初，增築外郭，東、西、北三面。本朝乾隆三十二年重修。

安定縣城。周三里有奇，門四，濠深二丈。宋紹聖二年建。本朝乾隆十三年修，三十二年重修，嘉慶十七年補修，十八年復修。隴西縣附郭。

會寧縣城。周四里，門四，池廣二丈。明洪武二年築。本朝乾隆十三年修，二十七年重修。

通渭縣城。舊城在東、西二河之間。明洪武三年築。周三里，門三。本朝康熙五十七年，地震城圮。雍正八年，移治於故安定監城。乾隆十三年，復還舊治，三十一年重修，嘉慶十四年復修。

漳縣城。周一里，門三，外有重濠。明正統中築。

寧遠縣城。周四里，門四，濠深一丈。明洪武初築。本朝乾隆三十一年重修。

伏羌縣城。周四里有奇，門四，濠深一丈。明永樂初，因舊增築。本朝乾隆三十一年修。

西和縣城。舊在南山上，名十二連城。明初，改建山下。周四里，門二。明末，復遷山上。本朝康熙四十三年，仍移治山下。乾隆五十四年修。

岷州城。周九里三分，門四，濠深二丈。明洪武十一年築，弘治十一年增修甕城，隆慶二年展築北城，萬曆九年重修。

洮州廳城。周九里，門四，濠深一丈二尺。明洪武二年築。本朝乾隆五十五年重修。

學校

鞏昌府學。在府治東南。元中統初建。本朝康熙二年重修。入學額數十七名。

隴西縣學。在縣治東南。舊在縣治北，明成化末遷建。入學額數十五名。

安定縣學。在縣治西。元至正十七年建。入學額數十五名。

會寧縣學。在縣治南。明洪武六年建。入學額數十五名。

通渭縣學。在縣城内。新建。入學額數十五名。

漳縣學。在縣治東北。明洪武四年建。入學額數十八名。

寧遠縣學。在縣治東。元至元五年建。入學額數十二名。

伏羌縣學。在縣治西南。明天啓七年，自河北遷建。入學額數十五名。

西和縣學。在縣治西北。明洪武中建。入學額數八名。

岷州學。在州治北。明弘治中建。入學額數八名。

洮州廳學。在廳治西。本朝雍正七年，因舊址重建。入學額數八名。

南安書院。在府治西。本朝乾隆十四年建。

風臺書院。在安定縣。本朝嘉慶十四年建。

近聖書院。在通渭縣。本朝乾隆年間建。

新興書院。在寧遠縣。本朝乾隆年間建。

朱圉書院。在伏羌縣。本朝乾隆年間建。

上禄書院。在西和縣。本朝乾隆年間建。

洮州學館。在洮州廳。本朝嘉慶十四年建。

户口

原額民丁共六萬二千一百五十六，屯丁共四千九百五十七，今滋生民丁男婦大小共一百六十三萬八千四百三名口，屯民男婦大小共二十五萬六千八百五十七名口，統計三十一萬九千六百九十户。

田賦

田地共一萬六千三十四頃十一畝三分，番地共八千一百十六段，額徵銀共五萬八千二百二十六兩八錢六分一釐，糧共一萬九千五百二十八石六升四合。

山川

赤山。在隴西縣東十里。渭水經其下。又東十里有妙娥峪，相傳漢武西巡，得其女於峪中，故名。

樺林山。在隴西縣東南四十里。峯巒秀拔，多産樺木。

仁壽山。在隴西縣南一里。山自漳縣來，延亘百餘里。其東爲盤龍山。

鎖峪山。在隴西縣南五里。山下有烽火臺。

翠屏山。在隴西縣南四十二里。五峯錯列，爲郡案山。西秦乞伏國仁襲鮮卑三部於此。

藥鋪山。在隴西縣南六十里。山多藥草，與漳縣分界。

布雲山。在隴西縣西南五十里。一名黄石坪。又翠峯山，在縣西南六十里，上有黑池。

石門山。在隴西縣西南八十里。兩峯相對如門。

馬鹿山。在隴西縣西南九十里。四圍山崖甚險，有五峯分列。一名蓮峯山，亦名西五臺。怪石林立，草木芬芳，爲一方之勝。其旁有老君山，壁崖線道，上有貨郎洞、二仙洞，有獅子崖，武成水出焉。

首陽山。在隴西縣西南一百里。有關在其上。府志以爲即夷齊採薇處。山麓有二聖母墓，旁有祠，其西有露骨山，連渭源縣界。高峯峻絶，盛暑積雪。

三品石山。在隴西縣西七里。俗名安家山。脈自岷嶺蜿蜒而來，其上寬平可耕。山腹有三巨石，參列如品字。西、渭二河交會其前，縣之主山也。山麓有歧路，西北通狄道，西南通洮、岷。

八角山。在隴西縣西北九十里。峻峭峆岈，有懸溜從石崖亂下如篩。

安都山。在隴西縣北。元和志：在隴西縣西四十九里。

赤亭山。在隴西縣北二十里。山色正赤，上有堡甚險。

桃華山。在隴西縣東北三十里。山色紅潤如桃華，故名。有魯班峽、蟒洞，深不可測。其右有枲麻谷，多種麻枲。

照城山。在安定縣東五里，與西巖山脈，皆自馬苑來。又東有鳳凰山，二山對峙，蜿蜒數百里，爲邑中諸山綱領。

温泉山。在安定縣東南七十里。其山雄峻，温泉出焉。

南安山。在安定縣南一里。以地舊屬南安郡而名。上有東嶽廟，俗呼廟坡，山麓有路通郡城。

西巖山。在安定縣西二里。與鳳凰山對峙。

亂山。在安定縣北八十里。亦曰百巒山，接蘭州府金縣界。其山形勢錯出，稠疊萬狀，因名。

鵶盆山。在會寧縣東二里，爲縣主山。又桃華山，在縣東南三里，脈自寧静六盤來，色若桃華。旁有神泉，前有黑池湫，其支麓爲式虎山。

蒸餅山。在會寧縣南五十里。明時太僕寺牧馬之地，周圍百餘里。

古堆平山。在會寧縣城西。五峯森列，參差雲表。又牧馬原山，在縣西二里。其上寬平可耕，周八十里。

鐵木山。在會寧縣西北一百里。山色如鐵，故名。

龍頭山。在會寧縣北二里。麓有玄武水，流繞城北。

紫微山。在會寧縣北七里。俗名稍岔墩，有稍岔水出焉。

紅山。在會寧縣北九十里。山勢壁立，上有五洞。

屈吴山。在會寧縣東北一百里，紅山之左，接靖遠縣界。峯巒森聳，多産獐鹿，居民射獵於此。

東山。在通渭縣東五里。

斗底山。在通渭縣東南五十里。形如覆斗。

秦仙山。在通渭縣東南五十里。石峯秀峻，下有洞，俗傳有秦仙修煉於此。

屏風山。在通渭縣南二里。其陰有洞，深數百丈。上有東嶽廟，俗呼廟山。

衙頭山。在通渭縣南五十里。有元總帥汪世顯行臺。

發雲山。在通渭縣西南二里。山高峻，可瞰城市。

十八盤山。在通渭縣西南五十里。山徑險仄，路凡十有八盤，始得至頂，爲縣境控扼之處。

筆架山。在通渭縣北三里。山自平涼府界來，延亘二百餘里至此。有五峯崒嵂峙城北，爲縣主山。

玉狼山。在通渭縣東北三十里。

箭筈山。在漳縣東南四十里。山有兩峯，高險插天，東匝谷水出焉。

南山。在漳縣南五里。一曰汪山，山以元汪世顯葬此，故名。

三岔山。在漳縣西七十里。山下有路，東連縣境，西抵洮、岷，北接秦、隴，故名。

龍馬山。在漳縣西四十里。縣志：今縣西四十里有翠屏山。

西傾山。在漳縣西七十里。脈連隴西之露骨山，縣境諸山，皆其支阜。明統志謂即禹貢之西傾，誤。

馬鋪山。在漳縣西北十里。四圍石崖。

烟波山。在漳縣西北四十里，與三岔山相連。下有紅崖洞。

青霧山。在漳縣東北。峯巒高聳，林木蓊鬱，延亘而東，與寧遠縣之斗底山相接。

翠屏山。在寧遠縣治東學宫前。

老君山。在寧遠縣南五十步。俗名南山，山脈自岷州迤邐而來，屹然聳峙，爲縣案山。上有仙人洞。

斗底山。在寧遠縣南二十里。上有堡。

董墨山。在寧遠縣南三十里。中有湫池，水黑如墨。

太陽山。在寧遠縣南一百二十里，接秦州禮縣界。產鐵，舊置鐵冶於此。

瓜牛山。在寧遠縣西南二十里。高五百餘丈。上有日月空，日月未出，其光先照。

箭桿山。在寧遠縣西南四十里。山峯挺峙，上有石洞。
柏林山。在寧遠縣西南六十里。内有水泉流通。又十里爲水溪山，高三百餘丈。
武城山。在寧遠縣西南。魏甘露元年，姜維從董亭趣南安，鄧艾拒之於武城山。水經注：新興川，東逕武城縣西，蓋後魏時嘗於山下置縣也。
廣吴山。在寧遠縣西二十里。漳水經其下。
九龍山。在寧遠縣西北二十里。
魯班山。在寧遠縣東北四十里。上有洞，俗傳魯班鑿此以居。
石門山。在寧遠縣東北五十里。四圍皆峽，中闢一門，曰石門山口，爲要隘處。下有洞，光映如月，名夜月洞。
鼉山。在伏羌縣東二十里。居渭水之口，山形如鼉。
天門山。在伏羌縣南一里。林木蓊鬱，三峯聳峙，縣之主山也。有兩穴如門，中有湫池。
錦鏡山。在伏羌縣南三十里。朱圉山之支峯。舊志訛爲錦纜山。
大像山。在伏羌縣西南。寰宇記：在廢伏羌縣東一里，石崖上有大像一軀，長八丈。其山自下至頂凡一千二百三十丈，有閣道可登。縣志：山在縣西南三里，巔有大佛，就山刻像，上有隗囂歇涼臺。
麥垛山。在伏羌縣西南二十里，與朱圉山相連。形若麥垛，爲秦隴通衢，懸崖設棧。又十里爲見龍山，上有堡。又五里爲半博山，下有玉部峪，峪水東流入渭。
朱圉山。在伏羌縣西南。漢書地理志：禹貢朱圉山，在冀縣南梧中聚。水經注：朱圉山有石鼓，不擊自鳴，鳴則兵起。

漢鴻嘉三年，天水冀南山有大石自鳴，隱隱如雷，有頃止，聞於平襄二百四十里。石長丈三尺，廣厚略等，著崖脅，去地百餘丈。民俗曰「石鼓」。隋書地理志：冀城縣有石鼓崖。元和志：朱圉山，在伏羌西南六十里。寰宇記：朱圉山，一名白巖山〔一〕。舊志：朱圉山，在縣西南三十里。又石鼓山，在縣南四十里，西連朱圉，有三巨石，其形如鼓，蓋即朱圉之別峯。按：通典謂山在上邽。九域志在成紀、大潭二縣。吕祖謙據禹貢經文，朱圉當在鳥鼠山西北。明統志直云在伏羌縣西南三百里。大抵朱圉山連峯疊嶂，延亘於縣西南者，皆可以朱圉名之。其錦鏡、石鼓、木梅、天門，固隨地異名者也。

木梅山。在伏羌縣西二十里。下有木梅川。其山南倚朱圉，北臨渭水。

豐臺山。在西和縣東二里。其山起草關，止黑谷，黑谷水經其下。又元統志有獨起山，在西和縣東十里。玉泉山，在州北一里。

太祖山。在西和縣東南。方輿勝覽：在天水縣南九十里。元統志：山巖聳秀，下瞰數州。

横嶺山。在西和縣南三十里。其下連十八盤山，下有横嶺水。

祁山。在西和縣西北。三國志：建興六年，諸葛亮身率諸軍攻祁山。晉書：大興二年，南陽王保稱晉王於祁山。水經注：漢水北連山秀舉，羅峯競峙，是爲祁山，在嶓冢西七十里。山上有城，極爲巖固。昔諸葛亮攻祁山，即斯城也。漢水逕其南，在上邽西南二百四十里。開山圖曰：「漢陽西南有祁山，蹊徑逶迤，山高巖險。九州之名阻，天下之奇峻。」今此山於衆阜之中，亦非爲傑。漢水又西逕南岈、北岈之中，上下有二城相對，左右墳隴低昂，亘山被阜。古諺云：「南岈北岈，萬有餘家。」元和志：在長道縣東十里。府志：在縣北七十里。

寶泉山。在西和縣北二十里。上有湫池，旱禱輒應。又方輿勝覽有米谷山，去天水縣四十里，去成州百餘里。唐寶應間，吐蕃陷天水，邑人保聚於此。應在今縣北界。

雞峯山。在西和縣東北十五里。山形如圭，亦名圭峯。

東山。在岷州東二里。疊水經其下。

冷落山。在岷州東五十里。山形孤聳，盛夏陰晦即雨雪，因名。又有班哈山，在州東八十里。

貴清山。在岷州東一百五十里。頂平衍，可耕種。

顒虜山。在岷州東南。元和志：接良恭縣城西北隅，東西四十里，南北三里。

賢隱山。在岷州東南。明統志：在岷州衛宕昌寨西南。

岷山。在岷州南。隋書地理志：臨洮縣有岷山。元和志：山在溢樂縣南一里。寰宇記：山黑無樹木，洮水經其下。

斫花山。在岷州南。元和志：在宕州懷道縣東北八十里。出硃砂、雄黃，人常採取之。

按：明統志謂山在衛城北，又以在衛南者爲金通山，與元和志、寰宇記皆不合。

露骨山。在岷州西南一百里。

良恭山。在岷州西南。隋書地理志：和戎縣有良恭山。元和志：在懷道縣北四十里，出雄黃。又唐書地理志：懷道縣有同均山〔一〕。

崆峒山。在岷州西。隋志：臨洮縣有崆峒。元和志：在溢樂縣西二十里。

西山。在岷州西二十五里。上有五臺寺、觀音湫池。

遮陽山。在岷州東北一百二十里。突兀臨官道，以日影爲山所蔽，故名。又十里有板寧山。

鳳凰山。在岷州城内北隅，半在城外。

金通山。在岷州東北。寰宇記：在和政縣南一里。

東隴山。在洮州廳城東三百步。番人於此耕種。明洪武十二年，洮州十八族汪舒朵兒等叛，沐英討平之，築城於東隴山南川，留兵戍之。

石門山。在洮州廳南十里。兩山相對如門，山即古疊州之地，今爲番界，俗名石門金鎖，限隔羌夷。

扑傍山。在洮州廳西南。元和志：在臨潭縣東南十一里。羌語呼「石」爲「扑」，呼「高」爲「傍」。

白石山。在洮州廳西九十里，山多白石。

石嶺山。在洮州廳北十五里。舊志：山勢峭拔，草木不生。按：元和志「霧露山，在美相縣北十里」，即此。

玉笋山。在洮州廳北五里。極高峻，登之可望數百里。

雙峪嶺。在安定縣南四十五里。

胡麻嶺。在安定縣西八十里，接蘭州府金縣界。甘河水出焉。

車道嶺。在安定縣北六十五里，亦接金縣界。一曰車道峴。其南有沈兒峪，明初，徐達敗王保保於此。

分水嶺。在寧遠縣東南九十里，與秦州禮縣接界。又有分水嶺，在岷州南四十五里，其下有水分流，北入疊藏河，南爲岷口。

槐樹嶺。在伏羌縣東三十里，與秦州接界。

摩雲嶺。在岷州西南一百五十里。山下即臨岷口，去宕昌寨二十里。

普魯嶺。在岷州東北七十五里。爲岷翟衝要之地，明時設寨於此。

黑松嶺。在岷州東三十里。上多松樹。

九條嶺。在洮州廳西一百里。極險要。其地有丹巴川，爲番部出入之路。

白玉峯。在會寧縣南十里。又南十里爲青玉峯，産白色土，可資藻繢。

硝崖。在會寧縣北一百里。産硝如銀。

魯班崖。在岷州南二百里。兩崖懸絶，有二靈柯插入巖隙間。

藺家峽。在通渭縣東南八十里。縣河所經，有二十四渡，冬冰夏漲。

桃花峽。在寧遠縣北五里。兩山夾峙，溪流經其中，其石似玉。又硯石峽，在縣東南四十里。

塞峽。在西和縣東。宋書氐傳：元嘉十九年，裴方明討仇池，楊難當北奔，參軍魯尚期追難當，出塞峽。水經注：建安水東北逕塞峽〔三〕，左山側有石穴，人言潛通下辨，所未詳也。

屏風峽。在西和縣西北。方輿勝覽：在長道縣西四十里。大觀間，郭思作祁山神廟記，以此爲正祁山。通志：在縣西北百里。

清崖峽。在西和縣東北。水經注：始昌峽，在始昌縣故城西，亦曰清崖峽。

三都谷。在伏羌縣西。水經注：渭水逕落門西山，三府谷水注之。宋史：祥符九年，知秦州曹瑋敗西番宗哥族唃厮囉等於三都谷。「三都」蓋即「三府」之訛也。

望曲谷。在岷州西南。後漢建初二年，馬防擊破諸羌於臨洮，其衆皆降，惟封養種豪布橋等屯臨洮西南望曲谷不下，防復擊破之。水經注：望曲在臨洮西南，去龍桑城二百里。

青嵐峪。在安定縣東三十里。山多嵐氣。

銀觀峪。在寧遠縣南三十里。舊有銀銅鐵冶、酒井、鹽池。

冷地峪。在洮州廳東五十里，與岷州分界。

錦雞原。在安定縣西十里。

沙石原。在會寧縣北一百四十里，周四十里。又北六十里有海都原，周一百里。

小白草原。在會寧縣北二百二十里，接靖遠縣界。有瓦烏峪，又東北有大白草原。

宋板坡。在隴西縣南三十里，栗水出此。

鍊銅坪。在通渭縣東南六十里。有洞産煤。

石洞。在岷州東一百三十里。

渭水。自蘭州府渭源縣流入，東經隴西縣北，又東南經寧遠縣北，又東經伏羌縣北，入秦州秦安縣界。水經注：渭水逕首陽縣，又東南流，廣陽水東流注之。又東南逕襄武縣東北，荆頭川水入焉。又東，臬水注之。又東南逕獂道故城西，赤亭水入之。又逕城南，得栗水，又東，新興水注之。又東逕武城縣西，武城川水入焉。又東入武陽川，有闞城川水注之。又東逕落門西山，三谷水注之。自落門東至黑水峽，左右六水夾注。又東出黑水峽，至岑峽，南北十一水注之。又逕冀縣城北，又東合冀水，又東出岑峽，入新陽川。元和志：渭水北自渭源縣流入襄武縣，又逕隴西縣南，又逕伏羌縣北一里。舊志：渭水在隴西縣北一里，引流入城，分東、西、南、北四池，以資灌溉。宋熙寧八年，秦鳳提點鄭民憲自通遠軍熟羊寨導渭河至軍溉田，即此。又有頭渠，在縣西十五里。二渠，在縣西教場西；三渠，在縣西三里岳家墩。皆引渭水澆圃轉磨。又寧遠縣西有樂善等新舊十四渠，東有紅峪等新舊十三渠，伏羌縣西有隆田、通濟、廣濟、惠民四渠，皆引渭水溉田。

粟水。在隴西縣東南。一作栗水。水經注：粟水出西南安都谷，東北流注於渭。府志：粟水出縣南宋坂坡，由縣南門引入城。

荊頭川水。在隴西縣南。水經注：荊頭川水出襄武西南鳥鼠山荊谷，東北逕襄武故城北，東北流注於渭。府志有南河，源出府南三十里之荊谷，東北流經府南鎖谷山之烽火臺下，北入渭。又水經注有梟水，出西南雀富谷，東北逕襄武縣南，東北流入渭。又有岑溪水、同水、過水，今皆無考。

廣陽水。在隴西縣西。水經注：廣陽水出西山，二源合注成一川，東北流注於渭。明統志：西山在府西九十里，廣陽水所出〔四〕。府志有西河，源出縣西四十里山谷間，繞城西，經三品石山入渭，即廣陽水也。又科羊河，在縣西三十里，東北入渭。明萬曆間，開水利渠，引科羊河水入府城，以資汲取，至今利之。

赤亭水。在隴西縣東北，亦謂之赤水。晉義熙十一年，乞伏熾磐遣將討南羌彌姐康薄於赤水，降之。水經注：赤亭水出東山赤谷，西流逕豲道城北，南入渭水。府志：赤亭水出東山，在府東十五里，西流經府東五里，至府城北，南入渭。

中川水。在通渭縣東十五里。兩山環抱，平川如掌，南流入西河。

華川水。在通渭縣西南，東南流入伏羌縣界，亦曰西河，即古温谷水也。水經注：温谷水導源平襄縣南山温溪，東北流逕平襄縣城南，其水東南流，歷三堆南，又東流而南屈，歷黄槐川。冬則輟流，春夏水盛，則通川注渭。舊志：西河在縣南三里，源發縣西華川，亦曰華川水。東流經城南，與東河會，亦名縣河。又東南流經安遠川，出蘭家峽，名散渡河。下流至伏羌縣東北五里入渭。又東河，在縣東二里，源出筆架山，南流經縣南入西河。又北河，在縣東五里，源出第二岔，流入南河。又有甜水河，在縣西七里，舊引流入城，歲久堙塞。明嘉靖中，築隄數十丈，復引入城，由西北出，民取汲焉。又縣西二十里有錦雞峽水，縣南十里有龍尾溝水，俱有灌溉之利。

漳水。在漳縣南。本名彰川，又曰鄣水，皆從縣名也。水經注：彰川水出西南溪下，東北至彰縣南。萬年川水出南山，東北流注之。又東北注新興川。元和志：彰水南去彰縣一里。明統志：彰水在彰縣南三里，自縣西木寨坡發源，西北會西傾山水，西南會東匝谷水，合流，東入於渭。舊志：漳水源出岷州東氊毼嶺東，至遮陽山，謂之遮陽水。左會金溝河，東流經漳縣南，謂之漳水。又東北經寧遠縣西，合廣吴水，又東北入渭。縣志：東匝谷水，即水經注之萬年川也。又有鹽廠河，在縣東一里，亦流入漳水。

新興川水。在漳縣南，源出岷州東界，東北流經寧遠縣西，合漳水。水經注：新興川水，出西南鳥鼠山，二源合注，東北流與彰川合。又東北逕新興縣北，又東北與南川水合，出西南山下，東北合北水，又東北注於渭水。舊志有閭井河，在岷州衛東一百四十里，源出禮縣沒遮欄山，流合馬淳河。又馬淳河，在衛東一百八十里，東北流合漳水。又廣吴河，在寧遠縣西二十五里，自漳縣東北流經廣吴山下，又東北合漳水入渭。按：馬淳、閭井，即廣吴之上源。廣吴河，即古新興水也。

關城川水。在寧遠縣東。水經注：關城川水出南，安城谷水出北，兩川參差注渭。縣志有南峪河，在縣東三十里，來自禮縣大樹關，北流會縣東南七十里之楊家河，又北入渭。

古流水。有二：一在寧遠縣東一里，山石中瀉出，爲瀉泉；一在寧遠縣西南百步，平地湧出，爲湧泉。俱引流北注渭，資民灌溉。

武城川水。在寧遠縣西。水經注：武城川水，津源所導，出鹿部西山。兩源合注，東北流逕鹿部南，亦謂之鹿部水。又東北，昌丘水出西南丘下，東北注武城水，亂流東北注渭水。縣志有山丹河，在縣西十里，源出岷州界城兒谷，東北流經山丹川，因名山丹河。又北經灘閣川，入渭。

藉水。在伏羌縣東南，流入秦州界。水經注：藉水出西山，百澗羣流，總成一川。東歷當亭川，左則當亭水注之，右則曾席水注之。又東與大弁川水合。又東南流，與竹嶺水合。又東北流，逕上邽縣。通典：藉水，一名洋水，又名嶧水。

半博水。在伏羌縣西南。源出半博山谷中，東北流入渭。又有天門水，源出天門山，東北流經縣東入渭。

落門水。在伏羌縣西。水經注：渭水又東有落門西山，東流，三谷水注之，三川統一，東北流注於渭水。元和志：隴西有落門水，出縣東南落門谷。後漢建武十年，來歙大破隗囂軍於落門，即此。縣志：永寧河，在縣西四十里，源出南山，東北流經永寧鎮，又北入渭。又十里曰落門河，亦出南山，經落門入渭。又沙溝河，在縣西南三十里，東北入永寧河。蓋所謂「三川統一」者也。

建安水。在西和縣南。自階州成縣流入，合西漢水。水經注：建安川水，自建安城，又東合錯水，又東北有雉尾谷水，又東北有太谷水，又北有小祁山水，並出東溪，揚波西注。又北，左會胡谷水，又東北，逕塞峽，出峽西，北流注漢水。府志有横水，在今縣治南二里，源出横嶺，經縣東北入漢。

西漢水。在西和縣北。自秦州流入，又西南經禮縣，轉東南，入階州成縣界。水經注：漢水西南合楊廉川水，又西南逕始昌峽，又西南逕宕備戍南，左則宕備水自東南，西北注之，右則鹽官水南入焉。又西南合左谷水，又西南合蘭皐水，又西南逕祁山軍南，雞水注之。又西，建安川水入焉。又逕祁山城南三里，又西南與甲谷水合，又西南逕南岈、北岈之中。又西南逕武植戍南，合武植水。又西南逕平夷戍南，又西南，夷水注之。又西逕蘭倉城南，又南，右會兩溪，又南入嘉陵道。元和志：長道縣西，漢水自上邽縣流入，經縣南。府志：水在今縣北六十餘里。

鹽官水。在西和縣東北。水經注：鹽官水，在嶓冢西五十許里。相承營煮不輟，味與海鹽同。故地理志云西縣有鹽官是也。其水東南逕宕備戍西，東南入漢水。寰宇記：鹽官水，在長道縣北一里，自天水縣界流來。府志：在縣東北九十里，源出嶓冢山。西南流經長道川，入白水江。

雞水。在西和縣東北。水經注：雞水南出雞谷，北流逕水南縣，西北流注於漢。

岷江水。在岷州東南，一名白龍江。源出分水嶺，東南流，合江水，入階州界。又荔川水，在州東南九十里宋荔川。

步和水。在岷州北。水經注：水出西山下，東北流出，逕步和亭北，又東北注洮水。寰宇記：步和川，羌人謂之天泉。明統志在衛西門外，誤。

洮水。在洮州廳南。自番界流入，東北流逕岷州，又西北入蘭州府狄道州界。漢書地理志：臨洮縣洮水出西羌中，北至枹罕入河。水經注：洮水出強臺山，東北流吐谷渾中，又東北流逕陽曾城北〔五〕，又東逕共和山南，又東逕迷和城北，又東逕甘枳亭，歷望曲，又東逕臨洮故城北，又東北流，屈而逕索西城西，又屈而北，逕龍桑城西，又西北逕步和亭東，步和川水注之。又北出門峽，歷求厥川。元和志：洮水出臨潭縣西南三百里強臺山。又岷州和政縣洮水，西南自溢樂縣界流入。歐陽忞輿地廣記：西傾之北，洮水出焉，北流入河。元史：洮河出羊撒嶺北，東北流過臨洮府，凡八百餘里，入黄河。明統志：洮河在洮州衛南三十五里，每初冬，水凍凝結，圓如彈子，蔽水而下，俗呼爲「珠子凌」。又至岷州衛西四十五里，亦曰野狐河。

羌水。源出洮州廳西南番界，東流經岷州，又東入羌州界，合岷河。一名白水，亦名墊江水。漢書地理志：羌道縣羌水出塞外，南至陰平入白水，過郡三，行六百里。山海經注：白水從臨洮之西傾山，東南流入漢，而至墊江。魏書：吐谷渾阿豺田於西彊山，觀墊江源，問羣臣曰：「此水東流何名？由何郡國入何水？」長史曾和曰：「此水經仇池，過晉壽，出宕渠，號墊江。至巴郡入江。」水經注：羌水出羌中參糧〔六〕，彼俗謂之天池白水。東南流逕宕昌城東，西北去天池五百餘里。又東南逕宕昌婆川城東南。又東南陽部水注之。又東南逕武階城西南。元和志：疊州城南枕羌水。又白水，一名墊江水，在州西六十里。寰宇記：疊、宕、成、武四州，並置在白江之側。白江即古羌水也。舊志：白水江，在岷州衛西南一百五十里。按：山海經、水經注、元和志、寰宇記諸説皆謂羌水即白水，惟漢志分爲二水，謂白水別出甸氏道徼外。山海經注謂白水出西傾山，即指羌水也。又水流逕鄧至陰平，合羌水，仍即漢志出甸氏道之水，源流未清。今按輿圖，羌水出番界西傾山來，泉源數十，番名襄雜，匯流而東，曰香出河。經廢疊州南折而南，又轉東，由武都關經階州西固城，又東合岷江。

東河。在安定縣東門外半里。一名鹹河，又曰苦水。源出縣南四十里麻子川，北流繞城，東合西河。又東北入會寧縣界，會於祖厲河。

西河。在安定縣西。源出甸子川，東北流，遶城西，又東會東河。以其味甘，亦曰甘水。其甸子川在縣西四十里，東西二十里，南北三十里，其間通渠流水，物産繁盛，大爲民利。又得羅川，在縣西南二十里，土脈肥饒，廣可千頃。

横河。在安定縣西五十里。隆冬不凝，亦名暖水。

響水河。在會寧縣東一百里。水出懸崖下，潺急觸石，聲聞數里，北流入南河。又有松樹岔水，在縣東三十里，東流合響水。

祖厲河。在會寧縣南。本名牀岔河，亦名南河。又西北入蘭州府靖遠縣界。水經注：祖厲水出祖厲南山，北流，逕祖厲縣而西。通志：南河在會寧縣南二里，源出保川諸澗，流經式虎山，苦水從東注之。又經縣西，又北經郭城驛，合安定縣之東、西二河水，名祖厲河。又北經靖遠衛，入黄河。

什字川河。在會寧縣北二十里。源出縣東北隱山谷，西流入南河。又南峪川，在縣南三十里，地頗腴。古城川，在縣南二十五里，有宋時古城。又後川，在縣東十里。大川，在縣北五里，周八十里。紅崖川，在縣北一百四十里。

疊藏河。在岷州東門外，源出州西南古疊州界。東北流，會分水河入洮河。

南河。在洮州廳南五十步。源出石嶺山，南流，經衛西，又東南入洮河。

托迪河。在洮州廳西三百里番界。源出薩喇托迪族，南流，入洮河。「托迪」舊作「朵的」，「薩喇」舊作「川撒」，今並改。

西川。在岷州南洮河之南，延袤五十里。又南川，在疊藏河西岸，其地皆可樹藝。

磨環川。在洮州廳西。唐天寶十三載，隴右節度使哥舒翰破吐番於臨洮西磨環川，於其地置神策軍。唐書地理志：洮州西八十里磨禪川，有神策軍。磨禪，即磨環也。

悠江。在通渭縣北五十里。形如半月，月夜臨之，水天一色。

靈湫。在隴西縣東南三十里。

黑湫。在會寧縣西四十里。俗傳中有黑龍，禱雨輒應，故名。

中林靈湫。在通渭縣西北十五里。其下懸石如臼，水從中出，祈雨多應。

聖母池。在隴西縣西南五十里。禱雨多應。

金紫池。在岷州東一百二十里。州人禱雨處。

松澤。在岷州南十五里。又澤潭，在州西七里。

六泉。在隴西縣東南。晉太元十一年，乞伏國仁襲鮮卑密貴等三部於六泉。元和志：六泉水，在襄武縣東北原上。泉源有六，因以爲名。府志：泉在府西南五里。

西泉。在隴西縣西里許，味甘美，冬夏不涸。

雙泉。在安定縣東南四十里。邑境之水，惟此獨甘。

温泉。有四：一在安定縣東南三十里，從山石間湧出如沸，浴可愈疾，俗名王家泉；一在通渭縣西南十五里，隆冬若沸；一在漳縣南十五里，百孔迸流，望之如星；一在西和縣東五里。

九眼泉。在通渭縣東南七十里。泉出九孔，望若聚星。

壤泉。在會寧縣北四十五里。又紅柳泉，在縣北二百里。九眼泉，在縣西北一百二十里。皆資灌溉。

龍頭泉。在寧遠縣東北三十里。泉流三派，相近有霧罩泉。

龍馬泉。在伏羌縣西。寰宇記：源出伏羌縣西北平地下渥洼沙，作龍馬之狀。相傳每春夜放牝馬飲此泉水，自能懷孕生駒，而無毛，不能起。以氈裹之，數日内生毛。不至三歲，與大宛馬略同。

九龍泉。在西和縣西北。通志：在故長道縣西三里。四時湛然，水旱如一。夏涼冬温，居民引以灌溉。又府志有官泉，去縣百步。

平泉。在岷州東二十里。又有卧龍泉，在州西南五里。

鹽井。有二：一在漳縣西南，一在西和縣東北。元和志：漳縣鹽井，在縣南二里，遠近百姓仰給焉。又長道縣鹽井，在縣東三十里，水與岸齊，鹽極甘美。元統志：井在西和州六十里。西和縣志：在縣東北九十里。

校勘記

〔一〕朱圉山一名白巖山　「白」，原作「自」，據乾隆志卷二〇〇鞏昌府山川（下同卷簡稱乾隆志）及萬廷蘭本太平寰宇記卷一五〇隴右道秦州、雍正甘肅通志卷五山川改。

〔二〕懷道縣有同均山　「同」，原作「洞」，據乾隆志及新唐書卷四〇地理志改。

〔三〕建安水東北逕塞峽　「水」，原闕，乾隆志同，據水經注卷二〇漾水補。

〔四〕廣陽水所出　「廣陽水」，原作「夷陽水」，據乾隆志及水經注卷一七渭水引明一統志改。按，明萬壽堂刻本明一統志卷三五鞏昌府山水作「廣漢水」。

〔五〕又東北流逕陽曾城北　「曾」，原作「會」，據乾隆志及水經注卷二河水改。「陽」上當脱「洮」字，戴震校水經注，補「洮」字是也。

〔六〕羌水出羌中參糧　「參糧」，乾隆志同，當作「參狼谷」，「狼」訛作「糧」，又脱「谷」字。戴震校水經注改「糧」爲「狼」、增「谷」字，是也。

大清一統志卷二百五十六

鞏昌府二

古蹟

通遠軍城。今隴西縣治。九域志：皇祐四年，以渭州地置古渭砦。熙寧五年，以砦建通遠軍。宋史地理志：元祐五年，增置隴西縣。崇寧三年，升通遠軍爲鞏州。

襄武故城。在隴西縣西南。漢置縣，屬隴西郡。後漢末，移郡治此。唐爲渭州治。寶應後，没於吐番，縣廢。府志：襄武故城，在今縣東五里。

獂道故城。在隴西縣東北渭水北。史記：秦孝公元年，西斬戎之獂王。匈奴列傳：自隴以西有翟獂之戎。漢置獂道縣，屬天水郡。後漢屬漢陽郡。靈帝中平五年，分置南安郡。十六國春秋：咸康元年，張駿分南安郡，屬河州西郡。乞伏國仁建義二年，南安祕宜降，拜爲東秦州刺史。熾磐建弘七年，赫連昌遣其叔韋武攻南安，拔之。宋史州郡志、魏書地形志皆作桓道。隋書地理志：隴西郡統隴西縣，舊曰内陶，置南安郡。開皇初，郡廢，改曰武陽。十年，又改名。括地志：獂道故城，在襄武縣東南三十七里。元和志：隴西縣西至渭州五十里，本漢獂道縣。隋開皇元年，移武陽縣名於郡理。八年，改爲隴西。

安西故城。今安定縣治。宋史地理志：會州安西城，舊名汝遮堡。紹聖三年，進築賜名，屬熙河路。南至定西砦二十七里。金升爲縣，屬定西州。元爲州治。元史地理志：定西州，本唐渭州西市〔一〕，五代淪於先零。宋置定西城。金改定西縣爲州，仍置安西縣倚郭，通西二砦〔二〕，並置縣來屬。至元三年〔三〕，併三縣入本州。舊志：按九域志及宋志，今縣即故安西城。金志定西、安西二縣並屬鞏州。貞祐中，始升定西縣爲州，以安西縣屬之。而元志云金改定西縣爲州，仍置安西縣爲倚郭。然定西縣未升爲州之前，當無並置定西、安西二縣於安西城之理也。蓋必元初移定西州治安西縣，後始省縣入州，又改爲安定州。元志未詳耳。

定西故城。在安定縣南。九域志：元豐四年，置定西城，在通遠軍北一百二十里。宋史地理志：元豐四年，以蘭州西使城爲定西城。五年，改定西城爲通遠軍，以汝遮堡爲定西城，屬通遠軍。南至通西砦四十六里，北至安西城二十七里。金初置定西縣。貞祐四年，升爲州。元徙州治安西縣，此城遂廢。

通西故城。在安定縣南四十里。本宋鞏州之通西砦。九域志：元豐六年，以蘭州通西寨屬通遠軍，在軍北八十里。宋史地理志：通西砦，西至熟羊砦七十里，北至定西砦四十八里。金初置通西縣，屬鞏州。貞祐四年，屬定西州。元至元三年，省入定西州。

通渭故城。在今通渭縣南。九域志：通渭堡，熙寧元年置，在通遠軍東七十里。宋史地理志：熙寧元年，改秦州擦珠堡爲通渭堡。五年，割隸通遠軍爲砦。崇寧五年，通渭縣復爲砦。東至甘泉城五十五里，西至鞏州六十四里。金復置縣，屬鞏州。舊志：宋時通渭砦本在通遠東境，不及百里，今縣在府東北一百六十里，蓋宋廢，金復置時移治，府志「移治鷄川安遠砦」是也。本朝雍正八年，以舊城久圮，移治於東北六十里故安定監城。乾隆十三年，復還舊治。

平襄故城。在通渭縣西南。漢置平襄縣，爲天水郡治。闞駰曰：「襄，故戎邑也。」後漢更始初，隗囂季父崔聚衆數千人，攻平襄，殺鎮戎大尹，遂共推囂爲上將軍。」獻帝起居注：初平四年，分漢陽置永陽郡，平襄縣屬焉。魏志：建安十九年，省永陽郡。後魏時省。章懷太子曰：「平襄故城，在伏羌縣之西北。」

鄣縣故城。在今漳縣西南。後漢置縣。永元初，封耿秉爲侯邑。晉永嘉後，没於西秦，置廣寧郡。元和志：鄣縣東北至渭州六十里，本漢鄣縣。永嘉南渡，縣廢。寰宇記：後魏景明三年，分武陽復置鄣縣，因水名。舊志：故城在縣西南五里。又有城在古城峪。元至元中，改置縣於此，後圮於水。明正統中，移治三台山麓，即今治。

新興故城。在寧遠縣西南。漢襄武縣地。後漢中平五年，析置新興縣，屬南安郡。晉因之。魏書地形志：渭州廣寧郡，領新興縣。真君八年，罷中陶、祿部、襄武屬焉。周、隋時廢。舊志「在隴西縣西南二十里」，誤。

冀縣故城。在伏羌縣南。史記秦本紀：武公十年，伐邽、冀戎，初縣之。後漢書五行志：王莽末，天水童謡曰：「出吴門，望緹羣。」吴門，冀郭門名也。緹羣，山名也。後漢建武八年，隗囂將王元等自西域迎囂歸冀。九年，囂死，囂子純降，自是遂爲天水郡治。後爲凉州治。建安十七年，馬超殺凉州刺史韋康，據冀城。康故吏民楊阜、姜敘、梁寬、趙衢等合謀殺超，超奔漢中。晉書地理志：太始五年，置秦州，鎮冀城。泰康三年罷。隋書地理志：天水郡統冀城縣。後周廢入黄瓜縣。大業初，改曰冀城。元和志：縣東南至秦州一百二十里。後魏以冀爲當亭，周爲黄瓜，隋大業二年，改爲冀城。唐武德三年，置伏羌縣，縣城本秦冀縣也。寰宇記曰：唐初，於伏羌城置伏羌縣。天寶後，陷吐蕃。宋建隆三年，秦州上言吐蕃尚波于等進納伏羌縣地，因舊城置砦。九域志：熙寧三年，以伏羌砦爲城，在秦州西九十里。元史地理志：伏羌縣本屬砦，至元十三年升縣。通志：故冀城在縣南五十步。又舊土城在縣南，與縣城相連，宋曹瑋所築。

當亭故城。在伏羌縣南。後魏太平真君八年，以故冀縣地置當亭縣。水經注：藉水東歷當亭川，即當亭縣治也。後周省入黄瓜縣。舊志：當亭城，在秦州西南一百三十里。通志有黄瓜城，在縣西南四十里，蓋即當亭城也。

始昌故城。在西和縣北。漢西縣地，晉置。水經注：西漢水逕始昌峽、始昌縣故城西[四]。晉地道記曰：「始昌縣，故西城也。」魏書地形志：黄瓜縣有始昌城。章懷太子曰：「西縣城，一名始昌城，在上邽縣西南。」

水南故城。在西和縣北。魏書地形志：南秦州天水郡，真君七年置。水南縣，郡治，真君二年置，又領平泉、平原二縣。

隋書地理志：後周省水南縣入長道縣。按：水經注「雞水北逕水南縣」，是縣在漢水之南，故以爲名。舊志水南城在縣西南三十里，誤。

臨洮故城。今岷州治。史記：秦始皇八年，長安君成蟜反，死屯留，遷其民於臨洮。漢書地理志：隴西郡臨洮縣，南部都尉治。後漢書西羌傳：建武十一年，先零羌寇臨洮，隴西太守馬援破降之。永初三年，鍾羌攻没臨洮縣，生得隴西南部都尉。陽嘉二年，復置隴西南部都尉。蓋永初中亂，至是始復也。晉惠帝改屬狄道郡。後魏時，縣廢。西魏大統十六年，羌酋傍乞鐵忽據渠株川，史永和討斬之，以其地置岷州。隋書地理志：臨洮郡領臨洮縣。西魏置，曰溢樂，并置岷州及同和郡。開皇初，郡廢。大業初，州廢，更名縣曰臨洮。元和志：岷州東北至渭州一百二十六里。溢樂縣，郭下，本秦、漢之臨洮縣。義寧二年，改曰溢樂。上元二年，羌叛，陷於西蕃。九域志：岷州，熙寧六年收復，仍舊置，而無治縣。宋志：州始治祐川縣，崇寧中置。紹興元年入金，改祐州。十二年，復來歸，改曰西和，移治長道縣界，而故州荒廢。元時，復於故縣置岷州。明初，廢爲衛。明統志：洪武中建衛，因於舊基築城二，東西相連。

洪和故城。今洮州廳治。水經注：洮水逕洪和山南，城在四山中。後魏置洪和郡，屬河州。後入吐谷渾，郡廢爲洪和城。周武成元年，攻拔之。隋爲美相縣地。唐移美相縣於此，屬洮州。元和志：貞觀四年，移洮州治故洪和城〔五〕。又美相縣，西至州七十里，本隋舊縣，治在州城，貞觀四年移洮州在此，縣亦隨徙焉。舊唐書地理志：貞觀八年，移洮州理洮陽城，仍於舊洪和城置美相縣，隸洮州。天寶中，廢入臨潭。按：洮州衛即古洪和城。明洪武中，西平侯沐英始於此建衛。本朝乾隆十三年改爲廳。

洮州故城。在洮州廳西南。水經注：洮水逕洮陽曾城北。沙州記：嵹城東北三百里有曾城，城臨洮水，漢建初二年，羌攻臨洮，車騎將軍馬防救之，諸羌退聚洮陽，即此城也。晉惠帝立洮陽縣，屬狄道郡，後爲郡羌所據。後魏太和十五年，長孫百年攻洮陽、泥和二戍，克之。魏亂，復陷。周武成元年，賀蘭祥討吐谷渾〔六〕，拔洮陽、洪和二城。保定元年，於洮陽置洮州。隋書地理志：臨洮郡，後周武帝逐吐谷渾，置洮陽郡，尋立洮州。開皇初，郡廢。治美相縣。大業初，置臨洮郡。元和志：隋季亂，所在陷没。臨洮郡守長孫詢嬰城固守。義寧元年，舉城歸唐。武德二年，復於此置洮州。貞觀四年，州移治洪和城，於此置臨洮鎮。五年，廢鎮，置御諱州〔七〕。八年，廢州。復移洮州理此。開元十七年，廢入岷州。二十年，又於臨潭置臨州。二十七年，又改爲洮州。東至岷州一百八十里，西南至疊州一百八十里。臨潭縣，郭下，本隋美相縣。周保定元年置。貞觀四年，移美相縣於東北洪和城内。五年，於故洮州理置臨潭縣。其城東、西、北三面並枕洮水。宋史地理志：洮州，唐陷吐蕃，號爲臨洮城。大觀二年收復，仍爲洮州。元史地理志：元初，鞏昌路統洮州。至元七年，併洮州入安西州。

西寧舊城。在會寧縣東。金置。金史地理志：秦州西寧縣，貞祐四年升爲西寧州。元統志：西寧縣，本宋甘泉堡，金大定二十二年升爲縣，改名西寧，後爲州。金末廢。元初，棄新會州移於此。至元七年，併縣入州。州東至德順州治二百七十里，西至定西州治一百四十里，南至匝梅嶺九十里，北至中興府四百里。舊志：西寧舊城，在今縣東三十里，有三城相連，俗呼爲西寧連城。宋靖康時所築，今遺址猶存。

寧遠舊城。今寧遠縣治。九域志：寧遠砦，天禧二年置，在通遠軍東南七十七里。宋史地理志：熙寧五年，割秦州寧遠砦，隸通遠軍。崇寧三年升爲縣。金史地理志：安西舊有寧遠砦。元復置縣。

宕昌故國。在岷州南，古西羌地。十六國春秋：秦姚興弘始六年，伐仇池，入自宕昌。宋書氐傳：元嘉九年，楊難當拜楊保宗爲鎮南將軍，鎮宕昌。周書：宕昌羌梁勤者，世爲酋帥，得羌豪心，乃自稱王。其界自仇池以西，東西千里，帶水以南〔八〕，南北八百里。地多山阜，部衆二萬餘落。勤孫彌忽，始通於後魏。太武因其所稱而授之。自彌忽至仚定九世，每職貢不絶。大統四年，以仚定爲南洮州刺史，後改洮州爲岷州，仍以仚定爲刺史。保定四年，彌定引吐谷渾寇石門戍。高祖詔田弘討滅之，以其地爲宕州。元和志：宕昌故城，今爲交河戍，在宕州懷道縣東五十二里。九域志：熙寧七年，置宕昌砦，屬岷州，在州南一百二十里。明統志：宕州城在岷州衛南一百二十里。宋時運蜀茶市馬於岷。及金人據洮州，遂置蕃市於此，歲市馬數千。因置宕昌驛，爲綱馬憩息之所。

博陵故郡。在洮州廳西。隋書地理志：臨洮郡當夷縣，後周置博陵郡及博陵、寧人二縣，開皇初併入。元和志：安西府在臨潭縣東四十里。周武成元年，博陵公賀蘭祥討吐谷渾，築此城以保據。後因置博陵郡。隋又爲縣，屬洮州。貞觀十二年，省縣入臨潭。十三年，於此置安西府。元史地理志：鞏昌路，初領安西州。至元五年，割屬圖沙瑪路。蓋即故安西府也。「圖沙瑪」，譯見前。

廢鐵州。在岷州東。元置，與岷州俱屬圖沙瑪路。明初廢，或曰宋之鐵城堡即此。

中陶廢縣。在隴西縣東北。晉書地理志：南安郡統中陶縣。宋書州郡志：中陶縣，魏立。魏書地形志：真君八年，罷屬新興。

鹽泉廢縣。在伏羌縣西。舊唐書地理志：武德九年，于伏州廢城置鹽泉縣。貞觀元年，改鹽泉爲夷賓。二年，併入伏羌縣。縣志：縣西二十里有鹽泉鋪，即故鹽泉縣。府志「唐于伏羌縣西南故平襄城置鹽泉縣」，誤。

甘谷廢縣。在伏羌縣北。九域志：甘谷城，熙寧元年置，在秦州西北一百八十五里。金置甘谷縣。貞祐四年，隷西寧州。元廢。

漢源廢縣。在西和縣北。唐置。唐書地理志：成州漢源縣，寶應元年没吐蕃。舊志：以近西漢水源，故名。

龍城廢縣。在岷州東北。魏書地形志：河州領臨洮郡。太平真君六年改置，治龍城縣，太和十年置。水經注：洮水北逕龍桑城西。馬防以建初二年，從安故五谿出龍桑，開通舊路者也。俗名龍城。隋書地理志：狄道縣，後魏置臨洮郡、龍城縣，後周皆廢。

祐川廢縣。在岷州東南。隋書地理志：臨洮縣，後周置祐川郡基城縣，尋郡縣俱廢。元和志：祐川縣西北至岷州七十里。周武成元年，置基城縣。開皇九年省。義寧二年重置。先天元年，改爲祐川，取縣西祐川爲名。上元二年，陷於西蕃。宋史地理志：岷州治祐川唐縣。崇寧三年復，紹興後徙廢。詳見上臨洮。

良恭廢縣。在岷州東南一百三十里。隋書地理志：宕昌郡，後周置宕昌國。天和元年，置宕州總管府。開皇四年，府廢。治良恭縣，後周置，初曰陽宕，置宕昌郡。開皇初郡廢，十八年改名。大業初，置宕昌郡。元和志：良恭縣，西南至宕州二百一十里。宋初廢爲鎮。九域志：建隆三年，以良恭鎮屬大潭縣。

懷道廢縣。在岷州西南。本宕昌城。隋書地理志：宕昌郡統懷道縣。後周置甘松郡，開皇初郡廢。元和志：宕州，唐武德元年置。天寶元年，改爲懷道郡。乾元元年，復爲宕州，因宕昌山爲名。東南至武州二百五十里，北至岷州一百八十里，西北至疊州二百五十里。懷道縣，郭下，周天和元年置，屬甘松郡。隋開皇三年，罷郡，屬宕州。寰宇記：懷道縣，唐貞觀元年移於此。又隋書地理志：宕昌郡，統和戎縣，周置。舊唐書地理志：貞觀三年，省入懷道。

當夷廢縣。在岷州西北洮州廳界。隋書地理志：臨洮郡統當夷縣，後周置。又立洪和郡，尋廢。舊唐書地理志：神龍元年廢當夷，併入溢樂。寰宇記：當夷縣，周武成元年更修金通戍置，其城即吐谷渾所築。

赤水廢縣。在岷州東北，古索西城也。後漢書西羌傳：建初二年，燒當羌寇隴西，馬防討破之，乃築索西城，徙隴西南部都尉戍之。水經注：洮水逕索西城西，一名赤水城，亦曰臨洮東城。沙州記曰：「從東洮至西洮一百二十里。」魏書地形志臨洮郡領赤縣。即此。周、隋間廢。章懷太子曰：「索西故城，在和政縣東。」明統志：在衛東北九十里。

和政廢縣。在岷州東北。隋書地理志：臨洮郡統和政縣。後周置洮城郡，尋廢。元和志：縣西南至岷州三十二里，本後周洮城郡。保定元年，郡省，置同和縣，屬同和郡。宣政元年，改爲和政縣，在縣西北七里。上元二年，陷於吐蕃。

永寧舊縣。在漳縣南。九域志：永寧砦，建隆二年置，在通遠軍南一百二十里。宋史地理志：熙寧五年，割秦州永寧砦隸通遠軍。崇寧三年升爲縣，屬鞏州，金復爲砦。金史地理志：鞏州永寧砦，去宋界三十里。元廢。

烏雞城。在會寧縣東北五十里。又縣東北三十里有通安城，南三十里古城川有古城縣，北一百六十里有黑城，皆未詳所自。

甘泉城。在通渭縣東。宋史地理志：渭州甘泉堡，崇寧五年，涇原路經略司於甜井子修築守禦〔九〕，賜名。又秦州甘泉堡，南至涇原路治平砦一百五十里，北至涇原路通安砦一百五十里。金史地理志：秦州舊有甘泉城。

堡川城。在通渭縣東。宋史地理志：堡川城，政和六年於秦鳳東西川口進築，賜名。東至甘泉堡一十八里，北至會川城一百二十里。金廢。

鹽川城。在漳縣西北。九域志：熙寧六年，置鹽川砦，在通遠軍西三十里，後改爲鎮。開禧二年，金分道來伐，使舒穆爾出鹽川。嘉定十三年，安丙分遣王仕信等伐金，自宕昌進克鹽川鎮。金史地理志：定西州領鹽川鎮。明統志：元初，併鹽川鎮入隴西縣。至元中，置漳縣。按：今漳縣在府南七十里，與九域志所紀不同。元以鹽川鎮地置縣，非即鎮爲縣治。舊志皆謂鹽川砦即縣治〔一〇〕，誤。「舒穆爾」舊作「石抹仲」，今改。

白石鎮城。在今西和縣西。九域志：長道縣有白石鎮。方輿勝覽：宋紹興九年，陝西盡入於金。宣撫吴玠以李永鎮守岷州，遂移州治於長道縣之白石鎮，據南山建城。紹興十二年，金人請和，以岷犯金太祖嫌名，改爲西和州。以淮西有和州，故加「西」字。元統志：西和州，東至成州界黄竹一百二十里，至州二百里，西至西安州二百里。舊志：白石鎮城，在縣西北三里，宋西和州治此。明洪武初，降州爲縣，移今治。

鹽官城。在西和縣東北九十里。元和志：在長道縣東三十里，嶓冢西四十里。相承營煮，味與海鹽同。唐書地理志：成州有静戎軍，寶應元年徙馬邑州於鹽井城置。即此。

麴城。在岷州東南一百里。魏志陳泰傳：蜀姜維率衆倚麴山築二城，使牙門將句安等守之。郭淮與泰謀禦之，泰曰：「麴城雖固，去蜀險遠，當須運糧，非興兵之地也。」率鄧艾等進兵圍之，斷其運道及城外流水。維來救，出自牛頭山，與泰相對。泰堅壘勿戰，使淮趨牛頭截其回路，淮率諸軍軍洮水。維懼遁走，安等皆降。

顛角城。在岷州南一百三十五里。又梅川城，在州東北三十里。酒店城，在州東北四十里。明時皆設官軍守禦。

長城。在岷州西。史記匈奴列傳：秦始皇三十四年，使蒙恬築四十四縣城，起臨洮，至遼東，萬餘里。括地志：秦長城首起岷州西十二里。元和志：起溢樂縣西二十里。府志：隴西縣北百里烏隆溝北有遺蹟，俗名長城嶺。

鳴鶴城。在洮州廳東。寰宇記：洮州有鳴鶴城、鎮念城、三足城，皆吐谷渾所築，今屬郡地。明統志有鶴城鎮，在衛東六里，即鳴鶴城也。

鞏昌故衛。在府治西北。明洪武三年建，本朝順治十六年裁。

蘇董戍。在岷州西南。元和志：在懷道縣西一百八十三里。

祁山軍。在西和縣北。水經注：漢水西南逕祁山軍南。祁山南三里，有諸葛故壘，壘之左右猶有豐草，蓋孔明所植也。

神策軍。在洮州廳西南。唐書地理志：磨禪川有神策軍。元和志：在洮州西八十里。天寶十三載，哥舒翰置，在洮河南岸。

石營。在西和縣西北。三國漢延熙十六年，姜維自武都出石營，圍狄道。十九年，姜維祁山不克，出石營，經董亭，圍南安。寰宇記：石堡城，在長道縣南十八里。高一百丈，上有石城，中有一石井，深一丈，四時水湛然，飲之不竭〔一二〕。

鄭公營。在西和縣西北。元和志：在長道縣西南三里。唐武德元年，鄭國公竇軌討薛舉餘黨，營軍於此，因名。

滔山監。在岷州西。九域志：熙寧九年置，鑄鐵錢，在岷州西一百五十步。

五谿聚。在隴西縣東。後漢書郡國志：襄武有五谿聚。建武十年，來歙破羌於五谿，即此。

落門聚。在伏羌縣西。後漢建武十年，隗囂據冀，馮異攻其落門，未拔而卒，來歙復攻拔之。郡國志：冀有落門聚。水經注：落門水，東北流注於渭水，有落門聚。唐書：吐蕃別將尚恐熱爲落門川討擊使。通志：伏羌縣西四十里有永寧鎮，即羌之大落門谷。

秦嘉村。在通渭縣南渭城里。

衣錦鄉。在漳縣東二里。元汪世顯祖居。

赤亭。在隴西縣西。晉書載記：姚弋仲，南安赤亭羌人也。漢中元末，燒當塡虞九世孫遷那率種人内附，漢朝嘉之，處之於南安之赤亭。通志：赤亭在隴西縣西三十里。

密艾亭。在隴西縣東北。漢書地理志：豲道縣有騎都尉，治密艾亭。

威遠樓。在府治東。宋建。

董卓臺。在岷州。元和志：在溢樂縣北十五步。

讀書堂。在府治東。宋建。

關隘

首陽關。在隴西縣西南首陽山下，與蘭州府渭源縣接界。今曰首陽鎮。又縣南有赤山關。又南有藥鋪關，西南有後川關。

烏龍關。在安定縣南東、西兩河間，亦宋置，南接隴西縣。今亦曰烏龍隘。

巉口關。在安定縣北四十里。宋置關于此。明成化中置巡司，今裁。縣志有關川，在縣西北七十里，西通蘭州，北通靖遠，爲要隘之區。

青家關。在會寧縣東九十里。明置巡司，今裁。

華川關。在通渭縣南華川水上。又閉門關，在縣東南，接秦州秦安縣界。又縣境有石門關。

大木樹關。在寧遠縣東南五十里分水嶺下，與秦州禮縣接界。

馬務關。在寧遠縣西南箭竿山下，亦曰馬務鎮。府志：縣境又有水關、文盈關。

槐樹關。在伏羌縣東槐樹嶺，與秦州接界。

石關。在岷州東一百三十里。有砦，東維秦隴，西控番地，天然鎖鑰。

松嶺關。在洮州廳東三十里〔一二〕。又三岔關，在廳東四十五里。高樓關，在廳東五十里。八角關，在廳東一百四十里。洮州關，在廳西南三十里。石嶺關，在廳北十五里。羊撒關，在廳北六十里。大嶺關，在廳北九十里。黑石嘴關，在廳東北四十里。明時皆有官軍防守，今松嶺、三岔、高樓皆廢爲堡。

錦布隘。在隴西縣北六十里錦布谷。明置錦布鎮遞運所於此。又北有瀾安隘，亦曰深安隘。又有沙灣口、截道等隘。

藺家峽隘。在通渭縣東南八十里藺家峽。又縣有田家峽、砥石峽、談家峽、石觜峽、袁家峽、金帶峽，凡七隘。

研石峽隘。在寧遠縣東南研石峽。又太陽山、魯班山、石門山皆有隘口。又花崖山口、木林峽二隘，皆在縣東北。

天門隘。在伏羌縣南天門山下。

青陽峽隘。在西和縣南，與階州成縣接界。又縣境石堡城、鹽官鎮等舊城，皆有秦州營兵防守。

天衢鎮。在隴西縣東四十五里，接寧遠縣界。又金志：鞏州有赤觜鎮。舊志：在縣二十里，今爲鋪。

鼉兒觜鎮。在安定縣東百里，接會寧縣界。宋史地理志：定西城東至鼉兒觜鎮六十五里。又有西鞏鎮，在縣東六十里。

秤鈎灣鎮，在縣北六十里。

翟家鎮。在會寧縣東四十五里。明置翟家遞運所於此。

安遠鎮。在通渭縣東南六十里，接伏羌縣界。九域志：天禧二年，置安遠砦，在秦州西北一百二十五里。即此。

雞川鎮。在通渭縣舊城東南七十里，與秦州秦安縣接界。

落門鎮。在寧遠縣東三十里，亦曰小落門。宋志秦州有小落門砦，即此。以伏羌有大落門也。

威遠鎮。在寧遠縣南。宋置。九域志：大中祥符七年，置威遠砦。熙寧八年改爲鎮，在通遠軍南一百里，後廢。

來遠鎮。在寧遠縣西南三十里。宋置。九域志：天禧元年，置來遠砦。宋史地理志：熙寧五年，割秦州來遠砦隸通遠軍。元豐七年，廢砦爲鎮，屬永寧砦。金史地理志：來遠寨，去宋界二十五里，舊爲鎮。

納泥鎮。在寧遠縣西四十里，接隴西縣界。

榆盤鎮。在寧遠縣北六十里，接通渭縣界。

長道鎮。在西和縣西北，接秦州禮縣界。九域志：長道縣有長道、故城、白石、鹽官、谷骨、崖石、平泉、馬務八鎮。通志有永寧鎮，在縣西四十里。元烏嚕千户所築。「烏嚕」舊作「奥魯」，今改。

廣恩鎮。在洮州廳西。元和志：廣恩鎮，在洮州臨潭縣西一百八十里。

馬營監營。在通渭縣境，今設遊擊駐此。

熟羊砦。在隴西縣北。九域志：熙寧元年置，在通遠軍北四十里。金史地理志：安西縣有熟羊寨，臨宋界。府志：今爲鎮。

平西砦。在安定縣北。宋史地理志：會州平西砦，紹聖四年賜名。地本青石峽，屬熙河路。南至安西城三十三里。府志：明洪武二年，元故將烘郭翺據蘭、鞏境内。三年，遣徐達等禦之。達至平西砦，烘郭退，屯軍道峴。「烘郭」舊作「擴廓」，今改。

南谷砦。在西和縣東北。元統志：在天水東南五十里，去成州一百二十里。

茶埠峪砦。在岷州東十五里。自是而東，又有泠落山、永寧堡、弄松堡三砦。

荔川砦。在岷州東。九域志：熙寧六年置，在岷州東八十里。又七年置床川砦，在州東二十里。閭川砦，在州東一百二十里。

鵶山砦。在岷州東南三十五里。又東南有紅土坡、答竜溝等七砦。

栗林砦。在岷州南十五里。又南有淩兀赤、分水嶺等十砦。

臨江砦。在岷州南。九域志：在岷州南一百四十里。雍熙二年置，屬秦州。熙寧六年改屬岷州。又宕昌砦，在州南一百二十里，即古宕昌城也。

木昔砦。在岷州西南十五里。又西南有吴麻溝、鹿兒壩、柏木植、鎮羌、三岔五寨〔一三〕。

曹家砦。在岷州西十五里。又西有中砦、野狐橋、泠地峪三砦。

水磨溝砦。在岷州北五十里。又馬崖子砦，在縣北七十里〔一四〕。

梅川砦。在岷州東北三十里。又東北有酒店子、普魯嶺二砦。

三岔堡。在隴西縣北。九域志：熙寧四年置。在通遠軍東北二十五里。宋史地理志：熙寧五年，割三岔堡隸軍。金史地理志：安西縣舊有南三岔堡。府志又有何家堡，在縣北八十里，接安定縣界。

内官營堡。在安定縣西甸子川。明肅王置。又有馬家堡汛，今設千總防守。

者達堡。在通渭縣西南。宋史地理志：熙寧五年廢者達、本當、七麻三堡。今通渭仍領七麻等堡，不知何年復置。

石峯堡。在通渭縣境。今設守備駐此。

廣吴堡。在寧遠縣西廣吴山下。九域志：寧遠砦領廣吴、啞兒二堡。宋史地理志：熙寧五年，割秦州乜羊、廣吴、渭川、啞兒等堡隸通遠軍。元豐五年，廢廣吴等四堡。

達隆堡。在伏羌縣西北。九域志：達隆堡，慶曆五年置，在秦州西北一百五十五里。又伏羌城，領得勝、榆林、大像、菜園、探長、新水、樫林、丙龍、石人、駝項、舊水十一堡。又甘谷城，領隴陽、大甘、吹藏、隴諾、尖竿五堡。

見龍堡。在伏羌縣西南四十五里永寧鎮西。一面倚山，三面懸崖。又石峽堡，在縣東北三十里渭北，一面倚山，三面阻水，天成險峻。

湫池堡。在西和縣東。宋置。方輿勝覽：去天水縣七十里。元統志：去成州九十里，以防秦州隴成縣入本州界東柯谷，及北馬砦入永川路。

遮陽堡。在岷州東。九域志：在岷州東一百里。熙寧七年置。又置穀藏堡，在州西四十里。又鐵城堡，十年置，在州東八十里。

舊洮州堡。在洮州廳西七十里，即舊州也。自移衛而東，以其地爲堡，南接生番，西鄰川虜。明隆慶五年，設守備。萬曆元年修築，周二里，門二。本朝改設都司。

烏藏堡。在洮州廳西二十里。又官落堡，在堡西二十五里。驢房堡、汪懷堡，皆在廳西。又有丁河及土橋、小嶺等堡，俱係要衝。

茶馬司。在洮州廳治西南。

通遠驛。在隴西縣東北。明初置。西至渭源慶平驛七十里，東南至寧遠所九十里。又東至伏羌所一百里。舊有北關遞運所，在縣北二里。又有旬子川遞運所，在縣西四十里。熟羊鎮、錦布谷遞運所，在縣北六十里，今併爲一。

延壽驛。在安定縣治北。相近有安定遞運所。

西鞏驛。在安定縣東七十里西鞏鎮，路通固原。有驛丞，今裁。有西鞏遞運所。

通安驛。在安定縣南七十里，南至府九十里。又有好地掌遞運所，在縣南四十里。

秤鉤驛。在安定縣西北六十里秤鉤灣鎮。有驛丞，今裁。有秤鉤灣遞運所。西至蘭州府金縣清水驛六十里。

保寧驛〔一五〕。在會寧縣治東，有會寧遞運所。西至西鞏驛六十里。

青家驛。在會寧縣東九十里。有驛丞，今裁。東南至平涼府静寧州九十里。

乾溝驛。在會寧縣北八十里乾溝鎮，有乾溝遞運所。

郭城驛。在會寧縣北一百六十里郭城鎮，有郭城遞運所。西北去蘭州府靖遠縣一百里，今設把總防守。

三岔驛。在漳縣西三十里三岔鎮。明初置。又三岔遞運所亦在焉。西至酒店驛六十里。

岷山驛。在岷州治東。

酒店驛。在岷州東九十里酒店城，相近有酒店遞運所。又有梅川遞運所，在州東北三十里梅川城。

西津驛。在岷州西南九十里。

津梁

古渭橋。在隴西縣北。

廣惠橋。在安定縣東一里。

永濟橋。在安定縣東六十里。

西寧橋。在會寧縣東三十里。又東十里有後川橋，俱跨松樹岔河。

朝陽橋。在通渭縣舊城東百步。

溉橋。在通渭縣舊城東十五里。一名苦水橋。

鳳凰橋。在漳縣西四十里鳳凰墩。

南河橋。在寧遠縣東樂善鎮。又有大、小高橋。

朱圉上橋。在伏羌縣西二十里。俗訛爲猪脊橋。

嶔底上橋。在伏羌縣東北五里，渡渭往秦州秦安縣路。又有嶔底下橋，在縣北三里，渡渭往通渭縣路。

大水橋。在西和縣南三百步。

白水橋。在西和縣北三百步。又有卧龍橋，在縣北九十里。

疊藏長橋。在岷州東門外。

茶埠谷橋。在岷州東十五里。

野狐橋。在岷州西十里，由洮入岷所必經。

梅川橋。在岷州東北三十里。

舊橋。在洮州廳東南四十里。又新橋，在廳西南七十里。明時皆有關，官兵防守，今廢。

陵墓

漢

秦嘉墓。在通渭縣榜羅鎮秦家坪。

三國　蜀

姜維墓。在伏羌縣西南五十里。又有姜氏墓，去維墓不數武，維先塋也。又平涼府靜寧州亦有姜維墓。

晉

姚弋仲墓。在伏羌縣東。晉書姚弋仲載記：弋仲之柩，爲苻生所得，生以王禮葬之於天水冀縣。舊志：在狐盤谷。

唐

李賀墓。在隴西縣仁壽山後。

宋

陳寅墓。在西和縣崆峒山北。寅謚襄節公，一門二十八口，同時殉節，俱附葬墓傍。

賈承議郎子坤墓。在西和縣治，與陳寅同時殉節。

王韶墓。在岷州。

金

郭斌墓。在會寧縣東隱山之麓。

元

汪世顯墓。在漳縣南山小鹽井河側。

明

王欽墓。在安定縣北鄉大柏林。

劉躍龍墓。在安定縣東鄉史家山。

耿桂芳墓。在西和縣治。桂芳任西和令，遇賊殉節。長子婦王氏、次子婦嚴氏、幼女五姐同時殉節，俱附葬墓傍。

於敖墓。在岷州。

祠廟

伏羲祠。在府治東郭内。

酇侯祠。在伏羌縣治西。祀漢蕭何。

董公祠。在通渭縣舊城内文廟後。祀漢董仲舒。

忠節祠。在西和縣北。明嘉靖二年建，祀宋知州陳寅。

夷齊廟。在隴西縣南首陽山麓。按：夷、齊餓於首陽之下，馬融以爲在蒲坂，曹大家註通幽賦云在隴西。索隱據莊子「北至岐山，西至首陽」之文，以爲在岐山之西。説文以爲在遼西。劉延之以爲在偃師。方輿勝覽亦云在隴西。府志：今隴西縣首陽山麓之左，有「二賢冢」，故於冢旁立廟。明郡人楊恩著辨以隴西之首陽爲是〔一六〕。其説不一，今並存之。

校勘記

〔一〕本唐渭州西市　「市」，原作「治」，據乾隆志卷二〇〇鞏昌府古蹟（下同卷簡稱乾隆志）及元史卷六〇地理志改。

〔二〕仍置安西縣倚郭通西二砦　乾隆志同。按，此引元史地理志文本亦有誤。考金史卷二六地理志，「安西」作「定西」，注云「貞祐四年六月升爲州，以通西、安西隸焉」。元史顯有訛脱。此句「安西」當作「定西」，「通西」下當有「安西」二字。

〔三〕至元三年　「元」，原作「遠」，據乾隆志及元史卷六〇地理志改。

〔四〕西漢水逕始昌峽始昌縣故城西　乾隆志同。按，戴震按水經注，以「始昌縣故城西」六字爲衍文删去，是也。

〔五〕移洮州治故洪和城　「洪和」，原作「洪武」，據乾隆志及元和郡縣志卷三九隴右道改。

〔六〕賀蘭祥討吐谷渾　「祥」，原作「詳」，乾隆志同，據北史卷六一、周書卷二〇賀蘭祥本傳改。下文同改。

〔七〕置御諱州　乾隆志同。按，此引元和郡縣志卷三九隴右道原文也。州名當作淳州，「淳」，唐憲宗李純嫌名，故元和志相避。

〔八〕帶水以南　「帶水」，乾隆志同，當作「席水」，中華書局點校本周書卷四九異域列傳據通典改「帶水」爲「席水」是也。

〔九〕涇原路經略司於甜井子修築守禦　「甜井子」，原作「甜片子」，乾隆志同，據宋史卷八七地理志改。

〔一〇〕舊志皆謂鹽川砦即縣治　「謂」，原作「爲」，據乾隆志改。

〔一一〕飲之不竭 「竭」，原作「渴」，據乾隆志及太平寰宇記卷一五〇隴右道秦州改。

〔一二〕在洮州廳東三十里 「東」，原脱，據乾隆志及雍正甘肅通志卷一〇關梁補。

〔一三〕又西南有吴麻溝鹿兒壩柏木植鎮羌三岔五寨 「吴麻溝」，乾隆志同，讀史方輿紀要卷六〇陝西岷州衛作「胡麻溝」。

〔一四〕又馬崖子砦在縣北七十里 乾隆志同，「縣」字當作「州」，指岷州。

〔一五〕保寧驛 「寧」，原作「安」，據乾隆志改。按，本志避清宣宗諱改字。

〔一六〕明郡人楊恩著辨以隴西之首陽爲是 「楊恩」，原作「楊閎」，乾隆志同，據雍正甘肅通志卷二五陵墓改。按，楊恩撰首陽山辨碑刻尚存，位於渭源縣首陽山上，明楊恩撰文，湯懿書。

大清一統志卷二百五十七

肇昌府三

名宦

漢

陳立。臨邛人。天水太守。勸民農桑，爲天下最。

樊曄。新野人。建武中，拜天水太守。政嚴猛，善惡立斷，吏人及羌胡畏之。道不拾遺，行旅至夜聚衣裝道傍曰：「以付樊公。」

馬稜。茂陵人。永元二年，轉漢陽太守，有威嚴稱。

趙博。永初五年，爲漢陽太守。漢陽人杜琦、王信叛，與先零諸種羌合，攻陷上邽城。博遣故吏杜習刺殺琦。

龐參。緱氏人。永初中，拜漢陽太守。抑强扶弱，以惠政得民。

橋玄。睢陽人。桓帝時，爲漢陽太守。上邽令皇甫禎有臟罪，玄收拷髠笞，死於冀市，一境皆震。

种暠。洛陽人。桓帝時，爲漢陽太守。化行羌戎，禁止侵略。

傅燮。靈州人。靈帝時，爲漢陽太守，叛羌懷其恩化，並來降附。乃廣開屯田，列置四十餘營。金城賊王國、韓遂等進圍漢陽，城中兵少糧盡，燮猶固守。時北胡騎數千隨賊攻郡，皆夙懷燮恩，共於城外叩頭，求送燮歸鄉里。燮子幹，年十三，從在官舍。知燮性剛有高義，恐不能屈志以免，勸燮棄郡而歸。燮慨然歎曰：「汝知吾必死耶？蓋『聖達節，次守節』，世亂不能養浩然之志，食禄又欲避其難乎？吾行何之？必死於此！」遂麾左右進兵，臨陣戰殁。

蓋勳。燉煌廣至人。光和中，爲漢陽長史。時武威太守倚勢貪横，從事蘇正和案致其罪。涼州刺史梁鵠畏懼貴戚，欲殺正和，訪於勳。勳素與正和有讐，或勸勳可因此報隙。勳曰：「不可。謀事殺良，非忠也。乘人之危，非仁也。」鵠從其言，正和得免。中平初，叛羌圍校尉夏育於畜官，勳以兵救育，爲賊所執。羌戎服其義勇，不敢加害，送還漢陽。後刺史楊雍即表勳領漢陽太守。時人饑相食，勳調穀廪之，先出家糧以率衆，存活者千餘人。

三國　魏

梁習。柘人。爲漳長，有治名。

南北朝　周

元定。洛陽人。明帝初，拜岷州刺史，威恩兼濟，甚得羌豪心。先時生羌據險不賓者，至是並出山谷，從征賦焉。及代還，羌豪等咸戀慕之。

劉璠。沛人。明帝時，左遷同和郡守。璠善於撫御，涖職未幾，生羌降附者五百餘家，秋毫無所取，妻子並隨羌俗食麥衣皮，始終不改。洮陽、洪和二郡羌，常越境詣璠訟理。

于翼。洛陽人。爲渭州刺史。翼兄實先涖此州，頗有惠政。翼又推誠布信，事存寬簡，夷夏感悦，比之大小馮君。

豆盧勣。徒河人。武帝時，拜渭州刺史，甚有惠政，華夷悦服，大致祥瑞。鳥鼠山俗呼爲高武隴，絶壁千尋，由來乏水，諸羌苦之。勣馬足所踐，飛泉湧出，又有白鳥翔至廳前。民爲之謡曰：「我有丹陽，山出玉漿。濟我民夷，神鳥來翔。」因號其泉曰玉漿泉。

隋

辛公義。狄道人。開皇中，爲岷州刺史。土俗畏病，一人有疾，即合家避之，父子夫妻不相看養，由是病者多死。公義欲變其俗，因分遣官人巡檢部内，凡有疾病，皆以牀輿來，安置廳事。公義親設一榻，獨坐其間，市藥迎醫療之，躬勸飲食，於是悉差。乃召其親戚諭之，諸病家子孫慚謝而去。此風遂革，合境呼爲慈母。

皮子信。爲洮州刺史。開皇三年，吐谷渾寇臨洮，信死之。

高勱。蓨人。開皇中，拜洮州刺史。下車，大崇威惠，民夷悦附，生羌相率詣府稱謁，豪猾屏跡，路不拾遺。

慕容三藏。燕人。開皇十五年，授疊州總管。黨項羌時有反叛，三藏隨便討平之，部内夷夏咸得安輯。

宋

高遵裕。蒙城人。神宗初，主管西路羌部。駐古渭砦，分所部羌兵爲三等，教以軍法。尋以古渭爲通遠軍，命知軍事。持附順羌部圖籍，及繪青唐、武勝形勢入獻。俾歸治師。師至野人關，羌人旅拒，引親兵一鼓破之，進營武勝城下。羌衆遁去，遂據其城。詔建爲鎮洮軍，又命知軍事。從王韶取岷州，下之。令士衆曰：「生獲老幼，與得級同。」全活數萬。加岷州刺史。羌圍河、岷二州，岷城軍缺，守者恐。遵裕登西門，命將縱擊。別選精騎，由南門噪而出，合擊之，羌敗走。時朝廷以岷城遠難守，議棄之，詔至，賊已潰矣。以功進團練使。

張守約。濮州人。神宗時，鬼章圍岷州，守約以熙河鈐轄提敢死士，鳴鼓張幟高山上，賊驚顧而遁。遂知岷州，降其首領千七百人。

种諤。洛陽人。熙寧中，知岷州。董氈將鬼章聚兵於洮、岷，新羌多叛。諤討襲誅之。又從李憲出塞，收洮州。下逋宗、講珠、東宜諸城，斬首七千級。

种誼。洛陽人。元祐初，知岷州。鬼章誘殺景思立後，益兵入寇，結屬羌爲應。誼與姚兕合兵出討，羌迎戰，擊走之，追奔至洮州。誼急進攻，鬼章就執。

姚雄。五原人。知岷州。紹聖中，渭帥章楶城平夏，雄部熙河兵策援。夏人傾國來争，雄大破之，斬首千餘，俘虜數萬。諸道始得并力，城成，擢秦州刺史。

王淵。熙州人。知鞏州。寧遠砦諸羌入寇，經略司討之。表淵總領岷山番兵，將興師城澤州。羌衆來争，淵奮擊，大破之。

何灌。祥符人。徽宗時，知岷州。引邈川水溉閒田千頃，湟人號廣利渠。

吴玠。隴干人。任川陝宣撫事。智勇兼全，金人畏之。卒，謚武安，晉封涪王。

吴璘。玠弟。秦州防禦使，以防金卒，贈太師，追封信王。

王彦。上黨人。宣撫川陝。郭振掠西和，彦力拒之。

强霓。爲環慶路總制，兼沿邊安撫使。金兵掠擾，堅守孤城，抗節不屈。

吴挺。璘子。爲檢校少保。逢西和歲饑，分軍儲賑恤，全活無數，詔加太尉。

李好義。下邽人。爲興州正將。因金人據西和，率衆攻城，親犯矢石，金奔遁，軍民歡呼迎拜。後以中軍統制知西和州，卒於官。贈檢校少保，謚忠壯。

趙彦吶。彭州人。嘉定十二年，關外西和州新被兵，制使安丙檄使經理。金人再至，戰卻之。在州五年，得軍民心。

陳寅。紹定初，知西和州。元兵入境，寅自執旗鼓，激勵將士迎戰。兵退，制置使以寅功，徧告列郡。元兵增至數十萬，圍城，寅率兵民晝夜苦戰，援兵不至，城遂陷。朝服登戰樓，望闕焚香，號泣再拜，伏劍而死。賓客同死者二十八人。贈右文殿修撰，謚襄節。

賈子坤。懷安軍人。理宗時，爲西和州推官，與郡守陳寅誓死守城。城陷，子坤朝服與其家十二口死之。贈承議郎，封其父崧承務郎，官其子仲武宣教郎。

金

喀爾庫守中。咸平人。大安二年，遷通遠軍節度使。至寧末，移彰德軍。未行，夏兵數萬入鞏州，守中乘城備守。兵少不能支，城陷，官吏盡降，守中獨不屈。夏人壯之，且誘且脅，守中益堅。遂載而西，至平涼，要以招降府人。守中佯許，至城下，即大呼曰：「外兵矢盡且遁矣，慎勿降！」夏人交刃殺之。「喀爾庫守中」舊作「夾谷守中」，今改。

烏庫哩長壽。臨洮府第五將圖們族人〔一〕。興定中，爲通遠軍節度使。夏人攻定西，時弟世顯已降夏人，夏人執世顯至定西城下，謂長壽曰：「若不速降，即殺汝弟。」長壽不顧，奮戰。夏兵退。世顯既降，二子當緣坐。宣宗嘉長壽功，釋之。未幾，夏人復至，攻甚急。長壽乘城拒戰，矢石如雨。夏兵死者數千，被傷者衆，乃解去。「烏庫哩長壽」舊作「烏古論長壽」，「圖們」舊作「突門」，今並改。

完顏哈達。正大二年，駐兵陝西。鞏州田瑞反，哈達討之。諸軍進攻，哈達移文諭之曰：「罪止田瑞一身，餘無所問。」不數日，瑞弟濟殺瑞以降。哈達如約，撫定一州，民賴以安。「完顏哈達」舊作「完顏合達」，今改。

完顏仲德。海蘭路人。正大六年，移知鞏昌府，兼行總帥府事。時陝西諸軍已殘，仲德招集散亡，得軍數萬，依山爲栅，屯田積穀，人多歸焉，一方獨得小康。號令明肅，路不拾遺。「海蘭路」舊作「合懶路」，今改。

明

于光。都昌人。洪武初，鎮鞏昌，烘郭襲蘭州，光以兵赴援。至馬蘭灘，戰敗，執徇城下。光大呼曰：「我不幸被執，公等堅守，大軍旦夕至矣。」遂被殺。贈懷遠將軍，祀功臣廟。「烘郭」譯見前。

孫亶。江陰人。永樂中，知鞏昌府。均徭省刑，民懷其惠。遭喪將歸，民詣闕乞留，奪情還任。後兩遇考滿，皆進秩視事。

李達。定遠人。永樂初，以都指揮僉事鎮洮州，歷四十年，爲番漢所畏。進都督僉事。正統中致仕。

郭完。宣德中，知會寧縣，廉潔正直，以被誣就逮，民伏闕乞還，許之。

戴浩。鄞人。正統中，知鞏昌府。歲大祲，即發邊儲三萬七千石賑貸。上疏待罪曰：「願以臣一人之命，易千萬人之命。」詔原浩而令民償所貸。上官檄浩趣之，浩曰：「瘡痍未復而速征，不如無賑。」約三歲遞償。關山孔道，寇時劫掠商旅，浩設方略殲之，道路無虞。民爲之歌曰：「君侯守邊，惠政無前。我行我道，蕩蕩便便。」

朱廷鄣。晉府宗室。崇禎中，爲鞏昌府通判，署秦州事。爲人廉直，政尚嚴。十六年，流賊陷秦州，擁見賊帥，使跪，叱曰：「吾天朝宗室，頭可斷，膝不可屈。」大呼曰：「今日惟求一死！」神色自若，遂見殺。

應昌士。臨海人。崇禎末，知安定縣。流賊陷城，昌士不屈，爲賊磔死。

郝敏。壽陽人。由舉人知西和縣。公慎廉明，勤於撫字。

本朝

杜懋哲。直隸人。順治四年，官岷州同知。立法嚴整，諸弊悉除。回賊作亂，執懋哲，欲降之。懋哲駡不絶口，被害。同時有道標中軍守備劉繼祖，與賊巷戰死。

龔佳育。仁和人。康熙二年，授安定知縣。縣自明末兵燹後，流移未復，民多逋賦。佳育盡以所入耗羨代之。前令被劾者，皆得釋歸。聽斷明決，獄無繫囚。初，上官胥役持檄到縣，多索民財。執而杖之，無敢干法者。

温模。長樂人。通渭縣典史。乾隆四十九年，逆回田五作亂，城陷，死之。事聞，照知縣例議卹，加道銜。

人物

漢

任棠。漢陽人。有奇節。隱居教授。龐參爲太守，先往候之，棠不與言，但以薤一大本，水一盂，置户屏前，自抱孫兒伏於户下。主簿白以爲倨，參思其微意良久，曰：「棠是欲曉太守也。水者，欲吾清也。拔大本薤者，欲吾擊强宗也。抱兒當户，欲吾開門恤孤也。」歎息而還。

三國　蜀

姜維。冀縣人。建興六年，詣諸葛亮。亮辟爲倉曹掾，加奉義將軍，封當陽亭侯。亮與蔣琬書曰：「姜伯約忠勤時事，思慮精密。其人涼州上士也。」亮卒，遷衛將軍，與費禕共録尚書事。維自以練西方風俗，兼負其才勇，每欲興軍大舉。費禕常裁制不從。禕卒，加維督中外軍事。屢出隴西狄道，破魏兵於洮西。進爲大將軍。宦官黄皓弄權，維疑懼，往沓中，不復還成都。魏鍾會兵至漢壽，維守劒閣拒之。後主降於鄧艾，敕維詣會於涪。維密表後主，圖殺會以復蜀土。爲魏兵所殺。

魏

龐德。南安貆道人。初平中，從馬騰擊氐、羌，數有功，遷校尉。建安中，拒袁譚將於平陽，大破之，拜中郎將。每戰，常陷陣卻敵，勇冠騰軍。太祖定漢中，素聞其驍勇，拜立義將軍，封關門亭侯。後敗於樊下，不屈而死，賜謚壯侯。

薛夏。天水人。博學有才。黄初中，爲祕書丞。帝每與夏推論書傳，未嘗不終日，呼薛君而不名。

楊阜。冀縣人。初爲涼州刺史韋康别駕。太祖追馬超至安定，將東還。阜説曰：「超有信、布之勇，甚得羌胡心。若大軍還，不嚴爲之備，隴上郡縣非國家有也。」超果率諸戎擊隴上郡縣，攻降冀城，殺刺史、太守。阜與外兄姜敘等合謀擊超，超遂南奔張魯。隴右平，以功賜爵關内侯。明帝時，累遷將作大匠。每朝廷會議，阜嘗侃然以天下爲己任，數諫争，不聽，乃屢乞遜位。及卒，家無餘財。

趙昂。冀縣人。馬超攻冀城，昂與尹奉戮力討超，功聞朝廷，遷益州刺史。

晋

朱沖。南安人。少有至行，閑静寡欲，好學而貧，常以耕藝爲事。咸寧四年，詔補博士，稱疾不應。每聞徵書至，輒逃入深山，時人以爲梁、管之流。沖居近夷俗，以禮讓爲訓。邑里化之，路不拾遺，猛獸皆不爲害。

南北朝　魏

楊機。冀縣人。祖伏恩，徙居洛陽，因家焉。機少有志節，世宗詔選清直之士，機見舉爲京兆王愉國中尉。愉甚敬憚之。歷洛陽令、司州别駕、清河内史、河北太守，並有能名。永熙中，除度支尚書。方直之心，久而彌厲，奉公正己，爲時所稱。家貧無馬，多乘小犢車，時論許其清白。

趙善。南安人。少好學，涉獵經史。初爲爾朱天光長史。孝武時，歷位尚書左右僕射。性温恭有器局，雖位居端右，而愈自謙退，時人稱其有公輔量。從戰邙山，爲敵所獲，卒於東魏。

周

趙㬀。南安人。以材力聞。魏孝昌中，拜都督。太祖擢爲相府典籖，積功封章武縣伯，累驃騎大將軍，開府儀同三司。時氐羌數反，㬀悉平之。世宗録前後功，進爵長道郡公，賜姓宇文氏。

唐

趙憬。隴西人。志行峻潔，不自衒賈。寶應中，天下薦饑，憬褐衣上疏，請殺禮從儉。李泌薦之，對殿中，占奏明辨，通古今。拜給事中。貞元中，累進中書侍郎、同中書門下平章事。憬精治道，常以國本在選賢節用、薄賦寬刑，懇懇爲帝言之。又陳前世損益當時之變，獻審官六議，帝皆然之。輔政五年，卒，謚貞憲。

李晟。臨潭人。幼孤，奉母孝。年十八，事王忠嗣，以功累遷試太常卿。大曆初，李抱玉署晟右將軍。吐蕃寇靈州，授以五千兵擊之。晟曰：「以衆則不足，以謀則多。」以千人往，執其帥慕容谷鍾，虜乃解。建中二年，爲神策先鋒，圍朱滔將鄭景濟於清苑，決水灌之。又擊破田悦、王武俊，引兵戰白樓。會帝幸奉天，召拜神策行營節度使，與朔方李懷光聯壘屯咸陽。懷光陰通朱泚，晟徙屯東渭橋，繕甲兵，治障隍，以圖恢復。諸將皆從晟，懷光始懼，奔河中。帝加晟兵馬副元帥，遂自東渭橋薄都城，大破賊將張廷芝等，乘勝入光泰門。賊驚潰，朱泚率殘兵西走。晟遣吏分慰居人，秋毫無擾。露布至梁，德宗泣曰：「天生李晟，以爲社稷，非爲朕也。」拜司徒、兼中書令，尋拜鳳翔隴右涇原節度使行營副元帥，封西平郡王。帝後惑張延賞之譖，進太尉、中書令，罷其兵。貞元九年薨，贈太師，謚忠武。

李憲。晟子。性仁孝，長喜儒，以禮法自矜制。太和初，遷嶺南節度使，所歷皆以吏能顯。

李愬。晟子。有籌略，善騎射。幼喪母，爲庶母王夫人所鞠。王卒，晟以非嫡，敕諸子服緦。愬獨號慟不忍，晟乃許服縗。晟薨，與憲廬墓側。歷坊、晉二州刺史，進詹事。憲宗討吴元濟，以愬爲隨唐鄧節度使。入蔡，擒元濟，以功進檢校尚書左僕射、山南東道節度使，封涼國公。李師道反，詔愬帥武寧軍與賊戰。凡十一遇，擒其隊帥五十，俘馘萬計。淄、青平，進同中書門下平章事，徙帥魏博。長慶初，幽鎮亂，殺田弘正。愬素服，令軍勒兵以俟。會疾，以太子少保還東都，卒。贈太尉，謚曰武。

宋

王君萬。寧遠人。以殿侍爲秦鳳指揮使。斬别羌新羅結及蘗厮逋，復破北關、南市，功最多。累官客省使。

李彦仙。鞏州人。有大志，所交皆豪俠士，每出必陰察山川形勢。常爲种師中部曲，入雲中，獲首級，補校尉。金兵至，郡縣募兵勤王，遂率士應募。補承節郎。以兵事見陝州守臣李彌大，與語，壯之，留爲裨將，戍殽、澠間。後復陝州，即命知陝州，兼安撫使。金再攻陝，城陷，投河死。贈彰武軍節度使，謚忠威，官其子。彦仙以信義治陝，犯令者雖貴不貸。與下同甘苦，士樂爲用。關東皆下，陝獨存。以孤城扼其衝，再踰年，大小二百戰，金兵不得西。城陷，民無二心，婦女亦升屋以瓦擲敵，哭李觀察不絶。

王德。通遠軍熟羊砦人。以武勇應募，隸熙帥姚古。嘗從十六騎入隆德府治，執僞守姚太師。古械姚獻於朝，時呼爲王夜叉。從劉光世平濟南寇李昱、池陽寇張遇，敗李成，斬苗瑀，又平信州賊王念經、秀州賊邵青〔二〕。紹興中，累遷左護軍都統制，隸張俊。解潁昌圍，取宿州，乘勝入亳州，以功封隴西郡侯。金兵自合淝入，德追至柘臯與戰，敵大敗。劉琦曰：「昔聞公威略如神，今果見之，請以兄禮事。」卒，贈少傅。二子珙、順，亦以驍勇聞。

馬堃。宕昌人。家世以忠勇爲名將。堃與六郡鎮撫使守咸淳府，元將楊文安與堃同里閈，諭使降元。堃不從，文安乃列柵攻城，潛遣勇士躡雲梯宵登，斬關納外兵。堃悉力巷戰，兵敗力屈而死。

馬塈。堃弟。咸淳中，知欽州，徙邕州，撫諸蠻及治關隘，皆有條理，邊陲晏然。宋亡，塈因留静江總屯戍諸軍守城。元將阿里哈以兵夾攻，兵敗，使人招降，塈發弩射之。攻三月，前後百餘戰。城破，塈率死士巷戰，被執殺之。斷其首，猶握拳起立，踰時始仆。「阿里哈」舊作「阿里海牙」，今改。

元

汪世顯。鞏昌鹽川人。仕金，屢立戰功，官至鎮遠軍鞏昌便宜總帥。金亡，世顯獨守城。皇子闊端至，始降。從征蜀有功，拜總帥秦、鞏等二十餘州事。卒，追封隴右王，謚義武。子德臣，襲爵鞏昌等四路都總帥，屢立戰功，蜀人憚其威名。卒，追封隴西公，謚忠烈。弟良臣，從兄出征，輒當鋒。世祖時，統兵平四川，授中書左丞、四川行省平章。卒，追封梁國公，謚忠惠。德臣子惟正，幼穎悟，藏書二萬卷。喜談兵，襲父爵，累官中書左丞、行秦蜀中書省事。改陝西行省左丞，卒。

明

張錦。岷州人。成化進士。歷刑部郎中，録囚山東，出賑真定諸府，皆有聲。累遷右副都御史，巡撫宣府。劾中官張成、楊總等不職，請定天下武學歲貢額，制爲例。弘治初，爲刑部左侍郎。安遠侯柳景爲秦紘所劾，贓鉅萬，屬貴倖祈免，錦卒論如律。

范鏞。鞏昌衛人。弘治進士。擢御史，鯁直不避權倖。歷四川副使。中官憚其風采，不敢横。時議開礦，鏞奏罷之。正德中，以右僉都御史提督操江，稽覈戎伍，清權門役占，戎政肅然。累擢右副都御史，巡撫雲南。以亮直爲王瓊所惡，左遷湖廣參政。嘉靖初，卒。復官，謚恭惠。

李壯丁。安定人。嘉靖中，北寇入犯，獲其母。壯丁與鬭，母得逸去，而壯丁被殺。

闞永傑。鞏昌人。崇禎進士，授開封推官，累擢睢陳兵備僉事。陳故賊衝，歲被蹂躪，永傑繕城修備。李自成賊數十萬衆來攻，遣使説降，斬其頭，懸城上。賊怒，攻破之。永傑格殺數賊，身中數刃，大罵而死。贈光禄卿。

本朝

王雄。寧遠人。順治五年，河西回變，征勦有功。授遊擊，領兵征川擒郝搖旗，恢復武隆等八州縣。累官至西寧總兵。

孟家棟。隴西人。順治初，授萊州通判。始入境，憩於新興鎮，有賊數百騎，直逼旅次，居民各散。家棟獨坐，從容語賊曰：「我若公祖官，當撫汝。若果改前，吾爲汝謀，不至汝失所。」賊皆下馬羅拜去。及抵任，賊果率衆來歸，家棟爲白於憲司，安插得所，自是境無盜。嗣值軍需旁午，家棟調劑緩急，民不至困，軍需不乏。尋晉開封府同知。值兵燹後，招徠撫字，民有生聚之樂。會河決金龍，家棟寢食河干，與役者同勞苦，河工始成。升知河間府，汰猾吏，革驛弊，調和兵民，修葺學校。去官之日，士民泣送。年八十六終。

黄虞再。伏羌人。任江西奉新令。時吏骫民疲，積負甚多，册籍混淆，前令坐累者數人。虞再密訪得積胥某，俾鍵户造籍以報，曰：「成則賞，否則杖死。」胥惴惴奉法，逾旬呈籍，完欠井然，積逋盡清，由是稱神明。秩滿，士民構祠以祀。後榷關滸墅，蠲除苛政。視學江西，兼督驛傳事務，時值滇逆之變，虞再獨鎮静自如，密畫戰守計，當事倚重。以父憂歸。

王萬祥。會寧人。初隸王進寶麾下。每遇敵，輒奮勇先登。從復臨鞏、平涼諸郡，進取漢中，攻武關。以功擢興化總兵，改鎮臺灣，進福建提督。在任十七年，得軍民心，閩人爲立生祠。

楊慶。隴西人。幼穎悟，五六歲從父授書，即能了大義。及長，篤志實學，以窮理慎獨爲要。中年，屏科舉之業，凡制度、典章、名物，莫不探索原委。所著有大成通志及佐同録諸書百餘卷。

何明通。隴西人。性純孝。母臂生疽，醫藥莫效，明通吮血出毒。母亡，擗踴哭泣。殯日，一慟而絶。乾隆三年旌。

鞏建豐。伏羌人。康熙癸巳進士，入翰林。典試四川，號稱得士。督學雲南，絶請託，拔寒畯，士咸頌之。歷官翰林院侍讀學士，卒。乾隆二十九年，奉旨祀鄉賢祠。

李振藻。安定人。順治乙酉舉於鄉。令淄川，未嘗輕杖一人，民咸感之。去任，貧無以歸，士民出資佐之。歿祀鄉賢祠。

董紳。岷州人。順治乙酉明經。任巴州牧，治績大著。時賊擾保寧，紳爲主帥畫策曰：「盍以輕騎三千，分三隊進。以一隊截其歸路，一隊分布險道，一隊直擣賊巢。」主帥從其計，賊潰。事聞，擢兵備道，駐綿州。踰年，賊圍綿，中軍某微露勸降意，紳大怒，曰：「今日之事，惟有退寇全城，以告無罪。否則，當以死繼之。敢言降者斬！」中軍乘夜入帳中，斬紳首，降於賊。

魏作幹。伏羌監生。幼失怙恃，孝事祖母。乾隆三十年地震，作幹棄其家室，負祖母而逃。及歸，村鄰廬舍多傾圮，惟作幹之屋如故，妻子亦無恙，人咸以爲孝行所感云。又同縣監生張慕載、生員宋孔昭，事母以孝稱，俱乾隆年間旌表。

楊瑄。會寧生員。與同縣監生董開疆、楊珣，俱以孝稱。乾隆年間旌。又舉人吴錫綬、貢生董聯璧，俱孝友性成，嘉慶年間，先後旌表。

李南暉。通渭人。任四川威遠令。乾隆四十九年，逆回滋擾，禦賊死。贈太僕寺卿，入祀鄉賢祠。

李思沆。通渭貢生。與同邑監生師沆於乾隆四十九年，因回變，隨叔父李南暉禦賊遇害。五十一年旌。

陳國華。通渭人。職州同。嘉慶四年，賊入室，與子步雲、步瀛、步霄、步漢，姪玉麟，姪女珍兒守父柩不去，遇害。嘉慶十二年旌。

張學載。通渭武生。嘉慶四年，聞賊匪至，與弟武生慕載率莊人潛於夾巷内，置坑藏弩箭，斃賊。賊不敢進，越莊後牆入，縛其父張杰。學載同弟與賊鬭，奪父回。令弟負以逃，自以死禦賊。力竭被執，賊叱使跪。學載以足蹴賊面，且罵賊。賊大怒，以滚水灌其頂，罵益甚。賊拔舌剜睛，碎其屍而去。嘉慶十二年旌。又監生閻俊、監生閻暐及其子光祖，罵賊不屈死。武生李萃、附生楊被春、增生楊二雅、里民趙前，俱賊至不屈被害。嘉慶十二年旌，入本籍忠義孝弟祠。

列女

三國　魏

姜敘母楊氏。天水人。建安中，馬超攻冀，害涼州刺史韋康。敘爲撫夷將軍，擁兵屯歷。敘姑子楊阜，至歷候敘，說康被害及冀中之難。敘母曰：「咄，伯奕，韋使君遇難，亦汝之負。汝無顧我，但當速發。」因敕敘從阜議定，與鄉人趙昂等合謀舉兵攻超。超走歷，執敘母。母怒罵超，超即殺敘母及其子以去。阜等以狀聞，太祖嘉之，手令褒揚。

趙昂妻王氏。名異，天水人。建安中，昂轉參軍事，居冀。馬超攻冀，異躬著布韝，佐昂守備，悉脱所佩環黼黻以賞戰士。復與昂保祁山，爲超所圍。三十日，救兵到，乃解。自冀州之難至於祁山，昂出九奇，異輒參焉。

十六國　涼

李暠妻尹氏。冀人。幼而好學，清辯有志節。暠之謀略，毗贊爲多。子歆立，尊爲太后。歆將攻沮渠蒙遜，尹氏曰：「新造之國，請以守之，猶懼其失。此行非惟師敗，國亦將亡。」歆不聽，果爲蒙遜所滅。

宋

陳寅妻杜氏。寅守西和州，城陷，顧杜曰：「若速自爲計。」杜厲聲曰：「安有生同君禄，死不共王事者！」即登高堡，自飲藥。二子及婦，俱死母傍。寅斂而焚之。

明

何景元女。名武英。伏羌人。母早喪，事父至孝。嘉靖中，流賊亂，入其家，欲污之。武英力拒，爲賊所殺。邑人爲立烈女祠。

張國紘妾楊氏〔三〕。國紘，安定舉人。崇禎十六年，賊賀錦攻城急。國紘與郡丞劉耀龍議令丁壯登陴，女子運石。楊率先爲倡，城中女子從之，須臾四城皆徧。及城陷，楊死譙樓傍。

張大韶母杜氏。安定人。賊至，觸階死。又諸生楊清妻王氏、王三爵妻謝氏、楊復階妻石氏，俱從夫自縊死。

劉大俊妻金氏。通渭人。年十九，夫病風痺，金扶浴温泉。遇暴風雨，山水陡發〔四〕，夫不能動，令金急走，金號泣堅持不肯舍，並溺水死。屍流數十里，手猶挽夫不釋。

本朝

鄧楫妻嚴氏。隴西人。又同邑董鎮妻杜氏，俱夫亡守節，撫孤成立。

羅在堂妻馬氏。隴西人。在堂早逝，氏事翁撫孤，以孝慈稱。康熙十四年，吴逆叛，僞將竊據隴西。氏留子翁側，攜媳李氏、女瑞蘭，避居斗底山。賊至，手挽媳女墜崖死。時稱一門三烈。又同邑陳文言媳陳氏，李國祥妻史氏，王家駒妻謝氏、女二姐，張傑妻李氏，皆不爲賊污，捐軀殉難。

趙之英妻王氏。隴西人。夫亡，氏年二十五，三日不食，自縊以殉。

高必達妻袁氏。安定人。又同邑張嵐妻蘇氏、陳鵬翔妻曹氏、安汝衡妻張氏、王一心妻陳氏，俱夫亡守節，撫孤成立。

趙之璧妻魏氏。安定人。夫病篤，家貧無子，乃售屋密具二棺。夫死遂自縊。又同邑卜元吉妻高氏，夫亡，年二十三，舅欲嫁之，聘者至門，氏翦髮擲地，趨投崖，救之得免。

王琮妻尚氏。會寧人。又同邑趙國璧妻王氏、丁居南妻吴氏、丁建南妻康氏、吴禹鼎妻梁氏、梁任宏妻李氏、王佐妻武氏，俱夫亡守節，撫孤成立。

柳懋倫妻王氏。會寧人。夫亡自縊以殉。又同邑吴其藻妻李氏，賊至懼污，投井死。武體泰妻杜氏、柳奐文妻何氏，俱夫亡殉節。

趙福禄妻栗氏。通渭人。夫病亟，遂絶粒不食。及卒，投崖死。

楊孚妻李氏。漳縣人。又同邑汪漢宗妻包氏、趙世基母王氏，俱夫亡守節，撫孤成立。

王憲妻侯氏。寧遠人。又同邑郭材妻王氏、張熙妻李氏、孔嗣昌妻董氏，俱夫亡守節，撫孤成立。

魏有禄女。寧遠人。父早亡，獨與母居。姦民伺其母出，逼之。怒罵不從，自刎於室。時年十七。又同邑王麻狗妻吕氏，夫亡自縊，時年十九。

任濟民妻郭氏。伏羌人。又蒲氏，秦州人，適伏羌鞏敬緝，俱夫亡自縊。

徐永清妻虎氏。岷州人。又同州楊佳棟妻張氏，俱夫亡守節，撫孤成立。

徐添順妻陳氏。岷州人。夫斃於牆，氏自縊以殉。

王日召妻周氏。洮州廳人。年二十三，夫亡，撫孤守節，壽至一百十三歲，子亦九十歲，鄉人羨之。又同廳馬體元妻張氏，夫亡守節，撫孤成立，以壽終。

岳存虎妻王氏。安定人。年二十一，夫亡，自縊柩側。康熙年間旌。

汪玉虹妻陳氏。玉虹，會寧典史，因公赴南安。姑歿，氏方守喪，賊破城，被執。罵賊不屈，投井死。康熙年間旌。

高近明妻何氏。會寧人。又同邑王有君妻王氏，俱以力拒强暴不屈見殺，康熙年間旌。

景俊妻張氏。隴西人。爲姑吮背疽，中毒，幾死。夫亡，撫子，子又夭。偕媳王氏，守節終身。又同邑節婦駱元圖妻包氏、李炳妻陳氏、杜嶢妻石氏、楊承綬妻司氏、李中梅妾張氏、杜暢盛妻周氏、楊興妻趙氏、劉俊妻馬氏、張雄妻宋氏、劉斌妻趙氏、石盤妻郭氏、彭天修妻王氏、李大綸妻楊氏、李連妻孫氏，俱雍正年間旌。

張嵋妻楊氏。安定人。夫亡守節。又同邑節婦王延壽妻左氏，俱雍正年間旌。

楊蒙妻樊氏。漳縣人。夫亡守節。又同邑節婦李定世妻趙氏，俱雍正年間旌。

吕元聲妻王氏。岷州人。夫亡守節。又同州節婦楊桂齡妻閔氏，俱雍正年間旌。

李澤妻趙氏。隴西人。夫亡守節，事姑至孝。又同邑節婦李滚妻楊氏、杜盛福妻焦氏、馬文光妻黎氏、馬車妻張氏、周達妻何氏、張汝珍妻鄧氏、郭序妻暢氏、王紹文妻董氏、葛興文妻樊氏、葛成錦妻支氏、劉玉爵妻張氏、周世妻劉氏、趙紀元妻謝氏、趙希武妻朱氏、楊汝玉妻王氏、郭維垣妻馬氏、曹元辰妻李氏、秦紋妻任氏、郭維域妻王氏、閻士琳妻董氏、閻士珽妻杜氏、陳文漢妻馬氏、陳琯妻牟氏、吕輔世妻王氏、齊志隆妻王氏、齊治妻黄氏、周厚妻楊氏、王持衡妻李氏，俱乾隆年間旌。

康克勤妻孫氏。安定人。夫亡守節。又同邑節婦趙廷愷妻王氏、烈婦張恂妻劉氏，夫亡自縊以殉。王寅午妻田氏、龐世遠妻魯氏，俱力拒强暴，不從被殺。均乾隆年間旌。

范昌仲妻張氏。會寧人。夫亡守節，撫孤成立。又同邑節婦吴友古妻王氏、楊充量妻吴氏、范友文妻郭氏、賈振德妻陳氏、牟友直妻王氏、徐繍妻李氏、吴登魁妻和氏、范櫄妻段氏、周全妻沈氏、和可觀妻吴氏、范成鵬妻張氏、李世彦妻郭氏、李景堂妻何氏、吴山璜妻王氏、董自周妻康氏、路生環妻和氏、烈婦張世甲妻范氏，俱乾隆年間旌。

張鵬翊妻曹氏。通渭人。夫亡守節。又同邑節婦任維里妻蘇氏、王杲日妻張氏、王信資妻白氏、姚以恭妻李氏、李朝賀妻王氏、王禮賢妻姚氏、南維新妻姜氏、李爾唐妻何氏、李醇妻冉氏、張景中妻楊氏、王純德妻張氏、馬之漢妻張氏、馬福星妻張氏、張思恭妻章氏、孫戴榮妻楊氏，俱乾隆年間旌。

趙修儒妻王氏。漳縣人。夫亡守節。又同邑節婦趙師典妻包氏、成文岐妻馬氏、趙具良妻東氏、包自德妻李氏、岳本立妻楊氏、岳本尚妻王氏、董盤妻趙氏，俱乾隆年間旌。

許廷佐妻王氏。寧遠人。夫亡守節五十餘年。又同邑節婦魏繼統妻汪氏、翟好仁妻李氏、張士强妻姚氏、張居廣妻楊氏、李振唐妻邢氏、宋養成妻朱氏、張丕振妻李氏、潘文烈妻謝氏、徐必茂妻陳氏、侯丕承妻徐氏、侯嘉德妻李氏、楊寅妻唐氏、侯進福妻楊氏、李欽明妻車氏、鄧依仁妻郭氏、孫煥妻頡氏、汪敦化妻紀氏、魏嚴妻王氏、馬純德妻周氏、汪國民妻楊氏、李造唐妻馬氏、闞琇妻張氏、付俊妻張氏、李懋學妻令氏、杜天眷妻頡氏、董大有妻趙氏、禄君受妻頡氏、王鞠躬妻杜氏，又賀楊氏、楊吉氏、劉党氏、張王氏、王劉氏、李趙氏、王李氏、許馬氏，俱乾隆年間旌。

楊對廷妻安氏。伏羌人。夫亡守節，撫孤成立。又同邑節婦安順理妻王氏、李清瑛妻蒲氏、魏有容妻安氏、楊邦譽妻姚氏、門作聖妻宋氏、寇承召妻黄氏、謝士彦妻蔣氏、賈寬妻廖氏、謝思聰妻王氏、廖福周妻梁氏、陳適中妻賈氏、潘王秀妻王氏、安世亨妻黄氏、謝寅妻張氏，俱乾隆年間旌。

李資仁妻謝氏。伏羌人。夫亡守節，孝養舅姑，年至一百二歲。又同邑蔣克仁妻魏氏，孝養舅姑，年至百歲，五世同堂，俱乾隆年間旌。

李殿元妻孟氏。西和人。夫亡事舅姑盡孝。又同邑節婦伍昂飛妻趙氏、張修士妻石氏、曹天原妻張氏、蒲永芳妻徐氏、張晟妻周氏，俱乾隆年間旌。

孟太慶妻張氏。岷州人。夫亡，翁老病，氏事之盡孝，教子成立。又同州節婦馬樹熾妻李氏、包如明妻牟氏、王瑗妻劉氏、周志才妻王氏、潘廷弼妻包氏、常登元妻王氏、王賓妻侯氏，俱乾隆年間旌。

陳俊傑妻曹氏。洮州廳人。夫亡守節，撫孤成立。又同廳節婦馬建邦妻張氏、孟魁璧妻侯氏，俱乾隆年間旌。

王梓妻楊氏。隴西人。夫亡守節。又同邑節婦張其夢妻康氏、宋懷琇妻趙氏、范光樞妻李氏、董還樸妻張氏、闞居易妻王氏、孟耀光妻張氏、魚翼妻蔣氏、王綬章妻王氏、郝志禮妻車氏、曹鍾岳妻安氏、雷作明妻趙氏、曹奠江妻孟氏、宋三德妻霍氏。烈婦董若元妻王氏，夫亡，孝事孀姑，姑殁，盡禮盡哀，遣孤子數千里覓叔還家，拜泣囑以葬事，曰：「未亡人今日了終身大事矣。」夜以孝帶縊柩側。烈女喬女娃子，喬得庫之女。被喬增娃以言戲，捐軀明志。俱嘉慶年間旌。

楊作仁妻安氏。安定人。夫亡守節，撫孤姪知己子。又同邑節婦孟璸妻康氏、張演妻安氏、賈綵妻剡氏，俱嘉慶年間旌。

陶河濱妻張氏。會寧人。夫亡守節。又同邑節婦和彩元妻汶氏、王之溥妻李氏、郭定中妻范氏、張見龍妻范氏、周承發妻任氏、范成彦妻南氏、楊建元妻柳氏、吴文蔚妻周氏、唐殿魁妻張氏、和鋭元妻王氏、和廷瑄妻范氏、李希白妻高氏、王醇義妻范氏、柳懷祖妻柴氏、烈婦邢翠峯妻栗氏、楊殿安妻柳氏、温湧書妻吴氏、李作霖妻李氏、尹三聘妻邢氏，俱夫亡殉節。又袁白氏，因被戲言，捐軀明志。俱嘉慶年間旌。

陳纘舜妻汪氏。通渭人。夫亡守節。又同邑節婦馬淩斗妻張氏、王庶敬妻張氏、包思義妻李氏、張貴妻藺氏、陳纘武妻汪氏、烈婦陳國華妻李氏，夫亡殉節。趙忙忙子妻馬氏，因被戲言，捐軀明志。俱嘉慶年間旌。

包植生妻趙氏。漳縣人。夫亡守節。同邑節婦張超妻李氏，俱嘉慶年間旌。

杜慎言妻魏氏。寧遠人。夫亡守節。又同邑節婦張希聖妻鄧氏、王有山妻張氏、張廣聞妻許氏、黄琮妻藺氏，賀周氏、張蕭氏，俱嘉慶年間旌。

楊丕振妻張氏。伏羌人。夫亡守節。又同邑節婦王重妻黄氏、李超宗妻李氏、李慕南妻鞏氏、謝陛珍妻李氏、蒲對書妻李氏、魏體智妻王氏、鞏英豪妻蘇氏、盧鳳棲妻范氏、黄進禄妻張氏、張浩妻牛氏、張嘉言妻賈氏、李芝妻賈氏、李懋谷妻楊氏、魏合義妻嚴氏、王連妻宋氏、康學篤妻季氏、烈婦鞏玉標妻苟氏，夫亡自縊以殉，俱嘉慶年間旌。

王名世妻謝氏。伏羌人。孝養舅姑，年至百歲，五世同堂，嘉慶年間旌。

董昇妻劉氏。西和人。夫亡守節。又同邑節婦李益妻徐氏，俱嘉慶年間旌。

張文祥妻楊氏。岷州人。夫亡守節。又同州節婦劉玉妻喬氏，俱嘉慶年間旌。

徐承武妻馮氏。洮州廳人。夫亡守節。又同廳節婦吴鴻沖妻王氏、楊天玉妻雷氏、楊聲妻馬氏，俱嘉慶年間旌。

仙釋

漢

山圖。隴西人。少好乘馬，馬踶折脚，遇山中道人，教令服地黄苦參散。服之一歲，病愈身輕。復遇道人，言能隨吾，使汝不死。圖即隨之，徧遊名山。踰六十年，一旦歸家，以母死，葬畢復去，莫知所之。

三國　魏

封衡。隴西人。幼學道，得真訣，服黄連五十年。入山採藥百餘年，還鄉里，聞病者，輒以腰間竹管藥與之，立應。復周遊天下，駕一青牛，鬼物遇之，莫不竄避。魏武帝召問養性大略，衡曰：「減思慮，節嗜欲而已。」所著有養氣術、隱形法、衛生經數十卷。

土産

金。岷州出。唐書地理志：宕州土貢麩金、散金。

鐵。寧遠縣出。

褐。府境俱出。元和志：洮州貢。

鹽。漳縣、西和縣出。

硯石。洮州廳出。

餤硝。會寧縣出。

麝香。府城及岷州出。

犛牛酥。岷州、洮州廳出。

鸚鵡。府城及岷州出。

鵰翎。岷州出。

瑪瑙漆。西和縣出。

藥。各縣出。唐書地理志：渭州土貢秦艽，洮州土貢甘草。元和志：疊州貢甘松香。明統志：會寧縣出防風。按：唐書地理志渭州、岷州土貢龍鬚席。今未聞，附識於此。

校勘記

〔一〕臨洮府第五將圖們族人　「府」上原衍「度」字，乾隆志卷二〇〇鞏昌府名宦（下同卷簡稱乾隆志）同，據金史卷一〇三烏古論長壽傳刪。

〔二〕秀州賊邵青　「邵」，原作「郃」，乾隆志同，據宋史卷三六八王德傳改。

〔三〕張國紘妾楊氏　「妾」，乾隆志同，雍正甘肅通志卷四二列女作「妻」。

〔四〕山水陡發　「陡」，原作「陡」，據乾隆志改。

平涼府圖

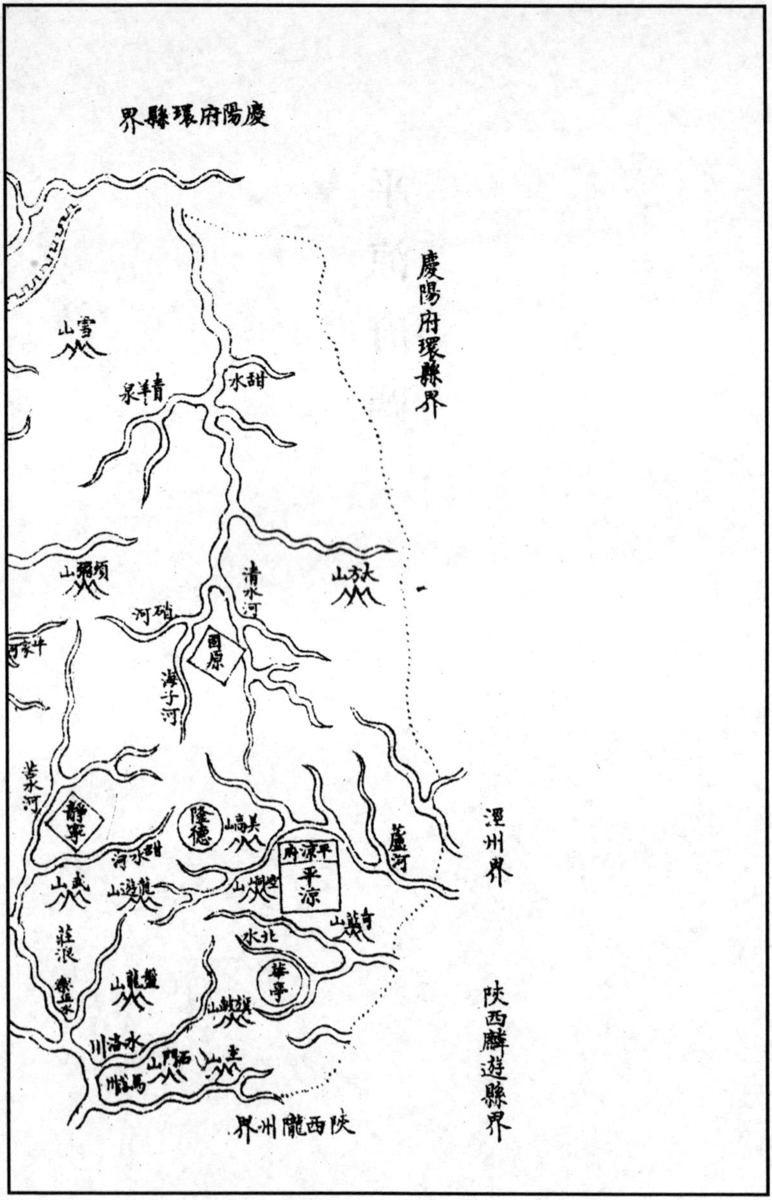
慶陽府環縣界
慶陽府環縣界
雪山
青羊泉
甜水
須彌山
硝河
清水河
牛家河
固原
海子河
苦水河
靜寧
隆德
美高山
平涼府
平涼
甜水河
崆峒山
蘆河
涇州界
北水
華亭
莊浪
盤龍山
旗鼓山
水洛川
石門山
陝西隴州界
陝西麟遊縣界

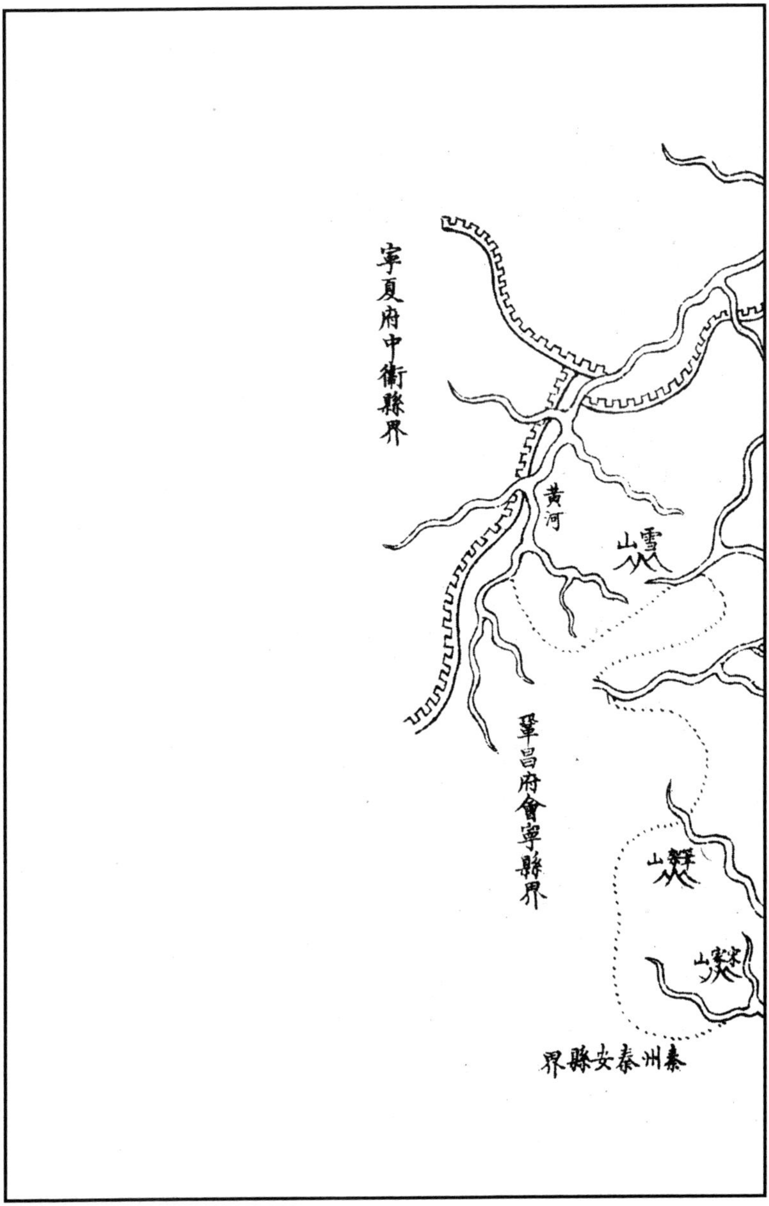
寧夏府中衛縣界
黄河
雪山
鞏昌府會寧縣界
秦州秦安縣界

平涼府表

	平涼府	平涼縣
秦	北地郡地。	
兩漢	安定郡地。	涇陽縣，屬安定郡。後漢廢。
三國		
晉	東晉時，苻秦置平涼郡。	
南北朝	平涼郡，魏又置隴東郡，周二郡俱廢。	涇陽縣，魏復置，爲隴東郡治。後廢。周置平涼縣，屬長城郡。
隋		平涼縣，屬平涼郡。
唐	渭州，貞元十九年徙原州來治。元和三年州徙臨涇，四年置行渭州。廣明初入吐蕃。中和四年復置渭州，屬關內道。	平涼縣，初屬原州，廣德初入吐蕃。貞元四年復置，尋爲原州治，又爲
五代		
宋金附	渭州隴西郡平涼軍節度，爲涇原路治。金升平涼府，屬鳳翔路。	
元	平涼府，屬鞏昌路。	
明	平涼府，屬陝西布政司。	

	朝那縣 屬安定郡。	烏氏縣 屬安定郡。後漢曰烏支。		
	朝那縣	烏支縣		
	朝那縣	烏支縣		
	朝那縣 魏末徙廢。	烏支縣 魏末徙廢。	黃石縣 魏置，兼置長城郡。西魏改縣名長城。	鶉陰縣 魏移置，爲平涼郡治。周廢。
			百泉縣 初廢郡。大業初更名，屬平涼郡。	
行渭州治。廣明初復入吐蕃。中和四年又置爲渭州治。後廢。			百泉縣 屬原州。	
平涼縣 唐清泰三年復置，屬涇州。			廢。	
平涼縣 州治。金爲府治。				
平涼縣				
平涼縣				

續表

	華亭縣	固原州
	涇陽縣地。	安定郡元鼎三年置，後漢徙廢。
陰盤縣魏移置，兼置平原郡。		高平郡魏正光五年置，兼置原州。周改郡名平高。
陰盤縣郡廢，屬安定郡。	華亭縣大業初置，屬安定郡。後屬隴州。	平涼郡初廢郡。大業初改置郡。
潘原縣天寶初更名，屬涇州。後省入良原。	垂拱二年更名華川。神龍初復故。元和三年省。	原州平涼郡復置州，屬關內道。後入吐蕃。
	唐改置義州，周兼置華亭縣。	
潘原縣屬渭州。	華亭縣太平興國二年改州名儀州。熙寧五年廢，屬渭州。金屬平涼府。　安化縣乾德初置，屬儀州，後屬渭州。金更名化平，屬平涼府。	鎮戎軍至道初改置，屬秦鳳路。金升州，屬鳳翔路。
省入平涼。	華亭縣　省。	初復曰原州，後改，廢。
	華亭縣	固原州弘治中改置，屬平涼府。

高平縣 郡治。		三水縣 屬安定郡。後漢末廢。
高平縣		西川縣 魏初置西川都尉。後改置縣。
高平縣 永嘉後入氐、羌。		西川縣 後廢。
高平縣 魏初屬新平郡。太延二年置鎮，後爲州治。周改名平高。		
平高縣 郡治。		
平高縣 後廢。	蕭關縣 高宗時置他樓縣。神龍初改置，屬原州。至德後入吐蕃。大中五年復置武州及縣，旋又没。	
	開成州 至元十年立開成府。至治三年降州。	開成縣 州治。
	降縣，後廢。	省。

續表

	静寧州
廉縣 屬北地郡。	
廉縣	
廢。	
東山縣 金置，屬鎮戎州。	
初改屬鎮原州。至元七年省入。 三川縣 金置，屬鎮戎州。	德順軍 慶曆三年置，屬秦鳳路。金升州，屬鳳翔路。後又升隴安軍節度。
廣安州 至元十年置縣，旋升州，屬開成路。 初屬鎮原州，至元七年省入。	静寧州 改名，屬鞏昌路。
廢。	静寧州 屬平涼府。

續表

	隆德縣
阿陽縣 屬天水郡。後漢屬漢陽郡。	涇陽縣地。
阿陽縣	
省。	
阿陽縣 魏復置，屬略陽郡。	
省。	
隴干縣 元祐八年置軍治，金爲州治。 威戎縣 金置，屬德順州，後廢。 治平縣 金置，屬德順州。	隆德縣 金置，屬德順州。 通邊縣 金置，屬德順州，後廢。 水洛縣 金置，屬德順州。
省入州。 省。	隆德縣 屬静寧州。 莊浪州 初置路。大德八年改州，屬鳳翔路。
	隆德縣 嘉靖中屬平涼府。 莊浪縣 洪武三年降置，屬静寧州。

大清一統志卷二百五十八

平涼府一

在甘肅省治東七百六十里。東西距二百五十里，南北距五百八十里。東至涇州界五十里，西至鞏昌府會寧縣界二百里，南至陝西鳳翔府隴州界一百五十里，北至慶陽府環縣界四百三十里。東南至陝西鳳翔府麟遊縣界二百五十里，西南至秦州秦安縣界三百十里，東北至環縣界二百四十里，西北至寧夏府中衛縣界四百里。自府治至京師三千二百八十里。

分野

天文東井、輿鬼分野，鶉首之次。

建置沿革

禹貢雍州之域。春秋屬秦。秦爲北地郡地。漢爲安定郡地。後漢因之。東晉太元中，苻秦始分置平涼郡。後魏爲隴東、平涼二郡，屬涇州。隴東郡治涇陽縣，平涼郡治鶉陰縣，州治在今府東境。後周改置平涼縣。隋屬平涼郡。時郡治平高。唐初屬原州，貞元十九年，徙原州治平涼。元和三年，州徙臨涇。四年，於平涼縣置行渭州。廣明元年，爲吐蕃所破。中和四年，復置，曰渭州，屬關内道。五代因之。宋曰渭州隴西郡，初屬陝西路，慶曆元年，分置涇原路。政和七年，升平涼軍節度使。金曰平涼府，屬鳳翔路。元屬鞏昌路。明洪武初，屬陝西布政使司。本朝屬甘肅省，領州三縣七。乾隆四十二年，升涇州爲直隸州，以崇信、靈臺、鎮原三縣屬之。四十三年，裁莊浪縣併於隆德縣，領州二縣三。

平涼縣。附郭。東西距一百六十里，南北距一百五里。東至涇州界一百里，西至華亭縣界六十里，南至華亭縣界四十五里，北至涇州鎮原縣界六十里。東南至涇州崇信縣界八十里，西南至華亭縣界六十里，東北至鎮原縣界六十里，西北至固原州界四十里。漢置涇陽縣，屬安定郡。後漢廢。後魏復置爲隴東郡治。後周改置平涼縣，屬長城郡。隋屬平涼郡。唐初屬原州，廣德元年，没於吐蕃。貞元四年，復置。十九年，徙原州來治。元和三年，州徙治臨涇。四年，爲行渭州治。廣明初，入吐蕃。中和四年，又爲渭州治。唐末廢。五代後唐清泰三年，復置平涼縣，屬涇州。宋仍爲渭州治。金、元、明俱爲平涼府治。本朝因之。

華亭縣。在府南少西七十里。東西距九十五里，南北距一百五里。東至涇州崇信縣界四十五里，西至隆德縣界五十里，南至陝西鳳翔府隴州界六十里，北至平涼縣界四十五里。東南至隴州界五十里，西南至秦州清水縣界六十里，東北至平涼縣界二十里，西北至隆德縣界八十里。漢涇陽縣地。隋大業元年，置華亭縣，屬安定郡。義寧二年，屬隴州。唐垂拱二年，改曰亭川(一)。神龍元年，復故名。大曆八年，置義寧軍。元和三年，省縣入汧源，爲神策軍地。五代後唐同光元年，改置義州。周顯德六年，復置華亭縣爲州治。宋太平興國二年，避諱改曰儀州。熙寧五年，廢儀州，以縣屬渭州。金、元、明俱屬平涼府。本朝因之。

固原州。在府西北一百七十里。東西距二百三十里，南北距三百二十里。東至涇州鎮原縣界一百里，西至鞏昌府會寧縣界一百三十里，南至隆德縣界八十里，北至寧夏府靈州界二百四十里。東南至平涼縣界一百三十里，西南至隆德縣界七十里，東北至慶陽府環縣界二百八十里，西北至鹽茶廳楊名堡界一百三十里。漢置高平縣，元鼎三年，於縣置安定郡。後漢移郡治臨涇，以縣屬之。晉永嘉後，没於氐、羌。後魏仍曰高平縣，屬新平郡。正光五年，置原州，並置高平郡治。後周改郡縣俱曰平高，置總管府。隋開皇初，郡廢。大業初，府廢，改置平涼郡。唐武德初，復曰原州。貞觀五年，置都督府。天寶初，仍曰平涼郡。乾元初，復曰原州，屬關内道。廣德元年，没於吐蕃。大中三年，收復。廣明後，復没於吐蕃。宋至道初，建鎮戎軍，隸秦鳳路。金大定二十二年，升爲鎮戎州。二十七年，隸鳳翔路。元初，復曰原州。至元十年，改立開成府。至治三年，降爲州，隸陝西行省。明洪武初，降州爲開成縣，屬平涼府。成化中廢。弘治十五年，改置固原州，仍屬平涼府。本朝因之。

静寧州。在府西二百三十里。東西距八十里，南北距二百七十里。東至隆德縣界二十里，西至鞏昌府會寧縣界六十里，南至秦州秦安縣界一百五十里，北至固原州界一百二十里。東南至隆德縣莊浪舊治九十里，西南至鞏昌府通渭縣界七十里，東北至隆德縣界七十里，西北至會寧縣界一百十里〔二〕。漢置阿陽縣，屬天水郡。後漢屬漢陽郡。晉省。後魏太和十一年復置，屬略陽郡。隋省。宋置隴干城，屬渭州。慶曆三年，建德順軍，隸秦鳳路。元祐八年，置隴干縣爲軍治。金初，屬熙秦路。皇統二年，升爲州。大定二十七年，改屬鳳翔路。貞祐四年，升隴安軍節度。元初，仍曰德順州，以州治隴干縣省入。尋改曰静寧州，屬鞏昌路。明屬平涼府。本朝因之。

隆德縣。在府西一百四十里。東西距九十五里，南北距一百八十里。東至華亭縣界二十里，西至静寧州界七十五里，南至秦州秦安縣界一百四十里，北至固原州界四十里。東南至華亭縣界三十里，西南至静寧州界一百二十里，東北至固原州界五十里，西北至固原州界八十里。漢涇陽縣地。宋天禧元年，置羊牧隆城。慶曆三年，改置隆德寨，屬德順軍。金升爲縣，屬德順州。元屬静寧州。明嘉靖三十八年，屬平涼府。本朝因之。乾隆四十三年，併莊浪縣入焉。

形勢

秦隴之地，以山立郭。平涼山川，最爲秀拔。圖經。襟帶西涼，咽喉靈武。宋鄭文寶蕭關議。左控五原，右帶蘭會，黄流在其北，崆峒阻其南。元開成志。

風俗

地接隴山，節氣常晚，仲夏花木始開。不産絲蠶，維與西戎博易爲利。多牛馬，宜畜牧。寰宇記。俗不尚侈靡，專業耕種，不爲寇盜。婚姻喪葬，頗近古風。明統志。

城池

平涼府城。周九里三十步，門四，濠深四丈。唐舊址。明洪武六年修築。本朝康熙八年修，乾隆十九年及二十四年兩次補修。平涼縣附郭。

華亭縣城。周四里五分，門三，濠深一丈五尺。金大定中築。本朝順治初重築新城，十二年復增修，康熙五十五年、乾隆三十二年兩次重修，嘉慶十七年補修。

固原州城。周九里三分，門三。宋鎮戎軍故址。明景泰初重築。弘治中，增築外城，周十三里七分，門四，濠深廣各二丈。本朝康熙四十九年修，乾隆二十五年、嘉慶十五年屢修。

靜寧州城。周五里一分，門三，濠深一丈八尺。本朝順治十年，因舊址改築。雍正二年修，乾隆二十五年復修。

隆德縣城。周五里三分，門三，濠深八尺。明洪武二年，因舊址修築。本朝順治十七年修，乾隆二十九年補修。

學校

平涼府學。在府治東。明洪武四年建。本朝康熙初修。入學額數二十名。

平涼縣學。在縣治西。明洪武間建。入學額數十二名。

華亭縣學。在縣治東。元泰定二年建。本朝順治初重建，康熙中修。入學額數八名。

固原州學。在州治西北。明成化六年建。入學額數十五名。

靜寧州學。在州治東南。明洪武六年建。本朝康熙中修。入學額數十二名。

隆德縣學。在縣治東，舊在治北。明洪武二年建。本朝康熙四十六年遷此。入學額數八名。

莊浪鄉學。舊設莊浪縣學，在莊浪舊治東北。本朝乾隆四十三年，裁莊浪縣，併入隆德縣，添設莊浪鄉學。入學額數八名。又滿營學，嘉慶四年添設，以人數多寡定額。

高平書院。在府城内。本朝乾隆三十七年建。

柳湖書院。在平涼縣。

儀山書院。在華亭縣。

文光書院。在固原州。本朝嘉慶二年建。

隴干書院。在静寧州。本朝康熙年間建。

户口

原額民丁共一萬八千一百十三，屯丁共一萬八千九十四，今滋生民丁男婦大小共二百七萬二百二十八名口，屯丁男婦大小共二十七萬零九十五名口，統計二十六萬八千零七十九户。

田賦

田地共三萬八千二百四十六頃十二畝八分，額徵銀共四萬六千六十兩四分九釐，糧共一萬四千六百九十五石八斗六升七合一勺。

山川

石馬山。在平涼縣東南二十里。又二十里曰馬嶺山。北麓皆抵涇州，東與馬嶺對峙，而最高者曰箭括嶺，曰草子山，南抵武安苑。

翠屏山。在平涼縣南一里。

壽星山。在平涼縣南六十里。

可藍山。在平涼縣西南。漢書地理志：烏氏縣，都盧山在西。十六國春秋：赫連定勝光二年，畋於陰槃，登岢藍山，望統萬城而泣。隋書地理志：平涼縣有可藍山。元和志：可藍山，一名都盧山，在百泉縣西南七十里。寰宇記：可藍山，亦涇水源，與幵頭山連亘。府志：翠屏之西有乾溝，又西十里爲銀銅溝，其南二十里爲分水嶺山，即可藍山。

大統山。在平涼縣西南可藍山西五里。又西南二十里曰白巖山，下有聚糧平。

崆峒山。在平涼縣西。即筓頭山，一作雞頭，一作幵頭，一作汧屯，又名牽屯，一名薄落。史記：黄帝西至空桐，登雞頭。又秦始皇二十七年，巡隴西、北地，出雞頭山，過回中。淮南地形訓：涇出薄落之山。許慎曰：「薄落山，一名岍頭山。」漢書地理志：涇陽縣，幵頭山在西，涇水所出。後漢書：建武八年，隗囂使王孟塞雞頭道。郡國志：烏支縣有薄落谷。郭璞曰：「幵頭山，在朝那縣西。」崔鴻十六國春秋西秦録：乞伏結權，自高平遷於牽屯。魏書地形志：涇陽縣有薄落山。括地志：筓頭山，一名崆峒山，在原州平高縣西百里。張守節史記正義：「崆峒山，輿地志云即雞頭山。酈元志云蓋大隴山異名。莊子云廣成子學道崆峒山，黄帝問道於廣成子，蓋在此。」明統志：崆峒山，在府西三十里，上有問道宫。府志：面大統而對峙者爲崆峒，在府城西南七十里。地屬華亭白巖里，俗名曰箕裘巘，即雞頭之譌。通志：崆峒山絶頂有香山，有廣成子洞。峯之最高者曰翠屏峯，有圓石如珠者名垂珠峯，巨石上平下鋭者爲香鑪峯，有峯如柱當路矗立者爲蠟燭峯，層崖邃密，踞絶巖間者名雷神峯。東巖下有洞名阜鶴，又有青龍洞。雨後將晴，雲輒歸洞，亦名歸雲洞。山之西北爲望駕山，下有撒寶巖。舊志：崆峒山在大統之西，又西十里乃笄頭山也。按：括地志、元和志、寰宇記皆云笄頭山在平高縣西百里，與今涇水發源之處不合。「西」當作「南」。詳考漢、唐諸志，山當在今府西北固原州界。明志謂在府西三十里，府志又謂在府西南，疑皆後人所名耳。

馬屯山。在平涼縣西。十六國春秋云姚萇與苻登戰於高平，登敗，奔於馬屯山，即此。其山南北二十里，東西三十里。寰宇記：在縣西南。舊志或以爲即今固原州境之馬髦山。

天壇山。在平涼縣北五里。一名卧虎山，俗又名虎山原。下有全真洞，元道士賀志真所居。

儀山。在華亭縣東二里。宋改儀州，以此名。舊志：一名義山，俗名回頭山。又東爲石堡山，又東至窑頭，土皆堊石，爲炭埴器。

樺嶺山。在華亭縣東五十里。山多樺樹。

王母山。在華亭縣南一里。上有古王母宫，一名豐臺山。

海龍山。在華亭西南十五里。府志：自齊山漸南曰風洞山，又南曰十八盤山，極南曰海龍山。有泉，東南流入汧水。

隴山。在華亭縣西，接静寧州隆德縣界。元和志：小隴山，在華亭縣西四十里。寰宇記：隴山在華亭縣西二十五里，又在安化縣西十里，接番界，連崆峒山。舊志：在縣西三十里，高五十里。縣西境之山，皆隴山東麓，其支峯别阜，隨地異名。府志：自隴州及清水縣綿亘而北。其間有鬼門關，有火燄、寶蓋、麻菴、大小十八盤、湫頭、笄頭、龍家峽等山，以及美高、六盤，南北二百里，東西七十里，皆隴山也。

齊山。在華亭縣西十三里。汭水南源出此。府志：華尖之西曰爛柯山，西北曰觀山，益西曰觀音殿山，又名齊山。

華尖山。在華亭縣西北二里。縣居山之麓。

望仙山。在華亭縣西北二十里。

湫頭山。在華亭縣西北四十里。汭水北源出此。府志：齊山之北曰瓦獅山，又北曰老龍山，曰尖山、隴巘也。又北曰皛然山，其上曰湫頭山，即朝那山。有朝那湫，縈洄五里。又北曰烏龍山，其上即筓頭山。

白崖山。在華亭縣西北筓頭山南。涇水別源出此。

龍馬山。在華亭縣西北。寰宇記：在安化縣東十里。

飛鳳山。在華亭縣西北一百里。形如飛鳳。

美高山。在華亭縣西北，與隆德縣接界。亦曰高山。山海經：涇水出高山。府志：筓頭山西北曰高山，即山海經所稱也。亦名老山，又名美高山。產松竹藥草。山東南爲小隴，西北爲蕭關。隆德縣志：美高山，在縣東南二十里。

瓦亭山。在華亭縣西北，接隆德縣界。府志：高山益西北曰六盤山，其東曰瓦亭山。瓦亭東二十里，即彈箏峽也。

爛柯山。在華亭縣北十五里。府志：縣北有兩亭山。

牛營山。在固原州南五十里，即隗囂將牛邯營處。其北十里曰臺山。

馬髦山。在固原州西南四十里。州志：宋元嘉五年，夏主昌被擒，其弟平原公定奔平涼，魏將奚斤追之，敗於馬髦嶺，即此。

六盤山。在固原州西南，接隆德、華亭二縣界。通志：大六盤山，在固原州西南七十里，山路險仄，曲折峻阻，盤旋而上，古謂之絡盤道。元世祖自和林有事陝、蜀，恒屯兵於此。元貞二年，自六盤至黄河立屯田，置兵萬人。明初，徐達定關中，屢敗元兵於六盤。蓋州境之險要也。州志：山在州西南一百二十里。隆德縣志：山在縣東二十里，縣城鎮其西麓，即隴山之支峯也。上有清暑樓，元安西王建。

礉架山。在固原州西北一百二十里石城堡前。四壁峭立，極爲險峻。明成化五年，賊滿四據此。其相連者，又有照壁山。

天都山。在固原州西北一百五十里。宋史夏國傳：元豐四年，李憲等征夏，營於天都山下，焚夏之南牟内殿并其館庫。地理志：天都寨，南至天都山十里。州志：在西安所東南三十六里。

須彌山。在固原州北九十里。上有古石門關遺址。魏書地形志：高平縣有石門山。又通典：高平縣有逢義山，後漢建義初，段熲討先零叛羌，自彭陽直指高平，戰於逢義山。或以爲即須彌山。

印子山。在固原州北紅杏古城西南十里。絶頂有印迹，如篆刻狀。

青羊山。在固原州東北平虜所西四十里。山頂有泉。

上峽山。在静寧州東五里。甜水河所經。

魚嘴山。在静寧州東四十里，六盤湫頭之支。林樹葱鬱，樵徑出入。

主山。在静寧州東南一百五十里。以山勢獨高而名。其中峯嶺迴環，溪流縈帶，沃野千頃，蓋亦隴山之異名。又旗鼓山，在州東南水洛城南一里，以形似名。

武山。在静寧州南七十里。多産奇花野草，春夏之交，燦爛奪目。

雲臺山。在静寧州南一百二十里。連峯翍青，長河遶碧，四時煙景，一覽可盡。

石門山。在靜寧州南。水經注：水洛水，得犢奴水口，亂流西南出石門峽。明統志：峽在州南一百三十里，山石如門，其路斬截，即隴山北垂也。舊志謂之石門山，宋劉滬嘗破氐羌於此。

宋家山。在靜寧州西南八十里。山多牡丹，色種殊絶。

横山。在靜寧州北十里。山勢横亘，舊爲番部所居。

盤龍山。在隆德縣西南。狀若盤龍，亦隴山之異名，接清水縣界。

游龍山。在隆德縣西南。一名北寺山。

馬鋪嶺。在華亭縣西北四十里。

埽竹嶺。在固原州西北一百餘里。其山高峯陡峻，危橋深洞，過者不敢逼視。亦名彗箒山。

飽馬嶺。在隆德縣南十五里。又湯羊嶺，在西北十五里。

雕窠峽。在平涼縣南三十里，與華亭縣連接。通志：兩山深險，羣雕出入其中，因名。府志：馬嶺石馬之水逕此入涇。

金佛峽。在平涼縣西六十里，去華亭縣西北八十里。峽長二十里，峭壁層峙，不見天日。穴中有金佛三，故名。

彈箏峽。在平涼縣西一百里。後魏永熙三年，宇文泰聞賀拔岳爲侯莫陳悦所害〔三〕，馳赴平涼，令杜朔周先據彈箏峽。唐武德八年，突厥入犯，詔李藝屯華亭縣及彈箏峽以備之。建中三年，鳳翔隴右節度與吐番盟，以涇州西至彈箏峽西爲界。貞元七年，劉昌城平涼，開地三百里，扼彈箏峽口〔四〕。元和志：涇水南流，逕都盧山。山路之中，常如彈箏之聲，行旅因謂之彈箏峽。

石香鑪峽。在華亭縣西北四十里。其北又有松子峽。

涼殿峽。在隆德縣南七十里。元世祖嘗避暑於此。

磨石峽。在隆德縣西南一百十五里。又西南三十五里有崔家峽。

孫丘谷。在平涼縣東南。晉太元十一年，苻丕平涼太守金熙與姚萇將姚方成戰於孫丘谷，敗之。寰宇記：大殺谷、小殺谷，皆在州東南十里〔五〕，又右甲積谷〔六〕，在州東南二十里。

苟頭原。在平涼縣東。晉太元十四年，苻登攻姚萇將吴忠於平涼，克之，進據苟頭原，以逼安定。

虎山原。在平涼縣北。府志：府東七十里有葉平原，又東五十里暨涇州之回中，皆謂之南山。其水皆北流入涇。府北涉涇五里曰虎山原，又北十里曰小蘆河原，又北十里曰大蘆河原，又北十里曰淺澗原，東南曰潘原，又東北五十里曰草峯原，北三十里曰佛堂原，又東北二十里曰卓村原，接鎮原之平泉、横河、虎山，西二十里曰吉原，又西北二十餘里曰大、小方山，接固原之南川，其水皆南流入涇。

支磨原。在華亭縣東北。唐大曆十年，吐蕃略潘原，西至小石門、白草川，又下朝那川，至百里城、支磨原而入華亭。郭子儀遣渾瑊破走之。通志：今縣西南有水磨川，或以爲即此。

見子巖。在華亭縣東四十里。

杏花岡。在隆德縣西南九十里。一名太白山。又櫻桃原，在縣西三十里，相近有牡丹岔〔七〕，俱以所産得名。

石馬坪。在静寧州西。俗傳夜見羣馬食苗，旦化爲石，因名。又邵家坪有古槐二株，大十餘圍，蔭數十畝。

大會坡。在華亭縣西北五十里。府志：後魏於此置大會鎮。

祭旗坡。在隆德縣南六十里。相傳宋曹瑋征吐蕃，祭旗於此。又得勝坡，在縣西二十里，明馬文升敗敵處。

青土坡。在隆德縣西南一百六十里。産青土。

龍門洞。在華亭縣南四十里。

陳家洞。在静寧州東南一百五十里。

太平水。在平涼縣東郭，源出小谷，亦曰後谷。谷高數丈，縣南諸山泉流匯焉，自西而來，三十里許，北折入涇。東西溉田園各里許。山水暴漲，每泛溢爲患。又東二里曰岨谷，東南山泉所匯，流八里入涇。二處皆築夾河城，隨壞輒築。自此以東，南北山谷之水咸入涇，民以利灌汲，多負水以居。又清水河，在縣東五里。明成化末，疏爲利民渠，東達十里鋪，越大岔河至白水〔八〕，凡南來水咸匯之，又東入涇州。溉田三千餘頃。

潘谷水。在平涼縣東。寰宇記：在潘原縣東三十里，從平涼縣流入。按：府志大蘆河東有潘原谷，曰潘口。輿圖有潘原澗，在府東九十里許，自鎮原南界發源，南流，東會一水，凡百餘里入涇，即潘谷水也。

蘆泉水。在平涼縣東北。府志：虎山原北曰小蘆河，又北十里曰大蘆河，皆東南流入涇。

汭水。源出華亭縣隴山，東流逕崇信縣北，又東入於涇，本古閣川水也。寰宇記：閣川水，在潘原縣東南四十五里，西從華亭縣流入，又逕保定縣西南三里，入涇水。九域志：崇信縣有閣川水。又保定縣有汭水。府志：汭有二源。北源出湫頭山之朝那湫，匯於馬峽口，循華尖之北，俗呼北河。南源出齊山，凡三派，會於仙姑之東麓，俗呼南河。又循縣城之南而東，與北河會於東峽口，曰汭水。明王寧窮汭記〔九〕：汭水北源，西出小隴山之馬峽，環朝那山前，東至縣東三里雨山下。南源出小隴山之仙姑谷〔一〇〕，環王母山而東，至縣東四里儀山下。儀、雨兩山，南北對峙，豁開如門，兩水交流而東，匯爲合水潭。又沿流而下二十里，皆斷崖摧壁，謂之汭峽，亦謂之東峽。出峽至石堡北，受柴坻水。又東五里至安口峴、牛心山，南受武村水。又行五里，過屯城而東，入崇信縣界，又東三十里過縣城北，又東七十里至涇州，過回山，乃屬於涇。按：自漢以來，皆言汭水出汧縣。隋志、元和志皆云汭水自華亭流經良原，至宜禄入涇，即今之盤口河。自明弘治中，王寧始以閣川水爲汭水，諸志皆從之，與古説異。今以相沿已久，姑仍其名，特考正之。

赤城川水。源出華亭縣東南界，東流逕涇州崇信縣南四十里，爲赤城川。又東北流至涇州南三十里，靈臺縣北四十里，爲盤口河，亦名後川河。其水清甘，邑人資之。又東流至陝西邠州長武縣入涇。按：隋志華亭縣有芮水，元和志良原縣有芮水，一名宜禄川，西自華亭縣流入。九域志靈臺、保定二縣有汭水。皆指此也。自明人始移其名於閣川。又按輿圖，盤口河東流逕長武縣北入涇，不與黑水河合。諸志皆云入黑水河，未詳孰是。

武村川水。在華亭縣南十里。武村縣志：縣西南十八盤諸泉，爲木賊溝、延官溝、水磨川、武村川，東至斷萬山，匯於汭。又南有屯頭川、三鄉川〔一一〕，俱東逕崇信、赤城、良原、靈臺，而東北匯於汭。

柴坻水。在華亭縣北。源出湫頭山之陽，東南流至縣東入汭水。明統志有策坻水，在縣北三十里，即柴坻也。

高平水。在固原州東。源出州西南，北流入寧夏府中衛縣界，亦名蔚茹水，又曰葫蘆河，即今清水河也。十六國春秋西秦録：乞伏國仁五世有祐鄰者，晉泰始初率户五萬遷居高平川。水經注：高平川水，即苦水也。水出高平大隴山苦水谷，東北流逕高平縣故城東，又北，龍泉水注之，又北出長城，又西北流逕東西二土樓故城北，合一水，又北與石門水合，又北，自延水注之，又北逕廉城東，又北，苦水注之，又北，逕三水縣西，肥水注之，又北入於河。元和志：蔚茹水，在蕭關縣西，一名葫蘆河。源出原州西南頽沙山下。宋史：送軍糧赴靈州，必由旱海。至道三年，李繼隆請由固原州蔚茹河便。遂城鎮戎軍。咸平中，繼隆弟繼和又奏：「朝廷訪問送芻糧道路，臣欲自蕭關至鎮戎城寨西，就葫蘆河運送。」崇寧五年，秦鳳經略劉仲武出會州至清水河，築城屯守而還。州志：清水河在州西南四十里，發源六盤山下，東北流遶城東北，下流亦謂之葫蘆河。至鳴沙入黄河。

石門水。在固原州西北。水經注：石門水有五源，東水導源高平縣西八十里，西北流，次水注之，水出縣西一百二十里如州泉。東北流，右入東水，亂流，左會三川，參差相得，東北同爲一川，混濤歷峽，峽即隴山之北垂也，謂之石門口，水曰石門水，在縣西北八十餘里。又東北注高平川。舊志：此水今志皆不載，今州北九十里須彌山有古石門關，石門水當在其處。按：輿圖亦無石門水，惟海子河自州西南北流，河之西，自南而北爲硝河、須都滅河、小黑河、大黑河，皆東流合焉。疑此本即石門水。州之南又有一水，二源並導，東北流至州東，入清水河，似即水經注土樓城北之一水也。

自延水。在固原州西北。水經注：自延水西出自延溪，東流歷峽，謂之自延口，在縣西北一百里。又東北逕延城南，東入高平川。按：舊志「今有甜水河，在紅古城西門外，味甘可飲，居人引之以種稻，去紅古城二十里，入清水河，疑即自延水」。然考輿圖，甜水去州遠，恐非。

肥水。在固原州西北。水經注：肥水出高平縣西北二百里牽條山西，東北流與若勃溪水合。有二源，總歸一瀆，東北流入肥水。肥水又東北流，違泉水注焉。泉流所發，導於若勃溪東，東北流入肥水。肥水又東北流出峽，注於高平川。舊志：今有徐斌水，在州西北三百里，其地荒遠，無城堡居人，或謂即肥水。按：輿圖，今州西北二百里許，海喇都堡之西有水東北流，堡東又有一水，北流合焉，又東北入清水河。此乃肥水，非徐斌水也。

黑水。在固原州北。水經注：高平川逕土樓城，合一水。水有五源，咸出隴山西。東水發源縣西南二十六里湫淵，北流逕行宮故殿西。又北合次水。水出縣西南四十八里，東北流，又與次水合。水出縣西南六十里酸陽山，東北流，左會右水，總爲一川。東逕西樓北，東注苦水。舊志有大黑水，在州北一百十里，流入清水河。又小黑水，在州北八十里，流入大黑水。又須都滅河，在州北九十里，流入小黑水。又硝河，在州西北一百里，流入須都滅河。又海子河，即西海之流波，在州西南三十里，流入硝河。蓋即水經注所謂五水總爲一川者也。西北出長城北，與次水會。水出縣西南四十里長城西山中，北流逕魏行宮故殿東。又北，次水注之。水出縣西南四十里山中，北

龍泉水。在固原州東北。水經注：龍泉水出高平縣東北七里龍泉〔一二〕，東北流注高平川。舊志：今州北五里有暖泉，隆冬不冰，流入清水河。疑即龍泉也。

苦水。在固原州東北。水經注：苦水發源高平縣東北百里，流注高平川。按：明統志有乾川，在州東北一百六十里，

疑即此。

隴水。源出隆德縣東，西南流，至静寧州西南，與州西之瓦亭水合，又南入秦安縣界。水經注：隴水東北出隴山，其水西流隴右，逕瓦亭南。瓦亭水亦出隴山，東南流歷瓦亭北，又西南合爲一水，謂之瓦亭川。西南流逕清賓溪北，又西南與黑水合。又有濊水，自西來會，世謂之鹿角口。又南逕阿陽故城東，又南與燕無水合，又南，左會方城川，逕成紀縣東。舊志：隴水二源，一爲甜水河，源出隆德縣六盤山，亦名六盤水。西南流逕縣北半里，又西過神林堡，入静寧州界，逕州南一里，至州西南，與苦水會。宋時謂之好水。宋史：慶曆初，夏人寇渭州，逼懷遠城。任福拒之，自三川進屯好水川。明統志：好水在縣西二里，西流合苦水，即水經注之隴水也。苦水河源，出固原州西大六盤山，南流入静寧州界，逕州西三里，又南流十里，與甜水河會，即瓦亭水也，亦名武延川。明統志：昔有武延者居此，故名。宋曹瑋與陳興破党項章埋族於武延川，即此。南流至秦安縣，更名隴河。按：輿圖苦水發源比甜水較遠，而流又直，故水經注通名瓦亭川。州志於下流亦謂之苦水也。

東溝水。在隆德縣西南。源出隴山，逕縣西南，流至静寧州南，注於苦水。又西溝水，在縣西半里，源出隆德縣之襟山，西南流入東溝水。按：水經注黑水出黑城北，西南逕黑城西，西南流，莫吾南川水注之，水東北出隴垂，西南流歷黑城，南注黑水。黑水西南出懸鏡峽，又西南入瓦亭水，疑即今東、西溝水也。

南源河。在隆德縣南一里。源出美高山，西流入六盤水。又有清流河，在縣東二里，皆甜水河之别源也。

曹務河。在隆德縣西南四十里。

東河。在隆德縣西南，舊莊浪城東，源出龍家峽。又有西河，在縣城西，源出賈家岔，南會東河，從磨石峽出。

各道河。在隆德縣北十里，源出靈湫，逕縣北三十里。又有紅城河，在縣西北四十里，亦出靈湫。俱西流入苦水。

胭脂川。在華亭縣西北一百十里，東流入涇水。

南川。有二，大南川在固原州東南六十里，小南川在州東南五十里。舊志：下流皆至平涼縣境，入涇水。

門扇川。在靜寧州東八十里。又州東南一百十里有底店川，又十里有通徧川。

威戎川。在靜寧州南四十里。通志：或以爲即水經注之燕無、方城諸水。

治平川。在靜寧州西南八十里。

高家堡川。在靜寧州西二十里，源出州西北，西南流逕高家堡南。又南入苦水。又西二十里曰天麻川，又五里抛龍川，宋任福引輕騎趨懷遠捺龍川，或曰即此。

通邊川。在隆德縣西南六十里，通邊縣以此名。又通志有寨子川，在縣北十里。

水洛川。在隆德縣西南，西流逕靜寧州南，又西南流入秦安縣界。水經注：水洛川源，東導隴山，西逕水洛亭，西南流，又得犢奴水口，水出隴山，西逕犢奴川，又西逕水洛亭南，西北注之，亂流西南，逕石門峽，謂之石門水。西南注略陽川。通志：水洛川，在靜寧州南一百五十里。源發隴山，西南入秦安界。府志：陽三川之南二十里，曰水洛川。

陽三川。在隆德縣西南。山陽有三川合流，故名。府志：在靜寧州南九十里。自隆德縣西流入州，又西流入苦水。舊志：水經注「受渠水，東出大隴山，西逕受渠亭北，又西南入瓦亭川」，疑即此。

孤樹川。在隆德縣北三十里，旁有孤樹，因名。亦名單樹川。川北少西又三十里有馬藺川，多生馬藺。

朝那湫。在固原州西南。史記封禪書：湫淵祠朝那。漢書地理志：朝那縣有湫淵祠。水經注：高平縣西南二十六里有湫淵，淵在四山中。括地志：湫淵祠，在平高縣東南二十六里。元和志：平高縣有朝那湫。蘇林云：「方四十里，冬夏不增減，不生草木。旱時祠之，以壺挹水，置之所在則雨，雨不止，反水於泉。俗以爲恒。今週迴七里，蓋近代減耗。」明統志：湫有二，俱在山間，一在縣東十五里，一在縣西北三十里，土人謂之東海、西海。州志：西海在州西南四十里六盤山之陰，山腰有泉眼。東西闊一里，南北長一里。北岸有廟，舊傳祭龍神潤澤侯處。明正德十年，以城中井水鹹苦，遂導入州城，公私便之。又東海在州東南十五里，泉流有聲。廣五里，闊一里。東岸有廟，其水亦引流入清水。

靈湫。在隆德縣東北四十里。周三里，其水四時常溢，旱禱輒應。有元天曆中碑記。

湫池。在平涼縣東北五十里。其水亦四時常溢，旱禱有應。

北亂池。在固原州西南七十里。闊一百七十丈，其深莫測，歲旱禱雨輒應。又養魚池，在舊開城西三里。元安西王養魚處，又名蓮花池。

柳湖。在平涼縣北三十里。湖畔柳數千株。

琉璃泉。在平涼縣西崆峒山上。

暖泉。在平涼縣北二里。其水涌出，四時常温。潭深數尋，蒲荷甚盛。明嘉靖中，韓王作土城沙隄以護其北，涇不能侵。東流過萬竹園，溉地三里。又華亭縣西南六里有暖泉。

温泉。在静寧州南五十里。隆冬不冰。又州東三十里乾礑川亦有温泉。又隆德縣城東百步，有泉出石穴中，寒沍不凝，又有温泉在舊隆德堡。

官泉。在隆德縣治東。府志：在儒學南二十步，深丈餘。味甘洌，四時不涸。又小水泉，在儒學西，其水瑩澈，居民資以灌溉。

龍泉。在隆德縣西得勝坡下。又有涌泉，在神林堡内。

綫泉。在隆德縣西北湯羊嶺西，出山崖中，高丈餘，飛瀑下流如綫。

校勘記

〔一〕唐垂拱二年改曰亭川　「亭川」，原作「華川」，據乾隆志卷二〇一平凉府建置沿革（下同卷簡稱乾隆志）及新唐書卷三七地理志改。

〔二〕西北至會寧縣界一百十里　「一」，原脱，據乾隆志及本志書例補。

〔三〕宇文泰聞賀拔岳爲侯莫陳悦所害　「悦」，原作「悅」，據乾隆志及周書卷一文帝紀改。

〔四〕扼彈箏峽口　「扼」，原作「抱」，乾隆志同，據新唐書卷一七〇劉昌傳改。

〔五〕皆在州東南十里　乾隆志同。按，據太平寰宇記卷一五〇渭州，此「州」乃渭州，「渭」字當補。

〔六〕又右甲積谷　「右」，原作「石」，乾隆志脱，據太平寰宇記卷一五〇渭州改。

〔七〕相近有牡丹岔　「岔」，原作「坌」，據乾隆志及雍正甘肅通志卷五山川改。

〔八〕越大坌河至白水　「坌」，原作「岔」，據乾隆志及雍正甘肅通志卷一五水利改。

〔九〕明王寧窮泐記　「王寧」，原作「王凝」，據乾隆志及雍正甘肅通志卷四七藝文改。下文同。按，本志避清宣宗諱改字。

〔一〇〕南源出小隴山之仙姑谷　「仙姑谷」，乾隆志同，雍正甘肅通志卷四七藝文王寧窮泐記作「仙姑峪」。

〔一一〕又南有屯頭川三鄉川　「屯頭川」，乾隆志作「屯田川」，未知孰是。

〔一二〕龍泉水出高平縣東北七里龍泉　「水」，原闕，乾隆志同，據水經注卷二河水補。

大清一統志卷二百五十九

平涼府二

古蹟

涇陽故城。在平涼縣西四十里。詩小雅：至于涇陽。史記：秦昭王母弟曰涇陽君。漢置涇陽縣，屬安定郡。後漢建武二年，隗囂自隴坻追敗赤眉於涇陽。晉元康六年，秦雍氐、羌叛，立氐帥齊萬年爲帝，圍涇陽。魏書地形志：鶉陰縣有涇陽城。又隴東郡領涇陽縣。前漢屬安定，後漢、晉罷，後復。元和志：漢涇陽縣，今平涼縣西四十里涇陽故城是也。寰宇記：在今平涼縣南。府志：涇陽城，在今城西南。

平涼故城。在今平涼縣西北。東晉時苻秦置平涼郡。太元十四年，苻登攻姚萇將吴忠、唐匡於平涼〔一〕，克之。以苻碩原戍平涼。後魏神䴥元年，赫連昌自上邽屯平涼。昌敗，其弟復稱帝於平涼。三年，魏克平涼。魏紀：熙平二年，城涇州所治平涼城。蓋嘗爲州治。永熙三年，賀拔岳詣北境安置邊防，率部趨涇州平涼西界，布營數十里，託以牧馬於原州。既而至河曲，爲侯莫陳悅所害，其衆散還平涼，共推宇文泰統岳衆。泰因馳入平涼。地形志：涇州領平涼郡，治鶉陰縣，有平涼城。隋書地理志：平涼郡，統平涼縣，後周置。舊唐書地理志：平涼縣，隋治陽晉川。開元五年，移治古塞城。元和志：縣西北至原州一百六十里。本漢涇陽縣地。後魏爲長城郡長城縣之地。周武帝建德元年，割涇州平涼郡於今理，置平涼縣，屬長城郡。開皇三年，屬原州。

開元五年，移於涇水南。貞元七年，又移於舊縣南坂上，即今縣也。五代史職方考：平涼故屬涇州，唐末，渭州陷吐蕃，權於平涼置渭州，而縣廢。後唐清泰三年，以故平涼之安國、耀武兩鎮，置平涼縣，屬涇州。府志：五代置平涼縣，西去涇原四十里，東去潘原七十里，在今府城西三十五里安國鎮西古城是也。今府治蓋古耀武鎮地，西去安國故城三十里而贏。

朝那故城。在平涼縣西北。史記匈奴傳：冒頓悉復收故河南塞，至朝那、膚施。又文帝本紀：十四年，匈奴入邊，攻朝那塞。漢書地理志：安定郡領朝那縣。應劭曰：「故戎那邑也。」後漢及晉因之，後魏末，移置於今靈臺界，而此城廢。括地志：朝那故城，在百泉縣西北七十里。元和志：在縣西四十五里。又魏書地形志安定郡領朝那縣。隋初因之，後廢。寰宇記：良原縣有朝那城，後魏大統元年，自原州百泉縣徙朝那縣於此。通鑑注：漢朝那城，在原州花石川。周改置朝那縣於故城東南二百餘里。靈臺縣志：魏朝那縣，在今縣西北九十里。居民貿易於此，爲東朝那市。

烏氏故城。在平涼縣西北。史記匈奴傳：涇北有烏氏之戎。貨殖傳：烏氏倮畜牧，秦始皇令比封君。漢初，酈商破章邯別將於烏氏。漢書地理志：烏氏縣屬安定郡。後漢建武二年，赤眉上隴，隗囂追敗之於烏氏、涇陽間。後漢書郡國志作烏支。晉、魏因之，後廢。按：史記縣在涇北。漢志縣在都盧山東，俱在平涼縣界。通鑑注云在彈箏峽口，是也。括地志云在安定縣東四十里。府志云涇州東十餘里有湫池，又北二十餘里有烏氏城。疑此乃後魏時徙置，非故治也。

華亭故城。今華亭縣治。隋置。元和志：華亭縣正南微東至隴州一百十里，本秦涇陽縣地。大業元年，置華亭縣，以在華亭川故名。唐書地理志：垂拱二年，更華亭曰亭川〔二〕。神龍元年，復故。元和三年，省入汧源。寰宇記：廢華亭縣，在白馬、華亭二川口。又儀州，本鳳翔邊鎮，後魏普泰二年，築城置鎮，以扼蕃戎之路。唐爲神策軍。後唐同光元年，改爲義州。周顯德六年，置華亭縣於州郭。太平興國二年，改爲儀州。東至崇信，北至渭州，東南至隴州，皆九十里。通志：儀州舊城，在縣城西，與縣城相接。西抵華尖山麓，東瞻儀山。

阿陽故城。在靜寧州南。漢置縣，屬天水郡。高后六年，匈奴攻阿陽。後漢中平元年，北地羌胡與邊章侵隴右。漢陽長史蓋勳屯阿陽以拒之，是也。晉省。後魏復置。隋又省。章懷太子曰：「阿陽故城，在龍城縣西北。」寰宇記：阿陽城以在河之西北，故名。

隴干故城。在静寧州東。宋慶曆元年，任福禦趙元昊於好水川，至隴干城，戰死。九域志：德順軍，慶曆三年以渭州隴干城置。東至渭州一百十里，西至通遠軍三百二十里，南至隴州一百九十里，北至鎮戎軍九十里，西南至秦州二百六十里，東北至原州二百十里。宋史地理志：德順軍治隴干縣，元祐八年，以外底堡置。通考：德順軍，漢蕃互市之地，井邑富庶，在六盤山外。距賊界甚夷，去内郡則有山川之阻。紹興元年，入於金。金史地理志：皇統二年，升軍爲州。元史地理志：元省隴干，改州爲静寧。明統志：州在府西二百三十里。按：九域志德順軍在隴州之北，鎮戎之南，東去平涼不過百餘里，隆德砦在軍西六十里，而今州反在隆德縣西幾百里，則今州非慶曆舊治可知。蓋今治乃外底堡，即隴干縣，元祐時所移置，其舊治當在今隆德縣界。

高平故城。在今固原州治。漢置，爲安定郡治。楊惲報孫會宗書曰「安定山谷之間，昆戎舊壤」是也。後漢建武八年，隗囂將高峻擁兵據高平第一城。帝使馬援招降之。郡國志：高平有第一城。晉時劉曜以朔州牧鎮高平。苻秦時，又置牧官都尉於其地。姚興時，使没奕干鎮高平。義熙二年，赫連勃勃以朔方叛秦，僞獵高平川，襲殺没奕干而并其衆。後魏正光五年，高平鎮民赫連恩等反，推敕勒酋長胡琛爲高平王。地形志：原州，太延二年置鎮，正光五年改置，并置郡縣，治高平城。隋書地理志：平涼郡統平高縣。後魏置太平郡，後改爲平高。元和志：原州理平高縣，本漢高平縣。九域志：鎮戎軍，至道元年，以故高平縣地置，東至原州一百八十里，西至會州三百三十五里，南至秦州四百六十里，東南至渭州一百四十里，北至靈州四百二十五里。有高平砦，慶曆三年置。嘗建州，在軍北二十五里。舊志：元改置開成府於鎮戎南四十里，而故城廢。明洪武初，設巡檢司，爲平涼衛右所屯地〔三〕。景泰元年，修築鎮戎州廢城，置兵守之。三年，移平涼衛右所爲固原千户所。成化四年，討平土達滿四，因升固原所爲衛。弘治十四年，孛來據河套寇陝西，命尚書秦紘總督陝西三邊，開閫固原。十五年，請以開城遺民，於衛城設固原州，遂爲重鎮。按：今州即漢高平縣。自魏至唐，原州皆治此。而宋以後之原州，則今之鎮原縣，漢臨涇縣地也。元和志云平涼縣西北至原州一百六十里，正與今固原州至府之里數相符。歷考宋、金、元諸志，皆無異辭。乃明統志不考唐末原州平高之没於吐蕃，行原州之僑治臨涇，漫以漢之高平爲今之鎮原，遂以鎮原縣南之水爲高平川。及考水經注，高平川北流入黄河，而今之所謂高平川者，乃東入於涇，其謬顯然。此一證也。且鎮原縣在今平涼府之東北，如以爲古高平，則將置臨涇諸縣於何地？且今鎮原以西、會寧以東、寧夏以南之地，漢、唐以來，豈皆爲甌脱乎？此又一證也。高平川水出隴山，元和志所云頹沙山，今所謂六盤山者，大抵皆隴山也。則固原有隴山，鎮原無隴山，此又一證也。水經注長城在高平縣北十里，而今固原州西北十里有長城，此又一證也。明統志既謬於前，而州、縣志復踵於後。且既以鎮原爲高平，遂併以高平之山川古蹟，皆混入鎮原，以譌傳譌，盡失其實。今特細考諸志，一一改正。

三水故城。在固原州北。漢置，屬安定郡。地理志：屬國都尉治，有鹽官。水經注：肥水東北出峽，注於高平川。水東有山，山東有三水縣故城，西南去安定郡三百四十里。侍郎張奂，爲安定屬國都尉，治此。縣東有温泉，温泉東有鹽池。今城之東北有故城，城北有三泉，疑即縣之鹽官也。又魏志：正始中，涼州休屠降附，郭淮奏請使居安定之高平，爲民保障，其後因置西川都尉。晉書：泰始四年，傅玄疏言，宜更置一郡於高平川，因安定西川都尉募民充之，以通北道。地理志：安定郡統西川縣。元和志：魏改三水縣爲西川縣。按：括地志、通典皆謂三水故城在安定縣南，元和志又以良原縣爲三水縣地。今以水經注及元和志魏改西川縣之説考之，其地當在今州北高平川西肥水東。蓋三水縣，後漢末已廢入高平，魏時置西川都尉，後遂置西川縣，晉初因之耳。其在安定縣南者，或後人徙置。又後魏改置三水縣，在今邠州界，皆非故治也。

西安故城。在固原州西北二百十里。宋史地理志：涇原路統西安州。元符二年，以南牟會新城建爲州，東至天都砦二十六里，西至通會堡五十五里，南至寧安砦一百里，北至囉没零堡二十五里（四）。金史地理志：皇統六年，以西安州等沿邊地賜夏國。

隆德故城。在今隆德縣西北，宋砦也。九域志：天禧元年，置羊牧隆城。慶曆三年，改爲隆德砦，屬德順軍，在軍西六十里。雍大記：地名邪没隴川，番語譌爲羊牧隆城。金升爲縣。元太祖二十二年，次隆德，拔德順等州。明統志：隆德古城，在今縣西北九十里，縣舊治此。

水洛故城。在隆德縣東南。晉義熙七年，西秦乞伏乾歸攻後秦南安太守王憬於水洛城，克之。後魏正始中，元麗破秦州賊，進軍水洛。永安末，略陽賊帥王慶雲稱帝於水洛城，爲爾朱天光所擒。宋招討使鄭戩曰：「水洛城，西占隴坻，通秦州往來之路。隴之二水，環城而西，繞帶渭、河，川平土沃，廣數百里。又有水輪銀銅之利。」慶曆三年，使静邊砦主劉滬築之，以通秦渭。九域志：水洛城，在德順軍西南一百里。金升爲水洛縣，仍屬德順州。元初，併入隴干縣。通志：水洛城，在静寧州東一百里。

按：城當在今隆德西南，陽三、水洛二川之間。九域志在軍西南，據舊治言也。明統志遂謂在静寧州西南一百里，誤。

莊浪故城。在隆德縣西南，隋華亭縣地。宋慶曆八年，置通邊砦。金升爲縣，後廢。元置莊浪路。大德八年，降爲州。明洪武三年，降爲縣，屬静寧州。本朝屬平涼府。乾隆四十三年，裁入隆德，以縣丞駐此。

潘原廢縣。在平涼縣東四十里。漢置陰盤縣，在今陝西邠州長武縣界。後魏移置於此，兼置平原郡。隋開皇初，郡廢，縣屬安定郡。唐天寶元年，改曰潘原，屬涇州。元和志：縣東至涇州一百里。唐會要：大曆後，以潘原省入良原，爲彰信堡。貞元四年，李元諒復築潘原城。十一年，節度劉昌請於臨涇界保定城置陰盤縣，敕改置潘原，復置於彰信堡，尋又省入良原縣。元和中，節度朱忠亮，復築潘原城。中和四年，武州僑治於此，復立爲縣。寰宇記：潘原縣，在渭州東三十六里，漢陰盤縣，遇亂徙於新豐。赫連定勝光二年，自京兆移此，屬平涼郡。唐改潘原，以縣東有潘口谷爲名。舊縣城在涇水北。廣德元年，陷吐蕃。貞元十年，置行縣於彰信堡。周顯德五年，廢新武州入。元史地理志：元初，併潘原縣入平涼。

鶉陰廢縣。在平涼縣西南九十里。漢置鶉陰縣，在今蘭州府靖遠縣境，後魏移置於此。地形志平涼郡治鶉陰是也。後周併入平涼縣。

百泉廢縣。在平涼縣西北。隋書地理志：平涼郡統百泉縣。後魏置長城郡，領黄石縣。西魏改黄石爲長城。開皇初，郡廢。大業初，縣改爲百泉。元和志：縣西至原州九十里。後魏孝明帝於今縣西南陽晉川置黃石縣。隋改爲百泉。武德八年，移於今所。通典：百泉，漢朝那縣地。舊志：百泉故城，在府西北十里，本姚秦時之黃石固，赫連夏置長城護軍於此。五代時縣廢。

化平廢縣。在華亭縣西北。本宋安化縣舊地。寰宇記：儀州安化縣，在州西九十里。乾德二年，割秦隴三鎮之地置。西北至蕃界十里。九域志：熙寧二年，廢儀州，安化改屬渭州，在州西南七十里。宋史地理志：熙寧七年，廢制勝關，移縣於關地，以舊地爲鎮。金史地理志：平涼府化平縣，本名安化，大定七年更。元史地理志：元初，併化平入華亭。

東山廢縣。在固原州東。九域志：鎮戎軍有東山砦，咸平二年置，在軍東四十五里。金升爲縣，屬鎮戎州。元初，改屬鎮原州。至元七年，併入鎮原。又元史地理志：開成州領廣安州，本鎮戎地，金升爲縣，隸鎮戎州，經亂荒廢。元至元十年，安西王封守西土，既立開成路，遂改爲廣安縣，募民居止。未幾，户口繁夥。十五年，升爲州，仍隸本路。明統志：廢廣安州，在固原州東四十五里。宋置東山砦，金升爲縣，元改廣安州，今仍爲東山砦。按：元至元七年，併東山縣入鎮原州。十年，又置廣安縣，還屬開成路耳。修史者不知其即一地，而誤分著也。

開成廢縣。在固原州南。九域志：鎮戎軍有開遠堡，咸平元年置，在軍東南三十里。熙寧四年，廢安邊堡入之。元史地理志：開成州，元初爲原州，至元十年，皇子安西王分治秦、蜀，遂立開成府，仍視上都，號爲上路。至治三年，降爲州，治開成縣。舊志：開成縣，即宋開遠堡。明初廢州爲開成縣。成化三年，寇陷開成，後徙治於固原，以舊縣爲堡。在今州西南四十里。

三川廢縣。在固原州西北。九域志：天聖八年，置三川砦，屬鎮戎軍，在軍西三十五里。金升爲縣，屬鎮戎州。元初，改屬鎮原州。至元七年，併入鎮原。按：州志有三川，在州西北三十里，蓋即大、小黑水地也。

他樓廢縣。在固原州北。元和志：蕭關縣本隋他樓縣，大業元年置，神龍三年廢。寰宇記：貞觀六年，置緣州，領突厥降户，寄治於平高縣界他樓城。高宗時，於蕭關置他樓縣。神龍元年廢。按：通鑑晉太元十六年，乞伏乾歸討没奕干，没奕干奔他樓城。他樓之名始此。水經注高平川西北逕東西二土樓城。土樓即他樓之譌也。又舊唐志作高宗於蕭關置地挺縣，與寰宇記、新唐志不同。

蕭關廢縣。在固原州北。唐置。元和志：蕭關縣南至原州百八十里。神龍三年，廢他樓縣，别立蕭關縣，以去州闊遠，御史中丞侯全德奏於故白草軍城置，因取蕭關爲名。唐書地理志：神龍元年，更置蕭關縣於白草軍，在蔚茹水之西。至德後，没吐蕃。大中五年，以蕭關縣置武州。中和四年，僑治潘原。唐會要：大曆二年，置武州，尋陷吐蕃。大中三年，邠州節度張君緒收復蕭關，復置武州。宋史地理志：蕭關，崇寧四年建築。東至葫蘆河一十五里，西至綏寧堡三十里，南至勝羌寨六十里，北至臨川堡一十八里。管下有臨川、通關、山西三堡。大觀二年，以蕭關隸懷德軍。按：府志蕭關縣在鎮原西北一百四十里，通志在今華亭西北一百八十里，即今瓦亭驛，俱誤。

廢廉縣。在固原州東北。水經注：高平川北逕廉城東。按地理志曰北地有廉城縣，闞駰言在富平北。自昔匈奴侵漢，新秦之土率爲狄場，故城舊壁盡從舊目〔五〕，地理淪移，不可復識，當是後人誤證也。按：此縣又見寧夏府。

威戎廢縣。在静寧州南四十里。宋史地理志：德順軍領威戎堡，東至章川堡三十里，西至周家堡二十五里，南至治平砦四十里，北至静邊砦三十里。金升爲縣，仍屬德順州，後廢。

治平廢縣。在静寧州西南八十里。九域志：德順軍領治平砦，在軍西一百四十里，治平四年置。金升爲治平縣，屬德順州。元初，併入隴干縣。

通邊廢縣。在隆德縣西南。九域志：德順軍有通邊砦，慶曆八年置，在軍西南五十五里。金升爲縣，屬德順州，後廢。元改置莊浪州。明初，降爲縣。明統志：在静寧州東南九十里。通志：通邊城，在静寧州東一百三十里。舊志：莊浪縣東七十里有通偏堡，蓋即古通邊城之譌也。

懷德廢軍。在固原州北。宋史章楶傳：楶知渭州，帥師出葫蘆河川，築二城於石門峽江口好水河之陰，賜名平夏城。地理志：懷德軍，本平夏城。紹聖四年建築。大觀二年，展城作軍，初名威德，增置兵將，與西安鎮戎互爲聲援，應接蕭關。東至結溝堡一十五里，西至石門堡一十八里，南至靈平堡一十二里，北至通峽砦一十八里。欽宗紀：靖康元年，夏人陷懷德軍，知軍事劉銓、通判杜翊世死之。舊志：明景泰中，平涼知府張鏞，請修葫蘆峽口古城。議者謂不繫要害，罷之。弘治十七年，總督秦紘言固原北舊有石峽口及雙峯臺城，宜加修築。馬文升曰：「葫蘆峽爲寧夏韋州南出靜寧之路〔六〕。」其地兩山相夾，最爲要害，皆故平夏城也。州志：細腰葫蘆峽城，在州東一百五十里，今遺址尚存。

太原。在固原州境。顧炎武日知録：「詩『薄伐玁狁，至于太原。』毛、鄭皆不詳其地。其以爲今太原陽曲縣者，始於朱子，而愚未敢信也。古之言太原者多矣，若此詩則必先求涇陽所在，而後太原可得而明也。漢書地理志：安定郡有涇陽縣。郡縣志：原州平涼縣，本漢涇陽縣地。然則太原當在今之平涼。後魏立爲原州，亦是取古太原之名耳。計周人之禦玁狁，必在涇、原之間。若晉之太原，在大河之東，距周京千五百里，豈有寇從西來，兵乃東出者乎？故曰『天子命我，城彼朔方』。國語宣王料民於太原，亦以其地近邊，而爲禦戎之備，必不料之於晉國也。若書禹貢『既修太原，至於岳陽』，春秋『晉荀吳帥師敗狄於太原』，及子産對叔向：『宣汾、洮，障大澤，以處太原』，則是今之晉陽。豈可以晉之太原爲周之太原乎？」按：寰宇記後魏置原州，取「高平曰原」爲名。當時或因此，未必知此地之即太原也。然日知録之説，深合地理，故備録之。又按：涇陽既在今平涼，則太原當在今固原北界。蓋玁狁内侵，至於涇陽，吉甫逐之，則至太原，涇陽爲内地，而太原爲邊境也。

都盧城。在平涼縣西可藍山下。武王誓師牧野，有曰盧人，即其故國。

我羅城。在平涼縣北。晉書：義熙五年，赫連勃勃攻姚興敕奇堡、黄石固、我羅城，皆拔之。黄石，即百泉廢縣；我羅城，在黄石東；敕奇堡，亦在府北。

靖夏城。在平涼縣境。宋史夏國傳：政和六年，夏人大舉攻涇原靖夏城，城陷，屠之而去。地理志：政和六年，賜涇原路席葦平新城名曰靖夏。未詳屬何州軍。

暖泉城。在平涼縣北暖泉上。明嘉靖八年，韓昭王築。高三仞，複道相連，亭榭十數，爲覽游之所。

屯城。在華亭縣東，近崇信縣界。唐時李元諒屯兵拒吐蕃時所築。

彭陽城。在固原州東。唐書地理志：原州有府曰彭陽。九域志：鎮戎軍有彭陽城，咸平六年置，在軍東八十五里。金爲彭陽堡。州志：彭陽城，在州東一百二十里，有堡。

長城。在固原州西北，接隆德縣界。水經注：長城在高平縣北十五里。周書文帝紀：魏大通十四年，奉魏太子自新平出安定登隴，至原州，歷北長城，大狩。元和志：秦長城，在高平縣北十里。州志：在今州西北十里，有遺址。隆德縣志：在今縣西北六十里。

石城。在固原州西北一百五里，亦名石城堡。四壁削立，山頂平曠，可容數千人，惟一路可登，亦甚險仄。四圍有石牆，高二丈餘。中有石井五，各闊丈餘，以貯水。蓋昔人避兵之所。其旁有青山洞及彗箒山。明天順中，土達滿四據此作亂。成化四年，巡撫項忠討平之，因毁其城。又耳朵城，在州東北一百六十里，宋慶曆中置。今廢。

紅城子。在固原州北七十里，亦謂之黑城子。明成化初，官兵討滿四，屯兵於此。又立馬城，在州東北一百四十里。圓城兒，在白馬堡東。甎城兒，在白馬堡東三十里。俱未詳建置，今遺址尚存。

静邊城。在隆德縣西南。九域志：德順軍領静邊砦，天禧二年置，在軍西七十里。宋史地理志：砦東至威戎堡三十里，北至隆德砦五十里。金史地理志：通邊縣領静邊砦。舊爲縣，元廢。

蓮花城。在隆德縣西南。宋經略使鄭戩行邊，至鎮戎軍，趣蓮花堡，天寒，與將佐置酒，即此。又有蓮花古城，在今縣南四十里。

紅土城。在隆德縣西北四十里，遺址尚存，蓋宋、金時戍守處。

平涼故衛。在府治東。明萬曆二年建。本朝順治初，裁指揮等官，設守備掌屯事。雍正四年，裁衛入平涼縣。

固原故衛。在固原州治西北。明成化四年，建有左、右、中三所。本朝順治初，改設守備。六年，裁右、中二所。雍正四年，裁衛入州。

唐監牧。在固原州東南。元和志：原州監牧，貞觀中，自長安東赤岸澤移馬牧於秦、渭二州之北，會州之南，蘭州狄道縣之西，置監牧使，以掌其事，仍以原州刺史爲都監牧使，以管四使。南使在原州西南一百八十里，西使在臨洮軍西二百二十里，北使、東宮使，寄理原州城内。天寶中，諸使共有五十監，監牧地東西約六百里，南北約四百里。州志：唐監牧舊基，在開成東南三里。

武安苑。在平涼縣南六十里。明洪武三十年，於府治東建陝西行太僕寺，永樂四年，又建陝西苑馬寺，領六監二十四苑。其長樂監，領廣寧、開成、黑水、安定；靈武監，領清平、萬安、武安，共七苑，在府境，餘在慶陽、鞏昌二府境，今廢。

廣安苑。在固原州城内。又清平苑，在固原州東九十里。萬安苑，在州東一百四十里。黑水苑，在州西九十里。開成苑，在州北七十里。皆明初置，今廢。

羣牧所。在固原州西二十里。明置，屬行太僕寺，久廢。

回中宫。在固原州境。漢武帝元封四年，行幸雍通回中道，遂出蕭關。應劭曰：「回中在安定平高，有險阻。秦置回中宫於此。」

會盟壇。在平涼縣西北五里。寰宇記：唐貞元三年五月，渾瑊與吐蕃會盟處。府志：在天壇山西。

朝陽樓。在華亭縣東四十五里。

避暑閣。在府城北三十里柳湖畔，宋蔡挺建，植柳數千株，緑陰成林，湖光可掬。

水樂臺。在府城北。郡人能爲水戲，宋太守王素築臺觀之。

登高臺。在静寧州東城最高處。宋建，以爲瞭望之所。

勤武堂。在平凉縣西北五里。宋史：蔡挺知渭州，建勤武堂，五日一訓征戰之法，儲勁卒於行間。遇用奇，則别爲一隊，甲兵整習，常若寇至。

參雲亭。在平凉縣崆峒山。相近有會景亭。宋游師雄詩：「此去陟參雲，危棧愈跋躇。會景亦可喜，周顧忘倦斁。」

風堆。在固原州西。水經注：高平縣西十里有獨阜，阜上有故臺，臺側有風伯壇，故世俗呼此阜爲風堆。

望夫石。在隆德縣西南。相傳有婦望夫，化石於此。

關隘

通梢關。在平凉縣東五里。明時平凉衛軍戍守。今廢。

制勝關。在華亭縣西北。即故安化縣治，唐原州七關之一。宋熙寧七年廢。舊志：其地舊號大震門，宋慶曆中改爲關，管沿山小砦二十五處。

六盤關。在華亭縣西北六盤山上，西去隆德縣六十五里，與固原州西南接界。唐原州七關之一也。下有楊家店汛，設外委防守。

蕭關。在固原州東南。漢書匈奴傳：文帝十四年，匈奴入朝那蕭關，殺北地都尉卬。武帝紀：元封四年，行幸雍通回中道，遂北出蕭關。唐書武后紀：久視元年，魏元忠爲蕭關道行軍大總管，以備突厥。宣宗紀：大中三年，吐蕃以秦、原、安樂三州，石門、驛藏、木峽、制勝、六盤、石峽、蕭七關，歸於有司。元和志：蕭關故城，在平高縣東南三十里，即漢蕭關也。寰宇記：蕭關，漢亦謂之彰關。府志：明初，徐達由靜寧、隆德至蕭關，取平涼。蕭關，關中四關之一，襟帶西涼，咽喉靈武，北面之險也。按唐蕭關縣在今州北，非漢關故址。縣志謂蕭關在鎮原西一百八十里，唐蕭關縣亦置於此，俱誤。

瓦亭關。在固原州南瓦亭山西麓，接隆德、華亭二縣界。後漢書：建武八年，來歙襲得略陽城，隗囂使牛邯軍瓦亭，自悉其大衆攻略陽。晉書：太元十二年，苻登次瓦亭，據胡空堡，與姚萇相持。魏書地形志：鶉陰縣有瓦亭。章懷太子曰：「烏支縣有瓦亭故關。」元和志：瓦亭故關，在平高縣南七十里，即隴山北垂。宋史地理志：平涼縣在瓦亭砦。金史地理志：化平縣有瓦亭砦。明統志：關在華亭縣西北一百八十里。固原州志：關在州南九十里。通志：瓦亭砦，在華亭縣西北金佛峽口。明洪武中，置瓦亭巡檢司，又置瓦亭驛及遞運所於此。嘉靖十九年，都御史趙廷瑞築城，又建清水、紅沙二石墩於山上，頗稱險固。今巡司、遞運所俱廢，止存驛。又通鑑：唐貞觀二十年，太宗踰隴山至西瓦亭觀馬牧。舊志：今隆德縣西北四十里有牛營砦，相傳牛邯軍此。蓋即西瓦亭也。

木峽關。在固原州西南，亦隴山之口也。後魏永熙二年，宇文泰討侯莫陳悦於水洛城，至原州引兵上隴，出木峽關。唐書地理志：原州有木峽、石門、驛藏、制勝、石峽、木靖、六盤，爲七關。元和志：木峽關，平涼縣西南四十里。寰宇記：關在平高縣西南頹沙山上。又縣南一百十里隴山上有隴山關。

石門關。在固原州北。隋開皇二年，突厥自木峽、石門兩道入寇。宋史地理志：懷德軍有石門堡，故石門峽東塔子觜，元符元年建築賜名。州志：州北九十里須彌山有古寺，松柏鬱然，即古石門關遺址。

安國鎮。在府城西三十五里。有外委防守。舊唐書：貞元七年，涇原節度使劉昌築胡谷堡，改名彰義堡，在平涼縣西三十五里。九域志：平涼縣有安國、耀武二鎮。通志：安國鎮，在府西三十里。鎮西又有古城，疑即彰義舊堡，後改爲安國也。府志：安國即胡谷之譌。本朝置遞運所於此。又白楊林、頁河子、甲積峪、鄜現鎮、白水鎮、花家莊均設墩臺。白水鎮有汛，設把總防守。乾隆五十年，添設墩臺，西路十里鋪，東路十里鋪、洪溝堡、王家砦、驛里鋪、石頭砦、問道宮、道會溝、楊家灣、峽門口、馬坡嶺關，計十一處。

三鄉鎮。在華亭縣東南八十里。地有三鄉川，故名。舊有巡司。又馬鋪嶺巡司，在縣北四十里，接平涼縣界。皆明成化中置。九域志：華亭縣有黃石河一鎮，又有鐵冶、銅場、鹽場、茶場。

白巖河鎮。在華亭縣西北。九域志：安化縣有安化、白巖河二鎮。本朝乾隆五十年，白巖鎮南街口添設墩臺。又廟灣嶺、策底坡，馬硤鎮之南街口，山砦鎮之堡子山，均添設墩臺。

西安州營。在固原州西北二百十里，即故西安州。有土城，周五里六分。明成化五年，巡撫馬文升題建守禦千户所，隸固原衛。本朝設游擊駐防。雍正二年裁所，後改設都司。又有鄭旗營，在州西一百里。

下馬關營。在固原州北二百四十里，南至平遠所四十里。明嘉靖五年，總督王憲築城，周五里七分。萬曆二十二年，設參將駐守。本朝仍設參將，復改設守備。又響石溝堡，在下馬關東。其北爲萌城驛，與寧夏境韋州鹽池接界，爲固原東北門户。

鎮戎所。在固原州北一百三十里，即葫蘆峽舊城。周三里。成化十二年，巡撫余子俊奏設守禦千户所，隸固原衛。嘉靖三年，增築關城，周二里。本朝雍正二年裁。

平遠所。在固原州東北二百二十里，即故豫望城，周五里三分。明弘治十四年，總督秦紘奏設平虜千户所，隸固原衛。本朝康熙五年併入鎮戎所，後並裁。

懷遠砦。在固原州南。宋史地理志：德順軍懷遠砦，東至鎮戎砦六十里，南至張義堡四十里。金仍爲砦，屬治平縣，後廢。

定川砦。在固原州西北二十五里。九域志：鎮戎軍有定川砦，慶曆二年置，在軍西北二十五里。金省。又九域志有熙寧砦，熙寧元年置，在軍北三十五里。宋史地理志：熙寧砦有硝坑堡，管下有狼井、安遠、寶信、梅谷、開疆，凡五堡。金仍曰熙寧砦。元省。

鎮羌砦。在固原州西北。宋史地理志：鎮羌砦，紹聖四年賜名，東至三川堡二十一里。金廢。又宋志有飛泉砦，本飛井隝，政和七年賜名。金因之。元廢。又有威川砦，本密多堡，亦政和七年賜名。金廢。

靈平砦。在固原州北。宋史地理志：故好水砦，紹聖四年賜名。大觀二年自鎮戎軍屬懷德軍。東至古高平堡十五里，西至九羊砦三十二里，南至熙寧砦二十八里，北至懷德軍十二里。金因之。元廢。

盪羌砦。在固原州北。宋史地理志：盪羌砦，故没煙後峽。元符元年建築賜名。東至通峽砦十八里，南至石門砦三十里。又通峽砦，故没煙前峽，元符元年建築賜名。南至懷德軍十八里，其管下有峽口、東河灣、古高平、惠民、結溝五堡。又九羊砦，故九羊谷，元符元年建築賜名。東至靈平砦三十里，南至三川砦五十里。金時三砦皆屬鎮戎州。元省。

通遠砦。在固原州北。宋史地理志：懷德軍領通遠砦，南至通峽砦五十里，北至勝羌砦三十三里。其管下有龍泉砦、勝羌砦。北至蕭關六十里。金皆廢。

乾興砦。在固原州東北。九域志：鎮戎軍領，乾興元年置，在軍東北九十里。金爲乾興堡，後廢。

天聖砦。在固原州東北。九域志：天聖元年置，屬鎮戎軍，在軍東北六十里。金因之。元省。州志：在州東北八十里。又宋史地理志：天聖砦，有信箈、涼棚二堡，皆治平四年置。今廢。

得勝砦。在静寧州東北。宋置。金爲砦。九域志：天聖六年置，在德順軍西北八十里，領關遠堡。宋史康定二年，趙元昊謀寇渭川，韓琦戒任福等并兵，自懷遠城趨得勝砦，至羊牧隆城出敵後，據險設伏，即此。金時屬通邊縣。明統志：在州南一百五十里。通志：州南七十里有得勝州，金大定中築，内建朝陽衛遺址俱存。皆誤。

彭陽堡。在固原州東，即故彭陽城。金改爲堡。明置清平監於此。

張義堡。在固原州西南。九域志：鎮戎軍有張義堡，熙寧五年置，在軍西南五十里。金改爲砦。州志：在州西南六十里。明仍爲堡，屬固原衛。

大灣川堡。在固原州西南五十里。明肅藩牧地。萬曆四十年築土城，周三里。又黑水苑堡，在州西北一百里，東去鎮戎所四十里。明嘉靖十九年，套寇犯固原，引還，邊將周尚文邀敗之於此。

摧沙堡。在固原州西北。唐書：廣德二年，僕固懷恩合吐蕃、回紇，自朔方南犯，河西節度使楊志烈遣監軍柏文達攻靈武以救京師，擊摧沙堡，下之。蓋原州要地也。

通會堡。在固原州西北。宋史地理志：西安州，西至通會堡五十五里，元符元年賜名，係熙河蘭會路修築，地名祭廝堅谷口，不知何年撥屬。又定戎堡，元符二年賜名，地本鹻隈川，東至山前堡三十里。又綏戎堡，東至蕭關三十里，西至山前堡三十五里。金皆廢。

海剌都堡。在固原州西北一百七十里，亦曰海剌都營。西去西安所三十里，即宋天都堡。明成化四年，巡撫馬文升建土城，周圍四里三分。本朝乾隆十四年，移鹽茶同知駐此，并設千總防守。又所屬有新營汛，設外委駐防。

徐斌水堡。在固原州西北西安堡北一百餘里。舊邊在堡西南，新邊在堡東北，爲固原西路之要。

乾鹽池堡。在固原州西北西安堡西二百里，與靖遠縣分界。亦州境險要處。

李旺堡。在固原州北一百八十里。本朝置站於此，設千總駐防。

紅古城堡。在固原州北二百二十里，即宋蕭關砦地。明弘治十七年，總督秦紘建土城，周圍四里三分。

白馬城堡。在固原州東北九十里古撒都地。有土城，周五里三分。明嘉靖四年，總督楊一清築。

甜水堡。在固原州東北三百里，北接寧夏中衛縣界，東接慶陽府環縣界。

中安堡。在静寧州西。九域志：在德順軍西三十五里，慶曆三年置。金屬水洛縣，後廢。

高家堡。在静寧州西四十五里。舊爲戍守處，本朝置遞運所於此。又天麻堡，在州西南四十里。

神林堡。在隆德縣西四十里。

達舍堡。在隆德縣南。又張川堡，在縣西南。皆宋、金時舊堡。

虎山墩。在平涼縣北五里。下瞰府城，最爲要害。又交龍口墩，在大蘆河原上，南去虎山十五里。又施家峴墩，在小蘆河原上，皆爲要害。

黑城子汛。在固原州境。本朝設千總防守。

高平驛。在平涼縣治東南。又有高平遞運所，在縣東二里。鄜現遞運所，在縣東五十里。花家莊遞運所，在縣東九十里。安國遞運所，在縣西安國鎮。

瓦亭驛。在華亭縣西北一百八十里，東至高平驛九十里。有驛丞，今裁。有汛，設千總駐此。又有瓦亭遞運所。

永安驛〔七〕。在固原州治西南，南至瓦亭驛八十里。又有批驗遞運所。又三營站，在州北七十里。李旺站，在州北一百六十里，又北至寧夏府同心驛九十里。

涇陽驛。在静寧州治東，西至會寧縣青家驛九十里。又有静寧遞運所，在州治西。高家遞運所，在州西高家堡。又距州城九十里有底店汛，現設千總。

隆城驛。在隆德縣治西，西至涇陽驛九十里，東至瓦亭驛五十里。又有隆德遞運所，在縣治北。神林堡遞運所，在縣西神林堡。又東十里鋪、楊家店、西十里鋪、沙塘鋪、亂柴鋪俱設墩臺。又東路六盤山，西路八河子、龐家堡，南路何家莊、三合鎮、硤山頂、香水店子，新設墩臺。

津梁

太平橋。在平涼縣東二里。

乘風橋。在平涼縣東三里，跨湫谷水，又名湫谷橋。

涇河橋。在平涼縣西五里。

横河橋。在平涼縣西三十里。又白水鎮有澗溝河橋。

南河橋。在華亭縣東二里，跨南河。又北河橋，在縣北三里，跨北河。

永安橋。在固原州南門外二百步。

甜水橋。在静寧州西南四里。

苦水橋。在静寧州西五里。

清水橋。在隆德縣東三里。

底堡河橋。在隆德縣西南三里。

陵墓

秦

太子扶蘇墓。在平涼縣東。寰宇記：在潘原縣東五里。明統志：在府東南四十里。

胡亥墓。在華亭縣東南三十里乾湫原上。見寰宇記。

蒙恬墓。在平涼縣東五十里。又云在華亭縣。寰宇記：秦長城在儀州城内，下有蒙恬冢。按：慶陽府正寧縣、綏德州皆有蒙恬墓，未知孰是。詳見河南陳州府卷内辨正。

漢

劉表墓。在固原州西。寰宇記：按從征記云劉表冢在高平郡。表子琮，擣四方珍香數十石著棺中。永嘉中，郡人衛熙發其墓，見表貌如生，香聞數十里。熙懼，不敢犯。

三國　蜀

姜維墓。在靜寧州南，水洛城西南三十里。通志：年遠無冢。明萬曆間，山摧碑出，上題「漢驃騎將軍姜維墓」。

宋

劉滬墓。在靜寧州西北山麓。

劉錡墓。在靜寧州北二里。

吴玠墓。在靜寧州南一百二十里。

吴璘墓。在靜寧州南，水洛城北原。

姚兕墓。在隆德縣西北三十里。姚貴墓祔。

明

趙時春墓。在平涼縣南四里。

祠廟

朝那湫祠。在平涼縣東十五里。括地志：湫淵祠，在平高縣東南二十里。明統志：在固原州東十五里。戰國時，秦人詛楚，投文於此湫。漢祀至今。歲旱，土人禱雨於此。又華亭亦有廟。

忠勇祠。在靜寧州南水洛城。宋建，祀劉滬。

三將軍祠。在静寧州東郭外。祀宋劉錡、吴玠、吴璘。

韓魏公祠。在隆德縣北山。祀宋韓琦。

亂石廟。在静寧州南郭西。通志：神兄弟隴干人，伯曰嚴輝，仲曰嚴茂，智勇俱絶，保障西夏，宋乾德三年敕建，進爵爲王。

寺觀

問道宫。在平涼縣西二十里崆峒山麓，涇水北岸。相傳即黄帝問道處。元至正中修，有碑。

校勘記

〔一〕苻登攻姚萇將吴忠唐匡於平涼　「唐匡」，原作「唐臣」，乾隆志卷二〇一平涼府古蹟（下同卷簡稱乾隆志）同，據晉書卷一一五苻登載記改。

〔二〕更華亭曰亭川　「亭川」，原作「華川」，據舊唐書卷三八地理志改。

〔三〕爲平涼衛右所屯地　「衛右」，原倒，乾隆志同，據下文乙。

〔四〕北至囉没零堡二十五里 「囉没零堡」，乾隆志及宋史卷八七地理志「零」作「寧」。

〔五〕故城舊壁盡從舊目 「舊目」，乾隆志作「故目」，水經注卷二河水作「胡目」。按，清人諱胡稱，故改「故」改「舊」。

〔六〕葫蘆峽爲寧夏韋州南出静寧之路 「寧夏」，原作「靈夏」，乾隆志同，據讀史方輿紀要卷五八陝西七平凉府改。

〔七〕永安驛 「安」，乾隆志卷二〇二平凉府關隘作「寧」。按，本志避清宣宗諱改。

大清一統志卷二百六十

平涼府三

名宦

南北朝　魏

李賢。隴西成紀人。周文帝西征，賢以功授都督，守原州。州人豆盧狼反，賢一戰敗之，追斬狼。大統八年，授原州刺史，撫導鄉里，甚得民和。

周

賀若誼。洛陽人。爲原州總管，有能名。

隋

元褒。洛陽人。開皇中，徙原州總管。有商人爲賊所劫，其人疑同宿者而執之。褒察其色冤而詞正，遂捨之。商人詣闕，訟褒受金縱賊。上遣使窮治，褒即引咎坐免官。盜尋發於他所，上謂褒曰：「公何自誣也？」對曰：「臣受委一州，不能息盜賊，何所逃責？」上稱爲長者。

趙軌。洛陽人。開皇中，授原州總管司馬。在道夜行，其左右馬逸入田中，暴人禾。軌駐馬待明，訪禾主，酬直而去。原州人吏聞之，莫不改操。

唐

劉昌。開封人。貞元中，爲四鎮、北庭行營兼涇原節度使。七年，城平涼，開地二百里，扼彈箏峽。又西築保定，捍青石嶺，凡七城二堡，旬日就。在邊凡十五年，身率士墾田，三年而軍有羨食，兵械鋭新，邊障安輯。初城平涼，當吐蕃劫盟後，將士骸骨不藏，昌始命瘗之。夕夢若詣昌厚謝者，昌具以聞。德宗下詔哀痛，出衣數百稱，官爲賽具，斂以棺槥，分建二冢，大將曰旌義冢，士曰懷忠冢。詔翰林學士爲銘，識其所。昌盛兵衛，具牢醴，率諸將素服臨之，邊民莫不感泣。

宋

李繼隆。上黨人。至道二年，爲靈、環十州都部署。先是，受詔送軍糧赴靈州，必由旱海路。自冬至春，芻粟始集。繼隆請由古原州蔚茹河路便，衆議不一。繼隆固執論其事，太宗許焉。遂率師以進，壁古原州，令胡守澄城之，是爲鎮戎軍。後復不守。咸平中，繼隆弟繼和又以爲言，乃命版築，以繼和知其軍。

陳興。澶州衛南人。咸平中，徙涇原儀渭鎮戎軍部署。與曹瑋、秦翰領兵掩擊蕃寇章埋族帳，斬獲甚多。李繼遷所部康奴族，往歲鈔劫靈州援糧，尤桀黠難制。復與秦翰等合衆進討，窮其巢穴。

曹瑋。靈壽人。年十九，知渭州。馭軍嚴明，賞罰立決。善用間，周知虜動靜，舉措如老將。徙知鎮戎軍。李繼遷虐用其國人，瑋知其下多怨，移書諸部，諭以朝廷恩信，由是康奴等族請内附。以鎮戎軍據平地，便於騎戰，非中國之利，請自隴山以東，循古長城塹以爲限。又以弓箭手皆土人，習障塞蹊隧，耐寒苦，未與資糧，無以責死力，遂給以境内閒田，春秋耕斂，州爲出兵護作而蠲其租。繼遷死，西延家、妙俄、熟魏數大族請自歸，瑋即日受其降，德明不敢拒。後復爲涇原路都鈐轄，兼知渭州。與秦翰破章埋族於武延川[一]，分兵滅撥臧於平涼，於是隴山諸族皆來獻地。

盧鑑。金陵人。真宗時，知儀州。州有制勝關，最號險惡。李繼遷欲乘虛襲取之，放言將由此大入。諜者以告，有詔徙老幼芻粟於内地。鑑曰：「此姦謀也。且示虜弱，摇民心，臣不敢奉詔。」卒不徙。已而賊亦不至。

王仲寶。高密人。天聖初，知鎮戎軍，破康奴族，獲首領百五十，羊馬七千，詔獎其功。後爲涇原路總管、安撫副使，兼管勾秦鳳路軍馬事。與西羌戰六盤山，俘馘數百人。時任福大敗好水川，别將朱觀被圍於姚家堡，仲寶以兵救之，拔觀出圍。諸將皆没，獨仲寶與觀得還。

范祥。三水人。通判鎮戎軍。元昊圍城急，祥率將士拒退之。請築劉璠堡、定川砦，從之。

夏安期。德安人。仁宗時，知渭州。簡弓箭手，得驍勇萬人爲步兵，騎又半之，教以戰陳法，由是士兵勝他路。又籍塞下閒田，募人耕種，歲得穀數萬斛，以備賑發，名曰貸倉。

張亢。臨濮人。仁宗時，爲涇路總管，知渭州。會給郊賞，州庫物良而估賤，三司所給物下而估高。亢命均其值，以便軍人。

程戡。陽翟人。仁宗時，知渭州。陝西有保毅軍，人苦其役。戡奏曰：「保毅在鄉兵外，不黥而有籍，所以佐邊備也。已隸保捷，而保毅籍如故，州縣以供力役，率困憊，至破析財産售田者，猶數户出一夫，民不勝苦。」因詔私役保毅者，以計傭律坐之。

劉兼濟。祥符人。仁宗時，知籠竿城。夏人寇邊，衆號數萬，兼濟將兵千餘，轉戰至黑松林，敗之。尋知原州。屬户明珠族叛，諸將欲急討，兼濟縱飲擊鞠，謬爲不知，以疑其意。既而叛者自潰，乃追襲之，射殺其酋長，收餘衆以歸。

景泰。普州人。仁宗時，知原州。元昊衆十萬，分二道，逾平涼，至潘原。泰率兵五千，從間道赴原。先鋒張迴逗遛不進，泰斬以徇。遇敵彭陽西，乃依山而陣，陰遣三百騎分左右翼，張旗幟爲疑兵。敵欲遁去，將校請進擊，泰止之，遣士搜山，果得伏兵。與戰，斬首千餘級。

薛奎。正平人。爲儀州推官。嘗部丁夫運糧至鹽州，會久雨，粟麥潰腐。奎白轉運盧之翰，請縱民還州，而償所失。之翰怒，欲劾奏之。奎徐曰：「用兵久，人疲轉餉。今幸兵食有餘，安用此陳腐以困民哉？」之翰意解，凡民所失，悉奏除之。

曹穎叔。亳州譙人。仁宗時，通判儀州。韓琦、文彦博交薦其才。

王素。莘縣人。仁宗時，知渭州。初，原州蔣偕建議築大蟲巉堡，宣撫使聽之。役未具，敵伺間邀擊，不得成。偕懼，來歸死，素曰：「若罪偕，乃墮敵計。」責使畢力自效，偕卒城而還。治平初，復知渭州。三鎮涇原，蕃夷故老皆歡賀。拓渭西南城，濬湟三周，積粟支十年。屬羌奉土地來獻，悉增募弓箭手，行陳出入之法，身自督訓。其居舊穿土爲室，寇至，老幼多焚死。爲築八堡，使居之。其衆領於兩巡檢，人莫得自便。素聽散耕田里，有警則聚。故士氣咸奮精悍，他道莫及。

劉滬。堡塞人。康定中，爲渭州瓦亭砦監押，權静邊砦。擊破黨留族等，斬獲萬計。時任福敗，邊城晝閉，居民畜産多爲賊所掠，滬獨開門納之。又破穆寧生氐，城章川、水洛，以通秦、渭之路内附。築水洛城，功未半，會鄭戬罷，涇原路尹洙令罷築。滬不聽，日增版趨役。尹洙怒，械滬下獄。氐衆驚爲亂，朝廷遣使往視。氐衆請以牛羊及壯丁助工役，復以滬權水洛城砦主。及卒，居人號泣，請留葬水洛，立祠祀之。經略使言得熟户蕃官牛裝等狀，願得滬子弟主其城。乃命其弟淳爲水洛城兵馬監押。

趙滋。開封人。仁宗時，爲涇原儀渭鎮戎軍都巡檢。會渭州得勝砦主姚貴劫宣武神騎卒千餘人叛，攻羊牧隆城。滋馳至，諭降八百餘人。貴窮，走出砦。招討使令滋給賜降卒及遷補降吏〔二〕，滋以爲如是，是誘其爲亂，藏其牒不用。范仲淹、韓琦舉滋可將領，爲鎮戎軍西路都巡檢。

任顓。壽光人。仁宗時，知渭州。時四路以邊警聞，渭獨無所上。朝廷疑斥候不密，顓力言無他虞。帝使覘之，始信。

蔡挺。宋城人。神宗初，知渭州。舉籍禁兵悉還府，不使有隱占。建勤武堂，五日一訓之，甲兵整習。又分義勇爲伍番三千人，參正兵防秋與春，以八月、正月集，四十五日而罷，歲省粟帛錢纔十三萬有奇，括並邊生地冒耕田千八百頃，募人佃種，以益邊儲。取邊民闌市蕃部田八千頃，以給弓箭手。又築城定戎軍，爲熙寧砦，開地二千頃，募卒三千人耕守之。

周永清。靈州人。神宗時，爲渭州鈐轄。渭兵勁而陳伍不講，永清訓以李靖法。帥蔡挺嘉其整，圖上之，詔推於諸道。知德順軍，夏衆入寇，擊擒其酋吕効忠。又募勇士，夜馳百里，擣賊巢穴，斬首三百級，俘數千人，獲駝馬萬計，城中無知者。並砦禁地三百里，盜耕不可禁，永清拓籍數千頃，置射士三千，聲聞敵廷。降者引入帳下，待之不疑，多得其死力。

蔡延慶。膠水人。神宗時，知渭州。夏人禹臧苑麻疑邊境有謀，使人入塞賣馬，吏執以告。延慶曰：「彼疑，故來覘。執之，是成其疑。」約馬直，授之使去。疆吏入敵境攘羊馬，得而戮諸境上，且告之人曰：「兩境不相侵則安，故戮以戒。若有之，亦當爾也。」夏人悦服。

盧秉。德清人。神宗時，知渭州。五路大出西討，惟涇原有功。夏境胡盧川距塞二百里，恃險遠，不設備。秉遣將姚麟、彭孫襲擊之，俘斬萬計。夏酋仁多嵬丁舉國入寇，犯熙和定西城，秉治兵瓦亭，分兩將駐静邊砦。遲明，縱擊之，皆奔潰。

孫覽。高郵人。神宗時，知渭州。夏人入邊，檄大將苗履禦之。履稱疾移告，立按正其罪〔三〕，竄諸房陵，轅門肅然。

游師雄。武功人。神宗時，授爲德順軍判官。鄜延將劉琯與主帥議戰守策，欲自延安入安定、黑水。師雄以地薄賊境，懼有伏，請由他道。既而諜者言夏伏精騎於黑水傍，琯謝曰：「微君言，吾不返矣。」

劉昌祚。真定人。哲宗時，知渭州。渭地宜牧養，故時弓箭手人授田二頃，有馬者復增給之，謂之馬口分地。其後馬死不補，而據地自若。昌祚按舉其法，不二年，耗馬復初。又括隴山田得數萬頃〔四〕，募士卒五千，别置將統之，勁悍出諸軍右。

景思立。普州安岳人〔五〕。主渭州治平砦。以功知德順軍，策應王韶取熙州。過洮，築當川堡，克羌香子、珂諾城，遂定河州。

吕大忠。藍田人。紹聖中，知渭州，付以秦渭之事。奏言關陝民力未裕，士氣沮喪，非假之歲月，未易支吾。因請以職事對，意欲以計徐取横山。自汝遮殘井迤邐進築，不求近功。

章楶。浦城人。哲宗時，知渭州。至即上言城胡蘆河川，據形勝以逼夏。乃以四路之師，陽繕理他堡壁數十所示怯，而陰具板築守戰之備，帥師築二城於石門峽江口好水之陰。二旬有二日成，賜名平夏城、靈平砦。方興役時，夏衆來乘，楶迎擊敗之。夏主遂奉其母合將數十萬兵圍平夏，疾攻十餘日，不能克，一夕遁去。夏統軍嵬名阿埋、西壽監軍妹勒都逋皆勇悍善戰，楶諜其弛備，遣折可適、郭成輕騎夜襲，直入其帳執之，盡俘其家，虜馘三千餘〔六〕，獲牛馬十萬，夏主震駭。楶在涇原四年，凡創州一、城砦九，薦拔偏裨，不間斷役。夏人降者，折可適、李忠傑、朱智用，咸受其馭，功爲西方最。

种師道。洛陽人。徽宗時，知渭州，督兵城席葦平。方庀工而敵至，堅壁葫蘆河。師道陣於河滸，若將決戰，陰遣偏將曲充出横嶺，揚言援兵至。敵方駭顧，楊可世潛軍軍其後，姚平仲以精甲衷擊之〔七〕，敵大潰。卒城而還。

金

張中孚。張義堡人。天會九年，知渭州，兼涇原路經略安撫使。齊國建以什一法括民田，籍丁壯爲鄉軍。中孚以爲涇原地瘠無良田，且保甲之法行之已久，今遽紛更，人必逃徙，竟執不行。

任天寵。定陶人。明昌中，再遷威戎縣令。縣故堡塞，無文廟學舍，天寵以廢署建。有兄弟訟田者，諭以禮義〔八〕，委曲周至，感泣而去。

商衡。曹州人。辟威戎令。興定三年，歲饑，民無所糴。衡白行省，開倉賑貸，全活者甚衆。地震城圮，夏人乘釁入侵，衡率蕃部土豪守禦應敵，得無虞。秩滿，縣人爲立生祠。

石嘉紐勒繟。興定三年，行平涼府元帥府事，上言：「鎮戎赤溝川東西四十里，地無險阻，當夏人來往之衝。明年當城鎮戎，彼必出兵來撓，乞徵旁郡兵，聲言防護，示進代之勢，以掣其肘。臣領平涼之衆，由鎮戎而入，攻其心腹。彼自救不暇，則鎮戎可城，彼亦不敢來犯。」又言：「鎮戎土壤肥沃，且平衍，臣裨將所統幾八千人，每以遷徙不常爲病。若授以荒田，使耕且戰，則可以禦備一方。」上嘉納焉。「石嘉紐勒繟」舊作「石盞女魯歡」，今改正。

愛申。正大間，爲德順節度使，行元帥府事。四年，元兵西來，德順無軍，人甚危之。愛申識鳳翔馬肩龍可與謀事，乃遺書招之。或勸肩龍勿往，肩龍曰：「愛申平生未嘗識我，一見許爲知己，雖明知德順不可守，我當爲知己死耳。」冒險而去。至不數日，爲元兵所圍。城中惟義兵鄉勇八九千人，愛申假肩龍鳳翔總管府判官，共守禦二十晝夜，力盡乃死。肩龍以劒自刎。

元

何榮祖。廣平人。平涼府言有南人二十餘輩叛歸江南，安西行省欲上聞，會榮祖來爲參政，止之曰：「何必上聞朝廷？此輩去者，皆人奴耳。今聞江南平，遁往求其家，移文招捕之可也。」已而逃者俱獲，果人奴也。治以本罪，而付其主。其明決多類此。

明

元善。洪武時，爲静寧州判官。以善政，超擢僉都御史。

陶琰〔九〕。絳州人。弘治中，爲固原兵備副使，練士卒，繕器械，廣芻粟。歷九年，部内晏如。

張守亨。潁州衛人〔一〇〕。正德間，知華亭縣。縣依山險，多盜，守亨設計擒其魁，盜遂息。每春秋巡行郊野，勸民耕作，月朔召耆民，訪問閭閻利病，次第興除。嘗大旱，步禱，應時即雨，歲以大稔。

于玭。東阿人。嘉靖間，同知静寧州事。歲祲請賑，臺省未許，乃私發倉，按籍賑貸，活數萬人。韓府宗室不法，聚衆毆擊通判，因之别室。玭至，以法曉譬，悚懼而解。大猾高良據清平、萬安二苑牧地，投獻慶府，横莫能制。玭單車入壘，誘良出見，縛之，論如法。郡守上其治行。

范立朝。臨川人。天啓中，知平涼府。韓王出所藏故敕，云有舊賜屯地凡數里，盡負郭腴壤，欲奏請。臺司已從，獨立朝不可。王召宴，從容微語，立朝即正色起曰：「某爲朝廷守土，身可死，不敢以寸壤許人。」事遂沮。

簡仁瑞。榮縣人。崇禎中，知平涼府。十六年，李自成陷潼關，諸王宗室皆謀出奔。仁瑞説韓王同死社稷，不聽。是夜，郡兵大譟，挾諸藩斬關而出，并脅仁瑞行。仁瑞曰：「吾去，誰與守？」集少年技勇，撤四關居民盡入城，以土石塞門，爲死守計。未幾，賊傳檄至，仁瑞盡出其橐，散給厮役。召所活冤囚數輩，謂曰：「吾義與此城存亡，但不可使先人無後。吾有一子，能爲我衛送出城乎？」皆泣應曰：「諾。」詰晨，賊騎薄城下，士民皆降，仁瑞衣冠，自經於堂上。

何相劉。乾州人。崇禎時，爲華亭訓導。寇至，教諭鄒某援曾子居武城之義，欲去，相劉止之曰：「吾等受命司鐸，是臣也。安可以賓師自待？」城陷，與教諭俱死。贈國子監學録。

陸夢龍。會稽人。崇禎七年，以右參政分守固原，援静寧州，所將止三百人。賊大至，圍之數重。夢龍大呼奮擊，手馘數人而死。

顔日愉。上虞人。崇禎時，爲静寧知州。玀賊亂，馳請固鎮五道兵會勦，而先率敢死士招撫之。夜至，賊弛備，遣精卒擣其營。賊潰，斬首數百級。至旦，五道兵繼至，復大破之。

本朝

郝全善。固原提標游擊。從奮威將軍王進寶討吴三桂，戰於永寧，被執不屈，絶食六日而死。

楊榮允。山西陽城人。順治四年，知華亭縣。性坦易，民訟立判，宿弊盡除。先是，民苦戍弁騷擾，榮允至，召諸弁，舉觴勸諭，自此弁不擾民。招集流亡，民漸安堵，愛之如父母。時叛弁所在刦掠，至華亭，約衆曰：「令廉能，毋相驚擾。」銜枚而過。舉卓異第一，遷主事。民立祠祀焉。

海柱。滿洲正藍旗人。知華亭縣。乾隆四十九年，逆回滋事，海柱登城，嚴守半月，賊不敢犯，城中安堵，民皆德之。卒，爲立祠祀焉。

佟希堯。遼東人。順治十年，知華亭縣。葺城署學宫，創修縣志。

甘珠頭。蒙古人。知華亭縣，除害安民。以瓦亭驛距城二百餘里，民有奔走供億之苦，請於大吏，併入固原，民咸利之。

人物

漢

梁統。烏氏人。性剛毅，好法律。更始二年，召補中郎將，使安集凉州。拜酒泉太守。赤眉入長安，統與竇融及諸郡守起兵保境，謀共立帥。初以位次咸推統，統辭，遂推融爲河西大將軍，以統爲武威太守〔一一〕。建武八年，光武自征隗囂，統與融等將兵會車駕。及囂敗，封統爲成義侯，同産兄巡、從弟騰並爲關内侯，悉遣還河西。十二年，統詣京師，以列侯奉朝請，拜太中大夫。在朝廷數陳便宜。後出爲九江太守，定封陵鄉侯。

梁松。統子。爲虎賁中郎將。博通經書，明習故事，與諸儒修明堂、辟雍、郊祀、封禪禮儀。光武崩，受遺詔輔政。永平元年，遷太僕。子扈，亦敦詩書，永初中，爲長樂少府。

梁竦。松弟。少習孟氏易。坐事徙九真，歷江、湖，濟沅、湘，感悼子胥、屈原，作悼騷賦。顯宗後，詔聽還本郡，閉門自養，以經籍爲娛。著書數篇，名曰七序。性好施，不事産業。建初中，爲竇氏所陷，死獄中。

梁商。竦子雍之子。襲父封乘氏侯。順帝選商女及妹入掖庭，陽嘉元年，女爲皇后，妹爲貴人，加位特進，拜執金吾。三年，爲大將軍。商自以戚屬居大位，每存謙讓，虚己進賢。辟漢陽巨覽、上黨陳龜爲掾屬，李固、周舉爲從事中郎，京師翕然，稱爲良輔，帝委重焉。檢御門族，未嘗以權盛干法。

皇甫規。朝那人。有兵略。羌衆攻燒隴西，規上疏求自效，不用。舉賢良方正，對策，梁冀忿其刺己，以規爲下第，拜郎中。託疾免歸，以詩、易教授門徒。後梁冀誅，公車徵拜太山太守。延熹四年，叛羌寇關中，舉規爲中郎將，持節監關西兵討零吾等，破之。諸羌慕規威信，降者十餘萬。明年，討隴右，東羌乞降，涼州復通。論功當封，中常侍徐璜等欲從求貨，規終不答。璜等陷以事，下吏，論輸左校。太學生張鳳等三百人詣闕訟之，會赦歸。徵拜度遼將軍。及黨事起，規自以西州豪傑恥不得與，乃自上言宜坐，朝廷不問，時人以爲賢。規在事數歲，北邊威服。永康初，徵爲尚書，遷弘農太守，再轉爲護羌校尉，卒。

皇甫嵩。規兄子。少有文武志介，好詩書，習弓馬。靈帝徵爲議郎，遷北地太守。會黄巾賊起，天下嚮應，京師震動。以嵩爲左中郎將，與右中郎將朱儁共討賊，連破之。旬日間，賊衆悉平。拜嵩爲左車騎將軍，領冀州牧，封槐里侯。初平元年，拜太尉。嵩爲人愛慎盡勤，前後上表陳諫五百餘事，皆手書毁草，不宣於外。折節下士，門無留客。子堅壽亦顯名，徵爲侍中，辭不拜。

晋

皇甫謐。嵩曾孫。年二十餘，始就學。居貧，躬自稼穡，帶經而農，遂博綜典籍百家之言。沈静寡欲，有高尚之志，以著述爲務，自號玄晏先生。武帝時，累徵不起。自表就帝借書，帝送一車書與之。所著詩、賦、誄、頌、論難甚多。又撰帝王世紀、年曆、高士、逸士、列女等傳，玄晏春秋，並重於世。

皇甫方回。謐子。少遵父操，兼有文才。永嘉初，博士徵，不起。避亂荆州，閉户閒居，未嘗入府城。尊賢愛物，南土人士咸崇敬之。刺史陶侃每造之，著素士服，望門輒下而進。王廙代侃，以方回侃所敬，收斬之。荆土華夷，莫不流涕。

皇甫重。朝那人。性沈果，有才用，爲司空張華所知。元康中，華版爲秦州刺史。時河間王顒鎮關中，其將李含與重有隙。重露檄上尚書，以顒信任李含，將爲亂，召集隴上士衆，以討含爲名。顒遣金城太守游楷等攻之。重堅守，城内知無外救，遂共殺重。

張軌。烏氏人。少明敏好學，有器望，與同郡皇甫謐善，隱於宜陽女几山。張華與軌論經義及政事損益，甚器之。累遷散騎常侍、征西軍司。軌以時方多難，永寧初，求出爲涼州刺史。威著西州，化行河右。時天下亂，所在使命，莫有至者。軌遣使貢獻，歲時不替，朝廷屢降璽書慰勞。建興二年，拜軌太尉、涼州牧、西平公，軌固辭。在州十三年，卒，謚曰武。

南北朝　魏

皇甫和。朝那人。年十一而孤，母夏侯氏，才明有禮則，親授以經。及長，深沈有雅量，尤明禮儀。卒於濟陰太守。弟亮，九歲喪父，哀毁若成人。仕齊，爲尚書殿中郎。

周

田弘。高平人。敢勇有謀略。周文統衆，弘求謁見，論時事，即處以爪牙之任。累功授原州刺史。平蜀後，詔弘討平信州，又討西平反羌及鳳州叛氐等〔一二〕，並大破之。每臨陣，摧鋒直前，身被百餘箭，破骨者九，馬被十矟，朝廷壯之。孝閔踐阼，進爵雁門郡公。後歷任大司空、少保、襄州總管。

蔡祐。高平人。性聰敏，有行檢。年十四，事母以孝聞。及長，有膂力。周文在原州，召爲帳下親信。及遷夏州，以祐爲都督。侯莫陳悦害賀拔岳，諸將迎周文，周文將赴之。夏州首望彌姐元進等陰有異計，周文召元進計事，祐持刀直入，叱元進斬之，並其黨伏誅，一坐皆戰慄。於是諸將同心誅悦。從禽竇泰，復弘農，戰沙苑，又從戰河橋，皆有功。累封懷寧郡公，拜司馬，以本官權鎮原州，卒。祐少與鄉人李穆布衣齊名。及從征伐，爲士卒先。軍還，諸將争功，祐終無所競。性節儉，所得禄秩皆散宗族，身死之日，家無餘財。

隋

皇甫績。朝那人。三歲而孤，爲外祖韋孝寬所鞠養。專精好學。初仕周，累遷御正下士。隋初，轉晉州刺史。將之官，言陳可滅狀，帝嘉之。陳平，拜蘇州刺史。高智慧作亂，與楊素合擊破之。旋拜信州總管。

梁睿。烏氏人。父禦，西魏太尉。睿少沈敏，有行檢。周閔帝時，拜大將軍，進爵蔣國公。從齊王憲拒齊將斛律明月於洛陽，每戰有功，遷小冢宰。高祖總百揆，代王謙爲益州總管。謙反，命睿爲行軍元帥討謙，擒斬之，劍南悉平。惟南寧酋爨震恃遠不賓，睿疏請略定。後遣史萬歲討平之，因睿之策也。高祖受禪，復上平陳策。時突厥方强，并陳鎮守十餘事，帝並善之。徵還京師，卒。

梁毗。烏氏人。性剛謇有學識。開皇初，拜治書侍御史，轉大興令。遷雍州贊務，直道而行，無所迴避。出爲西寧州刺史。徵爲大理卿，處法平允。左僕射楊素貴重擅權，毗恐爲國患，上封事，極言其罪。帝大怒，親詰之，毗發言謇謇，帝無以屈。素自是恩寵漸衰。煬帝即位，遷刑部尚書，奏劾宇文述私役部兵。帝議，免述罪，毗固争，因忤旨，憂憤而卒。

梁彦光。烏氏人。少有至性。父遇篤疾，醫云餌五石可愈，時求紫石英不得，彦光憂瘁，忽於園中見一物，怪而持歸，即紫石英也。仕周，累封華陽郡公，拜柱國。隋初，爲岐州刺史，奏課爲天下第一。轉相州，風俗大改。卒，謚曰襄。子文謙，宏雅有父風，遷鄱陽太守，徵拜户部侍郎。

田德懋。平凉長城人。周大司空弘之孫。父仁恭，隋初拜太子太師，爵觀國公。德懋少以孝友著名，丁父艱，哀毁骨立，廬於墓側，負土成墳。文帝聞而嘉之，璽書存問，賜縑二百匹，米百石，表其門閭。大業中，位尚書駕部郎。

皇甫誕。安定烏氏人。父璠，周隨州刺史。誕少剛毅，有氣局。開皇中，累遷治書侍御史，朝臣無不肅憚。後爲尚書左丞。漢王諒爲并州總管，上以誕公方拜總管司馬。煬帝即位，諒謀作亂，誕數次諫止，諒怒而囚之。及楊素將至，諒屯清源以拒之〔一三〕。主簿豆盧毓出誕於獄，協謀閉城拒諒。諒襲擊破之，並抗節遇害。詔贈柱國，封安義公，謚曰明。子無逸嗣，尋爲淯陽太守，甚有聲名。

宋

向寶。鎮戎軍人。爲涇原、秦鳳鈐轄。積勞，歷真定、鄜延副總管。累遷嘉州團練使。寶善騎射，年十四，與敵戰，斬首二級。及壯，以勇聞。有虎踞五原卑邪州，東西百里斷人迹，寶一矢殪之。道過潼關，巨盗郭邈山多載關中金帛子女，寶射走之，盡得其所掠。神宗稱其勇，比之薛仁貴。

曲珍。隴干人。世爲著姓，以材武雄邊。珍好馳馬試劍，從秦鳳都鈐轄劉温潤拒寇，有功洮西，遷内殿崇班。郭逵、趙卨南征，爲第一將，進自右江，撫接廣原三州十二縣，降僞守以下百六十人。功最諸將，擢鄜延鈐轄。元祐初，爲環慶路副總管，進忠州防禦使。珍善撫士卒，得其死力。雖不知書，而忠樸好義，本於天性。

郭成。德順中安堡人。從軍，得供奉官。朝廷築平夏城，置將戍之。章楶問可守者，諸將皆曰：「非郭成不可。」遂使往守。夏人空國入争，連營百里。成與折可適乘勝深入，俘其大酋。進雄州防禦使、涇原鈐轄。成輕財好施，名震西鄙。既歿，廉訪使者王孝竭白於朝。徽宗手書報曰：「郭成盡忠報國，有功於民，宜載祀典。」榜其廟曰仁勇。

郭滸。德順中安堡人。從軍，積官至武經郎，爲涇原第八副將。金兵至陝西，渭帥以下叛降，獨滸守義不從，被殺。建炎三年，贈忠州刺史。

郭浩。成之子。徽宗時，充渭州兵馬都監，擊敗夏人。建炎初，知原州。金兵取長安，郡人已降，浩至郡，所將止二百人。得金人不殺，縱之使還，曰：「爲語汝將，我郭浩也。欲戰即來決戰。」金兵遂引去。歷知涇州、秦州、鳳翔府。金兵抵和尚原下，浩與吴玠隨方捍禦，蜀以安全。累遷永興路經略安撫使。後拜檢校少保、樞密院都統制。屯金州，卒。謚恭毅。

劉錡。德順軍人。瀘州節度仲武第九子。性慷慨深毅，美儀狀，善射。高宗初，爲隴右都護，與夏人戰，屢勝。紹興十年，充東京副留守。將駐汴，金兵圍順昌，錡邀擊，大敗之。又以計令金人終夜自戰，積屍盈野。後烏珠自來，錡又大破之，死者萬數。累加太尉，爲江淮浙西制置使。卒，謚武穆。「烏珠」舊作「兀术」，今改。

吴玠。德順軍隴干人，從永洛城。少沈毅有志節，知兵善騎射。建炎初，以戰功累遷涇原路副總管，從秦鳳。張浚合五路兵與金人戰，大潰。玠收散卒，保和尚原。烏珠合諸道兵十餘萬來攻，玠大敗之。四年，敵復大入，攻仙人關，玠又敗之，金兵自是不敢動。累遷四川宣撫使。卒，贈少師，謚武安。玠善讀史，凡往事可師者，録置左右。用兵本孫、吴，務遠略，不求近利，故能保必勝。御下嚴而有恩，故士樂爲之死。金人一意睨蜀，玠身當其衝，西人至今思之。淳熙中，追封涪王。

吴璘。玠弟。從玠攻戰，積功至閤門宣贊舍人。紹興元年，遷統制和尚原軍馬。烏珠大入，與兄玠以死守之。金兵十萬至仙人關下，璘血戰連日，金兵大敗，自是不敢窺蜀。累遷秦鳳路經略安撫使，歷知熙、秦二州，節制陝西軍馬，安撫利州路、四川宣撫使。孝宗時，拜太傅，封新安郡王〔一四〕。卒，追封信王。子挺，累從征伐，有父風，官至西路安撫使〔一五〕，加太尉。卒，贈少師。

曲端。鎮戎人。父涣，任左班殿直，戰死。端警敏知書，善屬文，長於兵略。歷涇原路將。夏人入寇，力戰敗之。金兵攻陝西，端治兵涇原，招流民潰卒，道不拾遺。張浚宣撫川陝，承制拜端宣州觀察使，知渭州。後浚畏端難制，下恭州獄死，士大夫惜之。

明

陳敏。華亭人。宣德時，爲茂州知州，遭喪去官，諸長官司及番民請留任。正統中，進成都府同知，視茂州事。尋加右參議。景泰初，進右參政，仍視州事。在州二十餘年，威信大行。

衛青。華亭人。有孝行。洪武中，起軍伍，爲薊州衛百户，從燕兵，積功至濟南衛指揮使，改山東備倭。永樂十八年，蒲臺妖婦唐賽兒反，攻安丘。青馳救，大敗其衆，賊遂滅。進山東都指揮使。英宗立，進都督僉事。次子潁，正統初襲濟南衛指揮使。土木變作，奉詔入衛。累進都督同知。天順元年，以奪門功封宣城伯，予世券。尋充總兵官，鎮甘肅。卒，贈侯。玄孫時春，崇禎時掌後府事。京師陷，闔門十七人皆赴井死。

楊諶。華亭人。有謀略，善騎射。永樂間，舉於鄉。正統間，爲工部郎中。寧德等縣礦賊反，官軍失利。英宗命諶討之。諶宣布恩意，招徠王孟等千一百四十九户。渠帥崇悦不肯降，諶率衆直抵其寨，悉擒之，俘獲婦女財貨不可勝計，令曰：「敢私者斬。」散遣婦女，餘悉籍奏。詔嘉之。遷本部侍郎。

王續宗。静寧州人。善騎射，授羅山縣主簿。正德七年，流賊大至，攻之不能下。都御史彭澤檄將民兵數千會勦，連戰皆捷。復與信陽衛指揮沈鏜合兵追賊，至牢山，鏜先遁，賊衆乘之。續宗率十餘騎格鬭，殺數十人，復挺身深入，血戰不支。賊誘之降，叱曰：「吾奉命勦賊，肯從狗彘同生耶？」遂被殺。事聞，贈羅山知縣，建祠祀之，官其子。

趙時春。平涼人。性慷慨，善騎射。嘉靖五年，會試第一，選庶吉士。歷兵部主事。時都御史汪鋐進甘露，副都御史徐讚等進瑞麥，時春疏劾其罔上要君。復陳當今之務，最大者四，最急者三。帝怒，下獄除名。後復起編修，兼司經局校書。與羅洪先等請東宫受朝賀，復黜爲民。尋以知兵起兵部主事，贊理京營務，統民兵訓練。累擢僉都御史，巡撫山西。

本朝

慕天顔。静寧州人。順治進士。知錢塘縣，歷興化府知府、興泉道，遷江蘇布政使。條陳八事，多切時政。康熙十五年，擢江蘇巡撫，大興水利，請免荒田賦額二百餘萬，皆議行。坐事去官。後起湖北巡撫，遷漕運總督。康熙四十七年，入祀賢良祠。

馬從龍。固原州人。性孝友，以禮讓化鄉黨。官工部屯田司主事。康熙年間，入祀鄉賢祠。

陳𦾔。固原州人。十世同居。乾隆五十四年旌。聖製詩章褒寵，並賜「聚順延祺」扁額。又同州孝子姬漢文、耆民海伏棠五世同堂，並嘉慶年間旌。

汝謐。平涼縣人。嘉慶三年以孝旌。

流寓

明

河西傭。不知何許人。聞燕兵入京，走至金城，行乞市中。邊地極寒，身常衣葛。明年，過河西，依莊浪豪魯家爲傭。力作倦時，自吟哦。或夜聞其哭泣聲。永樂中，有留都官至，識傭，欲與語。傭走避南山中，留都官去，乃還。在莊浪數年，病死。

列女

漢

皇甫規妻。安定人，不知何氏女。善屬文，能草書，時爲規答書記。規卒，董卓欲聘之。妻詣卓門自陳，辭甚酸愴。卓使侍者拔刀圍之，妻知不免，罵曰：「君羌胡之種，毒害天下，猶未足耶？妾之先人，清德奕世。皇甫氏文武上才，爲漢忠臣。君其趨使走吏，敢欲行非禮於爾君夫人耶？」卓乃引車庭中，以其頭懸軛，鞭扑交下。妻謂持杖者曰：「速盡爲惠。」遂死車下。後人圖其像，號曰「禮宗」。

明

甘忠妾彭氏。平涼衛人。忠爲指揮僉事。正統八年，忠死，氏哀戚不絶，自縊於室。事聞，旌表。

趙廷璧妻彭氏。平涼人。年二十三，夫亡，子雲漢稍長，亦客死。氏撫幼孫守敗屋，年八十餘，飢餓而死。

梁思聰妻張氏。平涼人。氏年二十一，夫亡，家極貧，二子俱幼，女紅自給，苦節五十年。萬曆中旌表。

張化龍妻謝氏。平涼人。夫痼疾，氏侍湯餌惟謹。夫死三日，自縊於柩前。又同邑朱朗釿妻孫氏，夫亡，遺子託翁姑，七日不食。未死，以刀自刭。

朱復初妻張氏。平涼人。夫亡守節，撫子景𣵀。李自成陷平涼，氏恐見逼，投井死，子亦從死。

楊氏女。平涼人，字孝姊。崇禎末，避賊匿薔薇叢中，以泥塗面。賊搜得，脅之行。大罵不從，遂被殺。

薛銓妻閻氏。華亭人。夫亡守節，撫孤成立。又同縣柴安慶妻李氏、辛永康妻劉氏，俱孤貧守節死。

張經妻劉氏。華亭人。正德十年，寇至，被掠，氏及女春姐咸罵賊死。

馬選魁妻陳氏。華亭人。崇禎七年，夫以縣令入京謁選。氏聞賊警，攜幼子與侍兒匿山中。賊索急，氏知不免，乃以子付侍兒，藏短刃出，紿賊：「若欲吾從，幸勿傷吾子。」賊許之，縱侍兒去。氏從至蕭氏莊，度侍兒去遠，即瞋目大駡，持刀自刭死。又同縣紀言妻李氏，寇入其家，欲污之，李紿賊稍近，以刀刺殺之。俄數賊入，殺氏，碎其屍。石起鳳妻趙氏，流賊陷城，恐受辱，自縊死。

王氏女。華亭人。甫笄，寇陷城，執之，女大駡不絶。賊怒加箠楚，駡益厲，以首觸石，尋見殺。同時有潘氏女，亦投井死。

馮宣妻趙氏。固原人。夫亡守節。又同州趙欽妻葉氏、周繼妻張氏、徐效妻張氏，均夫亡守節。

彭珏妻楊氏。固原衛人。夫亡守節。又同衛黄淮妻夏氏、粱輔妻王氏、陳琮妻郭氏、翟元妻白氏，俱夫亡守節。

李子友妻温氏。固原人。子友卒，氏以死殉。天啓中，旌表。又同州景可樂妻李氏，夫亡，以哀毁死。單養棟妾趙氏、韓杞聘妻徐氏，俱夫亡殉節。

馬應麟妻婁氏。静寧人。夫亡守節，撫孤成立。同州周塘妻沐氏、張埞妻陳氏、方向妻唐氏，俱夫亡守節。

曹氏女。静寧人，曹福女。許字王守正，未嫁而夫死，懼再婚，不食死。

司恩妻陳氏。静寧人。事翁姑以孝聞。恩父正繫獄，氏負米詣府，採薪拾菜以養，三年無缺。獄具，將決，氏訴於大府，願以身代，哀號懇至，得從減釋歸。正謂人曰：「吾三子不如一婦能生我。老無以報，但祝天願多生子孫，如其孝。」後氏果舉五子，皆以孝稱。又同州吴應正妻党氏，爲女時，父病目，氏割股以進，父目果愈。人以爲至孝所感云。

李淳妻王氏。静寧人。崇禎七年，寇亂被執。氏憤駡不從，睨其旁有井，即奮身躍入。賊怒，曳出，支解之。又同州邵騰鳳妻霍氏，亦被掠，以頭觸石死。何自新妻仇氏，賊至自縊。賈德友妻陳氏，寇掠，駡賊，剖腹死。

齊廷珪妻張氏。隆德人。夫亡，氏年十九，一子在襁褓中，撫孤成立，守節終身。又同縣楊文奎妾劉氏、齊恩妾張氏、剡英妻王氏、劉鉞妻靳氏、劉棟妻辛氏、趙應科妻范氏、董三秦妻于氏、許登海妻張氏、閻榮妻董氏、雍學易妻孫氏、王信妻董氏，俱夫亡守節。

李思芳妻董氏。隆德人。夫亡，不食死。又同縣李成粱妻閻氏、閻汝化妻王氏，俱夫亡哀毁死。

杜老女。隆德人，杜曰山女。曰山老無子，家甚貧。同縣民粱宰求聘爲妻，父將許之。女曰：「女去，父母何依？」遂自誓不嫁。拮据，力作以養父母。父卒，營葬畢，復竭力養母。越十八年，母卒，既葬，女遂曰：「吾已許父母不嫁矣，今復嫁，是渝言也。且父母墳墓何託乎?」遂不嫁,煢苦自守。年七十餘,卒。鄉人感其孝,呼曰杜老女。

王歴妻董氏。隆德人。崇禎七年,寇陷城。氏率二女赴池溺死。三日,屍浮出,顔色如生。又同縣段氏女,字同里李氏。崇禎八年,爲賊所執。逼之,囓其左臂,女力拒,賊殺之,時年十六。又雍氏女,亦被賊執。不從,見殺。又方大儒妻雍氏,夫亡守節,賊至自縊。張士俊妻齊氏,從夫,攜三子赴井死。

杜汝楫妻朱氏。莊浪人。夫亡守節,撫孤成立。又同縣楊文英妻岳氏、蒙冠妻蔣氏,俱夫亡,撫孤守節。

杜繼美妻崔氏。莊浪人。崇禎末,寇入其莊舍,欲犯之。氏抗駡不屈,遂遇害。又同縣王篤妻,失姓氏,賊欲污之,氏假事誑賊,投崖死。

本朝

紀成妻閻氏。平涼人。甫嫁,爲賊所逼,投崖挂樹枝。賊退,家人援之,三日復甦。年二十一,夫殁,遺腹生子,撫孤,守節終身。又同縣祁化普妻崔氏,夫亡守節。

文理妻王氏。固原人。理以守備從征巴里坤,病卒,氏俟喪歸,自縊以殉。又同州楊嘉玥妻柳氏、黎天禄妻吴氏,俱殉夫死。又吴承恩妻韓氏,姑病,刲股和藥以進。

劉琯妻夏氏。静寧人。夫亡無子,氏年二十六,歸母家守節。會父兄繼逝,養母撫姪,終身無二志。

王傅妻王氏。静寧人。與同州常能妻張氏,俱避賊自縊死。又張標妻楊氏,自刭死。

張爾紳妻齊氏。隆德人。又同縣杜偉妻程氏、莊浪楊盛業妻李氏,俱夫亡,撫孤守節。

姚永福聘妻何氏。平涼人。爲强暴所逼,力拒見殺。康熙年間旌。

王宏綱妻柴氏。固原人。夫亡，孝養翁姑，撫孤成立。又同州趙國凝妻尚氏，節孝撫孤，至九十三歲。俱康熙年間旌。

王應亨妻沈氏。平涼人。應亨遠出，有郭鍾者，排入其室，戲誘之。氏正色叱出，遂羞忿自縊。雍正年間旌。

馬志啓妻李氏。固原人。夫亡守節。又同州陳段氏，守正被戕，俱雍正年間旌。

剎恭默妻楊氏。平涼人。夫亡守節。又同縣節婦趙仕捷妻謝氏、陳志妻王氏、連泰拔妻王氏、孫彩妻劉氏、孫光耀妻王氏、趙克家妻梁氏、張文輝妻梁氏、戴君禄妻崔氏、牛任治妻王氏、段允琮妻劉氏、王致和妻姜氏、任守煥妻辛氏、張映蘭妻鄭氏、常際時妻周氏、張大智妻王氏、王欽妻丁氏、安文德妻文氏、郭雍之妻石氏、張麟妻王氏、陳起雲妻杜氏、張懿訓妻王氏、趙光顯妻温氏、王昌運妻汪氏、梁雲章妻趙氏、徐鵬妻潘氏、施宗明妻王氏、黄三錫妻王氏、劉振軺妻陳氏、李懷仁妻王氏、文開泰妻韓氏、梁重妻李氏、白志道妻石氏、白宗道妻劉氏、鄭玉妻朱氏、王永妻賈氏、陶彩妻楊氏、賈得謙妻楊氏、王宗順妻官氏、張大文妻年氏、蔣質妻任氏、王得鎰妻趙氏、王崇禮妻趙氏，俱乾隆年間旌。

曹務妻俞氏。華亭人。夫亡守節。又同縣節婦陳忠樓妻韓氏、賈體乾妻許氏、范世璿妻梁氏、尚國光妻張氏、頓成賢妻李氏、任秉吉妻俞氏、吴應瑞妻王氏、張進財妻賀氏、李大義妻劉氏、金滿篇妻項氏，烈婦張得朝妻董氏，俱乾隆年間旌。

蔡瑄妻馬氏。固原人。夫亡守節。又同州節婦胡啓望妻耿氏、韓思玉妻薛氏、張援妻何氏、張爾鶴妻董氏、汪獻瑞妻梅氏、趙元妻馬氏、陸瑊妻劉氏、王運達妻張氏、謝啓妻孫氏、趙瑾妻陳氏、段繡文妻夏氏、朱禄妻柳氏、石功海妻袁氏、丁洪妻趙氏、潘吉妻陳氏、雷兆詳妻常氏，俱乾隆年間旌。

張禄妻王氏。静寧人。夫亡守節。又同州節婦張翁妻高氏、張時清妻劉氏、李之杏妻蘇氏、馬載玉妻吴氏、穆克明妻安氏、李天遴妻李氏、劉文瑞妻馬氏、王鉅妻馬氏、朱玥妻高氏、梁萬善妻楊氏、穆國弼妻魏氏、米萬載妻陳氏、高正倫妻張氏、周存信妻曹氏、馬剛妻張氏，烈婦李玉妻張氏，以身殉夫。孫五十娃妻韓氏、朱典媳岳氏，守正捐軀，俱乾隆年間旌。

韓利妻李氏。隆德人。夫亡守節。又同縣節婦董緯妻齊氏、王永和妻董氏、李趾秩妻吕氏、趙守良妻卜氏、李敦佑妻范氏，又莊浪部維新妻郭氏、柳峻生妻程氏、李只範妻田氏，俱乾隆年間旌。

葉芳妻孫氏。平涼人。夫亡守節。又同縣節婦戴汝明妻周氏、韓振申妻董氏、朱純學妻張氏、周得麟妻黄氏、王寶書妻秦氏、王勵成妻趙氏、張魁妻王氏，又孝女王素貞、烈婦李三恕妻楊氏，俱嘉慶年間旌。

張可雨妻楊氏。固原人。夫亡守節。同州節婦李澄妻郭氏、劉愷妻田氏、常福綏妻祁氏、李起鶴妻賈氏、韓高氏、鄭斑妻張氏，又烈婦孫玉妻黄氏，聞夫陣亡，自刎死。俱嘉慶年間旌。

戴信妻穆氏。静寧人。夫亡守節。同州節婦張泉妻楊氏、高爾爵妻文氏、楊維業妻裴氏、馬倫妻崔氏、閻自銘妻劉氏、吴執勇妻方氏、李懷妻何氏、何振才妻姚氏、魏聖教妻張氏、陳天位妻宋氏、萬登殿妻張氏、靳國珍妻張氏、米宗樂妻姚氏、張存禮妻馬氏、張彩妻閻氏、張廷蘭妻王氏、翟昶年妻姚氏、朱生瑞妻韓氏、杜文魁妻高氏、馮則聖妻石氏、高爾勤妻文氏、江化南妻張氏、馬渭生妻王氏、張昇妻孫氏、景居純妻王氏、周希聖妻江氏、馬師伯妻穆氏，俱嘉慶年間旌。

解國昌妻周氏。隆德人。夫亡守節。又同縣節婦杜存性妻魏氏，俱嘉慶年間旌。

土產

絹。平涼出。九域志：渭州貢。

鸚鵡。平涼產。寰宇記：渭州產。

黑瓷器。明統志：平涼、華亭二縣出。

桃花魚。平凉、華亭二縣出。形似魴而圓，味肥美。

藥。各州縣俱出。寰宇記：渭州産麝香。九域志：渭州貢肉蓯蓉。原州德順軍貢甘草。明統志：華亭縣出天南星。静寧州出款冬花、苦參。按：唐書地理志渭州平凉縣有銀、有銅、有鐵。九域志華亭縣有銅場、鐵場，又有鹽場、茶場。今州縣不聞出銀，餘亦廢。

校勘記

〔一〕與秦翰破章埋族於武延川　「川」，原作「州」，乾隆志卷二〇二平涼府名宦（下同卷簡稱乾隆志）同，據宋史卷二五八曹瑋傳改。

〔二〕招討使令滋給賜降卒及遷補降吏　「降吏」，乾隆志及宋史卷胡二四趙滋傳作「將吏」。

〔三〕立按正其罪　「立」，原作「二」，據乾隆志及宋史卷三四四孫覽傳改。

〔四〕又括隴山田得數萬頃　乾隆志同，宋史卷三四九劉昌祚傳「田」上有「閑」字，無「數」字。

〔五〕普州安岳人　「州」，原作「川」，乾隆志同，據宋史卷四五二忠義傳及雍正甘肅通志卷三一名宦改。

〔六〕虜馘三千餘　「千」，原作「十」，據乾隆志及宋史卷三二八章楶傳改。

〔七〕姚平仲以精甲衷擊之　「衷」，原作「哀」，據乾隆志及宋史卷三三五种師道傳改。

〔八〕諭以禮義　「禮」，乾隆志及金史卷一〇五任天寵傳作「理」。

〔九〕陶琰　「琰」，原作「炎」，據乾隆志及明史卷二〇一陶琰傳改。按，本志避清仁宗諱改字。

〔一〇〕潁州衛人　「州」，原作「川」，據乾隆志及雍正甘肅通志卷三一名宦改。

〔一一〕以統爲武威太守　「武威」，原作「威武」，乾隆志同，據後漢書卷三四梁統傳乙。

〔一二〕又討西平反羌及鳳州叛氐等　「平」，原脱，乾隆志同，據周書卷二七田弘傳及北史卷六五田弘傳補。

〔一三〕諒屯清源以拒之　「清源」，原作「清涼」，乾隆志作「清遠」，皆誤，據隋書卷七一皇甫誕傳改。

〔一四〕封新安郡王　「新」下原有「樂」字，乾隆志同，且「樂」下並有「縣」字，均誤，據宋史卷三六六吴璘傳删。

〔一五〕官至西路安撫使　乾隆志作「官至知興州利州西路安撫使」，與宋史吴璘傳合，此志節略失當。

慶陽府圖

陝西定邊縣界
陝西保安縣界
興隆山
太白山
白豹川
黑水河
白於山
平戎川
黑水河
慶陽府
安化
北岔水
華池水
洛水
合水
建水
子午山
延鵰川
馬蓮河
小延川
天延川
羅山
平子鎮
寧
正寧
羅水
政平鎮
撫琴山
陝西宜君縣界
陝西邠州界

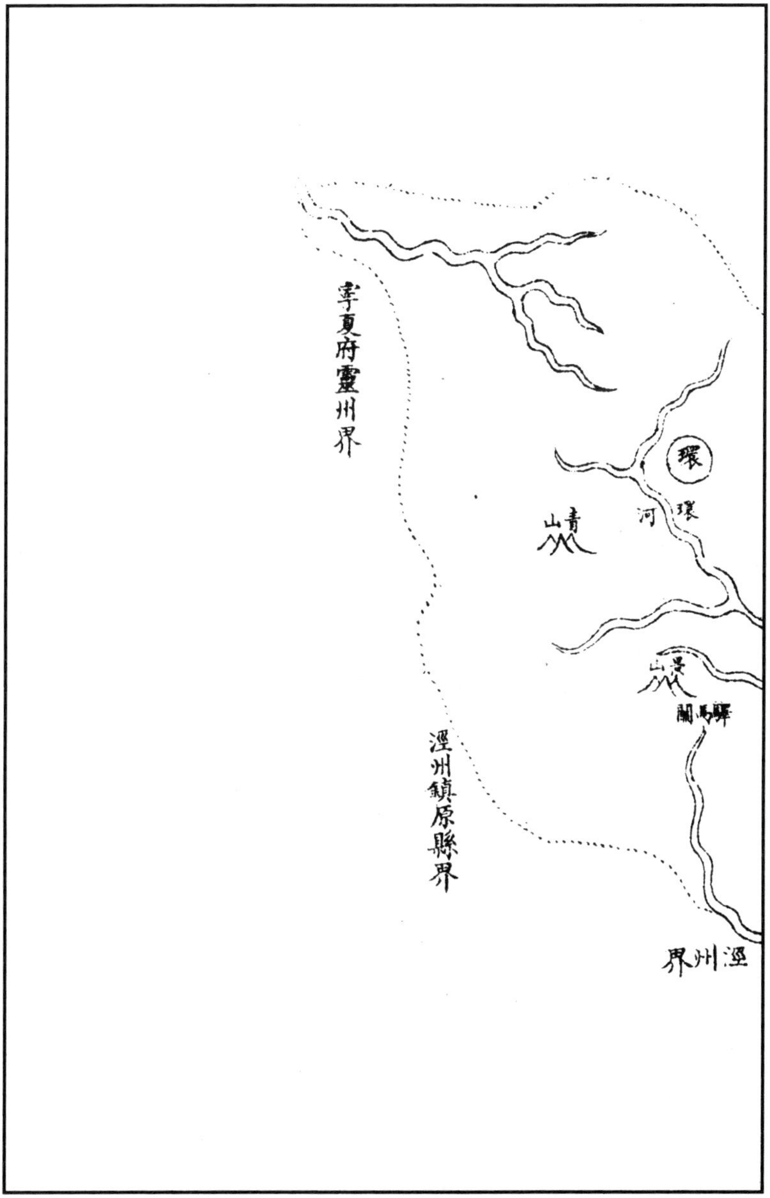
寧夏府靈州界
環
環河
青山
馹馬關
涇州鎮原縣界
涇州界

慶陽府表

	慶陽府	安化縣
秦	北地郡地。	
兩漢		郁郅縣屬北地郡。後漢廢。
三國		
晉		
南北朝	西魏置朔州，周廢。	
隋	弘化郡開皇十六年置慶州，大業初改郡。	合水縣開皇十六年置，郡治。
唐	慶州順化郡復置州，改郡名，屬關內道。	順化縣武德六年移置弘化縣，與合水同爲州治，改合水曰合川。貞觀初省合川縣入。神龍初更名安化。至德初又改名。
五代	慶州	順化縣
宋	慶陽府初曰慶州安化郡，爲環慶路治。政和七年升慶陽軍節度。宣和七年改府。金兼置慶原路。	安化縣乾德二年更名，後爲府治。
元	慶陽府屬鞏昌路。	至元七年省入府。
明	慶陽府屬陝西布政司。	安化縣復置，府治。

歸德縣屬北地郡。後漢末廢。
魏復置歸德縣。西魏置恒州。周廢。
弘化縣開皇十八年置弘州。大業初廢，屬弘化郡。 弘德縣大業初置，屬弘化郡。 三泉縣義寧二年分置。 歸德縣屬弘化郡，後廢。
廢。 同川縣武德初改名，屬慶州。 延慶縣武德六年置白馬縣，天寶初更名。
同川縣 周顯德三年廢。
乾德二年省。

續表

合水縣	
	西北地郡 彭陽縣 魏移置縣及郡。
	洛源縣 大業初置，屬弘化郡，後廢。 彭原縣 開皇初廢郡。十八年更名，屬北地郡。
合水縣 武德六年置蟠交縣，屬慶州。天寶初更名。	洛源縣 貞觀二年復置，移北永州來治。八年廢，屬慶州。 懷安縣 開元中置，屬慶州。 彭原縣 武德元年置彭州。貞觀初廢，屬寧州。
周省。	廢。 廢。 彭原縣
合水縣 復置，屬慶陽府。	彭原縣 熙寧三年屬慶州。
合水縣	至元七年省。
合水縣	

	環縣
	北地郡
略畔道 屬北地郡。後漢省。	後漢徙廢。 馬嶺縣 郡治。後漢廢。
魏 襄樂地。西魏置蔚州。周廢，改置北地郡。	
樂蟠縣 廢郡。義寧初置縣，屬弘化郡。 華池縣 仁壽初置，屬弘化郡，後廢。	馬嶺縣 大業初復置，屬弘化郡。
樂蟠縣 屬慶州。 華池縣 武德四年置林州。貞觀初廢，屬慶州。	方渠縣 景龍初置，屬慶州，後廢。 馬嶺縣 屬慶州。
樂蟠縣 華池縣	通遠軍 晉天福四年置威州，周曰環州。顯德四年廢爲軍。 通遠縣 晉置，州治。廢。
熙寧四年省。 熙寧四年省。	環州 淳化五年復升，屬環慶路。金屬慶原路。 通遠縣
	環州 屬鞏昌路。 省入州。
	降縣。 環縣 屬慶陽府。

續表

續表

正寧縣	寧州
	北地郡地。
泥陽縣地。	泥陽縣屬北地郡。後漢末徙廢。
陽周縣魏置，屬趙興郡。西魏置顯州，周廢。	豳州趙興郡魏太平真君二年置郡。皇興二年置華州。延興二年爲三縣鎮。太和十一年改班州。十四年改邠州。二十年曰豳州。西魏改寧州。
羅川縣開皇中更名，屬北地郡。	北地郡初廢郡。大業初改。
真寧縣天寶中更名。	寧州彭原郡復置州，屬關内道。
真寧縣	寧州
真寧縣	寧州彭原郡屬永興軍路。宣和初置興寧軍節度，屬環慶路。金皇統二年罷軍，屬慶原路。
真寧縣	寧州屬鞏昌路。
真寧縣萬曆中屬慶陽府。	寧州屬慶陽府。

續表

義渠道屬北地郡。後漢廢。	大夏縣屬北地郡。後漢廢。			
定安縣魏真君二年置，州郡治。		襄樂郡	襄樂縣魏太和十一年移置縣及郡。西魏置燕州。周郡州俱廢。	獨樂縣魏移置，屬趙興郡，後廢。
定安縣			襄樂縣屬北地郡。	
定安縣州治。	定平縣武德二年置縣，後置衍州。		襄樂縣屬寧州。	
定安縣	定平縣周廢州，屬邠州。尋屬寧州。		襄樂縣	
定安縣金大定七年更名安定。	定平縣初屬邠州。熙寧五年屬寧州。政和中仍屬邠州。金屬寧州。		襄樂縣	
至元七年省入州。	至元七年省入州。		至元七年省入州。	

大清一統志卷二百六十一

慶陽府一

在甘肅省治東一千一百八十里。東西距三百一十里，南北距四百二十里。東至陝西延安府甘泉縣界一百八十里，西至涇州鎮原縣界一百三十里，南至陝西邠州界二百二十里，北至陝西延安府定邊縣界二百里。東南至陝西邠州三水縣界二百九十里，西南至涇州治二百二十里，東北至陝西延安府保安縣界二百五十里，西北至寧夏府靈州花馬池所界三百八十里。自府治至京師，由吳堡二千五百里，由大慶關路三千七十里。

分野

天文東井、輿鬼分野，鶉首之次。

建置沿革

禹貢雍州之域。春秋、戰國義渠戎地。秦置北地郡，漢因之。郡治在府境北。後漢以後廢。西魏大統十一年，置朔州。後周保定元年州廢。隋開皇十六年，復置慶州。大業初，改州曰弘化郡。唐武德元年，復曰慶州。六年，置總管府。七年，改都督府。舊唐書地理志：貞觀元年罷府，四年復置，五年又罷。開元四年復置。天寶初，改爲安化郡。至德元載，改順化郡。乾元初，復曰慶州，屬關内道。五代因之。文獻通考：慶州李茂貞建定安軍節度，梁爲武静軍。九域志：唐定安軍節度，後唐降軍事。宋曰慶州安化郡，屬陝西路。慶曆元年，分置環慶路。政和七年，升慶陽軍節度。宣和七年，改慶陽府。金亦曰慶陽府。金史地理志：初改安國軍，後置安定軍節度。皇統二年，置慶原路總管府。元降爲散府，屬鞏昌路。明曰慶陽府，屬陝西布政使司。本朝屬甘肅省，領州一、縣四。

安化縣。附郭。東西距一百六十里，南北距九十里。東至合水縣界三十里，西至涇州鎮原縣界一百三十里，南至合水縣界二十里，北至環縣界七十里。東南至合水縣治六十里，西南至涇州治二百二十里，東北至陝西延安府保安縣界一百三十里，西北至環縣界五十里。漢置郁郅縣，屬北地郡。後漢廢。隋開皇十六年，置合水縣，爲慶州治。大業初，爲弘化郡治。唐武德六年，徙置弘化縣，又改合水縣曰合川，同爲州治。貞觀元年，併合川縣入弘化。神龍元年，改弘化曰安化。至德元載，又改曰順化。五代因之。宋乾德二年，復曰安化，仍爲慶州治，後爲慶陽府治。金因之。元至元七年，省縣入府。明復置，仍爲府治。本朝因之。

合水縣。在府東七十里。東西距一百七十里，南北距一百五十里。東至陝西鄜州界一百二十里，西至安化縣界五十里，南至寧州界五十里，北至陝西延安府保安縣界一百里。東南至陝西鄜州中部縣治三百里，西南至寧州治一百四十里，東北至陝西延安府甘泉縣治二百五十里，西北至環縣治二百五十里。漢置略畔道，屬北地郡。後漢廢。後魏爲襄樂縣地。西魏僑置蔚州。後周廢州，置北地郡。隋開皇初，郡廢。義寧元年，分合水縣置樂蟠縣，屬弘化郡。唐武德六年，又分置蟠交縣。天寶元年，改蟠交曰合水縣，皆屬慶州。五代周省合水縣入樂蟠。宋熙寧四年，省樂蟠縣，復置合水縣，屬慶陽府。金、元、明皆仍舊。本朝因之。

環縣。在府西北一百八十里。東西距二百三十里，南北距三百里。東至陝西延安府保安縣界一百三十里，西至平涼府固原州界二百里，南至安化縣界九十里，北至寧夏府靈州花馬池所界二百十里。東南至安化縣界八十里，西南至涇州鎮原縣界二百里，東北至陝西延安府定邊縣界一百二十里，西北至固原州界八十五里。秦置北地郡。漢置馬嶺縣，爲郡治，兼領方渠縣。後漢廢。隋大業元年，復置馬嶺縣，屬弘化郡。唐屬慶州。景龍元年，分置方渠縣，亦屬慶州。五代時，縣廢爲鎮，屬靈州。晉天福四年，於方渠鎮置威州，又置通遠縣爲州治。周廣順二年，改曰環州，隸環慶路。顯德四年，降通遠軍。宋淳化五年，復爲環州。金屬慶原路。元省通遠縣入州，屬鞏昌路。明降州爲縣，屬慶陽府。本朝因之。

正寧縣。在府東南二百四十里。東西距一百三十里，南北距三十五里。東至陝西鄜州宜君縣界一百十里，西至寧州界二十里，南至陝西邠州三水縣界五里，北至寧州界三十里。東南至三水縣界二十里，西南至邠州治八十里，東北至鄜州中部縣界七十里，西北至寧州界四十里。漢北地郡泥陽縣地。後魏置陽周縣，屬趙興郡。西魏於縣置顯州。後周州廢。隋開皇中，改縣曰羅川，屬北地郡。唐屬寧州。天寶初改曰真寧。五代、宋、金、元因之。明萬曆間改屬慶陽府。本朝乾隆年間改曰正寧。

寧州。在府南一百五十里。東西距二百一十里，南北距一百三十里。東至陝西鄜州中部縣界一百五十里，西至涇州界六十里，南至陝西邠州界七十里，北至合水縣界六十里。東南至正寧縣界五十里，西南至邠州長武縣治九十里，東北至鄜州治二百七十里，西北至涇州鎮原縣治一百八十里。春秋、戰國義渠戎地。秦爲北地郡地。漢置泥陽縣，屬北地郡。後漢因之，漢末廢。後魏太平真君二年，置定安縣，兼置趙興郡。皇興二年，置華州。延興二年，爲三縣鎮。太和十一年，改曰班州。十四年，改曰邠州。二十年，又曰豳州。西魏廢帝二年，改曰寧州。隋開皇初，郡廢。大業初，復曰豳州。尋改州爲北地郡。唐武德初，復曰寧州。貞觀元年，置都督府。四年，府罷。天寶初，改曰彭原郡。乾元初，復曰寧州，屬關内道。五代因之。宋曰寧州彭原郡，屬永興軍路。宣和元年，置興寧軍節度，屬環慶路。金曰寧州。皇統二年罷軍，屬慶原路。大定七年，改縣曰安定。元仍曰寧州。至元七年，省州治安定縣入州，屬鞏昌路。明初改屬慶陽府，本朝因之。

形勢

襟帶兩川，拱揖羣峯。北控羌胡，南藩關陝。府志。原阜錯列，溝澗輻輳。山川險固，爲關輔保障。明文在中觀字篇賦。

風俗

好稼穡，務本業，有先王遺風。舊慶州志。民淳而不争，士慤而有文。宋章楶安化樓記。好勇尚武。安化縣官署記。

城池

慶陽府城。周七里十三步，因原阜之勢而成。其形似鳳，謂之鳳凰城。門四，四面有濠。明成化初增築南關甕城，周三里。本朝順治十五年修，乾隆三十三年重修。安化縣附郭。

合水縣城。周三里一百八十步。門二，濠廣三丈三尺。宋熙寧中築。明末燬。本朝順治十四年修，雍正年間添建城樓。

乾隆三十三年重修，嘉慶三年補修。

環縣城。周五里三百五十步，門三，濠深二丈。元末築。本朝乾隆二十五年修。

正寧縣城。周二里二十六步，門三，濠深一丈五尺。元至正中，因舊址重築。本朝乾隆三十三年修。

寧州城。周三里四十步，南關城周二里，門四，阻河爲池。五代梁龍德初築，明崇禎末燬。本朝順治五年修，乾隆三十二年重修。

學校

慶陽府學。在府治東南。明洪武初建。本朝康熙四十二年修。入學額數二十名。

安化縣學。在府學南。明洪武七年建。本朝順治以來累修。入學額數十五名。

合水縣學。在縣治東。元至元中建。本朝順治十四年重建。入學額數八名。

環縣學。在縣治南。明洪武初建。入學額數八名。

正寧縣學。在縣治東。元至正初建。本朝順治十六年修。入學額數十二名。

寧州學。在州治東。明洪武二年建。本朝順治年間修。入學額數十二名。

鳳城書院。在安化縣城内。本朝乾隆二十六年建。

羅川書院。在正寧縣。本朝乾隆五年建。

户口

原額民丁共一萬八百十九，屯丁共七千四百四十六，今滋生民丁男婦大小共九十八萬六千三十三名口，屯丁男婦大小共二十八萬六千七百九十名口，統計十三萬二千二百三十六户。

田賦

田地共一萬五千五百二十七頃十畝二分，額徵銀共三萬四千七百四十六兩三錢九分二釐，糧共六千七百七十四石七斗五合一勺。

山川

景山。在安化縣西一百十里。山多產奇木怪石，及獐鹿猿猱之屬。魏書地形志富平縣有彰獵山，疑即此。

馬嶺山。在安化縣西北七十五里，接環縣界。寰宇記：馬嶺山，俗名箭括嶺，與青山相連亘，在廢馬嶺縣西一里，有馬嶺坂，左右帶川，相傳漢之牧地也。九域志：安化縣有馬嶺山。金史地理志：通遠縣有馬嶺坂。府志：在環縣南一百三十里，舊多居民。有果實猿鳥之屬，巖洞幽邃，莫窮所止。

寡婦山。在安化縣北十五里。寰宇記：寡婦山，原在安化縣界。舊五代史：慶州北十五里有寡婦山，蕃部野雞族居之。周廣順二年反，命環、慶二州及府州帥折從阮討平之。府志：寡阜砦在縣北三十里，即「寡婦」之訛。

太白山。在安化縣北一百五十里。黑水河發源於此。

鐵邊山。在安化縣北三百二十里。頂平麓險，川流縈繞。宋范仲淹嘗置寨於上。

第二將山。在安化縣東北一百二十里。峯巒高聳，林木茂盛，其地居民富庶。

白於山。在安化縣東北。山海經：白於山，洛水出其陽。元和志：白於山，一名女郎山，在洛源縣北三十里。

子午山。在合水縣東五十里，即橋山也。史記封禪書：上北巡朔方還，祭黃帝冢橋山。魏書地形志：陽周縣有橋山。隋書地理志：羅川有橋山。又襄樂縣有子午山。元和志：子午山，一曰橋山，在真寧縣東八十里，黃帝陵在山上。又秦故道，在襄樂縣東八十里子午山。始皇自九原抵雲陽，即此道也。又子午山，舊名翟道山，在華池縣西四十五里。寰宇記：子午山，一名雞山。酈道元水經注：有烏雞水出焉，西北注於洛水。明統志：子午山在合水縣東五十里，一名橋山，南連耀州，北抵鹽州，東接延安，綿亘八百餘里。又横嶺，在寧州東一百里，蓋子午山别阜也。正寧縣志：橋山在縣東七十里，一名子午嶺，亦謂之横嶺。又雕嶺，在縣東九十里，亦橋山支峯。通志：山長千餘里，北入大漠，南盡分水。其東水皆東南流，爲延安界。其西水皆西南流，爲慶陽界。直南直北，皆隨地異名。

豐峙山。在合水縣東南五十里故城川。上多林木。又八棱山，在故城川北。

南山。在合水縣南一里許。巍然屹立，林木茂盛。

錦屏山。在合水縣西四十里。狀如圍屏。

尖山。在環縣東一百里。山形聳拔，因名。

大方山。在環縣西南。相近有小方山，形皆方正。

青山。在環縣西。後漢建武六年，馮異至義渠，青山胡率衆降。二十一年，安定屬國胡叛，屯聚青山，遣將兵長史陳訢討平之。劉昭郡國志注：北地參䜌縣有青山。章懷太子曰：「山在馬嶺縣西北。」

牛家山。在環縣西一百里，牛詑奴族類所居。黑水河發源於此。又名火焰山。

烏崙山。在環縣北三十里。寰宇記：通遠軍北至靈武路烏崙寨三十里。府志：山在縣北三十里，甚高峻。頂闊根狹，難於登陟。宋時置寨於此。

羅山。在正寧縣東二十里。相傳唐天寶初獲玉石真人像二十七於此。

撫琴山。在正寧縣南一里。山畔有洞，風過如琴音，故名。

雲寂山。在正寧縣南十五里。蒼翠干霄，爲縣屏障。又縣西南一里有泰山，上有青帝廟，故名。又縣西南三里有黎陽山。

五掌山。在正寧縣東北二里。山有五峯，其形如掌。

高山。在寧州東。發自橫嶺，迤邐而西，至此豐隆特峙。

鳳凰山。在寧州東六十里。

南山。在寧州城南二里。爲州屏障，上有元將李思齊故城。

西山。在寧州西馬蓮河岸，列峙城西。

畫石山。在寧州西十五里珊瑚川。其石有文，燦然如畫圖，因名。

秦霸嶺。在安化縣西南一百二十里。舊名安化原，相傳秦穆公會西戎、北戎之地。又金雞嶺，在縣西南一百六十里。

横嶺。在安化縣北十八里。産鐵，形如蠐螬，製爲刀鋮極利。

走馬嶺。在安化縣北二百里。其嶺聳拔，其麓平衍。又青沙嶺，在縣北二百二十里，多出青沙白石。

白城子嶺。在安化縣北二百三十里。東西綿亘二三里，上有白城。

節義峯。在安化縣西北。宋史：景祐元年，夏人侵慶州，伏兵節義峯，擒宋將齊宗矩。

安定巖。在寧州西十五里。巖如潑墨，石可鐫硯。

青岡峽。在環縣北。亦曰青岡嶺。唐開元四年，單于副都護張知運擊突厥叛户於青岡嶺。後唐天成四年，朔方節度使康福赴鎮，自方渠至青岡峽，遇吐蕃野利、大蟲二族，大破之。宋至道三年，遣五路兵討李繼遷，詔李繼隆出環州。繼隆以環州路迂，乃自青岡峽繞靈武徑趨平夏。趙珣聚米圖經：環州洪德砦有歸德、青岡兩川。歸德川在洪德東，透入鹽州。青岡川在洪德西北，本靈州大路。自此過美利寨，入浦樂河，至耀德清邊鎮入靈州。

藥地峪。在安化縣南二十五里。又西姬峪，在縣西南三里。葉胡峪，在縣西北十里。黑泉峪，在縣北十里東川之東。嘉樂峪，在縣北二十五里。葫蘆峪，在縣北一百里。

麻峪。在合水縣東南七十里故城川東。

東原。在安化縣東。其源自合水縣東來，凡溝澗皆西流。又西原，在縣西，其脈自景山來，凡溝澗皆東流。爲城左右之護。

彭原。在安化縣西南九十里。元和志：彭原縣有彭池原，南北八十一里，東西六十里。寰宇記：原在寧州西，隋因原名縣。

花村原。在安化縣西六十里。産牡丹、芍藥。

二谷原。在安化縣北五里。一名慶原，爲郡城來脈。又八珠原，在縣東北二百八十里，與環縣接界，舊爲明珠蕃族之地。

長厚原。在合水縣西南七十里。

漢城原。在合水縣西九十里。

天池原。在環縣南九十里。

燕原。在寧州東北六十里襄樂鎮。後魏置燕州於此。

花坡。在安化縣東十里。地多花木，爲郡人遊覽處，世傳不窋遺園。

石鼓坪。在寧州東六十里襄樂原。有石如鼓，扣之有聲，其地腴可田。

洛河。源出安化縣東北，東南流入陝西延安府保安縣界。山海經：白於之山，洛水出於其陽，東流注於渭。漢書地理志：洛水出歸德縣北蠻夷中，入河。淮南子：洛水出獵山。括地志：洛水出洛源縣白於山，南入渭。寰宇記：洛水源出廢洛源縣北，經白於山，經上郡雕陰縣秦望山南，過襄樂郡，又東南過馮翊衙縣。舊志：洛河在安化縣東北二百五十里。按：洛水今發源延安府定邊縣東南冢嶺下，東南流入保安界，去安化東北二百五六十里。舊志所記里數與元和志、寰宇記皆合。古洛源縣白於山，蓋近今定邊縣地。明統志謂洛水源出府城南樂蟠廢縣北，慶陽舊志又載白於山在合水縣北二十里，皆誤。府志有蘆草溝，在縣北一百七十里，謂即洛河之源，亦入洛小水，非正源。明統志又有白豹川，在府北二百里，與境内西陽川、横水川合，東南流入保安縣洛河。府志西陽、横水二川，源皆出環縣境，東流經安化縣北二百里，蓋皆洛水上源别流也。

東河。在安化縣東，即白馬水也。元和志：延慶縣西臨白馬川。寰宇記：白馬水出北塞夷中。引水經注：「洛川南逕尉李城東北，合馬嶺水，號白馬水。」明統志：白馬川在府北一百二十里，南流注東河。又東河，在府城東，來自沙漠，至城北合懷安川及靈溝水，南流至合水縣界，爲馬蓮河。其靈溝水在府城北五十里。府志：懷安川源出府城北二十里，南流入東河。又柔遠川，在府城北一百八十里，南合懷安川，循府城爲東河。又石板溝，在城北七十里，津子溝，在城北二十里，皆流入東河。按：漢書地理志郁郅縣有泥水，應劭曰：「出北蠻夷中。」又曰泥陽縣在泥水之陽，今東河及下流馬蓮河皆即古泥水也。

環河。在環縣西。東南流至安化縣西，曰西河，合東河。明統志：環江源出環縣北七十里，亦名環河，流經縣城西，委曲環抱，石橋交跨，小港分流，南入安化縣界。又西河，在府城西，來自環河，流經城下，合楊集澗水、谷溝、下馬汀諸水，由西轉南，會於東河。其下馬汀在府北三十里，水濱地平，行者常憩於此，故名。府志：環江在環縣西十里，源出青岡峽，流至府西與東河會。按：元和志方渠、馬嶺諸谷水，東南流經縣，又隋置合水縣在馬嶺水口。寰宇記馬嶺縣有水出西北，引水經注「與青山水合」，今環河即馬嶺水也。其下流曰馬蓮河者，蓋亦「馬嶺」之訛。

甜水河。在環縣西三里。寰宇記：甜水河在通遠城西，從東北蕃部鼻家族北界來。明統志有合道川，在縣西八十里，與境內黑水、甜水、七里溝諸水俱注環河。又鴛鴦溝，在縣西十八里，東入環河。縣志：甜水溝在縣西三里，源出開城縣界。又城西溝，在縣西十里，亦名趙大夫溝。又肅遠城溝，在縣北四十里，七里溝，在縣東七里，馬坊溝，在縣西北二十里，清平溝，在縣西八十里，皆流入環河。府志：合道川源出開城縣界，二水相合，故名。又蒼耳川，在縣西九十里，佛堂谷水，在縣西一百里，皆東流入環河。又安塞川，在縣東四十里，西南流入環河。木鉢溝，在縣東南四十里，源出安化縣界，馬嶺溝，在縣東南一百里，皆西流入環河。三岔溝，在縣南一百里，東流入環河。又楊集澗，在府北八十里，南流五十里入西河。又水峪溝，在府北七十里，南流二十里，又下馬汀，西流三十里，皆入西河。

馬蓮河。在合水縣西南。即東、西二河合流，又南經寧州，西入涇水。明統志：馬蓮河在合水縣西南四十里，自安化縣合冉家河南流，入真寧縣界，會九龍川。府志：馬蓮河在寧州西二里，自安化縣來，與九龍川合流，經政平鎮入涇水。

冉家河。在合水縣西五十里。源出安化縣界，南流入馬蓮河。又神靈溝，在縣西六十里。冉家河西溝中央有山特起，元至正末民避兵於此，寇至溝口，適風雹大作，若有神靈擁護得全，因名。

三合水。在安化縣西南一百二十里。東流至合水縣入馬蓮河。

建水。在合水縣東一里，即樂蟠水也。元和志：合水縣臨大、小樂蟠二水交口。明統志：北岔河在安化縣城東七十里，來自白豹寨，南流至合水縣會建水。又建水，在合水縣治東，源出子午山，西南流與北岔川水合，謂之合水，南入馬蓮河。府志：北川在合水縣東一里，與建水合，南流六十里入馬蓮河。又清水溝，在縣西南一里，源出縣西南田家里，流入合水。又小川，在縣南二十里，源出子午山，西流入於合水。又錫蠟溝，在縣東六十里，流入建水。

故城川水。在合水縣南五十里，與麻谷大三門相通。源出子午山，南流入寧州界爲谷城川，又流經州西北，入大延水。川旁土壤肥潤，多産葦荻花藥。又柳葉溝水，在寧州北二十里，源出牛頭巘，西南入谷城川。

華池水。在合水縣東北。史記封禪書：秦時二淵有祠。正義：「二淵在華池縣西子午嶺東，二川合流，故名。」元和志：華池縣因縣西華池水爲名。明統志：華池水在合水縣東北七十里，來自保安縣，至此合豹子川、平戎川、苗村溝諸水，入鄜州界。府志：華池在縣東北一百里。

珊瑚水。自環縣流經安化縣西，又南經寧州西，入馬蓮河。隋書地理志：彭原縣有珊瑚水。寰宇記：安定縣有珊瑚谷水。引水經云：「珊瑚水東南至栒邑入洛。」明統志有黑水河，在安化縣西百二十里，源出太白山，合蒲川水流入寧州界。又珊瑚川，在寧州西四十五里，流入馬蓮河。川旁有龍祠。府志：黑水河源出環縣牛家山，東南流經安化入寧州界，爲珊瑚川。又蒲川河，源出環縣，流經府西一百二十里，南入黑水河。又大樂澗，在府南五十里，南流至寧州界，入珊瑚水。寧州志：珊瑚川在州西二十里，旁有湫池，禱雨有應。川中有紫阿石，可作硯。

九陵水。在寧州東，自合水縣流入。寰宇記：安定縣有九陵水，源出華池縣子午山，川中有九堆似陵，故名。明統志：

九龍川在寧州東一百二十里，一名九陵川。自橫嶺流至西南，合耆延川，南注涇水。

大延水。在寧州東。寰宇記引水經注：「大延、小延水，出油水南延溪，西南流逕襄樂縣南，於延城西二水合流。」又油水，東出翟道山[二]。明統志：耆延川在州東一百里，一名小延川，自橫嶺流至襄樂故城，合大延川，又西流至城南，會九龍川。又有走馬水，在州東三十里，源出橋山東北流入長城，又東北注耆延川。州志：大延水有二源，一出橫嶺之白羊溪，謂之白羊水，西北流至羅山務；一出武亭寨，西南流至羅山務。合流至襄樂城，與小延川合，至寨子口，與合水縣谷城川合。又南至州城北，名城北河，繞城西而南，入馬蓮河。

羅水。在正寧縣南。西南入寧州界。元和志：隋羅川縣，以縣南羅水爲名。明統志：真寧河在真寧城南，源出橫嶺，合小河、南溝二水，西流入寧州界。又寧江，在寧州東一百里，亦名寧河，其水清瑩。舊志：羅水自橫嶺西南流，經正寧縣南城下，亦謂之縣河。又西南至寧州東南七十里，入涇水，亦名亞谷河。又小河水，在縣東南，流入羅水。又龍門川，自寧州來，經縣西北四十里，南流入羅水。又長溝河，在縣西十里，又馬造溝，在縣北十里，皆入羅水。

荔原川。在安化縣東。源出縣北二百里，東南流經合水縣，匯華池水入鄜州界。又白塔水，源出縣東北二百里，南流入合水縣界。

玉梅川。在合水縣東。明統志：玉梅川與延鳩川俱出子午山，東流入華池水。又鳳川，源亦出子午山，流入華池水。其水清澈多鷗鷺，春月邑人遊賞於此。府志：玉梅川、鳳川俱在合水縣東七十里。又廝坡川，在縣東八十里，亦出子午山，有苗村溝水東流入焉，又東入華池水。又延鳩川，在合水縣東九十里。

豹子川。在合水縣東北一百二十里。源出安化縣界，西入華池水。

平戎川。在合水縣東北。源出保安縣界，南流入華池水。

于莊溝。在正寧縣東二十里，南流入邠州淳化縣界。寰宇記引水經注云：「縣有大陵、小陵水，出巡河南、殊川西，南流逕寧陽城。豳詩云『夾其皇澗』，此即皇澗也。」今無考。又馬槽溝，在縣西北二十里。

要册湫。在正寧縣東六十里。魏書地形志：陽周縣有湫水。唐書地理志：真寧縣有要册湫。寰宇記：太平興國二年，封真寧界要册湫普濟王爲顯聖王。明統志：湫在縣東六十里橋山之尾，週圍九畝，旁有龍祠，唐開元中建，歷代皆加封號。縣志：湫在縣東四十里湫頭鎮麓，俗名聖水泉。又史記正義有泥陽湫，在縣東北四十里，疑即此。

水波湫。在寧州南四十里。舊有祠，禱雨輒應。

鶩池。在府治北二百三十步。唐末郡從事李克新濬，宋慶曆中經略安撫使施昌言重修。旁通東河。

天池。在環縣南九十里。池形如盤，水溢不出。

蓮花池。在正寧縣東二十里。舊産蓮花。

清水泉。在安化縣西。泉水澄澈，冬温夏涼。

暖泉。在安化縣北五里。其水清甘，冬不凍涸，名麻家暖泉。

聖公泉。在合水縣南五十步南山之麓。禱雨多應，上有聖泉亭。又暖水泉，在縣南四里，其水常温。

玉泉。在合水縣西南七十里石崖上。

寶泉。在合水縣北二十里寶泉寺。出如貫珠。

石泉。在環縣南五里。泉流入環河。又唐書貞元十三年，楊朝晟城方渠三城，師次方渠乏水，有青蛇降巖下，走視其迹，水從而出，築防環之，遂爲渟淵。有詔置祠，命泉曰應聖。今湮。

葫蘆泉。在環縣西。明統志：在環縣西鎮戎堡。舊有蕃部居之，與明珠、滅臧部相接。

温泉。在正寧縣西三里。有三池，皆夏涼而冬温。

金沙泉。在寧州南一里。沙色如金，有泉懸崖而下，入九龍川。又暖泉，在州東南五里，其水冬温。

石溝泉。在寧州城東北百步許。味甘洌。

牛圈。在安化縣西北二百里。四旁皆沙磧，中有圈豬水，人馬給飲。宋時章楶置毒於此，夏人來犯飲者多斃。

校勘記

〔一〕油水東出翟道山　「東出」，乾隆志卷二〇三慶陽府山川同，太平寰宇記卷三四關西道寧州引水經注作「出東」。

大清一統志卷二百六十二

慶陽府二

古蹟

郁郅故城。今安化縣治。本義渠戎地。後漢書西羌傳「秦惠王伐義渠，取郁郅」是也。漢置縣，屬北地郡。後漢廢。隋、唐時置慶州於此。元和志：慶州，古西戎地。周本紀曰夏氏政衰，后稷子不窋奔戎狄之間。今州理東南三里有不窋故城是也。春秋、戰國時爲義渠戎國。秦屬北地郡。今州理即漢郁郅縣。後漢郡境爲虜所侵，寄寓馮翊。後魏文帝大統十一年，置朔州。周保定元年，廢朔州爲周武防。隋開皇三年，改置合川鎮。十六年，割寧州歸德縣置慶州，東北至延州四百四十里，東至鄜州三百九十里，西至原州三百四十里，南至寧州一百二十七里，北至鹽州五百七十二里。順化縣，郭下，本漢郁郅縣。後漢迄晉不立州縣，後魏及周以爲鎮防。隋開皇十六年，於合州城西南一里置合水縣，在馬嶺、白馬二水口，因以爲名。至唐武德二年，改合水爲合川縣，取隋合川鎮爲名。貞觀三年，改爲弘化。天寶元年，改爲安化。至德元年，改爲順化。寰宇記：唐順化縣，今復爲安化。周地圖記云：「郁郅城，今名尉李城。」注水經云：「尉李城，一名不窋城。」在兩川交口，即今縣治也。府志：慶州城在今府城北門外，週圍八里。今府治即不窋城。又有田家城，在慶州城北門外，週圍四里，建置未詳。

彭原故城。在安化縣南。漢置彭陽縣，在今涇州鎮原縣界，後魏徙置於此。魏書地形志：豳州領西北地郡，治彭陽縣。

隋書地理志：北地郡統彭原縣，舊曰彭陽。後魏置西北地郡，開皇初郡廢。十八年，改縣曰彭原。舊唐書地理志：彭原縣，武德元年置彭州。貞觀元年，州廢，縣屬寧州。元和志：縣南至寧州一百里，本漢彭陽縣地。後漢又爲富平縣地。後魏破赫連定後，於此復置富平縣。廢帝改爲彭陽。隋改曰彭原。寰宇記：縣在寧州西北一百里，因彭池原爲名。九域志：熙寧三年，改屬慶州，在州西南八十里。元史地理志：至元七年，并彭原入慶陽府。

富平故城。在安化縣西南。漢置富平縣，在今寧夏府靈州界。後漢徙治於此，爲北地郡治。永初五年，以西羌亂，詔從郡池陽。永建四年，歸舊縣。永和六年，復治馮翊，縣遂廢。魏書地形志：西北地郡領富平縣，後廢。寰宇記：富平故城，在樂蟠縣西八十里彭原縣界。

弘化故城。在安化縣北。隋書地理志：安化郡領弘化縣。開皇十八年置弘州。大業初，州廢。舊唐書地理志：隋弘化縣治弘州故城。武德六年，移治今所，與合水縣俱在州治。寰宇記：弘化城，周武帝天和四年築，置長城鎮，後改爲長川鎮。隋廢鎮立州，唐初州廢。府志有弘化里，在今縣北二十里，蓋即故縣也。又隋志弘化郡領弘德縣，大業初置，亦唐初廢。或曰即今環縣之洪德砦也。

洛源故城。在安化縣東北，本漢歸德縣地。漢書地理志：北地郡領歸德縣。後漢更始二年，封岑彭爲歸德侯。後廢。隋書地理志：弘化郡統歸德縣，西魏置恒州，後周廢。又有洛源縣，大業初置。元和志：洛源縣東南至慶州三百七十五里，本漢歸德縣地。後漢迄晉無復郡縣。後魏文帝大統元年，復置歸德縣。大業元年，改爲洛源縣，因洛水所出爲名。舊唐書地理志：洛源，隋縣，大業十三年爲賊所破，因廢。貞觀二年復置。又自延州金城縣移北永州治於此。八年，州廢，以洛源屬慶州。寰宇記：廢洛源縣，在慶州東北二百七十里。按：隋志歸德、洛源二縣並有，元和志謂洛源即歸德改名，二説未知孰是。

蟠交故城。今合水縣治。元和志：合水縣西至慶州五十里，本漢略畔道地。後漢至晉，此地皆無郡縣。後魏爲襄樂縣地。唐武德六年，分合水縣置蟠交縣，以城臨大、小樂蟠二水交口，因以爲名。天寶元年，改爲合水縣。寰宇記：合水縣，後周顯德三年併入樂蟠。九域志：熙寧四年，省華池、樂蟠二縣，復置合水縣，在慶州東南四十五里。

略畔道故城。在合水縣西南。漢置，屬北地郡，後漢省。隋書地理志：北地郡彭原縣有樂蟠城，西魏置蔚州，後周廢。元和志：慶州樂蟠縣，北至州三十二里，本漢略畔道地，今縣理北五里略畔故城是也。後漢及晉此地無復郡縣。後魏文帝於此置蔚州，周武置北地郡，隋開皇三年罷州。義寧元年，分合水置樂蟠縣，屬弘化郡，取樂蟠城爲名。按：略畔、樂蟠皆指此城，方言訛舛，故不同耳。又曰：略畔道故城在合水縣西南三十八里。寰宇記：樂蟠縣在慶州南四十里，後魏大統六年於此置蔚州，後周建德二年置北地郡，略畔故城在縣東北五里。九域志：熙寧四年，省樂蟠縣入合水。明統志：樂蟠廢縣在合水縣西南七十里。延綏志：樂蟠城，宋、金以來廢爲金櫃鎮，明設華池驛於此。

馬嶺故城。在環縣東南。史記匈奴傳：秦昭王伐殘義渠，於是有北地郡。漢書宣帝紀：五鳳三年，置北地屬國。地理志：北地郡，秦置，治馬嶺縣。後漢徙郡治富平，而馬嶺縣廢。隋復置。顔師古曰：「川形如馬領，故以爲名。」元和志：馬嶺縣，東南至慶州六十里，本漢舊縣。漢末爲虜所侵，至後魏爲朔州地。隋大業元年，分合水縣，於此置馬嶺縣，後漢縣之舊名也。十三年，縣廢。義寧二年，於今縣理北四十里百家堡復置，以縣西一里有馬嶺坂，因名。舊唐書地理志：馬嶺，隋縣，治天家堡，貞觀八年移理新城。五代時廢。文獻通考：石晉以寧州之馬嶺鎮隸威州。九域志：通遠縣有馬嶺鎮。元廢。明統志：馬嶺廢縣，在環縣南一百三十里。

方渠故城。在環縣南。漢置，屬北地郡。後漢廢。唐景龍元年，分馬嶺縣復置。元和志：縣東南至慶州一百八十里。唐書：貞元十三年，邠寧節度使楊朝晟城方渠，以遏吐蕃路。五代初，廢爲鎮，屬靈州。寰宇記有通遠軍，本西蕃邊界靈州方渠鎮。晉天福四年，建爲威州，仍割寧州木波、馬嶺二鎮隸之。周廣順二年，避御名，改爲環州。顯德四年，降爲通遠軍，管通遠縣并木波、石昌、馬嶺三鎮，治通遠縣，與州同置。九域志：周通遠軍，淳化五年復爲環州。南至慶州一百八十里，北至韋州三百八十里，西南至原州二百五里，東南至鹽州三百七十五里，西北至靈州四百六十五里。治通遠縣。天聖元年，改曰方渠。景祐元年，復曰通遠。宋史地理志：環州有方渠砦。明統志：方渠廢縣，在環縣南七十里，蓋宋砦也。

陽周故城。在正寧縣北。漢置陽周縣，在今陝西延安府安定縣界，後魏改置於此。元和志：正寧縣西北至寧州七十里，本漢陽周縣地。後魏置泥陽、惠涉二護軍。孝文太和十一年，復置陽周縣。隋開皇十八年，改爲羅川縣。唐天寶元年，改爲真寧。唐書地理志：是年獲玉真人像二十七，因更名。寰宇記：真寧縣，在寧州東南八十里。明統志：陽周城在真寧縣北三十五里。縣志：一名馳武城。漢、魏陽周縣，及西魏置顯州，皆治此。按：秦、漢陽周本屬上郡，自後魏重置，始屬趙興郡，即今正寧。唐、宋諸志皆以真寧爲即古陽周，橋山黄帝陵俱在縣境。然以地界考之，正寧在子午山西，其東北爲中部縣，乃漢翟道縣，屬左馮翊。又北爲漢直路縣，屬北地郡。又東北至鄜州，始爲漢上郡境。陽周既屬上郡，不應跨兩郡，越重山，而在正寧界也。據水經注，古陽周在走馬水北，應在今陝西延安府安定縣北界。正寧之陽周，乃後魏僑置，非故縣也。橋山黄帝陵皆當據水經注改入延安府。

泥陽故城。在寧州東南。漢初酈商破章邯别將蘇駔軍於泥陽。地理志：縣屬北地郡，以在泥水之陽而名。後漢末，寄治馮翊，此城遂廢。魏書地形志：陽周縣有泥陽城。史記正義：泥陽故城在羅川縣北三十一里。元和志：安定縣，本漢泥陽縣，今縣理東南十五里泥陽故城是也。九域志襄樂縣有泥陽鎮，寧州志有泥陽里，在州東五十里。

大㚟故城。在寧州東南。漢書地理志：北地郡領大㚟縣。後漢建武元年，鄧禹自栒邑徵兵至大要縣。尋廢。顔師古曰：「㚟即古要字。音一遥反。」

獨樂故城。在寧州東南。漢置縣，屬上郡，在今陝西延安府界，後魏移置於此。魏書地形志：趙興郡領獨樂縣。寰宇記：定平縣東北三十里有獨樂故城。

義渠故城。在寧州西北。史記秦本紀：厲公三十三年，伐義渠，虜其王。惠文君十一年，縣義渠。後十年，伐取義渠二十五城。匈奴傳：秦昭王時，宣太后詐殺義渠戎王，遂伐殘義渠，於是秦有隴西、北地、上郡。漢書地理志：北地郡領義渠道。後漢建武六年，馮異自栒邑進軍義渠，并領北地太守事。縣尋廢。班彪西征賦：登赤須之長坂，入義渠之故城。後趙録：石勒太和二年，劉胤攻長安，石虎馳救，大破胤於義渠。即故城也。括地志：寧、慶二州，春秋、戰國爲義渠戎國之地。

襄樂故城。在寧州東北。漢置襄洛縣〔一〕，屬上郡，在今陝西延安府界，後魏徙置於此。魏書地形志：豳州領襄樂郡，太和十一年置，治襄樂縣。隋書地理志：北地郡領襄樂縣。後魏置襄樂郡，後周廢。又西魏置燕州，後周廢。元和志：縣西南至寧州六十里，本漢襄洛縣，爲上郡。後魏孝文改「洛」爲「樂」。寰宇記：縣城本後魏燕州城也，周地圖記云文帝大統十六年置燕州，因築此城。元史地理志：至元七年，併襄樂入寧州。州志：襄樂舊縣，在州東北燕原下，今爲鎮。

安化廢州。在府境。舊唐書地理志：安化州都督府，寄在慶州界，管小州七，曰永利州〔二〕、威州、旭州、莫州、西滄州、儒州、琮州。又安定州都督府，亦寄在慶州界，管小州七，曰黨州、橋州、烏州、西戎州、野利州、米州、還州。又有静邊州都督府，貞觀中置，後僑治慶州境，皆天寶後廢。

同川廢縣。在安化縣西八十里。元和志：同川縣，東至慶州八十里，本漢郁郅縣地。義寧二年，分寧州之彭原縣西南十五里三泉故城，置三泉縣。唐武德元年，改爲同川縣，因同川城爲名。寰宇記：宋乾德二年，併入安化縣。府志：今同川里。

參䜌廢縣。在安化縣西北。漢書地理志：安定郡參䜌縣，主騎都尉治。後漢屬北地郡，晉廢。

延慶廢縣。在安化縣東北。隋書地理志：弘化郡，西魏置朔州，周廢。元和志：延慶縣，南至慶州四十里，本漢郁郅縣地。後魏於今縣理置朔州。隋開皇中，改置合水縣。唐武德六年，移豐州户住此，仍分合水縣置白馬縣，西臨白馬川水爲名。天寶元年，改名延慶。寰宇記：本漢郁郅縣之柳谷城，周顯德三年併入安化。

懷安廢縣。在安化縣東北。唐置，屬慶州。元和志：懷安縣南至慶州一百六十里，居近黨項蕃落。開元十六年，檢逃户所置，故以懷安爲名。五代時廢。寰宇記：懷安廢縣，在慶州東北一百六十里。又廢芳池州都督府，寄在慶州懷安縣界，管小州十：曰静、獷、王、濮、林、尹、位、長、寶、寧，並黨項野利氏種落。

華池廢縣。在合水縣東北。隋置。元和志：華池縣，西南至慶州一百五十里。本漢歸德縣地。隋仁壽二年，於今縣東北二里庫多汗故城，置華池縣，因縣西華池水爲名。舊唐書地理志：華池縣，隋大業十三年廢。武德四年復置，又於此置林州總管府。七年，罷總管府。貞觀元年，廢林州，以華池隸慶州。寰宇記：華池縣，西魏時置，隸蔚州，後廢。至隋復置，因舊名。大業元年，自庫多汗城移於今所。九域志：熙寧四年，省華池入合水縣。明統志：華池廢縣，在合水縣東北百二十里。宋省爲鎮，今設巡檢司。按：隋志既云「樂蟠城，西魏置蔚州，後周廢」，於華池縣下又言「西魏置蔚州，後周廢」，兩縣相去僅二百里，不應一時並有置蔚州。以元和志、寰宇記考之，則隋志華池縣下之蔚州爲重出也。

定安廢縣。今寧州治。後魏置，爲豳州治。魏書地形志：豳州，皇興二年爲華州，延興二年爲三縣鎮，太和十一年改爲班州，十四年爲邠州，二十年改焉。領趙興郡，郡領定安縣，皆太平真君二年置。隋書地理志：北地郡，後魏置豳州，西魏改寧州，大業初復曰豳州，治定安縣。舊置趙興郡，開皇初郡廢，大業初置北地郡。元和志：寧州，古公劉邑，周爲義渠戎國，秦爲北地郡地。後魏置豳州，廢帝三年改爲寧州，以撫寧戎狄爲名。後周改北地郡，隋又爲寧州。大業中，又爲郡。唐武德元年，復爲寧州。東至坊州三百二十里，西至涇州一百五十里，南至邠州一百四十里，北至慶州一百三十里。定安縣，郭下，本漢泥陽縣，後魏太武置定安縣，取「定俗安人」爲義。今在縣理西北三里定安故關。隋開皇三年，移縣入廢趙興郡。金史地理志：大定七年，更名安定。元史地理志：至元七年，併安定入州。

定平廢縣。在寧州南。唐置，屬寧州。元和志：縣北至寧州七十里。自漢至晉，並泥陽縣地。後魏至周，並爲定安縣地〔三〕。隋大業十年，於此築城，置棗社驛。唐武德二年，於驛分定安置定平縣。唐書地理志：寧州定平縣在邠州北六十里。唐末喪亂，曾爲衍州〔四〕。周顯德五年，廢州爲定平縣，隸邠州，尋屬寧州。宋又隸邠州。九域志：熙寧五年，又屬寧州。宋史地理志：政和七年，又隸邠州。金志：又屬寧州。元史地理志：至元七年，省定平，屬寧州。州志：定平舊縣，在州南六十里。

定邊城。在安化縣北三十里。九域志：通遠縣有定邊砦。宋史地理志：元符二年，環慶路進築定邊城，後改爲軍，東至九陽堡三十五里，西至綏遠寨二十里，南至横山砦三十里，北至通化堡二十里。政和二年，又置定邊縣爲倚郭。金爲定邊砦，屬環州。又曰：皇統六年，以地賜夏人。

大順城。在安化縣北一百五十里。宋史：慶曆初，范仲淹知慶州，州之西北馬鋪砦當後橋川口〔五〕，在賊腹中，仲淹欲城之，密遣子純祐與蕃將趙明據其地，引兵隨之。至柔遠，始號令之，版築皆具，旬日而城成，即大順城是也。大順既城，而白豹、金湯皆不敢犯。九域志：安化縣有大順城。府志：城在縣西北一百五十里，去金湯城四十里。

白豹城。在安化縣北。宋史：康定元年，韓琦使任福攻白豹城，克之。地理志：白豹城，舊屬西界。元符二年修，復賜舊名。南至柔遠砦五十里，北至勝羌堡五十里，後屬定邊軍。元廢。府志：大順城北四十五里爲白豹城。

鎮安城。在安化縣東北，接陝西延安府界。宋史地理志：政和六年築，東至鄜延路通慶城三十里，南至威邊砦三十里。舊志又有駱駝城，在縣東北一百里，周二里，即宋綏遠砦。

木波城。在環縣南四十五里。唐爲木波堡。貞元九年，詔城鹽州，命朔方都虞候楊朝晟戍木波堡。十三年，朝晟城木波。五代時，爲木波鎮，屬寧州。周割屬通遠軍。寰宇記：軍南至木波鎮界四十里。九域志：通遠縣有木波鎮。元廢。

曲子城。在環縣南九十里。明永樂初，征西將軍何福築。本朝順治十六年重建。又靈祐城，在縣南一百五十里，亦何福築。

合道城。在環縣西南七十里。通鑑：唐貞元十三年，楊朝晟城方渠、合道、木波三城〔六〕。九域志：通遠縣有合道城。元廢。

細腰城。在環縣西。宋史：种世衡知環州。環、原之間，明珠、滅臧、康奴三族最大。其北有二川，交通西界。慶曆四年，范仲淹議築細腰城，斷其路，檄世衡董其事。城成，自環州改隸原州。

安邊城。在環縣西北。宋史地理志：地名徐家臺，崇寧五年築，賜名。東至清平關四十里。金爲安邊砦。元廢。舊志：城在縣西北一百二十里。明弘治中爲設千户所，今廢。

興平城。在環縣北。宋史地理志：地名灰家嘴，元符元年築，賜名。南至洪德砦二十里，北至清平關三十里。金爲興平堡，元廢。

長城。在環縣北三里。元和志：秦長城在馬嶺縣西北一百二十六里，蒙恬所築。寰宇記：在通遠城北一里。又舊志：長城在正寧縣東六十里，亦蒙恬所築，俗謂之蒙恬城。

慶陽廢衛。在府治西北。明洪武四年建。

公劉莊。在安化縣北三十里。其地有腴田數畝，號「天子掌」，人不敢墾，相傳爲公劉莊。

范仲淹舊宅。在安化縣治東。仲淹爲環慶安撫時所居。今爲慶儲庫。

柔遠亭。在府城西柔遠砦山頂，可以憑高望遠，宋時建。

觀兵亭。在環縣東六里。宋种世衡建，古教場也。又縣東七里有通遠亭，亦宋時建，今爲送迎之地。

一川風月亭。在寧州治後圃。宋建，有蓮池、柳港、花嶼、蘭皋諸勝。

五柞亭。在寧州南。後漢書郡國志：泥陽有五柞亭。寰宇記：在定平廢縣。今無考。

安化樓。在府治内。宋知州章楶建，并記。

臨川閣。在府城内鵞池上。宋建，蔣之奇有詩。

安定閣。在正寧縣東七十里。閣對安定砦，分奇挹秀，如面畫屏。

靈武臺。在環縣東北三里。寰宇記：慶州有靈武臺，在馬嶺北。即此。

錫慶堂。在府城内。宋知州蔡挺建。

視事堂。在府城内。宋范純仁帥慶陽時建。

江漢堂。在府城内。宋范純粹知慶州時建，晁補之爲記。

晝閒堂。在安化縣治南。唐高祖爲弘化留守時建。有太宗書石刻尚存。

關隘

驛馬關。在安化縣西南九十里。唐興元初，朱泚敗走，自涇州北趨驛馬關，即此。有城周一百四十步。明弘治中置巡司，正德十年廢。

清平關。在環縣北六十五里。宋史地理志：地名之字平，元符二年築，賜名。西至安邊城四十里，南至興平城三十里。金廢。府志：在縣西北六十五里。明置清平堡。嘉靖中，移慶陽中路遊擊駐此。

董志鎮。在安化縣西南。九域志：彭原縣有董志、蕭、赤城、寧羌四鎮。府志：董志鎮在今縣西南一百二十里，四達通衢，貿易輻輳之地，有堡。明嘉靖二十七年，參政江尚寧築。今設外委。赤城堡在縣西南七十里，嘉靖三十年參議陳其學築。又温泉堡，在縣西南八十里，秦霸嶺堡，在縣西南一百十里，俗呼張官兒寨，皆陳其學築。

五交鎮。在安化縣東北一百十里。西北去槐安鎮三十里，有城周二里。宋范仲淹築。又業樂鎮，在縣東北八十里，去懷安鎮七十里，有城周二里二十步，亦宋范仲淹築。又景山鎮，在縣西一百里。

槐安鎮。在安化縣東北一百五十里。九域志：安化縣有懷安、業樂、五交、景山四鎮。府志：槐安鎮在縣北一百五十里，即唐懷安縣，後訛爲槐安。道路寬平，最爲要害。宋范仲淹置鎮，北控安寨川，去環州木波鎮八十里。二鎮爲諸路之援。明置巡司。成化中，巡撫馬文升增築城堡，周六里。道通定邊、花馬池，相爲應援。又定邊巡司，在縣北一百六十里，即古定邊軍，明亦置巡司，今俱廢。

太白鎮。在合水縣東一百二十里。

鳳川鎮。在合水縣東北五十里。東南去華池鎮五十里，西去府治一百五十里。宋范仲淹築。控子午嶺入西夏界。

華池鎮。在合水縣東北一百二十里，即古華池縣。九域志：合水縣有金櫃、鳳川、華池、平戎四鎮。宋史地理志：熙寧七年，改華池鎮爲砦，有東華池、西華池二砦。縣志：鎮在縣東北一百二十里。明設巡司，今裁。本朝順治十年，曾移合水縣治於此。十四年，還舊治。

平戎鎮。在合水縣東北一百六十里。宋史地理志：安化縣有平戎鎮，元豐四年廢，元祐元年復。明統志：平戎寨在合水縣東北一百八十里，宋范仲淹築。

木鉢鎮。在環縣南五十里，即宋木波鎮。明成化中，馬文升增築故城，周三里，建倉儲糧，一方稱便。

馬嶺鎮。在環縣南一百二十里，即故馬嶺縣。東南至府城七十五里，至阜城鎮二十五里。宋范仲淹築爲鎮。明成化中，巡撫馬文升重築。今廢。

石昌鎮。在環縣西。寰宇記：通遠縣有石昌鎮。府志：在縣西三十里，宋范仲淹築。

湫頭鎮。在正寧縣東。九域志：縣有山河、顯聖二鎮。府志：湫頭鎮，在縣東四十里，即顯聖鎮也。又委家鎮，在縣東七十里，皆有堡。

雕嶺鎮。在正寧縣東一百里雕嶺上。明初置巡司，萬曆中革。

平子鎮。在正寧縣北三十里。又山河鎮，在縣北五十里，有堡。艾嵩鎮，在縣東北七十里，與陝西鄜州中部縣接界。

政平鎮。在寧州東南六十里，即故定平縣。

棗社鎮。在寧州南三十里，亦名早社。九域志：定安縣有交城、早社二鎮。

大昌鎮。在寧州西三十里。九域志：定平縣有永昌一鎮。金史地理志：定平縣有大昌鎮。府志：大昌鎮在今州西四十里大昌原。又有焦村鎮，在州西三十里。新莊鎮，在州西五十里。

襄樂鎮。在寧州東北六十里，即故襄樂縣。明洪武初置巡司，嘉靖間築城。

第二將營。在安化縣東北。金史地理志：荔原堡西有第二將營，在白豹城南七十五里。明統志：第二將營，在府東北一百二十里。府志：城周圍七里。

紅德城營。在環縣境。今設守備駐此。

横山砦。在安化縣北。宋史地理志：地名西擦移〔七〕。元符元年建築，賜名。南至通塞堡三十里，北至定邊軍三十里。又綏遠砦，本駱駝巷，元符二年建築，賜名。東至定邊軍二十里，北至神山砦五十里。又寧羌砦，地本萌門三岔〔八〕。元符元年建築，賜名。東至綏遠砦六十里。又威邊砦，東至洛河川二十里，北至鎮安城二十里。金皆廢。府志：横山砦，在府北一百里。其北爲綏遠砦，北接金湯砦。其寧羌、威邊二砦皆廢。

寡阜砦。在安化縣北三十里。明成化間，知府王貴築，更名義安堡。嘉靖間，知府王來又改名富砦。又馬鐙砦，在縣北七十里，周一百步。

柔遠砦。在安化縣北一百四十里。北至白豹谷三十里。宋仁宗時，夏人入寇，巡檢楊承吉拒戰於柔遠砦，即此。元廢。明成化中築。城周二里。

白豹砦。在安化縣北三百里。即宋白豹城，范仲淹所築。明改爲砦。

安疆砦。在安化縣西北。宋史地理志：本西人礓詐砦，元豐五年收復，賜名。元祐元年，賜夏人。紹聖四年，修復，後屬定邊軍。南至大順城四十里。今廢。

府城砦。在安化縣西北。宋史地理志：安化縣有府城砦，元豐四年廢。府志：今名阜城鎮，在縣北五十里。明置遞運所於此〔九〕。

東谷砦。在安化縣東北。九域志：縣有東谷、西谷、柔遠、大順、安疆五砦。府志：東谷砦，在縣東北七十里，南去槐安鎮三十里，至今稱爲「老砦」。又西谷砦，在縣西北一百八十里，皆宋范仲淹築。

荔原砦。在安化縣東北一百二十里。宋合水縣之堡。宋史：治平末，蔡挺知慶州，築城馬練平，爲荔原堡。金史地理志：慶陽府有荔原堡。

金湯砦。在安化縣東北二百里，接陝西延安府保安縣界，北接榆林寧塞堡界。本宋砦，屬延州。明改屬慶州。

安化砦。在環縣東七十里。又徐家窑砦，在縣北一百三里胡河川上，寬夷平衍，可容數百人，鄉人常避兵於此。今更名徐家臺。

烏崙砦。在環縣北。九域志：通遠縣有烏崙、肅遠、洪德、永和、平遠、定邊、團堡、安塞八砦。府志：烏崙城，在縣北三十里。又肅遠城，在縣北四十里。洪德城，在縣北六十里。平遠堡，在縣北七十里。團堡砦，在縣西北五十里。安塞砦，在縣西四十里。永和砦，在縣東南一百里。

天固堡。在安化縣西南。寰宇記：在彭原縣南，隋置，甚險固。府志：堡在縣西南八十里。

雪泥堡。在安化縣西北。九域志：安化縣有雪泥、美泥二堡。府志：美泥砦，在縣西北一百里，去槐安鎮五十里。雪泥砦，在縣西北一百五十里，去西谷砦二十里。皆范仲淹築。

九陽堡。在安化縣西北。宋史地理志：定邊軍有九陽堡，東至鎮安城二十里，西至定邊軍三十五里。又通化堡，南至定邊軍二十里。觀化堡，南至通化堡二十里。雞嘴堡，東至通化堡約二十里，南至綏遠砦十六里。又神堂堡，大觀二年建築，賜名。東至觀化堡三十里，南至綏遠砦三十里。今俱廢。

通塞堡。在安化縣北。宋史地理志：慶州有通塞堡，元符元年建築，南至槐安鎮四十里。又勝羌堡，東至洛河川二十里，南至白豹城五十里。又麥川堡，本名麥經嶺，政和六年賜名，南至威邊砦十五里，北至鎮安城十里。又威遠堡，本名衡家堡，政和六年賜名，西至定邊軍十五里。又懷威堡，東至鄜延路通慶城十五里，南至威寧堡二十里。又矜式堡，西至定邊軍約二十里。府志有懷遠砦，在府東北二百里，東接延安府界，即故懷威堡也。

歸德堡。在環縣北。宋史地理志：環州有歸德堡，東至木瓜堡五十里，南至洪德砦四十里。又通歸堡，東至歸德堡二十里，南至洪德砦二十里。又流井堡，東至興平城四十里，西至安邊城三十里。定戎堡，南至興平城五里，北至清平關十里。舊志：通歸堡，在縣東北七十里；流井堡，在興平城西北四十里。

惠丁堡。在環縣東北九十里。宋史地理志：環州有惠丁堡，東至寧羌砦約四十里，西至麝香堡約三十里。麝香堡北至烏丁原約十里。

阿原堡。在環縣東北一百里。宋史地理志：環州有阿原堡，政和三年賜名，東至綏遠砦三十里。又羅溝堡，地名火羅溝，南至阿原堡四十里。朱臺堡，本朱灰臺，東至雞嘴堡十八里，西至木瓜堡約五十里。皆政和三年建築，賜名。

木瓜堡。在環縣東北一百四十里。旁有木瓜原。宋史地理志：環州有木瓜堡，東至寧羌砦二十五里，南至惠丁堡四十里。

解家堡。在正寧縣東北四十里。又安興堡，在縣東南十五里。高石堡，在縣西北二十五里。西谷堡，在縣北二十五里。皆明參政汪尚寧、李磐等相繼建築。

弘化驛。在府治北。明初置。南至合水縣華池驛六十里。又舊有驛馬關驛，在府西驛馬關，今裁。

華池驛。在合水縣西六十里，南至正寧縣九十里。又舊有邵莊驛，在縣東一百里。宋莊驛，在縣西關。今俱裁。

彭原驛。在寧州治南，南至政平驛六十里。

政平驛。在寧州東南政平鎮，南至陝西邠州長武縣宜禄驛八十里，皆明洪武三年置。

津梁

東河橋。在府城東南。又西河橋，在城南。

同川橋。在安化縣西八十里。下通乾流泉。

合水橋。在合水縣東十里。

清水橋。在合水縣西南一里。其水雖經驟雨而流不濁。

華嚴橋。在合水縣西十五里。

圈洞橋。在合水縣西二十里。

環江橋。在環縣北二里。

龍門川橋。在正寧縣西十里。

九龍橋。在寧州東，跨九龍川。

馬蓮橋。在寧州西南一里馬蓮河上。

陵墓

古

黃帝陵。在正寧縣東。括地志：黃帝陵，在寧州羅川縣東八十里子午山。按：陵今又見陝西鄜州中部縣，以地考之，當在陝西延安府安定縣。詳古蹟。

夏

不窋墓。在府城東三里。元和志：在順化縣東二里。明統志：碑文剥落，上有片石，大書「周祖不窋氏墓」。

秦

太子扶蘇墓。在寧州西十五里。元和志：在定安縣西北十八里。始皇太子監蒙恬築長城，始皇崩，李斯矯詔賜死，葬於此。寰宇記：在嵩城原〔一〇〕。明統志：在寧州西十五里，碑尚存。又見陝西延安府。

漢

傅介子墓。在安化縣西二里。

公孫賀墓。在安化縣東南二十里，有碑。

唐

薛王墓。在合水縣東百里之玉梅里。

郭子儀墓。在合水縣東南一百二十里，有碑。子儀十一世孫訥刻。

宋

張吉墓。在合水縣西四十里。

祠廟

韓范祠。在府學南，祀宋韓琦、范仲淹。

昭忠祠。在安化縣治。本朝嘉慶八年建。

不窋廟。在安化縣南。明統志：廟有塑像，兩壁繪文王以下三十七王像。

公劉廟。在安化縣西南八十里。

威靖祠。在環縣治内，祀宋种世衡。

旌忠廟。在環縣城内，祀宋環州統制强霓及弟强震。

甘節廟。在正寧縣城内，祀明都御史景清。

七君子祠。在寧州治西南。宋建六君子堂於州治内，碑燬無存。明初改建，祀隋刺史梁毗、元諧，唐刺史狄仁傑、防禦使李勣，宋防禦使李允則、推官孔道輔。弘治元年，增祀知州劉綱〔一一〕，號「七君子」。

忠烈祠。在寧州治南。明崇禎中敕建，祀忠臣王信。

狄梁公廟。在寧州西。宋范仲淹有記。

寺觀

承天觀。在正寧縣南撫琴山，舊名通聖觀。唐開元二十三年，玄宗夢羣仙現於羅底，詔訪焉。於羅川縣東王堡村底家莊〔三〕，有一老人引至洞口，見一白兔入穴，遂掘得二十七仙玉石之像。各題名姓得道去處，并老人亦一仙之數，以應二十八宿，乃置觀曰通聖。宋真宗改曰承天，兵部尚書李維記。

凝壽寺。在寧州南六十里定平廢縣。宋張舜民記，謂定平山不如水，水不如寺，寺不如凝壽。

佛山寺。在寧州西南。金大定中建。

校勘記

〔一〕漢置襄洛縣　「洛」，原作「樂」，據乾隆志卷二〇三慶陽府古蹟（下同卷簡稱乾隆志）及元和郡縣志卷三關内道改。按，下文亦言後魏孝文始改「洛」爲「樂」。

〔二〕曰永利州　「利」，原作「隸」，乾隆志同，據舊唐書卷三八地理志改。

〔三〕後魏至周並爲定安縣地　「定安」，原作「安定」，乾隆志同，據元和郡縣志卷三關内道乙。

〔四〕曾爲衍州　「曾」，原作「會」，據乾隆志及太平寰宇記卷三四關西道邠州改。
〔五〕州之西北馬鋪砦當後橋川口　「北」，原作「白」，乾隆志同，據宋史卷三一四范仲淹傳改。
〔六〕楊朝晟城方渠合道木波三城　「方渠」，原作「方築」，據乾隆志及資治通鑑卷二三五唐紀改。
〔七〕地名西擦移　「西擦移」，乾隆志同，宋史卷八七地理志作「西擦哆」。
〔八〕地本葫門三岔　「門」，原作「山」，乾隆志同，據宋史卷八七地理志改。
〔九〕明置遞運所於此　「運」，原作「軍」，據乾隆志改。
〔一〇〕在嵩城原　「原」，原作「源」，據乾隆志及太平寰宇記卷三四關西道寧州改。
〔一一〕增祀知州劉綱　「綱」，原作「剛」，據乾隆志及雍正甘肅通志卷一二祠祀改。
〔一二〕於羅川縣東王堡村底家莊　「王」，原脱，乾隆志同，據太平寰宇記卷三四關西道寧州補。

大清一統志卷二百六十三

慶陽府三

名宦

漢

杜延年。杜衍人。宣帝時召拜北地太守。選用良吏，捕擊豪强，郡中清静。

馮異。潁川父城人。建武時，領北地太守事。青山胡率萬餘人降。異又擊盧芳將賈覽、匈奴薁鞬日逐王，破之，上郡、安定皆降。

南北朝　周

閻慶。河陰人。爲寧州刺史。性寬和，不苛察，百姓悦之。

宇文貴。齊王憲子。建德中，出爲豳州刺史。雖出自深宫，而留心庶政。性聰敏，過目輒記，遠近服其明察。

隋

楊弘。高祖從弟。立爲河間王。開皇初，出拜寧州總管。在州，治尚清静，甚有恩惠。

柳儉。河東解人。大業中，拜弘化太守。入朝，郡國畢集，帝謂蘇威、牛弘曰：「其中清名天下第一者爲誰？」威等以儉對。賜帛二百疋。大業末，盜賊蜂起，儉撫結人夷，卒無離畔，境以保全。

唐

狄仁傑。太原人。中宗時，爲寧州刺史。撫和戎落，得其懽心，郡人勒碑以頌。後遷豫州。時越王兵敗，支黨餘二千人論死，仁傑密疏其詿誤，有詔悉謫戍邊。囚出寧州，父老迎勞，曰：「狄使君活汝耶！」因相與哭碑下，齋三日乃去。

宋

姚内斌。盧龍人。太祖時，西夏數犯西鄙，以内斌爲慶州刺史，兼青、白兩池榷鹽制置使。在郡十數年，西夏畏服，不敢犯塞。

董遵誨。范陽人。乾德六年，以西夏近邊，授通遠軍節度使。既至，召諸族酋長，諭以朝廷威德，刲羊釃酒，宴犒甚至，衆皆悦服。後數月，復來擾邊。遵誨率兵深入其境，擊走之，俘斬甚衆，夷落以定。太祖嘉其功，就拜環州刺史如故。太宗即位，兼領靈州路巡檢。在軍凡十四年，按撫一面，夏人悦服。

田仁朗。元城人。開寶七年，以西北邊内侵，選知慶州。仁朗至，率麾下往擊，大破之。其酋長相率請和，仁朗烹牛置酒，與之約誓，邊境乃安。璽書褒美。

慕容德豐。太原人。太平興國二年，知慶州，兼邠寧都巡檢。嘗破小遇族，奪名馬數十匹，詔書褒諭。居任九年，以簡靜爲治，邊鎮安之。

劉文質。保塞人。太宗時，知慶州。李繼遷入寇，文質將出兵，官吏不敢發庫錢，乃以私錢二百萬給軍士，皆感奮，遂大破賊。

田紹斌。汾州人。真宗初，授環慶、靈州、清遠軍，部署慶州。有野雞族數爲寇掠，道路患之，紹斌召其酋帥三人，斷臂馘劓放還，寇感化帖服。

曹瑋。靈壽人。真宗時，爲環慶路兵馬都鈐轄。嘗上涇原環慶兩道圖，帝以示左右曰：「山川險固、出入戰守之要舉在是矣。」因敕諸將按圖計事。天禧中，以瑋爲環慶緣邊巡檢安撫使。委乞、骨咩、大門等族聞瑋至，歸附者甚衆。

閻日新。臨渙人。真宗時，爲慶州都監，命管勾邠、寧、環州駐泊兵馬。時部署張凝屢入邊界，焚族帳，日新皆提兵應援。未幾，知慶州，上言野溪、三門等族恃險隘，桀黠難制，請開古川道，東至樂業鎮，西出府城。從之。

趙振。歸信人。真宗時，爲慶州沿邊都巡檢使。時金湯李欽、白豹神木馬兒、高羅跛臧三族尤桀悍難制，振募降羌，啗以利，令相攻，破十餘堡〔一〕，欽等詣振自歸，不敢復犯。後知環州。元昊將反，爲金銀冠佩隱飭甲騎遺羌屬，振潛以金帛誘取之，以破其勢。及劉平等皆敗，惟環慶無患。

孔道輔。曲阜人，孔子四十五代孫。真宗時，爲寧州軍事推官。數與州將爭事。有蛇出天慶觀真武殿中，一郡以爲神，州將帥官屬往奠拜之，欲上其事。道輔徑前以笏擊蛇，碎其首。觀者初驚，後莫不歎服。

田敏。易州人。真宗時，爲環慶路都總管。時後橋屬羌數叛擾邊，敏誅違命者十八族，又敗羅骨於三店川。

范雍。河南人。環、原州屬羌擾邊，以雍爲安撫使。建言屬羌因罪罰羊者舊輸錢，而比年責使出羊，羌人頗以爲患，請如舊輸錢，罪輕者以漢法贖金，從之。

杜杞。無錫人。仁宗時，知慶州。蕃酋率衆千餘内附，夏人以兵索酋，劫邊户，掠馬牛。有詔責杞，杞言違誓舉兵，酋不可與，因移檄夏人，不償所掠，則酋不可得，既而兵亦罷去。

史方。開封人。知環州，兼環慶路兵馬都監。先是，磨媚等六族内寇，方諭以恩信，乃傳箭牽羊乞和。減禁兵五千徙内地，以省邊費。

景泰。普州人。通判慶州。上言元昊雖稱臣，誠恐包藏禍心，當選主將，練士卒，修城池，儲㒥糧，以備不虞。三疏不報。俄元昊反，又上邊臣要略二十卷。會有薦泰知兵者，召知寧州。

范仲淹。吴縣人。仁宗時，知慶州，爲環慶路經略安撫、緣邊招討使。至部，即奏行邊，以詔書犒賞諸羌，閲其人馬，爲立條約。諸羌皆受命，自是始爲漢用。慶之西北馬鋪砦，當後橋川口，在賊腹中，仲淹引兵城之，曰大順城。大順既城，而白豹、金湯皆不敢犯，環慶自是寇益少。

滕宗諒。河南人。范仲淹薦以自代。擢天章閣待制，徙知慶州。

任福。開封人。仁宗時，知慶州，兼環慶路副總管。上言慶州去蕃族不遠，願勒兵境上，按亭堡，謹斥堠。因經度所過山川道路，以爲緩急攻守之備。帝善之，聽便宜從事。夏人寇保安、鎮戎軍，福部分諸將，破白豹城，平骨咩等四十一族。

耿傅。河南人。通判慶州。時議進兵西討，以傅督一道糧餉。會元昊入寇，參任福行營軍事，遇敵姚家川，諸將失利，敵騎益至。武英勸傅避去，傅不答。英歎曰：「英當死，君文吏，無軍責，奈何與英俱死？」傅指顧自若，被數創，乃死。贈右諫議大夫。

杜惟序。安喜人。權知慶州。會任福敗，以騎兵數千破賊三砦，斬首數百級。

王仲寶。高密人。仁宗時，知慶州，兼經略安撫招討副使。破金湯城，賜詔奬諭，徙澶州副總管，安撫使范仲淹奏留之。

韓絳。雍丘人。仁宗時，知慶州。熟羌據堡爲亂，即日討平之。

范恪。開封人。康定初，爲慶州北路都巡檢使，與攻白豹城，破之。既還，夏人遣騎襲其後，恪設伏邀擊，斬首四百級，生獲七十餘人。嘗與總管杜惟序、鈐轄高繼隆分討漢乞、薛馬、都嵬三砦〔二〕。恪先破都嵬，而繼隆圍薛馬不能下，恪馳往取之。既又援惟序，下漢乞砦。

种世衡。洛陽人。仁宗時知環州。蕃部有牛家族奴訛者，素倔强，未嘗出謁郡守。聞世衡至，遽郊迎。世衡與約，明日當至其帳，往勞部落。是夕，雪深三尺，世衡緣險而進，奴訛大驚，曰：「前此未嘗有官至吾部者，公乃不疑我耶？」率其族羅拜聽命。羌酋慕恩部落最强，世衡得其死力。諸部有貳者，使討之，無不克，其後百餘帳皆自歸。嘗課吏民射，有過失，射中則釋之。人人自勵，皆精於射，由是數年敵不敢近環境。遷環慶路兵馬鈐轄。范仲淹檄令與蔣偕築細腰城，世衡時卧病，即起將所部甲士晝夜與築，城成而卒。

郭逵。洛陽人。爲環慶兵馬都監。遭母憂，不得解官，凡三請，乃許。慶帥杜杞贐以錢四十萬，謝弗受。

傅求。考城人。知慶州。環之定邊砦蕃官蘇恩以小過疑懼而遁，將佐議致討，求謂恩非素攜貳者，乘以兵，必起邊患，但遣裨將從十數卒扣其帳，開以禍福。恩感泣，還砦如初。

馬懷德。祥符人。爲環慶路副都總管。環州蕃官蘇恩以其屬叛，往降之。

安俊。太原人。仁宗時，爲環州都監，破趙元昊吃江、井那等諸砦。安撫使韓琦上其功，遷環慶路都監。

武英。太原人。仁宗時爲環慶路駐泊都監，破黨平族，又從任福破白豹城。

高敏。登州人。爲環慶都監，主蕃部事。羌人以兵三十萬來寇，總管楊遂駐兵大義〔三〕，以敏爲先鋒將。夏人攻奪大順水砦，敏出戰，多所斬獲。次榆林〔四〕，援兵不至，中流矢死。贈嘉州刺史。

孫沔。會稽人。仁宗時，凡三知慶州，邊人服其能。

劉几。洛陽人。孫沔薦其才堪將帥，使知寧州。俗喜巫，軍校仗妖法，結其徒，亂有日。几使他兵伏壘門以伺，夜半盡擒之。

蔡挺。宋城人。英宗時知慶州。上書論攻守大計。夏人大入，諒祚親帥軍攻大順城。挺料城堅不可破，而柔遠城惡，亟遣總管張玉將鋭師守之。諒祚移寇柔遠，玉夜斫營，夏人驚擾，潰去。挺築城馬練平爲荔原堡，分屬羌三千人守之。

孫長卿。揚州人。英宗時，知慶州。州據險高，患無水。長卿鑿百井，皆及泉。泥陽有羅川、馬嶺，上搆危棧，下臨不測之淵，過者惴恐，長卿訪得唐故道，闢爲通塗。

蕭注。新喻人。熙寧初，知寧州。環慶李信之敗，列城皆堅壁，注獨啓關夜宴，如平時。

張舜民。邠州人。神宗時，爲褒樂令。王安石倡新法，舜民上書，言不當與小民争利，時人壯之。

吕由誠。開封人。知合水縣。王中立、种諤征靈州，由誠部運隨軍，天寒食盡，他邑役夫多潰去，惟由誠所部分無失者。

趙卨。依政人。神宗時，知慶州。夏人欲襲其新壘，大治攻械。卨具上撓夏計。及夏侵蘭州，卨遣曲珍將兵直抵鹽韋，俘馘千人。其酋槐厥嵬名宿兵於賀蘭原，時出攻邊。卨遣將李照甫、蕃官歸仁左右分擊，又合耿端彦趨賀蘭原，伏兵平夏，生擒嵬名，獲老幼三萬餘。

俞充。鄞人。神宗時，知慶州。慶陽兵驕，小繩治，輒肆悖。充嚴約束，斬妄言者於軍門。聞有病苦，則巡撫勞餉。死不能舉者，出私財以周其喪。以故，莫不畏威而懷惠。環州田與夏境犬牙交錯，每穫，必遭掠，多棄弗理。充檄所部，復以時耕植。慕家族山夷叛，舉户亡入西者且三百。充遣將張守約耀兵塞上，夏人亟反之。

鄭僅。彭城人。知寧州。諸軍多殺老弱，持首要賞。僅下令非强壯而能生致者，賞半之。有内附羌，追寇得老人，不忍殺，擒之，乃其父也，相持哭，一軍感動。時諸路争進討奏捷，僅獨保境不生事，寇亦不犯。

姚兕。五原人。神宗時，爲環慶巡檢。與夏人戰，一矢斃其酋，衆潰，因乘之，遂破蘭浪。敵大舉寇邊，諸砦皆受圍。兕時駐荔原堡，先羌未至，據險張疑兵，伺便輒出。有悍酋帥臨陣甚武，兕斬其首還，手射數百人。又遣子雄引壯騎馳掩其後，所向必克。敵退攻大順城，兕復往救，轉鬬三日，斬級數千，卒全二城。慶軍叛，兕以親兵守西關，盗不得入而奔。兕追及，下馬與語，皆感泣羅拜，誓無復爲亂。

張守約。濮州人。神宗時，知環州。慕家族黠很難制，摇動種落，勒兵討擒之。

范純仁。仲淹子。神宗時，知慶州。秦中方饑，擅發常平粟賑貸，僚屬請奏而須報，純仁曰：「報至無及矣，吾當獨任其責。」或謗其所全活不實，詔遣使按視。會秋大稔，民讙曰：「公實活我，忍累公耶？」晝夜争輸還之。環州种古執熟羌爲盗，流南方，過慶呼冤，純仁以屬吏非盗也。古避罪讕訟，詔御史治於寧州。純仁就逮，民萬數遮馬涕泗，不得行，至有自投於河者。獄成，古以誣告謫，加純仁以他過，黜知信陽軍。

范純粹。純仁弟。哲宗時，代兄知慶州。時與夏議分疆界，純粹請棄所取夏地，曰：「争地未棄，則邊隙無時可除，宜修明戰守救援之法。」朝廷是之。及夏侵涇原，純粹遣將曲珍破之於曲律，擣横山，夏衆遁去。

章楶。浦城人。哲宗時，知慶州。時朝議戢兵，捐葭蘆、安疆等四砦予夏，夏時得砦益驕。楶言：「夏嗜利畏威，不有懲艾，邊不得保息。宜稍取其土疆，如古削地之制，以固吾圉。然後諸路出兵，擇據要害，勢將自蹙矣。」遂乘便出討，以致其師。夏果入圍環州，楶遣驍將折可適伏兵洪德城邀擊之，斬獲甚衆。又預置毒於牛圈瀦水，夏人馬飲者多死。

孫路。開封人。哲宗時，知慶州。章惇柄國，復議取棄地。時諸道相視未進，路聲言修舊壘，載器甲樓鹵，頓大順城下。夜半趨安疆，遲明據之，六日而城完，遂築興平、横山。

曲珍。隴干人。元祐初，爲環慶副總管。夏人寇涇原，號四十萬。珍擣虛馳三百里，破之曲律山，俘斬千八百人，解其圍。

范子奇。河南人。哲宗時，知慶州。廣儲蓄，繕城栅，嚴守備，羈黠羌，推誠待下，人樂爲用。

錢即。錢塘人。徽宗時，知慶州。至鎮，築安邊城、歸德堡，開地萬頃，縱耕其中，歲得粟數十萬。

强霓。自金歸宋，知環州。隆興間，金兵圍環州，與其弟震堅守孤城。招誘使降，不屈，城陷死焉。並贈觀察使。

金

龐迪。延安人。熙宗、海陵時，爲慶陽尹。歷三考不易，以治最聞。詔書褒美，西人榮之。

楊仲武。保安人。皇統初，除知寧州。關中洊饑，境内盜賊縱横，仲武悉爲下之。

馬諷。灊陰人。天德初，爲寧州刺史。民有告謀不軌者，株連數十百人，諷察其無狀，乃究問告者，告者具伏其誣，衆皆懽呼感泣。

盧庸。豐潤人。大定二十八年進士，調定平縣令。治舊堰，引涇水溉田，民賴其利。

明

衡岳。西平人。建文時，知慶陽府。性廉潔，常禄外，一毫不取。

劉綱。禹州人。永樂中，知寧州事。因俗爲治，廢墜具興。有龍尾湫時出光怪，手射滅之，洩其水，一巨黿也。行野中横石爲矼，馬驚不敢渡，視之，則范仲淹所撰狄仁傑碑，起之，爲立祠焉。居寧三十四年，整肅如一日。仁宗賜璽書召問，進四品服倖。正統中乞歸，送者涕泣載道，寧民祀之狄仁傑祠中。

段復興。陽穀人。崇禎時，爲陝西右參議，分守慶陽。李自成據西安，傳檄諭降，復興裂其檄，集衆守踰月。賊薄城，圍數匝，發砲石，殺賊滿濠。久之，勢不支，拜辭其母，乘城督戰，城陷，焚其妻妾子女，母亦赴火死。乃持鐵鞭出，擊殺數賊，遂自刎。士民葬之西河坪，立祠祀之。

靳聖居。長垣人。崇禎時，爲慶陽府推官。時已授刑部主事，未行，賊圍城，佐段復興死守。城破被執，罵不絶口死。

袁繼登。南畿人。崇禎末，知安化縣。涖任未浹歲，即遭變，城陷不屈死。時寧州知州董琬亦城陷不屈死。

本朝

沈加顯。河南人。順治二年，任慶陽道。郡當流寇亂後，城無居民，郭外尚爲賊據。加顯招集遺民，激勵將士，擒賊首三十三人，餘黨皆散，流移漸次復業。

杜霽遠。永年人。順治九年，知安化縣。招徠流民八百餘户，墾田七百餘頃。出貲繕城堞，立學校，收殮遺骸，政聲甚著。

人物

漢

公孫賀。義渠人。祖父昆邪，景帝時爲隴西守，以將軍擊吴、楚有功，封平曲侯。著書十餘篇。賀少爲騎士，從軍數有功。

武帝即位，遷太僕。元朔中，以車騎將軍從大將軍青出，有功，封南窌侯。後代石慶爲丞相。

公孫敖。義渠人。以郎事景帝。至武帝時，以校尉從大將軍，封合騎侯。後以因杅將軍築受降城。

傅介子。義渠人。以從軍爲官。先是，龜兹、樓蘭皆嘗殺漢使者。元鳳中，介子以駿馬監求使大宛，因詔令責樓蘭、龜兹〔五〕，二國皆謝服。詔拜爲中郎〔六〕，遷平樂監。後復至樓蘭，斬其王，持首詣闕，封義陽侯。

甘延壽。北地郁郅人。少以良家子善騎射，爲羽林期門。稍遷至遼東太守，免官。許嘉薦爲郎中、諫大夫，使西域都護、騎都尉，與副校尉陳湯共誅斬郅支單于，封義成侯。

梁慬。北地弋居人。父諷，歷州宰。永元初〔七〕，除軍司馬。使北單于，宣國威德，歸附者萬餘人。慬有勇氣，慷慨好功名。殤帝時拜西域副校尉，屢立奇功，朝廷嘉之，數璽書勞勉，委以西方事，令爲諸軍節度。尋拜度遼將軍，擊破匈奴。單于惶怖，遂詣慬降。

宋

王庶。慶陽人。崇寧進士，以种師道薦，通判懷德軍。高宗初，除鄜延經略使，權陝西制置使。張浚自富平敗歸，庶力陳撫秦保蜀之策，勸浚收熙河、秦鳳之兵，阨關以爲後圖。浚不納。除湖北安撫使，因燕見請都荆州。召爲兵部侍郎，口陳秦、蜀利害。尋拜樞密副使。時秦檜以和戎爲事，庶力詆和議，乞誅金使，其言甚切。出知潭州，後謫道州安置，至貶所卒。孝宗時，追謚敏節。

張吉。慶州卒，爲淮安鎮守烽。夏人寇東谷，掠得之，脅以兵，使呼城中曰：「淮安諸砦已破，宜速降。」吉反其詞曰：「努力！諸砦無虞，賊糧盡且去矣，毋庸降！」賊怒，害之。贈内殿崇班。

明

景清。正寧人。本姓耿，訛景。洪武中，進士及第，授編修，改御史。建文初，歷北平參議，爲燕王所器，入爲僉都御史，擢御史大夫。燕師入，諸臣死者甚衆。清素預密謀，且約方孝孺等同殉。至是，獨詣闕自歸，成祖命仍其官。一日早朝，清衣緋入。先是，日者奏：「異星赤色，犯帝座甚急。」成祖故疑清，及朝，清獨著緋，命搜之，得所帶劍。詰責，清奮曰：「欲爲故主報讐耳！」帝怒，命磔死，族之，籍其鄉。福王時，贈太保，謚忠烈。

張驥。安化人。永樂中，舉於鄉。宣德初，授御史，出按江西。慮囚福建，平反至千人。正統時，巡撫山東、浙江，所至咸有建樹。

呂經。寧州人。正德進士，授禮科給事中。乾清宫災，上疏極論義子、番僧、邊帥之害。遷吏科都給事中，復極論馬昂女弟入宫事，又劾方面最貪暴者四人。羣小咸惡，謫爲蒲州同知。世宗時，擢山東參政。累官右副都御史，巡撫遼東。以兵變謫戍茂州。隆慶初復官。

李夢陽。慶陽人。弘治進士，授户部主事，進郎中。上疏五千餘言，極論得失，語侵壽寧侯張鶴齡。鶴齡誣以訕母后，下錦衣獄，尋宥出，奪俸。武宗立，劉瑾等用事，夢陽爲尚書韓文屬草劾瑾，會語洩，文等皆逐去。瑾深憾之，摭他事下夢陽獄，將殺之。康海力救，得免歸。瑾誅，起爲江西提學副使，後以事劾免。夢陽才思雄鷙，與何景明、徐禎卿輩號「七才子」。著有空同集。

李禎。安化人。隆慶進士，擢御史，累遷順天府丞。洮河有警，禎極言貢市非策，歷詆邊吏四失。以右僉都御史巡撫湖廣，累遷兵部侍郎。日本封貢事僨，詔議戰守。禎疏言首輔趙志皋、本兵石星當去。尋攝部事，以平壤、王京、釜山皆朝鮮要地，請修建大城，興屯開鎮，且列上戰守十五策，俱允行。又數上方略，多合機宜。終南京刑部尚書。

麻僖。慶陽人。父永吉，嘉靖進士，仕至湖廣按察使，以清操聞。僖登萬曆進士，授庶吉士，改兵科給事中，直言不避權勢。天啓中，歷太常少卿。魏忠賢亂政，御史陳世埈劾罷之。崇禎初，復官。致仕家居，布衣糲食，未嘗涉公庭。李自成陷慶陽，不屈死。

王信。寧州人。父没，廬墓三年。母没，信年已六十，足不踰閾者亦三年。崇禎初，以歲貢生知河南正陽縣。出撫土寇，會流賊猝至，被執，使諭降羅山、正陽。信大駡不從，斷頭剖腹而死。贈光禄丞，建祠祀之。

本朝

彭翩。正寧人。順治壬辰進士。任山西平陽推官，讞無寃民。值流寇攻縣城甚急，晝夜防禦，賊棄圍去，民德之。入祀鄉賢祠。

穆三益。正寧人。母歿，躬負土築墳，廬墓三年。

黄源。安化人。事親孝，父病，祈以身代，竟愈。及卒，哀毁幾不欲生。母歿，亦如之。又同縣楊繼元、合水李綿祉、寧州朱鵬翮，俱以孝行稱。乾隆年間旌。

張鼇略。環縣人。嘉慶十二年以孝旌。

列女

明

劉金住妻常氏。寧州人。洪武初，父謫戍夏州，女隨母偕行。適同戍鄉人劉金住，金住尋歿於戰，常事繼姑有恩禮。姑殁，有强求之者，常應曰：「待終喪。」翌日，赴水死。越三日，漁者出屍，面色如生。

魏邦妻王氏。環縣人。嘉靖中，邦疾卒，王抱痛不就寢室月餘，易衣整容，自縊死。又同邑張紀妻粱氏，亦以夫死自縊。

麻僖妻楊氏。安化人。性聰慧，讀書能通大義。崇禎十六年，城將陷，僖誓必死，楊曰：「子能死忠，吾獨不能死節乎？請先死以殉。」乃飲鴆而死。

侯舉妻夏氏。安化人。崇禎末，陷賊。賊逼之，不從，被磔死。同邑王如賓妻楊氏、麻維清妻黄氏、廖宏毅妻曹氏、子婦曹氏，俱賊至，投井死。李啓明妻楊氏，縊死。

周某妻鄭氏。環縣人。夫卒，遺一女，方二歲，孀居五十年。流寇大至，城陷，鄭氏舉火自焚死。同邑只應詔妻劉氏、苗之芳妻賈氏、張鳳齡妻姚氏、石若璞妻李氏、劉某妻韓氏，俱遇變，自縊死。王鳴璨妻禹氏，投井死。

王遇隆妻賈氏。寧州人。年十八，適遇隆。崇禎末，賊破堡，賈姑及賈夫婦俱被劫。賊欲辱賈，賈紿賊：「釋母與夫，不爾，盍先殺我！」賊釋之。賈度母、夫行遠，遂投崖死。

王家芳妻姜氏。寧州人。賊破堡，將入室。姜謂妾李、子婦邵曰：「吾家世清白，可爲賊辱耶？」攜手連袂投崖死。有司旌爲一門三烈。

王加慶女。寧州人。父母早逝，伯父撫之。年十六，許字張氏子。未嫁而夫亡，女請往弔。伯父母不許，竟日哭聲不絶，勺水不入口，至晚縊死。

本朝

任倫妻文氏。安化縣人。夫亡守節，茹苦終身。乾隆年間旌。又同縣節婦劉宗江妻賀氏、張正宗妻王氏、張興宗妻辛氏、王徵妻陳氏、張鳴璽妻賀氏、李光宗妻郅氏、錢時珠妻黄氏、張述妻楊氏、邊楝妻楊氏、夏克信妻黄氏、王受福妻楊氏、邊學儒妻李氏、黄瑗妻龐氏、楊乃機妻李氏、唐朝鳳妻王氏、周義妻馬氏、田咸有妻張氏、何若勤妻錢氏，均乾隆年間旌。武生劉傑妻郭氏、葛永年妻蔡氏、史自綱妻李氏、鄧全妻師氏、劉迅妻趙氏、李彩妻黄氏、劉郭氏、惠張氏、王張氏，均嘉慶年間旌。

李綿祉妻趙氏。合水人。夫亡守節，與同縣節婦孫可選妻謝氏，俱乾隆年間旌。又同縣節婦陶德妻薛氏、張琚妻胡氏，俱嘉慶年間旌。

湯守仁妻韓氏。環縣人。年二十四，夫亡，叔欲奪其志，氏投於水，救之不死，乃斷髮自誓。歲荒，採蓬籽爲食，其志益堅。又同縣戴學江妻郭氏，守正捐軀，李成名妻王氏、王程妻文氏、武生張麒麟妻文氏、生員楊楚妻張氏、武生高尚德妻李氏，以節孝稱，俱乾隆年間旌。許世榮妻熊氏、宋賢妻蔣氏、吕輝周妻許氏、梁世科妻劉氏，俱嘉慶年間旌。

徐大椿妻王氏。正寧人。夫亡殉節。又同縣烈婦李喜春妻徐氏、郭壯猷妻路氏、李丕建妻郭氏、姚升斗妻王氏、范錫鼎妻趙氏、姚成妻魏氏，俱以死殉夫。又同縣黨永志妻吴氏、穆廷義妻馬氏，遇强暴，守正捐軀，俱乾隆年間旌。又同縣烈婦生員鞏望古妻趙氏，夫亡殉節，嘉慶年間旌。

貞女于氏。正寧人。係楊來泰未婚妻，聞夫死他鄉，殉節。乾隆四十一年旌。

路引章妻王氏。正寧人。夫亡守節。與同縣節婦馮爾星妻鞏氏、王訪奇繼妻路氏、廩生范近宸妻彭氏、監生鞏正緒妻鄭氏、武生劉永安妻路氏、廩生路先登妻房氏，俱嘉慶年間旌。

楊國彦妻徐氏。寧州人。夫亡，氏年十九，一慟垂絶。親黨勸以撫孤大義，乃延食息。閲三月，孤又殤，遂不食而死。又同州梁運開妻龐氏、趙運旺妻雒氏、左瀛妻姜氏，俱夫亡殉節。又同州馬生才妻王氏、賀天申妻張氏，遇强暴，守正捐軀。俱乾隆年間旌。

曹日新妻鞏氏。寧州人。夫亡子幼，守志彌篤。乾隆年間旌。又同州節婦侯萬壽妻楊氏、徐偉妻王氏、王謀妻辛氏、張加朝妻楊氏、徐璽妻楊氏、郭登雲妻卜氏、馮永年妻張氏、豆可繼妻孟氏、劉春滿妻王氏、李廷璽妻陸氏、王海麟妻汪氏、王載俊妻呂氏、劉廷璧妻韓氏、趙永清妻劉氏、豆興才妻趙氏、陳崇盧妻要氏、侯萬錦妻張氏、栗月桂妻侯氏、王啓後妻趙氏、王廷棟妻王氏、徐進妻邵氏、李廷珠妻劉氏、李高妻周氏、李頃妻周氏、侯涵妻楊氏、羅萬卷妻羅氏、張明妻劉氏、劉源妻王氏、馮廷湖妻武氏、高爾莊妻邵氏、唐學顔妻田氏、徐讓妻劉氏、王國倉妻馬氏、張致和妻董氏、暢守静妻趙氏、楊文星妻徐氏、石躬璧妻暢氏、王從周妻羅氏、侯萬齡妻竇氏、張輔辰妻魏氏、石永湖妻雒氏、昔乾利妻徐氏、張斯善妻周氏、高述聖妻劉氏、閻間妻高氏、韓文塚妻王氏、郭永貴妻朱氏、楊希純妻劉氏、權崧妻雒氏、王定邦妻劉氏、生員侯舉妻焦氏、王興財妻邊氏、昔聯魁妻雒氏，俱夫亡守節，均乾隆年間旌。生員閻愉妻劉氏、監生呂仲賓妻馮氏、監生張焕妻石氏、傅三舉妻王氏、石毓奉妻彌氏、李彩妻王氏、鄭志士妻劉氏、生員張必鴻妻王氏、張宗秋妻王氏、監生高伯熊妻門氏、監生昔濟妻李氏，均以節孝稱。嘉慶年間旌。

土産

布。慶陽府出。元和志：慶州賦胡布，寧州賦麻布。寰宇記：慶州貢胡女布。

鹽。府北鹽池出。元和志：會寧縣河池出。

氈。慶陽府寧州出。唐書地理志：寧州、會州貢五色覆鞍氈。九域志：慶州貢紫茸氈。

席。寧州出。元和志：寧州貢龍鬚席。

牛酥。安化縣出。元和志：慶州貢。

麝香。安化縣出。元和志：慶州貢。

蠟。安化縣出。唐書地理志：慶州貢。寰宇記。寧州又産白蜜。

焰硝。各縣俱出。元和志：有窟一所，在會州北一百里朱家嘴辦課。

櫻桃。各縣俱出。又出楸子。

鐵。慶陽府出。府志：城北横嶺産鐵，形如蠐螬，鑄爲小刀極利。

硯。九域志：寧州貢。

黄羊。安化縣産。

藥。各縣俱出。唐書地理志：寧州貢芫青、亭藶、菴閭、假蘇。寰宇記：寧州産草豆寇、防風。九域志：寧州貢荆芥。環州貢甘草。明統志：府境出金絲草，性涼味甘，去瘴，解散諸藥之毒。本草所不載。又合水縣南山出款冬花。

校勘記

〔一〕破十餘堡　「堡」，原作「黨」，據乾隆志卷二〇三慶陽府名宦（下同卷簡稱乾隆志）及宋史卷三二三趙振傳改。

〔二〕鈐轄高繼隆分討漢乞薛馬都嵬三砦　「薛馬」，原作「薛馬」，乾隆志同，據宋史卷三二三范恪傳改。下文同改。

〔三〕總管楊遂駐兵大義　「楊遂」，原作「楊逐」，據乾隆志及宋史卷四五二高敏傳改。

〔四〕次榆林 「林」，原作「木」，乾隆志同，據宋史卷四五二高敏傳改。

〔五〕因詔令責樓蘭龜兹 「詔令」，原作「令詔」，據乾隆志及漢書卷七〇傅介子傳乙正。

〔六〕詔拜爲中郎 「中郎」，原作「郎中」，據乾隆志及漢書卷七〇傅介子傳乙正。

〔七〕永元初 「初」，原作「州」，據乾隆志改。按，後漢書卷四七梁慬傳言永元元年，除諷爲軍司馬。

寧夏府圖

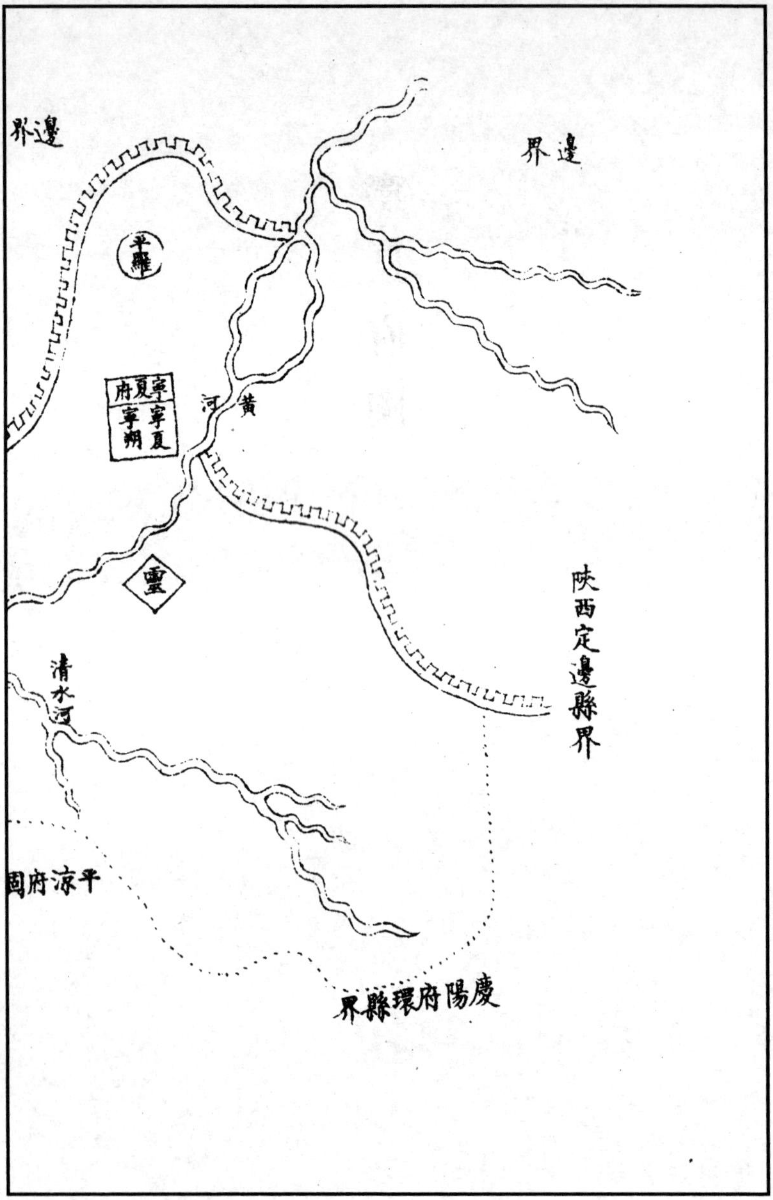
邊界
邊界
平羅
寧夏府
寧夏
寧朔
黃河
靈
陝西定邊縣界
清水河
平涼府固
慶陽府環縣界

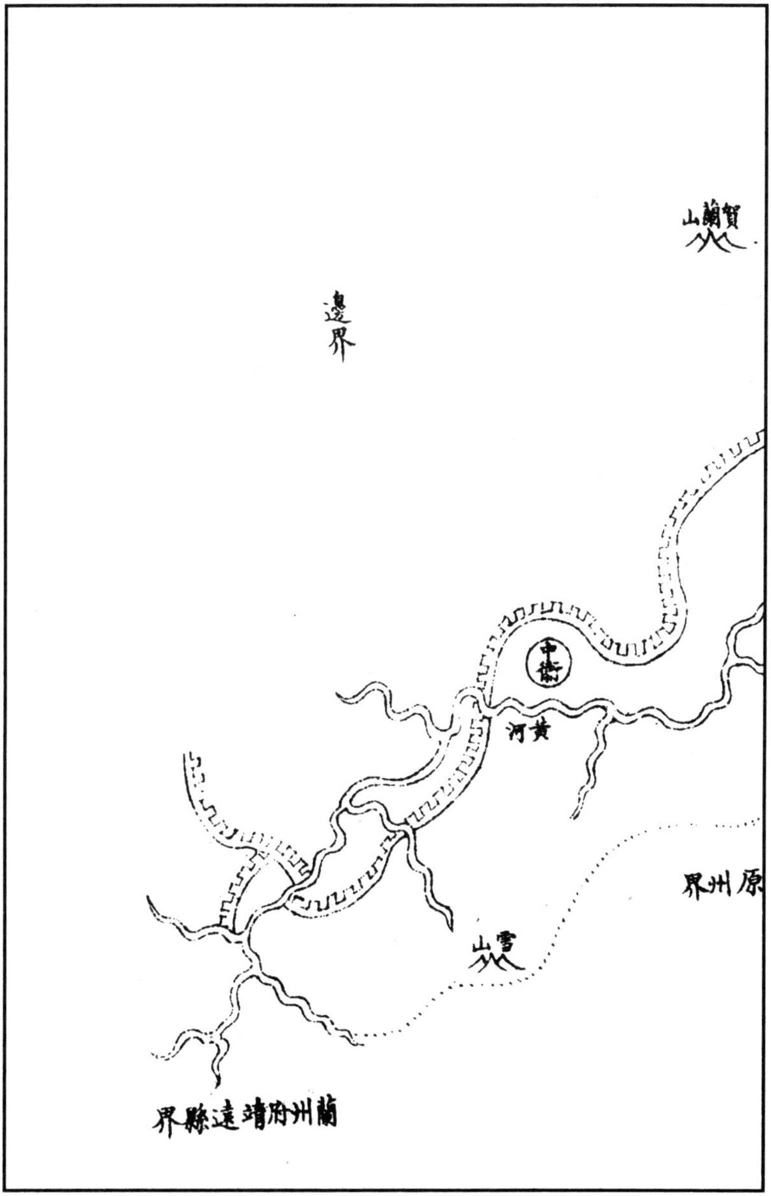
賀蘭山
邊界
中衛
黃河
原州界
雪山
蘭州府靖遠縣界

寧夏府表

	寧夏府	寧夏縣
秦	北地郡地。	
兩漢	後漢入西羌。	富平縣地。 廉縣屬北地郡。後漢末廢。
三國		
晉	義熙後爲赫連氏所據。	
南北朝	懷遠郡周置。	懷遠縣周置，郡治。
隋	廢。	懷遠縣屬靈武郡。
唐		懷遠縣屬靈州。
五代		懷遠縣
宋	咸平中，西夏置興州，尋建都，升興慶府，又曰中興府。	廢。
元	寧夏路至元八年，立西夏中興等路行省。二十五年，改置路，尋罷行省，屬甘肅行省。	
明	寧夏衛初置府，洪武五年府廢，九年改置衛。	寧夏左屯衛洪武中，置屬陝西都司。

續表

	寧朔縣	平羅縣
	靈武縣地。	北地郡北境。 方渠縣屬北地郡。後漢廢。
		歷城郡周置。
弘静縣開皇十一年置，屬靈武郡。	懷遠縣地。	
保静縣屬靈州。神龍初更名安静，至德初又改。		靈州北境。 定遠城先天二年屬靈州。景福初升爲警州。
保静縣		
西夏置静州。		西夏改置定州。 西夏築省嵬城，後廢。
		廢。
	寧夏右屯衛洪武中置，屬陝西都司。	平虜所洪武中置，屬寧夏衛。 寧夏衛地。 寧夏衛北境。

	靈州
	北地郡地。後漢移治。永和六年又徙。 富平縣 屬北地郡。後漢郡治。後徙廢。
建安縣 周置，郡治。	靈州 魏太延二年置薄骨律鎮。孝昌中，改置州。周置，帶普樂郡。 迴樂縣 周置。
靈武縣 初廢郡。開皇十八年改縣名廣閏。仁壽初又改名，屬靈武郡。	靈武郡 初廢郡。大業三年改。 迴樂縣 郡治
徙廢。	靈州靈武郡 武德初復置州，屬關內道。 迴樂縣
	靈州 迴樂縣
	靈州 咸平五年陷於西夏，改西平府，又改翔慶軍。 迴樂縣 後入西夏，廢。
	靈州 復名，屬寧夏路。
	靈州所 洪武十六年改置所，屬寧夏衛。

續表

靈洲縣屬北地郡。後漢廢。	朐衍縣屬北地郡。後漢省。	
	鹽州大興郡魏置大興郡。西魏改五原，尋復名，兼置西安州，後改名鹽州。	五原縣州郡治。
	鹽川郡開皇初郡廢。大業初復改置。	五原縣郡治。
温池縣神龍五年置，屬靈州。大中四年屬威州，後廢。	鹽州五原郡初州没，寄治靈州。貞觀初復置州。天寶初改置郡。乾元初復爲州，元和中隸夏州。	五原縣貞觀初省，後復置。
	鹽州	五原縣
	入西夏。	廢。
	寧夏後衛成化中置花馬池所。正德初改衛，屬陝西都司。	

續表

	中衛縣
	北地郡地。
	眴卷縣 屬安定郡。後漢省。
	寧州地。 周置會州，尋廢。
	鳴沙縣 開皇十九年置環州及縣。大業三年廢州，屬靈武郡。 豐安縣 開皇十年置，屬靈武郡。
白池縣 初置興寧縣，屬鹽州。景龍初改名。	貞觀六年復置環州。九年廢，以縣屬靈州。神龍二年，以蕃擾徙廢。 鳴沙縣 武德四年分迴樂縣置豐安縣。貞觀後省。神龍後移置鳴沙縣於廢豐安城。
白池縣	鳴沙縣
廢。	鳴沙縣 入西夏。
	應理州 初置，屬寧夏路。 鳴沙縣 初升州，屬寧夏路。
	寧夏中衛 洪武初廢州。永樂元年移建衛，屬陝西都司。 洪武初廢。

威州 咸亨三年置安樂州。至德後没吐蕃。大中三年收復，改名，屬關内道。

續表

大清一統志卷二百六十四

寧夏府一

在甘肅省東北九百四十里。東西距五百三十里，南北距六百六十里。東至陝西延安府定邊縣界三百七十里，西至賀蘭山邊界一百六十里，南至平涼府固原州界三百七十里，北至西瓜山邊界二百九十里。東南至慶陽府環縣界三百六十里，西南至固原州界四百里，東北至白塔山邊界三百里，西北至賀蘭山邊界二百二十里。自府治至京師四千五十里。

分野

天文東井、輿鬼分野，鶉首之次。

建置沿革

禹貢雍州之域。春秋、戰國屬秦，始皇時，屬北地郡。漢爲北地郡北部都尉地。治富平，在今靈州界。後漢末廢。晉義熙後，爲赫連勃勃所據。後魏始於今府南境置靈州。後周建德三年，於此置懷遠郡及懷遠縣。隋開皇三年，郡廢，屬靈武郡。唐屬靈州。州爲朔方節度治所。宋初，廢爲懷遠鎮。咸平中，入於西夏。乾興二年，夏人城懷遠鎮爲興州，自靈州徙都之後，升爲興慶府，又曰中興府。元太祖二十二年，滅夏。至元八年，立西夏中興等路行省。二十五年，改置寧夏路總管府。元貞元年，革行省，屬甘肅行省。明洪武三年，曰寧夏府。五年，府廢。二十六年，明統志作九年，與明史不同。改置寧夏衛。二十八年罷。永樂元年，復置，屬陝西都司。本朝初因之。雍正二年，改置寧夏府，屬甘肅省，兼置寧夏、寧朔二縣，同爲府治。又改靈州千户所爲州，置平羅、中衛二縣。五年，置新渠縣。七年，置寶豐縣。乾隆三年，裁新渠、寶豐二縣，併入平羅縣。領州一、縣四。

寧夏縣。附郭。東西距四十五里，南北距一百十里。東至靈州界三十里，西至寧朔縣界十五里，南至寧朔縣界九十里，北至寧朔縣界二十里。東南至靈州界八十五里，西南至寧朔縣界五十里，東北至平羅縣界四十里，西北至寧朔縣界十五里。本漢北地郡富平縣地。後周始置懷遠縣，爲懷遠郡治。隋屬靈武郡。唐屬靈州。宋入於西夏。元爲寧夏路東境。明洪武十七年，置寧夏前衛。二十五年，復置左屯衛，俱屬陝西都司。後廢。三十五年，復置。本朝初因之。順治十五年，廢前衛入寧夏衛。雍正二年，改置寧夏縣，爲寧夏府治。

寧朔縣。附郭。東西距九十一里，南北距二百五十里。東至寧夏縣界一里，西至賀蘭山邊界九十里，南至中衛縣界一百六十里，北至平羅縣界九十里。東南至寧夏縣界五十里，西南至邊牆一百里，東北至寧夏縣界三十五里，西北至平羅縣界三十五里。漢北地郡靈武縣地。隋、唐爲懷遠縣西境。元爲寧夏路西境。明洪武中，分置寧夏右屯衛，屬陝西都司。本朝雍正二年，改置寧朔縣，與寧夏縣同爲府治。

平羅縣。在府北少東一百二十里。東西距一百里，南北距一百十五里。東至寧夏縣界四十里，西至賀蘭山六十里，南至寧朔縣界七十里，北至石觜山四十五里。東南至靈州界六十五里，西南至寧朔縣界九十里，東北至黄河隄二十里，西北至鎮遠關五十里。漢北地郡北境。唐爲靈州北境。明永樂初，築平虜城。嘉靖三十年，置平虜守禦千户所，屬寧夏衛。本朝初曰平羅所，雍正二年，改置平羅縣。五年，分置新渠縣。七年，增置寶豐縣，並屬寧夏府。乾隆三年，省新渠、寶豐二縣，並入平羅，仍屬寧夏府。

靈州。在府東南九十里。東西距三百一十里，南北距三百五十里。東至陝西延安府定邊縣界二百八十里，西至寧夏縣界三十里，南至平涼府固原州界二百八十里，北至邊牆七十里。東南至慶陽府環縣界二百九十里，西南至中衛縣界一百二十里，東北至興武營一百四十里，西北至寧夏縣界七十里。漢置靈州、富平二縣，屬北地郡。後漢徙廢。後魏太延二年，置薄骨律鎮。孝昌中，改置靈州。周置總管府，兼置普樂郡及迴樂縣。隋開皇三年，郡廢。大業初，罷府。三年，改州爲靈武郡。唐武德元年，復曰靈州，仍置總管府。七年，改都督府，屬關内道。開元九年，置朔方節度使。天寶元年，復曰靈武郡。乾元元年，復曰靈州。五代因之。宋咸平五年，入於西夏，改爲西平府，又改翔慶軍。元復曰靈州，屬寧夏路。明洪武十六年，改靈州千户所，屬寧夏衛。本朝初因之。雍正三年，改爲靈州，屬寧夏府。

中衛縣。在府西南三百八十里。東西距四百三十里，南北距二百十里。東至寧朔縣界二百二十里，西至蘭州府皐蘭縣界二百一十里，南至平涼府固原州界二百里，北至邊牆十里。東南至靈州界二百里，西南至蘭州府靖遠縣界二百里，東北至靈州界二百里，西北至邊界二十里。秦北地郡地。漢安定郡眴卷縣地。後漢廢。後魏爲靈州地。隋爲靈武郡地。唐爲靈州鳴沙縣地。宋没於西夏。元置應理州，屬寧夏路。明洪武三年，州廢。永樂元年，置寧夏中衛，屬陝西都司。本朝初因之。順治十五年，併入寧夏右屯衛。雍正二年，改置中衛縣，屬寧夏府。

形勢

黄河襟帶於東南，賀蘭蹲峙於西北。沃野擅魚米之利，灌漑資漢、唐之渠。地險民富，稱四塞腴區。中邊圖制。北鄰大漠，南距平涼，東接榆、延，西連甘肅。舊志。

風俗

本雜羌戎之俗，後周遷江左之人於此，崇禮好學，習俗相化，因謂之塞北江南。寰宇記。篤信機鬼，尚詛呪。宋史夏國傳。强梗尚氣，敢戰鬭。金史夏國贊。土人性勇鋭，善畜牧，尚釋重巫。明初徙其民於陝西，居此土者皆五方之人，是以風俗不純。明統志。

城池

寧夏府城。周十五里有奇，東西長倍於南北。門六，濠深七尺。本西夏故址，元末棄其西半，明正統中復築。本朝順治、康熙間屢修，乾隆三年圮，五年復築。又滿城在府城西十五里，周七里有奇，門四，濠廣六丈。乾隆四年築，設將軍及八旗兵駐防。四十六年、五十年屢修。舊滿城在城東北二里，周六里有奇。雍正元年創築，乾隆三年圮，因移建。寧夏、寧朔二縣附郭。

平羅縣城。周四里有奇，南、北二門。明永樂初築，至萬曆三年甃甎。本朝乾隆三年圮，四年復築。

靈州城。舊在黄河南，明洪武中移築河北。宣德中，移築河東北隅。周七里八分。萬曆五年甃甎。門四。本朝乾隆五年修。

中衛縣城。周五里有奇，東、西、南三門，濠深一丈。明正統、天順間，因舊址展築。本朝康熙四十八年圮，乾隆五年復築。

學校

寧夏府學。在府治西北，即舊衛學。明洪武二十九年建。入學額數二十名。又商學，在明倫堂後，本朝雍正三年建，入學額數八名。嘉慶四年，添設滿營學校，以應試人數多寡定額。

寧夏縣學。在府城東北。雍正三年建。入學額數十七名。

寧朔縣學。在府城東北。雍正三年建。入學額數十七名。

平羅縣學。在縣治。雍正三年建。入學額數八名。

靈州學。在州治東南，即舊所學。明正德十三年建。本朝順治十六年、康熙四十六年、嘉慶二年屢修。入學額數十四名。

中衛縣學。在縣治東南，即舊寧夏中衛學。明正統中建。入學額數十五名。

揆文書院。在府學東。明嘉靖四十三年，巡撫王崇古建。

銀川書院。本朝乾隆十九年，寧夏、寧朔二縣公建。

奎文書院。在靈州城西門外。舊爲鍾靈書院，日久傾圮，本朝乾隆五十一年改建。

朔方書院。在靈州東花馬池城内。明嘉靖四十五年，户部郎中蔡國熙建。

應理書院。在中衛縣南門。本朝康熙四十五年，同知高士鐸建。

户口

原額民丁共二萬一千二百三十六，今滋生民丁男婦大小共一百二十一萬一千四百八十名口，屯丁男婦大小共十八萬一千三百三十五名口，統計二十一萬四千九百九十二户。

田賦

田地共二萬三千三百十七頃六畝五分，額徵銀共一萬四千七百三十三兩六錢二分三釐，糧共十四萬一千一百三十三石二斗八升八合一勺。

山川

莎羅模山。在寧朔縣西南一百里，近賀蘭山靈武口。有水自地涌出，旱禱多應。

賀蘭山。在寧朔縣西北，抵平羅縣界。隋書地理志：弘静縣有賀蘭山。元和志：賀蘭山在保静縣西九十三里。樹木青白，望如駮馬，北人呼「駮」爲「賀蘭」，故名。其山與河東望雲山，形勢相接，迤邐向北，經靈武縣，又西北經保静西，又西北經懷遠縣西，又北經定遠城西，又東北抵河。抵河處亦名乞伏山。從首至尾，有像月形。南北約五百餘里，真邊城之巨防。山之東，河之西，有平田數千頃，可引水灌既，如盡收地利，足以贍給軍儲也。舊志：山在寧夏城西六十里，峯巒蒼翠，崖壁險削，邊境倚以爲固。上有廢寺百餘，並元昊故宫遺址，自來爲居人畋獵樵牧之場。明弘治中，北虜爲患，遂奏禁之。山麓有黄安峽、赤木等口，舊皆壘石置驛。通志：山在平羅縣西六十里。

卑移山。在寧朔縣西北。漢書地理志：在廉縣西北。五邊考：寧夏衛西北境有寧羅山〔一〕，其西南爲龜山、松山、揹次山，與莊浪衛相接，皆有險塞可憑。

黑山。在平羅縣西北。朔方志：山在寧夏衛東北二百里賀蘭山尾，其形如虎踞。按：中衛志中衛縣東三十里亦有黑山，其色黑。

石觜山。在平羅縣北。明統志：在寧夏衛東北二百里，山石突出如觜。新志：在今縣北四十里。

麥垛山。在平羅縣北。劉吉寰宇通志：在寧夏衛東北二百里，山勢高聳如麥垛。

西瓜山。在平羅縣北。明統志：在寧夏衛北二百八十里，以形似名。

黄草山。在平羅縣北。明統志：在寧夏衛北二百八十里，其上草色多黄。

省嵬山。在平羅縣東北。舊志：在寧夏衛東北一百四十里，有省嵬口，爲防禦要地。按：水經注「河水逕石崖山西，崖之上自然有文，盡若戰馬之狀，粲然成著，類似圖焉，故亦謂之畫石山」。蓋即省嵬山也。

老虎山。在平羅縣東北。舊志：在平羅所東北百八十里黄河岸上。九邊考云：自老虎山而西，爲長流水、蒲草泉等險，距寧夏衛境可數百里，皆可收爲外險。

馬鞍山。在靈州東五十里。

磁窑山。在靈州東六十里。舊爲陶冶之所，明成化九年，巡撫馬文升議築磁窑堡，以接邊界。

居中山。在靈州東南。明統志：在寧夏衛東南二百六十里。

狼山。在靈州東南韋州堡東五里。

三山。在靈州東南韋州堡東一百里，三峯列峙。又桴子山，在三山南，溪澗險惡，人迹罕到，以出桴子木，故名。

金積山。在靈州南一百里。明統志：在寧夏衛南二百里，山多赭土，日照其色如金。山北崖石板下有水亂滴如雨〔二〕，旱禱有應。又有滚泉，在東麓，自地涌出，高一二尺，如沸湯之狀，清潔可飲。又有黑鷹山，在衛南二百五十里，昔人嘗於此獲黑鷹。

長樂山。在靈州南。元和志：迴樂縣有長樂山，舊名達樂山，亦曰鐸洛山。以山下有鐸洛泉水，故名。舊土谷渾部落所居，今吐蕃置兵守之。寰宇記：十道記云，安樂州近長樂山下。

蠡山。在靈州南。明統志：在寧夏衛南二百六十里，層巒聳翠，其峯如蠡。山有富泉，又東北有小蠡山。舊志：在韋州城西二十里，亦曰螺山。四旁皆平地，屹然獨立，上多奇木、異卉、良藥。又小蠡山，在大蠡山之南，其脈相連。

琥八山。在靈州西南。明統志：在寧夏衛西南三百四十里。「琥八」，譯言「駁雜」也。通志：在韋州堡西南八十里。

硤口山。在靈州西。水經注：河水過富平縣西，河側有兩山相對，水出其間，即上河峽，世謂之青山峽。通鑑：唐武德九年，安州都督李靖與突厥戰於靈州之硤石。又長慶元年，靈武節度使李進誠及吐蕃戰於大石山，敗之。寰宇記：大石山，即上河峽也。明統志：峽口山在寧夏衛西南一百四十里。兩山相挾，河經其中。一名青銅峽。上列古塔一百有八座。

平山。在靈州東北八十里。以山頂平而名。

方山。在靈州東北花馬池城東北百餘里。

石空寺山。在中衛縣東七十里。山有石空寺，因名。又東十五里有石空洞。

香山。在中衛縣南。周環約五百餘里，東南接壤靈州，西南與蘭州府靖遠縣連界。明爲慶藩牧場，本朝始入縣治。地多旱，遇雨乃可收。

米鉢山。在中衛縣南七十里，即香山之支山。山有米鉢寺，故名。又南有天景山，亦香山之支也。

韋静山。在中衛縣西南。其南又有雪山。通志又有冷山，俱在大河之南，近平涼、蘭州界。

沙山。在中衛縣西七十里。元史地理志：應理州西據沙山。明統志：因沙所積，故名。

大沙子山。在中衛縣西七十里，舊應理州西南，俗呼扒里扒沙。迤西近莊浪、涼州諸界。

觀音山。在中衛縣北五十里。山有觀音洞，故名。山北即邊界。

五原。在靈州東北花馬池境内。元和志：故五原郡，以其地有五原所，故名。五原，謂龍游原、乞地千原、青嶺原、可嵐貞原〔三〕、横槽原。

石夾洞。在平羅縣西北。俗名白虎洞。

羚羊洞。在中衛縣東南百里。

黄河。自蘭州府靖遠縣流入，經中衛縣南，又東北，經靈州西北，又東北，經寧夏縣東南，又東北，經平羅縣東，入鄂爾多斯界。漢書地理志：眴卷縣，河水别出爲河溝，東至富平，北入河。水經注：河水東北逕麥田山西，又東北，逕於黑城北，又東北，高平川水注之，又東北，逕眴卷縣故城西，又北過北地富平縣西。河水於此有上河之名。河側有兩山相對，水出其間，即上河峽，世謂之青山峽。河水歷峽北注，枝分東出。又云：河水又北，逕富平縣故城西，又北，逕薄骨律鎮城，又逕典農城東，世謂之胡城。又北，逕上河城東，又東北，逕渾懷障西，又東北，歷石崖山西，又北，過朔方臨戎縣西。元和志：鳴沙縣西枕黄河。又：黄河自迴樂縣流入靈武縣。明統志：黄河西南自靖虜衛來，分流入中衛城。正河在城南，東北注寧夏〔四〕。又：黄河在寧夏衛東南四十里。舊志：黄河自蘭會北流，兩崖岸皆崇崖峭壁，河狹而水勢湍駛，商市山木而下者，日行可二百里，以其流急也。經中衛西五十里，始落平壤。遶城南，又東北，入峽口，釃爲漢、唐諸渠。經鎮東北，過新秦中，出龍門，由延綏南注。通志：黄河今在中衛縣南十里，靈州西北一里，府東南三十里，平羅縣東二十里，皆引渠灌田。

黑水河。在寧夏縣東。源出河套内，西南流，由闇門入境，又折西北，出横城堡邊，至城東四十里入黄河。按：明統志番名哈喇烏蘇河。今蒙古又名庫克爾黑河。哈喇烏蘇，言黑水。庫克爾，言清水也。「哈喇烏蘇」舊作「哈喇兀速」，「庫克爾」舊作「葛克爾」，今並改。

西河。在平羅縣東。源出縣東北，流三百五十餘里，入黄河，久淤塞。本朝雍正五年重濬。受漢、唐兩渠之餘水，下流合惠農渠，以達於河。沿河建橋十六，以通行旅。乾隆五年復濬。

白草水。在靈州西南。寰宇記：源出平地。

高平水。在中衛縣東。自平凉府固原州北流至縣境，入黄河。即今清水河也。亦名山河。水經注：高平川水逕三水縣西，肥水注之，又北入河。明統志：清水河在寧夏衛南三百五十里鳴沙州城南，一名葫蘆河。河流甚狹，自平凉界夾注於黄河。

安樂川。在靈州南稍東一百八十里。寰宇記：川近長樂山。又有天麻川，在州東北，至龍谷路入静邊界。

洛陽川。在中衛縣西二十五里。縣志：俗譌略場湖。

高臺寺湖。在寧夏縣東十五里。又東五里有沙湖。又巽湖，在縣東南二十五里。

月湖。在寧夏縣北三十五里。以形似名。

金波湖。在寧夏縣東北青陽門外。沿岸垂柳蔽日，中有芰荷，爲一方之勝。

三塔湖。在寧夏縣東北三十里。

長湖。在寧朔縣南十五里。明統志作在衛西北一百二十里。

觀音湖。在寧朔縣西九十三里。乃賀蘭山水聚於山下大水口成湖。

蒲草湖。在靈州東南十里。又草場湖，在州南三十里。

東湖。在靈州東南，舊韋州堡東一里。又有鴛鴦湖，在東湖北三里。

馬槽湖。在中衛縣東北二十五里。以形似名。又有蒲塘，在縣北四十里，塘中多産蒲草，故名。下流皆入於河。

惠農渠。在寧夏縣東葉昇堡東南。又北經平羅縣東，其地名查漢托護，濱黄河西，地皆良沃。舊以漢、唐渠水所不及，遂爲曠野。本朝雍正四年，特命兵部侍郎通智、户部侍郎單疇書等經理相度，始於河西陶家觜南花家灣鑿大渠，引水北流，長三百里，下與西河會。渠口建進水閘一，退水閘三，中爲東水閘八，尾閘一，隨時蓄洩。又設暗洞三，一通上下之流，一接漢渠餘水。沿渠造橋二十有二，以便往來。兩岸各開支渠百餘道，或七八里，或三四十里，俱作陡口飛槽，共溉田二萬餘頃。又於渠之東岸築長隄以障黄河之泛溢，於渠之西復疏西河舊淤以瀉漢、唐兩渠諸湖之溢水。七年工成，賜名惠農渠。每歲之春，必加修濬。後又增設暗洞四，計暗洞七，飛槽八，陡口三十二。乾隆五年，復引渠至平羅縣市口堡，入黄河，與西河别流，計長一百三十餘里，溉通義等三十八堡田四千五百餘頃。

漢延渠。在寧夏縣東南，即古漢渠也。元和志：漢渠在靈武縣南五十里。從漢渠北流四十餘里，始爲千金大陂。其左右又有胡渠、御史、百家等八渠，溉田五百餘頃。朔方志：漢延渠，在寧夏衛東南。自峽口東鑿河，引流數里許，有閘以洩水。渠流遶衛東，逶迤而北，溉田萬頃。支流陡口三百六十有九。通志：渠自寧夏東南引黄河遶城自東而北流十二里，至漢壩堡，設正閘一，外設退水閘三。水小則閉各閘，使水皆入渠，水大則開閘以洩之。又設暗洞四，以瀉渠西積水。渠長二百三十里，經寧朔、寧夏東界而北，合惠農渠，溉田三千八百九十餘頃。東西兩岸支渠各十有四。本朝順治十五年、康熙四十年俱修，雍正九年重修。

大清渠。在府南漢、唐二渠之間，距漢渠口五里。引黄河水北流七里，至陳俊堡，設正閘一，退水閘三。又引流而北，凡七十五里，經寧朔、寧夏二縣界，合唐來渠。東岸支渠九，西岸支渠六，共溉田一千一百二十餘頃。本朝康熙四十八年，同知王全臣創開，雍正九年重修。

唐來渠。在寧朔縣西南，亦名唐渠。宋史夏國傳：興靈有古渠，曰唐來〔五〕，曰漢源，皆支引黄河，故灌溉之利，歲無旱澇之虞。元史郭守敬傳：至元二年，從張文謙行省西夏。先是，古渠在中興者，一名唐來，其長四百里；一名漢延，長二百五十里。它州正渠十，皆長二百里；支渠大小六十八，灌田九萬餘頃。兵亂以來，廢壞淤淺〔六〕，守敬更立牐堰，皆復其舊。通志：唐來渠，在寧朔縣西，據漢延渠之上三十里。黄河出青銅峽，東北流渠口，即於峽之盡處開鑿，引水遶城，自西而北，行二十里至唐壩堡。設閘爲六空，西四空爲唐渠，東二空爲貼渠，外亦設退水閘三。渠長三百二十里，經寧朔、寧夏、平羅縣界。東岸支渠十五，西岸支渠十七，陡口四百三十六，共溉田四千八百餘頃。明萬曆中，僉事汪文輝改建閘口。本朝康熙四十八年，同知王全臣於倒流河增建退水閘。雍正九年重修。又有貼渠，與唐渠同口異閘，溉唐渠東岸地之最高者，中分爲二，一長四十里，一長五十里。其渠口舊爲河水浸齧，築張貴湃護之。康熙四十七年，都司王應龍改築湃，曰馬關嵯，遂省歲修之費。

靖虜渠。在寧朔縣西南。舊名李王渠，乃元昊廢渠也。明弘治中，巡撫王珣言：「木邊舊有古渠三道，東爲漢渠，中爲唐渠，現通水利。惟西一渠，逼在山下，今大半淤塞，請疏鑿成河，改名靖虜。」後以石堅沙深，不能成功，仍爲廢渠。

清塞渠。在平羅縣五墩左右。受唐來渠水，長六十七里，溉田一千八百餘畝。兩岸支渠陡口二十二。本朝康熙五十三年，同知王全臣開。

昌潤渠。在平羅縣東。舊有六羊河，即黄河分流，東北流百餘里，仍入黄河。本朝雍正六年，既開惠農渠，復即舊河疏其淤塞，重築湃岸於渠口，建進水閘一，退水閘二，中爲束水閘三，兩旁分支渠數十道，溉田萬餘頃，賜名昌潤渠。按：黄河常爲中國患，而寧夏獨受其利，引渠灌溉，凡數萬頃，無旱潦之災。史記河渠書：自武帝塞宣房後，朔方、西河、河西、酒泉皆因河及川谷水以溉田。後漢西羌傳：順帝從虞詡言，復朔方、西河、上郡，使激河浚渠，爲屯田，省内郡費歲一億計。府境有漢、唐諸渠，拓拔氏據西夏，資以灌溉。元至元初，董文用、郭守敬復開之，至今蒙其利。而寧夏以北查漢托護之地，黄河所經，沃野尤廣。元和志所謂賀蘭之東，河之西，有平田數千頃，可引水灌溉是也。自明中葉，套患日亟，棄在境外。國家威德遠被，河套内外悉隸於版圖。河西一帶，向以水利未興，猶爲牧場。世宗憲皇帝軫念邊儲，不惜重費，特發帑金數十萬兩，遣大臣經理，創開惠農、昌潤二渠，兼濬舊渠，招徠耕墾，增設二縣，闢地三百餘里，廣膏腴數萬頃。深仁普澤，利賴萬世，更勝漢、唐等渠矣。

秦家渠。在靈州東。亦曰秦渠，古渠也。黄河經州西，由秦壩堡北分枝，遶州之東，復歸於河，長一百二十里。元史：至元改元，董文用爲中興行省郎中，始開秦家等渠。朔方志：渠長七十五里，灌田九百餘頃。里仁、李羅、大中皆其支渠。通志：今長一百五十里，溉田一千三百頃。渠口有閘，曰秦閘，渠尾有洩水閘，曰黑渠閘，舊用木爲之，康熙中易以石。

光禄渠。在靈州東。唐書：靈州有光禄渠，久廢。節度使李聽引渠溉塞下地千頃，後賴其饒。舊志：在靈州所東，本漢時導河溉田處，今廢。

薄骨律渠。在靈州南。元和志：在迴樂縣南六十里，溉田一千餘頃。又唐書地理志：迴樂有特進渠，溉田六百頃，長慶四年開。

七級渠。在靈州南。唐書代宗紀：大曆八年，吐蕃寇靈州，郭子儀敗之於七級渠。

艾山渠。在靈州西南。魏書：太平真君五年，刁雍爲薄骨律鎮將，表曰：「富平西南三十里有艾山，南北二十六里，東西四十五里，鑿以通河，似禹舊迹。其兩岸作溉田大渠，廣十餘步。今渠高於河，水不得上。求於河西高渠之北八里，分河之下五里，平地鑿渠，築其兩岸，令高一丈。北行四十里，還入古高渠。即循高渠而北，復八十里，合一百二十里。渠成，可溉官私田四萬餘頃。」按：此渠當在青龍峽口，去唐渠不遠。舊志謂即寧夏城西之靖虜廢渠，誤。

漢伯渠。在靈州西，亦曰漢渠。相傳漢時所開。朔方志：渠長九十餘里。明洪武初濬之，灌田七百三十餘頃。通志：渠口在秦渠上流，青銅峽之麓，長八十里，溉田千三百頃。渠口有閘，曰漢閘。舊時秦、漢二渠，以河勢日下，常苦無水。本朝康熙四十五年，同知祖良正重濬二渠，改建石閘，增長迎水湃，水始足用。又漢伯渠下流，水無所洩，每浸民田。明河東道張九德創開蘆洞，自秦渠北岸疏溝三十里，洩水入河。歲久淤塞，秦渠東岸二十餘里，每受山水之害。康熙五十二年重修。

白渠。在中衛縣東二十里。舊長四十二里，溉田一百七十頃。今曰北渠，長五十里，溉田一百一十八頃。又有新北渠，在鎮虜堡，引水東北至勝金關，長三十里，溉田一百二十一頃。

勝水渠。在中衛縣東，勝金關下。長五十里，溉石空寺、永興、張義三堡田，凡二百餘頃。

石空渠。在中衛縣東七十里。長七十三里，溉田六十餘頃。

順水渠。在中衛縣東九十里。舊曰棗園渠。袤三十五里，溉田九十五頃。今改名，長七十里，溉田三十七頃。又棗園堡有新順水渠，溉田二百二十六頃。又東鐵筒堡有常永渠，長三十里，溉田四十九頃。又東廣武堡有石灰渠，長五十七里，溉田一百二十頃。以上諸渠，皆在河北。

柳青渠。在中衛縣東南一百里。溉田一百六十八頃。

七星渠。在中衛縣東南一百二十里。舊長四十三里，溉田二百二十餘頃。本朝康熙中重濬，長百餘里，溉新寧安、威武、鳴沙三堡田五百餘頃。乾隆二十三年復濬，溉新寧安、恩和、鳴沙、白馬灘四堡田七百九十一頃。縣境諸渠，美利之外，惟此最大。

以上諸渠，皆在河南。

羚羊渠。在中衛縣南四十里。長四十餘里，溉田二百餘頃。又羚羊店渠，在縣永康堡，舊溉田二百二十餘頃，今溉田一百二十九頃。羚羊角渠，在縣常羅堡，舊溉田七十餘頃，今溉田十八頃。又有通濟渠，在縣長恩堡，長三十里，溉田四十有九頃。

美利渠。在中衛縣西二十里。舊名蜘蛛渠。自石龍口引黄河東北達勝金關，長五十八里。明嘉靖間重濬，長一百二十里，溉田七百三十頃。本朝康熙中重修，復溉田五百六十五頃。又有貼渠，在美利渠東，舊名中渠，長三十六里，溉田一百二十餘頃。今重濬，長七十里，溉田二百六十九頃。

鹽池。有大、小二池，皆在靈州界。元和志：鹽州五原縣鹽池四所，一烏池，二白池，三細項池，四瓦窑池。烏、白兩池出鹽，今度支收糶。瓦窑池、細項池並廢。唐書地理志：靈州懷遠有鹽池三，曰紅桃、武平、河池。又迴樂縣有温泉鹽池，在縣南一百八十三里，周迴三十一里。明統志：鹽池在慶陽府北五百里，有二，大鹽池周圍八十里，小鹽池周圍二十七里，俱産鹽。舊志：大鹽池去寧夏衛三百五十里，鹽色青白，亦曰青白鹽池。明時邊儲，多取給於此。小鹽池在靈州所東南一百三十里，惠安城西一里。壕牆周三十六里，設鹽捕通判管理。吉蘭泰鹽池，於嘉慶十一年歸官，招商行銷。每年額鹽三萬石，引八萬七千五百道。由磴口運至河口、磧口等處分銷。責令運判及鹽大使督催稽查。

花馬池。在靈州東花馬城西。明統志：在慶陽府北五百里，周圍四十三里，與馬槽、孛羅、濫泥、鍋底等池相近。舊志：其地平衍，無川谷之阻。明中葉，套夷往往由此闌入，爲邊患。又天池亦在所城西湖，明成化九年，巡撫馬文升議築堡於此。

紅柳池。在靈州花馬城東南。明統志：在慶陽府北五百里，周二十六里。石溝池在其西，蓮花池在其東。延綏舊志：蓮花池周十里，又有狗池，周二百八十里。

青沙澗。在靈州花馬池東北，邊圖城東北，跨馬梁、青沙澗，與榆林府清平、定邊相對，離花馬池二百里。又東北有敖忽澗、五座山諸險。

鐵柱泉。在靈州花馬城西南六十里，有泉百步。明嘉靖中，以寇入必飲馬於此，築堡守之。

龍潭泉。在中衛縣西二十里。其水夏則瀦蓄，冬不凝冰，一名暖泉。禱雨有應。又一盌泉，在縣西一百一十里。野馬泉，在縣北二十里。

千金波。在寧夏縣南。元和志：在靈武縣北四十二里，長五十里，闊十里。

古蹟

懷遠故城。今府治。隋書地理志：靈武郡統懷遠縣。後周置，仍立懷遠郡。開皇三年，郡廢。元和志：縣在靈州北，隔河一百二十里。本名飲汗城，赫連勃勃以此爲麗子園。後魏以給百姓，立爲懷遠縣。其城儀鳳二年爲河水汎損。三年，於故城西更築新城。杜佑通典：懷遠本漢富平縣地，魏置六鎮三戍於此。寰宇記：今廢爲懷遠鎮，管蕃部六。宋史夏國傳：咸平四年，李繼遷攻破定州懷遠縣。乾興二年，李德明城懷遠鎮爲興州以居。其子元昊仍居興州，阻河依賀蘭山爲固，名興慶府。元史：太祖二十二年，伐夏。夏主李晛降。地理志：興州，後又改中興府。元至元二十五年，置寧夏路。明史地理志：洪武三年，置府。二十六年，改置寧夏衛。本朝初因之，順治十五年，以前屯衛併入寧夏衛，雍正二年升府。

廉縣故城。在寧夏縣北。漢置，屬北地郡，後漢因之。後廢。又見固原州。

靈武故城。有二：一爲漢縣，在寧朔縣西北。地理志：屬北地郡，後漢省。段熲傳：建寧元年，熲追羌於令鮮水上，及於靈武谷。章懷太子注「靈武，縣名，有谷，在今懷遠縣西北」是也。一爲隋縣，即漢渾懷障，在今平羅縣東北界。一爲唐縣，在靈州西北，即水經注所謂胡城也。元和志：靈武縣東南至靈州十八里，本漢富平縣地。後漢破赫連昌，收胡户徙此，因號胡地城。隋仁壽元年，改廣閏縣爲靈武縣〔七〕，移入胡地城安置。寰宇記：周天和三年，廢歷城郡爲胡城鎮。唐武德五年，移舊靈武縣於此，今廢。按：元和志謂隋仁壽初改縣曰靈武，即移治胡城，則渾懷不應復有靈武之名矣。當從寰宇記唐初移治爲是，但云周廢歷城郡爲胡城鎮，則又誤。

保静廢城。在府東南，接靈州界。隋書地理志：靈武郡統弘静縣，開皇十一年置。元和志：縣西南至靈州六十里，本漢富平縣地。後魏立弘静鎮，徙關東漢人以充屯田，俗謂之漢城。隋改置弘静縣。神龍元年，改爲安静。至德元年，改爲保静。寰宇記：按隋圖經云，弘静本漢城，居河外三里，乃舊薄骨律鎮倉城也。今廢爲保静鎮，管蕃部六。宋史：咸平四年，李繼遷攻破懷遠縣及保静。明統志：保静城在寧夏衛西南八十里。夏爲静州，元廢，今屯軍居焉。按：保静當在今府東南，不在西南。又按：水經注漢城在河西，寰宇記居河外三里是也。疑縣初治此，唐始移於河東。

定州故城。在平羅縣東南，即唐定遠城也。元和志：靈州有定遠城，在州東北二百里，漢北地郡方渠縣之地。先天二年，郭元振以西城遠闊，豐安勢孤，中間千里無城，烽堠杳渺，故置此城，募兵鎮之。其後信安王禕更築羊馬城，幅員十四里。唐書地理志：警州本定遠城，郭元振置，後爲上縣，隸靈州。景福元年，靈威節度使韓遵表爲州。寰宇記：今爲定遠鎮，管蕃部四。明統志：定州城，在寧夏衛北六十里，本唐定遠城，趙元昊改爲定州，元初廢，明爲寧夏衛地。本朝雍正五年，置新渠縣，屬寧夏府。乾隆三年裁，併入平羅縣。按：明統志又有田州城，在衛北六十里。西夏無田州，蓋即定州之譌。今俗呼田州塔，新渠舊縣在其南。

寶豐故城。在平羅縣東北二十五里。漢北地郡渾懷都尉地。隋書地理志：靈武縣，後周置建安縣，後又置歷城郡。開皇三年郡廢，十八年改建安爲廣閏，仁壽元年改名焉。唐初徙廢。宋時屬夏地。夏人於此築省嵬城，在故城東省嵬山下。明屬寧夏衛地。本朝初，其地曰查漢托護。雍正七年置寶豐縣，屬寧夏府。乾隆三年裁，併入平羅縣，設縣丞。

靈州故城。在今靈州城西南。本後魏薄骨律鎮也。水經注：河水又北逕薄骨律鎮城，城在河渚上，赫連果城也。桑果餘林，仍列洲上。但語出戎方，不究城名，訪諸耆舊，咸言赫連之世，有駿馬死此，取馬色爲邑號，故目城爲白口騮。轉韻之謬，遂仍今稱也。魏書：太平真君五年，刁雍爲薄骨律鎮將。九年，表求造城，詔名爲刁公城。地形志：太延二年置薄骨律鎮。孝昌中，改靈州。隋書地理志：靈武郡，後魏置靈州，治迴樂縣。後周置帶普樂郡。開皇三年，郡廢。大業初，置靈武郡。元和志：靈州東南至鹽州三百里，以州在河渚中，隨水上下，未嘗陷没，改號靈州。開元二十一年，爲朔方節度理所。迴樂縣，郭下，本漢富平縣地，城枕黄河。唐書肅宗本紀：天寶十五載，朔方留後杜鴻漸等迎太子即位於靈武地。舊唐書地理志：靈州大都督府，隋靈武郡。武德元年，改爲靈州總管府，尋改都督府。天寶元年，改靈州爲靈武郡。至德元年，升爲大都督府。乾元元年，復爲靈州，屬關内道。宋史夏國傳：咸平五年，李繼遷攻陷靈州，以爲西平府。六年，遂都靈州。大中祥符三年，李德明大起宫室於鏊子山。乾興二年，遷居興州。明統志：元仍爲靈州。洪武中，州廢，置守禦千户所，在寧夏衛南九十里。舊志：靈州城，舊在河東。洪武十七年，圮於水，移築於舊城北七里。宣德三年，又爲河水所衝決，移於城東北五里，即今治也。

鹽州故城。在靈州東南花馬池北。本漢北地郡朐衍縣地。後魏置大興郡。西魏改曰五原，尋復爲大興郡。又於郡置西安州。廢帝三年，改爲鹽州。隋開皇初，郡廢。大業初，改爲鹽川郡，治五原縣。唐初，復曰鹽州。武德元年，没梁師都，僑治靈州。貞觀元年，州省，以縣隸靈州。二年，師都平，復置。天寶元年，改五原郡。乾元元年，復曰鹽州。永泰元年，升爲都督府。貞元三年，没吐蕃；九年，復城之。元和八年，隸夏州。元和志：鹽州南至慶州四百五十里，西北至靈州三百里。宋咸平後，入於西夏，仍曰鹽州。熙寧中，种諤在綏州，嘗議復鹽州，不果。元廢爲環州地。明正統九年，修築舊城，改置花馬池營，屬寧夏衛。成化十五年，置花馬池守禦千户所。正德元年，改置寧夏後衛，屬陝西都司。本朝康熙六年，併入寧夏守禦所。通志：後衛城舊在花馬池北，明天順中改築，在寧夏衛東三百四十里。

富平故城。在靈州西南。漢置縣，屬北地郡。後漢爲北地郡治。永初二年，西羌滇零稱天子於北地。五年，詔令郡徙池陽。永建四年，復歸舊土。永和六年，又徙馮翊，自是故城遂廢。後漢書注：「富平故城，在迴樂縣西南。」又漢書宣帝紀：五鳳三年，置北地屬國。地理志：富平縣，北部都尉治神泉障。

靈洲故城。在靈州境。漢置，屬北地郡。地理志：惠帝四年置，有河奇苑、號非苑。後漢元初三年，鄧遵大破叛羌零昌於靈洲，即此。後廢。宋書傅弘之傳：靈州，漢末失土，寄寓馮翊。晉太康三年復立，非故縣也。漢書注：「水中可居曰洲，此地在河之洲，隨水高下，未嘗淪沒，故號靈洲，又曰河奇也。二苑皆在北焉。」後漢書注：「靈洲故城，在今馬嶺縣西北。」按：水經注不言靈洲縣，據漢志，當在河渚之間。後漢書注在馬嶺西北，去今洲尚遠。近志謂在州北，亦無所據。

應理州故城。今中衛縣治。元史太祖紀：二十一年，伐西夏，踰沙陀，至黃河九渡，取應理等縣。地理志：寧夏路領應理州，與蘭州接境，東阻大河，西據沙山。考之圖志，乃唐靈武郡地，其城未詳建立之始。元初仍立州。明統志：元應理州，洪武初廢。三十二年，移建寧夏中衛於此，南至平涼府開城縣界三百里，西至莊浪衛界七十里。

眴卷故城。在中衛縣東。漢置，屬安定郡。應劭曰：「音旬箘。」後漢省。水經注：河水逕眴卷縣故城西。舊志：城在靈州所西南二百里。

鳴沙故城。在中衛縣東。隋書地理志：靈武郡統鳴沙縣。後周置會州，尋廢。開皇十九年，置環州及鳴沙縣。大業三年，州廢。又統豐安縣，開皇十年置。唐書地理志云：武德四年，析置豐安縣。貞觀四年，置迴州，以豐安隸迴州。十三年，州廢，省豐安。元和志：鳴沙縣東北至靈州一百二十里，本漢富平縣地，在今縣理東二百里。周保定二年，於此置會州。建德六年，州廢，立鳴沙鎮。隋開皇十九年，置環州，以大河環曲爲名。仍立鳴沙縣，屬焉。大業三年，罷環州，以縣屬靈武郡。唐貞觀六年，復置環州。九年，州廢，以縣屬靈州。神龍二年，爲默啜所寇因而荒廢，遂移縣於廢豐安城，即今縣理。西枕黃河，人馬行經此沙，隨路有聲，異於餘沙，故號鳴沙。又有豐安軍在靈武郡西，黃河外一百八十餘里。萬歲通天初置。寰宇記：鳴沙舊縣，咸亨三年歸復，因以其地置安樂州，移吐谷渾部落於此。是後復陷吐蕃，常置兵守之。大中三年，靈武節度使朱叔明奏收復安樂州，敕爲威州，仍領鳴沙縣。今州與縣俱廢。元史地理志：唐鳴沙縣，宋没於夏國，仍舊名。元初，立鳴沙州，隸寧夏府路，屯田四百四十餘頃。明統志：在寧夏中衛東南一百五十里。舊志：自城北渡河五里，即廣武營也。

新昌廢郡。在靈州東北。隋書地理志：迴樂縣有西魏置臨河郡，開皇元年改曰新昌，三年廢。唐書地理志：靈州黄河外有新昌軍。舊志：蓋即故郡也。

廢韋州。在靈州東南。西夏置。宋史：嘉祐七年，夏人改韋州監軍司爲祥祐軍，後改静塞軍。元廢。明統志：韋州城，在寧夏衛東南三百六十里。

廢雄州。唐書地理志：在靈州西南一百八十里。中和元年，徙治承天堡，爲行州。

燕然等廢州。在靈州及中衛縣境。舊唐書地理志：貞觀二十年，鐵勒歸附，於靈州界置皋蘭、高麗、祁連三州，並屬靈州都督府。永徽九年，廢皋蘭等三州。開元初，復置東皋蘭、燕然、燕山、雞田、雞鹿、燭龍等六州，並屬靈州都督府。燕然、雞鹿、雞田三州寄在迴樂縣界，東皋蘭州在鳴沙界，燕山、燭龍二州在温池界，皆突厥九姓部落所處。

朐衍廢縣。在靈州東南花馬池境。史記：岐梁山北有朐衍之戎。漢置朐衍縣，屬北地郡。後漢省。應劭曰：「朐音煦。」顔師古曰：「音香於反。」括地志：今鹽州，古朐衍戎地。

温池廢縣。在靈州東南。唐置，屬靈州。元和志：縣西北至州一百八十里，神龍五年置。縣側有鹽池。通典：魏薄骨律鎮倉城在此。唐書地理志：大中四年，屬威州。寰宇記：本漢富平縣地，隋爲弘静縣地。今廢。

白池廢縣。在靈州東花馬池界。唐武德元年，置興寧縣，屬鹽州。尋廢。貞觀二年，平梁師都，復置。景龍三年，改曰白池。宋時廢。元和志：縣南至鹽州五十里，以近鹽池爲名。

上河城。在寧夏縣南。水經注：河水北逕上河城東，世謂之漢城。馮參爲上河典農都尉所治。

隋長城。在寧朔縣西北。寰宇記：大業中築，在懷遠縣西北大河外。

新堡城。在寧朔縣西北。元和志：在懷遠縣西北四十里。永昌元年置。堡内安置防禦軍，舊名千金堡，今名新堡。

省嵬城。在平羅縣東北省嵬山下，去寧夏一百四十里。西夏所築。宋史夏國傳：國語謂「惜」爲「嵬」，其人多以「嵬」名。

忻都城。在平羅縣東北。明統志：在寧夏衛北五百里。

西受降城。在平羅縣東北黄河西岸。唐中宗景龍二年，朔方總管張仁愿築。唐書以爲南直靈武。地理志：西受降城，開元初爲河所圮。十年，總管張説於城東别置新城。元和志：西受降城，蓋漢朔方郡臨河縣故理處。東南渡河，至豐州八十里，西南至定遠城七百里。按：其地在河套西北，雖去縣界尚遠，而境相屬。其東、中二城，詳見歸化城及吴喇忒界。

鐵角城。在靈州花馬池北境，與鹽池相近，亦名三角城。明初爲官軍屯戍處。

清遠城。在靈州東南。寰宇記：靈州有清遠鎮，管蕃部九。宋史：至道初，李繼遷攻清遠軍，守臣張延擊退之。咸平四年，繼遷來攻清遠軍，監軍段義叛，城遂陷。又寰宇記：靈州黄河北岸有昌化鎮、保安鎮，俱管蕃部一；臨河鎮，管蕃部三。西夏皆廢。

丁奚城。在靈州界。後漢書：永初六年，羌零昌以漢陽人杜季貢爲將軍，别居丁奚城。元初二年，司馬鈞等分道擊零昌，鈞獨攻拔丁奚城。後任尚擊破先零羌於丁奚城。劉珍東觀記「至北地靈州丁奚城」也。

豐安城。在靈州界。唐書地理志：靈州有武略、河間、静城、鳴沙、萬春五府，豐安、保安等城。

渾懷障。在平羅縣東黄河東。漢書地理志：富平縣，渾懷都尉治塞外渾懷障。水經注：河水東北逕渾懷障西。太和初，三齊平，徙歷下民居此，遂有歷城之名。南去北地三百里。隋書地理志：靈武郡，統靈武縣。後周置曰建安，後又置歷城郡。開皇三年郡廢，十八年改建安爲廣閏，仁壽元年改名焉。元和志：周天和中，於靈州東北置建安縣，隋改靈武，移入胡地城。又曰：廢靈武城，在懷遠縣東北，隔河百里。其城本蒙恬所築，古謂渾懷障。按：靈武之移治當在唐初。辨見前。

元昊宮。在寧朔縣西。明統志：在賀蘭山東，宮牆尚存。

高臺。在寧夏縣東十五里。地勢崇高，登眺極山河之勝。元昊建祠於此，久廢。

校勘記

〔一〕寧夏衛西北境有寧羅山　「寧」，原作「凝」，據乾隆志卷二〇四寧夏府山川（下同卷簡稱乾隆志）及雍正甘肅通志卷六山川改。按，本志蓋避清宣宗諱改字。下文同改。

〔二〕山北崖石板下有水亂滴如雨　「北」下原重「北」字，乾隆志同，據明一統志卷三七寧夏衛山川删。

〔三〕可嵐貞原　「可」，乾隆志同，太平寰宇記卷三七關西道鹽州作「岢」。

〔四〕東北注寧夏　「寧」，原作「臨」，據乾隆志及明一統志卷三七寧夏中衛山川改。

〔五〕曰唐來　「來」，原作「渠」，乾隆志同，據宋史卷四八六夏國傳改。

〔六〕廢壤淤淺　「淺」，原作「洩」，乾隆志同，據元史卷一六四郭守敬傳改。

〔七〕改廣閏縣爲靈武縣　「廣閏」，乾隆志及元和郡縣志卷四關内道作「大潤」。按，考隋書卷二九地理志云：「靈武，後周置，曰建安，開皇十八年改建安爲廣閏，仁壽元年改名焉。」蓋隋避煬帝諱，改「廣」爲「大」，元和志尚未回改故也。

大清一統志卷二百六十五

寧夏府二

關隘

鎮遠關。在平羅縣北六十里。明初置，爲寧夏北邊險隘。嘉靖中，王瓊改築花馬池新邊，遂棄關不守。舊屬寶豐，今屬平羅。又縣有鎮北關。

長城關。在靈州東花馬池城北六十步。明嘉靖中，總制王瓊築。長五十里，關上有樓，高聳雄壯。下設闇門，外立市場。番漢交易月三次，有守備監之。

勝金關。在中衛縣東六十里，傍山臨河，路通一綫。明弘治元年，參將韓玉築。

寧夏邊牆。《朔方志》：寧夏西長城，自靖虜蘆溝界迤北，接賀蘭山。山迤北接北長城，至大河。河迤而南，踰河而東，有東長城，至定邊界，凡周一千一百七十里。西長城四百一十里，迤北接賀蘭山。北長城三十里，自西而東接黄河。黄河自北而南一百三十里，接東長城。東長城三百六十里，自横城馬頭接延綏界。又河東故牆，自黄沙觜至花馬池，長三百八十七里。成化間，巡撫余子俊奏築。嘉靖初，總制王瓊棄故牆，改置新牆，即東長城也。

赤木口。在寧朔縣西南賀蘭山。山徑五十餘處，而赤木口尤爲衝要，可容千馬。明嘉靖中，巡撫楊守禮扼險築關牆守之。縣境南路又有哈剌、木林泉、雙山南、磨石、獨樹兒、硤口、雙山、靈武、金塔九隘口，北路有滚鍾、黄峽、水吉、鎮北、宿嵬、白寺、賀蘭七隘口，直接平羅縣界。

打磑石。在平羅縣北四十里鎮遠關内，爲山後要衝。相近又有挑柴、歸德、小風、大風、安定、汝箕、大水、小水、西番、白塔、大塔峽、小塔峽、新開諸隘口。

柔遠寺口。在平羅縣北。本朝雍正五年，設市場於此，築堡周八十五丈，有威鎮堡兵防守。又縣西有簡泉子口、韭菜口、王玘口，皆隘口也。

黑山觜口。在中衛縣北二十五里。又黄沙口，在縣東北一百二十里。觀音口，在縣東北一百四十里。大佛寺北裏口，在縣東北一百九十里。其北二十里又有大佛寺北外口。縣志：中衛迤北邊牆隘口，凡二十九，南路隘口二。

花馬池城。在靈州東南二百七十里。明正統九年，置花馬池營。成化十五年，置守禦千户所。正德元年，改置寧夏後衛。本朝裁衛，初設副將駐防，與州同同城。復改參將駐防，爲寧夏鎮東協，兼轄安定、韋州、惠安三堡。城周七里二分，明天順中築，本朝乾隆六年重修。距營六十里有牧馬廠，在哈叭湖。

張政堡。在寧夏縣東十五里。又縣東二十里有鎮河堡。又縣東二十五里有通朔堡，舊屬新渠縣。本朝乾隆三年，裁新渠縣，併入寧夏縣。又縣東三十里有金貴堡，又有通寧堡〔一〕，舊亦屬新渠。又縣南三十里有魏信堡，五十里有王泰堡，六十里有王鋐堡，七十里有任春堡。又縣東南二十里有李祥堡，三十里有河西寨堡，九十里有賀忠堡〔二〕。又縣西南三十里有許旺堡，四十里有楊和堡、王銓堡。又縣東北三十里有王澄堡、通貴堡、通昶堡，四十里有通吉堡，城俱一里有奇。又西十五里有豐盈堡，南九十里有林皋堡，北二十里有謝保堡。

大壩堡。在寧朔縣南一百二十里。東至黄河五十步，城周二里。本朝初設守備，後改都司，又改千總，乾隆四十二年改設把總。

玉泉營堡。在寧朔縣西南八十里。東去黄河，西去賀蘭山，皆三十里。明萬曆十五年築，城周三里。本朝設遊擊、守備駐防，兼轄平羌、大壩二處。距營七十里有牧馬廠，在大井、廟山湖、金塔三處。

平羌堡。在寧朔縣西四十里。城周二里，今有把總、外委駐防。

李綱堡。在平羅縣南七十里，城周二里。今設把總。

清水營堡。在靈州東八十里，北至邊牆一里。明正統七年築，城周二里。隆慶五年設馬市於此。本朝乾隆六年重修，今設把總。

鎮北堡。在寧朔縣西北四十里，城周二里。又鎮朔堡，在平羅縣西北八十里，城亦周二里。今均設把總。

洪廣營堡。在寧朔縣西北六十里。本朝設遊擊駐防，兼轄鎮朔、鎮北二堡。城周二里有奇。乾隆四年重修。距營五十里有牧馬廠，在賀蘭山口。又鎮標五營牧馬廠，在賀蘭山沿邊一帶。

威鎮堡。在平羅縣東北十五里，城周一里。本朝初設把總，嘉慶十五年改設外委。東北有邊牆一道，即北長城也。下有東、西二闇門，爲漢夷互市處，有堡兵防守。又省嵬、尾閘、市口三堡，埂外河灘有平羅營牧馬廠。

興武營堡。在靈州東一百四十里，東南至花馬池城一百二十里。明正統九年置興武營，正德初改置興武守禦千户所。本朝康熙六年，改爲寧夏守禦所，以後衛併入。雍正二年裁，以其地屬靈州。城周三里有奇，北至邊牆闇門一百三十步，東南至花馬池城一百二十里。乾隆六年重修，舊設遊擊，二十五年改設都司。

安定堡。在靈州東少南，興武營東南六十里。城周二里，北至邊牆一百五十步。今設守備駐防。又東南三十里有高平堡，又東南三十里即花馬池營也。

大沙井堡。在靈州東南四十里。舊置沙井驛於此，今曰沙泉。又石溝堡，在州東南八十里，舊置石溝驛於此，今設經制外委駐防。有城，皆周一里。

惠安堡。在靈州東南一百七十里，城周四里。今有把總并鹽捕通判駐此。

韋州堡。在靈州東南二百二十里，即故韋州。明弘治十年置千户所，築城周二里，今設把總。

紅寺堡。在靈州南一百七十里，城周一里。本朝乾隆六年修，有把總駐防。

同心城堡。在靈州西南二百九十里，城周二里。今設守備駐防。又州西北川地有靈州營上馬廠、下馬廠。

臨河堡。在靈州東北六十里。明季築土城，本朝乾隆六年重修，有把總駐防。

紅山堡。在靈州東北六十五里横城堡東南，城周二里。今設把總。北至邊牆一里，亦有闇門。

横城堡。在靈州東北七十里，城周二里。今設都司駐防。北至邊牆闇門一里。出闇門三十里，有漢夷市場。堡西三里即黄河渡處。又西北四十里即寧夏鎮也。兼轄紅山、清水二堡。

毛卜剌堡。在靈州東少北，興武營西北三十里。西北去清水堡四十里，北至邊牆一百步。城周一里，今設把總。

鎮羅堡。在中衛縣東四十里。明正統二年建鎮虜堡，今曰鎮羅城，周三里。本朝乾隆三年圮，八年復建。舊設把總，乾隆三十六年裁，改設經制外委。又香山堡，在縣東南七十里，城周二里，設把總，屬中衛副將。

寧安堡〔三〕。在中衛縣東南一百三里。明嘉靖七年建。本朝乾隆二十四年設巡檢。

古水井堡。在中衛縣南二十里，城周二里。有守備駐防。

石空寺營堡。在中衛縣東北八十里。明永樂二十二年建，城周三里。本朝乾隆三年城圮，八年復建，有守備駐防。

棗園堡。在中衛縣東北一百二十里。明正統四年建，城周二里。本朝乾隆三年城圮，八年復建，設把總。又渠口堡，在縣東北一百七十里，城周一里。

廣武營堡。在中衛縣東北一百九十里，東北去寧夏鎮一百七十里。明正統九年建，城周三里，分防井溝、北城兒、水泉兒、三岔溝、木頭井、鎮賊等六隘口。本朝乾隆三年城圮，八年復建，設遊擊、守備駐防，兼轄棗園堡。距營四十里有牧馬廠，在井溝。又中衛協營牧馬廠，在縣西北煖泉兒湖。

石觜子汛。在平羅縣境。有把總分防，與石觜主簿同城。

在城驛。在府城內。寧夏、寧朔二縣分管。東至橫城驛三十里，西至王鋐驛五十里。

橫城口驛。在府東南四十里橫城堡，東南至靈州紅山驛四十里。

王鋐驛。在府南六十里舊王鋐堡，西至大壩驛六十里。

大壩驛。在府西南一百二十里大壩堡，西南至中衛縣渠口驛六十里。

平羅驛。在平羅縣城內，南至寧夏在城驛一百二十里。

靈州驛。在靈州城內。明置，曰高橋驛，今改名。

沙泉驛。在靈州東南沙井堡，北去寧安驛七十里。又同心驛，在州西南同心驛堡，北去沙泉驛九十里，有沙泉驛丞兼管二驛。本朝乾隆七年裁驛丞，歸西路同知管。又南九十里即固原州李旺站也。

紅山驛。在靈州東北六十五里紅山堡，西至寧夏縣橫城驛四十里。又自紅山驛東南六十里至清水堡，有清水驛。又東南一百里至興武營，有興武驛。又六十里至安定堡，有安定驛。又六十里至花馬池驛，屬靈州。

中衛驛。在中衛縣城内。又東六十里爲勝金關驛，皆屬西路同知管。

長流水驛。在中衛縣西七十里，舊有驛丞，今裁。又西七十里至三塘水驛，又西一百二十里至營盤水驛，舊有驛丞，今裁。三驛皆在邊牆外。又西南一百二十里至莊浪廳三眼井驛。通志：出縣西門四十里西闇門，經長流水等驛，行番部中二百里。節使出入，屬國朝貢，路皆由此。近商旅亦接踵往來，遂成孔道。

渠口驛。在中衛縣東北一百七十里渠口堡。又寧安驛，在縣東北九十五里寧安堡，有渠口驛丞兼管二驛。本朝乾隆二十年裁驛丞。自渠口東北至大壩驛七十里，西至勝金驛一百一十里，迤南分路至寧安驛八十里。

津梁

紅花橋。在府東門外。又有張政橋、北通安橋。

賀蘭橋。在府西，跨唐來渠。沿渠之橋在府西者十三，在平羅者五。又寧夏、寧朔二縣境有大清渠，橋十四；新渠，橋十五；良田渠，橋八。

永通橋。在府南，跨紅花渠。沿渠橋凡十一。

官鎮橋。在府西南二十里，跨漢延渠。沿渠橋凡二十四。又東南河西寨渡口至臨河堡，有通濟橋、南通安橋。

玉泉橋。在寧朔縣西南唐渠玉泉堡。又瞿靖堡有清渠石板橋。又西門外有西門橋，北門外有站馬橋。

納秀橋。在平羅縣新渠舊縣北門外。又西南有姚福橋，俱跨西河。

龍門橋。在平羅縣東南惠農渠口。渠上橋凡二十。

威鎮橋。在平羅縣東北。又東北有柔遠橋，俱跨西河。

定朔橋。在靈州北。又州境秦渠之橋十，漢渠之橋八。

大通橋。在中衛縣西。

横城渡。在寧夏縣東南大河西岸。相近又有高岸、李祥二渡。

臨河渡。在靈州東北六十里，西通府城官渡。

永康渡。在中衛縣東南二十五里。本朝乾隆二十八年設船。

隄堰

黄河隄。在平羅縣黄河西岸，長三百二十餘里。本朝雍正五年築。

石子湃。在寧夏縣東南漢延渠口。通志：夏人呼「隄壩」爲「湃」。黄河自出青銅峽以來，有支流五道，漢延渠横截第五道之支渠口，築湃曰石子湃，乃截流之湃。河水泛漲時，内外波濤勢險，此湃最要。又有蔣淮湃、王峴湃，俱漢渠迎水湃也。

漢、唐二壩閘。在府南漢、唐二渠上流。舊皆以木爲之，明隆慶六年僉事汪文輝始易以石，駕橋構屋其上，至今爲利。又唐渠有退水匯暢閘、寧安閘、闢邊閘，大清渠又有退水盈寧閘、永清閘、底定閘、減水閘。

惠農閘。在寧夏縣東惠農渠口。本朝雍正七年建，上有橋房，以通往來。自南而北，又有節水閘八。

昌潤閘。在平羅縣東昌潤渠上流。閘上亦有橋房。本朝雍正六年建，其下又有節水閘三。

陵墓

宋

西夏李氏墓。在寧朔縣西。明統志：李王墓在賀蘭山下，數冢巍然，皆夏國主李繼遷等墓。

明

慶靖王墓。明統志：在寧夏衛南二百二十里。又悼莊王墓，在衛南三百十里。通志：慶藩諸王墓皆在靈州韋州堡蠡山上。又安塞王墓，在寧朔縣賀蘭山乾溝口。

張泰墓。在寧夏縣東十里。

丘希孔墓。崇禎末，守城盡節。並姪子賢墓，在寧夏鎮遠門外。

馬世龍墓。在寧夏縣東蝗蟲廟。又世龍子負圖、呈圖、獻圖三忠墓，在漢渠東岸。又蝗蟲廟有江應詔墓。

本朝

劉芳名墓。在寧夏府城東南十餘里。

陳福墓。在寧夏府城正東十餘里。

趙良棟墓。在寧夏府城東張政堡渠東。

祠廟

龍神祠。在寧夏府城。本朝乾隆四十五年，敕封涵元普澤龍神。

忠烈祠。在府城北，祀明巡撫安唯學、總兵姜漢。

昭忠祠。在府城隍廟東南隅。本朝嘉慶八年建。

黄公祠。在府城大什字西，祀巡撫黄嘉善。

廣宗延福廟。在寧朔縣西占茂山。本朝乾隆二十一年，阿蘭山郡王羅卜藏多爾濟建，敕賜廟額。

龍神廟。在平羅縣惠農渠口。本朝雍正六年建。

寺觀

承天寺。在寧朔縣西。宋時夏人建。

清静寺。在府城東。明正統年間建。

清和觀。在寧夏縣西北。本元昊故宫，明萬曆間改爲觀。

名宦

魏

刁雍。饒安人。真君五年，爲薄骨律鎮將。以西土乏雨，表求鑿渠，溉公私田。又奉詔以薄骨律等四鎮出車牛五千乘，運屯穀供軍。道多深沙，車牛艱阻，求於牽屯山河水之次，造船水運。以所綰邊表，常懼不虞，造城儲穀，置兵備守。詔皆從之，即名爲刁公城，以旌功焉。

隋

賀若誼。洛陽人。周閔帝時，爲靈州刺史，有能名。開皇中，突厥屢爲邊患，以誼素有威名，再爲刺史，甚爲北夷所憚。

唐

李道宗。唐宗室。武德五年，爲靈州總管。時梁師都弟洛仁連突厥兵數萬人入寇，道宗閉城守，伺隙出戰破之。初，突厥郁射設入居五原，道宗逐出之。振耀威武，斥地千餘里，邊人悦服。

崔知温。許州鄢陵人。麟德中,爲靈州司馬。境有渾、斛薩部落萬餘帳,數擾民,農皆釋耒,習騎射以扞賊。知温表徙河北,虜不樂遷,契苾何力爲言,乃止。知温固請,疏十五上,卒徙河北,自是人得就耕。渾、斛薩至徙地,顧善水草,亦忘還。後過州,謝曰:「初徙且怨公,今地膏腴,衆孳夥,更荷公恩。」皆再拜。

張仁愿。華州下邽人。神龍中,爲朔方軍總管。始朔方與突厥以河爲界,仁愿於河北築三受降城,首尾相應,以絶南寇之路。六旬,而三城就,斥地三百里。又置烽堠一千八百所,自是突厥不敢踰山牧馬,朔方益無寇,歲省費億萬計,減鎮兵數萬。仁愿爲將,號令嚴,將吏信服。按邊撫師,賞罰必直功罪。後人思之,爲立祠受降城,出師輒享焉。

解琬。魏州元城人。景雲二年,爲朔方軍大總管。分遣隨軍要籍官河陽丞張冠宗、肥鄉令韋景駿、普安令于處忠,料三城兵,省其戍十萬人。琬前後乘邊積二十年,大抵務農習戰,多爲長利,邊境安之。

張説。洛陽人。明皇時,爲朔方節度大使。親行五城,督士馬。時慶州方渠降胡康願子反,説進討,至木盤山,擒之。乃議徙河曲六州殘胡五萬於唐、鄧、仙、豫等州,空河南朔方地。故時邊鎮兵贏六十萬,説以時平無所事,請罷二十萬還農。天子爲疑,説曰:「邊兵雖廣,諸將自衛營私耳。所以制敵,不在衆也。」乃從之。時衛兵貧弱,番休者亡命略盡,説建請一切募勇强士,不旬日得勝兵十三萬,分補諸衛,以强京師,後所謂彍騎者也。

李禕。太宗孫。開元時,爲朔方軍節度使。吐蕃據石堡城,數盜塞。禕督諸將拔之,自是河隴拓地千餘里。明皇更號其城曰振武軍。

王忠嗣。華州鄭人。開元末,節度朔方。天寶初,兼靈州都督。時北討奚怒皆,戰桑乾河,三遇三克,耀武漠北,高會而還。時突厥新有難,忠嗣進軍磧口經略之〔四〕。烏蘇米施可汗請降,忠嗣知其詐,乃營木剌、蘭山,諜虚實。因上平戎十八策,縱反間於拔悉蜜與葛邏禄、回紇三部,攻多羅斯城,涉昆水,斬米施可汗,築大同、静邊二城,徙清塞、横野軍實之,併受降、振武爲一城,自是虜不敢盜塞。又與諸蕃市馬，輒高其直，故蕃馬浸少，而漢軍益壯。

郭子儀。華州鄭人。天寶十四載，安禄山反，詔子儀爲衛尉卿、靈武郡太守，充朔方節度使，率本軍東討。肅宗即位靈武，詔子儀赴行在，拜同中書門下平章事，仍總節度。自陳濤之敗，唯倚朔方軍爲根本。

李光弼。營州柳城人。乾元中，代郭子儀爲朔方節度兵馬副元帥，營壘、士卒、麾幟無所更，而光弼一號令之，氣色乃益精明。

杜黄裳。京兆杜陵人。郭子儀辟爲朔方從事。子儀入朝，使主留事。李懷光與監軍陰謀，矯詔誅大將温儒雅等，以動衆心，欲代子儀。黄裳得詔，辨其僞，以質懷光，懷光流汗服罪。於是諸將很驕難制者，黄裳皆以子儀令易置，衆不敢亂。

路嗣恭。三原人。爲郭子儀朔方節度留後。大將孫守亮擁重兵，驕蹇不受制。嗣恭因稱疾，守亮至，即殺之，一軍皆震。

李景略。幽州良鄉人。大曆末，爲朔方節度招在幕府。五原將張光殺其妻，以貲市獄，前後不能決。景略覈實，論殺之。

李聽。隴右臨洮人。元和十五年，爲靈鹽節度使。部有光禄渠，久廢，聽始復屯田，以省轉餉。即引渠溉塞下地千餘頃，後賴其饒。

五代 晉

張希崇。幽州薊人。明宗時，爲靈武節度使。靈州地接戎狄，戍兵餉道常苦抄掠。希崇開屯田，教士耕種，軍以足食而省轉餽，明宗下詔褒美。希崇撫養士卒，招輯夷落，自回鶻、瓜、沙，皆遣使入貢。

晉

郭瓊。盧龍人。晉天福中，刺警州。羌渾騷動，朔方節度張希崇表瓊爲部署，將兵討平之。

恩信大著。

馮暉。魏州人。高祖時，拜義成軍節度使，徙鎮靈武。靈武自唐明宗以來，市馬糴粟，給賜軍士，歲用轉輸，民不堪役。而青岡、土橋之間，氐、羌摽掠，商旅難行。暉至，推以恩信，部族懷惠，止息侵奪。又廣屯田以省轉餉，治倉庫亭館千餘區，多出俸錢，民不加賦，管内大治。高祖詔書褒美。後與諸族易馬，朝廷疑之，因移鎮。出帝時，復鎮靈武。暉在靈武，撫綏邊部凡十餘年，恩信大著。

宋

段思恭。澤州晉城人。乾德中，會馮繼業自靈州舉宗來朝，即以思恭代知州事。下車矯繼業之失，綏撫夷落，訪求民病，悉條奏免之。

董遵誨。涿州范陽人。太宗初，爲靈州路巡檢。夏人有剽略靈武進奉使鞍馬兵器者，遵誨部署帳下，欲討之。夏人懼，盡歸所略，拜伏請罪，遵誨撫慰令去。自是各謹封略，秋毫不敢犯。

侯贇。并州太原人。太平興國七年，知靈州。按視蕃落，宴犒以時，得邊士心，部内大治。在朔方凡十餘年，帝念其久，求可代者，而難其人。

侯延廣。汾州平遥人。淳化初，知靈州。部下嚴整，戎人悦服。李繼遷避其鋒，尋護李繼隆軍，平夏臺。至道間，李繼遷寇靈州，復使知靈州，兼兵馬都部署。延廣引數十騎至鎮，戎人素服其威，皆相率引避。

慕容德豐。太原人。淳化中，知靈州。穀價踴貴，德豐出私廩賑饑民，全活甚衆。轉引進使。賊入境，率兵擊走之，獲羊馬甚衆。

郭密。貝州經城人。淳化中，夏人寇邊，以密有武略，充靈州兵馬都部署。訓練士卒，號令嚴肅。夏人畏服，邊境賴以安謐。

王昭遠。冀州阜城人。至道中，李繼遷擾西鄙，絶靈武糧道。命昭遠爲靈州路都部署，護二十五州芻粟，竟達靈武，繼遷不敢犯。

楊瓊。汾州西河人。至道中，爲靈慶路副都部署、河外都巡檢使。賊累寇疆，瓊固捍有功。導黄河溉民田數千頃。敗賊於合河鎮北。賊騎掠城下，擊破之。並賜詔嘉諭。

裴濟。絳州聞喜人。咸平中，李繼遷叛，以濟知靈州，兼都部署。至州二年，謀輯八鎮，興屯田之利，民甚賴之。其年，清遠軍陷，夏人大集，斷餉道，孤軍絶援。濟刺指血染奏，求救甚急，兵不至，城陷死之。

元

多爾濟。西夏寧州人。世祖召見，問欲何仕，對曰：「西夏營田，實占正軍。儻有調用，又妨耕作。土瘠野曠，十未墾一。南北屯聚以來，子弟蕃息稍衆，若以其成丁者别編入籍，以實屯力，則地利多而兵有餘矣。請爲其總管以盡措畫。」帝可之，乃授中興路新民總管。至官，録其子弟之壯者墾田，塞黄河九口，開其三流。凡三載，賦額增倍。「多爾濟」舊作「朵兒赤」，今改。

張文謙。邢州沙河人。至元元年，詔文謙以中書左丞，行省西夏、中興等路。羌俗素鄙野，事無統紀，文謙得蜀士陷於俘虜者五六人，理而出之，使習吏事。旬日間，簿書有品式，子弟亦知讀書，俗爲一變。浚唐來、漢延二渠，溉田十數萬頃，人蒙其利。

董文用。真定藁城人。至元改元，爲西夏、中興等路行省郎中。中興自琿塔罕之亂，民間相恐，動竄匿山谷。文用至，鎮之以静，民乃安。始開唐來、漢延、秦家等渠，墾中興、西涼等州之土，爲水田若干。於是民之歸者，户四五萬，悉授田種，頒農具。時諸王徹伯爾特穆爾鎮西方，其下縱横需索，文用輒面折以法，中興遂定。「徹伯爾特穆爾」舊作「只必鐵木兒」，今改。

袁裕。洛陽人。至元中，授西夏、中興等路新民安撫副使，兼本道巡行勸農副使。時徙鄂民萬餘於西夏，有司雖與廩食，而流離顛沛猶多。裕與安撫使圖吉請於朝，計丁給地，立三屯，使耕以自養，官民便之。又言西夏羌、渾雜居，驅良莫辨，宜驗已有從良書者，則爲良民。從之，得八千餘人，官給牛具，使力田爲農。「圖吉」舊作「獨吉」，今改。

明

甯正。壽州人。洪武中，以河州衛指揮使，兼領寧夏衛事。以河水利溉田，修築漢、唐舊渠，開屯數萬頃，兵食饒足。

陳懋。壽州人。永樂六年，以伯爵佩征西將軍印，鎮寧夏。善撫降卒，得其歡心。降故元丞相札卜及平章、司徒、國公、知院十餘人，衆三萬，盡收所部人口，及孳畜數萬，獻俘京師。進封侯。尋從北征，屢鎮寧夏。宣德三年，奏徙靈州城。懋在鎮久，威名震漠北。「札卜」舊作「昝卜」，今改。

史昭。合肥人。宣德七年，以征西將軍鎮守寧夏。博迪達爾瑪犯邊，遣兵擊之。至庫得察罕，俘獲甚衆，進都督同知。正統初，昭以寧夏孤懸河外，自河以東抵綏德，延袤二千里，曠遠難守，乃請於花馬池築哨馬營，增設烽堠，直接哈喇烏蘇之境，邊備大固。進右都督。居寧夏十二年，老成持重，兵政修舉。「博迪達爾瑪」舊作「孛的打里麻」，「庫得察罕」舊作「闊臺察罕」，「哈喇烏蘇」舊作「哈喇兀速」，今並改。

羅綺。磁州人。正統九年，以御史參贊寧夏軍務。踰年當代還，軍民請復任。擢大理寺丞，參贊如故。指揮任信、陳斌皆王振黨，綺劾之，忤振，謫戍遼東。

姜漢。榆林衛人。正德四年，以總兵官鎮寧夏。馭軍嚴整，得將士心。王寘鐇謀逆，與其黨何錦、周昂置酒召漢及巡撫安唯學等，酒半，錦率其徒直入，即座上執漢脅從己。漢奮起，怒罵不屈，遂殺之。子奭訟於朝，詔賜祭葬，有司爲之立祠。

齊之鸞。桐城人。嘉靖初，爲寧夏僉事。饑民採蓬子爲食，之鸞爲取二封，一進於帝，一貽閣臣，且言時事，語極切，帝付之所司。時方大修邊牆，之鸞董役，巡撫胡東皋稱其能，舉以自代。

周尚文。西安後衛人。嘉靖九年，擢署都督僉事，充寧夏總兵官。王瓊築邊牆，尚文督其役，且濬渠開屯，軍民皆利之。

李如松。朝鮮人。萬曆二十年，布木巴反寧夏，命如松爲提督陝西討逆軍務總兵官。先是，諸將董一奎、麻貴等數攻城不下。如松至，攻益力，亦不克。及決策水攻，布木巴窘，遣養子克爾克往勾套寇。如松令部將李寧追斬之。已，套寇以萬餘騎至張亮堡。如松力戰，手斬士卒畏縮者，寇竟敗去。水侵北關，城崩，如松及蕭如薰等以鋭師襲之。布木巴及子承恩，自斬叛黨劉東暘、許朝，乞貸死。於是盡滅布木巴族。録功，進左都督。「布木巴」舊作「哱拜」，「克爾克」舊作「克力蓋」，今並改。

梅國楨。麻城人。萬曆中，爲御史。時布木巴據寧夏，師久無功。國楨疏薦李如松爲提督，詔從之，即命國楨監其軍。時賊外以求撫緩兵，而陰結寇爲助，然糧盡勢困。國楨乃定計決黄河灌城，城毁，賊退據大城。國楨使間紿其黨，互相殺以降，布木巴自焚死。論功擢太僕少卿。

馬孔英。宣府塞外人。積戰功爲寧夏參將。萬曆二十年，布木巴反，引套寇入掠。孔英屢擊敗之。布色圖入下馬關，從麻貴邀擊，大獲。進本鎮副總兵。二十四年，卓哩克圖宰桑犯平虜、横城，孔英偕參將鄧鳳力戰，斬獲多，賜金幣。令推大將缺，兵部以孔英降人，格不用，乃擢署都督僉事，以總兵官涖舊任。尋進秩爲真。卓哩克圖宰桑又兩犯平虜、興武，孔英俱大敗之。「布色圖」舊作「卜失兔」，「卓哩克圖宰桑」舊作「著力兔宰僧」，今並改。

蕭如薰。延安衛人。萬曆中，歷官寧夏參將，守平虜城二十年。布木巴據寧夏，賊黨土文秀徇平虜，如薰堅守不下。以伏兵誘賊，射布木巴養子雲死，城獲全。事聞，擢爲寧夏總兵官，盡統延綏、甘肅、固原諸援軍，與李如松等共平賊。進署都督同知。

賀虎臣。保定人。崇禎二年，擢總兵官，鎮守寧夏。時賊王嘉允陷府谷，其黨李老柴應之，攻合水。虎臣戰於盤谷，敗之。又擊斬慶陽賊渠劉六。六年，察罕呼圖克圖合套寇薄靈州，虎臣力戰死，贈都督僉事，後又贈都督同知。「察罕呼圖克圖」舊作「插漢酋虎墩兔」，今改。

本朝

黎士宏。長汀人。康熙初，擢洮岷道副使，移寧夏，佐提督張勇，贊畫軍機，申嚴守禦，綏靖反側。又請免衛所逋糧七萬五千石。寇平敘功，升右參政。

丹達禮。滿洲人。康熙二十七年，仕寧夏道。時官兵駐防在城，民頗懼。達禮請於督撫，割城中一隅以居軍士，嚴立教條，不許擾民。親督夫役，採芻茭於湖灘，不事科斂，而軍馬自給。又濬渠修學，善政甚多。

人物

漢

傅燮。北地靈州人。少師事太尉劉寬。再舉孝廉，爲護軍司馬，與左中郎將皇甫嵩俱討張角。燮疾中官，上書奏之。及角破，宦者趙忠譖之，故功多不封。後拜議郎。朝廷重其方格，每公卿有缺，爲衆議所歸。權貴多嫉之，出爲漢陽太守。賊王國圍漢陽，燮臨陣戰歿，謚曰壯節侯。子幹，位至扶風太守。

南北朝　宋

傅亮。靈州人。父瑗，以學業知名。位至安成太守。兄迪，宋初終五兵尚書。亮博涉經史，尤善文詞。義熙中，累遷中書黄門侍郎。宋武帝受禪，封建城縣公。入直中書省，專典詔命。加尚書僕射，進始興郡公。

傅隆。亮族兄。少孤貧，有學行。義熙初，歷佐三軍前麾。八年，除給事中。元嘉初，爲御史中丞，甚得司直之體。出爲義興太守，在郡有能名。累轉太常，拜光禄大夫，致仕。手不釋卷，特精三禮。

傅琰〔五〕。靈州人。父僧祐，山陰令，有能名。琰仕宋爲武康令，遷山陰令，並著能名。二縣皆謂之傅聖。賜爵新亭侯。元徽初，遷尚書左丞。母喪，鄰家失火，延燒琰屋。琰抱柩不動，鄰人赴救，乃得俱全。齊高帝輔政，復以琰爲山陰令。琰父子並著奇績，時云諸傅有治縣譜，子孫相傳，不以示人。官至南郡内史。

齊

傅翽。琰子。有能名。爲吴令，有問：「丈人發姦擿伏，惠化如神，何以至此？」答曰：「無他也，惟勤而清。清則憲綱自行，勤則事無不理。憲綱行則吏不能欺，事理則物無凝滯。欲不理，得乎？」

梁

傅昭。靈州人。六歲而孤，哀毁如成人。仕齊，爲總明學士〔六〕。永明中，累遷員外郎。明帝時，爲中書通事舍人。時居此職者，皆權傾天下，獨昭廉静無干豫。梁武帝素重昭，歷安成内史、臨海太守，遷散騎常侍、金紫光禄大夫。昭所涖官，常以清静爲政。居朝廷，無所請謁，終日端居，以書記爲樂，雖老不衰。博極古今，世稱爲「學府」。卒，謚曰貞。

傅映。昭弟。兄弟友睦，修身勵行，非禮不動。昭卒，映喪之如父，年逾七十，哀戚過禮。天監中，爲烏程令，卒於大中大夫。

傅岐。翽子。累官太僕、司農卿，兼中書通事舍人。貞陽侯蕭淵明囚於魏，遣使還，述魏欲通和，衆然之。岐獨曰：「必是高澄設間令貞陽遣使，侯景自疑，必圖禍亂，不可許。」不從。景果舉兵入寇。後景乞割江右四州安置部下，當解圍還鎮。及與景盟，城中文武冀得解圍，岐獨言：「賊舉兵爲逆，豈有求和？」及景背盟，莫不歎服。詔封南豐縣侯，固辭不受。

唐

侯知道、程俱羅。俱靈武人。居親喪，穿壙作冢，皆身執其勞。鄉人助者，即哭而卻之。廬墳次，哭泣無節。知道七年，俱羅三年不止。知道垢塵積首，率夜半傳墳踴而哭，鳥獸爲悲號。李華作二孝贊，表其行。

史憲忠。靈武人。少爲魏牙門將。田弘正討齊蔡，常爲先鋒，閱三十戰，中流矢，酣鬬不解，由是著名。兄憲誠，節度魏博，表爲貝州刺史。魏亂，奔京師。歷涇原、朔方、振武節度使。廉儉少欲，所至莫不懷德。累封北海縣子、檢校尚書左僕射。

史孝章。魏博節度使憲誠子。憲誠數姦命，孝章乘間諫，涕下沾襟。文宗賢之，擢節度副使。憲誠欲助李同捷，孝章切爭。憲誠稍憚其義，又勸出師討同捷，即敕孝章統之，進檢校工部尚書。未幾，授節度使。終鄜坊節度。

宋

周美。靈州迴樂人。少隸朔方軍，以才武稱。真宗幸澶淵，常令宿衛。元昊反，以功累遷鄜延副都總管，進馬軍副都指揮使。卒，贈忠武軍節度使，謚忠毅。自陝西用兵，諸將多不利。美前後十餘戰，平族帳二百，焚二十一，招種落内附者十一族，復城堡甚多。所得禄賜，多分其下。及死，家無餘資。

周永清。美之孫。寵籍言其忠勇，加閤門祗候。押時服賜夏國，夏人受賜不跪，詰之，恐而跪。知德順軍，擊賊有功。徙知代州。契丹求地，命永清貳韓縝分畫。入對，言疆境不可輕與人，不願行。固遣之，復上章陳利害，竟以母病辭去。終東上閤門使。

元

高智耀。河西人。世仕夏國。智耀登本國進士第，夏亡，隱賀蘭山。太宗訪求，將用之，遽辭歸。後見憲宗，言儒者宜蠲徭役，以教育之。世宗即位，召見，力言儒術有補治道，帝異其言，即拜翰林學士。又言國初庶政草創，紀綱未張，宜倣前代，置御史臺，以糾肅官常。至元五年，立御史臺，用其議也。擢西夏、中興等路提刑按察使。尋病卒，追封公爵，謚文忠。

李恒。其先姓於彌氏，唐末賜姓李，世爲西夏國主。生有異質。中統三年，爲尚書斷事官，遷益都淄萊萬户。從伐宋，取襄陽，下湖廣、江西。追文天祥至空坑。嶺海平，拜資善大夫、中書左丞。從征交阯，中毒矢，卒。謚武愍，追封滕國公。

來阿巴齊。寧夏人。世祖時，屢有戰功。由宿衛累官湖廣等處行尚書省右丞。征陳日烜，中毒矢死。子濟賽，爲碩達勒達屯田總管府達嚕噶齊。納顔叛，戰於高麗雙城。調萬安軍達嚕噶齊。平黎蠻有功，遷雷州路總管。「來阿巴齊」舊作「來阿八赤」，「濟賽」舊作「寄僧」，「碩達勒達」舊作「水達達」，「達嚕噶齊」舊作「達魯花赤」，「納顔」舊作「乃顔」，今改。

高睿。智耀子。年十六，授符寶郎，出入禁闈，恭謹詳雅。歷嘉興路總管、浙西、淮東廉訪使，所至有政績。兩爲江南行臺御史中丞。務持大體，有儒者風。卒，贈太傅，追封公爵，謚貞簡。

楊多爾濟。河西寧夏人。事仁宗於藩邸，佐平内難。仁宗居東宫，以爲大中大夫、家令丞，日夕侍側，雖休沐不至家，衆敬憚之。會兄卒，涕泣不勝哀。事寡嫂有禮，待兄子不異己子，家人化之。仁宗始總大政，執誤國者，將盡按誅之，多爾濟曰：「爲政而尚殺，非帝王治也。」帝感其言，特誅其尤者，民大悅服。帝與中書平章李孟論元從人才，孟以多爾濟爲第一，帝然之。累拜御史中丞，進集賢大學士。爲權臣特木德克所害。後贈夏國公，謚襄愍。「楊多爾濟」舊作「楊朵兒只」，「特木德克」舊作「鐵木迭兒」，今並改。

楊布哈。多爾濟子。幼有才氣，能以禮自持。好讀書，善書。仁宗欲召爲翰林直學士，力辭。遭家難，益自勵節爲學。以蔭補武備司提點，轉僉河東廉訪司事〔七〕。時河東民饑，先捐己資以賑，請未得命，即發倉廩繼之，民賴不死。天曆初，陝西諸軍拒詔，諸郡邑守吏率民逃。布哈獨率衆出禦，陣潰，遂見殺。至順二年，贈禮部尚書。「楊布哈」舊作「楊不花」，今改。

明

徐琦。本錢塘人，其祖戍寧夏，遂家焉。幼力學，通經史。永樂中，舉進士，歷兵部員外郎。宣宗初，命清天下軍伍，擢右通政。副章敞使安南，餽遺無所受。還，拜南京兵部右侍郎。帝以安南貢賦不如額，南征士卒未盡返，復命琦往。時黎利已死，其子麟疑未決。琦宣布威德，曉以禍福，麟懼，貢方物以謝。帝悦，命落戍籍，宴賚甚厚。正統初，災異屢見，琦陳弭災十事，悉嘉納之。命參贊南京機務，進尚書。時軍衛無學校，琦請天下衛所，視府州縣，皆立學校，從之。琦居官務持大體，明敏有斷。卒，謚貞襄。

楊忠。寧夏人。世官中衛指揮使，以功進都指揮僉事。廉介有謀勇。正德五年，安化王寘鐇反。其黨丁廣將殺巡撫安唯學，忠時在側，罵賊被殺。同官李睿聞變，馳至寘鐇所，門閉不得入，大罵，爲賊所殺。百户張欽亦以不從逆遇害。事聞，贈官予廕，表忠、睿曰「忠烈之門」，欽曰「忠節之門」。

胡侍。寧夏人。嘉靖初，由進士歷官鴻臚少卿。張璁、桂萼既擢學士，侍劾二人越禮背經，因據所奏，反覆辨論，凡千餘言。帝怒，命逮治，以言官論救，謫潞州同知。瀋府宗室勛注以事憾侍，奏侍怨望，謗訕大禮，斥爲民。

馬世龍。寧夏人。狀貌魁梧，多膂力，由世職舉武會試，歷宣府遊擊。天啓二年，擢承平副總兵。孫承宗薦擢山海總兵。謝病歸。崇禎六年，察罕呼圖克圖合套寇犯寧夏，詔世龍爲總兵。設伏邀擊，大破之，屢奏奇捷，威名震西塞。

夏景華。平羅人。成化十年，舉於鄉。任河南彰德府推官，立身正直，有異政。本朝乾隆八年，崇祀鄉賢祠。

本朝

劉芳名。寧夏人。順治二年，任寧夏總兵。平固原叛將武大定。秦州賊賀珍、王元、馬德作亂，芳名先後擒斬之。又招降香山諸寇。十六年，加左都督，同提督梁化鳳擊海寇於崇明，遇疾，卒於軍中。贈太子太保，謚忠肅。

馬寧。寧夏人。順治初，從劉芳名擒秦州賊王元、馬德。又恢復河州、莊浪，以功授中軍副將。從勦番回功最，擢總兵。下川、滇，駐防緬甸。會勦水西，所在有功。官至湖廣提督。

陳福。寧夏人。父尚智，孝友性生，鄉黨無間。福於順治初，以守備從征，有功，累遷夔州副將。康熙十三年，擢寧夏總兵。吴三桂叛，王輔臣據平涼遥應之，洮、蘭以東，皆爲所陷。時鎮軍前已調赴征川，留者十之二三，人情恇懼，多持兩端。福按劒曰：「敢異議者斬。」遂整兵，東復花馬池、定邊，斬僞將朱龍、倪五等，即移師西向固原。次惠安堡，會歲暮大雪，衆請暫歸，福不聽，夜中兵變，遂遇害。先是，福家累尚留川，吴三桂以書及僞札招之，福遣弟壽由塞外間關奏聞。奉詔授陜西提督，未至，而福已歿。贈三等公，世職，謚忠愍。

趙良棟。延安府人。後官寧夏，因家焉。父名淮，居恒解衣推食，歲荒煮粥賑饑，全活不可勝計。良棟於順治初，隨親王入關，委署寧夏水利都司，從總督孟喬芳勦叛回有功，授高臺遊擊。尋以平水西功，擢廣羅總兵。丁父憂歸。起大同總兵，移鎮天津。吴三桂反，平涼提督王輔臣亦叛，寧夏提督陳福遇害，關陜擾亂。詔良棟安撫，馳驛至寧夏，定其亂。乃練兵儲餉，規畫進取。

康熙十八年，領兵西渡白江，連戰敗賊，直抵成都，下其城。捷入，授勇略將軍，進兵部尚書，總督雲貴。全蜀底定，進軍雲南。時楚、粤兵圍滇城，久弗克，良棟至，攻七日而城下。還朝，授鑾儀衛使，尋以疾歸。後敘功，授一等子，世職。卒，謚襄忠。良棟早歲從戎，身經百戰，所向有功。性剛直，馭兵嚴而有恩。克成都日，市肆不移。及下雲南，秋毫無取，有古名將風。長子宏燦，隨良棟師征討，皆有功，由寧夏總兵累官至兩廣總督，入爲兵部尚書。卒，謚敏恪。次子宏燮，由直隸完縣知縣，累官至直隸巡撫。勤勞供職，旗民輯睦，盜案稀少，加總督銜。卒，謚肅敏。

李日榮。中衛人。幼從軍，王輔臣之亂，日榮從王進寶恢復臨洮，又隨征四川，累官廣東順德總兵。

師帝賓。寧夏人。趙良棟征川，帝賓以遊擊留守寧夏。時役民輓運軍需，帝賓謂鎮民半已出征，豈可再令輓運？固請止之。及良棟師旋，奏云：「臣之得以成功者，因有師帝賓在，無内憂也。」擢襄陽總兵，移涼州。居官絶侵漁，杜苞苴，屏聲色，介然特立。涼人立祠祀之。子懿德，初任西寧守備，歷遷至甘肅提督。

馬際伯。寧夏人。從趙良棟征川、滇，屢立戰功。由寧夏遊擊累官至四川提督。撫輯軍民，甚有方略。

張國樑。寧朔人。初名谷貞，由行伍隨征四川、雲南，以功累升至湖廣鎮筸總兵，擢雲南提督。舊例，副、參、遊、守在外題補。康熙十一年新例，必銜缺相當者保題，不得其人，聽候部推。國樑疏言：「雲南地處極邊，向無都司缺。從前保題者，俱以守備補遊擊，越缺已經二等。等而上之，參將、副將，更無一銜缺相當之員。雖有熟練邊情者，格於新例，惟候部推。省分遠近不同，到任遲速未定，所選果能，彼省勢必題留。若聽其來者，恐非才幹，又不諳邊情，無益行伍。且武弁挈家歷萬里，履任未久，又復遷移，若非素豐，而欲其廉潔自持，恐難必得，營伍如何整理？請仍照舊例，許督撫提臣遴選補用。」部議從之。雍正元年卒，予祭葬，加贈右都督，謚勤果。

江琦。寧夏人。世爲衛職。琦生而英勇，從趙良棟征討川、滇，及從征噶爾丹，皆有功。歷河北、延綏總兵，擢甘肅提督，所至有恩威稱。

司九經。寧夏人。從征川、滇及出塞，俱有功。累官宣化總兵，罷歸。康熙五十七年，從征西藏，遇賊死之。又有鎮人馮琇，官固原參將，隨師至木魯烏蘇，遇賊，力戰死。

羅萬倉。寧夏人。歷官至臺灣北路參將。朱一貴反，萬倉力戰，援絶死之。

趙坤。寧朔人。由行伍，從征噶爾丹有功，累遷至雲南鶴麗總兵。康熙五十八年，大將軍定西藏，坤偕都統至中甸，宣示恩威。又率標兵進勦，由内五齊，進克拉里及莫珠貢喀，第巴達克咱降，西藏平。雍正元年，擢貴州提督，定廣狆苗。阿近、阿卧等糾衆不法，坤調兵勦平之。

馮爾暉。寧夏人。順治丁酉副榜。事母至孝，母殁，廬墓三年。又寧夏衛諸生馬中驊，親喪，亦廬墓三年。

周調元。寧夏後衛生員。年十四，爲賊掠，置營中。復掠子女數十人，閉之空室，令調元守之。調元悉放去，乃乘間逃歸。事親誠孝，同舍人竊其衣裝，知而弗言。見窶者鬻妻，調元贖歸之。

哈廷煥。寧夏人。克盡子職，鄉黨以孝稱。乾隆八年旌表。又寧朔杜文蔚、楊郁，皆以孝行旌。

列女

元

楊多爾濟妻劉氏。寧夏人。多爾濟死時，權臣欲奪劉氏以與人，劉翦髮毁容以自誓，乃免。

明

王俶妻時氏。寧夏人。俶以都指揮戰死，氏聞，即自縊。又中衛參將种興妾陳氏，景泰間，興殁於戰，陳亦自縊。靈州李國俊妻黎氏、羅伏受妻馬氏，皆以夫陣亡從死。

趙炳妻李氏。寧夏人。炳官指揮，氏與子承先妻李氏俱有淑德。萬曆二十年，布木巴據寧夏。官軍至，承先謀獻西城，以告母，母曰：「爾第往，勿爲吾慮。」妻亦勸之。事洩，承先被執，姑、婦皆自縊。

慶憲王妃方氏。憲王薨，妃年二十七。布木巴亂，匿其子帥鋅地窖中，妃自經死。事平，建祠旌表。

李某妻王氏。寧夏人。舅病累年，氏日侍不懈。夫亡，或逼之嫁，不從。又脅之析居，不得已，攜二子還母家。母病熱，思冰，方秋，不可得。氏夜以器貯水，禱於庭中，明旦，果成冰，病遂愈。

楊如松妻朱氏。寧夏人。如松官千户。布木巴亂，子湛佐官軍，賊怒，執氏欲污之，自經死。又千户楊寀妻范氏、百户陳縉妻梅氏、總旗白福妻王氏、熊彦吉妻林氏、王明理妻王氏、孫時順妻謝氏，皆爲賊所掠，不屈死。又有李氏、王氏、韓氏等三十七人，同時爲賊所害。

朱倪點妻畦氏。寧夏人。倪點，奉國將軍，被掠赴襄陽，臨歧，屬畦他適。畦俟倪點出，遂自縊。又蘇民望妻淩氏，中衛人，事姑以孝稱，夫死即自縊。後衛宣大治妻魏氏、劉天祥妻王氏、胡勖妻殷氏，皆殉夫亡。

韓某妻李氏。靈州人。遭流賊亂，被掠，挾之上馬，氏抱兒不舍，且嚙賊手。賊怒，殺之。死三日，面色如生。又副總兵戴三才妻劉氏，遭賊亂，解赴襄陽，自縊旅舍中。後衛高遴妻孫氏，罵賊不屈，身被七創。已死，賊去復甦。

本朝

王盡忠妻鄭氏。靈州人。吴三桂黨李黄鷹據中營堡，其部卒悦氏色，驅盡忠出城刈芻，伺間挑之。氏拔刀擊賊，不中，閉户自刎死。

汪湧妻華氏。靈州人。兵變城破，人皆遁去。氏以姑卧病獨留，賊至，欲挾之去，氏抗拒憤駡，遂被殺於姑側。又生員成明母宋氏，後衛人，亦以惠安兵變，駡賊不屈，遇害。

羅萬倉妾蔣氏。寧夏人。臺灣朱一貴之亂，萬倉爲參將戰殁，蔣閉户自縊於署。雍正二年，奉旨立碑表墓。又守備教允文妻孫氏，中衛人，廩生陳安策姊陳氏，皆以夫死自縊。

宋天寵妻王氏。靈州人。年二十四歲，夫亡守節撫孤，卒年一百十七歲。

張鵬羽妻鄭氏。寧夏都司鄭金女，許字鵬羽爲繼妻。未嫁而夫殁，女哀慟欲絶，歸張守志。

王元之妻陳氏。寧夏人。夫亡，年二十七歲。撫孤稍長，又殀。與媳駱氏苦節終身。乾隆二年旌。又同邑節婦李源淳妻曹氏、馬俊妻何氏、樊天裕妻汪氏、王定國妻朱氏、王定邦妻陳氏、劉寧邦妻白氏〔八〕、錢尚選妻朱氏、劉起佩妻徐氏、王國卿妻王氏、王詢妻吴氏、王諮妻蘇氏、郎名魁妻張氏、李杼妻王氏、姚國佐妻馮氏、王欽妻孫氏、王錦妻周氏、劉道宏妻湛氏、杜彬妻朱氏、李運洪妻吕氏〔九〕、李楝妻王氏，俱乾隆四年旌。栗爾現妻安氏、高登第妻郭氏、錢建國妻解氏、哈銘妻陸氏、楊大略妻楊氏、鄭必耀妻唐氏、高元妻張氏、高起蛟妻羅氏、陳倫妻郭氏、周治新妻方氏、李如松妻孟氏、來自明妻陸氏、生員劉克先妻羅氏、馬化龍妻王氏、王安邦妻蒯氏、黄鈺妻顧氏、方榮妻宋氏、樊嘉增妻張氏、馮禄妻薛氏、生員吴光鼎妻王氏、宿賓妻孫氏、左熺妻王氏、李彬妻張氏、蔡朝明妻李氏、張爾發妻伍氏、李錫妻劉氏、趙芝妻蔣氏、岳大官妻雷氏，又烈婦王氏與媳張氏，俱乾隆年間旌。節婦閻慎思妻張氏、康緯妻尹氏、柴琮妻樊氏、柴連妻趙氏、潘殿妻曹氏、潘天俊妻劉氏，又烈婦胡侯氏，捐軀明志，均嘉慶年間旌。

熊飛源妻張氏。寧朔人。夫亡守節。同縣節婦田大有妻汪氏、李鴻祉妻魯氏、朱耀滄妻李氏，生員朱克紹妻黎氏、雷英妻戴氏、雷嘉謨妻亢氏、馮長健妻陳氏、聞榜妻毛氏、徐連妻梅氏、王玠妻周氏、馮朝鼎妻周氏、王琮妻原氏、王永鐸妻汪氏、高迪吉妻王氏、高秀妻陳氏、胡珍妻李氏、張要妻豆氏、韓榮妻蘇氏，生員朱纓妻姜氏、姚欽妻韓氏、韓楨妻郭氏、張蓁妻陳氏、徐昌祚妻汪氏、劉志宏妻武氏、沈治孝妻岳氏、魯自興妻張氏、姚振功妻高氏、王瑶妻汪氏、柴嶽俊妻陳氏、包懷妻吳氏，生員吳恒妻李氏、陳益妻吳氏、納士榮妻穆氏、周朝彥妻白氏、王義妻汪氏、李雲鵬妻沙氏、廩生孫開勳妻蔣氏、趙一桂妻唐氏、趙開勳妻張氏、趙維陽妻李氏，貞女羅文翼未婚妻、張大有之女，均乾隆年間旌。節婦許琳妻賈氏、蔣應春妻陳氏、蔣秉和妻朱氏、蔣應壽妻陳氏、劉尚仁妻孟氏、劉尚禮妻張氏、景齊賢妻馮氏，均嘉慶年間旌。

夏瑀妻許氏。平羅人。夫亡守節。同縣節婦郗賢繼妻杜氏、馬現成妻張氏、張受妻章氏、江孔漢妻王氏、王施恩妻閻氏、李攀桂妻錢氏、馬之駱妻葉氏、沙毓脈妻蘇氏、沈萬積妻張氏，俱乾隆年間旌。監生張炳妻解氏、張鳳儀妻趙氏、張福德妻王氏、朱化鳳妻劉氏、朱錦妻張氏、丁三保妻馬氏，俱嘉慶年間旌。

王式閭妻李氏。靈州人。夫亡守節。又同州節婦姚欽妻竇氏、馬健明妻蔡氏、許津妻韓氏、魏錦妻梁氏、朱士挺妻姚氏、何騰遠妻王氏、文運祥妻魏氏、劉得先妻郭氏、周榮妻王氏、張仁妻沈氏，生員何嗣俊妻李氏，生員何光國妻王氏、施析經妻常氏，生員高曰棟妻張氏、田盡忠妻王氏、吳世熹妻王氏、許昭妻周氏，生員級景妻許氏、盧復嗣妻鍾氏、馬景良妻常氏、郭嵐妻呂氏、萬梃妻王氏，烈婦吳連妻李氏，俱乾隆年間旌。節婦監生王弼妻顧氏、李如芝妻文氏、黃敦素妻馮氏、梁果妻胡氏、張守正妻費氏、趙叡妻陳氏、謝鏞妻趙氏、賀綵妻胡氏、王廷槐妻李氏，烈婦馮廷舉妻黃氏、吳進白妻張氏、郭進庫妻李氏、劉亥娃妻王氏，又劉王氏、郭德妻康氏、李張氏，俱嘉慶年間旌。

羅峯翰妻劉氏。中衛人。夫亡守節。同縣節婦孫之韜妻宋氏，提督俞益謨妾秦氏、安氏，宋朝正妻張氏、王珩妻李氏、王秉聰妻何氏、張奉奇妻黄氏、朱紳先妻王氏、劉朝重妻劉氏、劉朝賓妻魏氏、馮復俊妻羅氏、甯繼武妻安氏、焦增佑妻韓氏、劉復起妻馬氏、張氏、張前易妻李氏、史祥麟妻巫氏、周三濂妻尚氏、于秉璧妻王氏、周廷儒妻劉氏、黎欽妻張氏、汪思孝妻張氏、魏相唐妻房氏、張士秀妻孟氏、張邦倉妻劉氏、柳逢年妻史氏、方學聖妻李氏、邱岑妻郭氏、張聖德妻楊氏、李文景妻馮氏、甯澤新妻吴氏、李蕓妻任氏、李占魁妻蔣氏、楊楷妻麥氏，俱乾隆年間旌。白存性妻王氏、白存真妻劉氏、劉登仕妻李氏、王思周妻王氏，武生馬紹先妻陳氏、梁朝貴妻蘇氏、侯克敬妻楊氏、高相妻王氏、張志温妻羅氏、門三元妻尹氏、范臣先妻孫氏，烈婦魏相臣妻計氏，俱嘉慶年間旌。

土產

鐵。明統志：麥垛山出。

鉛、礬。明統志：俱賀蘭山出。

鹽。元和志：迴樂、懷遠、鳴沙三縣及鹽州皆有鹽池。

山木。舊唐書地理志：靈州土貢。

牛。新唐書地理志：靈州土貢黄牛臆。舊唐書地理志：鹽州土貢烻牛。明統志：土產犤牛。

野馬。新唐書地理志：靈州土貢。

羢褐。明統志：土產。

鹿皮、野馬皮、雜筋。元和志：俱靈州貢。

鳥翎。元和志：靈州貢。寰宇記：土産白鶻翎。新唐書地理志：土貢雕鶻白羽。

馬鞭。元和志：靈州貢赤檉馬鞭。新唐書地理志：土貢庫利、赤檉、馬鞭。

氈。新唐書地理志：靈州土貢吉莫鞾、韉、氈。

瓜。舊唐書地理志：靈州土貢。

鹿角膠。元和志：靈州貢。新唐書地理志：靈州土貢白膠。

藥。元和志：靈州貢甘草、青蟲子、紅花、麝香、花蓯蓉。新唐書地理志：靈州土貢紅藍、代赭、野猪黃。明統志：又産胡麻、青稞、枸杞、青木香、楸子、暖木。

校勘記

〔一〕又有通寧堡　「寧」，原作「安」，據乾隆志卷二〇四寧夏府關隘（下同卷簡稱乾隆志）改。按，本志避清宣宗諱改字。

〔二〕九十里有賀忠堡　「賀」，乾隆志作「河」。按，雍正甘肅通志卷一五水利有河忠堡渠。

〔三〕寧安堡　「寧」，原作「綏」，據乾隆志改。按，本志避清宣宗諱改字。下文同改。

〔四〕忠嗣進軍磧口經略之　「口」，原作「石」，據乾隆志及新唐書卷一三三王忠嗣傳改。

〔五〕傅琰　「琰」，原作「炎」，據乾隆志及南史卷七〇傅琰傳改。下文同改。按，本志避清仁宗諱改字。

〔六〕仕齊爲總明學士 「總」，原作「聰」，據乾隆志及梁書卷二六傅昭傳改。

〔七〕轉僉河東廉訪司事 「司」，原作「使」，據乾隆志及元史卷一七九楊不花傳改。

〔八〕劉寧邦妻白氏 「寧」，原作「安」，據乾隆志改。按，本志避清宣宗諱改字。

〔九〕李運洪妻吕氏 「運洪」，乾隆志作「洪運」。

甘州府圖

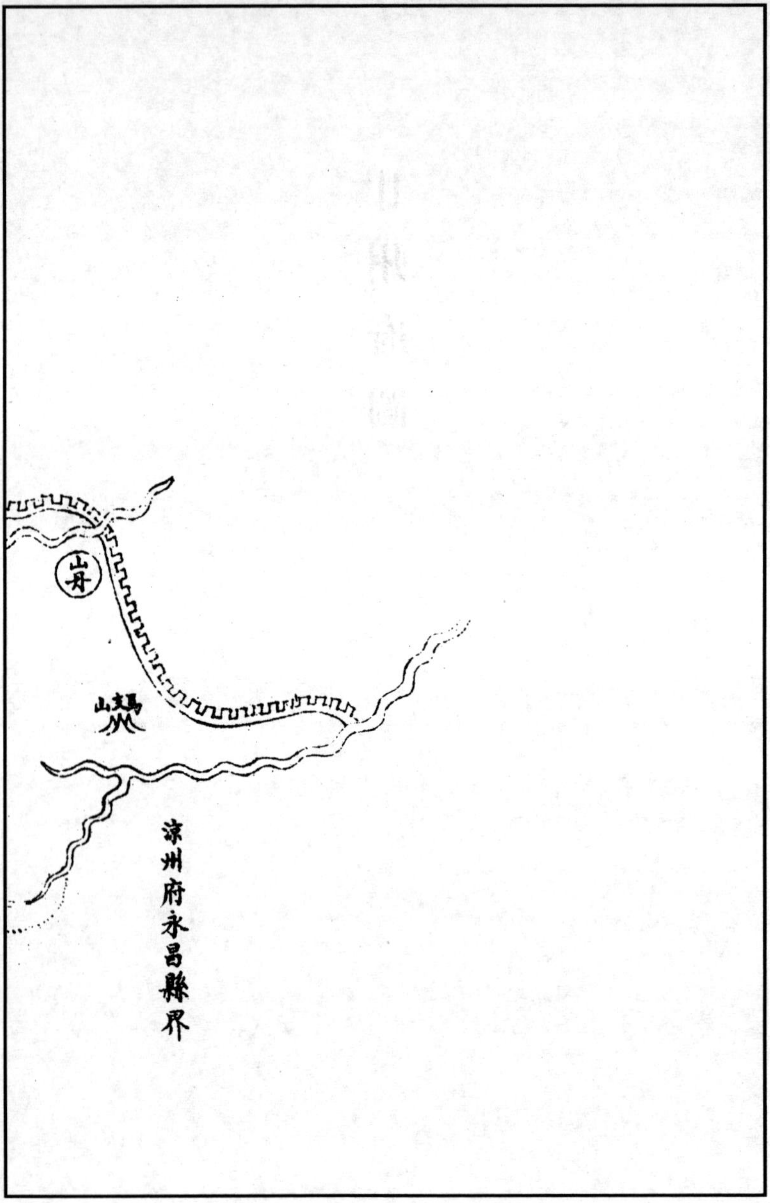
山丹
焉支山
涼州府永昌縣界

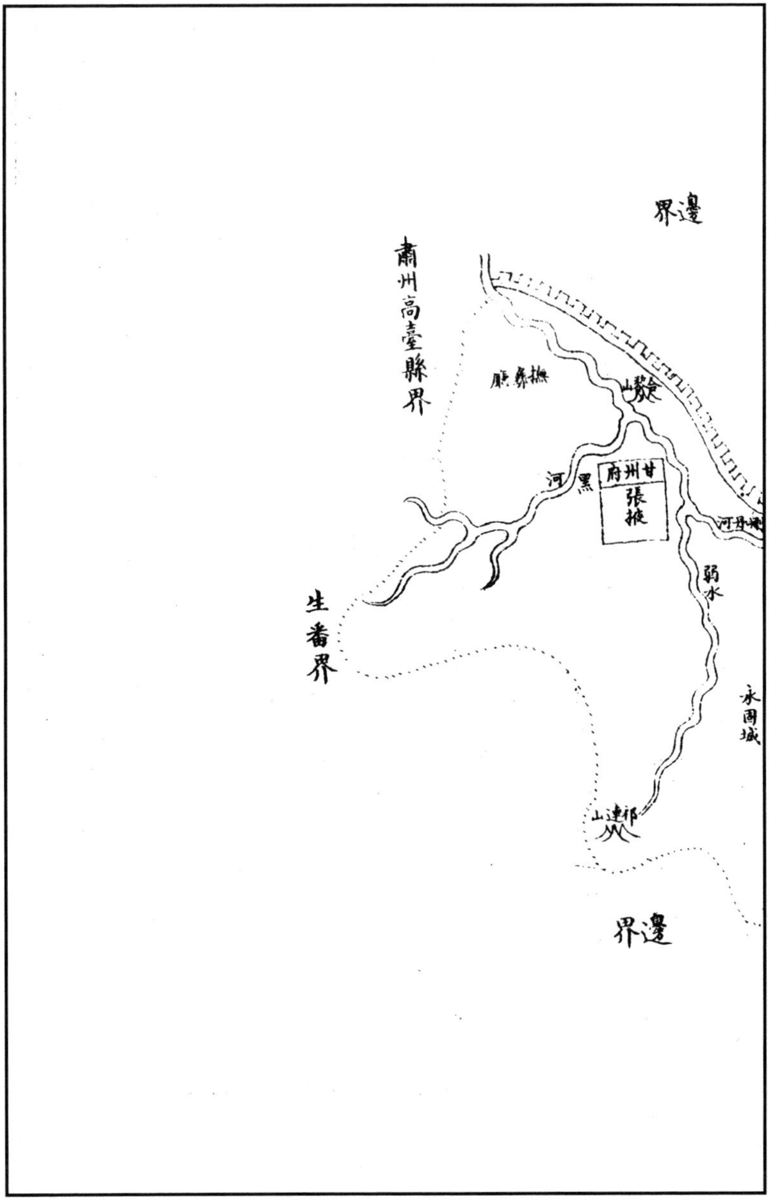

邊界
肅州高臺縣界
撫彝廳
合黎山
甘州府
張掖
黑河
山丹河
弱水
生番界
永固城
祁連山
邊界

甘州府表

	甘州府	張掖縣
秦	月氏地。	
兩漢	張掖郡本匈奴昆邪王地。元鼎六年開置。	觻得縣郡治。 昭武縣屬張掖郡。
三國	張掖郡	觻得縣 昭武縣
晉	張掖郡後陷於涼。	永平縣改名，郡治。 臨澤縣改名。
南北朝	甘州張掖郡魏置張掖軍，尋復改郡。西魏分置西涼州。廢帝改曰甘州。周復置郡。	永平縣州郡治。 魏廢。
隋	張掖郡開皇初郡廢。大業初復改州置。	張掖縣初改名酒泉。大業二年又改名，仍爲郡治。
唐	甘州張掖郡武德初改置州。天寶初改郡。乾元初復爲州，屬隴右道。永泰中陷於吐蕃。	張掖縣州治。後陷廢。
五代	爲回鶻所據。	
宋	鎮夷郡屬西夏，改名。	
元	甘州路初置甘肅路總管府，後改名，爲甘肅行省治。	
明	甘州衛洪武五年置甘肅衛。二十五年改名，爲行都司治。	甘州左右中前後五衛俱洪武二十五年置。

	山丹縣
	刪丹縣 屬張掖郡。 日勒縣 屬張掖郡。後漢獻帝分置西郡。 屋蘭縣 屬張掖郡。
	刪丹縣 西郡 日勒縣 郡治。 屋蘭縣
祁連郡 前涼置。 臨松郡 前涼置。 西安郡 後涼置。	刪丹縣 屬西郡。 西郡 日勒縣 屋蘭縣
魏廢。 臨松郡 周廢。 魏廢。	山丹縣 魏改名。 西魏廢。 永寧縣 魏改名，西魏又改弱水，周省入刪丹。 魏廢。
	刪丹縣 復故名，仍屬張掖郡。
	刪丹縣 屬甘州。
	入西夏，置甘肅軍。
	山丹州 復改爲山丹。至元二十二年升州，屬甘肅行省。
	山丹衛 洪武二十四年改置，屬陝西行都司。

氏池縣 屬張掖郡。				
氏池縣				
氏池縣 初廢，後涼復置。	金山郡 北涼置。	仙提縣	萬歲縣	蘭池縣 皆初置，屬西郡。
魏廢。	魏廢，後周復置。	仙提縣	萬歲縣	蘭池縣
	廢入删丹。	仙提縣	萬歲縣	蘭池縣
		併三縣入删丹。		

大清一統志卷二百六十六

甘州府

在甘肅省治西北一千五百里。東西距三百二十里，南北距二百里。東至涼州府永昌縣界二百二十里，西至肅州高臺縣界一百里，南至邊界一百六十里，北至邊界四十里。東南至大黄山二百五十里，西南至祁連山二百里，東北至邊界一百里，西北至高臺縣界一百二十里。自府治至京師五千八十里。

分野

天文東井、輿鬼分野，鶉首之次。

建置沿革

禹貢雍州之域。戰國及秦爲月氏地。漢初爲匈奴昆邪王地。武帝元鼎六年，置張掖郡。見本紀。地理志作太初元年開，不同。後漢因之。晉仍曰張掖郡。隆安中，北涼沮渠蒙遜初都於此。蒙遜於隆安五年據張掖，義熙八年遷姑臧。後魏太武平涼，置張掖軍。見元和志。太和十一年，改軍爲郡。見寰宇記。而地形志無此郡，隋志作後周置。西魏大統十二年，分置西涼州。廢帝三年，改曰甘州。周復置張掖郡。隋開皇初，郡廢。大業初，復置郡。唐武德二年，復曰甘州。唐書方鎮表：景雲元年，置河西節度副使，治甘州。天寶初，復曰張掖郡。乾元初，復曰甘州，屬隴右道。永泰二年，陷於吐蕃。大中五年收復，尋爲回鶻所據。宋天聖六年，入於西夏，改鎮夷郡，又置宣化府。元初，復曰甘州。至元元年，置甘肅路總管府。八年，改甘州路。十八年，置甘肅行中書省。明洪武五年，置甘肅衛。明統志作二十四年，今從明史。二十五年，改甘州衛。二十六年，置陝西行都指揮使司於此。領衛十二，守禦千户所二。按明史行都司置於洪武十二年，初治莊浪，至是始移於此。本朝初因之。雍正二年，裁行都司，改置甘州府，屬甘肅省，置張掖縣爲府治。又改山丹衛爲山丹縣，高臺廳爲高臺縣。七年，改隸肅州直隸州。今領縣二。

張掖縣。附郭。東西距一百九十里，南北距二百里。東至山丹縣界九十里，西至肅州高臺縣界一百里，南至邊界一百六十里，北至邊界四十里。東南至山丹縣界一百六十里，西南至白城子二百里，東北至轉觜墩一百里，西北至高臺縣治一百六十里。漢置觻得縣，爲張掖郡治。後漢因之。晉改縣，曰永平，仍爲郡治。西魏爲甘州治。後周仍爲郡治。隋開皇十七年，改縣曰酒泉。大業初，復改曰張掖，爲張掖郡治。唐爲甘州治，後陷吐蕃，廢。宋時入於西夏。元置甘州路，爲甘肅行省治。明初，置甘肅衛。二十五年，改置甘州左、右、中、前、後五衛，爲陝西行都司治。本朝順治中，裁中、前、後三衛，存左、右二衛。雍正二年，改置張掖縣，爲甘州府治。

山丹縣。在府東一百二十里。東西距一百三十里，南北距一百七十五里。東至涼州府永昌縣界一百里，西至張掖縣界三十里，南至邊界一百五十里，北至邊界二十五里。東南至白石崖口一百八十里，西南至寧番山口一百五十里，東北至玉泉墩一百二十里，西北至邊界三十里。漢置删丹、日勒二縣，屬張掖郡。後漢因之。獻帝時，分置西郡。晉因之。後魏改删丹曰山丹。周郡廢。隋大業初，復曰删丹，屬張掖郡。唐屬甘州。宋時屬西夏，置甘肅軍。元至元初，復曰山丹。二十二年，升爲山丹州，隸甘肅行省。明洪武二十三年，置山丹衛，屬陝西行都司。本朝初因之。雍正二年，改置山丹縣，屬甘州府。

形勢

環以祁連、合黎之山，浸以居延、鮮卑之水。元志。

風俗

民俗質樸。後漢書竇融傳。土人穴居野處，採獵爲生。明統志。資雪消之水以灌溉。通志。

城池

甘州府城。周十二里有奇，門四，濠廣三丈七尺。明洪武二十五年，因舊修築。本朝乾隆二十九年重修。張掖縣附郭。

山丹縣城。周七里有奇，門四，濠廣二丈五尺。明洪武二十四年築。本朝乾隆二十五年修，高三丈五尺。

學校

甘州府學。在府治東南隅，即舊行都司學。明洪武二十八年建。本朝屢經修葺。入學額數二十名。

張掖縣學。在縣治東南。本朝雍正三年建。入學額數十五名。

山丹縣學。在縣治東南隅。明正統五年建。入學額數十二名。

甘泉書院。在府城内。舊鎮志莫詳創始。明嘉靖三十一年，都御史王誥病其地隘，撤而大之，後廢。本朝乾隆二十四年重建。

仙提書院。在山丹縣。本朝乾隆四十五年建。

户口

原額民丁共五千八百五十，今滋生民丁男婦大小共二十八萬二千四百九十六名口，屯丁男婦大小共五十三萬一千一百十九名口，統計七萬九千八百四十一户。

田賦

田地共一萬二千六百七十九頃三畝九分，額徵銀共八百八十一兩一錢六分，糧共七萬一千八百八十八石二斗六升八合。

山川

雪山。在張掖縣南一百里，多林木箭簳。元和志：甘州南至大雪山三百三十里。

臨松山。在張掖縣南。十六國春秋：晉永嘉四年，張掖臨松山有石如「張掖」字，後「掖」字漸滅，而「張」字分明。隋書地理志：張掖有臨松山。寰宇記：臨松山，一名青松山，一名馬蹏山，又名丹嶺山，在張掖縣南一百二十八里。明統志：馬蹏山，在都司城南一百里，巖石間有神驥足在焉。西陲今略：馬蹏山，在龍首堡南板答口外二十里。有石門七，石洞二十。

祁連山。在張掖縣西南。漢書霍去病傳：元狩二年，去病臻小月氏攻祁連山，揚武乎鱳得。顏師古注：「祁連山即天山也。匈奴呼天爲『祁連』。」西河舊事：山在張掖、酒泉二郡界上，東西二百餘里，南北百里，有松柏五木，美水草，冬温夏涼，宜畜牧。一名天山，亦名白山。元和志：山在張掖縣西南二百里。行都司志：山在甘州衛南一百六十里，東西延亥千餘里，連亘甘肅界。西陲今略：山在梨園堡南九十里。按：新唐志祁連山在甘州西北百九十里，與諸書皆不合。

合黎山。在張掖縣西北。尚書禹貢：導弱水至於合黎。隋書地理志：張掖有合黎山。元和志：合黎山，俗名要塗山，在張掖縣西北二百里。行都司志：合黎山在甘州衛北四十里，迤邐至鎮夷所石峽口三百里。

甘峻山。在張掖縣東北。隋書地理志：張掖縣有甘峻山。舊唐書地理志：甘州取州東甘峻山爲名。元和志：在縣東北四十五里，出青鶻鷹，稱爲奇絶，常充貢獻。寰宇記：甘峻山，一名紺峻山。水經注云「弱水歷紺峻山南，與張掖河合」是也。按：行都司志有人祖山，在甘州衛東北四十里，俗名快活山，其山不毛。蓋即古甘峻山。

石峽口山。在山丹縣東八十里。兩峯相對，下有石井。

焉支山。在山丹縣東南，接涼州府永昌縣界。漢書：元狩二年，霍去病出隴西，過焉支山千餘里，得首虜千餘級。舊唐書地理志：甘州屬删丹，焉支山在縣界。删丹山，即焉支山語訛也。西河舊事：焉支山，東西百餘里，南北二十里，水草茂美，宜畜牧，與祁連同。匈奴失祁連、焉支二山，乃歌曰：「亡我祁連山，使我六畜不蕃息；失我焉支山，使我婦女無顔色。」括地志：焉支山，一名删丹山，在删丹縣東南五十里。明統志：在山丹衛東南一百二十里。唐哥舒翰建神祠於山麓。行都司志：焉支山，一名大黄山。西陲今略：大黄山，起於新河堡南五里，在石峽堡南八里。

窮石山。在山丹縣西南。離騷經：夕次於窮石。淮南子：弱水出窮石山。十六國春秋：北涼永安元年，沮渠蒙遜與從兄男成期同祭蘭門山，因而密譖之。括地志：蘭門山，一名合黎，一名窮石山，在删丹縣西南七十里。按：行都司志祁連山在山丹衛南一百五十里，舊志在馬營墩南三十里，蓋即古窮石山也。括地志謂一名合黎，誤。

金山。在山丹縣西南。魏氏春秋：青龍三年，删丹縣金山元川溢湧，寶石負圖立於川西。漢晉春秋：是年氐池縣大柳谷口激波湧溢，有蒼石立水中，文曰「大討曹」。十六國春秋：呂光龍飛二年，沮渠蒙遜起兵攻拔臨松，屯據金山。沮渠蒙遜元始五年祀金山，西如苕藋，遣將襲卑和，自率衆爲繼，循海而西，復如金山而歸。隋書：大業五年，吐谷渾率衆保覆袁川，帝命内史元壽屯金山。地理志：張掖縣有大柳谷。甘鎮志：柳谷在甘州東南一百里，與山丹衛接界，即金山也。

石㟁山。在山丹縣西十里。山下地皆瀉鹵，雨後經日，色白如鹽。

龍首山。在山丹縣西北二十五里邊外。明萬曆中，夷人青把都自昌寧湖移駐於此，巡撫田樂擊走之。一名龍頭山，俗呼爲甘峻山。山腰有三洞，各深五尺。山陰有泉，旱可禱雨。

紅寺山。在山丹縣北二十五里。山土皆赤。上有崖，深六尺，亦名紅寺洞。

川巖。在張掖縣西南。十六國春秋：沮渠蒙遜元始八年欲伐西涼，引兵西至白巖，僞南攻浩亹，潛師還屯川巖。舊志：川巖，在甘州衛西南一百五十里。

大斗拔谷。在山丹縣南。隋大業五年，帝伐吐谷渾，經大斗拔谷，山路險隘，魚貫而出，乃至張掖。唐武德元年，西突厥闕度設與甘州曹瓊合兵擊李軌，爲軌所敗，走大斗拔谷。通鑑：貞觀九年，李靖討吐谷渾還，上遣使勞軍於大斗拔谷。皆即此。元和志：大斗拔谷，在山丹縣南二百里。

張掖河。在張掖縣西，即古羌谷水也。漢書地理志：觻得縣羌谷水，出羌中，東北至居延入海，過郡二，行二千二百里。括地志：羌谷水，一名鮮水，一名合黎水，一名覆袁水，今名副投河，亦名張掖河，自吐谷渾界北流入張掖縣。張守節史記正義：「今案：合黎水源出臨松縣山東〔一〕，而北流歷張掖故城下，又北流至縣北二十三里，合弱水，又西逕合黎山〔二〕，折而北流，經流沙磧之西入居延海，行千五百里。」明統志：張掖河，在都司城西十里，源出擺通川，逕祁連山，西出合黎山，名合黎水，流入額齊訥界。行都司志：張掖河，原名黑河，自鎮城西南山流出，逕祁連山，傍合黎山，出羌谷口，北入額齊訥界。今引其水分二十八渠，爲灌溉之利。按：黑河上源，東北流二百里許，至府西北，合弱水。其源比弱水差短，而流特盛。自漢以來，皆主此水言，故詳記源流而略於弱水。就禹貢言，此亦弱水之源也。「額齊訥」舊作「亦集乃」，今改。

弱水。源出山丹縣西南，北流，逕縣西，又西北逕張掖縣北，又西北入肅州高臺縣界。書禹貢：雍州，弱水既西。漢書地理志：刪丹縣，桑欽以爲導弱水自此，西至酒泉、合黎。元和志：弱水在山丹縣南山下。寰宇記：弱水東自刪丹縣界流入，在甘州北二十三里。王應麟地理通釋：弱水西至合黎山，與張掖河合。力不勝芥，然可以皮船渡。隋書地理志：刪丹有弱水。甘鎮志：刪丹河，在山丹城西，源出祁連山，西流入張掖河，即弱水也。自鎮城東北環合黎山，入東莎界。西陲今略：弱水自祁連北流，繞山丹城前後，合而西流，至甘州新城，匯黑河而西。此水春夏之間，褰裳可涉，及其漲也，亦可浮舟，但土人不知造舟耳。自與張掖河合，其下通名爲張掖河，今俗謂之黑河。按：輿圖，弱水發源處在甘州正南微東，山丹縣西南，各二百餘里。北流稍東，過永固城，折而稍西，至甘州東南，有山丹縣南之水流入焉。自北轉而西北，去山丹之西南正西皆八九十里。鎮志謂在城西，今略謂繞城前後，皆未甚悉。舊志云古之言弱水者不一。山海經：「西海之南，流沙之濱，有大山曰崑崙之丘，其下有弱水之淵環之。」郭璞注：「其水不勝鴻毛。」史記大宛傳：「安息長老傳聞條支有弱水、西王母，而未嘗見。」漢志：「臨羌縣西塞外有弱水。」後漢書：「大秦國西有弱水、流沙，西王母所居處，近於日所入也。」十六國春秋：「乞伏孔子擊吐谷渾，覓地於弱水南。後魏太武擊蠕蠕，自栗水西行至菟園水，又循弱水西行至涿邪山。」史記正義：「弱水有二源，皆出女國北阿耨達山〔三〕，即崑崙也。南流會於女國東，去國一里，非毛舟不可濟，南流入海。」唐書：「東女國有弱水，南流，縫革爲船。」所言並在絶域，皆非禹貢之弱水。然考後魏太武所經之弱水，實即指張掖河之下流，非有二也。

宣政渠。在張掖縣南一百里。分壩四，溉田一百一十八頃。又虎喇海西渠，在縣南一百二十里，分壩二，溉田二百四十餘頃。虎喇海東渠，在縣南一百三十里，分壩三，溉田一百餘頃。阿薛古渠，在縣城北五里，分閘六，溉田一百五十九頃。回回渠，在縣城東五十五里，分支渠三，溉田一百二十頃。河東渠，溉田二十三頃。東泉渠，在縣城東郭内，分閘四，溉田一百二十七頃。江淮渠，溉田二十七頃。迓剌渠，在縣西四十里，溉田八十五頃。小泉渠，溉田六十七頃。黑水溝渠，溉田一十四頃。陽化渠，在縣城南七十里，溉田一百二頃。有本渠，分閘三，溉田五十五頃。皆引山水。

洪水渠。在張掖縣南。自縣東南一百六十里起，至縣南一百里，分爲六渠，共溉田七百二十餘頃。又山丹縣亦有洪水渠，自縣南一百二十里起，至縣西南七十里，分爲四壩，共溉田一百一十餘頃。

千金渠。在張掖縣西。漢書地理志：觻得縣有千金渠，西至樂涫入澤中。按：此渠蓋引羌谷水，即今縣西諸渠之類也。

城北渠。在張掖縣西北十三里，分閘九，溉田一百七十一頃。又城北新渠，分閘三，溉田七十頃。官渠，在縣西南十四里，分閘十八，溉田三百六十八頃。加官渠，分閘九，溉田一百四十九頃。沙子渠，在縣西十九里，分閘三十六，溉田五百八十二頃。卓家渠，在縣南十六里，分閘九，溉田一百五頃。大古浪渠，在縣南二十里，分閘十五，溉田五百四十一頃。小古浪渠，分閘七，溉田一百九十九頃。小滿渠，在縣南三十里，分閘十六，溉田四百七十二頃。大滿渠，在縣西南四十五里，分閘二十五，溉田五百九十七頃。大滿新渠，分閘七，溉田一百八十一頃。小滿新渠，分閘六，溉田一百八十一頃。馬子渠，在縣南五十里，分閘二十一，溉田三百二十餘頃。洞子渠，在縣南五十五里，分閘十二，溉田一百五十一頃。西洞渠，在縣西四十里，溉田一百一十一頃。龍首渠，在縣西南八十里，黑河首派也，舊名木龍壩，分閘五，溉田二十二頃。又永利渠，分閘九，溉田二百二十八頃。盈科渠，分閘三十六，溉田一千一百三十一頃。四海渠，分閘五，溉田六十八頃。下漚波渠，在縣西二十里，溉田一百五十一頃。上漚波渠，在縣西三十五里，溉田六百四十四頃。新豐渠，溉田六十七頃。平順渠，分閘四，溉田一百六十一頃。巴吉渠，溉田二百九頃。河西渠，在縣西北一百二十里，分支渠三道，溉田三十八頃。接濟渠，分二溝，溉田八頃。新塔兒渠，溉田五十四頃。灌源渠，溉田二十五頃。敬依渠，溉田一十七頃。舊塔兒渠，引黑河尾水，分閘四，溉田一百三十二頃。以上俱引黑河水。

撫彝渠。在撫彝廳城東北，分閘五。又新工渠，在城北，分六閘。小魯渠，在城西北，分四閘。小新渠，在城東北，分二閘。西海渠、古集渠，均在城西南。倪加渠、土軍渠、橙僧渠、梨園渠、小彩渠，均在城南。鋪加渠、東海渠、旱兀渠、通濟渠、化音渠、雙泉渠、明麥渠、永濟渠、五眼渠，均在城東南。鴨子渠，在城東。葫蘆永安渠、昔喇渠、板橋渠，在城東北。

白石崖渠。在山丹縣東南二百里。源自大通河分派而來，溉田三十九頃。又有東中渠，就地出泉，分爲九壩，溉田五百八十四頃。童子渠，在縣南七十里。義得渠、無虞山口渠，在縣南一百三十五里。三渠共溉田五百七十四頃。木花渠，分爲支渠四，溉田四百八十四頃。俱引祁連山冬雪消融之水。又邊山小溝渠，在縣城南一百二十里。鐘山寺溝渠，在縣城東南九十里。衛亭木溝渠，在縣城東南一百里。馬連壩渠，在縣城東南一百二十里。東山壩渠，在縣城南一百二十里。西山壩渠，在縣城南一百里。紅崖頭渠二道，在縣城西南一百里。大黄頭渠二道，在縣城南一百二十里。獨崖泉渠，在縣城南一百里。獨泉渠，在縣南一百里。

赤泉。在張掖縣東南。十六國春秋：秃髮傉檀伐蒙遜，次於氐池，芟其禾苗，至赤泉而還。元和志：涼州赤水軍，本赤烏鎮，有青赤泉，故名。

甘泉。在張掖縣西南八十里甘峻山下，味甘洌。又城南門内東三十餘步亦有甘泉，北流出城，引以轉磑。

蓼泉。在張掖縣西。十六國春秋：沮渠蒙遜元始七年，遣張掖太守沮渠廣宗詐降李歆，歆發兵迎之，蒙遜伏兵於蓼，歆覺之，引還。蒙遜追敗之於鮮支澗，城建康而還。八年，歆復襲蒙遜，引兵入都瀆澗。蒙遜逆擊，敗之於懷城。歆勒兵復戰蓼泉，爲蒙遜所殺。新唐志：甘州西一百二十里，有蓼泉守捉城。行都司志：蓼泉，在衛西九十里，都瀆澗在其西。

九眼泉。在張掖縣西九十里。

草湖泉。在張掖縣西張掖河。兩岸多生蘆葦，每年收草百餘萬束以飼馬。

暖泉。在山丹縣東南四十五里。平地湧泉二穴，沍寒不凍。有大渠一，分閘五，共溉田七百一十八頃。

石井。在山丹縣東八十里。其水常滿，汲之不竭。行都司志：井出石峽口山下。

三十二井。在張掖縣北邊外，參差並列。

古蹟

觻得故城。在張掖縣西北。漢書：元狩二年，霍去病至祁連山，捕首虜甚多。上曰：「驃騎將軍涉鈞耆，濟居延，遂臻小月氏，攻祁連山，揚武乎觻得。」武帝紀：是年，匈奴昆邪王殺休屠王來降。元鼎六年，分武威、酒泉地，置張掖、敦煌郡。地理志：張掖郡，故匈奴昆邪王地。武帝太初元年，開治觻得縣。應劭曰：「張國臂掖，故曰張掖。」孟康曰：「觻，音鹿。」顔師古曰：「觻得，匈奴中地名，縣取其名耳。」舊唐書地理志：張掖，故匈奴昆邪王地，屬漢武開置張掖郡及觻得縣，郡所治也。匈奴，王號也。後魏置張掖軍，孝文改爲郡及縣州，置西涼州。尋改爲甘州，取州東甘峻山爲名。元和志：甘州自六國至秦，戎狄、月氏居焉。漢初，爲匈奴右地。武帝置張掖郡，以斷匈奴之右臂。晉初，屬張軌。後涼末，段業亦嘗據此，爲北涼沮渠蒙遜所殺，據之。後又還理姑臧。後魏太武平涼，以爲張掖軍。廢帝二年，改軍，置甘州，因州東甘峻山爲名。或言地多甘草，故名。大業三年，罷州爲張掖郡。隋亂，陷賊。唐武德二年，詩平李軌，改置甘州。永泰二年，陷於西蕃。張掖縣，郭下，本漢觻得縣，匈奴觻得王所居，因名。晉改名永平。隋開皇三年，改永平爲酒泉。大業二年，改爲張掖，取舊郡爲名也。寰宇記：漢郡城，在今縣西北四十里。唐書宣帝紀：大中五年，沙州人張義潮以甘州歸於有司(四)。回鶻傳：大中時，龐特勒自稱可汗，居甘州。五代史：五代之際，甘州回鶻數至，猶呼中國爲舅。宋史夏國傳：天聖六年，德明遣子元昊攻甘州，拔之。元史世祖紀：至元二十三年，立甘州行中書省。明統志：洪武二十四年，置甘肅衛。二十六年，置陝西行都司。

昭武故城。在張掖縣西北。漢置，屬張掖郡。後漢永初二年，梁慬至張掖日勒，會叛羌諸種攻亭堠，慬擊破之，乘勝進至昭武。晉改曰臨澤。晉書地理志：張掖郡統臨澤縣。漢昭武縣，避景帝諱改也。十六國春秋：沮渠蒙遜元始八年，太史令張衍曰：「今歲臨澤城西當有破兵。」蒙遜遂西誘李歆，敗之於懷城。歆退走，追至臨澤斬之。後魏廢。魏書西域傳：康居王舊居祁連山北昭武城。後漢書注：昭武故城，在張掖縣西北。

臨松故城。在張掖縣南。十六國春秋：晉太和三年，張天錫置臨松郡。吕光龍飛二年，沮渠蒙遜起兵襲光中田，護軍馬邃進攻臨松郡，屯據金山。秃髮傉檀嘉平三年，伐蒙遜，掠臨松千餘户。又蒙遜元始十二年，乞伏熾磐子墓末，出貉渠谷，來攻臨白草嶺及臨松郡，徙民而歸。魏書地形志：臨松郡，領安平、和平二縣。隋書地理志：張掖有臨松縣，後周廢。寰宇記：後魏太和中，置臨松郡，故城在臨松山下。

删丹故城。今山丹縣治。漢置，屬張掖郡。晉屬西郡。後魏地形志不載。隋書地理志：張掖郡，統删丹縣。後魏曰山丹。大業初，改爲删丹。元和志：删丹縣，西至甘州一百二十里，本漢舊縣。按：焉支山，一名删丹山，故以名縣。元史地理志唐删丹縣，宋初爲夏國所有，置甘肅軍。元初爲阿只吉大王分地，至元六年行山丹城事，删「訛」爲「山」。二十二年，升爲州，隸甘肅行省。明統志洪武初廢元山丹州，二十四年置山丹衛。

日勒故城。在山丹縣東南。漢置，屬張掖郡。漢書地理志：日勒都尉，治澤索谷。趙充國傳：武威縣、張掖日勒〔五〕，皆當北塞，有通谷水草。後漢書郡國志：日勒縣，獻帝分置西郡。晉志：西郡治日勒縣。十六國春秋：苻堅建元二十一年，吕光東還，西郡太守索泮城守不下，光攻殺之。段業神璽二年，遣沮渠蒙遜攻光西郡太守吕純，執純以歸。又蒙遜永安八年，敗秃髮傉檀於均石，進攻西郡太守楊統於日勒，拔之。魏書地形志不載。隋書地理志：删丹有後魏西郡永寧縣，西魏郡廢，縣改爲弱水。周省，入删丹。後漢書注：日勒故城，在删丹縣東南。

氐池故城。在山丹縣西南。漢置，屬張掖郡。後漢因之。晉省，後復置。十六國春秋：吕光麟嘉二年，張掖督郵傅曜考覈郡縣，氐池令尹興殺之，投於南亭空井中。秃髮烏孤太和三年，吕纂攻段業於張掖，遣利鹿孤救之，纂懼，燒氐池、張掖穀麥而去。沮渠蒙遜永安元年，舉兵襲段業，比至氐池，衆逾一萬，進壁侯塢。業軍潰。秃髮傉檀弘昌五年，伐蒙遜，次於氐池。蒙遜嬰城固守，芟其禾苗，至赤泉而還。通鑑注：「氐池故城，在張掖縣界。」

西安廢郡。在張掖縣東南。十六國春秋：呂光龍飛二年，郭麐之叛，西安太守石元良率兵赴難。段業神璽二年，徙治張掖，遂築西安城，以臧莫孩爲太守。沮渠蒙遜永安元年爲西安太守，遂起兵攻張掖，殺業而代之。後魏廢。

祁連廢郡。在張掖縣西南。十六國春秋：晉咸和五年，張駿以侯亮爲祁連令。隆和元年，張元靚改商州爲祁連郡。晉書地理志：永和中，張祚置漢陽縣以守牧地，張元靚改爲祁連郡。魏書：李寶父翻爲祁連、晉昌二郡太守，尋廢。通鑑：唐開元十六年，左金吾將軍杜賓客破吐蕃於祁連城下。即故城也。胡三省注：「城在祁連山下，故名。」方輿路程考略：即單于城，在衛南洪水堡南三十里，故址猶存。

金澤廢縣。在張掖縣南。十六國春秋：晉建元元年，張駿田於建西硇石縣，改硇石爲金澤縣。又呂光時，張掖金澤縣有麟見，光以爲己瑞，改元麟嘉。

仙提廢縣。在山丹縣東。晉書地理志：西郡又統仙提、萬歲、蘭池三縣。十六國春秋：建興二年，蘭池長趙嬰於青澗水得玉璽。禿髮利鹿孤建和二年，遣將襲沮渠蒙遜於張掖，至萬歲、臨松。後廢。舊唐書地理志：晉分删丹置蘭池、萬歲、仙提三縣。煬帝併入删丹。寰宇記：張掖縣有千秋城、萬歲城，皆竇融所築，以扼邊夷。舊志有仙提鋪，在城東十里，蓋以故縣爲名。

金山廢縣。在山丹縣西南。十六國春秋：沮渠蒙遜永安十年，以從伯羅仇子成都爲金山太守。後魏省。隋書地理志：删丹有後周置金山縣，尋廢。

屋蘭廢縣。在山丹縣西北。漢置，屬張掖郡。後漢、晉因之，後魏廢。

苕藋。在張掖縣東。十六國春秋：禿髮傉檀嘉平四年，伐北涼，五道俱進，至番和、苕藋，掠五千餘户而還。沮渠蒙遜元始二年西如苕藋，遣兵襲卑和、烏啼二部。五年，祀金山，西至苕藋，復襲卑和虜。

均石。在張掖縣東。十六國春秋：禿髮傉檀弘昌六年，伐沮渠蒙遜於張掖，入自西陜。蒙遜拒戰於均石。通鑑注：均石，在張掖之東，西陜之西，蓋西郡界。

建康軍。在張掖縣。唐書地理志：甘州西北百九十里祁連山北有建康軍。證聖元年，王孝傑以甘、肅二州相拒迴遠，置軍。按：建康，元和志作建昌。

關隘

山南關。在張掖縣東北四十里人祖山口。明嘉靖二十七年，巡撫楊博置關城，四面，凡二十丈有奇，城濠三面，凡三十丈有奇。

紅寺山關。在山丹縣北三十里西遊荄，舊曰紅寺山口。明嘉靖中，新修石關一道。

撫彝廳。在府治西一百五十里。本肅州高臺縣地，明時置驛，隸後衛。本朝初因之。乾隆十八年設廳，置通判，屬甘州府，分理張掖縣山南關、梨園堡、沙河堡，高臺縣平川堡等處，兼理驛事。二十九年建城，周一里有奇。東至沙河驛四十里，西至肅州高臺驛四十里。五十二年，添設經制外委一員駐防。

永固城。在山丹縣境，去府治東南一百八十里。東至大馬營四十里，西至洪水堡三十里。本朝順治八年築堡，周四里，設副將鎮守，兼轄甘州城守、梨園、洪水、南古城、馬營墩、山丹、硤口、黑城、大馬等營。馬營墩東大草灘、河東墩有牧馬廠，距本營三十里。

邊牆。自府西北板橋堡，北接肅州高臺縣界，東至明沙堡止，長二十里。自此而東，皆以山爲固。至府東北六十五里，有斜濠口，亦名灰溝口。口北五里有烟墩溝，山勢至此漸平，又築邊牆，東抵山丹縣北七十里，又迤東南至定羌廟，接永昌縣界，長一百里。其間關門有四，隘口數十，皆設濠塹。

觀音山口。在張掖縣東六十里。又縣西南八十里有板答口，又有烟墩口、大盤道口、小盤道口、仁宗口、大尾蘇龍口、小尾蘇龍口、康溝口、虎喇孩口、石搾口、西水關口、小都蘇口、大都蘇口、酥油口、小野兒口、大野兒口、正南溝口、哱囉口、大磁磘口、小磁磘口、大打磨口、小打磨口、羊臺口，共計二十四處。

寧番山口〔六〕。在山丹縣南一百三十里。又扁都兒山口，在山丹縣南一百里。西陲今略：扁都口，明時凡涼、甘往來於青海西寧者，率皆由此而行。路雖踰山，實爲捷徑。白石崖口，在山丹縣東南二百里，皆番夷出入之路。

寧静山口。在山丹縣南一百二十里。又無虞山口、和寧山口，俱在縣南一百三十里。

仁壽堡。在張掖縣東四十里。又東樂堡，在東七十里，城周二里八十步，東至山丹驛四十里，西至仁壽驛四十里。明時置驛。本朝乾隆十年，分設縣丞駐此。

洪水堡。在張掖縣東南一百四十里。東至黑城堡四十里，城周三里有奇，當大草灘之口。明嘉靖八年置守備駐防，本朝改設遊擊。順治八年，開市於此。縣南山場柏樹灣有牧馬廠。又縣東觀音口内混泉，有甘州城守營牧馬廠。

南古城堡。在張掖縣南一百里，駐東樂〔七〕，明置。城周二里，東南至山丹縣寧番山口八十里。本朝設守備駐防。距營十五里柳溝河有牧馬廠。

龍首堡。在張掖縣西南五十里黑河東岸。城周一里有奇。又拒敵堡，在縣南四十里。順化堡，在縣南九十里。皆明置。

甘峻堡。在張掖縣西南八十里黑河西。明置。城周三百五十步。

梨園堡。在張掖縣西一百里，西北至肅州高臺縣五十里。明置。城周二里。本朝初設守備，今改都司。其南五里爲哱囉口，黑河所經也。距營七十里白圮臺有梨園營牧馬廠。

新城堡。在張掖縣西北四十里，南至黑河五里。城周一里有奇，明置，曰靖安堡，本朝改名。其東二十里有瓦窑堡，在縣北二十里。東至人祖山口二十里。城周一里五十步。其西二十里有明沙堡，周八十八步。又板橋堡，在縣西北八十里，城周二里有奇。又西二十里有柳堂堡。皆明置。

沙井堡。在張掖縣西北五十里，東至甘泉驛五十里，西至沙河堡二十里。兼置驛於此。

沙河堡。在張掖縣西北七十里，東至沙井堡二十里，西至撫彝廳四十里。明置驛丞，隸中衛。本朝初因之。乾隆十八年，裁驛丞，仍置驛，歸撫彝廳管。五十二年，設外委駐防。

新河堡。在山丹縣東四十里，東至石硤口四十里，南至張掖縣馬營墩一百四十里，北至邊牆五里。兼置驛於此。本朝康熙八年，移堡兵於馬營墩。

石硤口堡。在山丹縣東八十里，東至涼州府永昌縣水泉營五十里，西至新河堡四十里。城周二里有奇，高三丈五尺。舊亦置驛。本朝初設守備，今改都司。硤口路僅里許，亂石磊砢，人馬皆艱。距營十五里長溝有牧馬廠。又東二十里有定羌廟，在古城窪之阜，爲甘、涼交界處，今設把總。

大馬營堡。在山丹縣境，東至涼州府永昌縣高古城九十里，西至黑城堡三十里。明置。城周一里。本朝設遊擊駐防。

馬營墩堡。在山丹縣境，北至永固城二十里，西北至洪水堡四十里。城周一里有奇。本朝初設守備，今改都司。距營十五里石灰磘土營臺子有牧馬廠。又獨峯口有山丹營牧馬廠。

黑城堡。在山丹縣境，西至永固城三十里。明嘉靖中置。城周五里，在大草灘中。本朝初設遊擊駐防，後改都司。乾隆四十六年改守備，尋以守備移駐紅城堡，設把總一員駐防。

平川堡。附近邊牆，東至板橋堡四十里。明初置。城周三里有奇。本朝設守備，初屬高臺縣，後因置撫彝廳，移屬之。

甘泉驛。在張掖縣城内東北隅。明置。其東四十里至仁壽驛，西五十里至沙井驛，又西四十里至沙河驛，又西四十里至撫彝廳。舊有驛丞，兼管二驛，今裁。又西四十里達肅州高臺驛。

仁壽驛。在張掖縣東四十里，西四十里至甘泉驛，東三十里至東樂驛，又東四十里達山丹縣山丹驛。明時置。本朝置驛於此。

山丹驛。在山丹縣南關，西四十里至東樂驛，東四十里至新河驛，又東四十里至硤口驛，又東五十里達涼州府永昌縣之水泉驛。

津梁

沙渠橋。在張掖縣南十里。

黑河橋。在張掖縣西十三里。

北津橋。在張掖縣北二十里，跨弱水。

甘橋。在山丹縣西關外。

陵墓

明

毛忠墓。在張掖縣南五里。有武勇祠在城西隅，明弘治十三年敕建。

費瓛墓。在張掖縣南二十里。行都司志：瓛，明崇信伯。永樂初，佩平羌將軍印，守西土二十年。

劉廣墓。在張掖縣南鄉古浪渠。

任啓墓。在張掖縣南鄉拒獻堡。

李文墓。在張掖縣南古城堡。

王敬墓。在張掖縣南鄉齊家渠。

祠廟

甘泉祠。在張掖縣南門内。行都司志：泉乃郡之古蹟。故老相傳，昔有龍見焉，因祠之。年久頽没。嘉靖二十八年，巡撫楊博檄官培其泉北汙下之地爲基，建祠於上。面南宏敞，道泉流於垣之兩翼，祠後有池，二流會焉。又縣南城外七十里有上龍王廟，縣南城外三十里有中龍王廟，縣西城外十里有下龍王廟。

寧濟公祠。在山丹縣東南焉支山麓。舊鎮志：唐天寶間，封焉支山之神爲寧濟公，立祠祀之。

龍王廟。在張掖縣西南八十里張掖河濱，舊名河瀆神廟。

寺觀

寶覺寺。在府城西南隅。西夏永安元年建，明永樂間重修。宣德二年，敕賜今額。本名卧佛寺，又名弘仁寺。

普觀寺。在張掖縣南一百三十里祁連山下。行都司志：内有浮屠塔。古名馬蹄寺。有石門二十，石洞七，廣狹不一，俱鑿佛像。土人倚洞立爲禪堂。明初敕改今額。

圓通寺。在張掖縣東樂堡。始於宋徽宗時，明天啓年間重修。内有甎塔。本朝乾隆年間重修，高八丈有奇，較舊址更寬。

廣慶寺。在張掖縣城東南隅。

西來寺。在張掖縣城西南隅。

白衣寺。在張掖縣城西北隅。

普門寺。在張掖縣城西北隅。

報恩寺。在張掖縣城外二里。

崇慶寺。在張掖縣城南關廂。

泰普寺。在張掖縣城南關廂。

轉輪寺。在張掖縣城南關廂。

隆教寺。舊蹟在馬蹄寺前，明正統年間移建於張掖縣南古城堡。康熙五十三年重修。

髮塔寺。在山丹縣治東南。舊有佛塔，明洪武中築城於塔址下，得鐵佛五，石函一，内藏髮，旁有石鑪，上刻「髮塔寺」數字，因以名寺。

勝泉寺。在張掖縣東樂堡東門外，明永樂十五年建。

名宦

漢

郭忠。昭帝時，爲張掖屬國都尉。元鳳三年，匈奴入寇，忠發兵擊，大破之，射殺犂汗王，以功封成安侯。自是匈奴不敢入張掖。

辛慶忌。狄道人。元帝時，爲張掖太守，徙酒泉，所在著名。

蕭咸。蘭陵人。歷張掖太守，所居有迹。

竇融。平陵人。更始初，爲張掖屬國都尉。融累世在河西，知其土俗，撫結雄傑，懷輯羌虜，河西翕然歸之。及更始敗，衆共推融行河西五郡大將軍事。政治寬和，上下相親，修兵馬，習戰射。羌胡犯塞，融輒自破之。其後匈奴懲乂，稀復侵寇而保塞，羌胡皆震服親附，安定、北地、上郡流人歸之不絶。建武五年，遣使奉書獻馬，因授融涼州牧。

史苞。茂陵人。竇融爲屬國都尉時，苞爲張掖都尉。及融行河西五郡大將軍事〔八〕，更以苞爲張掖太守。光武討隗囂，與融等共進軍，以功封褒義侯。

鄧訓。新野人。元和三年，盧水胡反畔，以訓爲謁者，乘傳到武威，拜張掖太守。

李恂。臨涇人。肅宗時，遷張掖太守，有威重名。時大將軍竇憲將兵屯武威，遠近州郡皆修禮遺，恂奉公不阿，爲憲所奏免。

第五訪。長陵人。爲張掖太守。歲饑，粟石數千，訪開倉賑給，以救其敝。吏懼譴，争欲上言。訪曰：「若上須報，是棄民也，太守樂以一身救百姓。」遂出穀賦人，順帝璽書嘉之，由是一郡得全。歲餘，官民並豐，界無姦盜。

三國　魏

崔遊。上黨人。魏末，出爲氐池長，甚有惠政。

隋

楊恭仁。觀王雄子。仁壽中，爲甘州刺史。臨事不苛細，邊人安之。文帝謂雄曰：「匪特朕得人，乃卿善教子矣。」

裴矩。聞喜人。高祖時，爲吏部侍郎。大業初，西域諸胡多至張掖交市，帝令矩掌其事。因訪其國俗山川險易，撰西域圖記三卷。後以綏懷之略，進位銀青光禄大夫。

陰世師。武威人。大業初，拜張掖太守。先是，吐谷渾及黨項羌，屢爲侵掠。世師至，有來寇者，輒擒斬，深爲戎狄所憚。

元

阿勒楚爾。雲中塞上人。太宗時，爲元帥，鎮山丹州。自燉煌置驛抵玉關，通西域。「阿勒楚爾」舊作「按竺爾」，今改。

巴圖。蒙古人。延祐初，拜甘肅行省平章政事。時米價騰湧，陸輓每石費二百緡，乃爲經畫，計所省至四百餘萬緡，自是諸倉俱充溢。且甘州氣寒地瘠，少稔歲，民饑則發粟賑之，春闕種則貸之，於是兵饟既足，民食亦給。詔賜名鷹、甲胄、弓矢及鈔五千緡，以勞焉。「巴圖」舊作「伯都」，「蒙古」舊作「忙兀」，今並改。

明

石永。威縣人。嘉靖中，爲副使，駐甘州。舊有水田，以地震川塞，田遂蕪廢。永濬泉五十餘所，溉田八百餘頃，民皆復業。

本朝

劉良臣。直隸人。順治四年，任甘州總兵。逆回米剌印謀叛，佯言兵變，誘良臣至北關，與甘山道林維造俱遇害。遊擊黄得成亦被害。

人物

漢

金日磾。本匈奴休屠王太子，與母閼氏、弟倫俱没入官，輸黄門養馬。武帝見而異之，拜爲馬監。遷侍中、駙馬都尉、光禄大夫。既親近，未嘗有過失。莽何羅謀逆，日磾擒縛之，由是著忠孝節。自在左右，目不忤視者數十年。賜出宫女，不敢近。帝欲納其女後宫，不肯。後爲車騎將軍。與霍光同受遺詔，輔少主，封秺侯。卒，謚曰敬。兩子賞、建，昭帝時俱爲侍中，賞嗣侯。

金安上。日磾弟倫之子。少爲侍中，篤慎有智，宣帝愛之。發楚王延壽反謀。霍氏反，禁門闥，無納霍氏親屬。封都成侯，至建章衛尉。子敞，元帝時爲中郎將侍中。太后以敞世名忠孝，留侍成帝，爲奉車水衡都尉，至衛尉。敞爲人正直，敢犯顔色，左右憚之。敞子涉，拜侍中，明經儉節，諸儒稱之，官至長信少府。

吴詠。張掖人。爲護羌校尉馬賢所辟，後爲太尉龐參掾。參、賢相誣，罪應死，各引詠爲証。詠計理無兩直，遂自刎死。參、賢慚悔，自相和釋。後涼州刺史張軌祭其墓而旌其子孫。

郅奇。張掖人。居喪盡禮，以淚灑石，石即成痕；著枯木枯草，在冬必茂；浸地成鹹，俗謂之「鹹鄉」。漢帝嘉其孝，表銘其邑，改曰孝行之鄉，使立廟，歲時祭祀。

唐

趙武孟。張掖人。少游獵，以所獲饋母。母泣曰：「汝不好書而敖蕩，吾安望哉！」不爲食。武孟感激，遂力學，淹該書記。自長安丞爲右臺御史，著河西人物志十篇。子彦昭，風骨秀爽，及進士第，爲南部尉，與郭元振、薛稷、蕭至忠善。景龍中，累遷中書侍郎、同中書門下平章事。

烏承玼。張掖人。開元中，與族兄承恩，皆爲平盧先鋒，沈勇而決，號「轅門二龍」。奚、契丹入寇，承玼破之捺禄山；又戰於白城，斬首萬計。渤海大武藝引兵至馬都山，屠城邑，承玼窒要路，敵不得入，流民始還。安慶緒使史思明守范陽，承玼勸思明降，思明遂奉表聽命。始承恩爲冀州刺史，失守，思明護送東都。故肅宗使自雲中趨幽州，開説思明，與承玼謀投釁殺之，不克，死。承玼奔李光弼，表爲冠軍將軍，封昌化郡王，爲右領軍使。

烏重胤。承玼子。少爲潞牙將，兼左司馬節度使。盧從史奉詔討王承宗，陰與賊連。重胤縛從史帳下。憲宗嘉其功，擢河陽節度使，封張掖郡公。帝討淮蔡，詔重胤以兵壓賊境，割汝州隷其軍，與李光顔相犄角。大小百餘戰，凡三年，賊平。再遷檢校司空，進邠國公，徙横海軍，改天平。文宗初，拜司徒。卒，贈太尉，謚懿穆。重胤出行伍，善撫士，與下同甘苦，待官屬有禮。既没，士二十餘人刲股以祭。子漢弘嗣爵。居母喪，奪爲左領軍衛將軍，固辭，帝嘉許之。

元

昂吉爾。張掖人。姓野蒲氏，世爲西夏將家。父甘卜，率所部歸元，爲千户。及昂吉爾領父軍，從征諸國有功。略地淮南，所向無前。世祖時，累官行尚書省右丞。時欲征日本，昂吉爾疏諫，不從。既而師果無功。屢進直言，帝雖怒甚，其辭不少屈。「昂吉爾」舊作「昂吉兒」，今改。

甯珠赫。山丹州人。母年七十餘，患風疾，藥餌不效，珠赫割股進啖，遂愈。歲餘，復作，不能行。珠赫手滌溷穢，護視甚周。造板輿載母，夫婦共舁行田園以娱之。母卒，居喪有禮，鄉閭稱焉。「甯珠赫」舊作「甯猪狗」，今改。

明

陳瑗。甘州衛人。成化中進士，任户部主事，歷升江西左布政使司、南京都察院副都御史，所至有政聲。

劉寬。甘州中衛人。刻意經史，尤精於星曆卜筮之學。嘗建議開高臺所，從學者甚衆。

毛綱。甘州左衛軍。母歿，躬自築塋，羣烏棲樹。憲宗時旌表。

羅一貫。甘州衛人。天啓初，累官遼東參將，守西平堡。以捍禦勞，加副總兵。大兵渡河，一貫憑城固拒，矢盡自剄死。贈都督同知。子俊傑，崇禎中，仕至宣府總兵官。罷歸，李自成陷甘州，死之。弟俊士，被執，亦遇害。

趙宧。甘州衛人。嘗爲總兵官，罷歸。崇禎十六年，李自成陷甘州，死之。

高登科。甘州衛人。官甘肅行都司。崇禎十六年，李自成陷甘州，被執，不屈死。

李汝璋。甘州衛人。官阿壩嶺遊擊。崇禎十六年，李自成陷甘州，同子起鳳、集鳳、祥鳳射賊，俱被殺。

趙宗祝。甘州衛人。官指揮。崇禎十六年，李自成陷甘州，與子俱自刎。

本朝

高天福。張掖人。提標守備，以招撫噶爾丹至哈密，爲賊所執，迫脅不屈，遇害。

康泰。張掖人。由行伍從孫思克征噶爾丹，有功，官至四川提督。康熙五十七年，統兵進藏，遇敵，歿於陣。弟海，積功至涼州總兵，同兄進藏，亦陷陣死。

姚廉。張掖人。國子生。性篤孝，父死，廬於墓側，寢苫枕石，晨夕哭奠。會祭日，一慟卒於墓所。

葉有功。張掖人。性孝友，好施與，鄉邦重之。入祀鄉賢祠。子日芳，官寧夏總兵。

鄭汝仁。撫彝廳人。年逾百歲，乾隆五十五年旌。

流寓

晉

郭瑀。敦煌人。東游張掖，師事郭荷，盡傳其業。精通經義，善屬文。荷卒，爲服斬衰，廬墓三年。後隱於臨松薤谷，鑿石窟而居，服柏實以輕身。作春秋墨說、孝經錯緯。子弟著録千餘人。

列女

漢

金日磾母。教訓兩子，甚有法度，上聞而嘉之。病死，詔圖畫於甘泉宫，署曰休屠王閼氏。

明

毛濬妻魯氏。甘州衛人，莊浪都督魯鑑女。正德中，中官言氏姿美，可納爲嬪。時氏已適守備毛濬，聞之，輒引刀自劓。得婢救不死，乃以艾灼其面，抱忿成疾，卒。

鄒魯妻王氏。甘州衛人。魯亡，氏年二十，翁姑納任氏金，令改嫁，氏投井死。

李附鳳妻鍾氏。甘州衛人。嘉靖中，寇入西川，氏爲所驅，行近大河，投急流死。

鄭完我母石氏。甘州衛人。崇禎末，完我爲南陽府同知，妻王氏，奉姑石氏家居。流賊圍甘州，石豫戒家人積薪室中，及城陷，攜王及一孫女自焚死。賊退，出屍灰燼間，姑婦牽挽不釋手。女距三尺許，覆以甕，啓視，色如生。

李洪遠妻祁氏。甘州衛人。流賊逼甘州，洪遠爲守備守城。城陷，賊擒洪遠并祁，祁罵賊死。時百户談文德妻趙氏，率其二女投繯死。諸生張篤忠妻任氏，挾幼女投井死。李天俞妻王氏，偕妾匡氏投崖。

鄒裔儒妻任氏。甘州衛人。賊入城，氏投井。賊引出之，氏怒罵甚厲。賊砍其臂，乃投之井中而死。

本朝

孫兆麟妻韓氏。張掖人，重慶總兵韓成女。許字未嫁，聞夫亡，悲泣不食，自縊死。又指揮劉鵬妻甘州朱氏、客民秦忠龍妻曹氏，俱以夫死殉節。

保璜妻張氏。張掖人。璜爲諸生，既死，氏截耳以明其志。又同縣烈婦姚印妻李氏，猝遇强暴，羞忿自縊。俱嘉慶年間旌。

武蛟妻王氏。山丹人。夫亡守節。又同縣節婦陳著獻妻竇氏、王萬佑妻任氏，俱乾隆年間旌。

周家熙妻陳氏。山丹人。夫亡守節。同縣節婦尚增禄妻王氏，俱嘉慶年間旌。

土産

布。寰宇記：甘州産。

褐。寰宇記：甘州産駞褐。

野馬皮。唐書地理志：甘州土貢野馬革。通志：可爲裘。

酥。元和志：祁連山冬温夏涼，宜牛羊，乳酪濃好，夏瀉酥不用器物，置於草上，不解散。作酥特好，一斛酪，得斗餘酥。

麝香。寰宇記：甘州産香。唐書地理志：甘州土貢。

楸子。明統志：其色赤，味甘而酸，甘州衛出。

白柰。郭儀恭廣志：張掖有白柰，家以爲脯數十斛，以爲蓄積。元和志：甘州貢白柰。

沙葱。沙棗。甜瓜。圓根。明統志：似蘿蔔而圓，青色，味甘苦。又有茄連葉似藍，根似蘿蔔，味甘脆。以上俱甘州衛出。

枸杞。唐書地理志：甘州土貢。元和志：甘州貢枸杞。

大黄。行都司志：山丹衛出大黄。又甘峻山地多甘草。

校勘記

〔一〕合黎水源出臨松縣山東　「縣」，原作「路」，乾隆志卷二〇五甘州府山川（下同卷簡稱乾隆志）同。考史記卷二夏本紀張守節正義原文作「合黎水出臨松縣臨松山東」，蓋一統志誤「縣」爲「路」，又略去「臨松」二字。今據改。

〔二〕合弱水又西逕合黎山　乾隆志同，張守節史記正義無「合弱水」三字，「西」作「北」。

〔三〕皆出女國北阿耨達山　「阿」，原作「河」，據乾隆志及史記卷一二三大宛列傳張守節正義改。

〔四〕沙州人張義潮以甘州歸於有司　「潮」，原作「朝」，乾隆志同，據新唐書卷八宣宗本紀改。

〔五〕武威縣張掖曰勒　「縣」，原作「郡」，乾隆志同，據漢書卷六十九趙充國傳改。

〔六〕寧番山口　「寧」，原作「安」，據乾隆志改。按，本志蓋避清宣宗諱改字，今改回。下文「寧静山口」之「寧」原亦作「安」，「和寧山口」之「寧」原作「凝」，皆避諱改字，今皆改回。

〔七〕駐東樂　乾隆志無此三字。按，其意不明，疑爲衍文，或有脱漏。

〔八〕及融行河西五郡大將軍事　「郡」，原作「部」，乾隆志同，據後漢書卷二三竇融傳改。

涼州府圖

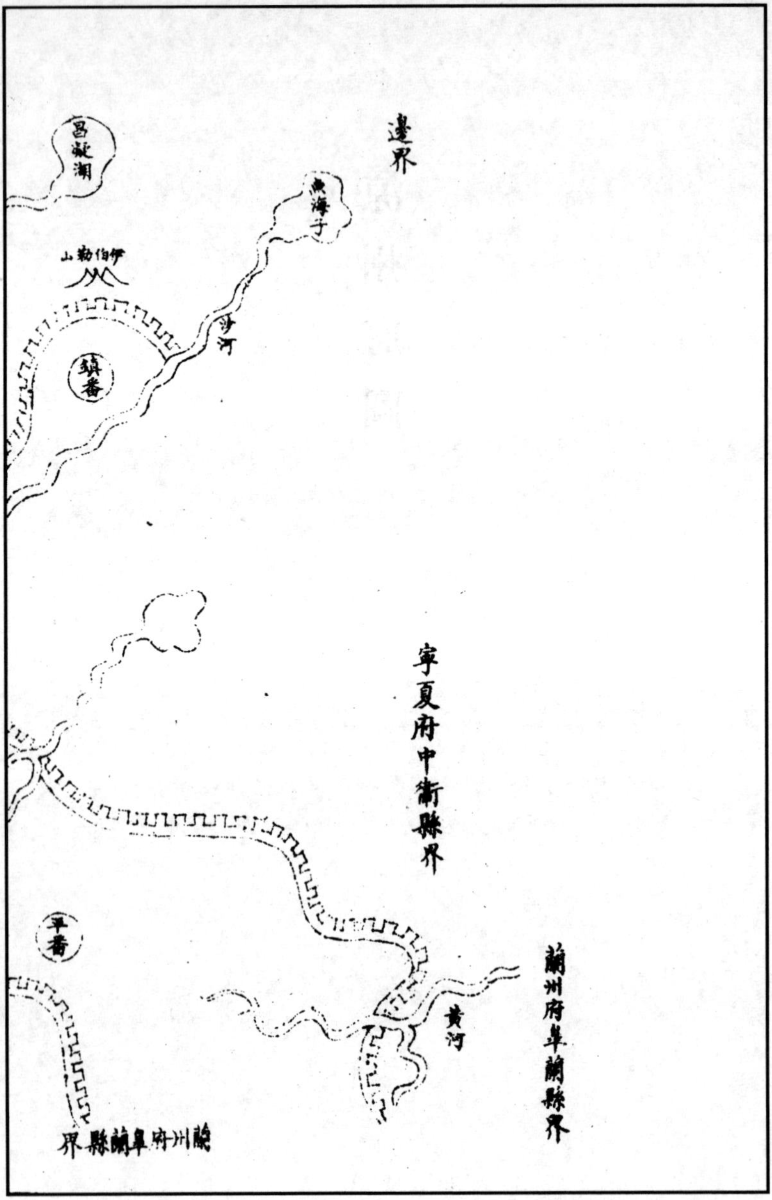
邊界
昌凝湖
魚海子
伊伯勒山
沙河
鎮番
寧夏府中衛縣界
平番
黃河
蘭州府皐蘭縣界
蘭州府皐蘭縣界

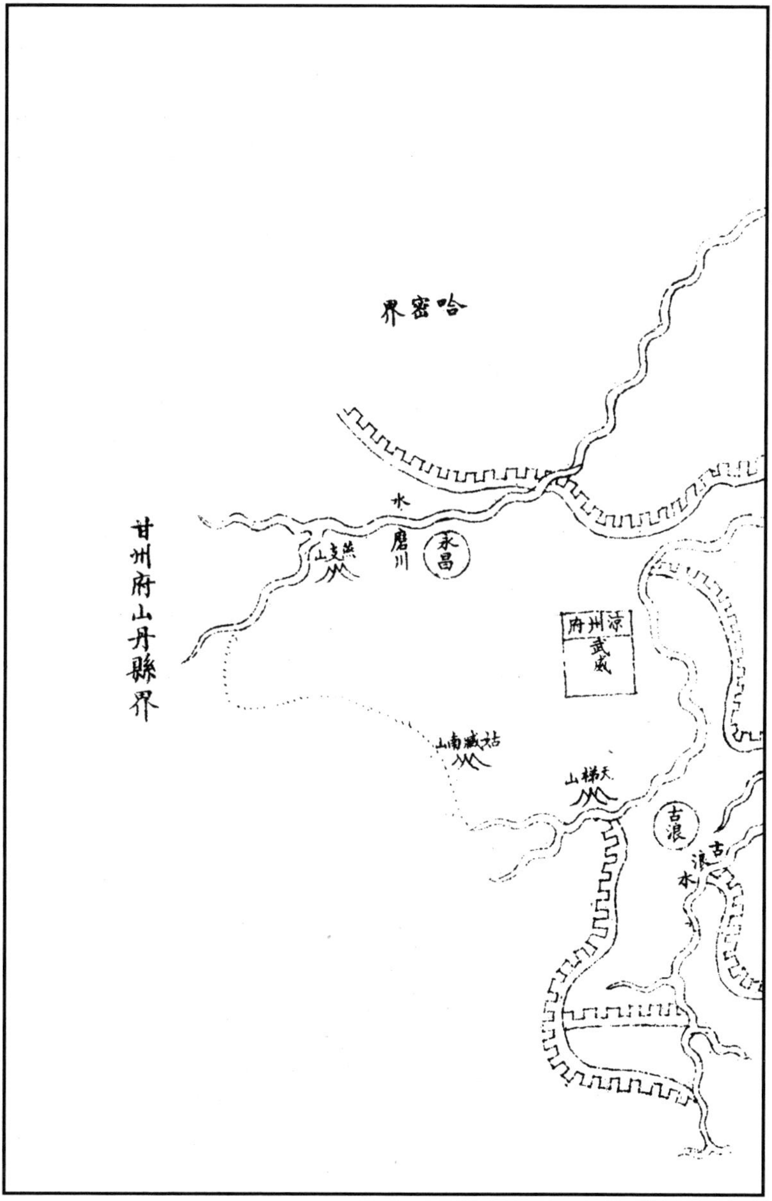
哈密界
甘州府山丹縣界
水磨川
永昌
燕支山
涼州府
武威
姑臧南山
天梯山
古浪
古浪水

涼州府表

	涼州府	武威縣
秦	月氏地。	
兩漢	武威郡本匈奴休屠王地，元狩二年開置。	姑臧縣郡治。休屠縣屬武威郡。
三國	涼州武威郡魏黄初中移置，州治。	姑臧縣州郡治。休屠縣
晉	涼州武威郡前涼、後涼、北涼皆都此。	姑臧縣 省。
南北朝	涼州武威郡	姑臧縣魏改名林中，周復故。休屠縣魏復置，屬武興郡。
隋	武威郡初廢郡，大業初復，改州置。	姑臧縣郡治。省。
唐	涼州武威郡武德初復爲州。景雲初置河西節度使。天寶初復爲郡。乾元初復爲州。廣德初陷西蕃。	姑臧縣武德初置神烏縣，分治。州郭皆隨州陷廢。
五代		
宋	西涼府初改府，後陷西夏。	
元	西涼州至元十五年降州，屬永昌路。	
明	涼州衛洪武九年改置衛，屬陝西行都司。	

續表

	鎮番縣
張掖縣 屬武威郡。 鸇鳥縣 屬武威郡。	武威縣 屬武威郡。 宣威縣 屬武威郡。
張掖縣 鸇鳥縣	武威縣 宣威縣
省。 武興郡 永嘉中前涼分置。 省。 晏然縣 前涼置，屬武興郡。	省。 宣威縣
武興郡 周廢。 晏然縣 周廢。	魏省。 武安郡 魏置。西魏省入姑臧。
	白亭軍 大足元年置，後陷吐蕃，廢。
	鎮番衛 洪武二十九年分置，屬陝西行都司。

永昌縣	古浪縣
番和縣 屬張掖郡。 顯美縣 屬張掖郡。後漢屬武威郡。 驪靬縣 屬張掖郡。	
番和縣 顯美縣 驪靬縣	
番禾縣 改名，屬武威郡。後涼置番禾郡。 顯美縣 驪靬縣 改屬武威郡。 焉支縣 永寧中置，屬武興郡。	
番和郡 魏復名，仍置郡。周廢郡，置鎮。 顯美縣 周廢入姑臧。 魏廢。 燕支縣 屬番和郡。	
番和縣 開皇中復置，屬武威郡。 開皇中省入番和。	
番禾縣 屬涼州。咸亨初於縣置雄州。調露初州廢。天寶初改名。天寶、長慶中又改。後隨州陷廢。	和戎城 大足元年置，後陷吐蕃，廢。
入西夏。	屬西夏。
永昌路 至元十五年置，屬甘肅行省。	立巡檢司，屬永昌路。
永昌衛 洪武三年改置，屬陝西行都司。	古浪所 正統三年置，屬陝西行都司。

續表

續表

	平番縣
蒼松縣 屬武威郡。後漢曰倉松。 揟次縣 屬武威郡。 樸劚縣 屬武威郡。	
倉松縣 揟次縣 樸劚縣	
倉松縣 後涼改曰昌松，置昌松郡。尋改東張掖郡。 揖次縣 改名。 魏安郡 初省縣，前涼改置郡。	廣武郡 建興中前涼分置。
昌松縣 魏復名昌松郡。周廢郡爲縣。 揖次縣 周廢入昌松。 白山縣 周廢郡爲縣，尋廢。	廣武郡 魏又置廣武縣爲治。
昌松縣 開皇初改曰永世。後復故，仍屬武威郡。	允吾縣 開皇初郡廢，改縣曰邑次。尋復曰廣武。後又改名，屬武威郡。
昌松縣 屬涼州。乾元後陷廢。	廣武縣 復故名，屬蘭州。後陷吐蕃，廢。
	屬西夏。
	莊浪縣 屬永昌路。
	莊浪衛 洪武十年改置，屬陝西行都司。

枝陽縣屬金城郡。	枝陽縣	枝陽縣初廢，建興中前涼復置，屬廣武郡。	魏廢。
令居縣屬金城郡。	令居縣	令居縣初廢，前涼復置，屬廣武郡。	廢。
		永登縣建興中前涼置，屬廣武郡。	魏廢。
允街縣屬金城郡。	允街縣	允街縣	廢。

大清一統志卷二百六十七

涼州府一

在甘肅省治西北五百六十里。東西距九百三十里，南北距五百二十里。東至寧夏府中衛縣界五百九十里，西至甘州府山丹縣界三百四十里，南至番界四十里，北至伊伯勒山四百八十里。東南至蘭州府皋蘭縣界五百二十里，西南至臧南山一百三十里，東北至魚海子邊界四百八十里，西北至山丹縣界二百六十里。自府治至京師四千三百四十里。「伊伯勒」舊作「亦不剌」，今改。

分野

天文東井、輿鬼分野，鶉首之次。

建置沿革

禹貢雍州之域。戰國及秦爲月氏地。漢初爲匈奴休屠王地。武帝元狩二年，開置武威郡。見本紀。而地理志作太初四年開，不同。後漢因之，屬涼州。魏文帝分置涼州。晉因之。其後前涼、後涼、北涼皆都於此。前涼張軌、後涼吕光皆都姑臧；北涼沮渠蒙遜初都張掖，後遷姑臧。後魏神䴥中，改州爲鎮。見地形志。按：神䴥中，涼州尚屬北涼，與紀傳不合。太和十四年，復置涼州，領武威等郡。見元和志。後周置總管府。隋開皇初，郡廢。大業初，府廢，復改州爲武威郡。唐武德二年，復曰涼州，置總管府。七年，改都督府。景雲元年，置河西節度使。唐書方鎮表：初治涼州，大曆元年徙治沙州。咸通四年復置，治涼州。天寶元年，復曰武威郡。乾元元年，復曰涼州。廣德二年，陷於西蕃。宋初，曰西涼府。景德中，陷於西夏。元至元十五年，降爲西涼州，屬永昌路。明洪武九年，改置涼州衛，屬陝西行都司。本朝初因之。雍正二年，改爲涼州府，屬甘肅省，置武威縣爲府治。又改鎮番、永昌二衛俱爲縣，改古浪千户所爲古浪縣，改莊浪所爲平番縣。領縣五。

武威縣。附郭。東西距四百里，南北距一百里。東至松山三百十里，西至永昌縣界九十里，南至番界四十里，北至鎮番縣界六十里。東南至古浪縣界九十里，西南至姑臧山一百三十里，東北至鎮番縣界一百里，西北至永昌縣界九十里。漢置姑臧縣，爲武威郡治。後漢因之。三國魏兼爲涼州治。晉因之。後魏改縣曰林中。隋仍曰姑臧，爲武威郡治。唐武德三年，又分置神烏縣。貞觀元年省。總章元年復置，改曰武威。神龍元年復曰神烏，與姑臧縣俱爲涼州治。廣德中，隨州陷吐蕃，廢。宋時屬西夏。元爲西涼州。明爲涼州衛。本朝雍正二年，改置武威縣，爲涼州府治。

鎮番縣。在府東北二百里。東西距七百里，南北距四百十里。東至寧夏府寧朔縣界六百里，西至永昌縣界一百里，南至武威縣界一百三十里，北至伊伯勒山二百八十里。東南至古浪縣界四百九十里，西南至永昌縣界一百二十里，東北至魚海子二百八十里，西北至額齊納一千二百五十五里。漢置武威、宣威二縣，屬武威郡。後漢因之。晉省武威爲宣威縣地。後魏改置武安郡。西魏廢入姑臧縣。唐置白亭軍，後陷吐蕃，廢。明洪武二十九年，始分置鎮番衛，屬陝西行都司。本朝初因之。雍正二年，改置鎮番縣，屬涼州府。「伊伯勒」，譯見前。「額齊納」舊作「亦集乃」，今改。

永昌縣。

在府西北一百六十里。東西距一百八十里，南北距二百六十里。東至武威縣界七十里，西至甘州府山丹縣界一百一十里，南至雪山一百八十里，北至邊牆八十里。東南至武威縣界七十里，西南至白石崖一百八十里〔一〕，東北至鎮番縣治二百五十里，西北至山丹縣界一百十里。漢置番和縣，屬張掖郡，爲農都尉治。後漢因之。晉改曰番禾，屬武威郡。後涼分置番禾郡。後魏曰番和郡。周廢郡，置鎮。隋開皇中，復置番和縣，屬武威郡。唐初復曰番禾。咸亨元年，於縣置雄州。調露元年，州廢，屬涼州。天寶三年，改曰天寶。長慶中，復曰番禾，後陷吐蕃，廢。宋爲西涼府地，後屬西夏。元至元十五年，置永昌路，屬甘肅行省。明洪武三年，改置永昌衛，屬陝西行都司。本朝初因之。雍正二年，改置永昌縣，屬涼州府。

古浪縣。

在府東南一百三十里。東西距二百里，南北距一百三十五里。東至平番縣界一百六十里，西至武威縣界四十里，南至平番縣界七十五里，北至武威縣界六十里。東南至黑川二百里，西南至可口番界八十里，東北至邊牆一百七十里，西北至邊牆三十里。漢置蒼松縣，屬武威郡。後漢曰倉松，晉因之。東晉太元中，呂光改曰昌松，兼置昌松郡，尋改東張掖郡。後魏復曰昌松郡。後周郡廢。隋開皇初，改縣曰永世，後復曰昌松，屬武威郡。唐屬涼州，乾元後陷吐蕃，廢。宋屬西夏。元屬永昌路。明初屬莊浪衛，正統三年，分置古浪守禦千户所，屬陝西行都司。本朝初因之。雍正二年，改置古浪縣，屬涼州府。

平番縣。

在府南三百三十里。東西距二百七十里，南北距三百四十里。東至蘭州府皋蘭縣界一百二十里，西至西寧府碾伯縣界一百五十里，南至皋蘭縣界一百九十里，北至古浪縣界一百五十里。東南至皋蘭縣界一百九十里，西南至紅谷城連城土司界一百九十里，東北至阿壩堡邊牆二百四十五里，西北至連城土司界一百四十里。漢金城郡枝陽縣地。晉建興四年，張寔分置廣武郡。後魏又置廣武縣。隋開皇初，郡廢，改縣曰邑次，尋改爲廣武，後又改邑次。大業初，又改曰允吾，屬武威郡。唐武德三年，復曰廣武，屬蘭州。乾元後，陷吐蕃，廢。宋屬西夏。元置莊浪縣，屬永昌路。明洪武十年，改置莊浪衛，屬陝西行都司。三十一年，廢爲莊浪守禦千户所。永樂元年，復爲衛。本朝康熙二年，仍降爲莊浪所。雍正二年，改置平番縣，屬涼州府。

形勢

天梯亘前，沙河繞後。左有古浪之險，右有西山之固。鎮志。東控寧夏，南距黄河，西連番部，北際沙漠。一綫巖疆，三邊重鎮。通志。

風俗

金氣堅剛，人事慷慨。寰宇記。地既僻遠，衆雜羌、回。怙力負强，人懷賁、育之志。明趙時春忠節祠碑。

城池

涼州府城。周十一里有奇，門四，濠廣六丈八尺。明洪武十年，因舊改築。萬曆中甃甎，增築東關城，周里許。本朝乾隆三十一年修。又滿城，乾隆二年建築。武威縣附郭。

鎮番縣城。周七里有奇，門三，濠廣三丈。明成化初、萬曆三年甃甎築。本朝康熙元年修。

永昌縣城。周七里有奇，門四，濠廣二丈三尺。明洪武二十四年，因舊改築。本朝乾隆二十九年修，嘉慶九年復修。

古浪縣城。周二里七十五步，門二。東南倚山，西北有濠。明正統中因舊修築。本朝乾隆二十九年增築，周四里有奇。嘉慶八年重修。

平番縣城。周八里有奇，門三。元至元初築。明洪武十年重築甃甎。本朝乾隆二十四年修。

學校

涼州府學。在府治東南隅，即舊衛學。明正統中建。入學額數二十名。本朝嘉慶四年添設滿營學校，以人數多寡定額。

武威縣學。在府治北。本朝雍正二年建。入學額數十五名。

鎮番縣學。在縣治東，即舊衛學。明成化十一年建。入學額數十五名。

永昌縣學。在縣城東，即舊衛學。明宣德中建。入學額數十二名。

古浪縣學。在縣城内。本朝雍正三年建。入學額數八名。

平番縣學。在縣治前，即舊莊浪衛學。本朝康熙十九年遷建。入學額數十二名。

天梯書院。在武威縣。本朝乾隆二十七年建。舊志有成章書院，在儒學後，康熙四十三年涼莊道武廷适建，久廢。

蘇山書院。在鎮番縣。

麗澤書院。在永昌縣明倫堂東。本朝乾隆十二年知縣李炳文建。

雲川書院。在永昌縣。

户口

原額民丁共二萬四千三百三十五，今滋生民丁男婦大小共二十八萬四千一百三十一名口，屯丁男婦大小共一百二十二萬三百六十七名口，統計十八萬二千八百六十二户。

田賦

田地共二萬九千一百二十六頃六畝八分，番地共六頃三十九畝七分，額徵銀共八百二十五兩六分有奇，額外收房地租銀一百四十兩九分有奇，額徵糧共八萬八百七十六石九斗五升五合。

山川

青山。在武威縣東二百五十里。山多松柏，冬夏常青。

松山。在武威縣東三百一十里。上多古松。

天梯山。在武威縣南八十里。十六國春秋：晉大興三年，京兆人劉弘挾左道，客居天梯第五山，然燈懸鏡于山穴中爲光明，以惑百姓。呂光麟嘉二年，段業療疾於天梯，作表志詩。魏書：太延五年，議討沮渠牧犍，李順等言自温圍河以西，至於姑臧城南，天梯山上冬有積雪，深至丈餘，春夏消釋，下流成川，引以灌溉。元和志：天梯山在姑臧縣南二十五里。明統志：天梯山在涼州城南八十里，山路崎嶇如梯。

青巖山。在武威縣南。寰宇記：山下有湫甚廣，人觸之立有風雹暴至。通志：在縣南一百六十里，今名青羊山。

姑臧南山。在武威縣西南一百二十里，西連永昌縣界。漢書地理志：姑臧縣南山，谷水所出。十六國春秋：沮渠蒙遜事佛，於涼州南百里石崖中大造佛像。元和志：姑臧南山，一名雪山，在縣南一百三十里。寰宇記：番和縣南山一名天山，又名雪山。山闊千餘里，其高稱是，連亘數郡界，美水豐草，尤宜畜牧。葱嶺以東，無高於此。行都司志：姑臧南山在涼州衛西南一百二十里。又雪山，在永昌衛南一百八十里，與涼州南山相連。炎夏積雪不消，亦名祁連山。按：此山西連山丹、甘州、高臺，肅州之祁連山以及塞外之雪山，脈皆連亘，名多互稱，故杜佑通典曰：「自張掖而西，至於庭州，相去三千五六百里，而山皆周徧。」

車輪山。在武威縣西南九十里。山巔高峻，有路盤折而登。

西山。在武威縣西二十里。峯巒若蓮花，峯下石五色成文如獸形。一名蓮花峯。縣志：山有藥泉，水可療病。

第五山。在武威縣西一百三十里炭山堡西南。隋書地理志：姑臧縣有第五山。寰宇記：第五山，夏函霜雪，有清泉茂林，懸崖修竹，自古爲隱士所居，尤多窟室，尚有石牀、石几遺蹟。

蘇武山。在鎮番縣東南三十里。山右有蘇武廟，俗傳爲蘇武牧羊處。

阿嚕山。在鎮番縣南三十里，東與蘇武山相接。「阿嚕山」舊作「阿剌鶻山」，今改。

黑山。在鎮番縣西南六十里，舊有黑山關。又西南十里有紅崖子山，石色多赤。

來伏山。在鎮番縣西北八十里，地接塞外。其山脊高首俯，遥拱縣治，如拜伏之狀，故名。

伊伯勒山。在鎮番縣北二百八十里邊外。「伊伯勒」，譯見前。

炭山。在永昌縣東南二十里。産石炭。

南山。在永昌縣南二十里。俗名照面山。

燕支山。在永昌縣西，西接甘州府山丹縣界。隋書地理志番和有燕支山，即此。行都司志：青松山在永昌衛西八十里，又名大黄山、焉支山，蓋一山而連跨數處。西陲今略：山在高古城北一里，袤八十里，廣二十里。山産大黄，又産松木，故以爲名。

金山。在永昌縣北二十里。按：寰宇記蒼松縣有金吕山，山有鳥，形似雀，見人即以嘴啄石，自圖其形以示人。疑即此。或謂即麗水所出之山，誤。

脱懽山。在永昌縣北四百里邊外。

馬蹏山。在永昌縣東北二十五里。山下巨石上有馬蹏跡，故名。

東山。在古浪縣東二里。

黑松林山。在古浪縣東四十五里。上多松。

黄羊川山。在古浪縣東南五十里。羣山環峙，中夾平川。

柏林山。在古浪縣東南七十五里。上多柏。

西山。在古浪縣西五十里。亦名雪山。

白嶺山。在古浪縣西。寰宇記：在昌松縣西南，山頂冬夏積雪，望之皓然，寒氣異於餘處。深冬人絶行路，鳥飛不下。

平頂山。在平番縣西南六里。

萬花山。在平番縣西南。莊浪彙紀：山去大通堡二十五里，相近有黑山，産煤炭。又龍王廟山，去堡十五里，山下有泉，甚暖。

棋子山。在平番縣西南二百里。相連者爲桌子山，道險林密，爲番人巢穴。本朝雍正二年，官兵平叛番於此。

仁壽山。在平番縣西五里。

蘿蔔山。在平番縣西北一百三十里，與雪山相距。

琵琶山。在平番縣西北。元和志：在廣武縣西北一百五十里。北凉沮渠蒙遜擁衆南保琵琶山，即此。寰宇記：其山峻險曲折，有似琵琶首。元統志：宋李憲復蘭州，時廣武已廢，莫尋其蹤，詢之鄉者，言此去向北微西有枇杷山。蓋訛「琵琶」爲「枇杷」也。明統志「在蘭州西北一百三十里」，誤。

刀稜山。在平番縣北武勝堡南。又兀爾兔山，在堡西；石嘴山，在堡北。

馬牙山。在平番縣北八十里，北通鎮羌堡。

石佛山。在平番縣東北二十五里。崖上有石佛像。

大松山。在平番縣東北一百二十里，接蘭州府臯蘭縣界。山多大松。其北又有小松山，在阿壩堡南十五里。明時議邊事者，以二小控禦邊陲，爲莊浪要地。

洪池嶺。在武威縣東南。晉永和中，石虎將麻秋伐凉，王擢略地晉興、廣武，越洪池嶺，至於曲柳，姑臧大震。太元初，苻秦伐凉，張天錫使常據軍於洪池，戰死。舊志：嶺在凉州衛南。呂光初，張大豫攻姑臧，求救於嶺西諸郡，即此嶺之西也。

摩天嶺。在永昌縣南七十里。

烏稍嶺。在古浪縣南六十里，安遠堡東五里，接平番縣界，長二十里。

分水嶺。在平番縣西一百三十五里。嶺嶠有水分流，南爲莊浪水，北爲古浪水。

亥母山洞。在永昌縣北二十里。山洞有石佛。

甘酒石。在古浪縣南。行都司志：自古浪所城南入峽十五里，道左有石屹立，如崇臺巨屋，居人釀酸者，取片石熾而投之，即成佳醞。

谷水。在武威縣東。東北流徑鎮番縣，東出邊海。亦名武始澤，即今三岔河也。漢書地理志：姑臧縣南山，谷水所出。北至武威入海，行七百九十里。魏書地形志：武威郡襄城縣有武始澤。水經注：都野澤上承姑臧武始澤，澤水二源，東北流爲一水，逕姑臧縣故城西東北流。又東北逕馬城東，謂之馬城河。又東北與橫水合，水出姑臧城下，側城北流，注馬城河。又東北清澗水入焉。又與長泉水合。又東北逕宣威縣故城南，又東北逕平澤、晏然二亭東，又東北逕武威縣故城東，届此水流兩分，一水北入休屠澤，一水又東逕一百五十里入豬野。舊志：三岔河在涼州衛東北三十里，上源曰金塔寺山口澗，源出天梯山，北流至南把截堡，西分爲二流。一支北流逕衛城西，又屈逕城北，而東流至三岔堡；一支東北流逕南把截堡北，又東逕衛城東，至三岔堡，與西一支合。又合雜木山口澗，是謂三岔河。至鎮番衛南，分爲二小河，經衛之西南溉田。又東北經衛東三十里，又北瀦爲白海。按：今三岔河，會諸山澗之水而成。行都司志所謂寨占山口、土彌千山口、金塔寺山口、雜木山口、黄羊川山口，雪消冰釋，渠壩分流，至三岔河合爲一，皆古之谷水也。舊志以金塔寺山口澗爲正源，輿圖則以雜木澗及黄羊川爲正源，今各分著於下。

五澗水。在武威縣東。十六國春秋：禿髮傉檀弘昌五年，姚興以涼州授傉檀，傉檀進次五澗，遂入姑臧。水經注：清澗水，俗謂之五澗水，出姑臧城東，西北流注馬城河。舊志：祝穆方輿勝覽「源自番和縣界，流入白海」。今有雜木澗，在涼州衛東南七十里，源出天梯山，北流逕上古城堡西，又東北逕大河驛東，又北合黄羊川，折而西北流，入三岔河。其黄羊川在衛東南一百七十里，源出古浪雪山，有灌溉之利，蓋即水經注五澗水也。按：此水本在城東，自寰宇記謂出番和縣界，行都司志遂以土彌干川當之，誤。

土彌干川水。在武威縣西南五十里。寰宇記：番和縣有土彌干川〔二〕，古匈奴爲牧放之地。鮮卑語「髓」爲「土彌干」，言此川土肥美如髓，故名。行都司志：土彌干山澗，在涼州衛西南七十里，即五澗谷水。又有蹇占山口澗，在衛西一百五十里。舊志：土彌干澗，自衛西南大口子，北流逕衛西，又東北流，左合蹇占山澗，入三岔河。其蹇占山澗亦名澗水，源出永昌衛南雪山。東北流逕炭山堡，又東逕柔遠驛，又東北合土彌干澗。

松陜水。在古浪縣南。漢書地理志：武威郡蒼松縣南山，松陜水所出，北至揟次入海。顏師古曰：「松，古松字。陜，下夾反，兩山之間也。」舊志：今名古浪水，在古浪所南八十里。有二源，一出分水嶺，一出所東南山，俱北流至城東合爲一，又東北流出邊。按：此水由土門堡南出邊，又東北百餘里瀦爲澤，即漢志所云入海也。

長泉水。在古浪縣北。水經注：長泉水，出姑臧縣東，揟次縣西北，歷黄沙阜而東北注馬城河。舊志：今有沙河，在涼州衛東北五十里。源出塞外紅泉，西流入邊，折而北流入三岔河。

澗水。在平番縣西。東南流入蘭州府皋蘭縣界。漢書地理志：令居縣澗水，出西北塞外，至縣西南入鄭伯津。水經注：澗水出令居縣西北塞外，南流，逕縣故城西，南逕永登亭西，歷黑石谷南流，注鄭伯津。通志有可可川，源出古浪安遠堡西南三十里，南流逕大通堡東五十里，又東南流，逕所西南四十里，又南逕紅城子，入湟河，即古澗水也。

逆水。在平番縣西。南流入皋蘭界。漢書地理志：允吾縣烏亭逆水，出參街谷，東至枝陽入湟。水經注：逆水出參街谷，東南流逕街亭城南，又東南逕陽非亭北，又東南逕廣武城西，又東逕枝陽縣故城南，東南入於湟。元和志：烏逆水在廣武縣西南二十里許。寰宇記：逆水今名麗水，源出昌松縣南金山。舊志：莊浪河，源出分水嶺，南流，繞莊浪城西，而南至苦水堡十里入黄河。按：此即古逆水也。今雖不入黄河，然上流去湟水入黄處甚近，蓋水道微有變遷耳。

浩亹水。在平番縣西。水經注：浩亹河自西平之鮮谷塞尉故城南，東南合湛，合南流川水，又東逕養女山北，又東逕浩亹縣故城南，又東注湟水。西游荄西大通河，發源塞外，自西寧後腦流至莊浪，南流，繞魯土司地，又東流入湟水。夏月水漲，用木筏以渡。水大暴漲，雖筏亦不能行。通志：西大通河，在縣西一百二十里，自大通衛界流入，東南經西大通堡西，又南合湟河，與西寧碾伯縣接界，即浩亹水也。

醎水河。在平番縣東一百五十里，南流入黄河。又金莊水，在縣東二百里；大青羊水，在裴家堡北一百餘里；小青羊水，在堡北二百餘里。俱在境外。

水磨川。在永昌縣西二十里，一名雲川。源出雪山，東北流逕新城堡北，又東北逕水磨堡西，又北流出邊，入小海子。水流迅急，引以轉磑灌田，其利甚溥。又有考來河，在縣西南八十里，東北流入水磨川。按：輿圖此水流二百餘里，又五百里許瀦於澤，其長與三岔河相等。舊志謂入三岔河，誤。

牧羊川。在永昌縣北三十里。

文車澤。在武威縣東。元和志：在姑臧東三十里。前秦苻堅遣苟萇、毛盛伐涼，造機械衝車於此，因名。

休屠澤。在鎮番縣東北。書禹貢：雍州，原隰底績，至于豬野。漢書地理志：武威縣，休屠澤在東北，古文以爲豬壄澤。水經注：武威北有休屠澤，俗謂之西海。其東有豬野澤，世謂之東海。通謂之都野。括地志：豬野澤在姑臧縣東北一百八十里。元和志：姑臧縣有白亭軍，因白亭海爲名。舊唐書：姑臧有豬野澤。寰宇記：姑臧縣白亭海，水色潔白，因以爲名。又東有達狄迴海。行都司志：白亭海，一名小闊端海子，五澗谷水流入此海。舊志：白亭海即豬野澤也。按：輿圖，今三岔河自鎮番東北出邊，又三百餘里瀦爲澤，方廣數十里，俗名魚海子，即白亭海，古休屠澤也。去涼州殆五百里。括地志、西陲今略皆謂在城東北一百八十里，疑誤指松陝水所瀦之澤也。

乾柴溝。在平番縣東。莊浪彙紀：松山堡有乾柴、窊禿墩子二溝，微有泉，從南往北交流，沿河引水，灌田一千畝。

柏林溝〔三〕。在平番縣北，岔口堡東二十五里。又寬腦溝，在堡西二十里；水嶺溝，在堡南十五里；黄草溝、乾沙溝，皆在堡東北二十五里。

大鹽溝。在平番縣東南，沙井堡西三十里柴家臺。居民煮鹽於此。

永昌渠。在武威縣西南五十里。引土彌干川，分六壩，溉田一千四百餘頃。又金塔寺渠，在縣南五十里，分十五壩，延六十餘里，溉田八百餘頃。雜木口渠，在縣南七十里，分十五壩，延七十里，溉田一千五百餘頃。黄羊川渠，在縣東五十里，分七壩，溉田四百八十餘頃。按：縣志，縣南五十里有雜木渠，分六壩。又有大七渠，與永昌、金塔等共爲六渠，溉田一萬一千五百一十八頃。

四壩渠。在鎮番縣東十里。又縣東八里有三壩渠，又東十二里有五壩渠，又東三里有新河，爲下四壩渠。南十里有小二壩渠，又南十五里有更名壩渠，西二十里有大二壩渠，三十里有頭壩渠，五十里有黑山壩渠，一百一十里有三岔壩渠，皆引三岔河水，溉田三千八百九十二頃。

蹇占河渠。在永昌縣東南二十里。分十二壩，延五十里，溉田一千六百六十餘頃。又五顆樹渠、烏牛壩渠，皆在縣東北，溉田三百四十餘頃。又縣南有北城渠，溉田五十六頃。又大壩渠，溉田二百餘頃。又南十五里有者來壩，西南二十五里有亂泉渠，溉田二百餘頃。又縣北有東泉渠，溉田二百六十餘頃。又縣東有中暖泉渠、下清河渠，溉田七十餘頃。又縣西南九十里有大河口渠，溉田一千二百九十頃。

古浪渠。在古浪縣北五里，分置長流等土壩。又縣東北六十里有土門渠。又城北五里有大靖山渠，分置大河等三壩，大靖泉渠。又縣南有暖泉壩。共溉田二千二百餘頃。

莊浪渠。在平番縣南。河西之渠八，河東之渠九，皆引莊浪河水，溉田三百七十六頃。又有苦水堡河東渠六，引莊浪河水，分五道，溉田七十七頃。又鎮羌堡河渠二，石灰溝渠一，南路野狐城新開渠一，鹹水河新開渠一。

大通渠。在平番縣西大通堡，河東之渠三，河西之渠一，皆引大通河水，溉田一百三十餘頃。

岔口渠。在平番縣西北岔口堡，引莊浪河水分五渠，溉田二十五頃。又有武勝堡渠，在武勝堡，有二渠，分引山水，溉田十三頃。

鴨兒湖。在鎮番縣東五十里，中多蘆草。又天池湖，在縣北二十里。相傳有龍潛其中，旱禱輒應。

柳林湖。在鎮番縣東北一百二十里。有東渠、西渠、中渠、外西渠、紅沙渠、梁紅渠、柳園渠，共溉田二千四百九十八頃。

昌凝湖。在永昌縣東北一百二十里，綏遠堡北四十里，東至鎮番縣一百五十里。中多水草、楊木。

擺言湖。在平番縣東北邊外。莊浪彙紀：湖在阿壩營迤北二百八十里。

靈泉池。在武威縣南。水經注：武始澤逕姑臧城西，東北流，水側有靈淵池。晉書：漢末博士燉煌侯瑾善内學，語弟子曰：「涼州城西泉水當竭，有雙闕起其上。」至魏嘉平中，武威太守條茂起學舍，築闕於此泉上，填水造起門樓，與學闕相望。泉源徙發，重導於斯，故有靈淵之名也。寰宇紀：靈泉池在姑臧縣南城中。

天池。在武威縣西南一百二十里山上。四時不涸。

魚池。在武威縣東北一里。闊二百步，周圍有湖，草樹蒙密，爲公餘遊息之所。

小池。在鎮番縣東四十里。俗呼龍潭。

白鹽池。在鎮番縣界。元和志：武興鹽池、眉黛鹽池，並在姑臧縣界，百姓咸取給焉。行都司志：有新中沙白鹽池，在鎮番衛東五十里，周二里。又三壩白鹽池，在衛東三十里，周三里。鴛鴦白鹽池、小白鹽池，皆在衛西北二百二十里邊外。明初曾設鹺司，後因邊外商賈不行，故廢。

硝池。在永昌縣北八十里。

青鹽池。在永昌縣東北境外，連鎮番縣界。

龍潭池。在平番縣北三十里。水旱無盈縮。

近城泉。在武威縣東五里。又黑水林泉，在縣東三十里。紅水泉，在縣東五十里，水色微紅。海藏寺泉，在縣北十里。以上四泉，皆流入沙河，溉田甚廣。又熊爪泉，在縣北三十里。懷安渠，長七十里，灌田二千餘頃。永渠，長八十里，灌田三千餘頃。黄羊渠，河長一百餘里，灌田二千餘頃。

暖泉。在武威縣東一百二十里。又有暖泉，在永昌縣西三十五里，二穴湧出，四時常温，東北流入水磨川。又一在永昌縣東三里，一在縣北一里。

一盌泉。在永昌縣西四十里。又鹿泉，在縣西北一百里。

雙泉。在永昌縣西北二百里，亦名雙井。又草茅泉，在縣北六十里。矮鹿泉，在縣東北七十里。

馬跑泉。在永昌縣北三百一十里。又高泉，在縣北四百三十里。平泉，在縣東北二百六十里。赤納泉，在縣東北五百里。皆在邊外。

青羊泉。在平番縣東五十里。又四眼泉，在縣東南七十里。犂耙泉，在縣西四十里。

龍泉。在平番縣南。水經注：允街縣有龍泉，出允街谷。泉眼之中，水紋成蛟龍。或試撓破之，尋平成龍。牲畜將飲者，皆畏避而走。下入湟水。

鑼鍋泉。在平番縣北七十里。泉周七步，冬夏不涸。又沙泉，在縣東北八十里。又裴家堡界有香溝泉，溉田甚廣。

沙井。在鎮番縣西北二十五里，青鹽池西邊外。又有井在縣西北二百二十里小白鹽池邊，甘冽可飲。又有石井，在縣西二百里邊外。

三井。在鎮番縣西北二百四十里邊外。有泉三處。又有亂井兒，在縣西北一百七十里邊外，有泉數處，因名。

古蹟

姑臧故城。今武威縣治。漢置，爲武威郡治。三國志：魏文帝初，置涼州。時盧水胡反，帝以張既爲刺史，由且次至武威，遂進軍顯美，擊胡，大破之。上疏請治左城，築障塞，置烽堠邸閣以備胡。晉永寧初，張軌爲涼州刺史，是爲前涼。十六國春秋：光熙元年，軌大城姑臧。其城本匈奴所築，南北七里，東西三里，地有龍形，故名卧龍城。太寧初，張茂復大城姑臧。苻堅建元十二年，遣苟萇等伐涼。張天錫出降，堅以梁熙爲涼州刺史，鎮姑臧。二十一年，呂光平龜茲，還至安彌，武威太守彭濟執熙降光，光入據姑臧，是爲後涼。姚興弘始五年，呂隆以禿髮、沮渠二寇交逼，表請内徙。興乃遣齊難迎隆，以王尚爲涼州刺史。禿髮傉檀弘昌五年，姚興使傉檀代王尚爲涼州刺史。傉檀遂自樂都遷都姑臧，是爲南涼。嘉平三年，南還樂都。魏安人焦諶保據南城，推焦朗爲涼州刺史。沮渠蒙遜永安十二年，攻拔姑臧。元始五年，遷都姑臧，起城門諸觀，是爲北涼。後魏太延五年，親征涼州，沮渠茂虔出降，初爲鎮。太和中，復置涼州。水經注：姑臧城，武威郡及涼州治也。本匈奴所築，張氏增築四城，相去各千步，併舊城爲五，街衢相通，二十二門。隋大業十三年，爲李軌所據。唐武德二年平之，復置涼州。元和志：州理姑臧縣，因姑臧山爲名。亦言右匈奴蓋臧城，後人訛爲姑臧。其城不方，有頭尾兩翅，名爲烏城。武德三年，又於城內置神烏縣。貞觀元年廢。總章元年復置，曰武威。神龍元年，復爲神烏，與姑臧分理，神烏理西，姑臧理東。廣德元年，陷於吐蕃。其後吐蕃衰亂，咸通二年，歸義軍節度使張義潮始奉涼州來歸，其後復絶。五代唐長興四年，涼州留後孫超遣使來求旌節，因拜爲節度使。清泰元年，留後李文謙來請命。晉天福七年，州人逐文謙，靈武帥馮暉遣牙將吴繼勳代爲留後。明年，高祖遣涇州押牙陳延暉安撫涼州，州人共劫留之，立以爲刺史。漢隱帝時，涼州留後折逋嘉施來請命，即以爲節度。周廣順二年，嘉施復遣人請命帥，因拜兖州牙將申師厚爲西河節度使。顯德中，師厚爲吐蕃首領折逋支等所逐，涼州不復命帥。宋乾德四年，知西涼府折逋葛支遣使來，自是世受朝命。至道三年，涼州復來請帥，詔以殿直丁維清知州事〔四〕。咸平六年，李繼遷攻西蕃，遂入西涼府。六谷都首領潘羅支集六谷諸豪及者龍族合擊繼遷，繼遷大敗遁死。景德元年，羅支爲繼遷餘黨所害，六谷諸豪復推其弟師鐸督爲首領。天聖六年，爲趙元昊所陷。元初曰西涼府，後降爲西涼州。明洪武三年歸附，設涼州衛。明統志：姑臧廢縣，在衛東北二里，唐涼州治遺址尚存。又有永昌城，在衛北三十里，元永昌路治此。

鸞鳥故城。在武威縣南。漢置，屬武威郡。後漢永康元年，當煎羌攻武威，段熲追擊於鸞鳥，大破之。晉廢。十六國春秋：永和三年，秦將王擢伐涼，至曲柳，張重華使謝艾拒之。艾次神烏〔五〕，與前鋒戰敗，遁還河南。後漢書注：鸞鳥故城在昌松縣北。寰宇記：昌松縣有鸞鳥城。前涼張軌時，有五色鳥集於此，遂築城以美之。後魏武帝改爲神烏城。按：元和志：唐神烏本漢鸞鳥縣，張天錫改置武興縣。舊唐志：「鸞鳥縣，後魏廢。神龍二年於故城置嘉麟縣。」今考武興、嘉麟皆在今縣西北，恐皆誤。寰宇記謂張軌置鸞鳥，後魏改神烏，亦非。

武興故城。在武威縣西北。十六國春秋：晉永嘉五年，張軌以秦雍流人於姑臧西北置武興郡，統武興、大城、焉支、襄武、晏然、新鄣、平狄、司監等縣。姚興弘始三年，姚碩德至姑臧，表以姜紀爲武興太守，屯據晏然。魏書地形志：武興郡領晏然、馬城、休屠三縣。元和志：涼州管嘉麟縣，東南至州七十里，本漢宣威縣地。張軌於此置武興郡，呂光改置嘉麟縣，後廢。萬歲通天元年重置。又魏書地形志：襄武縣屬武威郡。隋志：姑臧有後魏置襄武縣，西魏廢。

休屠故城。在武威縣北。漢書：元狩二年，霍去病出隴西，收休屠王祭天金人。太初三年，置居延、休屠，以衛酒泉。地理志：武威郡休屠縣都尉治熊水障，北部都尉治休屠城。晉省，後魏復置。地形志：武興郡領休屠縣。又武威郡襄城縣有休屠城。水經注：武始澤東北流逕馬城東，即休屠縣故城也。隋時又省。元和志：休屠城在姑臧縣北六十里，漢休屠縣也。又寰宇記：姑臧縣有祖厲城，一名馬城。又有鶉陰城，在縣東，俗名正陰城。蓋皆五涼時所僑置，非漢縣也。

宣威故城。在鎮番縣南。漢置縣，屬武威郡。後魏廢。水經注：馬城河東北逕宣威縣故城南。

武威故城。在鎮番縣北。漢置縣，屬武威郡。晉省。水經注：武威縣在姑臧城北三百里，馬城河逕其城東。漢太初四年，匈奴昆邪王殺休屠王，以其衆降，置武威縣，即此。寰宇記「武威縣在番和縣西北三百里」，誤。

顯美故城。在永昌縣東。漢置，屬張掖郡。後漢改屬武威郡。三國魏黄初中，涼州盧水胡反，張既討之，軍至武威，胡引還顯美。既至武威，復進平顯美，擊破之。晉仍屬武威郡。十六國春秋：呂隆神鼎元年，秃髮傉檀攻昌松太守孟禕於顯美。又傉檀嘉平三年，沮渠蒙遜來伐，至於顯美方亭，破車蓋鮮卑，徙户而還。又蒙遜永安十一年，伐南涼，自西郡進至顯美而還。隋書地理志：姑臧舊有顯美縣，後周廢。

番和故城。在永昌縣西。漢置，屬張掖郡。地理志：張掖郡番和縣，農都尉治。晉曰番禾，後涼置番禾郡。十六國春秋：呂纂咸寧元年，封弟弘爲番禾郡公。姚興弘始五年，以郭將爲番禾太守。魏書地形志：涼州領番和郡。隋書地理志：武威郡番和，後魏置番和郡，後周郡廢，置鎮。開皇中爲縣。元和志：天寶縣，東至涼州一百八十里，本漢番和縣。北涼沮渠蒙遜立爲番和郡。後魏太武帝平涼，罷郡置軍。開皇三年改爲縣，天寶中改爲天寶縣。寰宇記：唐咸亨元年，於縣置雄州。調露三年，州廢。天寶三年三月，以界内天寶山出醴泉并石花，民取以爲麪，貧者賴之，遂改爲天寶縣。至長慶中，仍爲番和縣。元史地理志：永昌路，元初爲西涼府。至元十五年，以永昌王宫殿所在立路。舊志：明洪武三年，改置永昌衛，治金山之陽，即古番禾地也。

和戎故城。
今古浪縣治。唐書：大足元年，郭元振遷涼州都督，於南境峽口置和戎城。行都司志：元至元元年，於和戎城立巡檢司，屬永昌路。明洪武十年，因舊水名改爲古浪。十二年，屬莊浪衛，爲屯守之所。正統三年，巡撫羅亨信奏設今所。

昌松故城。
在古浪縣西。漢置蒼松縣，屬武威郡。後漢曰倉松。晉太和二年，涼張天錫擊李儼於隴西，自將至倉松，其後改爲昌松，并置郡。十六國春秋：吕光太安二年，以郭麐讖言，改昌松爲東張掖郡。姚興弘始五年，以閻興爲昌松太守，戍其城。魏書地形志：昌松郡治温泉縣。隋書地理志：昌松縣，後魏置昌松郡，後周廢郡。開皇初，改縣爲永世，後改曰昌松。元和志：昌松縣西北至涼州一百二十里，本漢蒼松縣，後涼置昌松郡，縣屬焉。開皇三年，改爲永年，後以重名，復爲昌松。有麗水府在縣城中。倉松故城在縣東北十里，漢縣也。

揟次故城。
在古浪縣北。漢置，屬武威郡。孟康曰：「揟音子如反，次音咨。」後漢因之。三國魏黄初中，涼州刺史張既討盧水胡，揚聲軍從鸇陰，乃潛由且次出武威。且次即揟次也。晉志謂之揖次。張駿傳：太寧元年，有黄龍見於揖次之嘉泉。吕光載記：魏安人焦松迎張天錫子大豫於揖次，陷昌松郡。魏書地形志：昌松郡領揟次縣。隋書地理志：後周廢揖次縣，入昌松。

廣武故城。
在平番縣東南。晉置。十六國春秋：建興中，張寔分金城之令居、枝陽，又立永登，置廣武郡。太元十七年，涼吕光署秃髮烏孤爲鮮卑大都統、廣武縣侯。烏孤都廉川堡。光又封爲廣武郡公。隆安初，烏孤耀兵廣武，進攻涼金城，克之。西秦乞伏熾磐永康三年，襲南涼，克廣武。四年，沮渠蒙遜陷廣武。水經注：逆水逕廣武城西，故廣武都尉治。魏郭淮破羌治無戴於此。隋書地理志：武威郡統允吾縣。後魏置，曰廣武，又置廣武郡。開皇初，郡廢，改縣曰邑次，尋改爲廣武，後又改邑次。大業初，改爲允吾。元和志：南涼秃髮烏孤都廣武。又廣武縣，南至蘭州二百十五里，本漢枝陽縣。前涼張駿三年，分晉興置廣武郡。開皇三年，罷郡，置廣武縣。大業二年，改爲允吾。六年，改爲會寧。唐武德三年重置。寰宇記：縣在蘭州北微西二百二十里。唐書地理志：廣武縣，乾元二年改名金城。舊志：莊浪所，元至元初置縣。明洪武十年，改衛，即故廣武縣地。莊浪城，本朝乾隆二十五年建修。

允街故城。在平番縣南。漢書地理志：金城郡允街縣，宣帝神爵二年置。孟康曰：「允音鈆。」晉亦屬金城郡，後廢。後漢書注：「允街故城，在今昌松縣東南。城臨麗水，一名麗水城。」寰宇記：其城地勢極險，沮渠蒙遜增築，以爲防戍之所，迄今尚堅完如新。涼鎮志：其城至元、明時始圮廢。

枝陽故城。在平番縣南，接蘭州府皋蘭縣界。漢置縣，屬金城郡。後漢因之。晉初廢。前涼張氏復置。十六國春秋：建興四年，張寔分金城之枝陽屬廣武郡。乞伏乾歸太初十一年，遣弟益州攻枝陽郡，克之。後魏廢。

令居故城。在平番縣西北。漢置。西羌傳：武帝西逐諸羌，乃渡河、湟，築令居塞。地理志：屬金城郡。後漢建武十年，復置護羌校尉於令居。元初二年，諸羌叛亂，護羌校尉龐參以次招降之，自張掖還治令居，通河西道。三國魏正始九年，令居虜在石頭山西，當大道止，斷絶王使，郭淮自龍夷還過討，大破之。晉初，縣廢。建興中，張寔復置，屬廣武郡。後廢。孟康曰：「令音連。」顔師古曰：「音零。」按：其地當在今西大通堡北。

張掖廢縣。在武威縣南。漢置，屬武威郡。後漢因之。晉省。唐書地理志：涼州南二百里有張掖守捉，因舊爲名。

武安廢郡。在鎮番縣西南。魏書地形志：涼州武安郡領縣一，宜盛。隋書地理志：姑臧有後魏置武安郡，西魏廢。元和志：武安戍在姑臧縣西北一百六十里，蓋即故郡也。

驪靬廢縣。在永昌縣南。漢置縣，屬張掖郡。後漢因之。晉改屬武威郡。永和十年，張祚遣和昊伐驪靬戎于南山，大敗而還，即此。後魏省。顔師古曰：「驪音力遲反，靬音虔。」今其土俗人呼驪靬，疾言之曰力虔。」按：隋志「開皇中，併力乾縣入番和」，蓋即驪靬之訛也。

焉支廢縣。在永昌縣西。晉書地理志：永寧五年，張軌置武興郡，統焉支、新鄣二縣。魏書地形志：番和郡，領彰、燕支二縣。又隋書地理志：番和縣，開皇中併力乾、安寧、廣城、障、燕支五縣之地入焉。

白山廢縣。在古浪縣東。漢置樸劇縣，屬武威郡。孟康曰：「音蒲環。」晉省。十六國春秋：呂光太安初，禿髮思復鞬送張天錫子大豫於魏安，魏安人焦松等起兵迎之。隋書地理志：昌松有後魏魏安郡，後周改置白山縣，尋廢。寰宇記：魏安城在昌松縣東，漢樸劇縣，後爲魏安。隋省。按：新唐志「昌松縣東北一百五十里，有白山戍」，蓋即故縣也。

莫口廢縣。在古浪縣南。十六國春秋：晉隆安三年，禿髮烏孤謀伐涼，使其將金樹屯昌松、漠口。禿髮傉檀嘉平元年，姚興使其子弼等來伐，濟自金城，進次漠口。魏書地形志：昌松郡領莫口縣，即漠口也。後周廢。

永登廢縣。在平番縣西南。晉建興四年，張寔置，屬廣武郡。水經注：澗水南逕永登亭西。蓋即永登縣治也。後魏廢。

小河灘城。今鎮番縣治。元築。明洪武二十九年，開設鎮番千户所，屬永昌衛。是年，改置鎮番衛，屬行都司。

鄂爾多古城。在永昌縣東南一百二十里。俗傳爲元永昌王牧馬城，地名黄城兒，有永昌王避暑宫遺址尚存。西陲今略：黄城兒在詹詹口南八十里。「鄂爾多」舊作「斡耳朶」，今改。

交城。在永昌縣西。唐置交城守捉。元和志：在涼州西二百里。又唐書地理志：天寶縣有通化鎮。

金昌城。在永昌縣北。晉太元初，苻堅遣將苟萇、梁熙等伐涼，至纏縮城。張天錫遣征東將軍常據率衆三萬軍於洪池；自將餘衆五萬軍於金昌城。通鑑注：金昌在赤岸西北。寰宇記：昌松縣有金昌城，晉將馬隆所築，依於金昌山，因名。蓋即金昌之訛也。

破古城。在永昌縣北，與昌寧砦相近。西陲今略：城在安遠堡西北三十里。又有金沙城，在縣西南邊外。

烏城。在古浪縣南。唐書地理志：涼州東南二百里有烏城守捉。

長最城。在平番縣南。晉永和三年，石趙將麻秋擊涼，濟河，城長最。又太元二十一年，呂光擊乞伏乾歸，次於長最，遣其子纂攻金城，拔之。

纏縮城。在平番縣南。晉太元元年苻秦伐涼，其將梁熙濟自清石津，攻河會城。苟萇濟自石城津，與熙等會，攻拔纏縮城。舊志：河會城在大河與湟河會處，纏縮城與故廣武相近。

振武城。在平番縣西北。晉咸和二年，趙劉曜子敗涼兵，追奔濟河，攻陷令居，進據振武，河西大震。通鑑注：「振武在姑臧城南，廣武西北。」

街亭城。在平番縣北。十六國春秋：秃髮烏孤太初元年，耀兵廣武，進攻涼金城。吕光遣將軍竇苟來擊，戰於街亭，涼兵大敗。水經注：街亭城，在楊非亭西北〔六〕。

扒沙城。在平番縣東北二百里，府東南二百五十里。明正統中，調靖虜中所軍於此，築城戍守。古浪志：扒沙城即今名大靖營，屬古浪。

赤水軍。在武威縣城内。元和志：在涼州城内，本赤烏鎮，有青赤泉，因名。軍之大者莫如赤水，幅員五千一百八十里，前距吐蕃，北臨突厥。按：唐書地理志赤水軍本在州西，開元中改爲大斗，故移赤水入州城也。

白亭軍。在鎮番縣北。舊唐書：大足元年，郭元振爲涼州都督。舊州界南北不過四百里，元振始於南境峽口置和戎城，北界磧中置白亭軍，拓州境一千五百里。元和志：白亭軍在姑臧縣北三百里，馬城河東岸。天寶十年，哥舒翰置軍，因白亭海爲名。唐書地理志：涼州西北五百里有白亭軍，本白亭守捉。天寶十四載爲軍。行都司志：有古城在鎮番衛北一百里，相近又有連城。又有三角城，在衛北一百十里，與上二城鼎足相峙。

大斗軍。在永昌縣西南。元和志：在涼州西二百里，本赤水軍守捉。開元十六年，改爲大斗軍，以大斗拔谷爲名。

石頭。在武威縣東。晉太寧初，劉曜軍河上，揚聲欲百道俱濟，直抵姑臧。張茂出次石頭以備之。通鑑注：「石頭在姑臧城東。」

姑臧。

恩宿。在永昌縣南。十六國春秋：苻堅建元十二年，苟萇伐涼，遣别將馬暉、杜周帥騎西出恩宿，邀張天錫走路，期會

候馬亭。在平番縣西南。水經注：廣武城西南二十餘里水西有馬蹄谷，漢武帝得大宛天馬，感北風之思，遂頓羈絶絆，驤首而馳，晨發京城，食時至燉煌北塞外，長鳴而去，因名其處曰候馬亭。

楊非亭。在平番縣西。十六國春秋：晉太元初，苻秦兵濟河攻纏縮城，涼將馬建自楊非退屯清塞。水經注：逆水逕楊非亭北，又東南逕廣武城。舊志：五代時有楊妃谷首領，蓋楊非之訛也。

明威府。在鎮番縣南。唐書地理志：涼州有府曰明威。元和志：明威戍在姑臧縣北一百八十里。

靈均臺。在府城内。晉大興中，張駿築，周輪八十餘堵，基高九仞。

狄臺。在武威縣東五里。相傳宋狄青所築。

劉林臺。在武威縣西北五里。相傳竇融所築，舊名竇融臺。明洪武初，千户劉林戰死於此，人重其節，因改今名。

校勘記

〔一〕西南至白石崖一百八十里　「白」，原作「北」，乾隆志卷二〇六涼州府建置沿革（下同卷簡稱乾隆志）同，據雍正甘肅通志卷四疆域改。按，據輿圖，白石崖山在甘州府、涼州府交界，本志上卷山丹縣下所云「東南至白石崖口一百八十里」是也，讀史方輿紀要卷六三陝西永昌衛西有白石崖山，亦即是。

〔二〕番和縣有土彌干川　「土」，原脱，據乾隆志及太平寰宇記卷一五二隴右道涼州補。

〔三〕柏林溝　乾隆志作「柏嶺溝」。

〔四〕詔以殿直丁維清知州事　「丁維清」，乾隆志作「丁惟清」。按，宋史卷四九二外國傳作「惟」，卷七真宗本紀作「維」。

〔五〕艾次神烏　「烏」，原作「鳥」，乾隆志同，據十六國春秋卷七三前涼録四張重華傳、卷七五前涼録六謝艾傳及本志上文改。下文同改。

〔六〕在楊非亭西北　「楊非亭」，乾隆志及水經注卷二河水「楊」作「陽」。按，讀史方輿紀要卷六三陝西及雍正甘肅通志卷二三古蹟同作「楊」，蓋本志所本。

大清一統志卷二百六十八

涼州府二

關隘

石峽關。在古浪縣東十里，境外有明沙嘴、小海子、白澇池、青羊水諸隘口。東通賀蘭，北達北套，西抵鎮番，皆爲險要。又古浪關在縣南十五里。

邊牆。府北邊牆，西自永昌縣西北接甘州府山丹縣，東抵永安堡接鎮番界，長一百八十里。又迤邐東北，歷蔡旗、重興、黑山、青松諸堡之西，繞鎮番城，北抵三岔河西岸，長一百五十餘里。邊外爲海夷遊牧及番人出没之地。府東邊牆，東北自蔡旗堡迤南，歷三岔、高溝二堡之東，接古浪縣界，長一百二十里。又自古浪土門堡西北，迤東歷大靖堡北至平番縣裴家營界，長七十五里。又自裴家營界迤東，歷阿壩堡，北至蘭州府皋蘭縣紅水堡界，長四十八里。明萬曆開築，所謂新邊也。府南邊牆，自雙塔堡東古浪河東起，迤南歷古浪、黑松、安遠等堡之東，至平番縣鎮羌營界，長百餘里。又自鎮羌營迤南，歷岔口、武勝、莊浪、南大通、紅城子、苦水諸堡之東，折而東，歷沙井堡北，至安和堡接皋蘭縣界，長三百二十餘里。

金塔寺山口。在武威縣西三十里。又大口子，在縣西七十里。又皁角溝，在縣西九十里。皆伊伯勒通西海之路，明嘉靖中壘柞。

詹詹口。在永昌縣南四十里，即蹇占山口也。又者撒口、乾溝口、照面山口，皆在縣南五十里。寺溝口，在縣南六十里。炭山口，在縣南八十里。寒鴉山口，在縣南一百十里。鸑鳥山口、平羌山口、腦都兒山口，皆在縣南一百八十里。一顆樹山口、江陵山口、長城山口，皆在縣西南三十里。考來山口，在縣西南八十里。大河口，在縣西南一百里。皆海夷出没之路。

紅羊圈山口。在永昌縣北三十里。又青紅山口，在縣北四十里。車路口，在縣北五十里。韭菜口，在縣北六十里。白石頭口，在縣北九十里。柳溝口，在縣北一百里。又縣北有上、中、下及中口四闇門，皆爲邊界要口。

龍溝口。在古浪縣東四十五里。又流水溝口，在縣東南七十里。黄羊川口，在縣南二十里。石頭溝口，在縣南四十里。小河溝口，在縣南八十里。有小沙溝口〔一〕。又可可口，在安遠堡西南。西山水峽口在黑松堡西，皆縣境要口。

大河堡。在武威縣東南三十里雜木口，城周二百一十丈，明置驛於此。

靖邊堡。在武威縣東南七十里，城周一百三十五丈，設經制外委防守，有驛。

雙塔堡。在武威縣東南一百里，城周三百二十丈。

張義堡。在武威縣東南一百二十里，東至古浪縣四十里，城周一里有奇。南臨黄羊川，境外隘口有四。本朝初設守備，雍正二年改設都司。距本營十里西溝有牧馬廠。

南把截堡。在武威縣南三十里，東至上古城四十里，西至西堡城堡八十里，城周一里有奇。迤南隘口有七，今設把總。距本營十里冰溝羅圈灣有牧馬廠。

上古城堡。在武威縣南五十里，城周一里二分。境外隘口有八，舊設守備駐防，今改把總。距本營十五里甘溝小盤道有牧馬廠。

西把截堡。在武威縣西七十里，城周一里。其西隘口有三，今設守備。距營二十里土塔河有牧馬廠。

炭山堡。在武威縣西九十里，城周一百二十丈。迤南隘口有五，今設把總。距營二十里紅溝花山頂有牧馬廠。

柔遠堡。在武威縣西九十里，城周八十五丈。又豐樂堡，在衛西四十里，有外委防守。懷安堡，在衛西五十里，有驛。

三岔堡。在武威縣北五十里，北至鎮番縣界蔡旗堡三十里，城周二百二十丈。舊設把總，今裁。

高溝堡。在武威縣東北五十里，東至邊牆五里，北至鎮番縣一百六十里，城周二百四十丈。舊設守備，今改設千總。距營十里黑磨湖有牧馬廠。又縣南紅泉、雞冠山有鎮標中營牧馬廠，西達板、上坊寨有左營牧馬廠，三角城、西石門有右營牧馬廠，馬蓮溝、青水溝有前營牧馬廠，九眼泉、古松嶺有後營牧馬廠。去堡一百八十里，地名十三箇井，有官兵防汛。明萬曆九年，因舊開築。

黑山堡。在鎮番縣西南六十里，城周一百六十丈，明萬曆三十三年築。東西皆近邊，置關及驛於此。本朝順治二年，改設把總，康熙十年裁。又重興堡，在縣西南一百里，城周三百步，西至大邊十里。

蔡旗堡。在鎮番縣西南一百二十里，南至三岔堡三十里，北至黑山堡六十里，城周二里有奇。本朝初設守備，今改千總。距本營十五里金剛泉有牧馬廠。

紅沙堡。在鎮番縣東北二十五里，北至大邊六里，城周一里有奇。明萬曆九年，因舊開築。又青松堡，在縣西南三十里，城周一百二十丈，明天順三年建。西北至邊俱五里，舊皆設官兵戍守，本朝初悉裁。縣東南灰圈子有鎮番營牧馬廠。

真景堡。在永昌縣東二十里，東至武威縣柔遠驛五十里，城周一百八十丈。明置驛於此。

永安堡(二)。在永昌縣東一百二十里，東至鎮番縣蔡旗堡三十里，北至邊牆二十里。城周三百二十丈，今設把總。

水磨川堡。在永昌縣西二十里，城周一百八十丈。明置關并驛於此，爲大黄山部落貨馬市酒之場。

新城堡。在永昌縣西少南七十里，東至詹口六十里，北至焉支山五十里，城周一里。本朝初設守備，今改都司。距營十五里石頭溝有牧馬廠。

高古城堡。在永昌縣西九十里，東至新城堡四十里，西至甘州府大馬營九十里，城周一里有奇。本朝設遊擊駐防，乾隆三十六年裁，今設千總。距營二十里大黄山小川口有牧馬廠。境外隘口有七。堡北一里爲大黄山，山之西麓即大草灘，廣一百里，横八九十里。其地牧馬之草，爲河西内地之最。縣南夾道口，有永昌營牧馬廠。

毛卜剌堡。在永昌縣西北六十里，東至水磨川四十里，北至邊牆，有闇門。

水泉堡。在永昌縣西北七十里，北近邊牆，西至甘州府山丹縣硤口營五十里，城周三百五丈五尺。今設守備。古城窊有牧馬廠。

綏遠堡〔三〕。在永昌縣北八十里邊牆外，東南至永安堡一百里，城周三百六十丈，左右皆山。今設守備。距營五十里西山有牧馬廠。

黑松堡。在古浪縣南三十里，東至安遠堡三十里，城周三百二十二丈。今設把總。

安遠堡。在古浪縣南六十里，南至平番縣鎮羌營四十里，城周一里有奇。原設守備，今改都司。距營十里西灘雷宫山下有牧馬廠。

西川堡。在古浪縣西三十里，城周一百六十步，西至涼州張義堡十里。

土門堡。在古浪縣東北六十里，北至邊牆三里，城周三百二十丈。今有守備。又夾山堡，在縣東北八十里。

大靖堡。在古浪縣東北一百二十里，東南至平番縣裴家堡三十里，地名扒沙。明嘉靖中，爲套夷所據。萬曆二十六年收復，築城在高阜，周六百十二丈〔四〕。設參將駐守。本朝康熙十一年，改設守備。十九年，仍設參將。乾隆三十六年，改設遊擊，兼轄土門、黑松二堡。後又設巡檢司分理。距營七十里野馬墩有牧馬廠。

紅城子堡。在平番縣東南七十里，城周三里。本朝初設把總，屬固原鎮。乾隆四十七年，添設守備，改涼州鎮莊浪協轄。

苦水灣堡。在平番縣東南百二十里，北至紅城子堡五十里，城周二里。本朝初設把總，屬固原鎮。乾隆四十七年，改涼州鎮莊浪協轄。

沙井堡。在平番縣東南一百九十里，接蘭州府皋蘭縣界，北至苦水灣七十里，南至黄河一里。東南至安和堡二十里〔五〕，城周二百八十丈。

南大通堡。在平番縣南三十里。其北十里有黑城堡，又北五里有大柳樹堡。

通遠堡。在平番縣西南四十里，城周二里有奇。

西大通堡。在平番縣西南二百二十里，東至通遠堡八十里，又西去西寧府界冰溝營四十里，城周一里有奇。設縣丞分理，又設千總。

武勝堡。在平番縣西北三十里，城周二里五十步。今設把總。堡西諸隘口路通海夷，皆爲衝要。

岔口堡。在平番縣西北七十里，南至武勝堡四十里，城周二里八十步。東近邊牆，西至番界。本朝初設守備，今改都司。

鎮羌堡。在平番縣西北一百二十里，西北去古浪縣安遠堡四十里，城周二里有奇。本朝設遊擊駐守，兼轄岔山、紅水、三眼井等堡〔六〕。距營六里烏稍嶺、大窯嶺有牧馬廠。

平城堡。在平番縣東北七十里，城周一百四十丈，西北至岔口堡六十里。

松山堡。在平番縣東北一百二十里，城周三百六十丈。今設守備。堡北大松山，水草茂盛，軍民畜牧。其南有打魚溝堡，四面皆山，最爲險要，有官防戍。距本營三十里煤洞溝，牧放馬匹。

裴家營堡。在平番縣東北二百五十里，東北至邊，西北至古浪縣大靖堡三十里，城周四里有奇。本朝初設守備，今改把總。迤南有新關城，周一百四十丈。

阿壩堡。在平番縣東北二百六十里，東去蘭州紅水堡、西去裴家營皆四十里，北去邊牆三里，城周三里有奇。

武威驛。在武威縣治東隅。明置，初名涼州驛，後改名。

大河驛。在武威縣東南三十里。又東南四十里爲靖邊驛。二驛舊有驛丞，今裁。又東南六十里至古浪縣之古浪驛。

懷安驛。在武威縣西五十里。又西四十里爲柔遠驛。二驛舊有驛丞，今裁。

永昌驛。在永昌縣城内，東至武威縣柔遠驛七十里。

水泉驛。在永昌縣西六十里。舊有驛丞，今裁。又西五十里達甘州府山丹縣硤口驛。

古浪驛。在古浪縣南關。

黑松驛。在古浪縣南三十里。舊有驛丞，今裁。南至安遠站三十里，又南至平番縣鎮羌驛四十里。

莊浪驛。在平番縣南關。

南大通驛。在平番縣南三十里。本縣縣丞兼管。又南四十里爲紅城子驛，又南五十里爲苦水驛，舊皆有驛丞，今裁。又南七十里至沙井驛，又四十里渡黄河至蘭州府。已上諸驛，爲自甘肅赴省會之驛道。

通遠驛。在平番縣西四十里。又西六十里爲塘坊驛。又西二十里爲西大通驛，屬本縣縣丞管理。又西四十里至西寧府冰溝驛。

鎮羌驛。在平番縣西北一百二十里。又東南五十里爲岔口驛，又南三十里爲武勝驛，舊皆有驛丞，今裁。

平城驛。在平番縣東北七十里。又東北五十里有松山驛，又五十里有寬溝驛，又五十里有三眼井驛，舊皆有驛丞，今裁。又東一百二十里達寧夏府之營盤水驛。

津梁

石橋。在武威縣北十里。又雙橋，在縣北十五里，以二橋相距，故名。迎恩橋，在縣東門外。永安橋，在縣西門外。濟坎橋，在縣南門外。潤濟橋，在縣北門外。利川橋，在縣東北二十里。靖邊橋，在縣東南七十里。卧波橋，在縣南三十里。聯濟橋，在縣南三十一里。夾山橋，在縣南三十二里。莊嚴橋，在縣南三十五里。小溪橋，在縣西十里。懷安橋，在縣西五十里。利涉橋，在縣西五十五里。海藏大橋，在縣西北五里。普渡橋，在縣西北五里。小石橋，在縣北三里。濟輿橋，在縣北五里。官橋，在縣北二十里。北濟橋，在縣北二十里。石羊橋，在縣北三十里。安瀾橋，在縣東關外。

水磨關橋。在永昌縣西二十五里。又重岡橋，在縣西三十里。

蹇占河橋。在永昌縣東南五十里。

通津橋。在古浪縣東郭内。又雙龍橋，在縣東二十五里。

暖泉橋。在古浪縣南郭外。

宏濟橋。在平番縣西門外。

大通河橋。在平番縣西大通堡西，跨大通河。

四渠橋。在平番縣北二里。又武勝橋，在縣北四十里。

鎮羌橋。在平番縣北一百三十里。

陵墓

唐

楊文才墓。在武威縣北十里永豐鄉。

元

永昌王和通墓。在永昌縣東南一百二十里鄂爾多城。又有古高昌王墓，在縣北二十五里。「和通」舊作「闊端」，今改。「鄂爾多」，譯見前。

明

魯鑑墓。在平番縣西一百二十里。

張達墓。在武威縣治。

達雲墓。在武威縣治。

祠廟

忠節祠。有三：一在府城内，祀漢孔奮、皇甫規、段熲，魏徐邈，晉馬隆、張駿、賈疋、段韶，隋竇榮定，唐李大亮、郭震、唐璿、李抱玉，元余闕，明李淮、濮英、吴允誠、吴克忠、姜漢、慕宏義、丁剛，指揮使李晟、包翼、戴寬，千户丁凱佚、林駱真，百户劉林、夏伏，監生王澤。一在鎮番縣城西北隅，祀漢蘇武、金日磾，明馬昭、吴輔、張玉、李堅、許昇、方榮、姚振、王桓、王剛、陶榮、王清、張倖、羅忠、王奉白、王奉録、何相等十八人。一在古浪縣，祀明王經、張威、王朝、陳泰、徐敏、趙祥。

禹王廟。在武威縣城東北魚池。

白蟲廟。在武威縣城南三里。

龍王廟。在武威縣城南四十里。

真武廟。在武威縣城西南二十里。

寺觀

羅什寺。在府城内北街，有碑記。相傳爲羅什祖師初入内地卓錫之所，有塔。秦苻堅建元十八年建。

光明寺。在武威縣城東二里。
東竺寺。在武威縣城東十三里鋪。
大佛寺。在武威縣城東一百里。
圓通寺。在武威縣城東十里。
文殊菴。在武威縣東南隅。
安國寺。在武威縣東南隅。
百塔寺。在武威縣城東南四十里，有塔。
上方寺。在武威縣城東南七十里。
西來寺。在武威縣南營房，本朝康熙十年建。
演教寺。在武威縣城南三十五里。
莊嚴寺。在武威縣城南四十里。
宏化寺。在武威縣城南四十五里。
土佛寺。在武威縣城南上古城。
雜木寺。在武威縣城南五十里。
下水寺。在武威縣城南六十里。本朝順治二年建。
白林寺。在武威縣城南八十里。

金塔寺。在武威縣西南三十里。寺南有菩提寺。

道德菴。在武威縣西南隅。

達摩菴。在武威縣西門外。

善應寺。在武威縣城西蓮花山，明成化間建。又城西十里有接引寺。

洪濟寺。在武威縣城西三十里。

善法寺。在武威縣城西九十里。又有石城寺。

海藏寺。在武威縣城西北十里。

永壽寺。在武威縣城北四十里。

龍宫寺。在武威縣城北五里。又城西北五里有龍眼寺。

净土菴。在武威縣東北隅。

慈悲菴。在武威縣東北隅。

大雲寺。在武威縣東北，有塔。又西有清應寺。

海潮寺。在武威縣東北隅，明成化二十二年建。

金川寺。在永昌縣北。有二。縣志：一在縣北一里，明永樂十一年建；一在縣北十里，名後金川寺。

報恩寺。在平番縣東。本朝康熙十九年建。

崇善寺。在平番縣北。舊名答報紅菴卜寺。本朝雍正七年建，嘉慶六年改名崇善寺。

名宦

漢

杜鄴。茂陵人。哀帝時，爲涼州刺史。鄴居職寬舒，少威嚴。數年，以病免。

梁統。烏氏人。更始末，統與竇融起兵保境，統由酒泉太守更爲武威太守。爲政嚴猛，威行鄰郡。

孔奮。茂陵人。建武五年，竇融請奮守姑臧長。時姑臧稱爲富邑，通貨羌胡，市日四合。每居縣者，不盈數月，輒至豐積。奮在職四年，財産無所增，既立清節，治貴仁平。太守梁統深相敬待，不以官屬禮之。隴蜀既平，河西守令咸被徵召，財貨連轂，惟奮單車就路。姑臧吏民及羌胡更相謂曰：「孔君清廉仁賢，舉縣蒙恩，如何今去，不共報德？」遂相賦斂牛馬、器物千萬以上，追送數百里。奮謝之而已，一無所受。

任延。南陽宛人。建武中，拜武威太守。時將兵長史田紺，郡之大姓，其子弟賓客，爲人暴害。延收紺繫之，父子賓客伏法者五六人。紺少子尚乃聚會輕薄數百人，自號將軍，夜來攻郡。延即發兵破之，自是威行境内，吏民累息。郡北當匈奴，南接種羌，民畏寇鈔，多廢田業。延選集武略之士千人，屯據要害，其有警急，逆擊追討，虜恒多殘傷，遂絶不敢出。河西舊少雨澤，乃爲置督水官吏，修理溝渠，皆蒙其利。又造立校官，自掾吏子孫，皆令詣學受業，復其徭役，悉顯拔榮進之，郡遂有儒雅之士。

廉范。杜陵人。永平中，歷武威太守，隨俗化導，各得治宜。

鄭衆。開封人。永平中，遷武威太守。謹修邊備，虜不敢犯。

傅育。北地人。爲武威太守，威聲聞於匈奴。食禄數十年，秩奉盡贍給知友，妻子不免操井臼。肅宗下詔褒美之。

馮豹。杜陵人。肅宗時，拜河西副校尉。和帝初，數言邊事，奏置戊己校尉，城郭諸國復率舊職。遷武威太守，視事二年，河西稱之。

趙沖。永和六年，爲武威太守。時鞏唐羌寇隴西，遂及三輔。沖追擊之，斬首四百級，降二千餘人。

蘇正和。武都人。桓帝時，爲涼州從事。時武威太守倚恃權勢，恣行貪横，正和案致其罪。刺史梁鵠畏懼貴戚，欲殺正和以免其負，乃訪之於蓋勳。勳曰：「不可。謀事殺良，非忠也；乘人之危，非仁也。」正和由是得免焉。

張奂。敦煌酒泉人。延熹中，拜武威太守。平均徭賦，率厲散敗，常爲諸郡最，河西由是而全。其俗多妖忌，凡二月、五月産子及與父母同月生者，悉殺之。奂示以義方，嚴加賞罰，風俗遂改。百姓爲立生祠。

三國　魏

毌丘興。河東聞喜人。黄初中，爲武威太守。時河右遐遠，喪亂彌久，武威當諸郡路，通喉轄之要，加民夷雜處，數有兵難。興内撫吏民，外懷羌胡，卒使柔附。

徐邈。燕國薊人。明帝時爲涼州刺史，使持節領護羌校尉。河右少雨，常苦乏穀。邈上修武威、酒泉鹽池，以收虜穀。又廣開水田，募貧民佃之，室家豐足，倉庫盈溢。乃支度州界軍用之餘，以市金帛犬馬，通供中國之費。以漸收斂民間私仗，藏之府庫。然後立學明訓，禁厚葬，斷淫祀，進善黜惡，風化大行，百姓歸心焉。西域流通，荒戎入貢，皆邈勳也。

范粲。外黄人。爲武威太守。到郡，選良吏，立學校，勸農桑。是時戎夷頗侵疆埸，粲明設防備，敵不敢犯。西域流通，無烽燧之警。又郡壤富實，珍玩充積，粲檢制之，息其華侈。

晋

馬隆。平陸人。武帝時，涼州刺史楊欣失羌戎之和，隆陳其必敗。俄而欣爲虜所滅，河西斷絶。帝臨朝而嘆曰：「誰能爲我討此虜，通涼州？」朝臣莫對，隆進曰：「臣請募勇士三千人，鼓行而西，虜不足滅。」帝許之，以隆爲武威太守。隆募得三千五百人，西渡温水。虜樹機能等以衆萬計，乘險設伏，隆且戰且前，奇謀間發，前後誅殺及降附者以萬計。到武威，擊斬樹機能，涼州遂平。

李憙。上黨銅鞮人。景帝時，除涼州刺史，加揚威將軍，假節，領護羌校尉，綏御華夷，甚有聲績。羌虜犯塞，憙因其隙會，不及啓聞，輒以便宜出軍深入，遂大克獲。以功重免譴，時人比之漢朝馮、甘焉。

南北朝　魏

韓褒。潁陽人。大統十二年，除都督、西涼州刺史。羌胡之俗，輕貧弱，尚豪富，侵漁百姓，同於僕隸，故貧者日削。褒乃悉募貧人以充兵士，優復其家，蠲免徭賦，又調富人財物以賑給之。每西域商貨至，又先儘貧者市之。由是貧富漸均，户口殷實。

周

梁睿。烏氏人。武帝時，爲涼州總管，有惠政。

隋

楊爽。文帝弟。封衛王，爲涼州總管，治甚有聲。

賀婁子幹。代人。開皇元年，吐谷渾寇涼州，子幹以行軍總管從上柱國元諧擊之，功最優。高祖慮邊塞未安，即令子幹鎮涼州。明年，突厥寇蘭州，子幹率衆至可洛峐山，阻川爲營。賊軍不得水，數日，人馬甚敝。縱擊，大破之。

乞伏慧。馬邑鮮卑人。高祖時，遷涼州總管。先是，突厥屢爲寇鈔，慧於是嚴警烽燧，遠爲斥堠。突厥亦素憚其名，竟不入境。

樊子蓋。廬江人。煬帝時，爲武威太守，以善政聞。及卒，武威民吏聞之，莫不嗟痛，立碑頌德。

唐

牛仙客。涇州鶉觚人。開元初，爲河西判官。清勤不倦，接待上下，必以誠信。尋判涼州別駕，時又代蕭嵩爲河西節度使。省財節用，所積倉庫盈滿，器械精勁。侍中崔希逸代其事〔七〕，因以奏聞。

路嗣恭。三原人。始名劍客。由蕭關令連徙神烏、徙姑臧令，考績爲天下最。明皇以爲可嗣漢魯恭，因賜名。

明

劉林。洪武初，爲涼州衛百户。額森特穆爾叛，掠涼州，林戰没於城西竇融臺。事聞，賜祭於臺下。「額桑特穆爾」舊作「也先帖木兒」，今改。

宋晟。定遠人。洪武中，爲涼州衛指揮使。討西番叛酋，至額齊納路，擒元海道千户額森特穆爾以下萬八千人，以功進右軍都督僉事，充總兵官，仍鎮涼州。

周尚文。西安後衛人。嘉靖初，爲都指揮同知，充涼州副總兵。嘗追寇出塞，寇來益衆，麾下皆恐，尚文從容下馬解鞍，背崖力戰。寇退，被創甚，告歸。尋起故官。敵數踏冰入，尚文築牆百二十里，澆以水，冰滑不可上。冰泮，則令力士持長竿鐵鈎，鈎殺渡者。

官惟賢。天啓中，以都司僉書署鎮番參將事。河套、松山諸部來犯，惟賢出擊，大敗之。論功進副總兵。時西部頻歲寇邊，惟賢屢挫其鋒，軍聲爲振。

祁秉忠。天啓時，爲永昌參將。伊騰達春以二千餘騎入塞，秉忠提兵三百拒之，轉戰兩晝夜。援兵至，寇敗走，追還被掠人畜，邊人稱之。「伊騰達春」舊作「銀定歹成」，今改。

本朝

張鵬翼。昌平人。順治四年，分守涼、莊，以廉明稱。五年，死於逆回之難。

李沇。安邑人。康熙九年，歷升莊浪同知。清介自守，盡革茶馬屯田之弊，課最爲天下第一。聖祖褒之，賜一品服。

人物

漢

段熲。姑臧人。少便習弓馬，尚遊俠輕財，長乃折節好古學。歷中郎將，遷護羌校尉。燒當等八種羌寇隴右，熲追擊破之。爲刺史郭閎所誣，坐徵下獄。後復爲護羌校尉，破西羌，封都鄉侯。永康元年，當煎諸種復反，熲追擊於鸞鳥，大破之。西羌於此弭定，而東羌先零等數寇三輔，熲移兵東討，凡百八十戰，東羌悉平。更封新豐縣侯，後拜太尉。

周毖。武威人。獻帝時，官尚書。董卓初信任毖及城門校尉伍瓊，用所舉韓馥等出宰州郡。馥等至官，合兵討卓，而毖、瓊陰爲內主。卓怒其賣己，皆斬之。

三國　魏

賈詡。姑臧人。少時，閻忠異之，謂詡有良、平之奇。察孝廉，爲郎，歷討虜校尉，從李傕等於長安，又爲張繡謀主。太祖拒袁紹於官渡，詡勸繡率衆歸太祖。太祖表詡爲執金吾，封都亭侯。用詡計，破紹，徙爲大中大夫。太祖與韓遂、馬超戰於渭南，用詡謀，卒破遂、超。詡自以非舊臣，而策謀深長，懼見猜嫌，闔門自守，退無私交，男女嫁娶不結高門，天下之論智計者歸之。文帝即位，爲太尉，進爵魏壽鄉侯。

晉

賈疋。詡曾孫。懷帝時爲雍州刺史。率衆攻劉曜於長安，大敗之，曜中流矢，退走。遂迎秦王奉爲皇太子，建行臺於長安，加疋征西大將軍。後爲彭仲蕩子天護所害。疋勇略有志節，以復晉室爲己任，不幸顛墜，時人惜之。

南北朝　梁

陰子春。姑臧人。晉義熙末，曾祖襲隨宋武帝南遷，至南平，因家焉。父智伯，與武帝鄰居，少相友善。及帝即位，拜梁、秦二州刺史。子春歷仕朐山戍主、東莞太守，都督梁、秦二州刺史，以廉潔稱。

陳

陰鏗。子春子。博涉史傳，尤善五言詩，爲當時所重。仕陳，累遷晉陵太守、員外散騎常侍。有文集三卷行世。

魏

賈彝。姑臧人。六世祖敷，魏幽州刺史、廣川都亭侯，子孫因家焉。父爲苻堅鉅鹿太守，坐訕謗繫獄。彝年十歲，詣長安訟父獲申，遠近歎之。子秀，仕魏爲中庶子，與高允俱以儒舊重於時。歷奉三帝，常當機要，廉清儉約，不營資產。

陰仲達。姑臧人。少以文學知名。世祖平涼州，内徙代都。司徒崔浩啓薦仲達與同郡段承根二人，同修國史。除祕書著作郎。

北齊

段榮。姑臧人。祖信，仕沮渠氏。後入魏，以豪族徙北邊，仍家於五原郡。榮少好曆術，專意星象。正光中，謂人曰：「吾今觀天象，察人事，不及十年，當有亂矣。」及神武起兵，榮贊成之，論功封姑臧縣侯，歷相、濟、秦三州。所至，百姓愛之。

段韶。榮子。少工騎射，有將領才略。襲父爵，事神武、文襄、文宣，累除左丞相，封廣平郡公。韶出總軍旅，入參帷幄，功高望重。而又雅性温慎，教訓子弟，閨門雍肅，事後母以孝聞，齊代勳貴家罕有及者。

隋

陰壽。武威人。少果烈，有武幹，高祖爲丞相，引壽爲掾。尉迥作亂，高祖以韋孝寬爲元帥擊之，令壽監軍。時孝寬有疾，不能親總戎事，三軍綱紀皆決於壽。尋拜幽州總管，封趙國公。開皇初，高寶寧攻圍北平〔八〕，壽率步騎破之於黄龍。卒官，贈司空〔九〕。

陰世師。壽子。少有節概，性忠厚，多武藝。弱冠，以功臣子拜儀同。煬帝時拜張掖太守。後遷左翊衛將軍，與代王留守京師，唐軍至，世師自以世荷隋恩，勒兵拒守，城陷見殺。

唐

李抱玉。本安興貴曾孫，世居河西，始名重璋。爲人沈毅有謀，尤忠謹。李光弼引爲裨校。天寶末，帝以其戰河西有功，改今名。禄山亂，守南陽，斬賊使。至德二載，上言世占涼州，恥與逆臣共宗。有詔，賜之姓，因徙京兆。史思明破東都，光弼使抱玉守南城，縱奇兵出，俘殺甚衆，賊不能西。差功第一，封欒城縣公。代宗立，徙涼國公，累進司徒、尚書左僕射、同中書門下平章事，河西、隴右、山南西道副元帥。卒，贈太保，謚昭武。

李抱真。抱玉從弟。沈慮而斷。抱玉屬以軍事，授汾州别駕。僕固懷恩反，挺身歸京師，歷澤潞節度行軍司馬。德宗嗣位，領昭義節度使。田悦反，圍邢州〔一〇〕，抱真敗悦，解其圍。會朱滔、王武俊反，救悦，諸鎮反者相屬。抱真獨以數州截然横絶潰叛中，離沮其姦僞，爲羣盜所憚。興元初，朱滔悉兵圍貝州，抱真以數騎馳説王武俊，合戰破滔。進檢校司空。

段平仲。武威人。擢進士第，爲御史，磊落有氣節。德宗時，召對迕旨，坐廢七年。元和初，爲諫議大夫，再遷尚書左丞。

朝廷有得失，未嘗不論奏，世推其敢直。

元

曷捻。北庭人，居永昌，爲巨族。久居政府，聰明典重，通達國體，敭歷中外。官至平章政事。「曷捻」舊作「斡欒」，今改。

高智燿。河西人。世事夏。夏亡，隱賀蘭山。太宗召見，將用之，遽辭歸。後入見憲宗，言宜蠲徭役。世祖時，又言儒者有補治道。拜翰林學士，遷西夏、中興等路按察使。子睿，授寶符郎，出入禁闥，詳雅恭謹。歷浙西、淮東廉訪使，所至有政績。兩爲南臺御史中丞，務持大體，有儒者風。

星吉。河西人。少事仁宗藩邸，以精敏稱。累官江西行臺御史大夫，獨持風裁。至正中，歷湖廣、江西行省平章政事。屢破賊，後中流矢，不食而死。星吉爲人公廉明決，在軍中能與將士同甘苦，以忠義感激人心，故能得人死力。

余闕。武威人，徙廬州。少喪父，授徒以養母。元統初，賜進士及第，授同知泗州事，歷翰林修撰、待制。至正中，盜起，以闕僉都元帥府事，分兵守安慶。以保障江淮功，拜江淮行省參知政事，仍守安慶。後羣盜四集，闕以孤軍血戰，城陷自剄。妻子皆赴井死。

明

吴克忠。本蒙古人。父允誠，永樂中來歸，授都督僉事，命居涼州，以功進左都督，封忠順伯。卒贈國公，謚忠壯。克忠襲父爵，從征阿魯台，有功，洪熙初進封侯。正統中，以功加太子太保。土木之變，與弟都督克勤力戰死，封贈邠國公，謚忠勇。克勤贈遵化伯，謚僖敏。克忠子瑾嗣侯。曹欽反，瑾聞變，椎長安門上告。門閉，欽攻，不得入。瑾將五六騎與欽力戰死。贈涼國公，謚忠壯。

魯鑑。其先西大通人。祖阿什達，父衮布沙克嘉。明初，率部落歸附，太祖授爲百夫長，俾統所部居莊浪。傳子衮布沙克嘉，累官莊浪衛指揮同知。鑑有材勇，正統初嗣父職，擢署都指揮僉事。成化四年，固原滿四反，鑑以土兵從諸軍圍石城，躬冒矢石，出則先驅，入則殿後，最爲賊所憚。賊平，歷都督同知，充總兵官，鎮守延綏。致仕。子麟，襲指揮使，累進都指揮同知，充甘肅遊擊將軍。魯氏世守西陲，有捍禦功。至鑑，官益顯，其世業益大。而所部土軍生齒又日繁，麟既移甘肅，帝以土軍非鑑不能治，特起治之，且命有司建坊，旌其世績。麟豪健如其父，官至左副總兵。麟子經，累官都督同知、延綏鎮總兵官，亦以驍勇稱爲良將。

「阿什達」舊作「阿失都」，「衮布沙克嘉」舊作「鞏卜失加」，今並改。

張達。涼州衛人。慷慨負奇節，膂力絶人。嘉靖中，累功擢署都督僉事，充山西總兵官，駐寧武，坐事被逮。後命赴軍前立功却敵。尋鎮陝西延綏，又移大同。俺答數萬騎入塞，伏精鋭谿谷中。巡按御史胡宗憲趣出師，達欲持重，宗憲厲聲責之。不得已，率所部挺身陷陣，力戰死。贈左都督，謚忠剛。

郭琥。永昌衛人。嘉靖中，積功至指揮僉事，爲鎮番守備。城接敵境，前守者率閉門。琥至，擊卻寇，遂開門縱人耕牧，而日帥兵以護。累擢古北口副總兵，繕治邊垣，益墾塞下荒田。歷延綏、薊鎮、山西總兵官，旋改大同，進都督，致仕。琥潔廉好籌畫，目不知書，而以意作檄，頗中情事云。

達雲。涼州衛人。勇悍饒智略。萬曆中，累官西寧參將。土酋永邵卜入寇，設伏擊破之，手馘賊帥，斬獲無算。寇集衆大至，又敗去。進都督同知，歷鎮延綏、甘肅，收復松山，拓地五百里，累加太子少保。雲爲將，先登陷陣，所至未嘗挫衄。名震西陲，爲一時邊將之冠。

本朝

張仲金。武威人。以把總從孫思克征噶爾丹，戰殁。

孫文炳。武威廩生。恂謹持禮法，安貧嗜學，從游甚衆。兄殁，撫孤成立。同里馬姓迎父母於金城，託妻于炳。炳令妻蘇氏同寢處，文炳館宿于外，戒子弟年十五以上者不得入内。閱七月而馬始還，感謝而去。入祀鄉賢祠。次子詔，官至湖北布政使。又同邑賈漢英，廩貢生，精研理學，生母王氏早殁，事嫡母高氏、繼母吕氏極孝。並祀鄉賢祠。

李蘭。鎮番人。官新城堡守備。隨總兵康海征西藏，陣亡。

何孔述。鎮番人。少穎悟，日誦數千言。順治五年，值帖清泰倡亂，述以諸生與廩生朱運開、參將馬玘勦滅回黨。制軍孟喬芳嘉其功，檄署本營參將，兵民帖服。述辭，願以科名顯。是年，即拔貢。辛卯，舉于鄉。孟公笑曰：「何生果有大志，真文武才也。」入祀鄉賢祠。

孟一鯉。鎮番人。性至孝。著有春秋翼傳。子良允，由舉人歷州縣，有循聲。擢主事，升昌平道，歷官浙江布政使。著有最樂編、念貧吟。入祀鄉賢祠。

孫克明。鎮番人。康熙庚辰進士。鎮邑地多沙患，克明率邑人王仲等於東邊外六壩湖移丘開墾，貧民賴之。仕湖廣通城令，多惠政。通人爲立遺愛碑，入祀鄉賢祠。又同邑盧全昌，篤學能文，事母極孝，殁祀鄉賢祠。

魯大誥。平番人。置義田贍宗族。有負貸者，常折券以恤之。郡外水利不通，修濬溝渠，以資灌溉，民賴其利。入祀鄉賢祠。又同邑李可珠，敦本睦族，亦祀鄉賢祠。

郭洪恩。古浪監生。與子生員宗堯，於順治五年回匪倡亂，協力謀勦，爲賊所執，罵賊而死。入祀鄉賢祠。

李夢白。平番人。剛方正直，教授生徒，有法度。由保薦歷官知府。卒於廣南，囊橐如洗，馳驛歸葬。祀鄉賢祠。

周自伏。涼州衛人。康熙五十七年，以守備從康海征西藏。及海亡，突圍，奪海屍，賊衆大至，力戰死。又同縣魯彦燦，山西蒲州副將，出歸化，遇虜爾泰山，遂戰殁。

傅瑾。武威人。西寧千總，俸滿還家。雍正元年，番夷作亂，率鄉勇攻石門寺，與鄉民吴廷周、田棟、俞仲宗俱力戰死之。時同邑人莊浪把總陳昌，進勦棹子山，遇賊戰死。

朱振聲。武威人。少貧，事親備甘旨。親殁，叔無子，迎養如所生。及殁，葬祭極哀。乾隆十年旌。

趙維世。古浪人。性篤孝。父母頗嚴急，維世婉容愉色事之，雖杖未嘗稍恚。遭生母喪，擗踴痛哭，口鼻出血。及父卧病，朝夕侍藥，不歸寢室。既卒，廬墓三年，負土二里外，累墳如阜。事繼母，一如生母。卒年八十一歲。乾隆十一年旌。

張紹訓。鎮番人。性孝友，親有疾，衣不解帶。既逝，守墓泣血三年。乾隆十二年旌。

韓加業。武威人。以行伍屢擢至哈密副將。嘉慶四年，率步卒九百餘人禦賊匪李樹黨三四千衆於江岸，馬蹶墮地，立起，引弓發矢，中執旂賊。賊衆競起，握矛直刺，加業中矛仆。把總高騰蛟身蔽其上，亦死。加業照提督例議卹，賜謚武烈，建祠致祭。

韓自昌。加業兄，以父增壽難，廕把總，累功擢莊浪副將。嘉慶七年二月，追勦賊匪宋應伏於西駱峪，適苟文明大股賊猝至，自昌兵少，殁於陣。照總兵例議卹，建祠致祭。

趙化彤。武威人。五世同堂，嘉慶二十五年旌。

田正。鎮番人。五世同堂，嘉慶十六年旌。

流寓

南北朝　魏

常爽。河内温人。祖珍，因世亂，遂居涼州。爽篤志好學，博聞强識，五經百家，多所研綜。州郡禮命皆不就。魏世祖西征涼土，爽歸款，拜宣威將軍。置館於温水之右，教授七百餘人，弟子事之若嚴君。暇述六經略注，以廣制作。講肄經典二十餘年，時號儒林先生。

明

包節。嘉興人，居華亭。嘉靖中，以御史按湖廣，爲守備中官廖斌誣搆，謫戍莊浪衛，處之甚安。既聞母訃，慟哭而死。

列女

明

蔡氏。涼州衛人。年十六，適邑人秦某。甫一歲，夫殁，遺腹生子祚周，家甚貧，紡績教子讀書。祚周爲諸生，娶婦，氏乃曰：「吾之所以不死者，汝未成立也，今吾事畢矣。」遂絶食七日而死。萬曆末旌表。

周士成妻郭氏。莊浪衛人。嫁逾年，夫暴卒，氏誓以死殉。姻戚勸之，氏言：「夫死無子，不死何待？」水漿不入口，十餘日而死。

常德妻甄氏。永昌衛人。年十八，遇賊，懼爲賊辱，以香灼面成瘡。賊怒，害其夫。氏負屍哭駡，遂投井死。

徐氏。平番衛人。張繼宗子婦。崇禎末，爲流賊所執。氏左手扼賊吭，右手持刀自刎死。又韓逢春妻馬氏，賊入城時，投繯死。

胡其美女。平番衛人。其美常爲女講列女傳諸書，女即領悟。崇禎末，流賊攻燒堡門，挾女上馬，女投井死。

本朝

朱良貴妻張氏。古浪人。又同邑節婦李棲鳳妻俞氏，均夫亡守節，撫孤成立，四十餘年如一日。

周甲鼎妻張氏。鎮番人。甫婚，夫即從戎，以功授四川千總。旋殁，遺一子，又殀。氏矢志奉姑，苦節不渝。

劉金璽妻褚氏。涼州衛人。夫亡，守節五十餘年，撫孤成立。又同衛節婦劉大濱妻金氏、徐可選繼妻李氏、徐自璧妻李氏、王尚賓妻穆氏、丁宏妻王氏、林可梧妻孫氏，均雍正年間旌。

馬逢雲妻牛氏。武威人。夫亡守節，事親撫孤四十餘年。又同邑節婦梁可正妻衡氏、安尚玉妻韓氏、張璧妻楊氏、段鐸妻牛氏、侯用錫妻張氏、狄金榜妻岳氏、蔡茂妻鮑氏、孫瑞麟妻韓氏，俱雍正年間旌。

張兆斌妻李氏。武威人。兆斌以營卒從征西藏，病殁，喪不能歸。氏晝夜哀號，投井死。雍正年間旌。

辛克嶷妻龔氏。武威人。克嶷在庠，卒年二十五。遺二子皆幼，氏矢志撫孤，奉翁姑孝謹。又同邑節婦陸嶠妻胡氏、張維善妻白氏、尹鈞妻張氏、馮玉友妻井氏、王元妻劉氏、王化育妻楊氏、張濟妻王氏、劉宗向妻紀氏、龔爾任妻袁氏、喬世隆妻朱氏、王祚永妻于氏、劉克成妻李氏、張映桂妻孫氏、郝敬妻柯氏、李生桂妻謝氏、何永康妻王氏、宣弼朝妻張氏、韓炌妻趙氏、張元妻宋氏、郝謹妻柯氏、王錫書妻潘氏、高登瀛妻曹氏、管愛義妻張氏、周宗堯妻賈氏、張謀妻章氏、張相妻郭氏、劉季元妻孫氏、魏其貢妻張氏、楊鍾美妻程氏、閻濟化妻喬氏、龔鍺妻任氏、張烈妻蕭氏、張治妻高氏、郭良俊妻李氏、趙國清妻王氏、王吉林妻李氏、張鳳妻王氏、盧應才妻王氏、盧守福妻陳氏、張大典妻甯氏、丁錫珍妻楊氏、賈琬妻辛氏、楊榆妻張氏、楊撰妻段氏、聶文元妻李氏、崔言妻李氏、李朝陽妻李氏、郭泰妻嚴氏、丁士琮妻韓氏、張君璞妻郭氏、張釪妻李氏、孫承相妻姚氏、脱榮妻孔氏、田得閏妻李氏、楊維桐妻郭氏、段文魁妻楊氏、左化鳳妻馬氏、裴印禄妻吴氏、林毓睿妻景氏、劉伯友妻張氏、王好鼎妻楊氏、達會妻姜氏、王棋妻尹氏、潘雲清妻張氏、劉鼎妻馬氏、李永瑞妻唐氏、劉士鷃妻降氏、董克昌妻師氏、董吉福妻查氏、李琬妻馮氏、薛景妻張氏、杜潤妻蕭氏，又貞女齊良玉聘妻吕氏，均乾隆年間旌。

王訓妻劉氏。鎮番人。年二十四而寡。遺二孤，撫之成立。長子希本又逝，與媳李氏，晝夜機杼，供孫讀書。長孫有德成進士，歷官晉、楚。氏卒年八十。又同邑節婦楊必桀妻謝氏、曹祥吉妻蕭氏、許遂妻路氏、吴道晃妻胡氏、何緒淮妻楊氏、閻錫珽妻白氏、王恒德妻甘氏、盛梓妻王氏、何中樂妻楊氏、何宏烈妻李氏、周文曦妻馬氏，又烈婦高同勇妻楊氏，均乾隆年間旌。

劉建勳妻馬氏。永昌人。年二十八而寡，家貧子幼，矢志守節。又同邑節婦陸遴輔妻王氏，又張氏、崔氏、楊氏、曹氏、張氏、喻氏、李氏、張氏、曹氏、杜含葦妻曹氏，均乾隆年間旌。

王瑞妻唐氏。古浪人。夫亡守節，教子成立。又同邑節婦希添位妻張氏、金聲聞妻李氏、周紹妻俞氏、王紀正妻李氏、劉建鵬妻胡氏，貞女董氏女，均乾隆年間旌。

蘇文林妻劉氏。平番人。夫亡守節，撫二子成立。又同邑節婦李開春妻董氏、蘇國仕妻房氏、鄧憲文妻蒲氏、馬步階妻高氏、謝寧妻段氏〔一二〕、王理妻高氏、童叶謀妻薛氏、李廷棟妻甘氏、繆玉妻劉氏、譚維中妻李氏、張緒妻趙氏、張希舜妻高氏、楊大年妻周氏、譚易元妻劉氏、高爾志妻張氏、張應凱妻周氏、岳世瞻妻趙氏、張文鑣妻石氏、康昌運妻張氏、魏建成妻徐氏、羅文魁妻胡氏、張紳緒妻廖氏、金勝玉妻張氏、康路妻閻氏、張豫妻王氏、柳盛桐妻哈氏、何湛妻譚氏、張九嶺妻康氏、張廷仕妻楊氏、王循禮妻哈氏，均乾隆年間旌。

李育楫妻張氏。武威人。夫亡守節。又同邑節婦郭淬源妻降氏、陳奇譓妻高氏、張丕功妻馮氏、劉炳妻包氏、徐濟美妻薛氏、徐夢熊妻喬氏、王錡妻尤氏、徐瑞妻王氏、丁松筠妻鄭氏、齊宗堯妻李氏、袁三烈妻沈氏、蘇梅妻蔡氏、張珩妻李氏、張大儒妻趙氏、趙浩遠妻劉氏、趙誌妻唐氏、符業昌妻王氏、趙連登妻趙氏、張君權妻祁氏、潘元德妻李氏、朱益秀妻陳氏、韓文彬妻楊氏、邵庭謀妻劉氏、景兆寅妻王氏、李潔妻趙氏、趙瑜妻杜氏、藺發善妻李氏、周伯温妻李氏、柏林妻李氏、安其禮妻張氏、袁攀龍妻李氏、袁佩龍妻王氏、丁爾慎妻俞氏、段以鑣妻狄氏、王應陽妻唐氏、徐復祥妻蘇氏、梁勇妻韓氏、梁國雋妻沈氏、王維選妻梁氏、唐桐妻田氏、管玉潤妻楊氏、張淳德妻王氏、賈世儒妻馮氏、張同善妻丁氏、董蘊英妻劉氏、葉長春妻劉氏、武克仁妻楊氏、樊景昌妻葉氏、袁勳妻戴氏、袁壇妻臧氏、張經妻佘氏、劉檀妻吴氏、查文海妻王氏、馬多儒妻李氏、劉英妻李氏、劉鄭妻王氏、張策妻周氏、楊敏妻李氏、常彦妻張氏、常作榮妻馮氏、趙良史妻李氏、紀祝昌妻尤氏，烈婦周廉妻蔡氏、蔡國輔妻王氏、周宗望妻齊氏、魯仲林妻楊氏，均嘉慶年間旌。

李觀妻黄氏。鎮番人。夫亡守節。又同邑節婦曹鍾英妻孫氏、李映秀妻韓氏、劉斗煐妻孫氏、張汝繡妻馬氏、韋志浩妻曹氏、韋泰元妻趙氏、姜文秀妻謝氏、劉祚熾妻邱氏，均嘉慶年間旌。

方鋹妻張氏。永昌人。夫亡守節。又同邑節婦何廷玢妻祁氏、黄德孚妻孫氏、侯爾庥妻陳氏、王修斌妻胡氏，又張氏，烈婦左連第妻劉氏，均嘉慶年間旌。

李培梁妻王氏。古浪人。夫亡守節。又同邑節婦金畇妻樊氏、那成武妻楊氏，烈婦孟候妻毛氏、袁浩妻李氏，均嘉慶年間旌。

史義妻高氏。平番人。夫亡守節。又同邑節婦王政妻莊氏、高爾愿妻邊氏、王永發妻黄氏、魏觀德妻胡氏、費天成妻龍氏、馬生瑀妻高氏，均嘉慶年間旌。

仙釋

漢

劉子南。爲武威太守。從道士尹公，授務成子螢火丸佩之。與敵戰，矢下如雨，未至子南馬數尺輒墮地，終不能傷。

土産

白麥。元和志：涼州貢。

胡麻。明統志：古浪衛出。

鹽。明統志：鎮番衛出青鹽、白鹽。

褐。元和志：涼州貢細褐。

龍鬚席。唐書地理志：涼州貢。

氈毯。元和志：涼州貢柔毛氈。唐書地理志：涼州貢毯。

野馬皮。唐書地理志：涼州貢。

土豹。明統志：鎮番衛出。

芎藭。唐書地理志：涼州貢。

枸杞子。明統志：鎮番衛出。

校勘記

〔一〕有小沙溝口　乾隆志卷二〇六涼州府關隘（下同卷簡稱乾隆志）同。按，此句疑有脱文。

〔二〕永安堡　「安」，乾隆志作「寧」。按，本志避清宣宗諱改字。

〔三〕綏遠堡　「綏」，乾隆志作「寧」。按，本志避清宣宗諱改字。

〔四〕周六百十二丈　乾隆志作「周四百八丈」。

〔五〕東南至安和堡二十里　「和」，乾隆志作「寧」。按，本志避清宣宗諱改字。

〔六〕兼轄岔山紅水三眼井等堡　「岔山」，乾隆志作「岔口」，疑是。

〔七〕侍中崔希逸代其事　「希」，原脱，據乾隆志及舊唐書卷一〇三牛仙客傳補。又據舊唐書牛仙客傳，崔希逸時以右散騎常侍代牛仙客知河西節度事，此「侍中」蓋誤。

〔八〕高寶寧攻圍北平　「寧」，原作「凝」，據乾隆志及隋書卷三九陰壽傳改。按，本志避清宣宗諱改字。

〔九〕贈司空　「司空」，原作「司徒」，據隋書卷三九陰壽傳改。按，北史卷七三陰壽傳亦作「贈司空」。

〔一〇〕圍邢州　「州」，原作「門」，乾隆志同，據舊唐書卷一三二李抱真傳改。

〔一一〕謝寧妻段氏　「寧」，原作「凝」，據乾隆志改。按，本志避清宣宗諱改字。

西寧府圖

番界
大通河
涼州府平番縣界
龍泉山
老鴉堡
碾伯
冰溝山
平戎驛
湟
水
巴燕戎格廳
四望山
青石山
黄河
蘭州府河州界

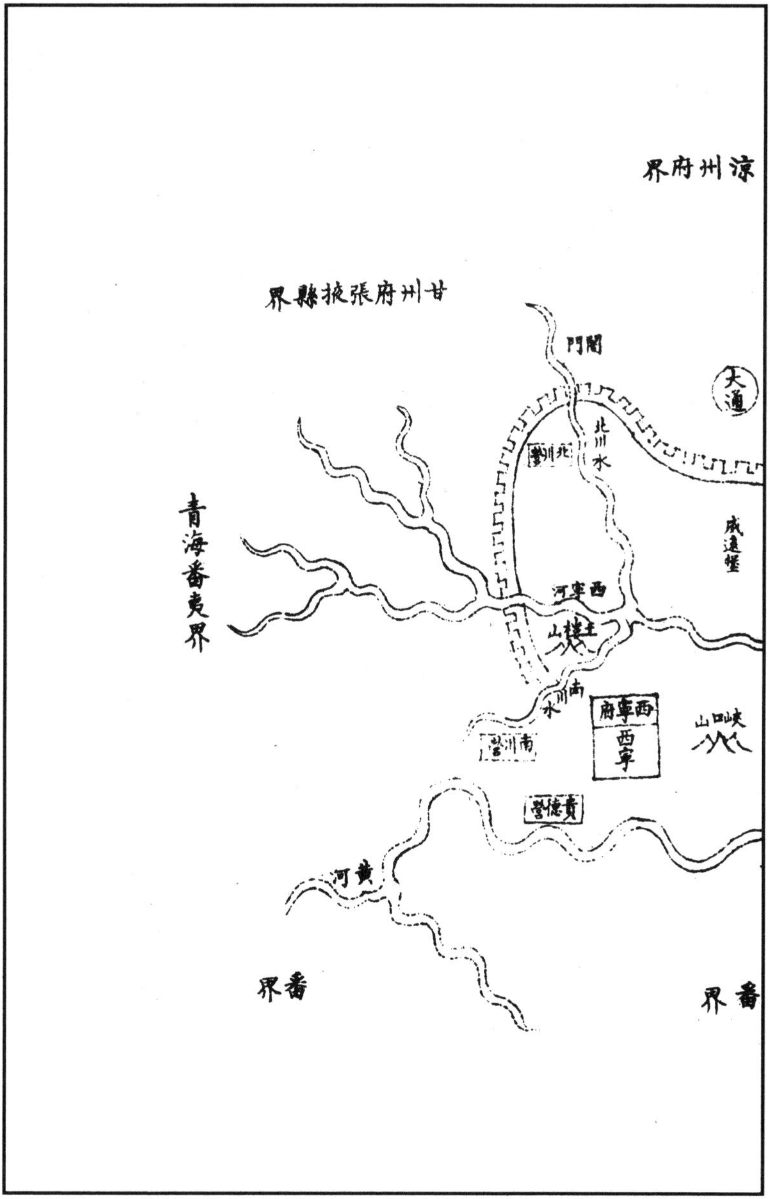
涼州府界
甘州府張掖縣界
閣門
大通
北川營
北川水
威遠堡
西寧河
土樓山
青海番夷界
南川水
西寧府
西寧
南川營
峽口山
貴德營
黃河
番界
番界

西寧府表

	西寧府	西寧縣
秦		
兩漢	西平郡後漢建安中析金城置。	西都縣後漢建安中分臨羌置爲郡治。 臨羌縣屬金城郡。
三國	西平郡	西都縣 臨羌縣
晉	西平郡	西都縣 臨羌縣屬西平郡。 長寧縣分置，屬西平郡。
南北朝	魏廢爲鄯州地。	魏廢。 魏廢。 魏廢。
隋		湟水縣地。
唐		鄯城縣儀鳳三年置，屬鄯州。州陷，屬河州，後亦陷吐蕃，廢。
五代		
宋	西寧州崇寧三年改故鄯州置，屬熙河路。後入西夏。	州治。
元	西寧州屬甘肅行省。	
明	西寧衛洪武六年置，屬陝西行都司。	衛治。

續表

安夷縣 屬金城郡。	白土縣 後漢置，屬金城郡。			
安夷縣	白土縣			
安夷縣 屬西平郡。	白土縣			
魏廢。	魏廢。	澆河郡 西魏置，周廢。	廣威縣 魏置。	
			化隆縣 改名，屬西平郡。	
		廓州 武德初改置，天寶初改名寧塞郡。乾元初復名。陷吐蕃廢。	廣威縣 州治。先天初改名化成。天寶初復名。	米川縣 永徽中徙置，屬廓州。後陷吐蕃。
		廓州 崇寧三年收復，尋陷。	崇寧三年重修米川城，尋廢。	

續表

	碾伯縣
	破羌縣 屬金城郡。 浩亹縣 屬金城郡。
	破羌縣 浩亹縣
	樂都縣 後涼置。南涼都。 浩亹縣
達化郡 周置，兼置縣。	鄯州 樂都郡 魏初廢郡，爲鄯善鎮。孝昌二年改置。周復置郡。 西都縣 州郡治。 浩亹縣 周廢入廣武。
達化縣 郡廢，屬澆河郡。	西平郡 初廢郡。大業初改名復置。 湟水縣 開皇十八年改名，郡治。
達化縣 屬廓州，後陷廢。	鄯州 武德初復置州，屬隴右道。上元中陷吐蕃。 湟水縣 屬鄯州。後陷吐蕃，廢。
	樂州 元符初收復，置湟州。宣和初改名，屬熙河路。後屬西夏。
貴德州 至元中置，屬吐蕃宣慰司，後廢。	廢爲西寧州地。
歸德所 洪武八年置，屬河州衛。	碾伯所 洪武中置碾北衛。後廢。成化中置所。

	大通縣
	西羌地。
晉興郡永嘉中前涼置，領晉興、左南等縣。	
魏廢。 龍支縣魏曰北金城，西魏改名。	
龍支縣屬枹罕郡。	
龍支縣屬鄯州。後陷吐蕃，廢。	鄯州北境。開元中嘗置威戎軍。
	西番地。

續表

大清一統志卷二百六十九

西寧府一

在甘肅省治西北六百二十里。東西距三百五十里，南北距六百五里。東至涼州府平番縣界二百六十里，西至青海番夷界九十里，南至黄河都受番族界三百七十里，北至大雪山涼州府界二百三十五里。東南至三川黄河沿界四百二十里，西南至番夷界二百三十里，東北至番界二百八十里，西北至甘州府張掖縣扁都口界四百九十五里。自府治至京師四千五百七十里。

分野

天文東井、輿鬼分野，鶉首之次。

建置沿革

禹貢雍州之域，古西戎地。漢爲金城郡臨羌、破羌等縣地。後漢建安中，置西平郡。晉初因之。東晉隆安中，爲南涼國都。隆安三年，秃髮烏孤遷居樂都，其弟利鹿孤徙西平。傉檀還居樂都。西平即宋之西寧州，今之府治。樂都，唐鄯州，今碾伯縣也。後魏初爲鄯善鎮。孝昌二年，改置鄯州。見元和志。後周又置樂都郡。隋開皇初，郡廢。大業初，復改州曰西平郡。唐武德二年，復曰鄯州。儀鳳二年，置都督府。開元二年，置隴右節度使。方鎮表作五年，蘇冕唐會要作元年，今從通鑑。天寶初，曰西平郡。乾元初，復曰鄯州，屬隴右道。上元二年，没於吐蕃。宋元符二年收復，復置鄯州，隴右節度。三年，棄之。崇寧三年，收復，建隴右都護府，改鄯州爲西寧州，賜郡名曰西平，升中都督府。三年，加賓德軍節度，屬熙河路。後屬西夏。元仍曰西寧州，屬甘肅行省。明洪武六年，通志作十九年，今從實録。改置西寧衛，屬陝西行都司。本朝初因之。雍正二年，改置西寧府，屬甘肅省，置西寧縣爲府治，改碾伯千户所爲碾伯縣，又開置大通衛。乾隆二十六年，改置大通縣，屬西寧府。

西寧縣。附郭。東西距一百六十里，南北距二百九十八里。東至碾伯縣界七十里，西至青海番夷界九十里，南至黄河二百一十八里，北至大通縣界八十里。東南至南山後番界二百四十里，西南至番夷界二百三十里，東北至番夷界一百二十里，西北至大通縣界八十里。漢金城郡臨羌縣地。後漢建安中，分置西都縣，爲西平郡治。晉因之。後魏廢。隋爲湟水縣地。唐儀鳳三年，分置鄯城縣屬鄯州。上元後，没吐蕃。宋初曰青唐城。崇寧三年收復，置西寧州及倚郭縣。五年，罷縣，屬熙河路。元屬甘肅行省。明初，改置西寧衛，屬陝西行都司。本朝雍正二年，改置西寧縣，爲西寧府治。

碾伯縣。在府治東一百三十里。東西距一百七十五里，南北距五百五十里。東至涼州府平番縣界一百三十里，西至西寧縣界四十五里，南至蘭州府河州三百九十里，北至番夷界一百六十里。東南至河州黄河界三百七十里，西南至西寧縣界八十里，東北至番界一百五十里，西北至番界一百七十里。漢神爵二年置破羌縣，屬金城郡。後漢因之。晉省爲安夷縣地。東晉末，後梁呂光置樂都郡。南涼禿髮烏孤都此。後魏初郡廢，孝昌中改置西都縣，爲鄯州治。隋開皇十八年，改曰湟水，爲西平郡治。

唐爲鄯州治。上元後，隨州没吐蕃。宋初，號邈川城。元符二年收復，置湟州。建中靖國元年棄之。崇寧二年又復。三年，置倚郭縣。五年罷。大觀三年，加嚮德軍節度。宣和元年，改曰樂州，屬熙河路。後屬西夏。元廢爲西寧州地。明洪武十一年，置碾伯衛。後廢。成化中，置碾伯守禦千户所。本朝初，屬西寧衛。雍正二年，改置碾伯縣，屬西寧府。

大通縣。在府北一百二十里。東西距一百八十里，南北距一百五十五里。東至西寧縣界一百二十里，西至黑林口闇門六十里，南至西寧縣界三十里，北至大雪山一百二十五里。東南至西寧縣界九十里，西南至西寧縣界七十里，東北至大雪山二百二十里，西北至甘州府張掖縣界三百九十里。古西羌所居。漢爲臨羌縣北塞。唐爲鄯州北境。開元中，嘗置威戎軍於此。明爲西番地。本朝雍正二年，以番族歸附，開置大通衛，駐大通城，屬西寧府。又設總兵鎮守，亦曰西大通鎮。乾隆九年，移駐白塔城。二十六年，改置大通縣，屬西寧府。

形勢

萬山環抱，三峽重圍。紅崖峙其左，青海瀦其右。明統志。甘肅涼、莊之右背，河州洮、岷之前户。萬山迴合，諸番羅列。明鄭洛奏疏。水包西北，山阻東南。衛志。

風俗

俗崇釋，士業儒，人專孳牧，童習彎弧。明石檟西平賦。夏秋少暑，冬春多寒。毳毛爲衣，酥湩煎茶。番人以皮馬爲禮，畜牧爲業。舊鎮志。

城池

西寧府城。周八里有奇，門四，濠深一丈，廣二丈五尺。東關外有郭，周里許，門三。明洪武十九年，因舊改築。本朝康熙四十八年修，雍正十一年、乾隆三十一年重修。西寧縣附郭。

碾伯縣城。即舊碾伯堡。明初築。周三里有奇，門三，濠廣二丈五尺。本朝乾隆二十九年因舊址復築。

大通縣城。周五百五十八丈，門二。本朝雍正三年築，乾隆三十一年修。

學校

西寧府學。在府治東，即西寧衛學。明宣德三年建。入學額數十二名。本朝乾隆六十年添設。又貴德廳學，入學額數四名。

西寧縣學。在縣治西。本朝乾隆二十六年建，入學額數八名。

碾伯縣學。在縣治西。本朝雍正三年建。入學額數八名。

大通縣學。在縣治東。本朝乾隆二十六年建。入學額數四名。

約禮書院。在西寧縣治西。本朝乾隆四年建。

樂都書院。在碾伯縣。本朝乾隆二十四年建。

河陰書院。在貴德廳。本朝乾隆十二年建。

户口

原額民丁共二萬七千九百二，今滋生民丁男婦大小共二十萬八千六百三名口，屯丁民婦大小共五十萬二百二十六名口，統計九萬二千八百五十七户。

田賦

田地共六千一百九十三頃六畝一分有奇，番地共十六萬一千三百七十三段，額徵糧共三萬八千九十五石四斗七升。

山川

峽口山。在西寧縣東二十里。漢書：神爵元年，趙充國屯田金城，奏治湟陿以西道橋。明統志：峽口山，在衛城東，地極險阻，爲湟鄯往來咽喉地。漢時名湟陿，唐人嘗修閣道，宋築省章城，控制要害。又有綏遠關。行都司志：峽口山，在衛東三十里，石山對峙，亦名小石峽。半山有風波巖，每大風，禱之則息。與大石峽、西石峽，謂之「三峽」。

紅崖子山。在西寧縣東八十里。其土赤，因名。山腰有石洞。

積石山。在西寧縣東南。隋書地理志：龍支縣有唐述山。元和志：積石山，在龍支縣西九十八里，南與枹罕縣分界。舊志：小積石山，在西寧衛東南一百七十里〔一〕，即古唐述山也。

拔延山。在西寧縣東南。隋書：大業五年，帝至西平〔二〕大獵於拔延山，長圍周亘二十里〔三〕。地理志：化隆有拔延山。元和志：拔延山，在化成縣東北七十里，多麋鹿。舊志：即今衛南之雪山也。

雪山。在西寧縣南一百里，高出羣山之上，積雪四時不消，延亘東北。與碾伯縣蘿蔔山相接。

南禪山。在西寧縣西南三里。崖洞有佛像。又有北禪山，在縣西北五里。

土樓山。在西寧縣西。水經注：湟水東逕土樓南，樓北倚山原，峯高三百尺，有若削成。樓下有神祠，雕牆故壁存焉，今在西平亭東北五里。隋書地理志：湟水有土樓山。元和志：山在湟水縣西一百三十里，下有土樓神祠。又曰：鄯城縣西即土樓山。

日月山。在西寧縣西川口外。元史：憲宗四年，會諸王於顆顆腦兒之西，祭天於日月山。今爲番夷互市之所。

金山。在西寧縣西七十里。隋書：大業五年，宴羣臣於金山。行都司志：山在衛西六十里，番言曰結脱剌，上有湫池，旱禱輒應，爲西寧望山。

養女山。在西寧縣北。水經注：養女川水發養女北山。闞駰曰：「長寧亭北有養女嶺，即浩亹之西山，西平之北山也。」寰宇記：養女嶺，彼羌多禱而祈女。

郭圖山。在西寧縣貴德廳城東二十里。又東十里有東山。

圓柱山。在西寧縣貴德廳城東南二百里。下即淵住番族所居，又名淵住山。後即青海界。

龍池山。在西寧縣貴德廳城南一百里。山高險絶，上有湫池。因都受番族牧其下，又謂都受山。

三泉山。在西寧縣貴德廳城西三十里。山根有三泉涌出，清澈可鑑，俗呼爲爾納拉山。

巴伽山。在西寧縣貴德廳城西十里，黄河經其下。又哈兒澗山，在城北一里，亦黄河所經流。

郎纏山。在西寧縣貴德廳城西一百里，番夷雜處之地。

雷鳴山。在碾伯縣東關外，亦名鳳凰山。

冰溝山。在碾伯縣東，接莊浪界。羊腸七十餘里，爲郡境咽喉孔道。

四望山。在碾伯縣東南。漢書趙充國傳：神爵初，充國至金城渡河，遣騎候四望，陿中無虜，曰：「吾知羌虜不能爲兵矣。使發數千人守杜四望陿中，兵豈得入哉？」文穎曰：「金城有三陿，在南六百里。」顔師古曰：「山陗而夾水曰陿，四望者，陿名也。」行都司志：四望山，在西寧衛東南二百里。

龍泉山。在碾伯縣西北四十里，與大石峽北山相連。山下有龍泉，因名。

阿刺古山。在碾伯縣東北六十里，與冰溝山相連。山頂寬平可耕，中有魯班峽。

蘿蔔山。在碾伯縣東北。行都司志：在西寧衛東北二百五十里，延袤與雪山相連。石崖巉巖，若蘿蔔之狀。

達巴山。在大通縣南七十里。高峻崎嶇，山巔有泉，出石罅中，味清甘。

大雪山。在大通縣北十五里。四時積雪不消，東西綿亘數百里，東接涼州，北接甘州界。元和志「甘州南至大雪山三百三十里」，即此。

霧山。在大通縣北。水經注：湛水東南流至霧山，注浩亹河。舊志：山在西寧西北三百里。

勒姐嶺。在西寧縣東。漢時有勒姐羌居之。晉義熙十一年，北涼沮渠蒙遜敗西秦兵於浩亹。西秦主熾磐遣將折斐等據勒姐嶺，邀其還路，蒙遜擊擒之。水經注：勒且谿水，出安夷縣東南勒且谿，北入湟水。於是有勒姐之名，蓋勒姐嶺在此。

星嶺。在西寧縣南。隋書：大業五年，帝自拔延山入長寧谷，度星嶺。舊志：嶺故龍支城西北。

艾灣嶺。在碾伯縣東南巴州堡〔四〕，高十五里，山半有泉，自沙中出。

白草嶺。在大通縣北，近甘州界。宋元嘉初，西秦乞伏熾磐遣太子暮末出貂渠谷，攻北涼白草嶺、臨松郡，皆破之。水經注：鮮谷塞東南有白嶺，西湛水出焉。蓋即白草嶺也。

南高峯。在碾伯縣南七里。又有北高峯，在縣北八里。兩峯相對，俱極高峻。

西石峽。在西寧縣西七十里，陡崖相對。

大石峽。在碾伯縣西北，西去西寧縣九十里，較小石峽尤雄壯。

黑松林峽。在大通縣南，去西寧縣北百里。兩峽懸距，中多孔道。明嘉靖二十五年修葺城塹，延屬五十餘里。

牛心堆。在西寧縣西南。水經注：牛心川水，東北流逕牛心堆東。唐貞觀九年，李靖等敗吐谷渾於牛心山，即此。

黃河。在西寧、碾伯二縣南。自塞外流入，與河州接界，又東入蘭州界。水經注：河水自積石屈而東北流，逕析支之地〔五〕。又東逕西海郡南，又東逕允川而歷大榆、小榆谷北，又東過河關縣北，又東北入西平郡界，左合二川，東逕澆河故城北，又東北逕黃川城北，又東逕石城南，左合北谷水，又東北逕黃河城南。又東北逕廣違城北，又東逕邯川城南，又東，臨津谿水注之，又東逕臨津城北、白土城南，又東，左會白土川水，又東北會兩川，右合二水，又東歷鳳林北，又東與灕水合，又逕左南城南，又東逕赤岸北，又東，洮水注之，又東過金城、允吾縣北。元和志：黄河在廓州化城縣南八十步，又在龍支縣西南六十里。通志：黄河在西寧縣南一百六十里，碾伯縣東南三百七十里。

葱谷水。在西寧縣東。水經注：水有四源，各出一谿，亂流注於湟水。

安夷川水。在西寧縣東。水經注：安夷川水，發遠山，西北流，控引衆川，北屈，逕安夷城西北，東入湟水。

牛心川水。在西寧縣西南。水經注：牛心川水出其南遠山，東北流，逕牛心堆東，又北逕西平亭西，東北入湟水。通志有那孩川，在城西二百步。舊志有南川水，在衛城西，自塞外流，東北入西寧河。按：宋史崇寧三年，王厚自湟州敗羌人於宗水。明統志：宗水來自青海，逕西寧境入湟水。水南有宗谷口。舊志：宗哥川在衛西南九十里，亦即今南川水之異名也。

長寧川水。在西寧縣西北。水經注：長寧川水出松山，東南流逕晉昌城，晉昌川水注之。又東南，養女川水注之。水發養女北山，有二源，皆長湍遠發，南總一川，逕養女山，謂之養女川。亂流出峽南，逕長寧亭東，又東南與西山水合，又東南流注於湟水。行都司志有車卜魯川，在城北五里，一名幹爾朵川，源出壘加爾山，下流五百六十里，入西寧河。又有廣牧川，在城北三里，舊名沙塘川，明永樂四年改名。今分渠四十六，溉田六百七十頃。舊志：今有北川水，在城西北七十里，自塞外流入，東南流至城北，入西寧河。

湟水。自塞外流逕西寧縣北，又東逕碾伯縣南，又東南歷涼州府平番縣，至蘭州界入黄河。漢書地理志：臨羌縣，西北塞外有西王母石室、僊海、鹽池，北則湟水所出，東至允吾入河。水經注：湟水出塞外，又東南流逕卑禾羌海北，東逕湟中城北。又東，右控四水，又東逕赤城北，而東入經戎峽口，右合羌水，又東逕臨羌縣故城北。又東，盧谿水注之。又東逕臨羌新縣故城南。又東，右合溜谿、伏溜、石杜、蠡四川，左會臨羌溪水。又東，龍駒川水注之。又東，長寧川水注之。又東，牛心川水注之。又逕西平城北，又東逕土樓南。又東，右合葱谷水。又東，出漆峽東流，右則漆谷常谿注之，左則甘夷川水入焉。又東，安夷川水注之。又東逕安夷縣故城。又東，左合宜春水。又東，勒且谿水注之。又東，左則承流谷水南入，右會達扶東西二谿水，東出期頓、雞谷二水，北流注之。東逕樂都城南東流，右合來谷、乞斤二水，左會陽非、流谿、細谷三水，又東逕破羌縣故城南。六谷水自南，破羌川自北，左右翼注之。又東南逕小晉興城北。又東與閤門河合，即浩亹河也。又東逕允吾縣北。隋書地理志：化隆縣有湟水。後漢書注：湟水一名洛都水，西自吐谷渾界入，在今湟水縣。元和志：湟水亦謂之樂都水，出青海東北亂山中，東南流至蘭州，西南入黃河。唐書吐蕃傳：湟水出蒙谷，抵龍泉谷，與黃河合。元朱思本河源記：湟水源出祁連山下，正東流一千餘里，注浩亹河，與黃河合。明統志：西寧河在衛城北，源出熱水山，北流五百里，經伯顏川，又合那海川，流五百里，入黃河。行都司志：西寧河在衛城北百步許。又湟水，今碾伯河是也。舊志：西川水，源出西塞外，東流由石峽入境，至衛西北受北川水，又東合南川水而徑城北，名西寧河。又至衛東北，受沙塘川水。又東南逕碾伯堡南，名湟水。又東南接莊浪所界，合西大通河。又東合莊浪河，又東南至蘭州西，入黃河。按：湟水上源，番名波洛沖克克，詳見西海。

邯川水。在碾伯縣東南。後漢書：顯宗初，西羌寇隴右，捕虜將軍馬武擊之。羌引出塞，武追擊到東、西邯，大破之。水經注：河水逕邯川城南。城之左右歷谷有三水〔六〕，導自北山。南逕邯亭，注於河。章懷太子曰：「蓋以此水分流，謂之東、西邯也。在今化隆縣東。」按：輿圖，今碾伯縣東南百里許有水出雪山南，東南流百餘里入黃河，蓋即邯川水也。

白土川水。在碾伯縣東南。水經注：白土川水，出西北山，東南流逕白土城北，又東南注於河。

宜春水。在碾伯縣西。水經注：水出東北宜春谿，西南流，至安夷城南入湟水。又有勒且谿水，出安夷縣東南勒且谿北，流逕安夷城東而北入湟水。湟水有勒且之名，疑即此號。又有承流谷水、達扶東西二谿水，期頓、谿谷二水，皆北流注湟。又有吐那孤、長門、來谷、乞斤、陽非、流谿、細谷、六谷、破羌川諸小水，左右翼注湟水，皆在今碾伯縣界，俱見水經注。

浩亹水。原出甘州府，南流，逕大通縣南，又東南逕碾伯縣東北至平番縣界，與湟水合。漢書地理志：浩亹縣，浩亹水出西塞外，東至允吾入湟水。顏師古注：「浩，音誥，水名。亹者，水流峽中，岸深若門也。今俗呼此水爲閤門河，蓋疾言之，浩爲閤耳。」水經注：閤門河，即浩亹河也，出西北塞外，東入塞，逕敦煌、酒泉、張掖南，又東南逕西平之鮮谷塞尉故城南，又東南與湛水合。水有二源，西水出白嶺下，東源發白岸谷，合爲一川，東南流至霧山，注閤門河。閤門河又東逕養女北山，東南左合南流川水，水出北山，南流入閤門河。河東逕浩亹縣故城南，又東流注於湟水。通典：浩亹河，在湟水縣西北，自吐蕃界流來。元和志：閤門水，經湟水縣東，去縣五十五里。朱思本河源記：浩亹河源自删丹縣南删丹山下，東南流七百餘里，注湟水。通志有大通河，在大通衛南五里，源出野狐山，東南流至碾伯縣響塘峽，行山峽中，經西大通堡，東南合西寧河，入黄河。即古浩亹河也。

車卜魯川渠。在西寧縣西北九十里，即北川水。分渠三十八，溉田七百七十八頃。又伯顔川渠，在縣西六十里，即西川水，分渠八十四，溉田一千二十八頃。那孩川渠，在縣西南五十里，即南川水，分渠四十八，溉田九百三十八頃。廣牧川渠，在縣北八十里，分渠三十八，溉田四百四十一頃。觀音堂溝，在縣東七十里，分渠有二，溉田一百三十八頃。又有哈剌只溝、把藏溝、西番溝，三渠皆在縣東。乞答其渠、李彦才溝渠、壤喫塔渠，皆在縣東南。古河渠、撒都兒溝渠，皆在縣東北。共溉田四百七十餘頃。又紅哈溝，在縣東北二百里，分渠七十八，溉田四百八十一頃。

周屯渠。在西寧縣貴德廳城東五十里，分支渠十四，溉田九百八十二段。又四十八户渠，在貴德城東南四里，分支渠十二，溉田二千一百八十一段。河東渠，在貴德城東五里，分支渠八，溉田七百一十段。劉屯渠，在貴德城西南三十里，分支渠六，溉田四百二十段。本朝乾隆六年開築。

水磨渠。在碾伯縣東三里，分支三，共溉田三百五十餘段。又縣東十里有羊官渠，十五里有石嘴渠，三十里有高廟渠，三十五里有長里渠，四十里有旱地灣渠，五十里有老鴉渠，又縣西二里有大古城渠、小古城渠，二十里有旱莊渠，四十里有硤口渠，又縣南五里有岡子堡渠，十里有岡子溝渠、湯官渠，二十里有姜家灣渠，又縣北八里有八里堡渠，四十里有勝番溝渠，又縣東南三十里有紅水渠，五十里有阿鸞渠，又縣西南七里有七里堡渠，二十里有深溝渠，三十里有馬哈喇渠、峯堆渠，四十里有高店堡渠，六十里有高店溝，又縣西北二十里有拏木只溝渠，三十里有迭爾溝渠，共溉田二萬四千餘段。

巴燕戎格渠。在碾伯縣擺羊戎廳境内。發源克見山，流一百三十里入黄河，溉田一千三百九十段。又青庫爾渠，發源車盆山，溉田九百五十四段。又上多巴渠，溉田四百二十三段。下流俱入黄河，俱在擺羊戎廳境内。

大河渠。在碾伯縣北。西寧河自峽口流入縣境，東至下川口。河之北岸，分渠十有六；河之南岸，分渠十有四。又有山南堡等渠，在縣東南古鄯城一帶，分渠有八，共溉田數千餘段。

東峽川渠。在大通縣南。又河東渠，在縣東十里。祁家渠，在縣東北九里。峽門堡渠，在縣南，分溉縣境之田。又縣西有多洛、遜讓、陽化、百勝四堡渠，極樂、雪溝、良教三堡渠，樵漁堡渠，縣東有濫泥、多隆、河家三堡渠，元墩、李家二堡渠，縣南有廟溝渠、東流堡渠、黄家寨渠、楊家寨渠、毛賀堡渠、新莊堡渠，永安、平路二堡渠，均分灌民田。

龍湫。在碾伯縣北一百二十里。有三池，曰金龍、響龍、黑龍，相去十餘里，旱禱有應。

五泉。在西寧縣西。水經注：泉發西平亭北，雁次相綴，東北流，至土樓南，北入湟水〔七〕。

湫泉。在西寧縣西十里。周三丈，其深莫測，沸涌有聲，旱禱輒應。

熱水泉。在貴德廳西南三十里巴伽山。水自地涌出，熱如沸湯。

校勘記

〔一〕在西寧衛東南一百七十里　「東」上原有「東」字，據乾隆志卷二〇七西寧府山川（下同卷簡稱乾隆志）删重。

〔二〕大業五年帝至西平　「至」，原脱，據乾隆志及隋書卷三煬帝紀補。

〔三〕長圍周亘二十里　「二十」，乾隆志同，隋書卷三煬帝紀作「二千」。

〔四〕在碾伯縣東南巴州堡　「東」，原作「界」，據乾隆志及雍正甘肅通志卷六山川改。

〔五〕逕析支之地　「析」，原作「柝」，乾隆志作「折」，據水經注卷二河水改。按，此析支即禹貢所謂「織皮崑崙、析支、渠搜」之析支。

〔六〕水經注河水逕邯川城南城之左右歷谷有二水　「水經注」，乾隆志無「注」字；「城南」下原有「注」字，乾隆志同。考戴震校水經注云：「『河水又東逕邯川城南』九字原本及近刻並訛作經。」乾隆志引水經注多承近刻誤本，故以上引九字爲水經之文，而以「城之左右」以下云云爲酈注之文。本志蓋參戴校，故於「水經」下添「注」字，卻忘删「城南」下之「注」字，致重出不倫。今因删。

〔七〕至土樓南北入湟水　「樓」，原作「數」，乾隆志同，據水經注卷二河水改。

大清一統志卷二百七十

西寧府二

古蹟

西平郡故城。今西寧縣治，本漢臨羌縣地。後漢末，析置西都縣，兼置西平郡。魏志：建安中，以杜畿爲護羌校尉，領西平太守。魏太和元年，西平麴英反，殺臨羌令。西都長遣將軍郝昭、鹿磐討斬之。十六國春秋：吕光大安二年，西平太守康寧自稱匈奴王〔一〕，阻兵不從。秃髮烏孤太初元年，自稱西平王。三年，以弟利鹿孤爲涼州牧，鎮西平。既而烏孤死，利鹿孤代立，遂居西平，更稱河西王。傉檀代立，還居樂都。永弘二年，沮渠蒙遜拔西平，執太守麴承。水經注：湟水逕西平城北，東城即故亭也。魏黄初中，立西平郡，憑倚故亭，增築南、西、北三城，以爲郡治。魏、周時，郡縣俱廢。隋爲湟水縣地。唐分置鄯城縣，屬鄯州。元和志：縣東至州一百二十里。儀鳳三年，分湟水縣置，北枕湟水，西即土樓山。通典：鄯城縣，漢西平郡，故城在西。舊唐書：上元二年，鄯州爲吐蕃所陷，所管鄯城三縣，屬河州，後亦廢。宋時謂之青唐城。吐蕃傳：有唃厮囉者，明道初，徙居青唐。景祐中，以爲保順軍節度留後。熙寧十年，改西平節度使。元符二年，王瞻取邈川，軍至青唐，隴拶出降，以爲鄯州。瞻尋棄青唐歸。崇寧三年，王厚復湟、鄯。地理志：是年改爲西寧州，後屬西夏。夏國傳：河外之州，有西寧、樂、廓。元史：太祖二十二年，伐西夏州〔二〕，破西寧。地理志：唐鄯州没吐蕃，號青唐城。宋改西寧州。元初爲章吉駙馬分地。至元二十三年，立西寧州等處拘権課程所。二十四年，封章吉爲寧濮郡王，以鎮其地。明統志：西寧廢州，在衛城西南。行都司志：自衛城西至南迤東約八里餘，乃西寧州古城。

安夷故城。在西寧縣東七十里。漢置，屬金城郡。後漢建初元年，安夷卑湳種羌殺安夷長宗延，以吴棠領護羌校尉，居安夷。二年，移居臨羌。晉屬西平郡，後廢。禿髮烏孤太初三年，以其弟利鹿孤鎮安夷，後魏廢。水經注：湟水東逕安夷縣故城北。城有東西二門，去西平亭東七十里。闞駰曰：「四十里。」

白土故城。在西寧縣東南。後漢置，屬金城郡。魏正始九年，叛羌遮塞屯河關、白土故城，據河拒官軍，刺史郭淮擊破之。晉仍屬金城郡。太和二年，張天錫討叛將李儼於隴西，使將軍張統分道出白土。義熙八年，西秦乞伏熾磐攻南涼三河太守吴陰於白土〔三〕，克之。水經注：河水東逕臨津城北、白土城南。闞駰十三州志：左南津六十里有白土城，在大河北，爲緣河濟渡處。後魏縣廢。唐大中五年，吐蕃叛將論恐熱出雞頂關，馮峡爲梁，擊鄯州帥尚婢婢於白土嶺。通鑑注：在鳳林縣西北，即白土縣之嶺也。

臨羌故城。在西寧縣西。漢置，屬金城郡。神爵初，趙充國討叛羌，欲屯田金城，奏言：「計度臨羌東至浩亹，羌人故田及公田，民未墾，可二十頃以上。」又言：「循河、湟漕穀至臨羌，以眎羌寇，揚威武。」後漢建初二年，傅育爲護羌校尉，自安夷移居臨羌。晉屬西平郡。水經注：湟水東逕臨羌縣故城北。又東逕臨羌新縣故城南。闞駰曰：「臨羌新縣在郡西一百八十里，湟水逕城南。城有東、西門，西北隅有子城。」又羌水東北逕臨羌城西。後魏縣廢。隋大業四年，吐谷渾爲鐵勒所破，走入西平境內求救。詔宇文述出西平迎之，述至臨羌，吐谷渾率衆西遁，即故縣也。

樂都故城。今碾伯縣治。漢神爵元年，趙充國討先零羌，自金城渡河，過四望陿，夜引兵上至落都。後漢永平元年，馬武擊燒當羌，至金城浩亹，與羌戰於洛都谷，爲羌所敗。東晉末，後涼吕光置洛都郡，蓋因山谷爲名也。隆安二年，涼樂都太守田瑶降於禿髮烏孤。三年，烏孤遂徙治於樂都，是爲南涼。元興二年，禿髮傉檀大城樂都。義熙十年，乞伏熾磐滅南涼，以謙屯爲涼州刺史，鎮樂都。十四年，以木奕干爲沙州刺史，鎮樂都。後入北涼，又没於吐谷渾。後魏時，置鄯州。隋書地理志：西平郡，舊置鄯州，治湟水縣，舊曰西都。後周置樂都郡。開皇初，郡廢。十八年，改曰湟水。元和志：鄯州，古西戎地。漢爲金城郡地。南涼秃髮烏孤徙都於此。後魏以西平郡爲鄯善鎮。孝昌二年，改鎮立鄯州。隋大業三年，罷州，復爲西平郡。隋亂，陷賊。唐武德二年討平薛舉，改置鄯州。東至蘭州府二百二十里，西至西海三百七十里，西南至廓州一百四十里，東北至涼州五百里。治湟水縣，本漢破羌縣地。舊唐書地理志：鄯州，治故樂都城。唐書：會昌中，吐蕃以尚婢婢爲鄯州節度使。大中五年，沙州刺史張義潮以鄯州來降。其後復爲番戎所隔。宋時，謂之邈川城。大中祥符七年，唃厮囉自宗哥城更徙邈川。元符二年，王瞻發兵取之，以爲湟州。宋史地理志：樂州，舊邈川城，建中靖國元年棄之。崇寧二年又復。三年，置倚郭縣，五年罷。大觀二年，加嚮德軍節度。宣和元年，改爲樂州。後屬西夏。元廢。行都司志：故樂都城在西寧衛東，碾伯堡西二里。二城相連，約三里。按：古西平郡有二治。魏、晉西平本漢臨羌縣地，唐爲鄯城縣，宋爲青唐城，置西寧州，即今府治也。隋西平乃漢破羌縣地，晉、宋時樂都，唐爲鄯州，宋爲邈川城，置樂州，即今碾伯縣也。參考水經注、元和志、舊唐志諸書可見。或混爲一地，誤。

浩亹故城。在碾伯縣東。漢置，屬金城郡，因浩亹水爲名。後漢建武十一年，諸種羌數萬，屯聚寇鈔，拒浩亹隘，隴西太守馬援擊破之。晉仍屬金城郡。太元二十一年，五龍見於浩亹，吕光以爲己瑞，改元龍飛。秃髮烏孤太初三年，使從叔吐若留鎮浩亹。後乞伏熾磐以王基爲晉興太守，鎮浩亹，皆即故縣也。水經注：閤門河東逕浩亹縣故城南。隋書地理志：湟水縣有舊浩亹縣，後周廢。元和志：浩亹故城，在廣武縣西南一百三十里。按：其地當在今碾伯縣東，接平番縣界，與西大通堡相近。

破羌故城。在碾伯縣西。漢書地理志：金城郡破羌縣，宣帝神爵二年置。後漢書馬援傳：建武十一年，援爲隴西太守時，朝臣以金城破羌之西塗遠多寇，議欲棄之。援上言：「破羌以西，城多完牢，易可依固。其田土肥壤，灌溉流通，如令羌在湟中則爲害不休，不可棄也。」帝從之。水經注：湟水東逕破羌縣故城南，城省南門。十三州志曰：「湟水河在南門前東過。」章懷太子曰：「破羌故城在今湟水縣西。」按：水經注破羌故城在樂都，而章懷云在湟水縣西，府志亦以爲在縣東五十里，其説不同。蓋二城相去不遠。

鮮谷塞故城。在大通縣西北，臨甘州府界。水經注閤門水逕西平之鮮谷塞，即此。

晉興廢郡。在碾伯縣東南。十六國春秋：永嘉五年，張軌表分西平界置晉興郡，統晉興、枹罕、永固、臨津、臨鄣、廣昌、大夏、遂興、罕唐、左南等縣。咸康元年，張駿分晉興郡屬涼州。乞伏乾歸太初十三年，降於利鹿孤，鹿孤迎之，置於晉興。後魏廢。按：水經注：「湟水東南逕小晉興城北，故郡尉治。闞駰曰：允吾縣西四十里有小晉興城。」蓋即晉興郡治之晉興縣。其曰小晉興者，猶沛郡之沛縣爲小沛也。又太元十年，後涼呂光將尉祐以允吾叛，敗奔興城。通鑑注：「城在允谷之西，白土之東。」疑即小晉興也。

湟河廢郡。在碾伯縣東南。前涼置。十六國春秋：咸康元年，張駿分湟河郡屬涼州。南涼秃髮烏孤太初二年，敗梁饑於西平，湟河太守張稠以郡降。夏赫連昌承光二年，伐西秦，攻其沙州刺史出連虔於湟河，不克。寰宇記：廓州即西平南界，前涼以其地爲湟河郡，後爲羌所陷。舊志：水經注河水北逕黄河城南，西北去西平二百七十里，或曰即湟河之譌也。

廢廓州。在西寧縣東南。本漢西羌所居石城地。後漢書：延熹二年，護羌校尉段熲分兵討石城羌，斬首溺死者千六百人。水經注：河水東逕石城南，昔段熲擊羌於石城，即此。隋書地理志：西平郡統化隆縣。後魏曰廣威，西魏置澆河郡，後周廢郡。仁壽初，改爲化隆。元和志：後周於達化縣界澆河故城置廓州。隋亂陷賊。唐武德二年，西土平定，改置廓州。乾元元年，陷於西番。寰宇記：廓州，唐天寶元年，改寧塞郡。乾元元年，復爲廓州。西至積石軍一百八十里，北至鄯州一百八十里，東南至鳳林縣二百八十里，東北至龍支縣二百九十里，西北至鄯城縣二百八十里。理廣威縣，本後魏石城縣。周地圖云：後魏景明二年，置石城縣。廢帝二年，因縣内有化隆谷，改爲化隆縣。唐先天元年，改爲化成縣，以避諱故也。天寶初，改爲廣威。宋史地理志：元符二年，以廓州爲寧塞城。崇寧三年棄之，是年收復，仍爲廓州城，下置一縣。五年罷。東至寧塞砦十七里，西至同波北堡不及里，南至黄河不及里，北至膚公城界十五里。

貴德廢州。在西寧縣，即今貴德廳治。元置吐蕃等處宣慰司。明置歸德所。潘昂霄河源録：崑崙山向東北行半月，至貴德州，地名必赤里〔四〕，始有州治官府〔五〕，明永樂初改建歸德所。又數日，至積石州。舊志：河州西至老鴉關九十里，又西至起臺堡一百五十里，又西至保安堡二百八十里，又西至歸德所三百里，又西至關門番帳草地界八十里。本朝乾隆四十七年，改歸德爲貴德。

米川廢縣。在西寧縣東南。元和志：米川縣西至廓州一百里，前涼張天錫於此置邯川城。後魏孝昌二年，於城置廣威縣。貞觀十年，於本縣東一百二十里黄河南岸置米川縣，屬河州。永徽六年，移於河北，屬廓州。宋史地理志：廓州米川，沿河西至廓州六十里。過河取正路至結囉城，約三程。本城至廓州約三十餘里。

達化廢縣。在西寧縣南。隋書地理志：澆河郡統達化縣。後周置達化郡。開皇初，郡廢，併綏遠縣入焉。元和志：縣東至廓州三十里。後周置郡并縣。開皇十三年，罷郡廨，即今縣是也。寰宇記：達化縣，後周建德五年置。

左南廢縣。在碾伯縣東南。晉永嘉中，張軌置，屬晉興郡。後魏廢。水經注：河水逕左南城南。十三州志曰：石城西一百四十里有左南城，津亦取名焉。

龍支廢縣。在碾伯縣南。十六國春秋：南涼秃髮烏孤太初二年，破羌酋梁饑於西平，饑退屯龍支堡，烏孤進攻拔之，饑奔澆河。隋書地理志：枹罕郡統龍支縣。後魏曰北金城，西魏改焉。元和志：龍支縣北至鄯州一百三十五里，本漢允吾縣地。後魏初置金城縣，廢帝二年改名。縣西南有龍支谷，因取爲名。

長寧舊縣。在西寧縣西北。本漢臨羌縣地。晉置，屬西平郡。永嘉五年，張寔討曹祛於西平，自姑藏西南出石驢，據長寧，即此。後魏廢。水經注：長寧水南逕長寧亭東。城有東、西門〔六〕，東北隅有金城。在西平西北四十里。十三州志曰六十里，遠矣。

宗哥城。在西寧縣東。宋史：景德中，吐蕃宗哥僧李立遵略取唃厮囉，如廓州，尊立之，居宗哥城。其城東北至西涼府五百里，東至蘭州府三百里，南至河州四百十五里。地理志：西寧州領龍支城，舊宗哥城，元符二年改今名，尋棄之。崇寧三年收復。按：古龍支有三：漢龍者，在今府西，即西海郡；隋、唐龍支，在今府南，近黄河；宋龍支，在今府東，乃舊宗哥城。或混爲一，誤。

臨蕃城。在西寧縣西。唐書地理志：河源軍西六十里有臨蕃城，又西六十里有白水軍、綏戎城，又西南六十里有定戎城。

寧西城。在西寧縣西。宋史地理志：西寧州西四十里至寧西城，舊名林金城。崇寧三年改名。

宣威城。在西寧縣北。宋史地理志：西寧州北五十里至宣威城，舊名氂牛城〔七〕。崇寧三年改名。南至西寧州界二十五里。

廉川城。在碾伯縣東，近莊浪界。晋太元二十年，鮮卑禿髮烏孤擊降乙弗、折掘等部，築湟中廉川堡居之〔八〕。隆安三年，烏孤從樂都，使從弟洛回鎮廉川。後廢。

合川城。在碾伯縣南。元和志：合川郡守捉在鄯州南一百八十里，貞觀中侯君集置。又綏和守捉在州西南二百五十里，開元二年郭知運置。

來賓城。在碾伯縣西南。宋史地理志：樂州領來賓城，舊名乩當川，崇寧三年賜名。南至黄河十里，北至安隴砦七十里。舊志：在廢樂州西南一百十里。

膚公城。在西寧縣西南，廢廓州東北。宋史地理志：廓州領膚公城〔九〕，舊名結囉城，崇寧三年收復，後改今名。王厚云：結囉城至廓州約三十餘里，東至來賓城界一百三里，西至懷和砦界五十七里，南至同波北堡界一十三里，北至綏平堡界二十五里〔一〇〕。

震武城。在碾伯縣北大通縣界。宋史：政和五年，童貫遣熙河經略劉法將兵出湟州，與夏右厢軍戰於古骨龍〔一一〕，大敗之。地理志：政和六年，進築古骨龍城，賜名震武城。未幾，改爲軍。元屬湟州，有通濟橋，本震武城浮橋。又善治堡，本通濟橋堡；大同堡，本古骨龍應接堡，皆政和六年賜名。又有德通城，本瞎令古城，石門堡，在瞎令古城北，地名石門子，皆政和七年賜名。又宋史：政和六年，劉法、劉仲武合熙、秦之師十萬，攻夏仁多泉城，降而屠之。舊志：城在西寧衛北一百七十里。

河源軍。在西寧縣東。元和志：在鄯州西一百二十里。儀鳳二年，郎將李乙支置。又安人軍，在河源軍西一百二十里星宿川〔一二〕，開元七年郭知運置，寶應元年没於吐蕃。

寧邊軍〔一三〕。在西寧縣南故廓州西。元和志：寧邊軍在積石軍西，黄河北。又威勝軍，在積石軍西八十里宛肅城。並天寶十三載哥舒翰置。寶應元年没於吐蕃。

白水軍〔一四〕。在大通縣南。元和志：在鄯州西北二百三十里，開元五年郭知運置。又威戎軍，在州西北三百五十里，開元二十六年杜希望置。寶應元年没於吐蕃。

保塞砦。在西寧縣東。宋史地理志：舊名安兒城，崇寧三年收復，賜名。東至龍支城界二十二里，西至西寧州界三十里。

寧塞砦〔一五〕。在西寧縣東南。宋史地理志：寧塞砦，東至河北堡四十五里，西至廓州巡檢界十三里，南至黄河十五里，北至龍支城五十里。又綏平堡，舊名保敦谷。崇寧三年興築，賜名。東至保塞砦界二十里，北至保塞砦十七里。同波堡，東至廓州巡檢界二十里，南至黄河不及里，北至膚公城十五里。三砦堡皆屬廓州。

綏邊砦。在西寧縣北。宋史地理志：舊名宗谷，崇寧三年建築，後改今名。南至西寧州界三十二里〔一六〕。又制羌砦，地名乩氈嶺，政和八年賜名。皆屬西寧州。

清平砦。在西寧縣。宋史地理志：舊名溪蘭宗堡，崇寧三年賜名。北至西寧州界二十五里。又懷和砦，舊名丁令谷，崇寧三年置，賜名。東至廓州界八十五里〔一七〕，北至清平砦界二十五里。

通湟砦。在碾伯縣東。宋史地理志：通湟砦，故囉吼抹通城。元符二年收復，三年賜名。東至通川堡四十里，西至湟州三十五里，南至安隴砦二十五里，北至臨宗砦界六十里。別見「蘭州」。又寧洮砦，故瓦吹砦，元符二年收復，三年賜名。東至通湟砦四十五里，西至來賓城十七里，南至來賓城二十里，北至安隴砦十七里。安隴砦，故隴朱黑城，元符二年收復，三年賜名。東至赤沙嶺三十里，西至麻宗山腳二十五里，南至鞏藏嶺三十五里，北至湟州四十五里。德固砦，舊名勝鐸谷，崇寧三年築五百步城，後賜名。東至綏遠關十里。臨宗砦，崇寧三年賜名。南至湟州分界二十一里。皆屬湟州。

安川堡。在西寧縣東。宋史地理志：安川堡，故廳哥堡，在巴金嶺上，元符二年收復，三年賜名。東至湟州界七十里，西至來賓城界四十里，南至安鄉關三十里。又寧川堡、南宗堡，俱元符二年收復。峽口堡，崇寧二年收復，屬湟州。

虎臺。在西寧縣西五里，臺有九層，高九丈八尺，相傳禿髮傉檀所築。

關隘

綏遠關。在碾伯縣西。宋史地理志：舊名灑金平，崇寧二年建築，賜名。東至湟州二十里。明史地理志：西寧衛東南有綏遠關。

邊牆。在歸德廳西南。自煖泉溝北至黄河南岸，長八里，有閘門一。明洪武七年築。又有官田墩，在廳東。又東二十里爲馬廠墩。寺角觜墩，在廳南五里。又南十五里爲王屯墩，二十里爲周屯墩。石波在廳西三里，又西五里爲上河墩，四里爲山墩，三里爲煖泉墩，十五里爲煙洞墩，二十里爲撒通墩，俱設兵防汛。

南川閘門。在西寧縣西南四十里，有東西二門，相去五里。又小班沙閘門，在縣西南五十里；大班沙閘門，在縣西南六十里；頁峽閘門，在縣西六十里；喇顆閘門，在縣西八十里；小山峽閘門，在縣西北六十五里；北川東、西閘門，在縣北七十餘里；威遠闇門，在縣東北一百里。

巴燕戎格廳。在府東南一百八十里，碾伯縣西南一百二十里，城周二里有奇。本朝乾隆三年築，設遊擊駐防。其地番回雜居，水草豐美，可墾荒地四十餘里。九年，增設通判分理。

丹噶爾城。在西寧縣西九十里，周七百七十丈。本朝雍正五年築，設參將駐防。乾隆九年，增設主簿。其路逼西藏，地通青海，兼爲番人交易之所。

貴德營。在府南二百二十里。元至元中，置貴德州，屬吐蕃宣慰司，後廢。明洪武三年，置歸德所，屬河州衛。本朝初因之。順治六年，設守備駐防。雍正四年，改隸臨洮府。十一年，設都司。乾隆三年，裁入西寧縣。二十六年，改設縣丞分理。三十九年，改都司，設遊擊。四十七年，改歸德爲貴德。五十七年，裁縣丞，設同知。

南川營。在西寧縣南五十里，舊名伏羌堡。明嘉靖十四年築城，周三里有奇。南去闇門、邊牆三十里。本朝初設守備，今改都司。

鎮海營。在西寧縣西五十里，西去石峽邊牆二十里。明嘉靖十三年築城，周二里有奇。本朝設參將鎮守，兼轄南川營。乾隆四十七年，改設遊擊。又鎮海堡，在西寧縣西川地方，有守備駐防。

哈拉庫圖爾營。在西寧縣西一百五十里，城周二百二十八丈。本朝乾隆四年築，其地倚日月山，爲商旅要區。舊設守備駐防，今改設千總。

北川營。在西寧縣北六十里，舊名永安堡，城周三里，北至闇門、邊牆十里。本朝設遊擊駐防。乾隆二十六年，歸大通縣屬。三十九年，改設都司。

喇課營。在西寧縣西北八十里，城周一百八十餘丈。本朝雍正十一年築，設千總。

亦雜石營。駐西寧縣，距府城二百二十里，有千總防守。

巴暖三川營。在碾伯縣東南。舊名古鄯堡，在西寧衛東南一百六十里。南去河州長寧驛一百里，城周二里有奇。本朝設守備駐守。

永安營。在大通縣西。地名溯爾兔。本朝雍正五年築城，周六百丈。設遊擊駐守。西北有沙金城，亦設官兵防汛。

大通營。在大通縣北一百二十里。本朝雍正二年置。城周六里。初設總兵駐防，兼轄白塔、永安二營。尋改副將，屬西寧鎮轄。

白塔營。駐大通縣，建土城，周九百五十四丈，有都司防守。

康家寨。在貴德廳東一百七十里，逼近番夷。本朝雍正五年設千總防守，城周一百二十丈。乾隆五年築。又貴德城西十里有下闇門，十五里有上闇門，又東有下河墩塘、下馬廠墩塘、煖泉墩塘、革初墩塘、李家峽墩塘、洞口墩塘，俱連界青海，番戎住牧之處，有兵防守。又瓦家堡、乜家堡，皆有外委駐防。

扎什巴堡。在西寧縣東南一百六十里，城周一百四十丈。本朝乾隆四年築，設千總駐防。

威遠堡。在西寧縣東北八十里，北至闇門、邊牆二十里，明嘉靖十四年築，城周三里有奇。本朝初設守備，今改都司。

千户莊堡。駐西寧縣，距府城一百里，有把總防守。

老鴉堡。在碾伯縣東五十里，城周三百八十步，有把總防守。

巴州堡。在碾伯縣東北，南去老鴉堡八十里。

冰溝堡。在碾伯縣東北九十里，東去莊浪所西大通營四十里。城周一百八十步，有把總防守。

甘都堂堡。駐巴燕戎格廳，距西寧府城二百四十里。本朝設千總防守。

乩思觀堡。駐巴燕戎格廳，距西寧府城九十里，有把總防守。

黑石頭堡。在大通縣西一百三十里，有把總防守。

在城驛。在西寧縣城東隅，明置，曰西寧驛。東至平戎驛七十里，南至歸德廳驛一百三十里，北至大通縣向陽驛一百三十二里。

平戎驛。在西寧縣東七十里平戎堡，東至碾伯縣六十里，南至巴燕戎驛一百二十里。舊有驛丞，本朝乾隆二十年裁歸知縣管理。

嘉順驛。在碾伯縣城内，東至老鴉驛五十里，西至西寧縣平戎驛六十里。

老鴉驛。在碾伯縣東老鴉堡。又東四十里爲冰溝驛，東至涼州府平番縣西大通驛五十里。二驛舊有驛丞，本朝乾隆三年裁歸知縣管理。

巴州驛。在碾伯縣東南巴州堡，北至冰溝驛七十里。又南六十里古鄯堡有古鄯驛，皆碾伯縣管理。

長安驛。在府治北大通縣境。本朝乾隆元年設，歸守備管理。

津梁

暖泉橋。在府城南門外。

那孩川橋。在府西。又西二里有伯顔川橋，又南川河橋、西川河橋，俱在城西。

惠民橋。在府西北里許。

西寧河橋。在府城北百步，跨湟水〔一八〕。又通津橋，在城東關。

柴家橋。在府東北二里。

水磨川橋。在碾伯縣東三里勝番溝口。又上川口橋，在縣東一百二十里。

大通河橋。在大通縣南五里。又白塔河橋，在縣西南一百四十五里，俱新建。

陵墓

晉

南涼秃髮利鹿孤墓。在西寧縣東南。十六國春秋：晉元興元年，葬於西平之東南。

祠廟

崑崙山祠。在西寧縣西北塞外。漢書地理志：臨羌西北塞外有西王母石室、崑崙山祠。

金山祠。在西寧縣西北一百二十里。明洪武二十六年建。

忠節祠。在府城東，祀漢將軍趙充國以下歷代有功湟中者。明嘉靖中建，今移入府學。

聖姥廟。在大通縣東三十里向陽堡聖姥山。

寺觀

梵宗寺。在西寧縣西川邊外二十七里，舊名塔爾寺，爲喇嘛所居。本朝康熙間賜「浄土津梁」扁額。乾隆十四年敕重建，賜名法海寺，又賜今名，及御書「闡宗演慶」額。

廣慧寺。在西寧縣北一百三十里，舊名爾郭隆寺。本朝雍正四年賜額佑寧寺。乾隆十四年御書「真如權應」扁額。三十五年，賜今名。

廣教寺。在大通縣東六十里，舊名朝藏寺。本朝乾隆二十九年章嘉胡圖克圖建。三十年賜今額，并賜「祥輪永護」扁額。

法浄寺。在府城南一百四十里，舊名沙沖寺。本朝乾隆五十三年賜名今額。

名宦

漢

傅育。北地人。顯宗初，爲臨羌長。與捕虜將軍馬武等擊羌滇吾，功冠諸軍。後爲護羌校尉，追擊叛羌，戰歿。

晉

竇允。始平人。武帝時，除浩亹長。勤於爲政，勸課田蠶，平均調役，百姓賴之。

馬隆。東平平陸人。太康初，朝廷以西平荒毁，除隆爲太守。時南虜成奚每爲邊患，隆進兵擊破之。積十餘年，威信著於隴右。後以年老徵，氐羌聚結，百姓驚懼。朝廷恐關隴復擾，乃遣隆復職。卒於官。

隋

楊達。高祖族子。開皇中，爲鄯州刺史，有能名。

慕容三藏。燕人。開皇十二年，授廓州刺史。州極西界與吐谷渾接，犯法者皆遷配彼州，流人多有逃逸。及三藏至，招納撫綏，襁負日至，吏民歌頌之。

唐

黑齒常之。百濟西部人。高宗時，爲河源軍副使。調露中，吐蕃使贊婆等入寇，常之引精騎三千夜襲其軍，贊婆單騎遁。即拜河源道經略大使。因建言河源當賊衝，宜增兵鎮守，而運饟須廣，乃斥地置烽七十所，墾田五千頃，歲收粟斛百餘萬。由是食衍士精，戍邏有備。凡涖軍七年，吐蕃憺畏，不敢盜邊。

婁師德。鄭州原武人。上元中，爲河源軍司馬。與吐蕃戰白水澗，八戰八克。後爲河、蘭、鄯、廓州檢校。

郭知運。瓜州晉昌人。明皇時，爲隴右諸軍節度大使、鄯州都督兼經略使。開元五年，大破吐蕃，獻俘京師。明年，復出將輕兵丙夜至九曲，獲精甲、名馬、犛牛甚衆。知運屯西方，戎夷畏憚，與王君㚟功名略等，時號「王郭」。

哥舒翰。安西人。爲隴右節度副大使。築神威軍青海上。吐蕃攻破之，更築於龍駒島。有白龍見，因號應龍城。翰相其川原宜畜牧，謫罪人二千戍之，由是吐蕃不敢近青海。天寶八載，翰攻石堡城，下之，遂以赤嶺爲西塞，開屯田，備軍實。

杜希望。萬年人。明皇時，拜鄯州都督、知留後。時吐蕃攻勃律，勃律乞歸。希望馳傳度隴，破烏莽衆，斬千餘級，進拔新城，振旅而還，置鎮西軍。時軍屢興，府庫虛寡，希望居數歲，芻粟金帛豐餘。宦者牛仙童行邊，或勸結其歡，答曰：「以貨藩身，吾不忍。」仙童還，奏希望不職，左遷恒州刺史。

宋

何灌。開封祥符人。爲廓州防禦使。金兵圍汴時，灌控守西隅，背城拒戰，被槍，歿於陣。

劉仲武。秦州成紀人。徽宗時，爲西寧都護。童貫招誘羌王子臧征樸格〔一九〕，收積石軍，邀仲武計事。仲武曰：「王師入，羌必降；或退伏巢穴，可乘其便。但河橋功力大，非倉猝可成，緩急要預辦耳。」貫許以便宜。樸格果約降，河橋亦成。貫掩其功，仲武亦不自言。徽宗召仲武勞之，官其九子。「樸格」舊作「僕哥」，今改。

趙隆。秦州成紀人。徽宗時，知西寧州，充隴右都護。羌豪信服，十二種户三萬六千願比内地。帥劉法西討，隆以奇兵襲羌，羌潰，城震武。

明

李達。永樂初，以都指揮使帥師破西寧申臧諸番，生縶其魁，進都督僉事。

李英。西番人。永樂中，爲西寧都指揮僉事。番僧張達爾瑪者通譯書，成祖授以左覺義，居西寧。恣甚，納逋逃，交通外域，肆惡十餘年。英發其事，磔死，西陲快之。中官喬來喜等使西域，道安定、曲先，遇賊見殺，掠所齎金帛。仁宗敕英進討，俘獲甚衆。其王桑爾結沙克佳等詣闕謝罪。宣宗嘉英功，擢左都督，封伯爵。「張達爾瑪」舊作「張答里麻」，「桑爾結沙克佳」舊作「桑爾加失夾」，今並改。

史昭。合肥人。永樂末，以都指揮僉事鎮西寧。仁宗，立進都督僉事，上言：「西寧俗鄙悍，請設學校。」報可。宣德初，昭以衛軍守禦，不暇屯種，其家屬願力田者七百餘人，請俾耕藝，收其賦以足軍食。從之。尋討曲先，擒其黨，獲馬駝牛羊三十餘萬，威震塞外。璽書慰勞，賞賚加等。

本朝

楊宗仁。歷西寧道。在任振頹剔弊，賢聲著聞。乾隆九年奉旨入祀賢良祠。

人物

三國　魏

郭憲。西平人。建安中，爲郡功曹，以仁篤爲一郡所歸。

源賀。樂都人。河西王傉檀之子。傉檀爲乞伏熾磐所滅，賀自樂都奔魏。太武見而器之，謂曰：「卿與朕同源，今可爲源氏。」太武征涼州，以賀爲嚮導，以功進爵西平公。屢從征有功，拜殿中尚書。文成即位，進爵西平王，出爲冀州刺史，改封隴西。勸帝宥死刑，徙充諸戍，所活甚衆。及獻文將傳位於京兆王子推，賀執不可，即詔持節奉璽綬以授孝文。尋上書乞骸骨。朝有大議，皆就詢訪。卒，贈侍中太尉，謚曰宣。

源延。賀長子。性謹厚好學。初以功臣子拜侍御中散，賜爵武城子，西治都將〔二〇〕。卒，贈涼州刺史、廣武侯，謚曰簡。

源懷。延弟。謙恭寬雅，有大度。文成末，爲侍御中散。賀辭老，詔受父爵，督諸屯於漠南。蠕蠕甚憚之。景明中，詔巡行北邊六鎮，恒、燕、朔三州。賑給貧乏，考論殿最，劾免貪穢，奉公不撓。百姓爲豪强陵壓，積年枉滯，一朝見申者，日有百數。所上事宜便於北邊者，凡四十餘條，皆見嘉納。正始初，有告蠕蠕南寇，詔懷加使持節、侍中，出據北蕃，指授規略。懷至雲中，蠕蠕亡遁。乃按視諸鎮左右要害之地，築城置戍，及儲糧積仗之宜。凡表五十八條，宣武並從之。卒，贈司徒公，謚曰惠。

源子雍。懷子。少好文雅，篤志於學。累遷夏州刺史。時沃野鎮人破落汗拔陵爲亂，統萬逆徒與相應接，城中糧盡。子雍率羸弱向東夏運糧，爲朔方胡帥所執，爲陳安危禍福之端。胡帥隨子雍降，遂請兵討平東夏，運糧統萬。於是二夏漸安。及蕭寶寅等爲賊所敗，關右騷擾，子雍屢擊破之。累除給事黄門侍郎，封樂平縣公。卒，贈司空，謚莊穆。

隋

源雄。樂都人。父纂爲高氏所誅，變姓名，西歸長安。周太祖見而器之。從武帝伐齊，以功授開府、朔方郡公、檢校徐州總管。高祖爲丞相，尉遲迥作亂，時雄家累在相州，迥以書誘之，雄卒不顧。迥遣將陷昌慮、下邑，雄討平之。累遷朔州總管。伐陳之役，爲行軍總管。陳平，進上柱國。子崇，官儀同。大業中，將兵討北海賊，力戰而死，贈正議大夫。

元

劉容。其先西寧青海人。父海川徙雲京。容幼穎悟，喜讀書。中統初，入侍皇太子於東宫。每退直，即詣國子祭酒許衡，衡亦與進之。至元七年，世祖駐蹕鎮海，聞容知吏事，命權中書省掾，以忠直稱。奉使江西，撫慰新附之民，或勸其頗受送遺，歸賂權貴，可立致榮寵。容曰：「剥民以自利，吾心何安？」使還，惟載書籍數車獻之。終廣平路總管。

明

柴國柱。西寧衛人。萬曆中，由世廕歷西寧守備。擊寇南川，摧鋒陷陣，勇冠一軍。寇挾憤益侵邊，每爲國柱所挫。屢進涼州副總兵，數擊賊有功，擢署都督僉事、陝西總兵官，調甘肅，加右都督。後罷官，召僉書都督府事。尋代杜松鎮山海關，尋移鎮瀋陽。天啓初，追録邊功，加左都督。卒，賜䘏如制。

本朝

馬進良。西寧人。技勇過人，從討吴三桂，積功累擢古北口總兵。從征噶爾丹有功，進提督。以老乞歸。卒，謚襄毅。

包進忠。西寧人。官西寧鎮總兵。韜鈐出衆，智勇絶倫，惠周鄉里，德服苗蠻。乾隆三十一年，奉旨入祀鄉賢祠。

李良吉。西寧人。母死，廬墓三年，居喪有禮，鄉人化之。乾隆十三年旌。

張達。西寧人。父患目疾，達陰刺背取血塗之，目疾遂愈。父母歿，晝夜號泣，廬於墓次。一夕，有四白狼跑哮於廬側，見達，掉尾而去，鄉人以爲孝德所格。乾隆二十九年旌。

陳焕聲。大通人。七世同居，一鄉稱孝。乾隆三十九年旌。

唐洪倫。西寧人。年一百七歲，五世同堂。嘉慶十五年旌。

列女

明

陳良策母孫氏。甘州人，居西寧。能以大義教其子。崇禎末，流寇入西寧，氏投井死。

李舒妻張氏。西寧人。崇禎末，流寇入室，氏恐受污，投繯自盡。長子永福妻張氏、次子永禄妻張氏，均夫亡守節，撫孤成立。

本朝

郭榮祖妻鄒氏。西寧人。夫亡守節，撫孤成立。同邑烈女賈洪基女，許字周琦，未嫁而琦死。欲奔喪，父母不許。水漿不入口者七日，乘間自縊死。均順治年間旌。

李芝玉妻何氏。西寧人。夫亡守節。同邑賈多凝妻嚴氏、郝麟妻張氏、馬雲妻馬氏、張天德妻李氏、媳張氏、晁雲秀妻李氏，均夫亡守節。

賈涵珍妻崔氏。西寧人。夫亡，絶食求死。殯夫之夜，投井自盡。

張進東妻程氏。西寧人。夫亡守節。乾隆二年旌。又同縣節婦馬有智妻楊氏、甄芝會妻馬氏、張廣均妻劉氏、田玢如妻郭氏、李標妻閻氏、杜成時妻賈氏、蒲俊鼎妻楊氏、陸大爵妻趙氏、李綱妻祁氏、盧繼妻李氏、李彭妻張氏、樊增誎妻吕氏、宋奇士妻任氏、沈養禄妻潘氏、牛呈冑妻張氏、趙裔振妻楊氏、田世爵妻王氏、生員趙裔錦妻譚氏、王應福妻蕭氏、楊秀妻李氏、張榮妻劉氏、錢國鎮妻答氏、焦有仁妻郭氏、朱洪誥妻陳氏、監生魏文灝妻張氏、陳語禮妻熊氏、熊應新妻莫氏、張之桂妻王氏、張兆鵬妻任氏、嚴大斌妻趙氏、樊經魁妻祁氏、劉國券妻張氏、監生祁太濟妻甘氏、陶進義妻馬氏、嚴大振妻李氏、李萬敖妻朱氏、郭亨治妻婁氏、莫遜堯妻李氏、李大方妻鐵氏、趙宗魏妻巨氏、李天才妻鐵氏、生員沈占元妻祁氏、任師啓妻樊氏、杜俊妻史氏、生員張玉連妻孫氏、監生趙邦世妻陳氏、程贈妻閻氏、史華秀妻李氏、史中學妻李氏、都文通妻星氏、蘇可德妻李氏、張玉璣妻李氏、程肇麟妻張氏、賈維周妻李氏、達永魁妻包氏、褚錦章妻趙氏、廪生楊殿魁妻趙氏、楊殿元妻趙氏、貢生張宗政妻徐氏、汪榮遠妻李氏、宋魁妻李氏，又烈女陳國永之女，俱乾隆年間旌。

蔡文科妻王氏。西寧人。夫亡守節。同邑節婦郭起舉妻賈氏、廪生劉成溎妻何氏、井大興妻喇氏、渭清妻任氏、魏良科妻劉氏、劉朝印妻李氏、井大利妻莫氏、李德妻張氏、李興成妻張氏、李印妻程氏、馬昇妻胡氏、廪生馬獻圖妻顔氏、馬武圖妻王氏、陳福妻包氏、馬騰渭妻吴氏、羅壽俊妻李氏、嚴守誠妻浦氏，俱嘉慶年間旌。

袁瑜妻李氏。碾伯人。夫亡守節。乾隆二年旌。又同邑節婦冷復泰妻許氏、冉國祉妻王氏、翟汝楫妻吴氏、范必榮妻何氏、董期昌妻楊氏、韓三忠妻張氏、李桂春妻馬氏、李洪春妻韓氏，俱乾隆年間旌。

楊文章妻張氏。碾伯人。夫亡守節。嘉慶十六年旌。

胡淵妻孫氏。大通人。夫亡守節。乾隆二十八年旌。

宋硯妻賀氏。大通人。夫亡守節。同邑節婦宋懷璽妻劉氏，均嘉慶二十一年旌。

仙釋

晋

曇霍。不知何許人。秃髪傉檀時，持一錫杖，從河南來，言人死生富貴，無毫釐之差。後不知所在。

土産

麩金。元和志：廓州貢。

褐。元和志：鄯州貢。

犛犀角。唐書地理志：鄯州貢。

羚羊角。元和志：鄯州貢。

馬雞。明統志：觜脚紅，羽毛青緑。

山雞。

野馬。皮可爲裘。

牛。明統志：野牛大者重千斤，犛牛尾可作纓。犏牛力能載重。

羊。明統志：羱羊，大者重百斤，角環盤。洮羊尾如鹿。以上俱西寧縣出。

麝香。元和志：廓州貢。

酥。唐書地理志：廓州貢。

戎鹽。元和志：廓州貢。

大黄。元和志：廓州貢。

校勘記

〔一〕西平太守康寧自稱匈奴王　「寧」，原作「凝」，據乾隆志卷二〇七西寧府古蹟及十六國春秋卷八一後涼録改。按，本志避清宣宗諱改字。

〔二〕太祖二十二年伐西夏州　「西夏州」，乾隆志作「夏西州」，疑當作「西夏」，「州」字不必出，蓋衍文。

〔三〕西秦乞伏熾磐攻南涼三河太守吴陰於白土　「三河」，原作「三吴」，乾隆志同，據資治通鑑卷一一六晉紀及十六國春秋卷八九南涼録改。

〔四〕地名必赤里　「必赤里」，乾隆志同，潘昂霄河源志作「必齊勒」。按，蓋清改譯。

〔五〕始有州治官府　「治」，原作「台」，據乾隆志及雍正甘肅通志卷四七藝文引潘昂霄窮河源記改。按，今傳河源志作「事」，州事即州府聽事之所。

〔六〕城有東西門　「西門」，原作「門西」，據乾隆志及水經注卷二河水乙。

〔七〕舊名氂牛城　「氂」，乾隆志同，雍正甘肅通志卷二三古蹟作「犛」，讀史方輿紀要卷六四陝西作「牦」，宋史卷八七地理志作「犛」。

〔八〕築湟中廉川堡居之　「居」，乾隆志同，雍正甘肅通志卷二三古蹟、讀史方輿紀要卷六四陝西及晉書卷一二六禿髮烏孤載記皆作「都」。

〔九〕廓州領膚公城　「領」，原在「膚」字下，據乾隆志及宋史卷八七地理志乙。

〔一〇〕北至綏平堡界二十五里　「綏」，原作「緩」，據乾隆志及宋史卷八七地理志改。

〔一一〕與夏右廂軍戰於古骨龍　「廂」，原作「廟」，據乾隆志及宋史卷四八六夏國傳改。

〔一二〕又安人軍在河源軍西一百二十里星宿川　「人」，原作「仁」，據乾隆志及元和郡縣志卷三九隴右道改。

〔一三〕寧邊軍　「寧」，原作「靖」，據乾隆志及元和郡縣志卷三九隴右道改。按，本志避清宣宗諱改字，今改回，下同。

〔一四〕白水軍　「水」，原作「泉」，乾隆志同，據元和郡縣志卷三九隴右道及舊唐書卷三八地理志改。

〔一五〕寧塞砦　「寧」，原作「臨」，據乾隆志及宋史卷八七地理志改。按，本志避清宣宗諱改字。

〔一六〕南至西寧州界三十二里　「三十二」，原作「二十二」，乾隆志同，據宋史卷八七地理志改。

〔一七〕東至廓州界八十五里　「五」，原作「三」，據乾隆志及宋史卷八七地理志改。

〔一八〕在府城北百步跨湟水　「百步跨湟水」，原錯置下文「通津橋」下，據乾隆志移正。

〔一九〕童貫招誘羌王子臧征樸格　「子」，原作「人」，據乾隆志及宋史卷三五〇劉仲武傳改。

〔二〇〕賜爵武城子西治都將　乾隆志同。按，「武城子」，魏書卷四一源賀傳附傳同，北史卷二八源賀傳附傳作「廣武子」，不同。「西治都將」，「治」當作「冶」，中華書局校點本魏書源賀傳據隋書卷二七百官志中北齊太府寺所統有「諸冶東道」及「諸冶西道」諸局（乃鑄冶機構），改「治」爲「冶」，是。

鎮西府圖

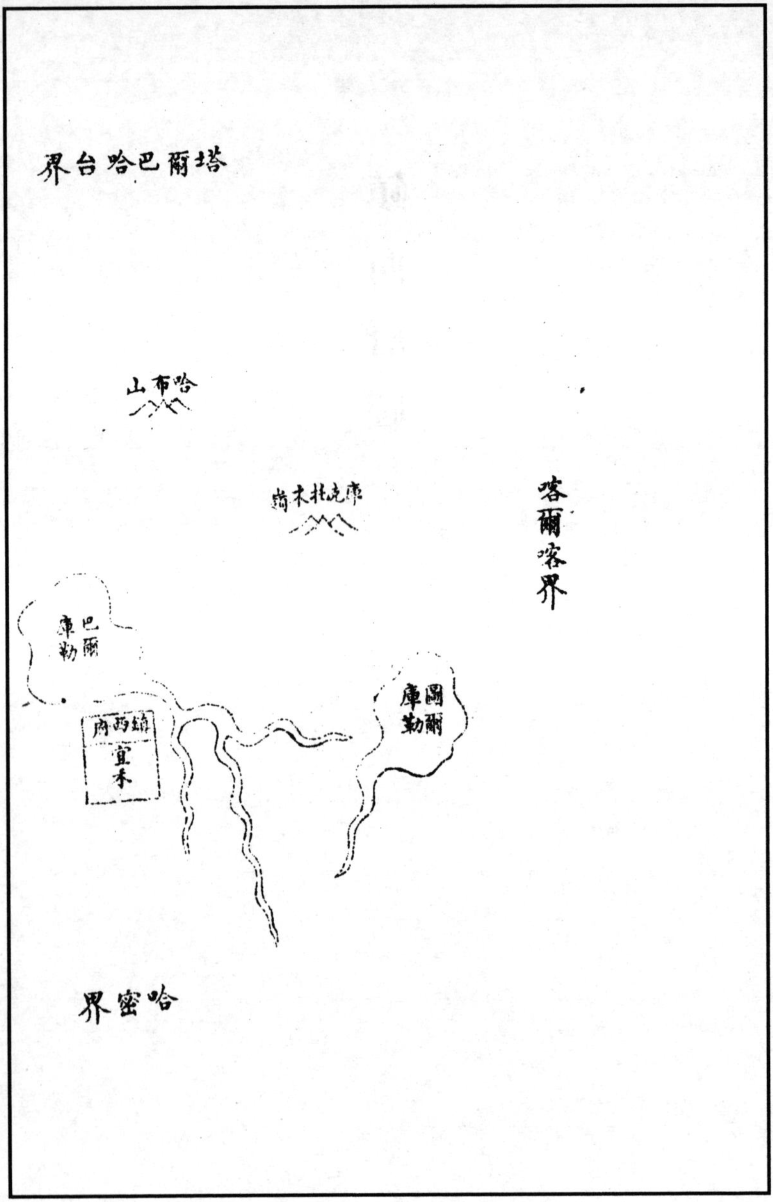
塔爾巴哈台界
哈布山
喀爾喀界
巴爾庫勒
鎮西府
宜禾
圖爾庫勒
哈密界

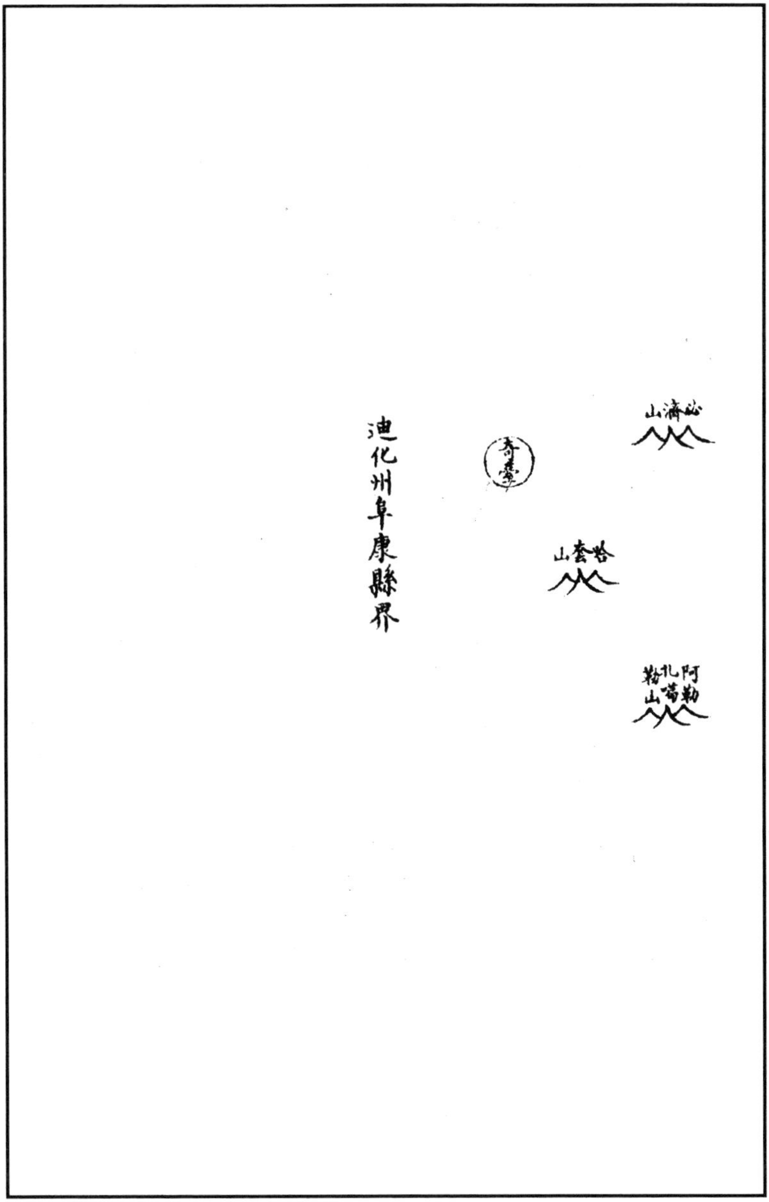
迪化州阜康縣界
奇臺
必濟山
格套山
阿勒扎滿鞥山

鎮西府表

	鎮西府	宜禾縣舊爲巴爾庫勒地，乾隆三十八年始立縣，與府同治。
秦		
兩漢	匈奴東蒲類王茲力支地。後漢屬伊吾盧地。	
三國	鮮卑西部	
晉		
南北朝	蠕蠕國地	
隋	伊吾郡地附突厥。	
唐	伊吾郡地屬伊州。	
五代		
宋	伊州地	
元		
明	哈密地	

奇臺縣
車師後王國地
車師後部地
蠕蠕國地
東突厥
金滿縣地隸北庭都護府。
高昌國北庭地
回鶻地
衛拉特地舊作瓦剌，今改正。

續表

大清一統志卷二百七十一

鎮西府

在甘肅省治西北四千三百四十里。東至圖古里克，接喀爾喀界，西至乾溝，接迪化州阜康縣界，南至天山，踰山接哈密界，北至哈布塔克，接塔爾巴哈台界。自府治至京師，七千五百十里。

分野

天文東井、輿鬼，鶉首之次。

建置沿革

漢爲匈奴東蒲類王兹力支地。後漢屬伊吾盧地。三國屬鮮卑西部。魏屬蠕蠕。隋伊吾郡地，後入突厥。唐屬伊州伊吾郡。宋屬伊州。明屬哈密及衛拉特舊作瓦剌，今改正。地。本朝康熙五十四年内屬。雍正九年，築巴爾庫勒城，以安西同知駐防其地。乾隆三十八年，置鎮西府，以巴爾庫勒城爲府治。三十九年，設宜禾縣；四十一年，設奇臺縣。領縣二。

宜禾縣。與府同駐巴里坤城。東至圖古里克，接喀爾喀界；西至噶順溝，接奇臺縣界；南至天山，接哈密界；北至哈布塔克，接塔爾巴哈台界。漢匈奴東蒲類王茲力支地。後漢屬伊吾盧地。明帝永平十六年，取伊吾盧地置宜禾都尉以屯田。建初二年，復罷屯田。北魏屬蠕蠕國。隋爲伊吾地。唐屬伊吾郡。宋伊州地。明屬衛拉特。本朝乾隆三十九年設縣。

奇臺縣。駐靖寧城。在府治西六百九十里。東至噶順溝，接宜禾縣界；西至乾溝，接迪化州阜康縣界；南至天山，接闢展界；北至葦湖，接塔爾巴哈台界。漢車師後王國。後漢爲金滿城，永元九年内屬。三國爲車師後部。魏屬蠕蠕國，爲突厥地。隋爲東突厥地。唐爲金滿縣，隸北庭都護府。宋爲高昌國北庭。元屬回鶻。明屬衛拉特。本朝乾隆二十四年，西域平，於奇臺設堡。三十七年，設糧餉通判。四十一年，裁通判，改設知縣，兼理古城滿營理事事務。

形勢

天之外區，土物琛麗。後漢書西域傳贊。南界天山，西隱平岡。西北有巴爾庫勒淖爾，水氣浸潤，庶草繁廡，地宜畜牧。居天山之陰，氣候多寒。西域圖志。

風俗

蒲類國廬帳而居，能作弓矢，勇猛敢戰，隨畜逐水草，不知田作。後漢書西域傳。

城池

府城。周八里，高二丈，四門。雍正九年，築爲巴爾庫勒城。乾隆三十八年，改爲鎮西府城。嘉慶十一年修城，東有會寧城，周六里，爲滿洲兵弁駐防之所。

奇臺縣城。乾隆二十四年，於奇臺設堡。四十一年，改設爲縣，始築城，周二里有奇。又孚遠城，周四里，爲滿洲兵駐防之所。

學校

鎮西府學。本朝乾隆三十八年建。入學額數三名。

宜禾縣學。乾隆三十八年建。入學額數四名。

奇臺縣學。乾隆四十二年建。入學額數四名。

宜禾義學。乾隆五十年設。

奇臺義學。乾隆三十九年設。

户口

民丁原額失載，今滋生民丁男婦大小共三萬五千七百五十九名口，統計五千三百八十二户。

田賦

田地共二千五百六十頃一畝三分有奇，無額，收房租銀共三千五百七十三兩五錢八分，牲税三千五十二兩五分有奇，額徵草折糧共一萬五千八百七石九斗二升三合。

臺站卡倫

巴爾庫勒底臺。
廋濟臺。
肋巴泉臺。
烏爾圖臺。

噶順臺。
洮賚臺。
梧桐窩臺。
鹽池臺。
松樹塘臺。以上屬宜禾縣。
色必臺。
烏蘭烏蘇臺。
阿克塔斯臺。
一灣泉臺。
木壘河臺。
奇臺底臺。
地窩鋪臺。以上屬奇臺縣。鎮西府舊有卡倫十八處，乾隆二十九年裁，存三處。

山川

必柳山。在府城東南一百里。必柳泉出其南麓。

雅爾瑪罕山。在府城東南三百里。山脈自庫舍圖嶺東行二百里，至此峯巒峻拔，高入雲漢。

鄂什奇山。在府西南十五里。一名獨子山，即阿勒扎噶勒山支峯。

阿勒扎噶勒山。在府西南八十里。山脈自和洛圖嶺東北行，與府北境之哈套、察突諸山相接〔一〕，爲天山之分支。

哈套山。在府西北一百八十里，山脈自西趨東，爲鎮西府北屏。

必濟山。在府西北。當孔道，入伊犂界。

阿濟山。

哈布山。皆在府西北四百里，四圍皆沙磧。自此西行爲準噶爾舊疆交界處。

察罕哈瑪爾山。在府東北四十里，在巴爾庫勒池之北。

阿達爾干山。在府東北二百里。

庫舍圖嶺。在府東南一百五十里。即巴爾庫勒南山，山徑稍夷，爲南北通行之道。俗名東打坂，即達巴之轉音，漢語嶺也。與西打坂相望。山南入嶺處，有唐左屯衛將軍姜行本碑。庫舍圖，譯言碑也。蓋嶺以唐碑得名。

和洛圖嶺。在府西南一百里，當孔道。

烏可克嶺。在府西南一百五十里。當孔道，俗名西打坂。

托來嶺。在府西南一百九十五里。在烏可克嶺西三十五里，西有白峯，名察罕托羅海。

庫克托木嶺。在府東北。山脈自哈套山東行，經阿達爾千山，至此又東北行五百餘里，踰府東界，入於沙磧。

阿拉克椿濟河。在府東北阿達爾干山東麓。

巴爾庫勒海。在府城西北十五里。舊音巴里坤淖爾，周一百二十餘里。源出天山北麓，西北流百餘里，匯爲巨浸。南至獨山子十五里，西至庋濟三十里，北抵北山下。繞海多良田，即古蒲類海也。後漢書：竇固擊呼衍王，追至蒲類海。

圖爾庫勒海。在府城東三百里。周迴五十里，源出天山北麓，西北流五十里瀦爲大澤，即古鹽池海也。天山北之水，以巴爾庫勒、圖爾庫勒爲最大。

哈喇水。在阿拉克椿濟河東三十里。

和尼水。在哈喇水東北。府境山北之地俱有沙磧，水泉隨處間發，盈涸不常，今約載數水以見其概。

托來泉。在府西一百八十里。

哈畢爾噶泉。在府西北一百六十里。

烏爾圖泉。在府西北二百五十里。

關隘

會寧城。在宜禾縣東，周六里。乾隆三十七年建。

孚遠城。周四里。乾隆四十年建。

哈密廳城。周一里八分，高二丈四尺六寸。雍正五年築。乾隆二十六年設通判，三十年添設巡檢。有哈密協營，設副將。牧馬廠在招木多可。

古城。距奇臺縣九十里。乾隆四十一年，移東吉爾瑪泰巡檢駐此。有古城營，設遊擊防守。牧馬廠在鷹格布喇。

木壘營。駐宜禾縣，設守備防守。牧馬廠在牛圈溝。

巴里坤城守營。駐宜禾縣，設都司防守。牧馬廠在縣北駱駝巷。又鎮標中、左、右三營牧馬廠在二道河水磨地面。

列女

本朝

黄元妻侯氏。奇臺人。抗節被害，乾隆年間旌。

朱王氏。奇臺人。守正捐軀，嘉慶年間旌。

王懋妻田氏。哈密人。夫亡守節。同廳節婦王馬氏，均嘉慶年間旌。

圖挖謙本妻爾成氏。巴里坤滿營正黄旗人。遇暴不污，被害。嘉慶年間旌。

土産

五穀。麻。後漢書：西域伊吾地宜五穀、桑麻、蒲萄。

馬。牛。駱駝。羊。後漢書：西域蒲類國出牛、馬、駝、羊，多好馬。

黍。高粱。穈。大麥。小麥。小豆。青稞。以上並見西域圖志。

校勘記

〔一〕與府北境之哈套察突諸山相接　「察突」，乾隆志卷二〇八鎮西府山川作「察罕」。按，乾隆朝傅恒等纂西域圖志亦作「察罕」，疑本志誤。

涇州直隸州圖

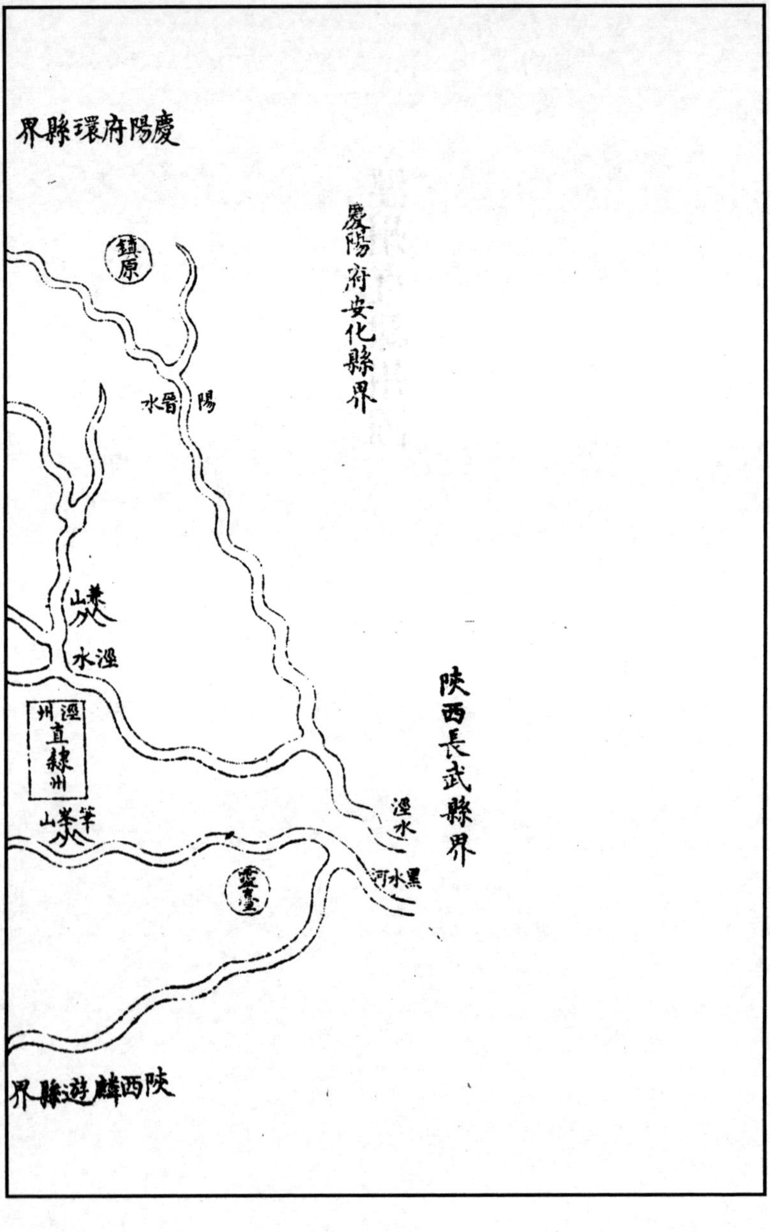
慶陽府環縣界
鎮原
慶陽府安化縣界
陽晉水
涇水
涇州直隸州
陝西長武縣界
涇水
黑水河
陝西麟遊縣界

平涼府平涼縣界
涇水
平涼府平涼縣界
汭水
回中山
崇信
五馬山
達溪川
平涼府華亭縣界
細川水

涇州直隸州表

	涇州直隸州	
秦	北地郡地。	
兩漢		安定縣屬安定郡。後漢省爲臨涇縣地。
三國		
晉	安定郡東晉移治。	安定縣東晉復置郡治。苻秦置雍州。
南北朝	涇州安定郡魏置州。	安定縣州郡治。 烏支縣魏移置，後廢。
隋	安定郡初廢郡。大業初復改州置。	安定縣郡治。
唐	涇州保定郡至德初更郡名，屬關內道。廣德初入吐蕃。大曆初復置涇原節度，亦曰彰義軍節度。	保定縣至德九年更名，州治。
五代	彰義軍節度	保定縣
宋金附	涇州安定郡彰化軍節度屬涇原路。金屬慶原路。	保定縣金改名涇川。
元	涇州隸陝西行省。	涇川縣
明	涇州屬平涼府。	省入州。

續表

	崇信縣	靈臺縣
爰得縣 屬安定郡。後漢省。	涇陽縣地。	鶉孤縣 屬北地郡。後漢曰鶉觚，屬安定郡。 陰密縣 屬安定郡。後漢廢。
		鶉觚縣 陰密縣 魏復置，屬安定郡。
		鶉觚縣 陰密縣 赫連氏置雍州。
爰得縣 魏復置，屬新平郡。周廢。		趙平郡 魏置，周廢。 鶉觚縣 郡治，後屬平涼郡。 陰密縣 屬平涼郡，後廢。
		鶉觚縣 屬安定郡。大業初分置靈臺縣，尋廢。
	貞元中置崇信軍。	靈臺縣 屬涇州。天寶初更名，唐末李茂貞置靈臺軍。
		靈臺縣 周廢軍，屬涇州。
長武縣 咸平四年置，屬涇州。	崇信縣 建隆四年置，屬鳳翔府，後屬渭州。	靈臺縣
至元十一年省。	崇信縣	靈臺縣 至元七年併入涇川縣。十一年復置，仍屬涇州。
	崇信縣	靈臺縣

	鎮原縣
	安定郡 後漢移治。 臨涇縣 屬安定郡。後漢郡治。 彭陽縣 屬安定郡。
	安定郡 臨涇縣 彭陽縣
	安定郡 東晉徙。 臨涇縣 廢。
朝那縣 魏徙置，屬安定郡。	魏嘗置涇州，後廢。 魏廢。
朝那縣 後廢。 良原縣 大業初置，屬安定郡。	臨涇縣 初置湫谷縣，尋復名，屬安定郡。
良原縣 屬涇州。興元二年入吐蕃。貞元四年復。	原州 元和三年權置，尋罷。廣明後復。 臨涇縣 屬涇州。 豐義縣 武德二年置，屬彭州，後屬寧州。
良原縣 晉置良原軍。周廢軍，復爲縣。	原州 臨涇縣 唐清泰後屬原州。 豐義縣
良原縣	原州 平涼郡 屬秦鳳路。金屬慶原路。 臨涇縣 彭陽縣 太平興國中更名。至道三年屬原州。
至元十一年省。	鎮原州 更名，屬鞏昌路。 至元七年省入州。 省。
	鎮原縣 洪武初降縣，屬平涼府。

安武縣屬安定郡。後漢省。	撫夷縣屬安定郡。後漢省。
安武縣魏復置，屬西北地郡。	撫夷縣魏復置，屬隴東郡。
省。	省。

續表

大清一統志卷二百七十二

涇州直隸州一

在甘肅省治東九百六十里。東西距一百十里，南北距三百五里。東至陝西邠州長武縣七十里，西至平凉府平凉縣界四十里，南至陝西鳳翔府麟遊縣界一百二十五里，北至慶陽府環縣界一百八十里。東南至麟遊縣界一百三十里，西南至平凉府華亭縣界一百三十里，東北至慶陽府安化縣界二百一十里，西北至平凉縣一百里。本州境，東西距一百十里，南北距七十里。東至長武縣界七十里，西至平凉縣界四十里，南至靈臺縣界三十里，北至鎮原縣界四十里。東南至長武縣界七十里，西南至崇信縣界三十五里，東北至慶陽府寧州界五十里，西北至鎮原縣界六十里。自州治至京師三千二百六十里。

分野

天文東井、輿鬼分野，鶉首之次。

建置沿革

禹貢雍州之域。春秋屬秦，秦爲北地郡地。漢置安定縣，屬安定郡。後漢省爲臨涇縣地。晉復置安定縣，爲安定郡治。後魏神䴥三年，於郡置涇州。隋開皇初，郡廢。大業初，復爲安定郡。唐武德初，復曰涇州。天寶初，復曰安定郡。至德初，郡縣俱改曰保定。乾元初，復曰涇州，屬關内道。廣德元年，没於吐蕃。大曆三年，收復，置涇原節度。乾寧元年，賜號彰義軍節度。五代因之。宋曰涇州安定郡。太平興國元年，改彰化軍節度，屬涇原路。金曰涇州，彰化軍節度，屬慶原路。大定七年，置縣曰涇川。元光二年，州徙治長武。元亦曰涇州，仍治涇川縣，隸陝西行省。明洪武三年，省縣入州，屬平涼府。本朝因之。乾隆四十二年，升爲直隸州，移平涼府之崇信、靈臺、鎮原三縣隸之。領縣三。

崇信縣。在州西南六十里。東西距六十五里，南北距八十五里。東至州界二十里，西至平涼府華亭縣界四十五里，南至陝西鳳翔府汧陽縣界七十里，北至平涼府平涼縣界十五里。東南至靈臺縣界二十里，西南至陝西鳳翔府隴州界七十里，東北至州界二十里，西北至平涼縣界三十里。漢涇陽縣地。唐貞元中，置崇信軍。宋建隆四年，置崇信縣，屬鳳翔府。淳化中，改屬儀州。熙寧五年，屬渭州。金、元、明俱屬平涼府。本朝乾隆四十二年，改屬州。

靈臺縣。在州東南九十里。東西距一百四十里，南北距九十五里。東至陝西邠州界六十里，西至崇信縣界八十里，南至陝西鳳翔府麟遊縣界三十五里，北至州界六十里。東南至麟遊縣界四十里，西南至陝西鳳翔府汧陽縣界五十里，東北至陝西邠州長武縣界五十里，西北至崇信縣治一百里。漢置鶉孤縣，屬北地郡。後漢曰鶉觚，改屬安定郡。晉因之。後魏於縣置趙平郡。後周郡廢，屬平涼郡。隋仍屬安定郡。大業初置靈臺縣，二年廢。義寧二年，屬麟遊縣。唐貞觀元年，屬涇州。天寶元年改曰靈臺。唐末，李茂貞於縣置靈臺軍。五代周軍廢，縣屬涇州。宋、金因之。元至元七年，併入涇川縣。十一年復置，仍屬涇州。明因之。本朝順治九年屬平涼府，乾隆四十二年改屬州。

鎮原縣。在州東北一百里。東西距一百四十里，南北距一百八十里。東至慶陽府安化縣界八十里，西至平涼府固原州界六十里，南至平涼府平涼縣界六十里，北至慶陽府環縣界一百二十里。東南至慶陽府寧州界一百三十里，西南至平涼縣界七十里，東北至環縣界八十里，西北至固原州界一百里。漢置臨涇縣，屬安定郡。後漢移安定郡來治。晉初因之。後魏嘗於縣置涇州，尋廢。隋大業元年，改置湫谷縣，尋復曰臨涇，仍屬安定郡。唐屬涇州。元和三年，於縣權置原州，名曰行原州。大中三年，州還治平高。廣明後，復爲行原州治，縣仍兼屬涇州。五代後唐清泰三年，始專屬原州。宋曰原州平涼郡，屬秦鳳路。金曰原州，屬慶原路。元改曰鎮原州，屬鞏昌路。至元七年，省臨涇縣入州。明洪武初，降州爲鎮原縣，屬平涼府。本朝乾隆四十二年，改屬州。

形勢

安仁南峙，涇水北環。地勢峻峭，控扼要境。

風俗

高上氣力，以射獵爲先。漢書地理志。其人質木，少桑麻之利。布帛鹽酪，資於他郡。宋史地理志。

城池

涇州城。周三里，門三，濠深一丈。明洪武三年，因舊址改築。本朝雍正三年修，乾隆二十九年重修。

崇信縣城。周三里一百九十八步，門二，四面有隍。唐始築。明末截錦屏山麓，展築城之南面。本朝順治中修，乾隆三十四年重修。

靈臺縣城。周二里二百六十五步，門二，濠深廣各八尺。明季因舊址重築。本朝順治十年修，乾隆三十三年增修。

鎮原縣城。周七里二百四十步，門三，濠深七尺。元至正二十年築。明萬曆間，南城被水沖圮。本朝康熙初年，正街南築新城。乾隆二十二年重修。

學校

涇州學。在州治西。明洪武間建。本朝順治十二年重修。入學舊額十五名，乾隆六十年撥入貴德廳學一名。

崇信縣學。在縣治東。明洪武四年建，明末圮。本朝順治八年重修。入學額數八名。

靈臺縣學。在縣治東南。宋大觀三年建。本朝順治十三年重修，乾隆三十九年復修。入學舊額十名，乾隆六十年撥入貴德廳學一名。

鎮原縣學。在縣治東。明洪武二年建。本朝順治初重修，康熙中復修。入學額數十五名。

仰止書院。在州城内。明嘉靖中建。

户口

原額民丁共二萬六千九百八十五，屯丁共三千十八，今滋生民丁男婦大小共七十四萬九百三十八名口，屯丁男婦大小共九萬六千七百九十二名口，統計十七萬三千九百五十六户。

田賦

田地共一萬五千九百五十二頃三畝六分有奇，額徵銀共三萬四千三百兩四錢二釐，糧共九千三百六石二斗六合。

山川

筆峯山。在州南五里。峯頂樹木陰密，有水流經州東二里，曰朝那溝。

弇耳山。在州西南一里許。形若龍尾。

回山。在州西。九域志：保定縣有回山。明統志謂之回中山，在州西五里，上有王母宫。通志：下臨涇水，俗名曰宫山。

兼山。在州北五里共池上。爲州主山。

錦屏山。在崇信縣南。縣城據其麓。繁花木三時絢爛如屏，一名花山。又閉銀山，在縣南赤城右，山特峻拔。

五馬山。在崇信縣西南四十里。以形似名。又玉京山，在縣西南九十里。

烽臺山。在崇信縣西五里。山最高，盤折數十層始至其頂。昔時烽堠之所今爲砦，可備兵。

斷萬山。在崇信縣西四十里，華亭縣東北四十五里，險絶難登，與武安監接界。

文華山〔一〕。在崇信縣西四十里峽口北岸。奇峯秀峭，狀若芙蕖。

五龍山。在崇信縣西四十里峽口南岸。其上林木蓊鬱，相傳爲唐時禦戎故壘。上有藥王、觀音等洞。

銅城山。在崇信縣西。寰宇記：在潘原縣西南三十里。縣志：在今縣西四十里銅城之西。

鳳山。在崇信縣北三十里。形如鳳翥。下爲殿子坡水，聚貫珠、濃露諸泉之水，由滙口之西南流入汭。山之右有湫谷，谷內有湫，深廣里許。山之左有散花谷，其水皆南流入汭。

唐毛山。在崇信縣北。林木叢生如毛，故名。

蒼山。在靈臺縣東南二里。松柏蒼翠，故名。東有白雲洞，丹壑萬仞，綿延漸低而西，如龍延頸，謂之龍灣崖。

保巖山。在靈臺縣東南三十里。山勢峭拔，回旋百折，有九峯環匝，一名九頂峯。巖下臨南河，有温泉、瀑布。巔有涇臺，可眺百餘里，雲霧生於足下。

臺山。在靈臺縣治北。魏書地形志：鶉觚縣有亭臺山。明統志：臺山在縣東北十里。山多奇木異鳥，甘泉秀石。平涼府志：臺山東西延亘百里，荆花尤茂，一名荆山。

隱形山。在靈臺縣東北二里許。孤峯特起，蒼松古柏，連抱參天。麓有泉，味甘馨，名曰香水。

書臺山。在靈臺縣東北五里。相傳皇甫玄晏讀書處。按：省志以爲即臺山，疑誤。

東山。在鎮原縣東三里。極高峻，其下爲舊東山縣。

玉山。在鎮原縣東十里。多白石，陰雨之後，明艷如玉。巔有淩雲閣，下臨萬仞。

雞頭山。在鎮原縣西三十里。又明統志：雞頭山在縣西五十里，謂即隗囂將王孟所塞。又西二十里爲大隴山，皆以故原州山入行原州，誤。今輿圖載大方山在縣西北，即横河發源處。

潛夫山。在鎮原縣北里許。相傳後漢王符隱此。

青溪嶺。在州西南。宋建炎三年，金羅索攻涇原，經略使曲端遣將吴玠逆擊於此，敗之。「羅索」舊作「婁宿」，今改。

青石嶺。在州西北。亦曰青石岸，又名青石原。漢元初四年，馬賢討羌，敗於青石岸。晉義熙三年，赫連勃勃敗姚興將張佛生於青石原。唐大曆七年，吐蕃下青石嶺，軍於朝那城，郭子儀諭卻之。貞元七年，涇原節度劉昌築保定城，捍青石嶺。皆即此。

箭括嶺。在崇信縣南赤城南。

安仁谷。在州東南四十里。中有長城砦，宋范仲淹常遣宋良臣等控守於此。

拽兵原。在崇信縣北。縣志：唐李元諒破吐蕃於此，故名。

卧龍原。在靈臺縣東十里。

良原。在靈臺縣西。元和志：良原縣西南三十里有石原，所謂良原也。寰宇記：良原縣有白石原，其原起自縣西南三十里，東下三十里，分爲兩原。一在南三十里，更名良原；一在東北四十里，更名粱杜原。又有望兒原，在良原縣東三十里。

和戎原。在鎮原縣南二十五里。

彭阬。在州西北。後魏孝昌初，崔延伯討万俟醜奴，於涇州西進，去賊彭阬谷柵七里結營，即此。

迎駕坡。在崇信縣西南三十里。舊志：相傳太王遊畋於此。

桃坡。在鎮原縣西八十里。有桃萬餘株。

馬鞍坂。在州西北。晉義寧十二年，秦將姚紹自安定擊赫連勃勃於此，破之。

碧泉洞。在州東北兼山左。其水青色，長流味甘。

湋水。在州西南。亦名閣子溝。源出州南二十里支家鋪，有暖泉縈流西北入汭，味甘，利煮豆。與州東朝那溝，常暴漲，爲居民害。

涇水。在州北。源出平涼府平涼縣西，東流逕縣北，又東逕州北，又東入邠州長武縣界。周禮：雍州，其川涇、汭。漢書地理志：笄頭山，禹貢涇水所出，東南至陽陵入渭，過郡三，行千六十里，雍州川。元和志：出百泉縣西南涇谷，亦曰薄落水，南流經都盧山，曰彈箏峽。又涇水，在保定縣東一里。寰宇記：從原州彈箏峽口，流入渭州北一里；又在潘原縣南一里；又在保定縣南十里，入邠州宜祿縣；又白巖河，從華亭縣來，經望家山峽口，過渭州西十里。明統志：涇河自平涼府白巖發源。平涼府志：涇有二源，南支出崆峒峽中，曰前峽；北支出老山，曰後峽。自華亭大會坡西北十里，有泉百餘，流爲白巖川。其西北曰聖女川，曰化平川，曰龍家峽川，下流皆會於崆峒之前峽。又西北曰馬支川，曰暖水前川、暖水後川，曰鮑家川，皆會於沙棠川，而出崆峒之後峽，匯於崆峒之東麓。又西北曰卧陽川，曰蔡家川，曰瓦亭川，俱會於金佛峽，循府川而東，亦至東麓，與前後峽水合流爲涇。至龍尾山之陽，則六盤、牛營池東北山諸水匯焉，而涇流始大。至府城西北一里，陰疏爲中、内、外三渠，陽亦一渠，東西二十里，分流溉田。按：輿圖，涇河二源，北源發自平涼府固原州南界、隆德縣東北界，二派會流，經瓦亭驛南，南合四水，又東南經安固鎮，至府西北合南源，即所云出自笄頭及高山。平涼府志謂之後峽，乃涇水正源也。南源發自平涼府華亭縣西北、隆德縣東南界，二派合流，亦曰橫水。東流折東北，與北源會，即白巖河。平涼府志所謂前峽，乃涇水別源也。近志以笄頭山在州西南，多以白巖河爲正源，與古不合。

後川水。源出鎮原縣西北交龍口，曰高平川。東南流逕縣南半里，又東南，北會二水入涇州界，名後川水，又名橫河，涇州東北三十五里，由淺河川至長武縣界入涇水。州北諸谷水，陽皆入涇，陰皆入橫河。按：元和志臨涇縣有彭陽水，去縣百步；寰宇記臨涇縣有原州川，水自蕃界來，徑州界五十五里入寧州彭陽縣界；蓋即此。今曰高平川者，以舊原州有高平川，誤移其名於此耳。

四谷水〔二〕。在崇信縣南赤城之南。縣西南三十里有龍谷，西南八十里有神谷，又十里有九谷，又新、窑二水之交曰對谷。四谷之水，匯而成川，可資灌溉。

左谷水〔三〕。在崇信縣西四十里銅城西南，流入汭水。又五馬谷水，在縣西南五馬山下；通汭谷水，在臨汭堡右；紅土谷水，在縣西南迎駕坡左；西寺谷水，在城南二里。俱北流入汭水。又城東谷水，在城東門，折而西，環城之西北，入汭水。

三香水。在靈臺縣東南。寰宇記：三交川水在縣東南十五里，亦名三香水，源出麟遊縣。縣志：在縣東十五里，入蒲川。又縣南二十里有小庵川，自麟遊縣大賢里至川口，與蒲水合。

蒲川水。在靈臺縣南。寰宇記：靈臺縣有蒲川。水經注：蒲水出南山蒲谷，東北合細川水，又東北流合且氏川水。縣志：縣之南川也。自鳳翔分水嶺發源，夾蒼離而出，與達溪合。

細川水。在靈臺縣南，自麟遊縣流入。後魏永安三年，高平賊万俟醜奴屯安定，耕於細川。唐初，涇州鎮將劉感自高墌引還涇州，與薛仁杲戰於百里、細川。寰宇記：普潤縣有細川谷水，在縣南，北流入涇州界。九域志：靈臺縣有細水。舊志：源出鳳翔府麟遊縣細川谷，流逕縣東南二里，其下流與蒲川水合。

達溪川水。源出崇信縣南五馬山，曰白石川。東流入靈臺境，爲達溪川。經縣南二里，又東入長武縣界，爲黑水河，入涇。又平涼府志：靈臺縣西二十里有免兒川，又五十里有妲己川，又縣西二十里有三女川，東二十里有後溝，皆流入達溪。

陽晉水。在鎮原縣界。元和志：後魏於陽晉川置黄石縣。寰宇記：陽晉水在臨涇縣南十五里，源自縣西羅使堡番界來，經本州八十里，入涇州保定縣界。按：舊志以爲疑即今之横河，然元和志謂陽晉川在百泉縣西南，則去臨涇稍遠，非今横河矣。

汭水渠。在崇信縣北一里。唐李元諒疏渠，引汭水蒔荷畜魚，民享其利。今渠尚存。又新柳灘，在縣西北一里。本朝順治中，知縣武全文鑿渠植柳，以灌田。

太陽湫。在鎮原縣東六十里半山中，環五里餘，深不可測，旱禱多應。又有任湫，在縣西新城里。元和志：隋湫谷縣，取縣内湫谷爲名。即此。

瑶池。在州西宫山之陽。相近有暖泉，水從石出，隆冬甚温。

共池。在州北五里。水從地湧出，流溢成池，兩池相連，故名。

蓮花池。在鎮原縣西一里。水旱不涸。

百泉。在州西三十五里。泉源溢竇而出者數十，四時不涸，民資灌溉，亦名百泉溝。下流入涇。州志：涇、汭灘高流駛，雖宣洩不能爲利。民間所資以灌溉者，乃在陂澤源泉，其溝渠舊有六十四道，溉田三千餘頃。

温冷泉。在靈臺縣東南保巖山陰。半温半冷，痌疾者洗之即愈。

懸泉。在靈臺縣西一百三十里横渠鎮。石崖數仞，上覆如幕，有泉下注如簾，爲邑奇勝。

甘泉。在靈臺縣東北十里。水味甘美。

石泉。在鎮原縣西三百步。水從石孔中出，夏涼冬温。

康王井。在崇信縣西北郭。唐李武康王元諒所鑿。

聖井。在鎮原縣九十里石窟寺内。又有九龍井，在縣西二十里。

古蹟

烏支故城。在州東。後魏移置，後廢。互見平涼府。

安定故城。在州北十五里。漢置，屬安定郡。後漢罷。東晉復置，爲安定郡治。十六國春秋：苻秦甘露二年，分司隸爲雍州，以苻雙爲刺史，鎮安定。晉書地理志：姚興分領北五郡，置雍州，鎮安定。赫連勃勃又以涼州牧鎮安定。元和志：後魏神麚三年，置涇州，因水爲名。隋大業二年，改爲安定郡。唐武德元年，太宗討平薛仁杲，遂改安定郡爲涇州。西北至平涼縣一百五十里，東南至邠州一百八十里。保定縣，郭下，本漢安定縣地，今臨涇縣安定故城也。後魏文帝大統元年，自高平移於今理，屬安定郡。隋開皇三年，罷郡，以縣屬涇州。至德二載，改保定縣。金史地理志：涇川縣本保定縣，大定七年更。明統志：洪武初，省涇川縣入涇州，廢縣在州北五里。州志：舊有土城，元末，院判張庸築，周三里有奇。洪武三年，徙治涇南之皇甫家店，即今治也。

崇信故城。今崇信縣治。寰宇記：崇信縣新置，在鳳翔府西北二百二十五里。本唐神策軍之地，後改爲崇信軍。建隆四年，以崇信暨赤城東、西兩鎮及永信鎮等四處，合爲崇信縣。九域志：在渭州東南八十五里。

陰密故城。在靈臺縣西五十里。詩大雅：「密人不恭，敢拒大邦。」國語：「周共王游於涇上，密康公從，有三女奔之。康公弗獻。一年，王滅密。」左傳昭公十五年：王曰：「密須之鼓，與其大輅，文所以大蒐也。」杜預注：「密須，姞姓。國在陰密縣。」史記：秦昭王免武安君爲士伍，遷之陰密。漢書地理志：安定郡領陰密縣，詩密人國。後漢縣廢，魏復置。晉書胡奮傳：父遵，魏封陰密侯。又地理志：赫連勃勃以雍州刺史鎮陰密。魏書地形志：平涼郡領陰密縣。後周廢。蕭德言括地志：城在安定縣東，鶉觚縣西，其東接縣故城，即古密國。元和志：城在靈臺縣理西。明統志：城在靈臺縣西五十里。

朝那故城。在靈臺縣西北九十里。魏書地形志：安定郡領朝那縣。隋初因之，後廢。寰宇記：良原縣有朝那城，後魏大統元年，自原州百泉縣徙朝那縣於此。胡三省通鑑注：「漢朝那城，在原州花石川，周改置朝那縣於故城東南二百餘里。」靈臺縣志：魏朝那縣在今縣西北九十里。居民貿易於此，爲東朝那市。

鶉觚故城。在靈臺縣東北。漢置。袁山崧書：漢末，以鶉觚置新平郡。魏書地形志：趙平郡治鶉觚縣，有鶉觚原。元和志：靈臺縣，西至涇州一百里，本漢鶉觚縣，天寶元年改爲靈臺。寰宇記：廢鶉觚縣在宜禄縣西四十里。周地圖記：鶉觚縣者，秦使太子扶蘇及蒙恬築長城，見此地原高水淺，因欲築城，遂以觚爵奠祭，乃有鶉鳥飛升觚上，以爲靈異，因以名縣。石趙建武十年，置趙平郡。後魏大統中，自鶉觚故城移今所。唐改靈臺。明統志：靈臺縣在涇州南九十里。又鶉觚故城，在縣東，與邠州廢宜禄縣接界。

彭陽故城。在鎮原縣東八十里。漢置，屬安定郡。後漢靈帝初，段熲討叛羌，自彭陽直指高平，即此。晉廢。括地志：城在臨涇縣東三十里。元和志：在彭原縣西南六十里臨涇縣界。按：後魏徙置彭陽縣，隋改彭原，詳見慶陽府。宋又改唐豐義爲彭陽，別見下。

豐義故城。在鎮原縣東南。隋書地理志：彭原有豐城，西魏置雲州，後周廢。元和志：豐義縣，東南至寧州八十里，本漢彭陽縣地。今縣理西四十里彭陽故城是也。後魏於縣理置雲州，周武帝保定二年廢州爲防。隋文帝廢防名爲豐義城。唐武德二年，分彭原縣置豐義縣，因舊城爲名，屬彭州。貞觀元年，州廢，縣屬寧州。宋史地理志：唐豐義縣，太平興國中改彭陽。九域志：至道三年，改屬原州，在州東六十里。元史地理志：至元七年，併彭陽入鎮原州。

臨涇故城。在鎮原縣西二里。漢置，屬安定郡。更始末，方望立前孺子劉嬰爲天子，居臨涇，更始遣李松等擊滅之。後漢移安定郡來治。建安十八年，曹操自長安圍安定，楊秋以城降，即臨涇城也。晉初，仍爲郡治。後魏初，於郡置涇州。魏書地形志涇州治臨涇城是也。後移州治平涼，又移治安定，而臨涇縣廢。隋改治湫谷縣，後復曰臨涇。元和志：縣東南至涇州九十里，本漢舊縣。隋大業元年，置湫谷縣，取縣内湫谷爲名。十二年，復爲臨涇縣。唐書郝玼傳[四]：貞元中，玼爲臨涇鎮將，説節度使馬璘曰：「臨涇扼洛口，其川饒衍，利畜牧，其西走戎道，曠數百里，皆流沙無水草，願城之，爲休養之地。」璘不聽。及段佑代節度，玼又説築臨涇。佑請於朝，詔城臨涇爲行原州，以玼爲刺史戍之，自是虜不敢過臨涇。唐會要：臨涇縣，貞元十一年，節度使劉昌奏請於臨涇縣界保定城置。五代史職方考：唐末，權於臨涇置原州，而涇州兼治其民。後唐清泰三年，割隸原州。寰宇記：原州理臨涇縣，東至彭陽縣五十五里，西至開邊堡番界三十里，南至潘原縣九十里，北至寧羌縣九十里。元史地理志：改原州爲鎮原州。至元七年，併臨涇入州。明統志：鎮原縣在平涼府東北一百三十里，臨涇城在縣西二里。平涼府志：漢臨涇城，在今縣東南五十里。按：鎮原縣，本古臨涇之地，歷代諸志可考。自唐置行原州，宋爲原州，明統志不考行州之故，謂即隋、唐原州，誤。詳見平涼府高平故城下。

長武廢縣。在州東七十里。接陝西邠州長武縣界。

爰得廢縣。在州東南。漢置，屬安定郡。後漢省。後魏復置，屬新平郡。魏書地形志：爰得縣有邑城，東魏城，後周省。

靈臺廢縣。在今靈臺縣東南五十里。隋書地理志：大業初，分鶉觚置靈臺縣，二年廢。唐書地理志：義寧二年，又析鶉觚置靈臺縣，隸鳳棲郡。貞觀元年，省入麟遊。

良原故城。在靈臺縣西北九十里。隋書地理志：安定郡統良原縣。大業初置。唐書地理志：涇州良原縣，興元二年没吐蕃。貞元四年復置。李元諒傳：元諒節度隴右，治良原，開美田數十里，歲入菽粟數十萬斛。元和志：縣東北至涇州六十里。通考：唐置良原軍，周廢軍，復爲縣。元史地理志：至元十一年，以良原併入靈臺。

安武廢縣。在鎮原縣南。漢置，屬安定郡。後漢省。後魏復置，屬西北地郡。魏書地形志：陰盤縣有安武城，蓋當時徙置，非故治也。又隋書地理志：朝那縣，西魏置安武郡及析置安武縣。開皇三年，郡縣並廢入焉。元和志：臨涇縣兼有漢安武、安定、彭陽、撫夷四縣之地。平涼府志：安武故城，在府東北。

撫夷廢縣。在鎮原縣北。漢置，屬安定郡。後漢省。後魏復置，屬隴東郡。又魏書地形志烏支縣有撫夷城，蓋非故治也，隋省。

當原城。在州西北。後魏孝昌初，万俟醜奴等寇掠涇州，置營州西北七十里當原城。平涼府志：兼山西二十里曰皇甫頭，又十里曰閣道，又十里曰當原城。

共邑。在州北五里。詩大雅：「密人不恭，侵阮徂共。」鄭箋：「共，阮國地名，今共池是。」

折摭城。在州東北十五里。元和志：在保定縣東十里。西魏涇州刺史乙費貴所築。隋末，薛舉屯據此城，亦名薛舉城。

赤城。在崇信縣南。九域志：崇信縣有西赤城鎮。明統志：在縣西南十五里。金爲鎮。平涼府志：相傳秦始皇田獵至此，築城駐蹕，以土赤，故名。城高溝深，可以避兵，今爲新安堡。又廄城，在縣南二百步山城外原上。唐李元諒築以畜馬，周一百八十二步，今址尚存。又九工城，在縣東十里北山之麓。初欲建城於此，築九堵而罷，故名。

銅城。在崇信縣西。魏書地形志：安定縣有銅城。明統志：在縣西四十里，廢潘原縣有銅城山，以此爲名。舊志：黄巢之亂，土人築以禦寇。北枕高山，南面平原，踞汭水峽口，故址尚存。今南移二里許，爲中原堡。

百里城。在靈臺縣西，亦曰百城。唐大曆八年，吐蕃入寇，郭子儀使渾瑊將兵趨朝那，吐蕃至百城而還。十年，馬璘復破吐蕃於百城。廣德元年，馬璘以原州入吐蕃，表置行原州於靈臺縣之百里城。九域志：靈臺縣有百里鎮。縣志：在縣西五十里，唐李元諒所築。

西城屯。在鎮原縣東南。唐興元初，李晟復西京，朱泚自涇州北走，至彭原西城屯，其將梁庭芬殺之，趨涇州降。縣志：在縣東南九十里。平涼府志有屯子鎮，在縣東五十里，疑是。

武亭城。在鎮原縣南六十里。

平亭。在州東五里。魏書：永安三年，万俟醜奴走還安定，置栅於平亭。元和志：醜奴餘址在保定縣東五里。醜奴，高平人，後魏建義元年僭號於此。州志有米麪山，在州東南五里。峭峻特起，醜奴寇涇時，將軍盧祖遷拒之，指二丘爲米麪，兵威甚盛，醜奴遁去。至今人呼爲米麪山。

鹽倉。在州西。唐大曆八年，涇原節度使馬璘與吐蕃戰於鹽倉，敗績。蓋是時運鹽儲此以供軍，故有鹽倉之名。

皇甫頭。在州西北二十里。有皇甫嵩讀書臺。

曠如亭。在州北五里共池上。

讀書臺。在靈臺縣東北五里，晉皇甫謐讀書處。

書臺。在鎮原縣北潛夫山。金大定間，因書臺舊址建思潛亭。

校勘記

〔一〕文華山　乾隆志卷二〇九涇州山川（下同卷簡稱乾隆志）同，雍正甘肅通志卷五山川作「文筆山」。

〔二〕四谷水　「谷」，乾隆志及雍正甘肅通志卷五山水皆作「峪」。

〔三〕左谷水　「谷」，乾隆志同，雍正甘肅通志卷五山水作「峪」。

〔四〕唐書郝玼傳　「玼」，原作「玭」，據乾隆志及舊唐書卷一五二、新唐書卷一七〇郝玼傳改。下文同改。

大清一統志卷二百七十三

涇州直隸州二

關隘

盤口鎮。在州南三十里盤口河北岸，有市。

邵砦鎮。在靈臺縣東五十里。金史地理志：靈臺縣有邵砦鎮〔一〕，自邠州割隸涇州。相近又有川口鎮。

石塘鎮。在靈臺縣西三十里。又百里鎮，即古百里城。良原鎮，即良原廢縣。

上良鎮。在靈臺縣西七十里。一名啓祥堡。

西屯鎮。在靈臺縣北三十里。亦名西屯堡。縣志：唐郭子儀遺將白元光破吐蕃屯兵處。遺址尚存。

新城鎮。在鎮原縣西。九域志：宋乾興元年，以慶州柳泉、新城二鎮隸原州。其新城鎮，在州西五十里，熙寧三年，廢截原砦入之。柳泉鎮，在州西北七十里，舊名鵜鴣原，領耳朵城一堡。又彭陽縣有蕭鎮。

開邊砦。在鎮原縣西南二十里。九域志：在原州西二十里。宋咸平元年置，熙寧三年，廢新門砦入之。又安平砦，在州西八十里，天聖五年置。金因之，元廢。明置安平砦巡司，今廢。

綏寧砦〔二〕。在鎮原縣西北。九域志：在原州西北一百三十里。宋慶曆四年置〔三〕，領三堡。又靖安砦，在州西北一百六十里，慶曆五年置，領九堡，元廢。平涼府志：靖安砦，地名葫蘆泉。

西濠砦。在鎮原縣北。九域志：在原州北四十里，宋端拱元年置。金因之。元廢。

金家凹堡。在州東十里。俗呼圪塔關。明置巡司，後廢。有城周一里有奇。

窑店鎮堡。在州東七十里，接陝西邠州長武縣界。有土城周九十三丈。

王村堡。在州西三十里。有城周一里三分。東、西二門，有市。

連雲堡。在州西。舊唐書吐蕃傳：貞元三年，攻連雲堡，陷之。堡之三面頗峻峭，唯北面連原，以濠爲固，涇州西要地也。四年，戍將劉昌始修復之。

九工堡。在崇信縣東十里，即故九工城。又新安堡，在縣南四十里，即故赤城。

毛家堡。在崇信縣西南六十里，即新窑鎮。舊出石炭瓦器，流民結聚者衆，今炭絶鎮廢。又三鄉關堡，亦在縣西南，與華亭安東衛相間，爲華、隴孔道。

佛空坪堡。在鎮原縣西北。宋慶曆中修築。

瓦雲驛。在州東五十里瓦雲堡。有城周二里有奇。有驛丞，今裁，設外委。東至陝西邠州長武縣宜禄驛五十里。又有高家凹遞運所，在州東四十里，有堡周一里七分。

安定驛。在州西北，西至白水驛七十里。又有涇州遞運所。

白水驛。在鎮原縣南九十里，西至高平驛七十里。有驛丞，今裁。

津梁

納水橋。有二：一在州西北二里，一在崇信縣北一里。木橋也，每年夏水發拆去，霜降後重修。

川口橋。在州東北。春冬設立板橋，夏秋拆去。

來薰橋。在靈臺縣治南。

棲鳳橋。在靈臺縣西五十里。又縣西北五十里有仰彌橋。

陵墓

周

密康公墓。在靈臺縣西五十里。

漢

王符墓。在鎮原縣西北山。

晋

皇甫謐墓。在靈臺縣西北十里。

唐

牛仙客祖墓。寰宇記：在靈臺縣南一里蒲川水西石闕前，有碑存。

牛僧孺墓。在靈臺縣南三十里。

明

龐瑜墓。在崇信縣治西武康王廟前。瑜，崇信知縣，明末殉難。

韓恭王墓。在州西十五里鋪。

烈女墓。在靈臺縣西五十里吉白堡北藍菊崖。明萬曆末，女被賊掠，投崖而死，土人葬之。墓生藍菊一叢，因名其崖，而女逸姓氏。

祠廟

龍王湫祠。在州境回山之麓，有唐太宗碑。

武康王廟。在崇信縣治西，祀唐李元諒。

二賢祠。在靈臺縣東郭北街。明萬曆四十年建，祀晉皇甫謐、明節愍公巨敬。

周文王廟。在靈臺縣東山上。

郭汾陽祠。在靈臺縣北西屯鎮。

左丘明廟。在靈臺縣東北三十里。見寰宇記。縣志：東北三十里有左丘明墓，蓋因廟以附會也。

王珪廟。在鎮原縣治。珪與夏人戰，嘗以所得二槍植山上。其後戰没，邊人即其處爲立祠。

狄梁公祠。在鎮原縣東十里。

彭陽廟。在鎮原縣東五十里。

九龍廟。在鎮原縣西二十里。

潛夫祠。在鎮原縣北潛夫山，祀漢王符。

寺觀

龍馬寺。在州城東。宋太祖微時嘗過此寺，僧守嚴者異其骨相，陰使畫工圖於寺壁。

王母宫。在州西。寰宇記：保定縣有西王母祠。州志：在回中山上。

勝果寺。在靈臺縣治西，即牛仙客故宅。又至定寺，在縣南離山之北，即牛僧孺别墅。有銀杏一株，相傳爲牛氏所植。

千佛寺。在鎮原縣中峯山。
延壽寺。在鎮原縣東五里屯子鎮。
悟山寺。在鎮原縣東南五十里。
石窟寺。在鎮原縣東九十里。
天恩寺。在鎮原縣南四十里平泉鎮。
同立寺。在鎮原縣西南二十里。
慶雲寺。在鎮原縣西四十里。
石空寺。在鎮原縣西北。上有湫池，今涸。
孟壩寺。在鎮原縣北四十里。
佑德觀。在鎮原縣北潛夫山上。
太洋寺。在鎮原縣東北。

名宦

漢

王尊。涿郡高陽人。爲安定太守，出教告屬縣，明慎所職，毋以身試法。敕掾功曹各自砥礪，助太守爲治。其不中用，趣自避退。五官掾張輔，貪污不仁，將輔送獄，盡得其狡猾不道，百萬姦贓，威震郡中，盜賊分散入旁郡界。

蕭由。東海蘭陵人。遷安定太守，治郡有聲。

張奂。敦煌酒泉人。永壽元年，遷安定屬國都尉。初到職，匈奴寇美稷，東羌應之。奂勒兵而出，連戰破之，郡界以安。羌豪感奂威德，上馬二十匹。先零酋長遺金鐻八枚，奂以酒酹地曰：「使馬如羊，不以入廄。使金如粟，不以入懷。」悉還之。正身潔己，威化大行。

南北朝　魏

竇熾。扶風平陵人。大統十三年，爲涇州刺史。莅職數年，政號清静。廢帝元年，除原州刺史。抑挫豪右，申理幽滯，在州十載，甚有政績。

孟信。廣川索盧人。從孝武帝入關，除趙平太守。政尚寬和，權豪無犯。山中老人曾以犢酒饋之。信殷勤勞問，乃自出酒，以鐵鐺温之，素木盤承蕪菁菹，惟此而已。又以一鐺借老人，各自斟酌，申酬酢之意。謂老人曰：「吾食菜已久，欲爲卿受一犢髀耳。酒既自有，不能相費。」老人大悦，再拜，擘犢進之，酒盡方别。

周

于義。洛陽人。閔帝初，遷安武太守，專崇教化，不尚威刑，風化大洽。

隋

周羅睺。尋陽人。開皇中，轉涇州刺史，有能名。

唐

劉感。鳳泉人。武德初，以驃騎將軍戍涇州。爲薛仁杲所圍，糧盡，殺所乘馬啖士，而煮骨自飲，和木屑食之。長平王叔良救之。與叔良出戰，爲賊所執，令感約城中降。感始諾，至城下，大呼曰：「賊大饑，亡在朝暮。秦王數十萬衆且至，勉之無苦！」仁杲怒，執感，埋其半土中，馳射之。至死，駡益甚。賊平，高祖購得其尸，祭以少牢，贈瀛州刺史。

馬璘。岐州扶風人。爲涇原節度使。大曆八年，吐蕃内寇，渾瑊戰宜禄不利，璘設伏潘原，與瑊合擊，破之，俘級數萬。在涇八年，繕屯壁爲戰守具，令肅不殘，人樂爲用，寇不敢犯。

段秀實。汧陽人。代宗時，爲涇州刺史。邠寧節度使馬璘，每所咨逮，璘處決不當，固争之，不從不止。大曆三年，徙邠寧軍於涇州。軍有怨言，别將王童之謀作亂，約聞警鼓而縱。秀實知之，召鼓人，陽怒失節，戒曰：「每籌盡當報。」因延數刻，盡四鼓而曙。明日，復約夜焚蒭積，因救火爲亂，夜中果火發。秀實令軍中曰：「敢救者斬。」童之不得入。明日，捕斬之，軍遂遷涇州。時倉無久儲，郛無居人，朝廷患之。詔璘領鄭、潁二州以佐軍，命秀實爲留後。軍不乏資，二州以治。璘嘉其績，奏爲行軍司馬，兼都知兵馬使。璘卒，都虞候史廷幹、裨將崔珍、張景華欲謀亂，秀實送廷幹京師，徙珍、景華於外，一軍遂安。即拜涇原節度使。數年，吐蕃不敢犯塞。

馮河清。京兆人。爲涇原兵馬使，與吐蕃戰有功。建中時，節度使姚令言率兵討關東，以河清知留後，幕府殿中侍御史姚況領州。德宗走奉天，河清、況召諸軍計事，東向哭，即發儲鎧完仗百餘乘獻行在，六軍大振，即拜河清涇原節度使、安定郡王，況行軍司馬。朱泚數遣諜人訹之，河清輒斬以狥。興元中，河清爲田希鑑所害，況還鄉里。

李觀。洛陽人。貞元時，擢涇原節度使。在屯四年，訓部伍，儲藏饒衍。

李元諒。安息人。貞元四年，爲隴右節度使，治良原。良原隍堞湮圮，旁皆平林薦草，虜入寇，常牧馬休徒於此。元諒培高浚淵，身執苦與士卒均，樵翳榛莽，闢美田數十里，勸士墾藝，歲入粟菽數十萬斛，什具畢給。又築連弩臺，遠烽偵，爲守備，進據勢勝，列新壁。虜至無所掠，戰又輒北，由是涇、隴以安，西戎憚之。

郝玼(四)。貞元中，爲臨涇鎮將。説節度使段佑城臨涇，爲行原州，以玼爲刺史戍之。自是，虜不敢過臨涇。玼居邊積三年，每討賊不持糗糧，取之於敵。獲虜必剮剔而歸其屍，虜大畏，道其名以怖啼兒。遷涇原行營節度使。贊普嘗等玼身鑄金象，令於國曰：「得生玼者，以金玼償之。」朝廷畏失名將，徙爲慶州刺史。

朱忠亮。浚儀人。憲宗立，授涇原四鎮節度使。隱覈軍籍，得竄名者三千人，歲收乾没十萬緡。吏曰：「耋卒不任戰者可罷。」答曰：「古於老馬不棄，況戰士乎！」聞者莫不感奮。涇俗舊多賣子，忠亮以財贖免者前後數百。

楊元卿。穆宗時，擢涇原渭節度使，墾發屯田五千頃，屯築高垣，牢鍵閉。寇至，耕者保垣以守。居六年，涇人德之。

史憲忠。建康人。會昌中，築三原城。吐蕃因數犯邊，拜憲忠涇原節度使。吐蕃遣使來請墮城，且願以嘗殺使者之人置塞上。憲忠使謝曰：「前吾未城，爾犯我地，安得禁吾城？爾知殺吾使爲負，宜先取罪人謝我。今與爾約，前節度使事一置之。」吐蕃情得而服。憲忠疏涇於隍(五)，積緡錢十萬、粟百萬斛，戍人宜之。

裴識。聞喜人。宣宗時，蕃酋尚恐熱上三州七關，列屯分守，因擇名臣，以識爲涇原節度使，帝親臨遣。識至，治堡障，整戎器，開屯田。將士守邊，或積歲不得還。識與立戍限，滿者代；親七十，近戍。由是人皆感悦。

盧簡求。河中蒲人。大中九年，黨項擾邊，拜涇原渭武節度使。簡求居邊善綏御，人皆安之。

周寶。盧龍人。爲涇原節度使，務耕力農，聚糧二十萬斛，號良將。

宋

陳貫。河陽人。真宗時，知涇州。督察盜賊，禁戢不肖子弟。簿書管庫，賦租出入，皆自檢覈。嘗謂僚曰：「視縣官物如己物，容有姦乎？」州人憚其嚴。

王沿。館陶人。仁宗時，爲涇原路經略安撫招討使，改涇州觀察使。元昊入寇，副都總管葛懷敏率兵出捍，沿教懷敏率兵據瓦亭待之。懷敏進兵鎮戎，沿以書戒勿入，第背城爲砦，以羸師誘賊，賊至發伏擊之，可有功。懷敏不聽，進至定川，果敗。賊乘勝犯渭州，沿率州人乘城，多張旗幟爲疑兵，賊遂引去。

尹洙。河南人。仁宗時，知涇州，又知渭州，兼領涇原路經略公事。

王堯臣。虞城人。仁宗時，再安撫涇原。初，曹瑋開山外地，置籠竿等四砦，募弓箭手，給田，使耕戰自守。其後將帥失撫御，稍侵奪之。衆怨怒，遂劫德勝砦將姚貴，據城叛。堯臣適過境上，作書射城中，諭以禍福，衆遂出降。乃爲申明約束，如舊而去。既還，因論沿邊城砦，控扼要害，賊徑通屬，及備禦輕重之策，爲五事上之。又請涇原五州營田益置弓箭手，皆報可。

蔣偕。鄭縣人。仁宗時，歷知涇州，徙原州。邊民苦屬户爲鈔盜，偕得數輩，腰斬境上，盜爲息。遷本路鈐轄。明珠、康奴諸族數爲寇，偕潛兵伺之，斬首四百，擒酋豪，焚帳落，獲馬牛羊千計。

趙珣。歸信人。爲緣邊巡檢使、涇原路招討都監，屯涇州，兼治籠竿城。麻氈黨留百餘帳，處近塞爲暴，珣引兵自静邊襲擊，俘獲數千計。瞎氈居龕谷無所屬，珣與書招之，瞎氈聽命。元昊大入，府檄珣會葛懷敏於瓦亭。珣曰：「夏恃衆遠，鬬鋒鋭，盍依馬欄城布柵以扼其路，守鎮戎城以便餉道，俟其衰擊之。否則，必爲賊所屠。」懷敏不聽，珣戰没。

滕宗諒。河南人。仁宗時，知涇州。葛懷敏軍敗於定川，諸郡震恐。宗諒顧城中兵少，乃集農民數千，戎服乘城。又募勇敢諜知寇遠近，及其形勢，檄報旁郡使爲備。會范仲淹自環慶引蕃漢兵來援，宗諒乃大設牛酒犒師，又籍定川戰没者祭酹之，厚撫其孥，於是邊民稍安。

狄青。西河人。爲涇原路副都總管、經略招討副使。仁宗以青數有戰功，欲召見，問以方略。會賊寇渭州，命圖形以進。

李及之。濮州人。仁宗時，知涇州，吏事精明，居官稱職。

王珪。開封人。爲涇州駐泊都監。康定初，元昊寇鎮戎軍，珪將三千騎爲先鋒。自瓦亭至師子堡，敵圍之數重。珪奮擊披靡，獲首級爲多。語其下曰：「兵法以寡擊衆，必在暮。我兵少，乘其暮擊之，可得志也。」復馳入。有驍將持槍直珪胷，傷右臂。珪左手以杵碎其腦，繼又一將以槍進，珪挾其槍，以鞭擊殺之。一軍大驚，遂引去。是歲，改涇原路都監。明年，爲本路行營都監。尋至黑山，焚敵族帳，獲首級馬駝甚衆。會敵大入，以兵五千從任福屯好水川，連戰三日，福陷圍中，珪獨入殺數十百人，鞭鐵撓曲，手掌盡裂，奮擊自若。矢中目，乃還。夜中卒，邊人立祠祀之。

武英。太原人。仁宗時，爲涇原行營都監，與任福合諸將戰張家堡，斬首數十百，敵棄牛羊僞遁。諸將皆趨利争進，英以爲前必有伏，衆不聽。伏發，福等既敗，英猶力戰。自辰至申，矢盡遇害。贈邢州觀察使。

桑懌。雍丘人。爲涇原路兵馬都監，屯鎮戎軍，與任福遇敵好水川，力戰而死。贈解州防禦使。

劉永年。并州人。仁宗時，出知涇州，帝賜詩寵之。郡兵歲以香藥爲折支，三司不時輦致。振武卒素驕，譁通判廳事，請以他物代給。永年召至庭下，數其罪，斬爲首之人，餘不敢動。

高敏。登州人。爲涇原指揮使。數與西夏戰，遭重傷。范仲淹、韓琦皆薦之，爲閤門祗候。

和斌。鄜城人。仁宗時，爲德順軍指揮使，凡五年，數捍敵，被重創十餘。神宗時，徙涇原鈐轄。渭部饑，帥王廣淵命賑給。斌擇地營居，養視有法，所活以萬計。

安俊。太原人。仁宗時，徙涇原鈐轄。條上禦戎十三事。遷原州刺史，知涇州。俊久在邊，羌人畏之。

張守約。濮州人。主原州截原砦。招羌酋水令逋等十七族萬一千帳。神宗時，知涇州。涇水善暴城，每春必增治隄堰，費不貲。適歲饑，罷其役。或曰：「如水害何？」守約曰：「歉歲勞民，甚於河害，吾且徐圖之。」河神祠故在南壖，禱而遷諸北，以殺河怒。一夕雷雨，明日河徙而南，其北遂爲沙磧。

張吉。延安人。爲涇原將，解宣威城圍，力戰死之。

劉仲武。成紀人。熙寧中，爲涇原將。夏人謀犯天聖砦，渭帥檄諸將會兵。約曰：「過某日賊不至，即去。」仲武諜得的期，乞緩分屯。帥不樂，但留一將，及仲武軍，如期而敵至，力戰卻之。

李復圭。緱氏人。神宗時，知涇州。始時二稅之入，三司移折已重，轉運使又覆折之。復圭爲奏免，民立生祠。

种古。洛陽人。神宗時，知原州。羌人犯塞，古禦之，斬級數百。築城鎮戎之北以據要害。與弟診破環州折薑會，斬首二千級。民有損直鬻田於熟羌以避役者，古按其狀，得良田二千頃〔六〕，丁四千，悉刺爲民兵。

姚麟。五原人。元豐中，爲涇原副總管。夏人修貢，且乞蘭會壤土。麟言蘭會不可與，願戒將帥飭邊備，示進討之形，以絶其望。從之。督諸將討堪哥平，經略使盧秉上其功，賜金帛六百。

王恩。開封人。哲宗時，爲涇原將。嘗罄軍出萬惠嶺，士饑欲食，恩倍道兼行，衆洶洶。已而遇敵數萬，引兵先入壁，井竈皆具，諸將始服。羌扣壁願見，恩單騎徑出，遥與語。一夕，羌引去。遷涇原副都總管。城西安，築臨羌、天都十餘壘。羌圍平夏，恩設伏敗之。徽宗時，改知渭州，括隱地二萬三千頃，分弓箭士耕屯，爲三十一部，以省餽餉。

朱友恭。西安人。爲涇原第一副將，將步兵捍金人於華亭，數有功。會金兵大集，友恭力戰爲所得。渭帥既降，誘以甘言，許優進官秩。不肯從，更詆辱之。帥不勝忿，斷其脛以徇，經日乃斬之。贈敦武郎。

金

張行信。日照人。興定二年，爲彰化軍節度使，兼涇州管内觀察使。上書論事，多採納。

明

徐鏞。興國州人。成化間，以御史謫知鎮原縣。歲饑，請於上官，移民就食，全活萬計。修倉得錢數十萬緡，以賑貧乏，蠲宿逋，流亡多復業者。尋調臨潼，鎮原民數千泣送之。

龐瑜。公安人。崇禎七年，以歲貢生知崇信縣。縣故無城，會大雨，土垣盡圮。賊掩至，瑜急解印令家人齎送上官，率家丁持梃巷鬭。被執，不屈，大罵而死。贈固原知州。

婁琇。湘陰人。崇禎中，知涇州。賊陷城，死之。贈太僕寺少卿。

本朝

馮明雨。鎮原縣典史。康熙十四年王輔臣之變，城破遇害。

人物

漢

李恂。臨涇人。少習韓詩，教授諸生，常數百人。太守潁川李鴻請署功曹，未到，州辟爲從事。會鴻卒，恂不應州命，而送鴻喪還鄉里。後拜侍御史，持節使幽州，宣布恩澤。所過皆圖寫山川、屯田、聚落百餘卷，悉封奏上。肅宗嘉之，拜兖州刺史，遷張掖太守，徵拜謁者，使持節領西域副校尉。西域數遺恂奴婢、宛馬、金銀、香罽之屬，一無所受。北匈奴數斷西域道，使命不通。恂設購賞，遂斬敵帥，懸首軍門。自是道路夷清，威恩並行。遷武威太守。後坐事免，步歸鄉里，與諸生織席自給。年九十六卒。

王符。臨涇人。少好學，有志操，與馬融、竇章、張衡、崔瑗等友善〔七〕。耿介不同於俗，隱居著書三十餘篇，以譏當時得失。不欲章顯其名，曰潛夫論。

晋

胡奮。臨涇人。性開朗，有籌略，少好武事。宣帝伐遼東，以白衣侍從，甚見接待。以功累遷征南將軍、假節、都督荆州諸軍事。奮家世將門，晚乃好學，所在有聲績。居邊，特著威惠。遷左僕射，加鎮軍大將軍。卒，謚曰壯。奮兄弟六人。兄廣，弟烈，並知名。烈爲將伐蜀，鍾會之反也，烈與諸將皆被閉。烈子世元時年十八，爲士卒先，攻殺會，名馳遠近。烈爲秦州刺史。及涼州叛，烈屯於萬斛堆，爲寇所圍，無援遇害。

南北朝

魏

胡叟。臨涇人。少聰慧，年十三，辨疑釋理，鮮有屈焉。學不師受，披讀羣籍，再閲目皆成誦。善屬文，入魏，賜爵始復男。家於密雲，不事産業，常苦饑貧，然不以爲恥。尚書李敷常遺以財，都無所取。少孤，每言及父母，則淚下。密雲左右皆祇仰其德。

胡方回。臨涇人。涉獵史籍，詞采可觀。爲北鎮司馬，爲鎮修表，世祖覽之歎美。召爲中書博士，錫爵臨涇子。遷侍郎，與游雅等改定律制，司徒崔浩及當時朝賢並愛重之。清貧守道，以壽終。

韓茂。安定安武人。膂力過人，尤善騎射。從太武討赫連昌，破統萬。平平涼，又從征蠕蠕，録前後功，拜散騎常侍、殿中尚書，進爵安定公。文成踐阼，拜尚書令，加侍中、征南大將軍。茂沈毅篤實，雖無文學，每議論合理。爲將善於撫衆，勇冠當世，爲朝廷所稱。子均，少善射，有將略。襲父爵，歷定、清、冀三州刺史，甚有譽。終定州刺史。

鄧彦海。安定人。祖羌，苻堅車騎將軍。父翼，慕容垂趙郡内史。彦海性真素，言行可復。博覽經書，長於易筮。道武定中原，擢爲著作郎，再遷尚書吏部郎。明解制度，多識故事，與尚書崔宏參定朝儀、律令、音樂，及軍國文記詔策多彦海所爲。賜爵下博子。

席法友。安定人。初仕南齊，以膂力自效，任安豐、新蔡二郡太守。後歸魏，拜豫州刺史、苞信縣伯。淮南克定，法友有力焉。恬静自安，不競世利。宣武末，除濟州刺史，廉和著稱。

隋

牛弘。安定鶉觚人。性寬裕，好學博聞。開皇初，授祕書監。弘以典籍遺逸，上表請開獻書之路，上納之。進爵奇章郡公，拜禮部尚書，奉敕修撰五禮。除太常卿，詔與姚察、許善心、何妥、虞世基等正定新樂，議置明堂。弘條上故事，上甚重之。時楊素恃才矜貴，輕侮朝臣，見弘未嘗不改容自肅。尋拜吏部尚書。選舉審慎，並多稱職。累進上大將軍、右光禄大夫。卒，謚曰憲。弘榮寵當世，而車服卑儉，事上盡禮，待下以仁。隋室舊臣，始終悔吝不及，惟弘一人而已。有文集十三卷。子方大，亦有學業，官至内史舍人。

唐

吕向。涇州人。少隱陸渾山，工草隸，强志於學。開元十年，召入翰林，兼集賢校理，侍太子及諸王爲文章。時帝歲遣使採擇天下姝好，内之後宫，向因奏美人賦以諷。又獻詩規校獵。從帝東巡，帝引蕃夷酋長入仗内射禽〔八〕，向又諫正之。官至工部侍郎。嘗以李善釋文選爲繁釀，與吕延濟等五人更爲詁解，時號爲「五臣注」。

皇甫鏞。臨涇人。第進士。兄鎛爲相時，任河南少尹。見權寵太盛，每極言之，鎛不悦。乃求分司爲太子右庶子。鎛敗，朝廷賢之，授國子祭酒。開成初，以太子少保卒。鏞工詩文，爲人寡言正色，衣冠甚偉，不屑世務。所交皆知名士。著書數十篇。

牛仙客。鶉觚人。初爲縣小史，積功，累遷洮州司馬，清勤不懈。以蕭嵩薦，遷太僕少卿。開元末，爲朔方總管，嗇事省用，倉庫積實。遷工部尚書、同中書門下三品。卒，謚貞簡。

牛僧孺。隋奇章弘之裔〔九〕。元和初，以賢良方正對策第一。穆宗時，徙御史中丞，按治不法，内外澄肅。以户部侍郎同中書門下平章事。敬宗立，封奇章郡公。時政出近倖，僧孺數表去位。授武昌節度使。文宗立，復相。時以議吐蕃維州事，僧孺挾素怨，沮李德裕策。帝以爲不直，罷爲淮南節度。宣宗時，終太子少師。子蔚，第進士，由監察御史爲右補闕。大中初，屢條切時政，累官山南西道節度使。以尚書右僕射致仕。蔚弟叢，亦第進士，任補闕，數言事稱旨。咸通末，拜劍南西川節度使。僖宗時，終吏部尚書。

牛徽。蔚子。舉進士，累擢吏部員外郎。乾符中，選濫，吏多姦，歲調四千員。徽治以剛明，柅杜干請，法度復振。父蔚，避地於梁，道病。徽扶籃輿，歷閣路，盜擊其首，血流面，持輿不息。徽拜曰：「人皆有父，今親老而疾，幸無驚駭。」盜感之，乃止。及前谷，又逢盜。輒相語曰：「此孝子也。」共舉輿舍之家，進帛裹創，以饘飲奉蔚，留信宿去。拜諫議大夫，固辭。乞還侍親。後爲刑部侍郎，崔胤忌其正，换左散常侍，以刑部尚書致仕。

宋

胡順之。臨涇人。登進士第，試祕書省校書郎，歷知休寧縣、青州從事，皆有聲。仁宗即位，遷太常博士。天聖、明道間，再上宰相書，乞太后還政。累遷屯田員外郎。其後數論朝廷事。范仲淹愛其才。以目失明廢。

楊政。臨涇人。父忠戰没，政甫七歲，哀毁如成人。建炎間，從吴玠擊金兵，九戰九捷。紹興初，大破金兵於箭筈關。又從吴玠拒金兵於仙人關。入蜀，連日百餘戰，敵遂遁去。授環慶路經略安撫使，改經略安撫涇原，兼帥環慶利路。徙知熙州、利州、興元。金人渝盟，政爲都統制，凡大戰七，斬獲甚多。累拜太尉。卒，謚襄毅。政守漢中十八年，凡利於民者，不敢以軍旅廢。故爲吴璘裨將，及與璘分道建帥，執門下之禮益恭，世頗賢之。

明

巨敬。靈臺人。初爲御史。建文中，改户部主事，充史官。清慎有聲。燕王入京，不屈死，夷其族。後謚節愍。

仇鉞。鎮原人。襲江都仇理世職，爲寧夏前衛指揮同知。正統中，定安化王寘鐇之亂，擢寧夏總兵官，論功封咸寧伯。已，拜平賊將軍，討平劉惠、趙鐩等於河南。復移師會陸完，共滅劉七等於江北，進世侯。大同有警，命充總兵官，統京兵禦之。卒，謚武襄。

張麟。靈臺人。以明經授滎河縣丞。性恭愿，動止有則。執喪三年，未嘗與妻言。適邠州遇盜，刼所乘騾及行裝，其騾弗行。麟語盜曰：「是騾非鞭不行，吾尚有鞭以予汝。」盜驚曰：「此必靈臺張古人也。」遂拜還所刼。

本朝

楊可立。靈臺人。淹貫羣書，殫心理學。以明經，歲薦授廣文，爲士林所宗。設義田以周窮乏，鄉人尤稱之。順治十年，入祀鄉賢祠。

張紹敬。鎮原人。力行善事，鎮邑自乾隆五年至十七年，歷年民屯積欠，紹敬出資代完。又捐田八百畝入學宫，爲寒士讀書之需，義重一鄉。乾隆四十四年，入祀鄉賢祠。

李必智。涇州人。養母盡孝。及喪，哀毁逾節，廬墓三載。又同州人閻閻城〔一〇〕，早歲失怙，爲繼母李氏撫育。李偶有小病，寢不解衣，輒籲天請代。殁後，亦廬墓三年。又崇信縣生員王爾公、關巒，鎮原縣民張惺〔一一〕、貢生張峯，事親並以孝聞，於乾隆年間先後旌表。又涇州人魏興旺，鎮原縣捐都司銜慕典，貢生張繼孔，生員張炳英、張漢，並以孝聞，嘉慶年間旌表。

列女

南北朝　魏

貞女兕先氏。涇州人。字彭老生爲妻，既聘，未及成禮。兕先氏率行貞淑，居貧常自舂汲以養父母。老生輒往迫之，不肯從。老生怒而刺殺之，臨死，謂老生曰：「我所以執節自固者，正欲奉給君耳。今反爲君所殺。」言終而絕。老生論死。太和七年，詔曰：「女守禮履節，没身不改，其標墓旌善，號曰貞女。」

宋

楊政母。涇州人。政官涇原，母留敵境，間遣人省視之，母惟勉以忠義。和議成，始得迎歸。詔封其母感義郡夫人。

明

雷氏。名秀貞，涇州人。年十八，家貧，採蔬於野，有惡少方鉏，迫而求通。女憤，以蔬刀刺之，被鉏擊死。巡按疏表其門。

魯氏。涇州人。嘉靖初，西寇劫掠，魯氏罵賊死之。

梁自立妻蒲氏。崇信人。崇禎末，避亂山穴中。賊掠得，將逼之。氏不從，遇害。其子婦闞氏，聞寇至，方自縊，爲賊所持，罵不絕口，賊怒殺之。

張國珍妻朱氏。崇信人。國珍爲賊所掠，三年未還。氏茹苦自守，姑謀令他適。聘已定，氏泣曰：「婦去，誰事姑？且兒歸奈何？」不聽，遂入室自縊死。

多氏烈女。靈臺人。父卒，未聘，女避寇於隱形山北窑窨内，被賊搜獲。舁上馬，不從，躍下者三。賊以美言誘之，女遮面大駡，賊斷其手而殺之。又王氏女，適隴州民。未一月，因元夕歸寧，被賊掠去。女涕泣駡詈，且求斃。賊感其節烈，釋之。女歸家，以爲身雖全，手已受辱。適夫至，佯慰之，即自縊死。

本朝

脱海龍妻趙氏。鎮原人。順治初，同夫避賊崖窟。夫爲賊所殺，氏遂投崖死。又涇州民婦蘇氏、李氏，相繼沈河死。

杜起周妻史氏。涇州人。夫亡守節，織紝自給，撫子成立。乾隆六年旌。又同州節婦喬永泰妻楊氏、張玉顯妻史氏、常際熙妻史氏、王琮妻景氏、李秀妻張氏、李生文妻牛氏、史業久妻景氏、薛永喜妻王氏、楊成千妻曹氏、閆魏生妻李氏、生員史惟經妻白氏、景爾沼妻李氏、生員王希朱妻張氏、王玠妻牛氏、劉行周妻路氏，俱乾隆年間先後旌表。史記言妻楊氏、王化普妻尚氏，均於嘉慶年間旌表。

闞犖妻馬氏。崇信人。夫亡守節。乾隆六年旌。又同縣節婦貴婉成妻闞氏、杜朝柄妻朱氏、朱萼妻闞氏、田吉祥妻郭氏、生員李增長妻闞氏、生員梁穆康妻李氏、黄登彦妻王氏、梁居正妻李氏、梁元第妻張氏、馬廷騏妻白氏、劉世昌妻王氏、王品之妻張氏，俱乾隆年間先後旌表。生員梁朝瑜妻朱氏、生員王咸順妻李氏、梁有常妻黄氏，俱嘉慶年間先後旌表。

于景凱妻高氏。靈臺人。夫亡守節，乾隆六年旌。又同縣節婦史養正妻趙氏、王子哲妻蔡氏、鄧福妻王氏、劉毓秀妻仇氏、田奉禄妻孟氏、姚杰妻多氏、張大功妻李氏、劉自恭妻宋氏、劉德燦妻孫氏、馬斌妻王氏、郭鎮妻張氏、王相妻張氏、張光書妻孫氏，俱乾隆年間先後旌表。生員于四知妻苟氏、武生劉善繼妻王氏、韓朝惠妻王氏、生員楊運花妻楊氏、王得益妻任氏、練起文妻鄭氏，俱嘉慶年間先後旌表。

陳偉經妻朱氏。鎮原人。夫亡守節，乾隆六年旌。又同縣節婦沈景泰妻朱氏、趙爵妻高氏、張思明妻章氏、包名世妻賀氏、許遂妻路氏、劉珽妻羅氏〔一二〕、賈亦逵妻張氏〔一三〕、張柱妻章氏、生員張泰吉妻許氏、杏杰妻賈氏、杏勉妻馬氏、生員張文英妻杜氏、張榮妻姜氏、段峴妻張氏、賀理妻張氏、張銀妻高氏、劉福應妻曹氏、張永昌妻席氏、段寧正妻張氏、李文正妻馬氏、張檖妻陳氏、趙元妻李氏、李萬智妻張氏、李國棟妻張氏、張庶吉妻杜氏、張鐈妻鄭氏、張付妻劉氏、張壽仁妻馬氏、折鳳棲妻段氏〔一四〕、焦俊儒妻張氏、張紹禮妻常氏、張紹章妻趙氏、劉自前妻段氏、苟遴妻張氏、張崇海妻段氏、許溥妻脱氏、賈師有妻張氏、生員張詠妻包氏、朱文炳妻常氏、廩生秦禄妻劉氏、李仲長妻和氏、范光芮妻劉氏、孫順妻陳氏、朱可言妻董氏、慕容英妻謝氏、段崇妻席氏，俱乾隆年間先後旌表。段岷妻盧氏、劉鑄國妻張氏、許恒妻段氏、賀體元妻劉氏、段碧妻賈氏、張穩妻席氏、路本清妻張氏、慕廷輔妻劉氏、焦登甲妻劉氏、田步均妻馬氏、監生田步正妻路氏、張社妻賈氏、賀室妻路氏、段存科妻賀氏、吴宗禮妻段氏、張應躔妻許氏、武生張啓緒妻章氏、李元貞妻盧氏、劉懷璽妻張氏、張復禮妻劉氏、祁學吉妻賈氏、張愿妻劉氏、段凝遠妻張氏、焦俊貴妻姚氏、張國瑚妻苟氏、席大賓妻張氏、武生段唐珍妻盧氏、黄文舉妻朱氏、韓長生妻白氏、袁一德妻秦氏、謝儒妻段氏、劉月桂妻秦氏、鄭大魁妻李氏、鄭宗叩妻張氏、許秉元妻張氏，俱嘉慶年間先後旌表。

仙釋

宋

朱有。涇州人。少竄名五符。宋元豐初，瀘賊犯塞，詔起秦卒征之。軍次資中，郡有醮壇山李阿試仙臺，有往來臺上，俄二鳥飛鳴，争食墜地，若松肪者。有取食之，即膜脹且渴，求池水飲焉。遇一道士，指松曰：「食此葉可療也。」忽不見。有如其言，渴遂止，自覺心爽神清。有始不知書，不飲酒，至是高吟劇飲，脱五符而仙去。

土產

羊。馬。寰宇記：涇州土産羊馬。

氈。涇州出。唐書地理志：原州貢覆鞍氈。寰宇記：涇州土産駝毛氈。九域志：涇州貢紫茸毛。

麻布。鎮原、涇州出。元和志：涇州、原州賦麻布。

龍鬚席。涇州出。元和志：涇州貢。唐書地理志：涇州、原州貢。

藥。寰宇記：涇州産秦艽、紅花、黄蓍，原州産白芍。明統志：崇信出天南星。

校勘記

〔一〕靈臺縣有邵砦鎮　「邵」，原作「郡」，據乾隆志卷二〇九涇州關隘（下同卷簡稱乾隆志）及金史卷二六地理志改。

〔二〕綏寧砦　「寧」，原作「安」，據乾隆志及元豐九域志卷三陝西路改。按，本志避清宣宗諱改。

〔三〕宋慶曆四年置　「四年」，原作「五年」，據乾隆志及元豐九域志卷三陝西路改。

〔四〕郝玭　「玭」，原作「玭」，據乾隆志及舊唐書卷一五二郝玭傳改。下文同改。

〔五〕憲忠疏涇於隍　「疏涇於隍」，原作「疏湟於涇」，乾隆志同，據新唐書卷一四八史憲忠傳改。
〔六〕得良田二千頃　「二」，宋史卷三三五种古傳作「三」。
〔七〕與馬融竇章張衡崔瑗等友善　「張衡」，原作「張銜」，據乾隆志及後漢書卷四九王符傳改。
〔八〕帝引蕃夷酋長入仗内射禽　「引」原作「因」，「仗」原作「伏」，乾隆志同，據新唐書卷二〇二呂向傳改。
〔九〕隋奇章弘之裔　乾隆志同。按，牛弘於隋進爵奇章郡公，此省作「奇章」未妥。
〔一〇〕又同州人閻閭城　「城」，乾隆志作「誠」。
〔一一〕鎮原縣民張惺　「惺」，乾隆志作「煋」。
〔一二〕劉珽妻羅氏　「珽」，乾隆志作「鋌」。
〔一三〕賈亦逵妻張氏　「逵」，乾隆志作「達」。
〔一四〕折鳳棲妻段氏　「棲」，原作「樓」，據乾隆志改。

秦州直隸州圖

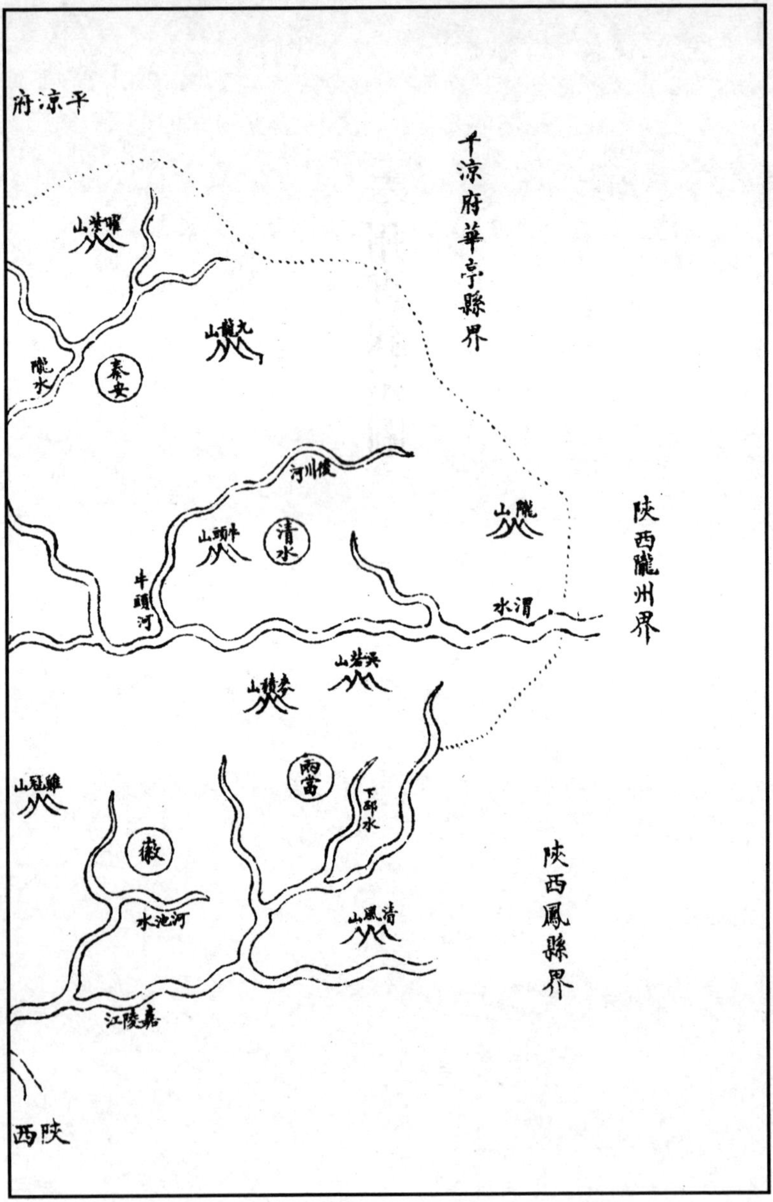
平涼府
平涼府華亭縣界
九龍山
秦安
隴水
後川河
牛頭山
清水
牛頭河
隴山
渭水
陝西隴州界
吳砦山
麥積山
雞冠山
兩當
徽
河池水
清風山
嘉陵江
陝西鳳縣界
陝西

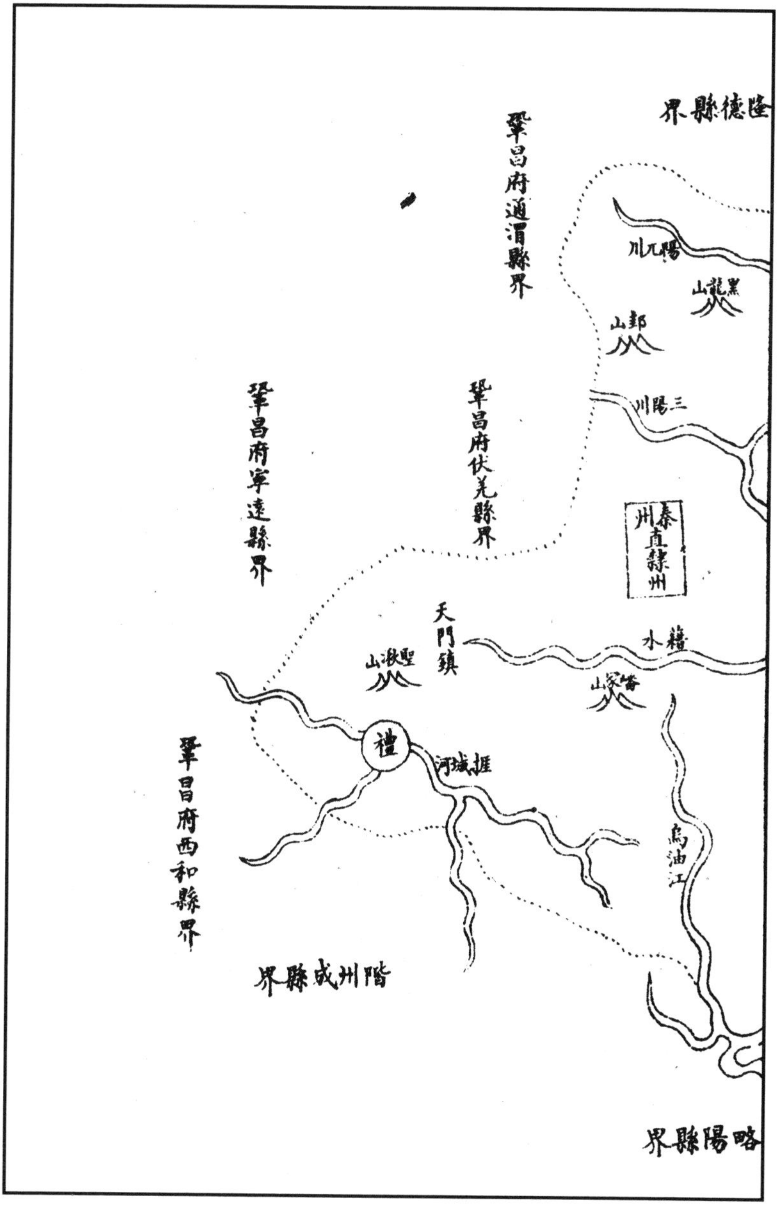
隆德縣界
鞏昌府通渭縣界
陽兀川
黑龍山
邽山
三陽川
鞏昌府伏羌縣界
鞏昌府寧遠縣界
秦州直隸州
天門鎮
聖湫山
藉水
嶓冢山
禮
捱城河
烏油江
鞏昌府西和縣界
階州成縣界
略陽縣界

秦州直隸州表

	秦州直隸州	
秦		邽縣
兩漢		上邽縣屬隴西郡，後漢屬漢陽郡。
三國	秦州魏分隴右置，尋廢。	上邽縣州治。
晉	秦州天水郡初移郡治，復初名。太康七年置州。	上邽縣州郡治。
南北朝	秦州天水郡	上封縣魏改名。
隋	天水郡初廢郡。大業初復改州置。	上邽縣復名，郡治。
唐	秦州天水郡復曰秦州。開元中徙。天寶初復還治，改天水郡。乾元初復曰秦州，屬隴右道。後陷吐蕃，廢。	上邽縣初爲州治，寶應初入吐蕃廢。大中三年收復，改鎮，屬秦州。時州移治成紀。
五代		唐長興初移清水縣來治。
宋金附	秦州天水郡雄武軍節度復移置爲秦鳳路治。金曰秦州，屬鳳翔路，後升鎮遠軍節度。	成紀縣移置州治。
元	秦州屬鞏昌路。	成紀縣
明	秦州屬鞏昌府。	洪武初省入州。

續表

	秦安縣
西縣屬隴西郡，後漢屬漢陽郡。望垣縣屬天水郡，後漢屬漢陽郡。綿諸道屬天水郡，後漢省。	成紀縣屬天水郡。後漢屬漢陽郡。
西縣 望垣縣	成紀縣
廢。 廢。	成紀縣屬天水郡。
綿諸縣魏復置，屬略陽郡，西魏省。漢陽郡魏太平真君七年置，治黄瓜縣。周廢。	成紀縣魏省，周復置，屬略陽郡。
	成紀縣屬天水郡。
天水縣初析上邽置，旋廢。	開元中移廢。
天水縣唐復置，屬秦州。	
天水縣紹興中隸成州。嘉定初置天水軍。	秦安縣金正隆中置，屬秦州。
初廢入成州。	秦安縣
	秦安縣

					略陽道 屬天水郡。
新陽縣 魏置，屬漢陽郡。					略陽縣
新陽縣 屬天水郡，後廢。					略陽縣 屬略陽郡，後廢。
	安陽郡 魏置。西魏增置北秦州，尋又改交州。	安陽縣 郡治。	隴城縣 魏置，屬略陽郡。西魏更名略陽，爲略陽郡治。		略陽郡 魏置，周廢。
	開皇三年，郡廢，十八年改州曰紀州。大業初州廢。	長川縣 開皇十八年更名，屬隴西郡。	隴城縣 開皇二年廢郡，更名河陽。六年又改名，屬天水郡。		
		貞觀三年省。	隴城縣 武德二年置文州，旋廢，屬秦州。後入吐蕃，廢。		
			隴城縣 唐長興三年復置。		
			隴城縣 屬秦州。	雞川縣 金置，屬西寧州。	
			至元七年省。	至元七年省。	

續表

戎邑道 屬天水郡，後漢省。	顯親侯國 漢成紀縣地，後漢置侯國，屬漢陽郡。	街泉縣 屬天水郡，後漢省。	隴縣地。	
			廣魏郡 魏置。	臨渭縣 郡治。
	顯新縣 屬天水郡。		略陽郡 泰始中改。	臨渭縣
安戎縣 魏改置郡治，周廢。	顯新縣 魏太平真君八年省，後復屬天水郡。周廢。		魏廢。	魏廢。
秦州 開元二十二年移州來治。天寶初徙。大中三年復來治。	成紀縣 開元二十二年移治，爲州治。			
	成紀縣			
	徙廢。			

續表

續表

清水縣	禮縣
清水縣屬天水郡，後漢廢。 隴縣屬天水郡，後漢屬漢陽郡。	嘉陵道地。後漢上祿縣地。
隴縣	
清水縣復置，屬略陽郡。 廢。	
清水縣西魏兼置清水郡。 伯陽縣魏置。	漢陽郡魏太平真君五年置，西魏改長道郡，周又改天水郡。
清水縣開皇初廢郡，屬天水郡。 秦嶺縣開皇中更名，屬天水郡。	廢。
清水縣武德四年置邽州，旋廢，屬秦州。大曆後入吐蕃。大中二年收復，屬秦州。 貞觀十七年省。	
清水縣唐徙。	
清水縣復舊治，屬秦州。 冶坊縣金置，屬秦州。貞祐四年屬西寧州。	
清水縣 至元七年省。	禮店軍民府至元七年廢長道縣改置，屬圖沙瑪路。
清水縣	禮縣洪武初改置禮店千户所，屬岷州衛。十五年改屬秦州。成化九年改置縣。

	徽縣
蘭倉縣 魏太平真君三年置郡治。西魏改漢陽縣。 潭水縣 西魏置，兼置潭水郡。周廢郡。	
長道縣 開皇十八年更名，屬漢陽郡。 潭水縣 屬漢陽郡。	
長道縣 屬成州。寶應中入吐蕃。咸通十三年復置，屬秦州。 潭水縣 初屬成州，後屬宕州。廣德中省。	
長道縣	
長道縣 熙寧七年改屬岷州。南宋屬西和州。 大潭縣 乾德初置，屬秦州。熙寧中屬岷州，後廢。	河池縣 開寶五年移置，仍屬鳳州。
	徽州 初置南鳳州，治河池縣，又分置永寧縣。至元初改徽州。七年二縣俱省入州，屬鞏昌路。
	徽州 洪武十年改爲縣，後復升爲州，屬鞏昌府。

續表

續表

	兩當縣
河池縣 屬武都郡。	故道縣地。
河池縣	
河池縣 永嘉後入氐、羌。	
廣化縣 魏改置，兼置廣化郡。	兩當縣 魏置，兼置兩當郡。
河池縣 開皇初廢郡。仁壽初更縣名，屬河池郡。	兩當縣 初廢郡，屬河池郡。
河池縣 屬鳳州。	兩當縣 屬鳳州。
河池縣	兩當縣
	兩當縣 至道初移治，仍屬鳳州。
	兩當縣 屬徽州。
	兩當縣 洪武十年省入徽縣，後復置，仍屬徽州。

大清一統志卷二百七十四

秦州直隸州一

在甘肅省東南七百三十里〔一〕。東西距二百九十里，南北距四百五十里。東至陝西鳳翔府隴州界二百里，西至鞏昌府伏羌縣界九十里，南至陝西漢中府略陽縣界二百四十里，北至平涼府隆德縣界二百十里。東南至陝西漢中府鳳縣界三百十里，西南至階州界三百五十里，東北至平涼府華亭縣界二百五十里，西北至鞏昌府通渭縣治一百八十里。本州境東西距一百九十里，南北距一百八十里。東至清水縣界一百里，西至伏羌縣界九十里，南至徽縣治一百五十里，北至秦安縣界三十里。東南至徽縣治二百八十里，西南至鞏昌府西和縣界七十里，東北至清水縣界一百里，西北至伏羌縣治一百二十里。自州治至京師三千七百十里。

分野

天文東井、輿鬼分野，鶉首之次。

建置沿革

禹貢雍州之域，古邽戎地。秦置邽縣。漢曰上邽，屬隴西郡。後漢屬漢陽郡。晉爲天水郡治，太康七年，兼置秦州。晉書地理志：秦州，魏始分隴右置，中間廢。泰始五年，又置秦州，鎮冀城。太康三年罷。七年，復立鎮上邽。後魏改縣曰上封，仍爲州郡治。後周置總管府。隋初郡廢，縣復曰上邽。大業初，府廢，改州爲天水郡。唐武德初，復曰秦州，置總管府。開元二十二年，州移治成紀，以上邽屬之。天寶元年，還治上邽，改爲天水郡。乾元元年，復曰秦州，屬隴右道。寶應二年，陷於吐蕃。大中三年收復，爲上邽鎮，屬秦州。時州移治成紀。五代後唐長興元年，移清水縣於此，宋復移置成紀縣及秦州天水郡，雄武軍節度，屬陝西路。慶曆元年，於州置秦鳳路。金初曰秦州。皇統二年，屬熙秦路。大定二十七年，屬鳳翔路。元光二年，升爲鎮遠軍。元仍曰秦州，屬鞏昌路。明洪武初，省成紀縣入州，屬鞏昌府。本朝雍正七年，以州直隸甘肅省，移鞏昌府之秦安、清水、禮縣三縣隸焉。又改鞏昌之徽州爲縣，與所轄兩當縣並來屬。領縣五。

秦安縣。在州北八十里。東西距一百十里，南北距六十里。東至清水縣界四十里，西至鞏昌府通渭縣界七十里，南至本州界三十里，北至平涼府隆德縣界三十里。東南至清水縣界七十里，西南至鞏昌府伏羌縣界六十里，東北至隆德縣界六十里，西北至平涼府靜寧州界八十里。漢置成紀縣，屬天水郡。後漢屬漢陽郡。晉仍屬天水郡。後魏省。後周復置，屬略陽郡。隋仍屬天水郡。唐初，屬秦州。開元二十二年，移秦州來治。天寶元年，州還上邽，仍爲屬縣。大中三年，復移州來治。咸通五年，升爲天雄軍節度。五代改雄武軍節度。宋時州縣俱移治上邽，此爲秦州成紀縣地。金正隆中，析置秦安縣，屬秦州。元、明因之。本朝初屬鞏昌府，雍正七年，還屬秦州。

清水縣。在州東一百二十里。東西距一百十里，南北距一百六十里。東至陝西鳳翔府隴州界七十里，西至秦安縣界四十里，南至本州界二十里，北至平涼府華亭縣界一百四十里。東南至本州界四十里，西南至本州界四十里，東北至隴州界七十里，西北至平涼府静寧州界一百里。漢置清水縣，屬天水郡。後漢廢爲隴縣地。晉復置清水縣，屬略陽郡。後魏因之。西魏兼置清水郡。隋開皇初，郡廢，縣屬天水郡。唐武德四年，於縣置邽州。六年，州廢，縣屬秦州。大曆後，陷於吐蕃。大中二年收復，權隸鳳翔府。三年，仍屬秦州。五代後唐長興元年，縣移治上邽。宋初，還舊治。金、元、明因之。本朝初屬鞏昌府，雍正七年，還屬秦州。

禮縣。在州西南二百里。東西距一百八十里，南北距一百里。東至本州界八十里，西至鞏昌府岷州界一百里，南至鞏昌府西和縣界四十里，北至鞏昌府寧遠縣界六十里。東南至西和縣界一百五十里，西南至階州界一百五十里，東北至鞏昌府伏羌縣界六十里，西北至鞏昌府漳縣界一百八十里。漢武都郡嘉陵道地。後漢爲上祿縣地。後魏太平真君三年，分置蘭倉縣。五年，於縣置漢陽郡。西魏廢帝改爲長道郡漢陽縣。後周又改爲天水郡。隋開皇初郡廢，十八年改縣曰長道，屬漢陽郡。唐屬成州。寶應中，隨州陷廢。咸通十三年，復置長道縣，改屬秦州。五代因之。宋熙寧七年，改屬岷州。南宋屬西和州。元至元七年，縣廢，改置禮店軍民府，屬圖沙瑪路。明洪武初，改禮店千户所。十五年，改屬秦州。成化九年，始置禮縣。本朝初，屬鞏昌府。雍正七年，還屬秦州。「圖沙瑪」舊作「脱思麻」，今改。

徽縣。在州南少東二百八十里。東西距一百二十里，南北距二百五十里。東至兩當縣界七十里，西至階州成縣界五十里，南至陝西漢中府略陽縣界六十里，北至本州界一百九十里。東南至略陽縣界五十里，西南至成縣界九十里，東北至清水縣界八十里，西北至本州界八十里。漢置河池縣，屬武都郡。後漢、晉因之。永嘉後，没於氐、羌。後魏改置廣化縣，兼置廣化郡。隋開皇初，郡廢。仁壽初復，改曰河池縣，屬河池郡。唐屬鳳州。宋開寶五年，移治固鎮，仍屬鳳州。元初，於縣置南鳳州。至元元年，改曰徽州。七年，以州治河池縣省入，屬鞏昌路。明洪武十年，改爲縣，後復升爲州，屬鞏昌府。本朝雍正七年，改州爲縣，屬秦州。

兩當縣。在州東南二百七十里。東西距六十里，南北距二百里。東至陝西漢中府鳳縣界三十里，西至徽縣界三十里，南至漢中府沔縣界一百二十里，北至本州界八十里。東南至鳳縣界四十里，西南至徽縣界五十里，東北至陝西鳳翔府隴州界二百二十里，西北至徽縣界三十里。漢武都郡故道縣地。後魏析置兩當縣，又置兩當郡。隋開皇初，郡廢，縣屬鳳州。大業初，屬河池郡。唐武德初，屬鳳州。宋至道元年，移治唐鄉鎮，仍屬鳳州。元初屬南鳳州，至元七年屬徽州。明洪武十年省入徽縣，後復置，仍屬徽州。本朝雍正七年，改屬秦州。

形勢

西倚天門，東扼隴坻。南連嶓冢，北接鳳凰。爲蘭河之中堅，關隴之重鎮。通志。南通巴僰，北控朝那。山有嶓冢、隴坻之秀，水有漢漾、渭藉之美。州志。

風俗

地本膏腴，民事耕殖。元統志。重然諾，負氣節。舊志。樸茂質實，勁直强毅，猶存古風。而流弊或懻忮忿争，耗財廢業。州志。

城池

秦州城。舊有東、西二城。明洪武初，因西城址築大城，周四里有奇，門四，濠深一丈二尺。大城之東爲東關城，門二。

大城之西爲中城，門二。又西爲西關城，城形如鐘，門四。又西爲小西關，亦曰伏羲城，門二。四城皆與大城聯屬。本朝順治十一年，俱重築。乾隆三十二年修，門三，惟北城無門。

秦安縣城。周三里有奇，門二，濠廣三丈。金皇統間建。本朝乾隆三十四年修，嘉慶六年重修。

清水縣城。周四里有奇，門二。明洪武四年築，弘治中又築東、西二郭。濠深一丈。本朝康熙二十四年修。

禮縣城。明洪武初築土城，成化九年展築西偏，共周三里有奇。門四，濠深六尺。

徽縣城。周四里有奇，門四，濠深一丈。明初因舊址增築。本朝康熙九年二十四年修，乾隆三十二年五十二年重修。

兩當縣城。周三里，門四，濠深一丈五尺。明洪武初築，隆慶間展其址。本朝康熙四十四年修，乾隆三十四年重修。

學校

秦州學。在州治西南。元大德六年建。本朝康熙十四年修。入學額數二十名。

秦安縣學。在縣治東南。元至正中建。入學額數二十名。

清水縣學。在縣治東南。明嘉靖十九年建。入學額數九名。本朝乾隆六十年，撥貴德廳學一名。

禮縣學。在縣西城中。明成化中建於錦屏山下。本朝順治十三年遷此。入學額數十二名。

徽縣學。在縣治東。明洪武初建。入學額數十二名。

兩當縣學。在縣治西。明洪武中建，在縣治東，正德十年遷此。本朝康熙、乾隆間屢修。入學額數八名。

天水書院。在州城東隅。本朝乾隆二十七年建。

春雨書院。在秦安縣，舊名龍川書院。本朝乾隆十八年建，二十三年重建，更名鷄川書院。二十六年復更今名。

天嘉書院。在禮縣。本朝乾隆十一年建。

鳳山書院。在徽縣署前。舊名徽山書院，本朝乾隆十四年建，二十七年更名。

丹山書院。在兩當縣治北。

户口

原額民丁共三萬三百八十六，屯丁共九千五百九十八，今滋生民丁男婦大小共六十六萬六千七百九十名口，屯丁男婦大小共二十萬二千一百五十八名口，統計十六萬五百六十三户。

田賦

田地共四萬七千七百六十六頃二畝七分有奇，額徵銀共三萬五千一百五十三兩六錢六分九釐，糧共一萬五千三十二石五升一勺。

山川

龜山。在州東四十里。周五里，中間突起如龜背。南臨渭水，右濱清水。其麓爲社樹坪，有阜自山南循藉水而西，止於州東十里，謂之沙隴。

石門山。在州東一百里。兩峯對峙如門，四圍峭削，中通一路。

吴砦山。在州東一百八十里。相傳宋吴璘嘗置寨於此山之麓，有吴鎮，爲入南山採木之路，有木廠。又柏林山，在州東七十里，多産柏。

麥積山。在州東南八十里。後魏正始三年，秦州主簿吕苟兒反，梁州刺史李焕令石長樂由麥積崖赴援。正光末，隴右畔亂，東侵岍岐，李苗請固守隴東，命偏將出麥積崖以襲其後。周大都督李允信於南崖梯雲鑿道，造七佛龕，庾信爲銘。方輿勝覽：山在天水縣東百里，狀如積麥，爲秦地林泉之冠。北爲雕窠峪，上有隗囂避暑宫，對面瀑布，下注蒼崖間，亦勝境也。舊志：在州東南八十里，三面壁立，高入雲際。其南爲香積山，永川水出焉。又南五十里接兩當縣界。

改龍山。在州東南一百里。下有改龍鎮，即街子口。其旁爲仙人山，亦名仙人崖。有巖突出兩山間，其阿如屋。

燕子山。在州東南一百十里。有燕子關，地多林木，黨水出焉，東流入嘉陵江。東北二百里抵胡店，有官軍防守。又五十里界寶鷄。

秦嶺山。在州東南三百里。其山長而秀，周數百里，東聯鳳縣，南界漢中。又東有金門山，五峯如吴岳，有棧道通鳳縣。

翠屏山。在州南二里。亦名文峯，上有文星臺。其麓爲石馬坪，其右曰武峯山，有古南山寺。杜甫詩「山頭南郭寺」，即此。

雲臺山。在州南五十里。下有稍子站。

筆峯山。在州南一百十里。有五峯，蒼翠如削，上多鸚鵡，有薜蘿，沿壁下垂如線。

赤峪山。在州西南。杜甫詩「晨發赤峪亭，艱險方自茲」，即此。宋嘉定十年，利州統制王逸復大散關及皂郊堡，進攻秦州及赤峪口。通志：在州西南十里，有水經其中。

寶峯山。在州西南六十里。其山挺秀，高若摩空。

嶓冢山。在州西南六十里。漢書地理志：西縣有禹貢嶓冢山，西漢水所出。元和志：在上邽縣西南五十八里。鞏昌府志：在州西南六十里，南爲分水嶺，水南流爲西漢水，北流爲赤峪河。

木門山。在州西南九十里。三國漢建興九年，諸葛亮圍祁山，以糧盡退軍。司馬懿遣張郃追之，進至木門，蜀人乘高布伏，郃中飛矢死。水經注有木門谷水，北流入藉水。胡三省通鑑注：「木門谷，在天水縣南十里。」鞏昌府志：在州西南九十里，與西和縣接界。

黑谷山。在州西。方輿勝覽：在天水縣北五十里。大山喬林，連跨數縣。有黑谷關，紹興初，郡守陳俊置以防秦、鞏來路，最爲衝要。按：方輿勝覽山在天水之北，則應在今州西界。通志謂在西南一百里，與西和及成縣接界，恐誤。

崦嵫山。在州西五十里。

鐵堂山。在州西七十里。方輿勝覽：在天水縣東五里，有石筍青翠，長者至丈餘，小者可以爲礪。舊志有盤龍山，在州西七十里，山有鐵鑪坡，即鐵堂峽也。其峽四山環抱，中爲鐵堂莊。又西五里曰半坡山，又西稍南五里曰中峪山，其下爲横河。

刑馬山。在州西九十里，接清水縣界。山多林木，路可行車。迤南爲固城山，藉水出焉。又六十里經小落門，接寧遠界。

州志：山深邃，連亘洮、岷。中爲大南峪，其水皆東北流，入於藉。

天靖山。在州西北二里。上有玉泉。

邽山。在州西北。水經注：渭水東歷上邽縣北、邽山之陰。九域志：成紀縣有邽山。通志：今謂之卦山，在州西北三十里，即伏羲畫卦處，今名畫卦臺。山中斷，忽突出小山，上有羲皇廟。北爲龍馬山，渭水流經其下。中有石屹然，名分心石。又有邽山，在清水縣東南三十里，乃隴山之支麓也。

壽山。在州北一里。上有隗囂連城遺址。西爲鳴玉谷，宋吴璘嘗置寨於此，以保秦隴。下有魯谷水。

九龍山。在秦安縣東一里。九峯相拱，狀如龍翔，磅礴百餘里，爲縣主山。

斷山。在秦安縣東一百二十里。其地當略陽南北之衝，截然中止，不與諸山聯屬，爲縣境之要口。有斷山隘。

夕山。在秦安縣東南十里。巖壑迴環，夕陽掩映，因名。

長山。在秦安縣南二里。長八十里，迤邐經社樹坪，止於縣之東南。其西連州北之三陽川，亦名三陽山。

黑龍山。在秦安縣西北二十里，下瞰鎖峽，帶隴水。

八龍山。在秦安縣西北六十里。山阜有八，迴合如龍，因名。其勢如羈如御，俗謂之把龍山。

曜紫山。在秦安縣北四十里。

七星山。在秦安縣東北二里。山不甚高，而七峯環列，形如北斗。

青龍山。在秦安縣東北二十里。山高聳，望之若在雲際。

大陽山。在秦安縣東北。寰宇記：在隴城縣東北五十里，有銀冶務。

大隴山。在秦安縣東北。元和志：隴城縣有大隴山，在縣東一百里。

隴山。在清水縣東，接陝西鳳翔府隴州界。一名隴坂，又名隴坻。張衡四愁詩：吾所思兮在漢陽，欲往從之隴坂長。説文：隴山，天水大坂也。後漢書郡國志：隴縣有大坂，名隴坻。辛氏三秦記：其坂九迴，不知高幾許。欲上者，七日乃得越。高處可容百餘家，下處容十萬户。清泉四注而下。郭仲產秦州記：山東西百八十里，登山巔，東望秦川四五百里，極目泯然。山東人行役，升此而顧瞻者，莫不悲思。其歌曰：「隴頭流水，鳴聲嗚咽。遥望秦川，肝腸欲絶。」又曰：「隴頭流水，分離四下。念我行役，蕭然曠野。登高遠望，涕淚雙墮。」其上有懸溜，吐於山中，匯於澄潭，名曰萬石潭，流溢散下，皆注於渭。隋書地理志：清水縣有分水嶺。元和志：小隴山在清水縣，一名隴坻，又名分水嶺。隗囂時，來歙襲得略陽，囂使王元拒隴坂，即此。其上有水，東西分流，因號驛爲分水驛。東去大震關五十里，上多鸚鵡。又大隴山，在隴城縣東一百里。金史地理志：清水縣有中隴山。又隴城縣有大隴山。通鑑注：大隴山在清水縣東北。通志：關山在清水縣東百里，即隴山也。府志：盤龍山在清水縣東五十里，即大隴之支阜，形若盤龍，上有大震關。又二十里爲關山，磅礴三百餘里，巖岫重疊，層層遞高。其坂十八迴，上者七十里至頂，西下稍平。按：隴山延亘隴州、鎮原、清水諸州縣境。其峯巒巖嶺，隨地異名，然其實一隴山耳。自後魏以下，始有大小之分。水經注及元和志皆以小隴山爲隴坂，而大隴山不與焉。今並著之。

亭樂山。在清水縣東三十里。有秦亭遺跡。

青巖山。在清水縣東五十里。山峯聳秀。相接者有華蓋山，石多五色。

石洞山。在清水縣東南五十里。上有清崖洞，洞門有巨石，懸而不墜，其下有泉。

筆架山。在清水縣南七里。有五峯分列，與邽山相連。

牛頭山。在清水縣西二十里。南道河諸水會於此，曰牛頭河。

月臺山。在清水縣西北五里。山形似月，因名。

卧虎山。在清水縣北一百里。有靈湫，禱雨輒應。

寶蓋山。在清水縣北一百五十里。自大隴山分支而來，高聳峆岈，頂平如蓋，因名。

赤土山。在禮縣東三里。土色如硃，亦名紅土山。山脈自寧遠界迤邐至此，特起一峯，絶頂有坪，可容萬馬。

祁山。在禮縣東四十里，接西和縣界。

翠峯山。在禮縣東南十五里。山峯端秀，如人拱立。下有香水崖、仙人洞諸勝。相傳隗囂曾避暑於此。

雷玉山。在禮縣南三十里。有堡。地形志蘭蒼縣有雷牛山，疑即此。

十八盤山。在禮縣西南。寰宇記：在大潭縣南一百二十里，有十八盤路。州志：州東南有石門山，亦十八盤而上，約十里餘。又元統志有仗㑩山，在大潭故縣西南六十里連城縣界。

岷峨山。在禮縣西南一百里，接岷州界。高聳如岷峨，因名。又方輿勝覽有通靈山，去大潭縣七十里。四山環合，二水縈流。有清水巖，水飛落如玉繩。通志：在西和縣西一百四十里，今縣西南界。

莫遮攔山。在禮縣西南一百六十里。高出衆山，四時積雪不斷。

鸞亭山。在禮縣北五里。有小泉，泉出霧即雨。舊志謂之高亭山。

九泉山。在禮縣北二十五里。麓有九泉，因名。

聖湫山。在禮縣北六十里。搓城河出焉。

鳳凰山。在禮縣東北五里。舊嘗建學宮於其下，一名錦屏山。

鐘樓山。在徽縣城内。明正德六年，展築州城，包山於内。

蒼坪山。在徽縣東四十里。古黄沙驛倉在焉。又天池山，在縣東七十里，上有河池，接略陽縣界。

鐵山。在徽縣南三十里。懸壁萬仞，石色如鐵。其下二十里即虞關。宋劉子羽曰：「蜀口有鐵山棧道之隘。」又吴曦以階、成、和、鳳四州畀金，表鐵山爲界，即此。通志：山形似巾，亦名巾子山。

接溪山。在徽縣南。元和志：在長舉縣西北五十三里。出硃砂，百姓嘗採之。按：長舉廢縣見略陽。

伶倫山。在徽縣西北一里。巖壁盤旋，如舞優狀，故名。

方山。在徽縣西北四十里，接成縣界。

雞冠山。在徽縣西北五十里。綿亘而北，與清水縣之小隴山相連。土宜陶冶，居民所資。

金蓮山。在徽縣西北七十里。高數十仞，周圍有數十洞。

積草山。在徽縣北四十里，接成縣界。杜甫詩「山分積草嶺」，即此。

鸑鷟山。在兩當縣東。元和志：在縣西二十里。九域志：縣有鸑鷟山。圖經云，昔張果先生夏居豆積，冬居此山。鞏昌府志：在縣東十五里。兩峯秀聳，一名南岐，一名來儀。南有登真洞，相傳唐張果老登真處。通志：洞高一丈，深百尺，有水自頂注於石池。池旁有石，振之作聲，俗名石鼓洞。上有朝陽亭、碧桃軒。

大夫山。在兩當縣東南二里。舊圖經：唐末郡守滿任，移居於此，故名。

故道山。在兩當縣東南二十里，董真峪迤南，路通漢中，其下即故道川。

天門山。在兩當縣南五十里。懸崖有大石門，一闔一闢。

秦岡山。在兩當縣南。水經注：故道水西南入秦岡山，山高入雲，遠望增狀，若嶺紆曦軒，峯駐月駕矣。懸崖之側，列壁之上，有神象，隱約若婦人之狀，俗因名之曰聖女神。

天池山。在兩當縣西北十五里，謂之西天池。又一在縣東北二十里，曰東天池。上皆有池，禱雨輒應。

中家山。在兩當縣東北九十里，接鳳縣界。舊嘗産銀礦。

丁華嶺。在州東六十里，接清水縣界。

仙家嶺。在州東南三十里。土中嘗出藥丸，色黑，相傳服之可以療病。州志作仙嘉山，云有杜工部草堂。

竹嶺。在州西南二百里。晉元興三年，西秦乞伏乾歸與仇池、楊盛戰於竹嶺。水經注：竹嶺水，出南山竹嶺。通鑑注：上邽西南有南山竹嶺。

闞子嶺。在州西七十五里，與半坡山接。有左右兩山，相聯若闕。又西十五里有槐樹嶺，接伏羌縣界。

神仙嶺。在秦安縣西北四十里。自陽兀川綿延起伏，西接通渭縣之閉門關。其間草木芬蔚，宜於畜牧。下有神仙嶺隘及神仙寨。

小長安嶺。在秦安縣西北一百五里。嶺勢修長，亦曰長安山。宋時嘗置長安砦於此。

青泥嶺。在徽縣南。杜甫詩：「朝行青泥上，暮在青泥中。泥濘非一時，版築勞人功。」元和志：在接溪山東，懸崖萬仞，上多雲雨，行者屢逢泥淖，故名。元一統志：嶺爲入蜀之路。舊志：在州南三十里。

木皮嶺。在徽縣西。方輿勝覽：在河池縣西十里。杜甫發同谷，取路栗亭，南入郡界，歷當房村，度木皮嶺，由白水峽入蜀，即此。舊志：在州西十五里，又見成縣。

分水嶺。在兩當縣東十里，一嶺而東西兩溝。

石鏡峯。在兩當縣東二十里。峯石晶瑩，日出時光彩掩映，一名石堠子。九域志：石堠子，一名雙乳臺，耆老相傳，此堠東去東京，西抵益州，計其地理得中焉。今俗謂之團圝山。

白崖。在清水縣東南五十里。舊志：石崖色白，中有水懸空而下，如瀉珠噴玉。

人頭崖。在禮縣東南。寰宇記：在良恭舊鎮東五里，去大潭縣九十五里，以形似名。

雙龍崖。在徽縣東南七十里。

銀椿崖。在徽縣東北五十里。壁立萬仞，崖畔石柱如銀，其光映日。旁有洞穴，人莫能入。

南安峽。在秦安縣南。晉隆安四年，後秦將姚碩德伐西秦，入自南安峽。乞伏乾歸拒之於隴西。通鑑注：在隴城縣界。舊志：今有新陽崖，在縣南十五里。其上五峯列峙，水出其間，爲邑之勝。或謂即南安峽也。

顯親峽。在秦安縣北。水經注：瓦亭水南合略陽川水，又西南出顯親峽。舊志：黑龍山下瞰鎖峽，帶隴水，或曰即顯親峽也。縣志：鎖峽長三里許，山色蘢蓯，水聲泙湃，過者颯然。

玉鐘峽。在秦安縣東北四十里。峽中有石如玉，其形如鐘，因名。

桑園峽。在清水縣東七十里。亦曰柳林川。

坂坡峽。在清水縣西南三十里。綿延百里，接秦州界，有坂峽口，即清、秦二水所分處。又西有小泉峽，其地温暖，禾早熟。

銀甕峽。在兩當縣東二十里。通志：杜甫詩「復道珠山得銀甕」，指此。

軒轅谷。在州東。水經注：谷水出南山軒轅溪。南安姚瞻以爲黄帝生於天水〔二〕，在上邽城東七十里軒轅谷是也。通志謂谷在今清水縣東南六十里，誤。

東柯谷。在州東南。杜甫詩：「傳道東柯谷，深藏數十家。」通志：谷在州東南五十里，其旁爲東柯里。

金沙谷。在州東南。五代梁貞明元年，蜀將王宗綰敗李茂貞秦州兵於金沙谷，乘勝取秦州，至上染坊。舊志：上染坊在州南三十二里。

射虎谷。在州西。後漢建寧二年，段熲討叛羌於凡亭山。羌衆奔潰〔三〕，既而復聚於射虎谷，分兵守谷上下門。熲分兵夾擊，大破之。通典：凡亭山，瓦亭山之訛也。射虎谷，蓋在縣西故城東北。

箭箳谷。在清水縣東南。寰宇記：縣有箭箳谷，去縣六十里，妯娌水出焉，下合白沙川，入天河。舊志：箭箳峽在縣東南三十五里，即箭箳谷也。

伯陽谷。在清水縣西南刑馬山上。晉義熙七年，乞伏乾歸攻姚秦略陽太守姚龍於伯陽堡，克之。水經注：伯陽水出刑馬山之伯陽谷。

東龍峪。在秦安縣西北十里。峪中有水，居人引以溉田。其陰有洞産煤，遠近取給。

車轂峪。在清水縣北五十里，俗傳李廣射虎處。又大河峪，在縣北八十里，有清泉。

湯峪。在清水縣東北三十里。一名龍口峪，下有湯池。

董真峪。在兩當縣東二十里。即登真之後山，路絶險峻，爲縣要隘。

牡丹原。在州西南六十里嶓冢山西。廣沃宜稼，巖岫間多産牡丹，花時滿山如畫。

殺金坪。在徽縣東南六十里。上有仙人關。

龍洞。在徽縣南三十里。中常有雲氣，旱禱即應。又紫金洞，在縣治北，深數十丈，有水入漢中爲山河堰。

魚洞。在兩當縣東四十里馮家寨。每歲暮春中，有魚湧出，不知其從來。其魚與丙穴之嘉魚同。

黄崖洞。在兩當縣南七十里。中有靈湫。

田家河。在徽縣東南三十里。源出長峪溝西，與凍青硤、銀杏樹等水合流，入嘉陵江。

栗亭河。在徽縣西三十里。與成縣横川河合流，入大河，爲略陽白水江。

斜陽河。在兩當縣東北六十里，西流入紅崖河。

渭水。在州北。自伏羌縣流入，接秦安縣界，又東南流經清水縣南，又東南流入陝西鳳翔府隴州界。水經注：渭水東出岑峽，入新陽川，逕新陽下城南，溪谷、赤蒿二水入之。又東與新陽崖水合。又東歷上邽縣北邽山之陰，逕固嶺北，東南流，蘭渠川水注之。又東南與神澗水合。又東南得歷泉水，又東南出橋西亭西〔四〕，又南得藉水口，又歷橋亭南而入綿諸縣東〔五〕，與東亭水合。又東南合涇谷水。又東，伯陽谷水入焉。又東歷大利，又東南，苗谷水注之。又東南流，衆水瀉浪，遞次鳴注〔六〕，左則伯陽東谿水注之，次東得望松水，次東得毛六谿水，次東得皮周谷水，次東得黄杜東谿水，出北山，南入渭。其右則胡谷水〔七〕，次東丘谷水，次東得丘谷東谿水，次東有銅巖谷水〔八〕，並出南山，東北注渭。渭水又東南出石門，度小隴山，逕南田縣南〔九〕。元和志：渭水在上邽縣北三十里。鞏昌府志：在今州北二十五里，自伏羌縣連園川，入州北之三陽川，東南至南河峽口，受藉水。又東南至社樹坪，清水注之。又經胡店至寶雞。舊志：在州東三十里，秦安縣南二十里，清水縣南四十里。

伯陽谷水。在州東南。水經注：水出刑馬山之伯陽谷，北流，有白水出東南白溪，西北注伯陽水。伯陽水又西北歷谷，控引羣流，北注渭水。又苗谷水亦出南刑馬山〔一〇〕，北歷平作，西北逕苗谷，東經伯陽城南，謂之伯陽川。蓋李耳西入，往逕所由，故山原畎谷，往往播其名焉。

北流入渭。

涇谷水。在州東南。水經注：水出西南涇谷之山，東北流，與横水合，亂流西北，出涇谷峽。又西北，軒轅谷水北注之。又西北，白城谷溪東北流入之〔一一〕。又東北歷董亭下，又東北注於渭。通志有永川河，在州東三十里。又東柯河，在東柯谷，皆

段溪水。在州東南。魏甘露元年，姜維趨上邽，鄧艾與戰於段谷，大破之。水經注：水出西南馬門溪，東北流合藉水。元和志：段谷水，源出上邽縣東南山下。鄧艾破姜維於段谷，即此。

藉水。在州南。自伏羌縣流入。水經注：水與大弁川水合，又東南與竹嶺水合，又東北入上邽縣。左佩五水，右帶五水〔一二〕。又東，黄瓜水注之。又東合毛泉谷水。又東逕上邽城南，得覈泉水。北有濛水注焉。又東得其陽谷水〔一三〕，又得宕水〔一四〕。又東合段溪水。又東入渭。地形志：上邽縣有席水。通典：一名洋水，又名嶧水。鞏昌府志：在州南門外，發源自刑馬山，東經鐵鑪峽口，又東經夕陽川，鬭子水注之。又東經州城南，合來谷水。又東南經沙隴，受横河水。又東至峽口三十里入渭。

赤峪水。在州南。水經注：黄瓜水發源黄瓜西谷，東流經黄瓜縣北。又東，清溪、白水左右夾注。又東北，大旱谷水南出旱溪，歷澗北流注之。又東北歷赤峪歸於藉水。通志：在州西南五里，源出嶓冢山北，歸入藉水，蓋即黄瓜水也。又北流泉，在州南八里，杜甫詩：「水號北流泉。」

西漢水。即漾水也。源自州西南嶓冢山，西南流經鞏昌府西和縣，至禮縣南，又南經階州之成縣，又東經徽縣南，入略陽縣界。漢書地理志：西縣嶓冢山，西漢水所出，南入廣漢白水，東南至江州，入江，過郡四，行二千七百六十里。水經注：西縣嶓冢山，西漢水所導也。微涓細注，若通羃歷，津注而已。西流與馬池水合。又西南流，左得蘭渠溪水，次西有山黎谷水，次西有鐵谷水，次西有石耽谷水，次西有南谷水，並出南山。揚湍北注，右得高望谷水，次西得西溪水，次西得黄花谷水，咸出北山，飛波南入西漢水。又西南，資水注之。又西南得峽石水口，又西南合楊廉川水，又西南逕始昌峽，又西南逕宕備戍南。左則宕備水自東

南，西北注之，右則鹽官水南入焉。又西南合左谷水，又西南逕祁山軍，又西，建安川水入焉。又西南與申峪水合〔一五〕。又西逕南岈、北岈，又西南經武植戍南，武植水注之。又西南逕平夷戍南。又西南，夷水注之。又西逕蘭倉城南，又南，右會兩溪。又南入嘉陵道，爲嘉陵水。又東南得北谷、城階、倉谷三水。鞏昌府志：漾水自嶓冢南流，經西和縣，至禮縣東南，名長道河。又南至階州界，名犀牛江，至成縣名鐔家河。又東至徽縣界，匯於嘉陵江。按：東西二漢水，絶不相合。禹貢「嶓冢導漾，東流爲漢」，皆指東漢也。自漢志以嶓冢爲西漢發源之山，與禹貢不合。水經注又以漾水之名歸之西漢，舛錯逾多。胡渭禹貢錐指辨之已詳。又水經注以西漢水爲嘉陵江，自宋以來，皆以故道水爲嘉陵江，亦不同。

馬池水。在州西南。水經注：馬池水出上邽西南六十餘里，謂之龍淵水。開山圖云：「隴西神馬山有淵池，龍馬所生。」即是水也。其水西流，謂之馬池川。又西流入西漢水。寰宇記：馬池水源出嶓冢山。

西谷水。在州西南。水經注：楊廉川水出西谷，衆川瀉流，合成一川。東南流逕西縣故城北。建武八年，隗囂奔西城，從楊廣、岑彭等壅西谷水以灌城。後人因以人名名之，廣、廉字相狀，故習訛爲「楊廉」也。水又東南流，右會茅川水，亂流，東南入於西漢水。

竹嶺水。在州西南。水經注：出南山竹嶺，二源同瀉，東北入藉水。州志有普刹峪水，在州西三十里，北流入藉。又州西南八十里有中峪山，下有横河水，東北流入藉。

來峪水。在州西南。水經注：濛水出上邽縣西北邽山，翼帶衆流，積以成溪，東流南屈，逕上邽縣故城西，又南注藉水。隋書地理志：上邽縣有濛水。鞏昌府志：藉水經州南，合來峪水，亦謂之魯谷水，又訛爲羅玉河。州志：魯谷水在壽山下，經城西南入藉，蓋即古濛水也。

資水。在州西。水經注：北出資川，導源四壑，南至資峽，總爲一水，出峽西南流，注西漢水。又峽石水，出苑亭、西草、黑谷三谿，西南至峽石口，合爲一瀆。東南流，屈而南，注西漢水。

鬮子水。在州西七十里。源出鬮子嶺，東南流經夕陽川，至鐵鑪峽入藉水。水經注「大弁川水，出西山，二源合流，東歷大弁川，東南流注於藉水」，或謂即此。

蘭渠川水。在州北。水經注：蘭渠川水，出自北山，帶佩衆溪，南流注於渭。州志有三陽川，在州北三十里，東南流入渭，或曰即蘭渠川也。

安夷水。在秦安縣東。水經注：水源東出胡谷，西北流，歷夷水川，與東陽川水會，謂之取陽交。又西得何宕川水，又西得羅漢水，並自東北、西南注夷水。夷水又西逕顯親縣南，西注瓦亭水。鞏昌府志有東河，在縣東二里，亦曰東川，源自中嶺，截九龍，會西溝、龍泉，至縣西南入隴水。又蓮花川，在縣東七十里，西南入隴水。

隴水。在秦安縣西。自静寧州流入，又南入渭。水經注：新陽崖水，即隴水，東北出隴山。合瓦亭水，亦謂之瓦亭川，南逕阿陽故城，與燕無水合。又南，左會方城川，又南逕成紀縣東，歷長離川，謂之長離水，右與成紀水合。又東南與受渠水相會。又西南流，逕僵人峽。又西南與略陽川水合。又西南出顯親峽，石巖水注之。又西南逕顯親縣故城東南。又東南合安夷川口。又東南出新陽峽，崖岫壁立，水出其間，謂之新陽崖水。又東南注於渭。元和志：成紀縣瓦亭水，東去縣十五里。鞏昌府志：隴河在縣西五十步。縣志：水自石門峽入縣，其流凡九曲，而水濁善潰，人以比黄河。

石巖水。在秦安縣西。水經注：水出北山，南流，注瓦亭水。寰宇記：成紀縣有羅谷水，從大岳山來，分流入州，却入夕陽河。

成紀水。在秦安縣西北。水經注：水導源西北當亭川，東流出破石峽，津流遂斷。故瀆東逕成紀縣，又東潛源隱發，通謂之成紀水。東南入瓦亭川。鞏昌府志有陽兀川，在縣西北三十里，其川帶黑龍，引馬頰，南入隴河。

略陽川水。在秦安縣東北。水經注：水出隴山香谷，西流歷略陽川，又西逕略陽故城北，泥渠水自城北注之。又西南得水洛口，又西入瓦亭水。元和志：隴城縣略陽川水在北，去縣五十步。通志：在秦安縣東北九十里。

水洛川水。在秦安縣東北。自静寧州流入。水經注：水洛川自隴山西逕水洛亭，西南得犢奴水口，又西逕水洛亭南，亂流西南，逕石門峽，謂之石門水。又西南注略陽川。唐書貞元二年，韓遊瓌奉詔屯洛口，即水洛口也。

段谷水。在清水縣東。寰宇記：源出縣南山下。舊志：在縣東三十里。或曰即水經注之歎溝水也。

東亭水。在清水縣南，西南流至州界，入渭水。水經注：亦謂之橋水，又或稱清水。水源東發小隴山，衆川瀉注，統成一水，西入東亭川，爲此水，與小祇、太祇二水合。又西北得南神谷水，三川並出東南，差池瀉注。又有埋蒲水，翼帶二川，與延水並西南注東亭水。又西，右則歎溝水，次西得麴谷水，水側出東南，二溪西北流，注東亭川。右則温谷水，出小隴山。又西，莎谷水出南北莎溪〔二六〕，西南流注東亭川水。又西得清水口，亦謂之清水。又逕清水城南，又西與秦水合。清水上下咸謂之秦川。又西，羌水注焉。又西南得綿諸水口。又南注渭。鞏昌府志：南道河在清水縣東南二里，源出南道峽，西流經牛頭山下，與清水合，更名牛頭河。又西經坂坡峽，與秦水合。又西南至秦州東五十里入渭，即東亭水也。

羌水。在清水縣西。水經注：北出羌谷，引納衆流，合以成溪。滋水星會，謂之小羌水。西南流，左長谷水西南注之，右則東部水東南入焉。羌水又南入清水。

清水。在清水縣北。水經注：導源東北隴山，二源俱發，西南出隴口，合成一水。又西南歷細野峽，逕清池谷，又逕清水縣故城東。又西南合東亭川，謂之清水。鞏昌府志：在縣西一里。縣志：湯峪，一名龍口峪，其地有二泉並出，相距五步，一温一冷，即湯河之源。西流經縣北，曰集翅河，又西南經縣西郭外，曰清水河。又西南入牛頭河。

秦水。在清水縣北。水經注：出東北大隴山秦谷。二源雙導，歷三泉，合成一水。歷秦川，西逕降隴縣故城南，又西南合自亥、松多二水，又西南歷隴川，逕六槃口，過清水城，西南注清水。縣志有後川河，在縣北十五里，西流，逕縣西十五里，曰猫兒谷河。又西經西城，至小隴山下，合牛頭河。

松多水。在清水縣北。水經注：自亥、松多二水出隴山，合而西南流，逕降隴城北，又西南注秦水。

夷水。在禮縣東。水經注：出北山南流，逕平夷戍，西南入漢。舊志有捱城河，在縣東二里，源出聖湫山南，流入長道河。

城階水。在禮縣南。水經注：北谷、城階、倉谷三水並出西溪，東流注漢。舊志有紅堐河，在縣西三十里，源出莫遮攔山，東入長道河。又桃坪河，在縣西二十里，一名西江河，南流入紅堐河。

岷峨江水。在禮縣西南八十里。源出岷峨山，東南流入西漢水。

武植水。在禮縣東北。水經注：武植戍水發北山，二源奇發，合於安民戍南，又南逕武植戍西，又西南流注漢。通志有平泉水，在縣東北三十里，南流合長道河。

黄盧山水。在徽縣東南。水經注：出西北天水郡黄盧山腹歷谷，南流交注故道水。

泉街水。在徽縣東南。又南入略陽縣界。漢書地理志：河池縣泉街水，南至沮入漢，行五百二十里。顔師古曰：「華陽國志云，一名仇池，地方百頃。」後漢書：「元初中，虞詡爲武都太守，案行川谷間，由沮至下辨數十里，皆燒石翦木，開漕船道，由是水運通利。」水經注：沮水枝津，上承沮縣之沮水瀆，西南流注兩當溪。虞詡燒石開道處。

河池水。在徽縣南。水經注：出河池北谷，南逕河池戍東，西南入濁水。又通志有孝廉溪，在州東門外。舊志又有忠義水，在州南十五里流入。

濁水。在徽縣西南，自成縣流入，又東南入略陽縣界，即今白水江也。水經注：水自合渥陽水，又東南與仇鳩水合，又東南與河池水合，又東南兩當水注之，又南至槃頭郡。鞏昌府志：白水江在徽州南五十里。

仇鳩水。在徽縣西十五里。水經注：水發鳩溪，南逕河池縣故城西，又西南流注濁水。

廣香水。在兩當縣東。水經注：出南田縣穆喬山〔一七〕，南流至廣香川，謂之廣香水。又南注故道水，謂之廣香交。舊志有紅崖河，在縣東二十里，源出秦州界，南流入嘉陵江。又礬水，在縣南七里，亦南流入嘉陵江。

尚婆水。在兩當縣西。水經注：北出利喬山，南逕尚婆川，謂之尚婆水。歷兩當縣之尚婆城南，西南至秦岡山，入故道水。元和志：今名石磐水，水多磐石，因名。俗語音訛，故云尚婆川。中有鳥羣飛，二月從北向南，八月從南還北，音如簫管，俗云伎兒鳥。春來則種米，秋去則種麥，人常以爲農候。

故道水。在兩當縣南。自漢中府鳳縣流經縣南，又西南經徽縣南，與白水江合。即今嘉陵江也。水經注：即兩當水，自合北川水，又西南合廣香川水，又西南入秦岡山，尚婆水注之。又右合黄盧山水，又南入東益州廣業郡界，與沮水枝津合，謂之兩當溪。又西南注於濁水。輿地紀勝：圖經云，嘉陵江出散關，至魚關始通舟楫。舊志：嘉陵江在兩當縣南三十里，徽州南七十里。按：元和志「故道水經河池縣城西，去縣三十步」，恐誤。

木驢川。在州東南一百五十里，接徽縣界。

床穰川。在清水縣西十五里。宋置床穰寨於此。

金牛川。在清水縣北四十里，即今冶坊川。又赤城川，在縣北六十里，即今弓門川。

天水湖。在州西南七里。秦州記：郡前有湖，冬夏無增減，故有天水之名。水經注：上邽北城中有湖水，有白龍出，風雨隨之，故漢武帝改爲天水郡。

伐鼓潭。在清水縣東七十里。水聲如鼓，因名。又東十里有黑水潭，水色純黑。

琵琶洲。在兩當縣南三十里。其地洲渚迂迴，人跡罕到，謂之杜渚。杜甫詩「鶗雞號杜渚」，即此。

永利渠。在兩當縣北一里。本朝乾隆三十二年，因水患建渠。

夾龍江。在兩當縣南二里。兩山對峙，中有石昂出，狀如龍頭，名曰石龍硤，故道水屈曲流其中。

龍湫。在秦安縣東十里。其水湛然，旱禱輒應。又湫泉，在九龍山之腰，冬夏不涸。

無塵溪。在兩當縣東十五里。源出尖山，東流入紅崖河。宋劉景文詩：「遊人看取溪中水，只此無塵即道心。」即此溪也。

太白池。在徽縣東二十里。周五十畝，衆山環繞其旁。

龍馬泉。在州東。九域志：成紀縣有龍馬泉。新志：在邽山龍馬洞，或曰即州西南龍淵池也。又有馬跑泉，在州東四十里，甘泉在州東南六十里。

可泉。在秦安縣南七里。縣境之水，惟此可灌溉，城南田圃賴之。

閔泉。在清水縣西關内。縣志：即秦亭水也。

九眼泉。在徽縣東北九十里。水自石穴中流出。

靈應泉。在兩當縣南七里。泉出石孔中，旱澇祈禱皆應。又縣北一里有香泉，可資灌溉。

深泉。在兩當縣南一百里。舊設城郭廟署，基址猶存。

校勘記

〔一〕在甘肅省東南七百三十里　乾隆志卷二一〇秦州（下同卷簡稱乾隆志）同。按，據志例，「省」字下當書治「字」，蓋偶脱。

〔二〕南安姚瞻以爲黄帝生於天水　「瞻」，原作「曕」，據乾隆志及水經注卷一七渭水改。

〔三〕羌衆奔潰　「衆」，原作「中」，據乾隆志及讀史方輿紀要卷五九陝西改。

〔四〕又東南出橋西亭西　乾隆志同。按，戴震校水經注，以「橋西亭」之「西」字爲近刻誤衍，是。

〔五〕又歷橋寧南而入綿諸縣東　「入」，乾隆志同。按，戴震校水經注，謂爲「逕」之誤刻。

〔六〕衆水瀉浪邊次鳴注　「水」、「邊」，乾隆志同。按，戴震校水經注，謂「水」當作「川」，「邊」當作「雁」，是。

〔七〕其右則胡谷水　「胡」，乾隆志同。按，戴震校水經注，謂「胡」爲「明」之誤刻。

〔八〕次東有銅巖谷水　「銅」，乾隆志同。按，戴震校水經注，謂「銅」爲「鉗」之誤刻。

〔九〕逕南田縣南　「田」，乾隆志同。按，戴震校水經注，謂「田」爲「由」之誤刻。

〔一〇〕又苗谷水亦出南刑馬山　「出南」，乾隆志同，當作「南出」，戴震校水經注謂「近刻『南出』訛作『出南』」是也。

〔一一〕白城谷溪東北流入之　「谷」，乾隆志同。按，戴震校水經注，謂「谷」字衍。

〔一二〕左佩五水右帶五水　兩「五」字，乾隆志同。按，戴震校水經注謂「五」爲「四」字之誤刻。

〔一三〕又東得其陽谷水　「其」，乾隆志同，水經注各本無，當是誤衍。

〔一四〕又得宕水　「宕水」，乾隆志同。按，水經注傳本或作「宕谷水」，或作「宕水谷水」，戴震謂當作「宕谷水」。

〔一五〕又西南與申峪水合　「申峪水」，乾隆志同。按，水經注傳本或作「甲谷水」，或作「申谷水」。戴震校水經注定作「甲谷水」。

〔一六〕蔢谷水出南北蔢溪　兩「蔢」字、「北」字，乾隆志同。按，戴震校水經注改「蔢」為「莎」，「北」爲「山」。

〔一七〕出南田縣穆喬山　「穆喬山」，乾隆志同，水經注傳本或作「利喬山」。

大清一統志卷二百七十五

秦州直隸州二

古蹟

綿諸故城。在州東。史記：秦自隴以西，有綿諸之戎。漢置綿諸道，屬天水郡。後漢省。晉大興初南陽王保故將陳安據綿諸，即故城也。後魏復置綿諸縣，屬略陽郡。西魏省。括地志：綿諸城，在秦嶺縣北五十六里。州志：今州東四十五里之邽山下有古城遺址，即綿諸城。

上邽故城。在州西南。史記：秦武公十年，伐邽冀戎，初縣之。漢曰上邽縣，屬隴西郡。後漢屬漢陽郡。晉初置秦州及天水郡。水經注：上邽縣，舊天水郡治，五城相接，北城中有湖水，其鄉民悉以板蓋屋，詩所謂「西戎板屋」也。元和志：後魏避道武諱，改曰上封，廢縣爲鎮。隋大業元年，復爲上邽縣。唐書地理志：秦州本治上邽，開元二十二年，以地震徙治成紀之敬親川。天寶元年，還治上邽。大中三年，復徙治成紀。寰宇記：上邽縣，唐天寶末陷入吐蕃。大中初，收復爲鎮。後唐長興元年，爲清水縣理所。宋志：秦州治成紀縣。蓋宋初移秦州來治，兼移成紀縣於此也。明洪武初，省縣入州。舊志：天水古郡，在州東南一里，秦時古城也。今州城即唐天寶中所築雄武城。又韓公城，即州之西關城也。宋慶曆二年韓琦築。按：州及成紀移還上邽之説，九域志、宋志皆不詳。然漢、唐之成紀在渭北，今州乃在渭南。又按：寰宇記上邽時爲清水縣治，九域志清水縣在州東九十里，與今道里相合。當是太平興國後移清水縣還故治，改移成紀於此也。

西縣故城。在州西南。史記秦本紀：伯翳之後有非子，居犬丘，好馬，善養息之，周孝王使主馬於汧、渭之間，馬大蕃息，孝王分爲附庸邑之。秦厲王時，西戎反，殺犬丘大駱之族。宣王即位，以非子孫秦仲爲大夫，誅西戎，爲西戎所殺。宣王使其長子莊公伐西戎，破之。於是復予其先大駱犬丘地，爲西陲大夫，居故西犬丘，後置西縣。漢初，樊噲從定三秦，別擊西丞白水北。地理志：西縣屬隴西郡，後漢屬漢陽郡。建武八年，隗囂敗奔西城，從楊廣，即西縣也。晉改置始昌縣，而縣廢。孝武時，氐豪楊定求割天水之西縣，屬仇池郡，蓋故縣也。括地志：西縣在上邽縣西南九十里。州志：在州西南一百二十里。

黄瓜故城。在州西南。魏書地形志：漢陽郡，太平真君七年分天水置，治黄瓜縣，八年置。水經注：黄瓜水東流，逕黄瓜縣北。後周廢。

天水故城。在州西南。唐初析上邽置天水縣，屬秦州。寰宇記：在州西七十里，古縣也。唐末廢。後唐長興三年，於南治鎮置〔二〕。宋史地理志：紹興初，秦州入於金，分置南北天水縣。十三年，隸成州。嘉定元年，升爲天水軍。九年，移於天水縣舊治。方輿勝覽：天水縣，石晉時徙治赤沙川，即今治也。紹興中，金陷秦州，分畫南北界，而天水縣猶存，撥隸成州。後金犯天水，徙治米谷砦，又徙榆林，又徙興州平。又以秦州之太平社、隴城之東阿社來屬。及和議成，復歸於天水。宣撫使安丙乞創爲軍，仍置天水縣爲治。元初，廢入成州。通志：天水廢縣，在州西南七十里。又天水軍城，在州西南九十里。

望垣故城。在州西北。漢置，屬天水郡。後漢屬漢陽郡，晉廢。

安戎故城。在秦安縣東。漢置戎邑道，屬天水郡。後漢省。後魏改置安戎縣，爲略陽郡治。後周縣廢。舊志：在縣東一百二十里。

顯親故城。在秦安縣西北。漢成紀縣地。後漢建武中，封竇融弟友爲顯親侯國，屬漢陽郡。晉爲顯新縣，屬天水郡。十六國春秋：西秦太初五年，休官權千成據顯親，自稱秦州牧，降於乞伏乾歸，署爲東秦州刺史、顯親公。魏書地形志：顯新縣，太平真君八年併入安夷，後復，仍屬天水郡。後周縣廢。章懷太子曰：「城在成紀縣東南。」唐開元中，移成紀縣治此，併移秦州來治。天寶元年，州還治上邽。大中三年，復爲州治。通釋：成紀縣，即顯親故城是也。五代以後，成紀更移渭水之南，顯親故城亦廢。金正隆中，始以宋之納甲城置秦安縣，即今治也。

成紀故城。在秦安縣北。帝王世紀：伏羲生於成紀。漢置縣。後魏省。孝昌中，吕伯度敗杜粲於成紀，即故縣也。元和志：縣東南至秦州百里，本漢舊縣。周復置，屬略陽郡。隋開皇三年，屬秦州。舊唐書地理志：成紀縣舊治小坑川。開元二十二年，移秦州，治敬親川，成紀亦徙新城。地理通釋：城在今縣北三十里。宋時移成紀之名於上邽，故縣遂廢。

略陽故城。在秦安縣東北。漢置略陽道，屬天水郡。後漢建武八年討隗囂，來歙伐山開道，從番須、回中徑襲略陽，據其城。囂聞略陽陷，悉衆圍之，激水灌城。光武自將上隴，囂衆潰走。晉屬略陽郡，後廢。後魏改置隴城縣，略陽併入焉。永熙三年，宇文泰擊破侯莫陳悦於水洛，悦退保略陽城。泰遣輕騎趨略陽，悦復退保上邽，蓋略陽故城也。水經注：泥渠水北入略陽城，自城北注略陽川。一水二川，蓋隗囂所堨以灌略陽也。地形志：略陽郡隴城縣有略陽城。隋書地理志：天水郡隴城縣，舊曰略陽，置略陽郡。開皇三年，郡廢，改曰河陽。六年，復曰隴城。舊唐書地理志：隴城縣，武德二年置文州，八年州廢，屬秦州。元和志：縣西南至州一百二十里，本漢略陽道，後隨州陷廢。縣志：在縣東北九十里。

長川故城。在秦安縣東北。漢成紀縣地。後魏置安陽縣，兼置安陽郡，又領烏水縣。西魏增置北秦州。廢帝二年，改北秦州曰交州。隋開皇三年，郡廢。十八年，改交州曰紀州，改安陽縣曰長川。大業初，州廢，又改烏水縣入長川，屬隴西郡。唐貞觀三年，省入隴城縣。

清水故城。在今清水縣西。漢置。元和志：縣西南至秦州一百二十五里，本漢舊縣。寰宇記：清水縣，禄山亂後，陷入吐蕃。大中二年收復，緣郡城未置，權隸鳳翔府。後唐長興元年，移置於上邽鎮。九域志：清水縣，在州東九十里，蓋宋初復還故理，後又移今治也。舊志：在縣西十五里牛頭山下，俗亦謂之西城。

隴縣故城。在清水縣北。漢置，屬天水郡。後漢屬漢陽郡，涼州刺史治焉。晉廢。大興初，南陽王保故將陳安保隴城，劉曜攻拔之，即故縣城也。後魏改置隴城縣於略陽界，非故治矣。地形志隴城縣有隴城是也。顔師古曰：「漢隴縣，即今隴城縣。」舊唐書地理志：隴城，漢隴縣。隋加「城」字，皆誤。又寰宇記：秦州隴城縣，後唐長興三年，於歸化鎮復置。九域志：隴城縣，在秦州東三十五里。又慶曆四年，置隴城寨，在州東一百二十里。疑是後唐移於州界，而宋以故縣置寨也。元史：至元七年，併隴城縣入秦安。

禮店故城。在禮縣東。元史地理志：陝西行省，領禮店文州軍民府。縣志有故城，在縣東四十里。明初，改置禮店千戶所，移於今治，屬岷州衛。十五年，改屬秦州。成化九年，巡撫馬文升奏設禮縣於所城之西。本朝順治十六年，省所入縣。

長道故城。在禮縣東南。隋書地理志：漢陽郡領長道縣，後魏置。元和志：縣南至成州五十里，本漢上祿縣地。後魏之天水郡，廢帝改爲長道郡，又立漢陽縣屬焉。隋開皇三年罷郡，十八年改漢陽曰長道。寰宇記：成州舊有長道、漢陽、上祿等縣。以吐蕃侵擾，並廢爲鎮。咸通十三年，以成州奏人户歸復，土田漸潤，卻置長道縣。今屬秦州，在州西一百二十七里，蓋非隋、唐故縣矣。九域志：熙寧六年，以秦州之長道縣屬岷州。在州東三百三十里，有長道鎮。元省。舊志：鎮在今縣東南三十里。

河池故城。在徽縣西。漢置縣。後漢建武十一年，公孫述使王元等據河池拒漢。來歙攻破之，遂克下辨。隋書地理志：河池郡統河池縣。後魏曰廣化，置廣化郡。開皇初，郡廢。仁壽初，改名焉。元和志：縣東至鳳州一百七十里，本漢舊縣。宋開寶五年，河池移治固鎮，而故縣廢。舊志：在今縣西十五里。

兩當故城。在兩當縣東。隋書地理志：後魏置。元和志：縣東至鳳州五十里。本漢故道縣地，因縣界兩當水爲名。或云縣西界有兩山相當，因名。宋至道元年，移治廣鄉鎮，而故縣廢。方輿勝覽：縣有兩當驛，東抵汴京，西抵益州，皆三十六程，故曰「兩當」。縣志：在今縣東三十五里。

臨渭廢縣。在秦安縣東南。漢隴縣地。魏析置臨渭縣，又置廣魏郡。晉太始中，改郡爲略陽，仍治臨渭。後魏併入隴城縣。舊志：在縣東南八十里。

新陽廢縣。在秦安縣西南。漢成紀縣地。魏析置新陽縣，屬漢陽郡。晉屬天水郡，後廢。水經注：渭水逕新陽下城南，即故縣也。

雞川廢縣。在秦安縣西北七十里。九域志：治平四年，置雞川寨，在秦州北二百里。金升爲雞川縣，屬秦州。貞祐四年，改屬西寧州。元至元七年，省入秦安縣。明一統志：在縣西北三十里。

街泉廢縣。在秦安縣東北。漢置縣，屬天水郡。後漢省。郡國志：略陽縣有街泉亭，即故縣也。三國漢建興六年，諸葛武侯出祁山，使馬謖與張郃戰於街亭，敗績。寰宇記：街泉亭，俗名漢街城，在隴縣東北六十里，即馬謖敗處。鞏昌府志：「今秦州東南七十里，地名街子口，即古街亭。」誤。

秦嶺廢縣。在清水縣西南。水經注：苗谷水，東逕伯陽城南。隋書地理志：天水郡領秦嶺縣，後魏置，曰伯陽，開皇中改名。唐書地理志：貞觀十七年，省秦嶺縣入清水。舊志：在縣西南一百二十里，或謂在今秦州改龍山下。

冶坊廢縣。在清水縣北四十里。九域志：宋太平興國四年，置冶坊寨。熙寧五年，改爲堡。在秦州東北一百二十里。金史地理志：秦州領冶坊縣，貞祐四年，隸西寧州。元史地理志：至元七年，併入清水。縣志：在縣北四十里，其地多冶坊。

大潭廢縣。在禮縣南八十里。隋書地理志：漢陽郡潭水縣，西魏置潭水郡，後周郡廢，并廢甘若、相山、武定三縣入焉。舊唐書地理志：武德元年，成州領潭水縣。貞觀元年，以潭水屬宕州。新唐志：後省入良恭縣。寰宇記：乾德元年，合良恭、大潭二鎮，置大潭縣於上木竹谷，屬秦州。在州西二百二十八里。九域志：熙寧六年，改屬岷州，在州東南三百里。宋末廢。舊志：大潭鎮，在縣南八十里，即故縣也。

思安廢縣。在徽縣東南。隋書地理志：河池縣有後魏置思安縣，大業初省入。

永寧舊縣。在徽縣東四十里。本河池縣之永寧鄉，元初升爲縣，屬南鳳州。至元七年，與河池縣俱省入州。舊志：在縣東四十里。

固鎮。今徽縣治。五代梁乾化四年，蜀興州將王宗鐸攻李茂貞階州及固鎮，破細沙等十一寨。貞明元年，王宗翰侵岐，出青泥嶺，克固鎮。石晉末，入於蜀。周顯德二年，王景遣鳳州别將韓通分兵城固鎮，以絶蜀援，遂克之。宋史地理志：開寶五年，河池縣移治固鎮。九域志：河池縣在鳳州東一百五十五里。元史地理志：至元七年，併縣入州。

廣鄉鎮。今兩當縣治。水經注：廣香水南流至廣香川，其後訛爲廣鄉。元和志：後魏固道郡，領廣鄉縣。宋史地理志：兩當縣，至道元年移治廣鄉鎮。九域志：縣在鳳州西南八十五里。

興國城。在秦安縣東北。後漢初平中，略陽氐帥阿貴自稱興國氐王。建安十八年，馬超據冀，氐王千萬應超，屯興國。晉太元中，乞伏歸以兄子阿柴爲興國太守。通鑑注：「在略陽界。」

白石城。在清水縣西北四十里，亦曰白石堡。晉義熙九年，西秦乞伏熾磐攻休官奚權小郎等於白石川，大破之，進據白石城。九域志：牀穰堡所領有白石堡。縣志：在縣西北四十里，即今白塘城。後魏所築。宋開寶間，置堡於此。

大元城。在清水縣北六十里。宋平章段偉所建，今爲大元堡。

尚婆城。在兩當縣西。水經注：尚婆水，歷兩當縣尚婆城南，魏故道郡治。

秦州故衛。在州治東。明洪武二十五年建，本朝順治十六年裁。

橋亭。在州東。水經注：渭水出橋亭西。地形志：綿諸縣有橋亭，即橋亭之訛。

董亭。在州東南。三國漢延熙十六年，姜維出祁山，聞鄧艾有備，乃出石營，徑董亭，圍南安。宋元嘉十二年，仇池楊難當使兄子保宗鎮董亭。水經注：涇谷水東北歷董亭下。魏書地形志：安戎縣有董城。九域志：成紀縣有董城鎮。皆即此。州志：今州東南五十里有秦亭，或曰即董亭也。

玩芳亭。在州南。其間池沼間雜，花木叢茂。

秦亭。在清水縣東北。後漢書郡國志：隴縣有秦亭。闞駰曰：「秦亭，秦谷是也。」水經注：秦川有育故亭，秦仲所封也，秦之爲號始於是。縣志：在縣東三十里，即今白河鎮。

太平監。在清水縣西三十里。九域志：開寶初，於清水縣置銀冶。太平興國三年，升爲太平監，隸秦州，在州東七十里。縣志：在縣西三十里小泉硤内。

開寶監。在兩當縣東。寰宇記：開寶監，本兩當縣亂山之中出銀礦之所，建隆三年置銀冶，開寶五年升爲監，都管鳳州諸縣出銀之務。九域志：治平元年罷監官，以監隸兩當縣。宋史地理志：元豐六年廢。

諸葛壘。在州東。元和志：在上邽縣東二里，俗謂之下募城。其旁有司馬懿壘，俗謂之上募城。魏太和五年，武侯攻天水，司馬懿拒之，此其對壘處。又姜維壘，在上邽縣北八里。

地網。在州西南故天水、長道二縣界。方輿勝覽：金陷陝西，天水、長道並當邊面，地勢平衍，敵騎四布，步兵不能捍禦。隆興中宣撫吴璘乃創設「地網」，其制於平田間縱横鑿爲渠，每渠闊八尺，深丈餘，連綿不斷，如布網然，敵騎始不得逞。天水元管三百六十條，後增爲五百五十條。近歲雨水湮塞，已損於舊。

鐵堂莊。在州西。元統志云：姜維鐵堂莊，在天水縣東十里鐵堂峽内，四山環抱，對面有孤冢，相傳爲維祖塋。

趙充國宅。明統志云：在清水縣北二里，東漢建安中建爲寺。

昇仙臺。在州西南十五里太霄觀，相傳老子於此昇仙。

東柯草堂。在州東南。元統志：在東柯鎮，杜少陵棄官之秦，寓姪佐之居，故有「東柯遂疏懶」之句。

髑髏堆。在徽縣東北。元和志：在河池縣東北四十三里。後魏討仇池，大破其軍，於此築爲京觀，俗號其地爲髑髏堆。

關隘

石榴關。在州南九十里。方輿勝覽：去天水縣九十五里。又有現子關，去天水縣百里。元統志：石榴關，防把秦州隴城縣入東柯谷路，并向北馬寨入永川谷路，現子關對隴州吴山路。通志：石榴關，在州東南九十里。又十里爲燕子關，即現子之譌也。又洮平關，在州西南九十里。

秦州關。在州西七十五里關子嶺下，亦曰關子鎮。

隴城關。在秦安縣東北，即故隴城縣。九域志：隴城縣有隴城、安夷二鎮。鞏昌府志：隴城巡司，在縣東九十里略陽城内。明成化十年置。本朝乾隆四十二年裁。舊志：在縣東北一百里。又有卧馬關，在縣北二十里。舊志：縣北境又有蹕移、馬頰二關。

大震關。在清水縣東七十里。唐書地理志：清水縣東五十里有大震關。鞏昌府志：縣有盤嶺關，亦曰盤龍關，在縣東七十里。明置巡司，俗亦謂之「舊故關」。又見隴州。

大木樹關。在禮縣北百里，接寧遠、伏羌兩縣界。舊志：縣境有木樹、洮平、牛脊、野麻、尖岔五關。

仙人關。在徽縣東南六十里，接陝西漢中府鳳縣界。詳見鳳縣。

虞關。在徽縣南五十里，即古魚關也。明置巡司。又小河關，在縣西南，今爲小河鎮。

玉屏山隘。在清水縣東北三十里玉屏山口。

董真峪隘。在兩當縣東董真峪。縣境又有銀甕峽、青扛陂二隘。

社樹坪鎮。在州東五十里龜山麓，南俯渭水，木筏經其下。又草川鋪鎮，在州東八十里。其地有五龍峯鎮，在其下。

三岔鎮。距州城迤東一百七十里。堡牆周一里八分，東、西、北三面皆石崖。嘉慶四年補修，有州判駐此，兼設把總。

董城鎮。在州東南。九域志：成紀縣有董城、道口務、夕陽三鎮。又天水縣有鐵冶、艾蒿、米谷三鎮。

高橋鎮。在州南八十里。明置巡司。舊志有稍子站茶引所，在州南五十里。又十里爲白鼠峽，又二十里爲高橋巡司，又三十里爲火鑽鎮，接徽縣界。

郭家鎮。在秦安縣北四十里，亦曰郭嘉堡。

白沙鎮。在清水縣東。九域志：縣有白沙、百家、清水三鎮。縣志：在縣東三十里。百家鎮在縣東六十里。

床穰鎮。在清水縣西。九域志：開寶九年，置床穰鎮。熙寧八年，改爲堡。在秦州東八十里，領白石等十四堡。宋史地理志：熙寧三年，改床穰爲鎮。金史地理志：秦安縣有床穰鎮。縣志：在今縣西十五里。又西五里有床穰堡。

弓門鎮。在清水縣北。九域志：太平興國三年置弓門寨，在秦州東北一百六十里，領堡七。宋史地理志：弓門寨，領東鞍、安人、斫鞍、上下鐵窟、坐交、得鐵、冶坊七堡〔二〕。縣志：弓門古城，在縣北七十里。秦昭王所築，使白起鎮之。或譌爲恭門。

冶坊鎮。在清水縣北，即故冶城縣。九域志：冶坊堡，領堡六。宋史地理志：領橋子、古道、永安、博望、威塞、李子六堡。

湯峪鎮。在清水縣東北三十里，以湯峪河而名。又有閻家鎮，亦在縣東北。

長道鎮。在禮縣東三十里，接鞏昌府西和縣界。又大潭鎮，在縣西南。皆即故縣。

漩水鎮。在禮縣西百八十里。明置巡司。又板橋山巡司，在縣南九十里。今皆裁。

永寧鎮〔三〕。在徽縣東，即永寧舊縣。又九域志：河池有河池、高橋、固鎮三鎮，水銀一務。舊志：河池鎮即故縣，今謂之舊城里。

栗亭鎮。在徽縣西三十里，以近栗亭故城而名。又西有泥陽鎮，接階州成縣界。

火鑽鎮。在徽縣西北一百十里，接州界。亦名火鑽峪，明永樂九年設批驗茶引所於此。

兩當鎮。在兩當縣東，即故縣也。九域志：兩當縣，有兩當、廣鄉二鎮。又城西山頂，明知縣高騰築城堡以捍之，後知縣徐文獻率士民居於城西，即此。

南谷砦。在州南。元統志：在天水縣東南五十里。又平作寨，去天水縣一百里，防遏茅谷、伯陽等路。

定西砦。在州西北。九域志：建隆二年置，在州西北四十五里，領堡六。又開寶元年，置三陽寨，在州北四十里，領堡十四。宋史地理志：成紀縣定西堡，又有小定西堡。金史地理志：州有三陽、務弓二寨。

靜戎砦。在清水縣西北。九域志：太平興國二年置，在秦州東北四十里，領堡九。宋史地理志：隴城縣有靜戎堡，又爲靜戎砦，領白榆林、長山、郭馬、靜塞、定平、永固、邦蹉、寧塞〔四〕、長樵九堡〔五〕。金史地理志：秦安縣有靜戎鎮。

皁郊堡。在州西。宋置，有皁郊搏馬務。嘉定十年，金人犯皁郊堡，破天水軍。明年，又焚大散關，破皁郊堡。方輿勝覽：在天水縣東北四十里，去秦州纔三十里。元統志：水櫂場也。下視秦州赤峪川。又白環堡，去天水縣十五里。上店堡，去天水縣二十里。皆紹興中置，後廢。舊志：白環堡，即木門堡也。南十里爲上店堡。又利橋新建堡城，嘉慶十四年設都司。

長山堡。在秦安縣西南。宋史地理志：隴城有長山堡，静戎砦領之，以近長山而名。

祁山堡。在禮縣東四十里。上有武侯祠。又羅家堡，在縣東北八十里，即古木門，接本州界。

蓮花城汛。在秦安縣境，有千總駐此。

在城驛。在州城内，北至伏羌縣一百二十里，南至清水縣一百三十里。又秦安縣有在城驛，東至清水縣一百三十里，西至伏羌縣九十里，南至本州在城驛八十里，北至静寧州二百里。又禮縣在城驛，東至秦州一百六十里，南至鞏昌府西和縣七十里。又徽縣在城驛，東至兩當縣在城驛九十里，西至本州八十里。又兩當縣在城驛，東至陝西漢中府鳳縣九十里。

清水驛。在清水縣城内，東至陝西隴州長安驛九十里。

長安驛。在清水縣東九十里。

津梁

東柯谷橋。在州東五十里渭水上，接清水縣界。

來峪橋。在州西一里中城西門外，跨羅玉河上。一名鳴玉橋。

永安橋。在秦安縣西十里華平溝上。

孝廉橋。在徽縣東門外。

環碧橋。在徽縣北門外。

棧橋。在徽縣羅漢洞左。山臨大江，鑿石架木，作棧道二十丈。

渭水渡。在州東五十里。又南河渡，在州東北十五里。

三陽渡。在州北三十里。

小山水渡。在徽縣北一百七十里，接州界。縣境又有白水古渡、清江古渡、犀牛古渡。

陵墓

周

秦文公墓。在州東南。史記：秦文公葬西山。裴駰集解：「皇甫謐云，在隴西西縣。」元統志：今天水縣西有山名秦嶺，疑是。州志：在麥積山下。

漢

李廣墓。在州南二里，近墓有宅。州志：在文峯山石馬坪，即古名翠屏山，在州南二里。

趙充國墓。在清水縣北二里白土崖。

唐

姜謩墓。在清水縣北十里。

五代 漢

王仁裕墓。在禮縣東北古長道縣境。

吴侍御墓。在兩當縣南。即邑人吴郁墓。

元

趙世延墓。在禮縣西十里。

明

胡纘宗墓。在秦安縣城南邢家村。

王氏墓。在清水縣東。渭州刺史張崇之妻，爲盜所迫，不屈而死。

祠廟

門尚書祠。在州治南，祀明門克新。成化中，知州秦鋐建。

武侯祠。在州西北天靖山玉泉觀内。又李杜祠，亦在觀内，祀唐李白、杜甫。

營平侯祠。在清水縣西關内，祀漢趙充國。

武安君祠。在清水縣北弓門堡。

武侯祠。在禮縣祁山堡，距城四十五里。

忠烈祠。在徽縣東南仙人關，祀宋宣撫使吴玠、吴璘。

杜工部祠。在徽縣西栗亭鎮西。

怒特祠。在兩當縣。搜神記曰：故道有怒特祠，秦置旄頭騎，起此。

張公祠。在兩當縣城隍廟之左。明知縣張仁在任有惠政，民立像以祀之。

漢高祖廟。在州東。元和志：在上邽縣東北五里。隗囂所立。元統志：在天水縣東五里。又漢武帝廟，在縣東二十里平闌嶺。

鄂公廟。在州東四十里，祀唐尉遲敬德。

名將廟。有二：一在州東門内，祀漢李廣、趙充國；一在州西門外，祀宋吴玠、吴璘。

太昊廟。有二：一在州小西關城内，一在州北三陽川，俱明正德中建。

女媧廟。在秦安縣西。水經注：石巖水出北山，山上有女媧廟。通志：秦安縣北山上有女媧廟。

漢光武廟。在清水縣東南五十里。

寺觀

瑞應寺。在州東南麥積山上。初名石巖，後秦姚興重修，改名。隋塔記尚存。杜甫詩：「野寺殘僧少，山園細路高。麝香眠石竹，鸚鵡啄金桃。」

靈應寺。在州東南九十里仙人山。州志：唐時所修，寺中有泉甚清冽。

崇寧寺。在州東北山上。本漢隗囂故居，後建爲寺。杜甫詩：「秦州城北寺，勝蹟隗囂宫。」

興國寺。在秦安縣東北。元至正年建。

青巖寺。在清水縣東南五十里。

月臺寺。在清水縣西北五里。

古泉寺。在禮縣東二十里。

聖泉寺。在禮縣南五里。

正覺寺。在禮縣鸞亭山。

翠峯寺。在禮縣翠峯山。
興福寺。在禮縣右。
廣福寺。在禮縣鵶鴿崖。
龍興寺。在禮縣稍峪鎮。
三泉寺。在徽縣東四十里。
真空寺。在徽縣東八十里江口川。
鐵山寺。在徽縣南四十里鐵山頂。
普福寺。在徽縣舊城南。
福興寺。在徽縣西北七十里。
宏化寺。在徽縣北二十里。
慶壽寺。在徽縣北二十里。
永昌寺。在徽縣北三十里。
紅崖寺。在兩當縣東三十里。
鴻仁寺。在兩當縣城南街。
魚池寺。在兩當縣南三十里。
野林寺。在兩當縣南四十里。

雲平寺。在兩當縣南七十里西溝峽下。
蓮花寺。在兩當縣南一百二十里。
雲坪寺。在兩當縣南一百四十里。
亮池寺。在兩當縣西三十里。
香泉寺。在兩當縣北門外里許。寺内有泉，因名。
興國寺。在兩當縣北一百里。
鐵佛寺。在兩當縣東北五十里。
柏林觀。在州東七十里。相傳老子嘗過此，後人因建觀。
九龍觀。在秦安縣東九龍山麓。
紅崖觀。在清水縣北二里。
洞陽觀。在清水縣北五十里。
三臺觀。在清水縣北七十里。
迎旭觀。在徽縣南門外。
真武觀。在徽縣城北三里龍山頂。
集休觀。在兩當縣東二十里登真洞旁。宋建。
聖善院。在徽縣東南三十里陳家山。

名宦

漢

橋玄。梁國睢陽人。桓帝時爲漢陽太守。時上邽令皇甫禎有贓罪，玄收考，髡笞，死於市，一境皆震。

三國　魏

魯芝。扶風郿人。爲天水太守。郡鄰蜀，數被侵掠，户口減削，寇盜充斥。芝傾心鎮衛，更造城市，數年間，舊境悉復。

南北朝　魏

劉藻。廣平易陽人。太和中，爲秦州刺史。秦人恃險，率多粗暴，或拒課輸，或害吏長。自前守宰率皆遥領，不入郡縣。藻開示恩信，誅戮豪横，羌氐憚之，守宰於是始得居其舊所。

張彝。清河東武城人。宣武時，除秦州刺史。彝務尚典式，考訪故事。及臨隴右，彌加討習。羌、夏畏伏，憚其威整。一方肅静，號爲良牧。

李韶。隴西狄道人。正始中，吕苟兒反，除撫軍將軍、西道都督、行秦州事，與右衛將軍元麗討平。時隴右新經師旅，百姓多不安業，詔善撫納，甚得夷夏心。

獨孤信。雲中人。大統中，除秦州刺史。先是，守宰闇弱，政令乖方，人有寃訟，歷年不能斷决。及信在州，事無壅滯，示以禮教，勸以耕桑。數年之中，公私富實，流民願附者數萬家。

周

宇文導。文帝兄子。爲秦州刺史，性寬明，善撫御。薨於上邽，朝議以導撫和西戎，威恩顯著，欲令世鎮隴右，乃葬上邽城西無疆原。華戎會葬者萬餘人，悲號震野，相率負土成墳。

隋

韋協。杜陵人。爲秦州刺史，有能名。

敬肅。河東蒲坂人。開皇中，爲秦州司馬，有異蹟。

唐

竇軌。扶風平陸人。武德初，拜秦州總管。與赤排羌連戰皆捷，餘衆悉降。

張嘉貞。蒲州猗氏人。歷秦州都督，爲政嚴肅，爲吏民所畏。

劉澭。昌平人。德宗時爲秦州刺史，屯普潤，軍中不設音樂。士卒病，親存問，死則哭之。憲宗立，方士羅令則詣澭，妄言廢立，以動瀍。械闕下殺之。録功，號其軍曰「保義」，蕃戎畏懾，不敢入寇〔六〕。

五代　晉

崔繼勳。長社人。晉少帝時，西人寇邊，拜繼勳秦州觀察使。推恩信，設方略，招諸部酋長，相率奉玉帛牛酒乞盟，邊境以安。

宋

高防。并州壽陽人。建隆二年，知秦州。州與夏人雜處，罔知教養。防齊之以刑，舊俗稍革。

石曦。并州太原人。建隆三年，遷左驍衛大將軍、護秦州屯兵。西人犯邊，率所領擊破之，斬渠帥十三人。

吴廷祚。并州太原人。建隆三年，爲雄武軍節度。先是，秦州夕陽鎮西北接大藪，多材植。高防知州日，建議就置採造務，調軍卒分番取其材，以給京師。西夏酋長尚波于率衆争奪，頗傷役卒。防捕繫其黨，以狀聞。帝令廷祚代防，齎詔赦尚波于等。夏人感悦，以伏羌地來獻。

劉熙古。宋州人。乾德初，知秦州。州境多寇患，熙古諭以朝廷恩信，取蕃部酋豪子弟爲質，邊鄙以安。

王嗣宗。汾州人。太祖末，補秦州司法參軍。侍御史路沖知州事，爲政苛急，盜賊羣起。嗣宗乘間直言其闕失。

劉文裕。保州保塞人，太平興國中，爲秦隴巡檢，與田仁朗共擒李飛雄。

宋璫。華州渭南人。太宗時，知秦州，有善政。就拜監察御史，充陝西轉運使。以韋亶代之。璫去州未百日，亶坐事繫獄，上以瑠前有治績，賜錢五十萬，再命知秦州。安集諸戎，部内清肅。感悦。

郭載。開封浚儀人。端拱中，知秦州，兼沿邊都巡檢使。先是，巡邊者多領兵騎以威戎人，所至煩苦。載悉減去，戎人

温仲舒。河南人。淳化四年，知秦州。先是，俗雜羌戎，有兩馬家、朶藏、梟波等部，居渭河之南。大洛、小洛門砦多産良木，爲其所據，歲調卒採伐給京師，必以資假道於羌。然不免攘奪，甚至殺掠，爲民患。仲舒至，部兵歷按諸砦，諭其酋以威信。諸部獻地内屬，既而悉徙其部落於渭北，立堡砦以限之。民感其惠，爲畫像祠之。

馬知節。幽州薊人。咸平初，知秦州。州嘗質羌酋支屬餘二十人，踰二紀矣。知節曰：「羌亦人爾，豈不懷歸？」悉遣之。羌人感之，訖終更不犯塞。州有銀坑，歲久礦竭，課額弗除。主吏破産償之不足，知節請蠲之，章三上乃允。

曹瑋。真定靈壽人。真宗時，知秦州，兼涇、原、儀、渭、鎮戎緣邊安撫使。厮敦獻南市地，瑋城之，又築弓門等十砦，浚壕三百八十里。唃厮囉入寇，瑋大敗之。

李及。鄭州人。真宗時，知秦州。議者以及謹厚，非守邊才。及至秦州，州將吏亦頗易之。會有禁卒白晝攫婦人金釵於市，吏執以來。及方坐觀書，召之使前，略加詰問，其人服罪。及亟命斬之，觀書如故。於是將吏皆驚服。

王博文。曹州濟陰人。仁宗時，知秦州。初，沿邊軍民之逃者必爲熟户畜牧，或以遺遠羌易羊馬，故常没者數百人，間有自歸，而中道爲夏人所得，亦不能辨，坐法皆斬。博文乃遣習知邊事者，密持信紙往招，至則悉貸其罪，由是歲減殊死甚衆。朝廷下其法旁路。

薛奎。絳州正平人。仁宗時知秦州。州宿重兵，經費常不足，奎務爲儉約，教民水耕，謹商算，歲中積粟三百萬，征算餘三千萬。覈隱田數千頃，得芻粟十餘萬。徙知益州，秦民與夷落數千人列奎治狀請留，璽書褒諭，不許。

曹琮。靈壽人。仁宗時，知秦州。度羨材，爲倉廩大積穀。生羌抄邊，琮懷以恩信，多請内屬。元昊反，再知秦州，上攻守禦三策。賊劫儀、秦屬户，琮設伏待之，賊引去。

王凱。太原人。仁宗時，授秦、鳳觀察使。辭日，帝諭以唃氏木征交易阻絶，有入寇之萌，宜安静以處之。凱至，與主帥以恩信撫綏，遂復常貢。

王隨。河南人。仁宗時，知秦州。秦卒有負罪逃入蕃部者，戎人輒奴畜之，小不如意復執出求賞，前此坐法多死。隨下教，能自歸者免死，聽復隸軍籍，由是多來歸者。又建請增蕃落卒，給廢陷馬地，募民耕種。

韓琦。安陽人。仁宗時，知秦州，有惠政。

吕公綽。壽州人。仁宗時，知秦州。安遠砦、古渭州，諸羌來獻地，公綽曰：「天下之大，豈利尺寸地耶？」卻之。弓箭手多闕馬，公綽諭諸寨户爲三等，凡十丁爲社，至秋成，募出金帛市馬。馬少，則先後給之。

張昇。韓城人。仁宗時，知秦州。初，青唐蕃部藺氈，世居古渭，積與夏人有隙。懼而獻其地，攝帥范祥無遠慮，亟城之。諸族畏偪，舉兵叛。昇至，請棄勿城。先是，副總管劉涣討叛羌，逗撓不時進。昇命他將郭恩代之，羌乃潰去。

陸詵。餘杭人。仁宗時，通判秦州。范祥城古渭，詵主饋餉，具言非中國所恃，而勞師屯戍，且生事。既而諸羌果怒争，塞下大擾，經二歲乃定。

張方平。南京人。仁宗時，以工部尚書帥秦州。諜告夏人將壓境，方平料簡士馬，聲言出塞，已而寇不至。

李參。鄆州須城人。治平中，知秦州。蕃酋藥家族作亂，討平之，得良田五百頃，以募弓箭手。居鎮閲歲，未嘗以邊事聞。英宗遣使問故，對曰：「將在邊，期於無事而已，不敢妄以寇貽主憂。」

蔡抗。宋城人。神宗初，知秦州。秦有質院，質諸羌百餘人，自少至老扃繫之，非死不出。抗皆縱釋，約毋得擅相仇殺。

已而有犯者，斬以徇，莫敢姦令。

張詵。建州浦城人。神宗時，知秦州。前此將吏貪功，多從羌地獵射，因起邊患。詵至，申令毋得犯。得一人斬諸境上，羣羌感悅。

吕大防。京兆藍田人。神宗時知秦州，有惠政。

孫永。長社人。神宗時，知秦州。王韶以布衣入幕府，建取熙河策。永折之曰：「邊陲方安静，無故騷動，恐變生不測。」會新築劉家堡失利，衆請戮偏裨以塞責。永曰：「居敵必争之地，軍孤援絶，兵法所謂不得而守者也。尤人以自免，於我安乎？」

張守約。濮州人。神宗時，爲秦鳳路駐泊都監。居職六年，括生羌隱土千頃，以募射手。築硤石堡、甘谷城，第功最多。夏人萬騎來寇，守約適巡邊，與之遇，不解鞍，簡兵五百逆戰，衆寡不侔，勢小卻。夏人張兩翼來，守約挺身立陣前，自節金鼓，發强弩，殪其酋，敵遂退。

吕大忠。京兆藍田人。元祐中，知秦州。時郡糴民粟，豪家因之制操縱之柄。大忠選僚寀自旦入倉，雖升斗亦受，不使有所壅閼。民喜，争運粟於倉，負錢而去。得百餘萬斛。

謝良佐。壽春上蔡人。爲秦州教授。州守吕大忠每過之，聽講論語，必正襟斂容，曰：「聖人言行在焉，吾不敢不肅。」

姚祐。湖州長興人。徽宗時，知秦州。或請調熙河弓箭士徙邊，以省更戍。祐謂人情懷土重遷，丐以二年爲更發之期，滿歲，樂業而願留者乃聽。且請擇熙、秦富民分丁授地，蠲役借糧，以勸耕種。益廣秦之東西川，建城壁，嚴保障，以控熙河、涇原。皆從之。

吴璘。永洛城人。紹興三年，知秦州，節制階、文。四年，烏珠、薩里罕以大兵十萬至仙人關下，璘自武、階路入援，血戰連日。金兵大敗，自是不敢窺蜀。「烏珠」舊作「兀朮」，「薩里罕」舊作「撒離喝」，今並改。

劉宣。秦鳳兵馬都監。金兵入關陝，宣遣蠟書密與吴玠相結，且率金將任拱等以所部歸朝。約日已定，有告之者，金兵取宣縷擘之。

王琦。爲弓門砦巡檢。建炎四年，金兵還自熙河，琦禦之。金兵立招降旗榜，琦獨不屈，見殺。

張威。成州人。開禧用兵，天水縣當金兵西入路，乃升縣爲軍，命威爲守，屢立奇功。

曹友聞。栗亭人。理宗時，辟天水軍教授。城已被圍，友聞單騎夜入，與守臣糾民厲戰。兵退，制置使製大旗，書「滿身膽」以旌之。檄管忠義，駐閬州，討斬叛將郭虎等。檄知天水軍。北兵至城下，命統制王漢臣等出戰，自提重兵尾敵後，大戰有功。端平初，授承務郎，權發遣天水軍。北兵自西和至階州，友聞曰：「階雖非吾境，豈可坐視不救？」遂引兵與諸軍會，往來督戰有功。

明

暢宣。爲秦安知縣。以母憂去，民羣訴於副使鄺埜，言宣爲政廉能，撫民慈惠，倘別除他官，民將失所。埜以聞，命服闋還任。

朱呈瓘。藩府宗室。崇禎中，由貢生知秦安縣。兵荒之後，城乏兵備，賊至遂陷，執至寧羌郭外，令誘守者。呈瓘大呼曰：「須固守，我忍辱至此者，欲令知我死所耳。」遂大駡，賊殺之。寧羌迄不下。贈光禄少卿。同時有朱廷彰者，亦宗室，以府判署州事。不屈於賊，遇害。

人物

漢

李廣。隴西成紀人。其先曰李信，秦時爲將。廣世善射。文帝時，從軍擊匈奴，以功爲郎、騎常侍。數從射獵，格殺猛獸，文帝曰：「惜廣不逢時，令當高帝時，萬户侯豈足道哉！」景帝時，爲上谷、上郡、隴西、北地、雁門、代郡、雲中太守。武帝即位，召爲未央衛尉。復拜右北平太守。匈奴號曰「漢飛將軍」。廣歷七郡太守，前後四十餘年，得賞賜，輒分其戲下，飲食與士卒共之，家無餘財。自漢擊匈奴，廣未嘗不在其中。諸校尉以下，多以軍功取侯，廣獨不得封邑。元狩四年，以前將軍從衛青擊匈奴，令廣出東道。廣欲居前，青弗聽。軍惑，失道。青責廣對簿，遂自剄。廣從弟蔡，以從擊匈奴功，封樂安侯。元狩初，代公孫弘爲丞相。廣三子：當户、椒、敢，皆爲郎。當户早死，椒爲代郡太守，敢以校尉從擊匈奴，斬首多，賜爵關内侯，代廣爲郎中令。當户子陵，善騎射，爲騎都尉。將步卒五千人擊匈奴，敗降。

趙充國。隴西上邽人。後徙金城令居。以六郡良家子，善騎射，補羽林。爲人沈勇有大略，通知四夷事。武帝時，以假司馬從貳師將軍擊匈奴，有功，拜爲中郎。又擊武都氐〔七〕，遷水衡都尉。擢後將軍。宣帝初，以定册功，封營平侯。西羌叛，充國受詔，至金城，招降罕、幵，擊破先零，罷兵屯田，振旅而還。卒年八十六，謚曰壯侯。甘露三年，與霍光等列畫未央宫。成帝時，西羌嘗有警，上追美充國，召揚雄即充國圖畫而頌之。

段會宗。天水上邽人。好大節，矜功名。竟寧中，爲西域都護，西域敬其威信。歷沛郡、雁門太守。陽朔中，復爲都護。

後使安輯烏孫，定其國而還。烏孫再亂，會宗徑至其國，誅番丘，賜爵關内侯。病死烏孫中，城郭諸國爲發喪立祠。

趙壹。漢陽西縣人。身長九尺，儀容甚偉。光和元年，舉郡上計，時司徒袁逢受計，計吏皆拜伏，壹獨長揖。逢斂衽下堂，延置上座。問西方事，大悦，坐者屬目。往造河南尹羊陟，陟與語，大奇之。乃與袁逢共稱薦之，名動京師。後十辟公府，並不就。著賦頌等十六篇。

姜岐。漢陽上邽人。守道隱居，名聞西州。太守橋玄欲召爲吏，岐稱疾不就。玄怒，敕督郵逼致，岐卒堅卧不起。

三國　蜀

姜維。天水冀人，世居鐵堂峽。建興初，諸葛亮軍向祁山，署爲奉義將軍，時年二十九歲。亮與參軍蔣琬書曰：「姜伯約忠勤時事，思慮過人，上士也。」後封平襄侯。

魏

閻温。天水西城人。守上邽令。馬超圍州城，州乃遣温密出，告急於夏侯淵。爲超所執，超解其縛，令語城中，東方無救。温僞許之，至城下，乃大呼曰：「大軍不過三日至，勉之。」超怒責之。温曰：「夫事君有死無貳，而卿乃欲令長者出不義之言乎？」超遂殺之。

晉

閻鼎。天水人。少有大志。爲東海王越參軍，轉行豫州刺史事。京師失守，秦王出奔密。鼎因西土人思歸，欲立功鄉里，乃與撫軍長史王毗等謀翼戴秦王。會賈疋迎王至長安爲皇太子，以鼎爲詹事。麴允、索綝並害其功，遂攻鼎。出奔雍，爲氐所殺。

郭荷。略陽人。六世祖整，漢安、順之世，公府八辟，公車五徵，皆不就。自整及荷，世以經學致位。荷明究經籍，特善史書，不應州郡之命。張祚遣使迫而致之，至則乞還，祚遣送張掖東山。卒，謚玄德先生。

楊軻。天水人。少好易，學業精微，養徒數百。劉曜徵拜太常，固辭不起，遂隱於隴山。後石季龍迫致之，既見不拜，與語不言，命舍之。後歸秦州，仍教授不絶。

南北朝 梁

楊公則。天水西縣人。父仲懷，爲宋豫州刺史，戰死横塘。公則冒陣抱尸，徒步負喪歸鄉里。武帝時，爲平南將軍，封寧都縣侯。居家篤睦，視兄子過於己子。性好學，雖居軍旅，手不釋卷，士大夫稱之。

魏

趙逸。天水人。太武時，拜赤城鎮將。性好墳典，白首彌勤，年踰七十，手不釋卷。所著述詩賦銘頌五十餘篇。兄温，博學有高名。温子琰以孝著〔八〕。

閻信。天水人。滎陽令。永安初，李曉避難至成皋，爲信所疑，辟左右，謂曉曰：「觀君儀貌，豈是常倫？古人相知，未必在早。必有急難，須悉心以告。天下豈獨北海孫賓碩乎？」曉以信有長者之言，乃具告信實。信乃厚相資給以免。

周

李弼。成紀人。初仕魏，封石門縣伯。從周文平竇泰，與齊神武戰於沙苑，以功進趙國公。弼每率軍征討，朝受命，夕便引路，略不問私事。性沈雅，有深識，故能以功名終。卒，謚曰武，配食文帝廟廷。

李賢。隴西成紀人。漢騎都尉陵之後。祖斌，以都督鎮高平，因家焉。賢幼有志節，不妄舉動。年十四，遭父憂，撫訓諸弟，友愛甚篤。太祖西征，以功授都督，守原州。進爵西河郡公，歷河州總管，徵拜大將軍。卒，謚曰桓。

李遠。賢弟。幼有器局。從太祖征戰有功，進平陽郡公。累除尚書左僕射，進位柱國，爲晉公護所害。

李崇。賢子。封迴樂縣侯。年尚幼，拜爵之日，泣下。賢問之，崇曰：「無勳於國，而幼小封侯，當報主恩，不得終於孝養，是以悲耳。」後拜大將軍、幽州總管。與突厥戰，歿於陣。

李詢。賢子。沈深有大略，頗涉書記。仕周，累以軍功加位大將軍，賜爵高平郡公。開皇元年，詢督杜陽之役，民賴其利。尋檢校襄州總管事。歲餘，拜隰州總管。卒，謚襄。

隋

李穆。賢弟。周太祖首建義旗，穆便委質，累以軍功進爵永平縣伯。撫慰關中，所至克定，進封安平郡公，授原州刺史。穆以二兄並爲佐命功臣，子弟布列清顯，深懼盈滿，辭不受拜。太祖不許。兄子植被誅，其弟基當從坐，穆請以二子代基之命。宇文護義而兩釋焉。天和中，進爵申國公。高祖受禪，拜太師。開皇六年卒。

李雅。穆子。少有識量。周保定中，屢以軍功封西安縣男，拜大都督。從征吐谷渾，雅督軍糧於洮河，爲賊所躡。雅僞和，以奇兵擊破之。累遷荆州總管。開皇初，進爵爲公。

李景。天水休官人。驍勇善射。開皇中，以行軍總管伐陳，陷陣有功，進位上開府。仁壽中，檢校代州總管。漢王諒作亂，發兵拒擊，破之。煬帝時，進爵滑國公。楊玄感反，朝臣子弟多預，景獨無關涉。帝重之，呼李大將軍而不名。大業十二年，帝令景營遼東戰具於北平。幽州賊楊仲緒來攻，景擊斬之。後爲高開道所圍，獨守孤城，一無離叛。遼東軍資多在其所，粟帛山積，景無私焉。後遇賊見害。

趙煚。天水西人。少孤，養母至孝。及長，深沈有器局。周太祖引爲相府參軍，從破洛陽，累遷御正上大夫。與宗伯斛斯徵素不協，徵坐事，踰獄而走，購之甚急。煚密奏赦之，徵獲全，煚卒不言。高祖受禪，賜爵金城郡公。卒官冀州刺史。

趙芬。天水西人。少有辯智，頗涉經史。仕周，累遷少御正司會。明習故事，朝廷有疑議，衆不能決者，芬輒爲評斷，莫不稱善。高祖爲丞相，深見親委。開皇初，拜尚書左僕射，與王誼修律令，出爲蒲州刺史。徵還京師，賜以軺車几杖。

董純。成紀人。開皇末，擢左衛將軍。漢王諒作亂，從楊素擊平之，拜柱國。彭城賊數萬掠徐、兖，純討破之。東海賊彭孝才掠懷仁縣，轉入沂水。純擊之，擒孝才於陣，餘黨各散。

唐

姜謩。上邽人。隋末，爲晉陽長。高祖引爲司功參軍，從平霍邑、絳郡。兵遂渡河，謩部勒一夕濟，高祖歎其略。薛舉寇秦州，以謩安撫隴外。及薛仁杲平，擢秦州刺史。謩至，撫邊俗以恩信，盜賊衰止，人喜曰：「不意復見太平官府。」改守隴州。卒，贈岷州都督，謚安。子確，貞觀中爲將作少匠，以幹力稱。平高昌有功，封金城郡公。帝將征高麗，確諫不從，中流矢卒。贈成國公，謚襄。

姜晦。確孫。兄晈，明皇時以藩邸舊恩封楚國公，遷太常卿。開元初，晦擢御史中丞。先是，御史不拜宰相，後稍屈下。至晦，臺儀復振。累遷吏部侍郎，主選曹。吏嘗請託爲姦，前領選者撿室内外，猶不禁止。晦悉除之，示無防限，然處事精明，相屬諉者輒得其罪。既而贓賕路塞，流品有敘，衆乃服。晈被放，晦亦坐貶。終海州刺史。

尹思貞。天水人。明春秋，擢高第。以親喪哀毀，除喪不仕。張説薦爲國子大成。每釋奠講辨，聽者皆得所未聞。遷四門助教，撰諸經義樞。續史記，未就而卒。子愔博學，尤通老子書。初爲道士，明皇召對，厚禮之，拜諫議大夫，集賢院學士，固辭不赴。有詔以道士服視事，乃就職。專領集賢史館圖書。

趙昌。天水人。始爲昭義李承昭節度府屬，累遷虔州刺史。拜安南都護，夷落向化。後還朝，以裴泰代之。未幾，州將逐泰。德宗召問狀，時年踰七十，占對精明，復拜安南都護。詔書至，人相賀，叛兵即定。憲宗時，累遷工部尚書、太子少保。卒，謚曰成。

吴郁。兩當人。官侍御，以直言被謫。與杜子美善。子美有吴侍御江上宅詩。

五代　漢

王仁裕。天水人。以文辭知名。初仕蜀，爲翰林學士。晉高祖時，歷諫議大夫。漢高祖時，累遷户部尚書。性曉音律，晉高祖初定雅樂，奏黄鍾，仁裕曰：「音無和聲，當有争者起禁中。」已而兩軍校鬭昇龍門外。喜爲詩，少嘗夢剖其腸胃，以西江水滌之，顧見江中沙石皆爲篆籀文。由是文思日進，有詩百卷，號西江集。

宋

尹崇珂。天水人。徙居大名。初事周，以謹厚稱。累遷爲殿前都指揮使。宋初，爲淄州刺史，有善政。乾德中，征嶺表，爲行營馬步軍副都部署。克廣州，擒劉鋹，録功，遷保信軍節度使。未幾，樂範等據五州叛，崇珂討平之。

趙隆。成紀人。以勇敢應募，從王韶取熙河，又從李憲討鬼章。爲涇原將，戰平夏川，功最多。夏人寇涇原，隆先登力戰，夏人解去。徽宗召詣闕，慰勞之。童貫與論燕雲事，曰：「君能共此，當有殊拜。」隆曰：「隆豈敢干賞，以敗祖宗二百年之好？異時起釁，萬死不足償。」貫知不可奪，以知西寧州，充隴右都護。及卒，贈鎮潼軍節度使，帝篆碑額曰「旌忠」。

劉仲武。成紀人。熙寧中，試射殿庭異等，補官，累轉涇原將，知河州。吐蕃趙懷德等叛，仲武設伏，大敗之。爲西寧都護。樸格之降，仲武功居多。徽宗召對勞之，官其九子。歷拜瀘川軍節度使。卒，贈檢校少保，謚威肅。「樸格」舊作「僕哥」，今改。

張俊。成紀人。政和中，從討南蠻，轉都指揮使。高宗時，爲兵部大元帥，累功轉榮州刺史。扈高宗南行，平江淮羣盜。時苗傅、劉正彦反，俊與張浚、吕頤浩諸人平之。金兵再攻明州，連破之，屢遷定江、昭慶軍節度使。又拒劉麟於泗州，敗劉猊於定遠。屢進太傅，封益國公。尋進清河郡王，拜太師。子弟遷秩者十三人。與韓世忠諸人並爲名將，世稱「張韓劉岳」。卒，追封循王。

張子蓋。成紀人。父宏，與金兵戰死。子蓋初從韓世忠討苗傅，又從俊擊劉猊，又大敗金兵於柘皋，累官安德軍節度使。金兵攻海州急，以子蓋爲鎮江府都統往援，率精鋭擊之，敵大敗。孝宗初，授加檢校少保。卒，贈太尉，謚恭壯。

元

巴雅遜達賚。迷裏氏，家秦州。父喪，廬墓次，晝夜悲號，有飛鳥翔集，墳土踴起。「巴雅遜達賚」舊作「畢也速答立」，今改。

趙世延。秦州人。至順初，修輯唐、宋會要，仕至四川行省平章政事，知經筵，封魯國公。又同府石吉連官右丞相，封秦國公，謚忠宣。又趙按，官太傅，封秦國公，謚忠宣。子國瑶，封梁國公，謚忠憲。

明

高斗南。徽州人。洪武中，由薦舉授四川定遠知縣，多善政。時舉天下廉吏，斗南與焉，列其名於彰善榜、聖政記。擢知新興州，以老乞歸。薦子吏科給事中恂自代。恂博學能詩文，官新興。從大軍征交阯，有協贊功。

門克新。秦州人。以薦爲教諭。秩滿入京，太祖召問經史，及政治得失，直言無隱。授左贊善。時紹興王俊華以善文詞授右贊善，帝諭吏部曰：「左克新，右俊華，重直言也。」不數年，擢禮部尚書。尋引疾，命給藥物，不輟其俸。及卒，命有司護喪歸葬。

周蕙。秦州人。爲臨洮衛卒，戍蘭州。年二十，聽人講大學首章，惕然感動，遂讀書。州人段堅誨以聖學，蕙乃研究五經，又從學安邑李昶。久之，學益邃。恭順侯吴瑾鎮陝西，欲聘爲子師，固辭不赴。或問之，蕙曰：「吾軍士也，召役則可，若以爲師，師豈可召哉？」瑾躬送二子於其家，蕙始納其贄。後還居秦州之小泉，幅巾深衣，動必由禮。門人多化之，稱爲小泉先生。

王爵。秦州人。從周蕙學。弘治初，由國子生授保安州判官，有平允聲。總督秦紘聘居幕中三歲，贈遺不妄受。其教門人也，務以誠敬爲本。

任希夔。徽人。爲諸生。正德間，川賊犯境，或勸之避，夔叱曰：「爲士避難，國家作養何爲？」持戈巷戰竟日，被殺。詔旌其閭。

胡纘宗。秦安人。正德進士，歷知蘇州府、浙江參政。擢副都御史，巡撫山東，改河南，俱有政績。歸築别墅，閉閣著書。時年八十，意氣豪邁如故。所著有春秋本義，安慶、鞏昌、秦州、秦安諸誌。

王英。秦州衛軍。事母孝。母殁，廬墓所，跣足負土者三年。詔旌其閭。

謝繼昭。秦州人。父殁，廬墓悲號，有鹿馴芝生之異。詔旌其閭。

夏時。秦州諸生。事孀母以孝聞。母殁，廬墓穴居蔬食，三年不見一人。

沈爾錦。禮縣人。崇禎元年拔貢生。不受闖賊僞命，守城防禦有功。

本朝

梁必擢。秦州人。性孝謹，五世同居，長幼百人，咸愛敬無間言。又同州孝子胡端、生員曹仁民、順孫程直，均乾隆年間旌。又同州孝子魏祚延、趙敏，均嘉慶年間旌。

侯麟角。秦安生員。事親以孝稱。又同邑孝子訓導趙思普、監生趙念普，均乾隆年間旌。

張仁恭。清水生員。事親純孝。嘉慶年間旌。

吕都甫。禮縣人。事繼母以孝行聞。乾隆年間旌。

王宏業。徽縣貢生。持躬嚴謹，孝行性成。乾隆年間旌。

列女

唐

盧甫妻李氏。成紀人。父瀾，永泰初爲蕲令，諭降劇賊數千。刺史曹昇襲賊破之，賊疑瀾賣己，執瀾及其弟渤。兄弟争相代死，李見父執，亦請代父，遂皆遇害。詔贈孝昌縣君，灤、渤並贈官。

元

謝思明妻趙氏。成紀人。夫死自髡，誓不更適。

明

王氏。徽州人。年十八，蜀盜入徽，脅之不從，遇害。

尚夫其妻周氏。徽州人。避亂至岐亭，遇盜，强挾上馬。投地大駡，賊怒，亂斫死。

趙永妻孫氏。禮縣人。永卒，孫少，人或覬之，乃斷髮刺目。

本朝

韓昌有妻李氏。秦州人。康熙十四年爲賊兵所執，奮力批賊頰，駡不絕口，身受七創死。又楊啓泰妻張氏，年十七，避賊南山中，被執，投崖下死。

閻皋妻韋氏。秦州人。夫亡殉節。

張金榜妻傅氏。清水人。與同鄉邢世耀妻張氏，俱夫死殉節。

周彩妻馬氏。徽縣人。夫死，郭某欲强娶之，馬自縊死。

胡志宸妻穆氏。秦州人。夫亡守節。又同州節婦蒲本育妻王氏、楊新才妻趙氏、董其芳妻白氏、吕煜妻蒲氏、李景旭妻張氏、蕭續韶妻王氏、鄧冰清妻寵氏、李人傑妻蒲氏、蒲本香妻孫氏、張安妻周氏、王宗堯妻南氏、翟尚禮妻楊氏、民婦郭雷氏、王家士妻楊氏、劉榮妻蘇氏、雷重普妻王氏、楊廷輔妻何氏、劉喘妻王氏、熊泰妻周氏、張鉢妻姚氏、米廷選妻何氏、董其禮妻劉氏、趙璠璒妻崔氏、高爾信妻劉氏、范睿妻蒲氏、唐朝捍妻徐氏、文登魁妻穆氏、崔光先妻趙氏、唐德茂妻裴氏、張光先妻張氏、王宗文妻王氏、周尚文妻劉氏；又烈婦王恩掄妻張氏，年十七，恩掄死，遂自刎；又貞女馮景文未婚妻張氏；俱乾隆年間旌。

陳開運妻董氏。秦州人。夫亡守節。又同州節婦金紱妻李氏、鄭安妻李氏、閻運新妻白氏、魏玠妻王氏，于李氏、張田氏、蒲王氏、馬張氏、潘馬氏、崔蘇氏，又烈婦杜陳氏，俱嘉慶年間旌。

吴順姬妻李氏。秦安人。年十九，夫亡，誓不更適。育兄子承祧。又同邑節婦何洛瑞妻楊氏、何嶒妻安氏、侯晉德妻蔡氏、王肇光妻朱氏、陳育芊妻王氏、張翔妻何氏、侯麟趾妻蔡氏、武文妻王氏、邵旭妻逯氏、曹漢忠妻黨氏、黨積德妻侯氏、成四術妻王氏、陳天順妻安氏、定安妻鄧氏、成性妻王氏、吴煒妻劉氏、吴滋棠妻胡氏、王緒武妻王氏、宋鉉妻張氏、蔡錫蒲妻吴氏、成奠岷妻魯氏、馮澍妻高氏、洪禹德妻張氏、胥選士妻任氏、蔡錫瓚妻孫氏、高重妻任氏、成士顯妻喬氏、張文焕妻秦氏、王念烈妻成氏、何盛有妻王氏、辛繼愷妻龐氏、雒克寬妻馮氏、趙生榮妻何氏、高其品妻宋氏、胡之珩妻黨氏、蔡淵妻劉氏、安懋迪妻張氏、劉振聲妻戴氏、李暉吉妻孫氏、闞自華妻宋氏、劉朝宗妻闞氏，又貞女白氏、張翠未婚之妻白氏，俱乾隆年間旌。

劉敦仁妻聶氏。秦安人。夫亡守節。又同邑節婦王登彦妻張氏、王榮妻成氏、吴廷曉妻蔡氏、李登祥妻王氏、李鴻基妻柳氏、柴卜熊妻王氏、柴緒周妻孫氏、蔡澍妻周氏、汪源深妻馬氏、員自明妻胡氏、蔡書紳妻路氏、張文錦妻程氏、劉弼殿妻張氏、張丕業妻周氏、周遍妻吴氏、任徽典妻張氏、蔡錫魚妻張氏、汪源浚妻蕭氏、秦國仕妻朱氏、王炯妻宋氏、侯鎮遠妻徐氏、蔡錫業妻王氏、徐敬行妻蔡氏、吴廷曉妻成氏、張雲鵬妻巨氏、辛滿斗妻王氏、劉邦彦妻柳氏、郭世雄妻楊氏、薛棟妻張氏、陳永嗣妻劉氏、吴連慶妻成氏、安淮妻楊氏、鄧克中妻徐氏、蔡濤妻王氏、胡自泮妻李氏、胡自清妻蔡氏、劉化南妻張氏；烈婦楊焕妻胡氏；俱嘉慶年間旌。

王子瞻妻雍氏。清水人。少寡守節，邑人敬之。又同邑節婦雍正沂妻韓氏、常世瑞妻李氏、雍志誠妻李氏、雷發物妻甯氏、車載經妻張氏、頓自明妻王氏、文炳妻甯氏、陳美妻平氏、雍容臣妻王氏、頓起妻范氏、張士誠妻白氏、鄒芝榮妻汪氏、周愷妻程氏、雍庠妻趙氏、雍於道妻趙氏、馬卓生妻田氏，俱乾隆年間旌。

蔣坤妻張氏。清水人。夫亡守節。又同邑節婦張士造妻高氏、劉寬妻蘇氏、雍融妻王氏、蔣坤妻汪氏、馬俊妻成氏、雍敏達妻張氏、任上達妻雍氏，又孝婦張仁寬妻楊氏，俱嘉慶年間旌。

鄧濟泰妻石氏。徽縣人。夫亡守節。又同邑節婦袁諮訪妻趙氏、程秉仁妻蔣氏、周宏典妻高氏、童克祥妻張氏，俱乾隆年間旌。

王爵妻張氏。徽縣人。夫亡守節。又同邑節婦黄正顔妻吴氏、宋彦妻孫氏，俱嘉慶年間旌。

史策妻降氏。兩當人。年十九，策卒，守節撫孤。又同邑節婦左士俊妻羅氏，夫亡，矢志不更適，俱乾隆年間旌。

安且祥妻史氏。兩當人。夫亡守節。又同邑烈婦客民張長科妻石氏，俱嘉慶年間旌。

劉元湘妻怡氏。禮縣人。年二十，夫亡守節，孝姑訓子，雍正年間旌。

王邠妻趙氏。禮縣人。夫亡守節。又同邑節婦楊秉乾妻劉氏、楊苾妻張氏、郭世珍妻劉氏、潘緝榮妻張氏、席建業妻張氏，俱乾隆年間旌。

王修述妻杜氏。禮縣人。夫亡守節。又同邑節婦趙奮庸妻田氏、楊謨妻趙氏、崔重江妻陳氏、王超妻汪氏、魏啓周妻龐氏、齊從妻張氏、李鳳鳴妻趙氏、劉溥妻金氏、劉杰妻翟氏、張榮昂妻鄭氏、張承宗妻章氏，俱嘉慶年間旌。

潘成姐。禮縣人。年十六，嘉慶四年，賊匪入莊，殺其母，脅女同行。女誘賊出門，自刎死。十二年旌。

羅應中女增兒。徽縣人。幼失怙恃，祖母撫之。年十六，嘉慶四年，藍號賊匪至，女身護祖母，賊戕其祖母，女亦自刎死。又李强女菊姐，年十四，藍號賊匪至，掠女上馬，女駡賊被害。又吴希德女保姐，年十四，白號賊匪至，脅之不從，駡賊，自毁其面。賊以石碎其手足骨死。又鎖文雅女賢女，年十六，白號賊匪至，强逼之，女設計解脱，自縊死。又張雄妹密花，年十六，白號賊匪至，因嫂病，抱姪逃避。遇賊於路，强逼不從，被害。俱嘉慶十二年旌。

土産

銀。唐書地理志：兩當、成紀、隴城、清水有銀。寰宇記：兩當縣有銀冶。

銅。鐵。唐書地理志：成紀縣有銅有鐵。郡志：徽州出鉛鐵。

鹽。唐書地理志：長道縣有鹽。

花石屏。鞏昌府志：出秦州。

龍鬚席。唐書地理志：秦州土貢。又宋史地理志：秦州貢席。

麝香。寰宇記：秦州土産。

石膽。通志：出秦州。其石青色，多白文，易破。錬餌食之，可延年。

馬。寰宇記：秦州土産馬。

麂。鞏昌府志：禮縣出麂皮。

鸜鵒。元和志：清水縣小隴山多鸜鵒。

錦雞。舊志：出徽州。

漆。舊志：兩當縣出。

芎藭。唐書地理志：秦州貢。又寰宇記：州産石斛。

校勘記

〔一〕後唐長興三年於南治鎮置　「南治鎮」，乾隆志卷二一〇秦州古蹟（下同卷簡稱乾隆志）同，「治」當作「冶」，太平寰宇記中華書局校點本據舊五代史卷一五〇郡國志後唐長興三年秦州奏文改「治」爲「冶」，是。

〔二〕領東鞍安人斫鞍上下鐵窟坐交得鐵冶坊七堡　乾隆志及宋史卷八七地理志同。按，此實有八堡，與「七堡」之數不符。考元豐九域志卷三陝西路有弓門寨，領東鞍、安人、斫鞍、上下鐵窟、坐交、得鐵七堡，無冶坊堡；冶坊堡另列秦州所屬三堡之一。疑宋志「冶坊」二字誤衍。

〔三〕永寧鎮　「寧」，原作「安」，據乾隆志改。按，本志避清宣宗諱改字。

〔四〕寧塞　「寧」，原作「安」，據乾隆志及宋史卷八七地理志改。按，本志避清宣宗諱改字。

〔五〕長樵九堡　「樵」，原作「樵」，乾隆志同，據宋史卷八七地理志及元豐九域志卷三陝西路改。

〔六〕不敢入寇　「寇」下原有「賊」字，據乾隆志及新唐書卷一四八劉澭傳删。

〔七〕又擊武都氐　「武」上原有「定」字，乾隆志同，據後書卷六九趙充國傳删。

〔八〕温子琰以孝著　「琰」，原作「炎」，據乾隆志及魏書卷五二趙逸傳改。按，本志避清仁宗諱改字。

階州直隸州圖

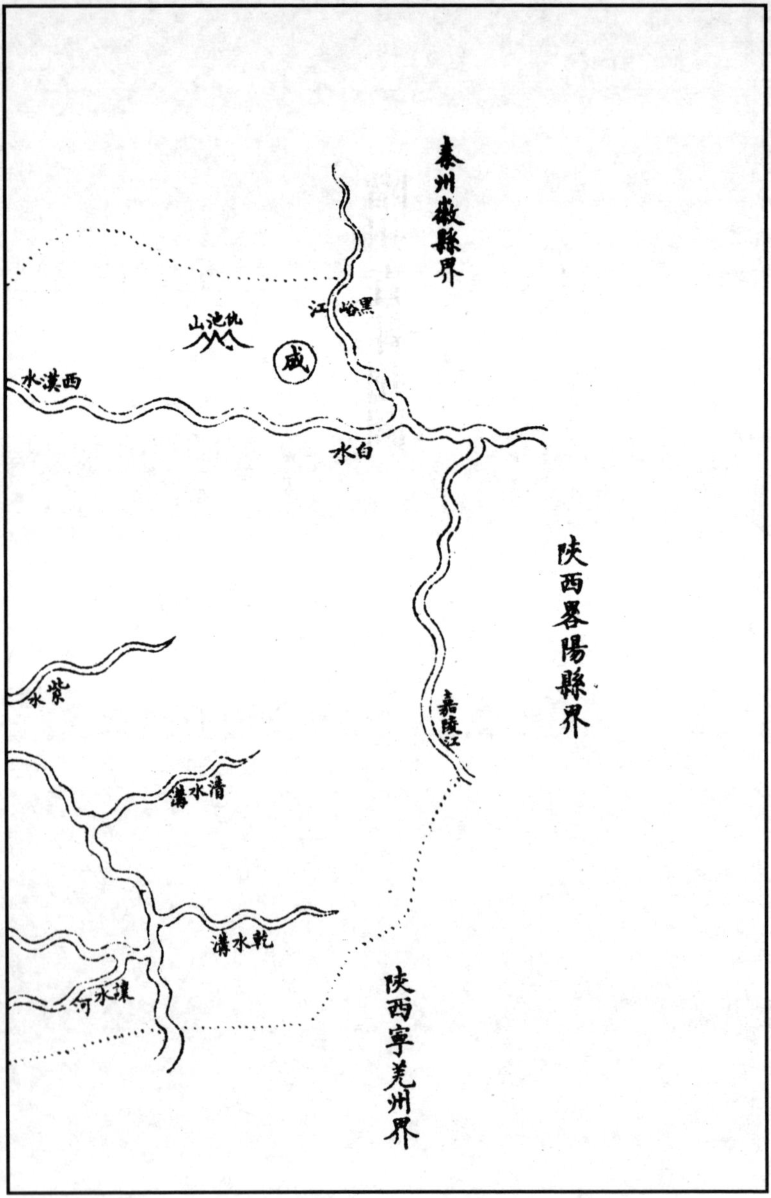
秦州徽縣界
黑峪江
仇池山
成
西漢水
白水
陝西畧陽縣界
嘉陵江
紫水
清水溝
乾水溝
渫水何
陝西寧羌州界

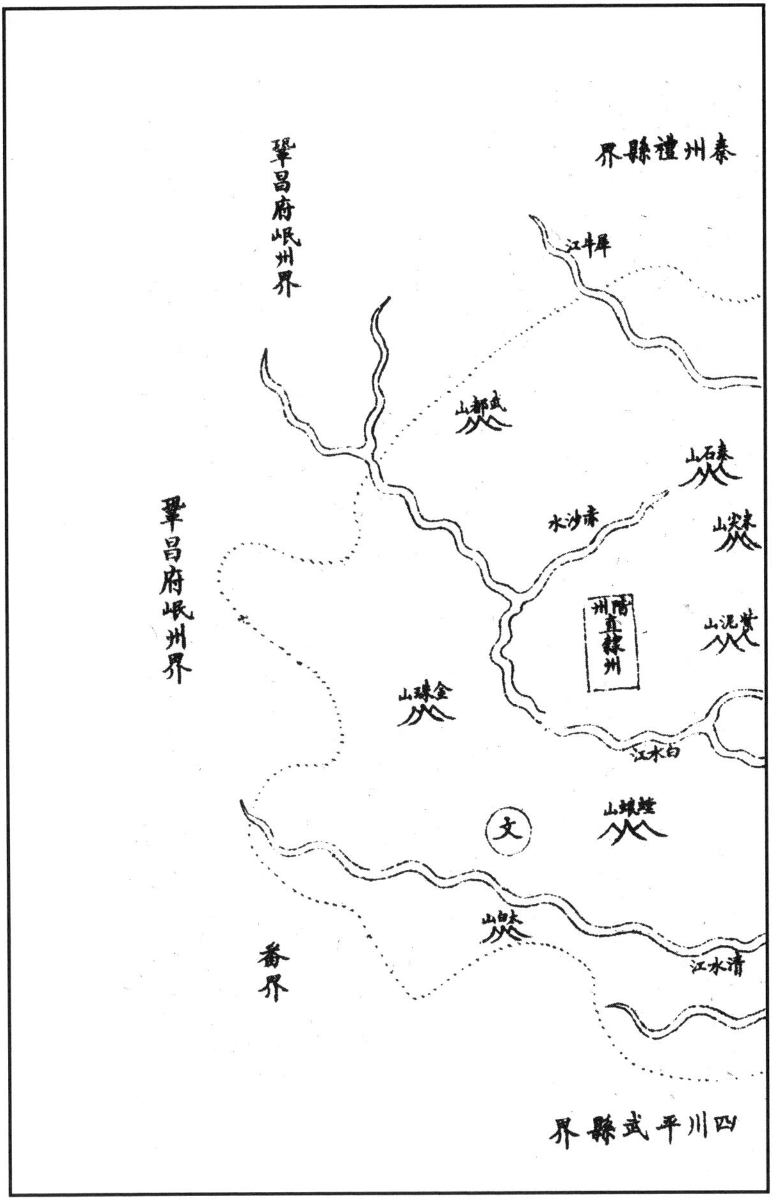
秦州禮縣界
鞏昌府岷州界
犀牛江
武都山
秦石山
赤沙水
米炭山
階州直隸州
紫泥山
鞏昌府岷州界
金蓮山
白水江
文
鐵蓮山
太白山
清水江
番界
四川平武縣界

階州直隸州表

	階州直隸州	
秦		
兩漢	羌道縣地。後漢武都郡地。	
三國		
晉		
南北朝	武階郡魏置，領北部、南五部、赤萬三縣。	覆津縣西魏置，兼置萬郡。周廢郡。
隋	開皇三年廢。	覆津縣開皇三年移治，屬武都郡。
唐	大中五年於此立武州。景福初改爲階州，移治臯蘭鎮。	福津縣屬武州。景福初改名。
五代	階州唐長興三年移治。	福津縣唐長興三年爲州治。
宋	階州武都郡屬秦鳳路。南宋屬利州路。	福津縣州郡治。
元	階州移置，屬鞏昌路。	至元七年省。
明	階州洪武初降縣，移置。十年復爲州，屬鞏昌府。	

續表

平樂道屬武都郡，後漢廢。			
武都郡魏置。西魏改置武州。周改名永都。	石門縣魏太平真君九年置郡治。西魏更名安育，周改名將利。	平洛縣魏太和四年置，屬修城郡。後廢。	孔提縣魏置，屬武都郡。周廢。
武都郡開皇初郡廢，大業初改名，復置。	將利縣		
武州武德初改置，屬隴右道。天寶初復爲武都郡。乾元初復爲州。大曆初陷吐蕃。大中初立州於福津。	將利縣大曆後廢，後改置。		
	將利縣屬階州。		
	將利縣		
	至元七年省。		

續表

羌道縣屬隴西郡。後漢屬武都郡。	
羌道縣	
省。	
白水縣魏太平真君九年置白水郡，後廢爲縣。西魏復立郡，改縣曰綏戎。周廢郡，改縣名建威。	南五部縣魏太和四年置南五部郡，後改縣，屬武階郡。西魏改名盤隄，并入武陽郡及葭蘆縣。後周廢。
建威縣屬武都郡。	盤隄縣屬武都郡。
貞觀初省。	盤隄縣屬武州。大曆後入吐蕃，廢。
漢番軍民上千户所	
西固城守禦千户所洪武四年置，屬岷州衛。	

續表

文縣

州郡	縣	縣	縣	縣	縣
	陰平道 屬廣漢郡。後漢改屬廣漢屬國都尉。				
陰平郡 魏置，後屬蜀。	陰平縣 郡治。				
陰平郡 永嘉後入氐。	陰平縣 後廢，屬氐。				
陰平國 魏改建國，西魏改置盧北郡。周增置文州。	曲水縣 西魏置，郡治。	建昌縣 西魏置，屬盧北郡。	正西縣 西魏置。	鄧州 鄧寧郡 西魏置。	
陰平郡 州郡俱廢。義寧二年復置。	曲水縣 屬武都郡。	長松縣 開皇十八年更名。大業後改屬武都郡。	正西縣 屬武都郡。	同昌郡 開皇初廢郡，七年改扶州。大業初又改。	
文州 武德初改州。天寶初復爲郡。乾元初復爲州，屬山南道。	曲水縣 移治。	長松縣 屬文州。貞元六年省入曲水。	貞觀初省。	徙。	
文州 屬蜀。	曲水縣				
文州陰平郡 屬利州西路。端平後亂廢。	曲水縣 後廢。				
文州 復置，屬圖沙瑪路。	禮店文州元帥府 後置。屬圖沙瑪路，後廢。				
洪武初降縣。	文縣 屬階州。				

尚安縣 西魏置州郡治。		同昌縣 西魏置，屬鄧州。	帖夷縣 西魏置，兼置昌寧郡。
尚安縣 郡治。		同昌縣 屬同昌郡。	帖夷縣 開皇初廢郡，屬同昌郡。
尚安縣 屬扶州。至德二年更名萬全，後入吐蕃。	扶州同昌郡 移置州，屬山南道。大曆後入吐蕃，廢。大中二年收復，後又廢。	同昌縣 州治，後廢。	帖夷縣 屬扶州。萬歲通天初更名武進。神龍初復故。後入吐蕃，廢。

續表

	成縣
	隴西郡地。
鉗川縣 西魏置。	廣業郡 魏宣帝置。 同谷縣 魏初置白石縣，西魏改名。 栗亭縣 魏置，屬廣業郡。後廢爲鎮。
鉗川縣 屬同昌郡。	開皇初郡廢，大業初州廢。 同谷縣 初屬康州。大業初屬鳳州。後屬河池郡。
鉗川縣 屬扶州，後廢。	成州同谷郡 武德初置西康州，貞觀初廢。咸通中徙成州，治同谷，屬山南道。 同谷縣 初爲西康州治。貞觀初州廢，屬成州。寶應初沒吐蕃。咸通十三年復置，爲州郡治。
	成州同谷郡 梁開平初改爲文州，尋入蜀。唐同光初復置。 同谷縣 栗亭縣 清泰初置，屬成州。
	成州同谷郡 屬秦鳳路。紹興中屬利州西路。寶慶初升爲同慶府。 同谷縣 栗亭縣
	成州 復名，屬鞏昌路。 至元七年省縣入州。 初直隸行省，尋廢。
	洪武十年降縣。 成縣 屬鞏昌府。

	武都郡元鼎六年置，治武都。後漢移治下辨。	武都縣郡治。後漢徙郡縣屬之。	下辨道屬武都郡。後漢改縣爲郡治。
	武都西部都尉魏黃初中郡徙改置，後入蜀。	武都縣	下辨縣
	武都郡復爲郡。愍帝末没于氐。	武都縣後入楊氏。	下辨縣後入楊氏。
寶應元年成州没吐蕃。貞元五年權置行州于同谷西境。咸通七年復置成州，徙治寶井堡，後徙治同谷縣。			

續表

		上禄縣 屬武都郡。
		上禄縣
	仇池郡 太元中楊氏置，治歷城。	上禄縣 太元八年割置仇池郡。
南秦州	仇池郡 魏太平真君初改置鎮，後復爲郡。太和中爲梁州。正始初置南秦州。西魏置成州。	階陵縣 魏太平真君四年置，屬仇池郡。周省入倉泉。
	漢陽郡 大業初改置，治上禄。	上禄縣 大業初改。
	武德初改置成州。天寶初改爲同谷郡。乾元初復爲州，治建安城。寶應初没吐蕃，後徙治同谷。	上禄縣 没吐蕃，廢。

大清一統志卷二百七十六

階州直隸州一

在甘肅省治東南一千七十里。東西距二百九十里，南北距五百五十里。東至陝西漢中府略陽縣界二百里，西至鞏昌府岷州界九十里，南至四川龍安府平武縣界三百里，北至秦州禮縣界二百五十里。東南至陝西漢中府寧羌州界五百二十里，西南至番界四十里，東北至秦州徽縣界三百二十里，西北至岷州界一百五十里。本州境東西距二百二十里，南北距二百七十里。東至文縣界一百三十里，西至鞏昌府岷州界九十里，南至番界二十里，北至秦州禮縣界二百五十里。東南至文縣界一百二十里，西南至番界四十里，東北至成縣界二百二十里，西北至岷州界一百五十里。自州治至京師三千九百四十里。

分野

天文東井、輿鬼分野，鶉首之次。

建置沿革

禹貢梁州之域。漢隴西郡羌道縣地。後漢爲武都郡地。後魏置武階郡。見地形志。太平真君九年，兼置石門縣及武都郡。西魏廢帝改武都郡爲武州，見隋書地理志及元和志。改石門縣曰安育。後周又改縣曰將利，改郡曰永都。隋開皇初，武階、永都二郡皆廢。大業初，復於永都置武都郡。見隋書地理志。唐武德初，復曰武州。天寶初，曰武都郡。乾元初，復曰武州，屬隴右道。大曆初，没於吐蕃。見新唐書地理志。咸通中收復，景福初改曰階州。後唐長興三年，移治福津縣。晉末，入於蜀。周顯德二年收復。見寰宇記。宋曰階州武都郡，初屬秦鳳路，南宋屬利州路。元曰階州，屬鞏昌路。至元七年，省福津縣入州。明洪武四年，降爲階縣。見明史。十年，復爲州，屬鞏昌府。本朝雍正七年，以州直隸甘肅省，移鞏昌府之文、成二縣隸之。領縣二。

文縣。在州東南二百里。東西距三百五十里，南北距三百里。東至陝西漢中府寧羌州界一百五十里，西至番界二百里，南至四川龍安府平武縣界一百八十里，北至本州界一百二十里。東南至生番界七十里，西南至古扶州番界二百里，東北至陝西漢中府略陽縣界二百里，西北至本州界一百五十里。漢置陰平道，屬廣漢郡，爲北部都尉治。後漢永初二年，改屬廣漢屬國都尉。三國魏置陰平郡，後入於蜀。晉初仍曰陰平郡。永嘉後，没於楊氏。後魏爲陰平國。西魏平蜀，改置盧北郡及曲水縣。後周明帝二年，置文州。隋開皇初，郡廢。大業初，州廢，屬武都郡。義寧二年，復置陰平郡。唐武德初，復爲文州。天寶初，曰陰平郡。乾元初，復曰文州，屬山南道。五代屬蜀。宋仍曰文州陰平郡，屬利州西路。端平後，亂廢。元復置文州，屬圖沙瑪路。明洪武四年，改州爲縣，屬階州。二十三年，省入階州。二十八年，改置文縣守禦軍民千户所。成化九年，復置文縣，屬階州。本朝初，屬鞏昌府。雍正七年，還屬階州。「圖沙瑪」舊作「脱思麻」，今改。

成縣。在州東北二百八十里。東西距一百二十五里，南北距一百九十里。東至秦州徽縣界四十里，西至鞏昌府西和縣界八十五里，南至陝西漢中府略陽縣界一百二十里，北至西和縣界七十里。東南至略陽縣界一百二十里，西南至本州界一百十里，東北至秦州界一百里，西北至西和縣界五十里。古西戎地。秦爲隴西郡地，漢爲下辨道地。晉末没於氐。後魏置廣業郡及白石縣。西魏改縣曰同谷。周兼置康州。隋開皇初，郡廢，縣屬康州。大業初，州廢，縣屬鳳州，後又屬河池郡。唐武德初，於縣置西康州。貞觀初，州廢，縣屬成州。寶應初，隨州没吐蕃。咸通七年復置州，十三年復置縣，後即移州治於縣，屬山南道。五代梁開平初，改曰文州。貞明初，地入於蜀。後唐同光初，復曰成州。宋仍曰成州同谷郡，屬秦鳳路。紹興十四年，改屬利州西路。寶慶元年，升爲同慶府。元復曰成州，屬鞏昌路。至元七年，省同谷縣入州。明洪武十年，降州爲縣，屬鞏昌府。本朝雍正七年，改屬階州。

形勢

土地險阻。常璩華陽國志。接壤羌戎，通道隴蜀。宋鄭价知階州制。背山面池，襟秦帶隴。宋成州題名記。東接漢中，西通隴右。左江右山，控據深險。若出景谷達江油，又蜀地之襟喉也。元文州志。

風俗

地雜氐、羌，民俗樸魯而勁悍。尚鬼重巫，力田而外，倚樵採爲生。士尚禮法，浸浸文物。州志。

城池

階州城。周二里，門四，濠深八尺。明洪武五年築，隆慶中復建土城於西，謂之西關城。周三里，濠深五尺。本朝康熙三十八年重修。

文縣城。周三里有奇，門四。明洪武二十八年於舊城東建千户所城。成化初，復建縣城於所城西。周二里有奇，門三。又營城建在縣城之西，中隔一河，雉堞相望。

成縣城。舊城周三里有奇，門四。明洪武五年修築。崇禎九年移縣治於城之西北隅，以東南面之舊城爲外郭，俗謂爲「上城」。本朝康熙年間，仍移治舊城中。乾隆三十四年修。

學校

階州學。在州治西。本朝順治十一年遷建。入學額數十三名。西固城入學額數四名，學附於州。

文縣學。在縣治東。明弘治三年建。入學額數十五名。

成縣學。在縣治西。明洪武七年建。明末移建上城，本朝康熙中還舊址。入學額數十三名。乾隆六十年撥貴德廳學一名。

武都書院。在階州。有二，一在西門外，本朝乾隆八年建；一在南門外，十四年建。

倉泉書院。在成縣。

户口

原額民丁共二萬八千二百四十七，屯丁共一千六百五十八，今滋生民丁男婦大小共二十八萬五千二百四十三名口，屯丁男婦大小共九萬三千九百六十三名口，統計七萬四千六百六十四户。

田賦

田地共二千五百九十七頃八畝一分有奇，番地共一萬五千三百九十八段，額徵銀共一萬六千三十一兩六錢九分四釐，糧共二千七百九十一石七斗二升六合。

山川

石鶴山。在州東。方輿勝覽：福津縣有石鶴山。明統志：州東七十里有石雞山，又東十里有石鶴山。舊志：又東十里有月臺山。

隴東山。在州東。元和志：在福津縣北四十五里。

紫泥山。在州東六十里，舊屬福津縣地。其下即爲紫水河。

盤隄山。在州東南三十里。按：元和志盤隄山在盤隄縣東南七十三里，非此。

仙陵山。在州南。元和志：後魏平仇池，於仙陵山東置仇池鎮，山在將利縣西六里。舊志：仙靈山在今州南三里，訛爲仙君山。

露骨山。在州南三十里。峯巒森列，南有萬象洞，洞中泥可爲硯，出洞即成堅石。

卧龍山。在州北一里。州之鎮山，一名北山。

鐵鑪山。在州北二百里。明嘉靖十三年回夷馬興據此爲亂，巡撫黄臣討平之。

米尖山。在州東北一百二十五里。山巔有城，俗謂之米倉城。

泰石山。在州東北一百四十里，接西和縣界。

東山。在州境，西固城東二十里。

筆架山。在州境，西固城南三里，接番界。

武都山。在州境，西固城西十里。山甚高大，爲一方巨瞻。

天門山。在州境，西固城北二十里。四時積雪，不生草木。

螳蜋山。在文縣東三里。

南山。在文縣南。方輿勝覽：過橋而左，則爲東墅，右則爲南山。又有龍女山，前如大屏，相傳蜀廣政中立龍女廟於此。通志：在縣南三里。白水遶其下，其西支峯曰龍女山，有慈悲廟，禱雨輒應。

太白山。在文縣南。元和志：在曲水縣南二百五十里，巖谷高深，常多積雪，春夏不消。

羅夷山。在文縣西南徼外。元和志：在鉗川縣東南五十八里。又隋書地理志：鉗川縣有鉗川山。

鄧至山。在文縣西徼外。隋書地理志：同昌縣有鄧至山，鄧艾所至，故名。元和志：山在同昌縣東二十五里。

天牢山。在文縣西北二里。山勢平衍，上有古城。

金珠山。在文縣西北。寰宇記：唐武德元年，移文州於陰平白馬水，西接金珠山。即此。

龍頭山。在文縣西北。寰宇記：在廢長松縣西七里。從故松州黨蓁山來，至當州白馬水口絶，形如龍頭。鞏昌府志：其山延亘甚遠，自四川松潘衛之疊溪所境延亘入縣境，止於縣西之白馬水。

天魏山。在文縣西北徼外。元和志：在長松縣北三十一里。縣志：在縣西北一百二十里，下有天池，亦謂之天池山，接本州界。

素嶺山。在文縣西北徼外。元和志：在尚安縣西北一百六十八里，黑水出此。寰宇記：與常芬縣分界，高聳，冬夏積雪，故名。通志：今名露骨山。

鹿玉山。在成縣東十里。雲徑如綫，有獅子洞。洞旁溪水，漱石如玉，名玉泉。朱梁貞明元年，蜀將王宗翰退保鹿臺山，或曰即此。

方山。在成縣東四十里，接秦州徽縣界。按：方輿勝覽謂晉時武都氐屠飛啖鐵嘗據此。今考屠飛啖鐵所據乃隴州之方山，原非此山也。

兑山。在成縣東，廢栗亭縣北。方輿勝覽以爲即古和仲所宅。

寶井山。在成縣東南。舊唐書本紀：長慶三年，移成州於寶井堡。方輿勝覽：寶井山傍曰紫金山，即今郡治所據。縣志：在今縣東南十里。

鳳凰山。在成縣東南。水經注：廣業郡南鳳溪中有二石雙高，其形若闕。漢世有鳳凰至，故謂之鳳凰臺。北去郡二里。杜甫詩：「亭亭鳳凰臺，北對西康州。」方輿勝覽：在縣東南十里，下有鳳村。山腰有瀑布，名迸璣泉。

五仙山。在成縣南三十里。五峯連亘，山半有洞五，相去各百步。舊傳公孫氏五子學仙於此。

仙掌山。在成縣南。元和志：在同谷縣南五里。

泥功山。在成縣西南。齊建武二年，魏遣南梁州刺史仇池公楊靈珍據泥功山。四年，靈珍以泥功山歸順，以爲北梁州刺史。周明帝初，趙昶破仇周貢等於泥功嶺，即此。元和志：貞元五年，於同谷西界泥功山權置行成州。方輿勝覽：郡西有舊城基泥功廟，石像天成。按：「泥功」，一作「泥公」。

仇池山。在成縣西。一名瞿堆，又名百頃山。辛氏三秦記：本名仇維，其上有池，故曰仇池。在倉、洛二谷間，形如覆壺。仇池記：上有池百頃，天形四方，壁立千仞，自然有樓櫓卻敵，分置調均，竦起數丈，有逾人功，凡二十一道，可攀緣而上。東西二門，盤道上下，凡七里。上則岡阜低昂，泉源交灌。宋書氐胡傳：仇池地方百頃，四面斗絶，高平方二十餘里，羊腸盤道，三十六回。上豐水泉，煮土成鹽。齊書：氐於其上平地立宮室果園倉庫，無貴賤，皆爲板屋土牆，所治處名洛谷。水經注：瞿堆絶壁峭峙，孤險雲高。開山圖謂之仇夷，所謂積石嵯峨，嶔岑隱阿者也。左右悉白馬氐矣。隋書地理志：上禄縣有百頃堆。元和志：在上禄縣南八十里，上有數萬家，一人守道，萬夫莫向，其地良沃，楊氏故累世據焉。方輿勝覽：在郡西百里下，有飛龍峽，以氐楊飛龍所據而名。其東乃杜甫天寶避亂居此，有龍灣虎穴。甫詩云：「停驂龍潭雲，回頭虎崖石。」又寄贊上人云：「徘徊虎穴上，面勢龍泓頭。」

天井山。在成縣西二十里。方輿勝覽：山有白龍潭。

雞頭山。在成縣西。元和志：在上禄縣東北二十里，隗囂使王孟塞雞頭道，即此。方輿勝覽：在今縣西南十五里。縣志：狀如雞頭，中有龍洞。

石船山。在成縣西北四十里。上有龍湫。

青塘嶺。在文縣南。通鑑注：「繇青塘嶺入龍州爲左擔路，凡一百五十里。即鄧艾入蜀之道。」舊志：在縣東南二百八十里。

赤磨嶺。在文縣西南。寰宇記：文州西南至番界八十里，以赤磨嶺爲界；西北至番界一百三十五里，以大恭嶺爲界。

木皮嶺。在成縣東，與秦州兩當縣連界。杜甫詩：「首路栗亭西，尚想鳳凰村。南登木皮嶺，艱險不可論。遠岫争輔佐，千巖自崩奔。始知五嶽外，别有他山尊。」方輿勝覽：嶺在郡東二十里。黄巢之亂，王鐸置關於此，以遮秦、隴，路極險阻。

楊家巖。在州北一百里，控白水江，險峻有泉。又蛇倒退巖，在州東北五十里，最險。

野羊巖。在文縣西北。九域志：文州西北至野羊巖一百八十五里。通志有貓兒巖，在文縣西百餘里，爲階州通路。棧道倚巖，極爲險峻。

滴水巖。方輿勝覽：在文州北，亂山矗立，兩峯劃開，如鴉髻對峙。有飛泉千尺，居人置槽引之以給用。

醉仙巖。在成縣南。方輿勝覽：巖壁間有仙像，如世間所畫醉仙狀。元統志：在州南十五里，俗呼道士巖。

七佛巖。在成縣南七里。上有七古佛及香泉。

龍帝峽。在州西南。宋雍熙三年，福津縣有大山飛來，自龍帝峽壅白水江逆流，壞民田數百里，即此。

峯貼峽。在州西一百八十里，與番羌地相接。宋時置砦於此。

花石峽。在州北一里。物類相感志：峽中有石，青質黑章，其文有松柏、人物、溪橋、水石、山林之狀，可斲爲屏。

仙人峽。在州北二十里。峽勢險峻，易據難攻。其北即望城關。

龍峽。在成縣南十里，濁水所經。峽南半山有洞，曰雷洞。宋紹興初，金兵至，郭執中集鄉豪守此以拒之。

魚竅峽。在成縣西二十里。

鷲峽。在成縣西北。晉太和六年，苻堅遣苻雅等伐仇池，至鷲峽，與楊纂戰於峽中。後魏太和二十一年，李崇討仇池鎮將楊靈珍。靈珍遣從弟建屯龍門，自帥精勇，據鷲峽以拒崇。通鑑注：仇池東南有龍門戍，鷲峽在仇池之北。

角弩谷。在州東，接漢中府略陽縣界。寰宇記：郡國志云，武都沮水之西有角弩谷，即蜀將姜維勦五部氐羌之所。通志：在沮水西八十里。

孔函谷。在州境西固城南。三國蜀漢景耀末，姜維聞鍾會諸軍已入漢中，自沓中引還。聞諸葛緒已塞道，屯橋頭，乃從孔函谷入北道，欲出緒後。即此。

城平峪。在文縣東一百二十里。又小盤峪，在縣東一百四十里。

白馬峪。在文縣西南十五里。

銀峪。在文縣西北七十里。其下産銀。又鉢峪，在縣西北一百七十里。

長平峪。在文縣東北九十里。又大盤峪，在縣東北百七十里。

五仙洞。在州東二十里羌水南岸。溪澗幽折，相傳爲神仙棲止之地，洞深不可測。中有卧龍坪，地寬廣，可容百人。

上清洞。方輿勝覽：在文州西北四十里，其深莫測。又飛印洞，在州西，其高接天，在天魏湫旁。

龍洞。在成縣西，洞口可容十餘人，直下三十丈，觀者縋而上下，中有水不涸。元統志：龍洞院，在州西南十五里。

香水洞。在成縣西北五十里。茂林修竹，中有龍蟠。又黄蜃洞，在縣北，中有石青黄，其形夭矯若蜃。

觀音洞。在成縣東北。兩山壁立，洞在山半，至爲高險。

鍾乳洞。在成縣東北三十五里，産鍾乳。

紫水。在州東。元和志：武都有紫水，其泥亦紫。漢朝封璽書用紫泥，即此水之泥也。舊志：紫水河在州東八十里，源發迭石北，南注白龍江，凡八十里。

羌水。自鞏昌府流入，經州南，又東南流經文縣界，合白水。水經注：自宕昌婆川城，又東南陽部水注之，又東南逕武階城西南，又東南逕葭蘆城西，洋湯水入焉。又逕葭蘆城南，又逕餘城南，又東南左會五部水，又東南至橋頭合白水。東南去白水故城九十里。元和志：一名陵水，經武州城南二里。又曲水縣有太白泉，一名羌水，經縣北一里。寰宇記：白水江從西番界，東流到階州，流入文州，合嘉陵江。又武州水在故長松縣東八十里，從故疊州常芬縣下流入長松縣，東過入白水江。通志：白水江在州南二里。舊志：岷江源出岷州衛分水嶺，東南流入階州，名白龍江，經州城南，入文縣界。皆即此。按：輿圖，香水河發源番界，東流逕西固城南，與岷江合，即羌水也。白龍江乃岷江之别名，自階州以下又謂之黑水江。舊志於二水源流皆未清晰。

乳水。在州南三十里。源出石峪，東北流入白龍江，每清明日，魚湧出，居人以時取之。

清江水。在州西。其南又有東川，俱發源番界，東流入白龍江。

陽部水。在州西。水經注：水出東北陽部溪，西南流逕安民戍，又西南注羌水。通志有西水河，在州西三十里，南流入白龍江。又北峪水，在州西門外，源發南坪，合赤沙水，南入白龍江，凡一百二十里。水勢洶湧，時衝決爲患。

平樂水。在州東北。水經注：水出武階東北四十五里〔一〕，東北流，又逕甘泉戍南，又東逕平樂戍南，又東入漢。

白水。在文縣南。自徼外流入，又東南流入四川保寧府昭化縣界。漢書地理志：甸氏道，白水出徼外，東至葭萌入漢。過郡一，行九百五十里。宋書：自西傾至陰平界，氐居水上者爲白水氐。水經注：水出臨洮縣西南西傾山，水色白濁，東南流與黑水合。又東逕洛和城南，洛和水注之。又東南逕鄧至城南，又東南與大夷祝水合，又東與安昌水會，又東南入陰平，得東維水。又東南逕陰平故城南，白馬水東北注之。又東逕陰平大城北，又東偃谿水入之，又東逕偃城北，又東北逕橋頭，與羌水合。自下羌水又得其通稱。又東逕郭公城南，又東雍川水注之，又東合空冷水〔二〕，又東南與南五部水會，又東南逕建陽郡〔三〕。元和志：水經鉗川縣南二十八里，又東經同昌縣西百步，又東經帖夷縣南百步。寰宇記：在文州城外五十步，源從故松州赤磨嶺，流下扶州故萬泉縣，東至曲水縣界。通志：白水江源出松潘衛界，俗亦名清水江。

雍川水。在文縣南。水經注：源出西南雍溪，東北注白水。又空冷水，亦出西南窮谷。又南五部水，水有二源，西源出五部溪，東南流；東源出郎谷，西南合注白水。

洛和水。在文縣西南徼外。水經注：西南出洛和溪，東北流逕南黑水城西，又北注白水。

夷水。在文縣西南徼外。水經注：大夷祝水，出夷祝城西南窮溪，東北流，合洋洪水，又東北入白水。

白馬水。在文縣西南。水經注：水出長松縣西南白馬溪，東北逕長松縣北，又東北注白水。寰宇記：源出曲水縣西南曾敬山下〔四〕。又曰：廢長松縣，有石馬泉，源從故松州黨蘗山來，至當州合白水，水中有石如馬。

安昌水。在文縣西北徼外。水經注：安昌水，源發衛大西溪東南，經鄧至安昌郡南，又東南合無累水，又東南入白水。

東維水。在文縣西北。水經注：出西北維谷，東南流經維城西，又東南入白水。寰宇記：今名邛維水，出曲水縣東北邛維谷。

洋湯水。在文縣北。水經注：出西北陰平北界湯溪，東南逕北部城北，又東南逕五部城南，又東合羌水。縣志有五渡河，在縣北七十里，源出洋湯池，逕縣北，東入白龍江，即洋湯水也。通志：五渡水，其流曲折，行者經此凡五渡，俗訛爲五土河。

西漢水。自鞏昌府西和縣，流逕州東北，成縣西南，又東入漢中府略陽縣界。水經注：自蘭倉城會兩溪，又南入嘉陵道而爲嘉陵水。又東南逕瞿堆西，又屈逕瞿堆南，又東合洛谷水，又東合洛漢水，又東南逕濁水城南，又東南會平樂水，謂之會口。又東南逕修城道南，與修水合。通志：犀牛江在州東北二百四十里，即西漢水，有犀牛江廟在其旁。舊志：漢水逕成縣界，亦名鐔家河，在縣西百餘里。

渥陽水。在成縣東，亦謂之泥陽水。水經注：北出渥谷，南逕白石縣東，又南入濁水。元和志：同谷縣有下辨水，一名甘泉，在縣東北七十里。方輿勝覽：發源天水谷，東南流至泥陽鎮，與栗亭水合。通志：在縣東五十里。

濁水。在成縣南，東南流入秦州徽縣界，亦謂之白水。司馬彪續漢書：虞詡爲武都太守，按行川谷，自沮至下辨東三十餘里有峽，峽中白水生大石，障塞水流，春夏輒溢，敗壞城郭。詡使人燒石，以醯灌之，石皆碎裂，因鐫去焉，遂無泛溺之患。水經注：出濁城北，東流與丁令溪水會，又東逕武街城南。又東，宏休水注之。又東逕白石縣南，又東南合渥陽水，又東南與仇鳩水合。九域志：栗亭縣有栗亭川，即濁水也。方輿勝覽有天水，發源栗亭縣，東南流入河池界，合嘉陵江。舊志：今有南河，在縣南，一名下辨水，源出縣西南青渠堡。東流會東河，入龍峽。又東南至徽縣境，合嘉陵江。皆即濁水也。

洛谷水。在成縣西北。水經注：有二源，同注一壑。南逕仇池郡西瞿堆東，西南入漢水。舊志：洛谷川源出縣西北山谷中，西南逕駱谷城下，又西南入漢。通志：在縣西八十里。

洛漢水。在成縣西北。水經注：北發洛谷，南逕威武戍南，又西南與龍門水合，又東南逕上禄縣故城西。修源濬導，逕引北溪，南總兩川，單流納漢。通志：六漢水在縣西北六十里，即洛漢水也。源出西和縣境，流逕縣之六漢堡西，入西漢水。

丁令溪水。在成縣西北。水經注：北出丁令谷，南逕武街城西，東南入濁水。又宏休水，北出溪南，逕武街城東，而南注濁水。舊志：今有東河，在縣東，源出秦州，南入龍峽，合南河，即丁令溪也。按：輿圖，成縣東濱黑峪江，源出秦州南街子鎮，西南流，東會烏油江、麻沿河，又曲折而南，西會二水，逕縣東，會南河。又東南合西漢水，爲白水江。凡流二百餘里，即東河也。以大小言，此當爲濁水。舊志據水經注，以南河爲濁水，以此爲丁令溪，然水經注濁水先合丁令溪，乃逕武街、白石之南，今東南二河會合在白石之東，亦與水經注不合。今東河或即渥陽水也。

建安川水。在成縣西北。自階州流入境，又東北流入西漢水。水經注：導源建威西北山，二源合注，東與蘭坑水會。又東逕蘭坑城北，建安城南，又東北逕塞峽。

沙川。在州境西固城西十里。

裴公湖。在成縣西南隅。唐刺史裴守真所開，因名。花柳夾岸，爲一縣之勝。有隄曰雲錦隄。

天池。在文縣西北。方輿勝覽：在天魏山下，亦謂之天魏湫。合衆山水凹爲大壑，環一百五十里，積水其中。水平山巔，不見畔岸。郡志：即洋湯池也。池旁有洋湯廟，祈雨輒應。

萬丈潭。在成縣東南。唐杜甫有詩。方輿勝覽：在縣東南七里，相傳曾有黑龍，自潭飛出。通志又有黃龍潭，在縣西二十里，其深莫測。有東漢武都太守李翕磨崖記。又白龍潭，在縣西八十里。

鳳凰潭。在成縣東南鳳凰山下。

西園渠。在文縣南。溉田百餘頃。又有雪夜、碧雲、復古、清波、三關等渠，並在縣南，有灌溉之利。又有東峪鄉等山澗六道，溉田一頃，臨江鄉等九渠，溉田十五頃。

甘棠渠。在文縣西三十里，引水入城，溉田千頃。相近有東谷渠，又縣西有流春渠，溉田百頃。

三眼泉。在州境西固城北，流注白水江。

金泉。在成縣東郭外。出洞穴中，清澈甘寒，深二丈，俗傳昔人於此得金，因名。

藥水泉。在成縣東四里。飲之可愈疾。

玉繩泉。在成縣南七里龍峽下，萬丈潭側。通志又有十九泉，在縣西南四十里。杜甫詩：「近接西南地，長懷十九泉。」

校勘記

〔一〕水出武階東北四十五里　「武階」，乾隆志卷二一一階州山川(下同卷簡稱乾隆志)同。按，戴震校水經注，改作「武街」。

〔二〕又東合空冷水　「空冷水」，乾隆志同，戴震校水經注改「冷」爲「泠」。

〔三〕又東南逕建陽郡　「建陽郡」，乾隆志同。按，戴震校水經注，改作「建昌郡」。

〔四〕源出縣西南曾敬山下　「曾」，原作「會」，據乾隆志及太平寰宇記卷一三四山南西道文州改。按，曾敬山亦頗可疑。考史記卷九五樊噲傳「別擊西丞白水北」，張守節正義引括地志云：「白馬水源出文州曲水縣西南，會經孫山下。」疑寰宇記「曾敬山」三字乃括地志「會經孫山」四字之傳訛。

大清一統志卷二百七十七

階州直隸州二

古蹟

赤萬故城。在州東。魏書地形志：太和四年，置赤萬郡。後改爲縣，屬武階郡。隋書地理志：西魏置萬郡，治覆津。又統赤方、接難、五部三縣，後周並廢入覆津。舊唐書地理志：萬郡故城，在覆津縣東北三十里。

臯蘭故城。在州東。劉宋元嘉十九年，裴方明等討楊難當，難當遣其將苻弘祖等固守臯蘭。齊書：武興西北有臯蘭戍，去仇池二百里。唐書地理志：景福元年，更武州爲階州，治臯蘭鎮。寰宇記：後唐移階州治福津，仍領將利縣，在州東二百十五里，蓋即臯蘭鎮也。元至元七年，省入階州。

福津故城。在州東南。漢武都郡地。後魏興安二年，楊文德圍武都，回軍還覆津，據險自固。地形志：南秦州有武階郡，領北部、南五部、赤萬三縣。隋書地理志：武都郡統覆津縣，後魏初曰嚣當，置武階郡。西魏又置覆津縣及萬郡，後周郡廢，并廢嚣當入焉。開皇初，武階郡又廢。舊唐書地理志：後魏於今縣東北三十里萬郡故城置覆津縣。元和志：縣西北至武州六十六里，本魏武階郡，隋罷郡，移覆津於故郡置。唐書地理志：福津縣本覆津，景福元年更名。寰宇記：唐大中五年，立武州於福津。景福元年，改爲階州，治臯蘭鎮。後唐長興三年，始移治焉。元史地理志：階州治在柳樹城，距舊城東八十里。至元七年，併福津縣入州。州志：階州舊城在坻龍岡上，明洪武五年改建今城。通志：在州東南八十里。

葭蘆故城。在州東南七十里。宋元嘉二十年，楊玄之子文德據白崖，以爲北秦州刺史、武都王，進戍葭蘆城。元徽初，以武都王楊文度爲北秦州刺史。昇明初，魏將皮歡喜破葭蘆，斬文度，以楊難當族弟廣香爲陰平葭蘆鎮主。魏書地形志：太和四年，置南五部郡，後改南五部縣，屬武階郡。隋書地理志：西魏置曰南五部縣，後改名盤隄縣，并入武陽郡及葭蘆縣。後周郡廢，并縣入焉。元和志：盤隄縣西北至武州一百五十里，本漢河池縣地。後魏廢帝於此置武陽郡，隋罷。其縣城，魏鄧艾與蜀姜維相持於此，築城，置葭蘆戍，後於此置縣。寰宇記：縣在州南一百三十五里，廢帝前二年，置武陽郡，領盤隄縣。恭帝元年，於今州東南一百四十二里移盤隄縣於故郡，因山爲名。武州陷後廢。

將利故城。在州西北。蜀漢景耀初，姜維請於武階、石門皆立圍守。魏書地形志：南秦州領武都郡〔一〕，治石門縣，太平真君九年置。隋書地理志：武都郡，西魏置武州，治將利縣。舊曰石門，西魏改曰安育，後周改曰將利，置武都郡，後改曰永都郡。開皇初，郡廢。大業初，置武都郡。元和志：後魏平仇池，於仙陵山東置武都鎮。宣武帝於鎮城復置武都郡。廢帝改置武州。大業三年，改郡。武德元年，復爲州。南至文州三百六十里，東北至成州二百八十里。將利縣，郭下，本漢羌道縣地。唐書地理志：武州因沒吐蕃廢。大曆二年，復置爲行州。咸通中，始得故地。景福元年，更名階州，治皐蘭鎮。

平樂故城。在州東北。漢置平樂道，屬武都郡，後漢廢。魏書地形志：修城郡領平洛縣，太和四年置，後廢。九域志：將利縣有平洛鎮。明置平洛驛，皆即故平樂也。

孔提故城。在州東北二百里。宋書：大明四年，魏寇北陰平孔提，太守楊歸子擊破之〔二〕。魏書地形志：武都郡領孔提縣。隋書地理志：建威縣有西魏孔提郡，後周廢。

陰平故城。在文縣西北，古羌、氐地。漢武帝開西南夷，置陰平道，屬廣漢郡，爲北部都尉治。後漢安帝永初二年，廣漢塞外參狼羌降，分北部爲屬國都尉。蜀漢建興七年，諸葛亮遣陳式攻武都、陰平，克之。景漢六年，姜維請遣張翼等分護陰平、橋頭，既而魏將鄧艾自陰平入蜀。華陽國志：蜀克陰平，魏亦遥置陰平郡，屬雍州。及蜀亡，始合爲一，屬秦州。晉書地理志：陰平郡，泰始中置，治陰平縣。永嘉六年，陰平都尉董沖據郡叛降李雄。太寧元年，氐帥揚難敵克陰平，劉宋昇明初，魏以楊廣香爲陰平公、葭蘆鎮主，亦通於齊。建元元年，以廣香爲沙州刺史。二年，進西秦州刺史。後魏神龜元年，以氐酋楊定爲陰平王。梁天監初，以楊崇祖子孟孫爲沙州刺史、陰平王。魏孝昌中，楊法琛據陰平附魏。廢帝元年，以爲黎州刺史。二年，與種人相攻，成州刺史趙昶分其部落，更置州郡以處之。元和志：陰平自晉永嘉以後，氐、羌據之，不爲正朔所頒，故江左諸志不録。至後魏平蜀，始於此置文州，理陰平郡。隋大業二年，罷州縣，屬武都郡。唐武德元年，復爲文州。西至扶州一百六十里，北至武州一百五十里。治曲水縣，本漢之陰平道也。永嘉末，地陷李雄。後魏平蜀，置曲水縣。大曆十四年，西戎犯邊，刺史拔城南走。建中三年，以舊城在平地，窄小難守，遂移於故城東四里萬原上，即今州理也。寰宇記：曲水縣在南北二江之曲，因名。唐建中中，移就州東麻關谷口鄧艾姜維故城置。方輿勝覽：在直西五里平地。唐徙高阜，號曰文臺。

同谷故城。在成縣治。元和志：縣西北至成州一百八十里，本漢下辨道地。魏宣帝置廣業郡及白石縣。恭帝改白石爲同谷。唐書地理志：成州本治上禄，寶應元年没吐蕃。貞元五年，於同谷之西境泥公山權置行州。咸通七年復置，徙治寶井堡，後徙治同谷。又同谷縣，武德元年以縣置西康州，貞觀元年州廢來屬，咸通十三年復置。寰宇記：梁開平初改爲文州，後唐同光初復舊。宋史地理志：成州，寶慶三年以理宗潛邸升同慶府。元史地理志：元仍爲成州。至元七年，併同谷縣入州。

栗亭故城。在成縣東。寰宇記：北魏正始中置廣業郡，領白石、栗亭二縣。後廢爲鎮。縣在成州東五十里。後唐清泰三年置縣，理栗亭川。宋因之。元史地理志：歲壬寅，田世顯挈成都府歸附，令遷栗亭，行栗亭管民司事，不隸成州。尋廢。通志：在縣東七十里。

武都故城。在成縣西，古白馬氐地。漢書本紀：高后三年，武都道山崩。地理志：武都郡，元鼎六年置，治武都縣。天池大澤在縣西。後漢移郡治下辨，以武都縣屬之。西南夷傳：武帝開白馬氐，以廣漢西白馬爲武都郡。寰宇記：魏黄初中，徙武都於美陽，在京兆好畤界。其時以故地爲武都西部都尉理。蜀建興七年，諸葛亮遣陳式攻武都、陰平二郡，始入蜀。後屬晉，復爲郡。至愍帝末，氐豪楊茂搜王於武都之地，至楊難當爲宋所滅，其地遂廢。後魏徙置鎮於仙陵山東。

下辨故城。在成縣西三十里。秦置。漢初，曹參從定三秦，攻下辨故道。地理志：下辨道屬武都郡，後漢曰下辨縣，爲武都郡治。元初二年，參狼羌寇武都，遷虞詡爲太守，擊破之。建安二十四年，先主進兵漢中，使吴蘭屯下辨，爲魏將曹洪所破。至建興七年，諸葛亮遣陳式攻克之。晉時仍爲郡治。華陽國志：武都郡治下辨，一曰武街是也。建興五年，氐帥楊難敵與弟堅頭分部曲，難敵號左賢王，屯下辨；堅頭屯河池。難敵子毅嗣立，仍稱下辨公。宋元嘉十九年，楊難當以子順爲雍州刺史，屯下辨。後魏高祖初，皮歡喜爲仇池鎮將，夷酋强奴子等歸附，置廣業、固道二郡以居之。地形志：東益州有廣業郡，領廣業、廣化二縣。水經注：濁水東逕武階城南故下辨縣，今廣業郡治。隋書地理志：後周廢下阪縣，入修城。通典：後魏下辨爲下阪也。按：今成縣縣治乃北魏之同谷縣。隋書地理志同谷縣舊曰白石，置廣業郡。元和志同谷縣，魏宣帝於此置廣業郡。寰宇記縣本漢下辨道地。水經注以爲廣業郡治，即故下辨縣，與諸書不合。

漢陽故城。在成縣北本名歷城，又名建安城。宋書氐胡傳：太元八年，氐胡楊定據隴右，治歷城。城在西縣界，去仇池百二十里。水經注：建安水逕建安城南〔三〕，其地故西縣之歷城也，後改爲建安。太和元年，皮歡喜討楊鼠於仇池，軍到建安，鼠棄城遁。隋書地理志：漢陽郡治上祿縣，舊置仇池郡，後魏置倉泉縣，後周廢階陵、豐川、建平、城階四縣入焉。開皇初，郡廢。大業初，置漢陽郡。舊唐書地理志：成州理楊難當所築建安城。隋爲漢陽郡。武德元年，改置成州。天寶元年，改爲同谷郡。唐書地理志：寶應元年，没於吐蕃。咸通後，徙治同谷。

仇池故城。在成縣西仇池山。宋書氐胡傳：漢末，隴右豪族楊騰子駒居仇池，地方百頃，因以「百頃」爲號。四面斗絶，高平，地方二十餘里。至晉太元中，楊定求割天水之西縣、武都之上禄爲仇池郡。齊書：氐於其上平地立宫室、果園、倉庫，無貴賤皆爲板屋土牆。所治處名洛谷。魏書地形志：洛谷城，太平真君七年置仇池鎮，太和十二年爲梁州。正始初，置南秦州。隋書地理志：西魏曰成州。大業初，改置漢陽郡，治上禄。通志：在西和縣南百里。舊志：洛谷城在縣西八十里。

廢扶州。在文縣西徼外。隋書地理志：同昌郡，西魏逐吐谷渾，置鄧州。開皇七年，改曰扶州，治尚安，統同昌縣，西魏置。元和志：扶州，古西戎之地。秦、漢迄晉，皆屬番夷。後魏討定陰平鄧至羌，立爲寧州，分置昌寧、帖夷等郡。後改爲鄧州，因鄧至羌爲名。隋改扶州。大業三年，改同昌郡。唐武德元年，重置扶州。東北至文州一百六十里，西南至松州驛路三百三十里，西北至故芳州三百里，治同昌縣，本後魏舊縣，廢帝前元年置。寰宇記：扶州，大曆五年，以吐蕃擾叛，移入山險以理之。尋陷入吐蕃。大中二年收復。今廢爲扶州鎮，隸文州。

羌道廢縣。在州境西固城西北。漢置，屬隴西郡。後漢屬武都郡，晉省。魏書地形志：武都郡石門縣有羌道城。明統志：西固城千户所，在岷州衛南。元置漢番軍民千户所。明改名鞏昌。府志：元至元二年，以元帥汪鄂勒哲特穆爾守其地。二十六年，設西固千户所。「汪鄂勒哲特穆爾」舊作「汪完者帖木兒」，今改。

建威廢縣。在州北。魏書地形志：武都郡領白水縣。太平真君九年置郡，後改。隋書地理志：武都郡領建威縣，後魏置白水郡，後廢，改爲白水縣。西魏復立郡，改爲綏戎。後周郡廢，改爲建威縣，并廢洪化縣入焉。舊唐書地理志：貞觀元年，省建威，入將利。

長松廢縣。在文縣西南。後周本紀：明帝二年，以葭蘆郡置文州。隋書地理志：武都郡統長松縣，西魏置曰建昌，又置文州及盧北郡。開皇初郡廢，十八年改縣曰長松。大業初州廢。元和志：縣西南至文州七十里。後魏之建昌縣也，屬盧北郡。盧北故城在縣東五十二里，因葭蘆鎮爲名。寰宇記：廢長松縣在曲水縣西一百里。後周武成二年，與同和郡同徙於此。隋改長松，以地多喬松爲名。唐貞元六年，廢入曲水。按：水經注有長松縣，在白水之南陰平西南界，蓋晉、魏時氐人所置。今縣乃在陰平之北，近葭蘆鎮，蓋此取故名，非故地。又寰宇記云在曲水西，亦與元和志不合。

正西廢縣。在文縣西南五十五里。隋書地理志：西魏置，屬武都郡。唐書地理志：貞觀元年，省入曲水。

甸氏故道。在文縣西。漢置甸氏道，屬廣漢郡。後漢屬廣漢屬國都尉。華陽國志：屬陰平郡，晉省。李奇曰：「甸音滕。」顏師古曰：「食證反。」

帖夷廢縣。在文縣西。隋書地理志：同昌郡統帖夷縣。西魏置，又置昌寧郡。開皇三年，郡廢。元和志：帖夷縣西至扶州一百里，後魏廢帝元年置。舊唐書地理志〔四〕：萬歲通天二年，改爲武進縣。神龍初，依舊爲帖夷。

鉗川廢縣。在文縣西。隋書地理志：同昌郡領鉗川縣，西魏置，有鉗川山。元和志：鉗川縣東至扶州一百三十里，後魏廢帝二年置，因鉗川山爲名。

尚安廢縣。在文縣西北。隋書地理志：同昌郡治尚安縣，西魏置縣及鄧寧郡。開皇初，郡廢。大業初，改置同昌郡。元和志：尚安縣東南至扶州一百十里，後魏恭帝後三年置，屬武進郡。舊唐書地理志：萬全縣，後魏置武進郡，又改爲上安郡。隋廢郡爲尚安縣，舊治剌利村。長安二年，移治黑水堡。至德二載，改爲萬全。

泥陽廢縣。在成縣東。隋書地理志：同谷縣境有泥陽縣，西魏廢入。朱梁貞明初，蜀將王宗翰趨秦州，與李茂貞將郭守謙戰於泥陽，即故縣也。

上禄廢縣。在成縣西南。漢置縣，屬武都郡。後漢因之。宋書氐胡傳：晉太元中，楊氏求割天水西縣、武都、上禄，置仇池郡。水經注：在仇池東南。隋改倉泉爲上禄，在仇池北，非漢故縣也。

階陵廢縣。在成縣西北。魏書地形志：南秦州仇池郡領階陵縣。太平真君四年置，又領倉泉縣，太和四年置。隋書地理志：漢陽郡治上禄縣，舊置仇池郡。後魏置倉泉，後周廢階陵、豐川、建平、城階四縣入焉。元和志：漢上禄縣，後魏改爲階陵，周武帝改爲倉泉，隋改爲上禄。唐書地理志：上禄縣没吐蕃後廢。通志：在縣西百里。按：地形志階陵本仇池郡首縣。又考水經注，階陵在仇池之北，上禄在仇池之南。又考唐時上禄實在仇池之北，則非上禄故縣及故仇池而爲階陵地可知。參取元和志之說，蓋周時省階陵入倉泉，仍移倉泉治之，隋復取漢故名也。元和志謂上禄本漢舊縣，通典謂即洛谷，皆誤。

郭公城。在文縣東。水經注：白水東逕郭公城南，昔郭淮之攻廖化於陰平也築之，因名。

鄧艾城。在文縣東。元和志：在曲水縣東七里。魏景元四年，鄧艾伐蜀時所築。又姜維故城，亦在縣東七里，後主令維於此築城，與鄧艾相守。

鄧至城。在文縣西徼外。後魏本紀：太和五年，鄧至國朝貢。諸夷傳：鄧至者，白水羌也，世爲羌豪，因地名自稱鄧至。其地自街亭以東，平武以西，汶嶺以北，宕昌以南，俗與宕昌同。周書：魏恭帝元年，鄧至王像檐桁失國來奔〔五〕，太祖令宇文導率兵復之。水經注：白水東南逕鄧至城南。元和志：鄧至故城，在同昌縣城南三里。

黑水城。在文縣西徼外。水經注：黑水西南逕黑水城西。唐貞元八年，山南西道節度使嚴震奏敗吐蕃於芳州及黑水堡，即黑水城也。

安昌城。在文縣西北徼外。水經注：安昌水，源發衛大西溪，東南逕鄧至安昌郡南，又東南入白水。蓋鄧至所置郡也。元和志：安昌城在帖夷縣東北三十二里，後魏廢帝遣儀同宇文昶殄陰平、鄧至二蕃，立寧州，修築故城。

濁水城。在成縣西南，亦曰濁水戍。宋元嘉十九年，裴方明伐仇池，與楊難當將苻弘祖戰於濁水，破斬之。二十年，秦州刺史胡崇之行至濁水，去仇池八十里，魏將拓拔齊等邀敗之。五代志：在上禄縣東南，武階東北。

建威城。在成縣西北。後漢末所置戍守處。蜀漢建興七年，諸葛亮遣兵攻武都、陰平，自出至建威，遂取二郡。景耀初，姜維請於西安、建威立諸圍戍。又周改白水爲建威，非此。

龍門戍。在成縣西南，仇池東南。後魏李崇討楊靈珍，靈珍於龍門北數十里中伐樹塞路，以拒魏兵。水經注：龍門水，東南逕龍門戍東。

杜甫宅。在成縣西。元統志：在飛龍峽東。

八景樓。在成縣治西，裴公湖側。八景，取仇池、子美祠、鳳凰臺、醉仙巖、仙人龕、鹿玉山、泥公山、裴公湖也。宋張舜民詩：「八景更從何處覓？一山惟有此樓高。」

絳帳臺。在成縣東北七十里。舊志：相傳漢馬融設教處。

得要亭。在文縣東十里。吕凝之詩：「使君獨具登臨眼，亭上江山畫不如。」

赤亭。在成縣西南。後漢元初二年，羌衆攻圍赤亭，太守虞詡擊破之。宋元嘉十八年，裴方明伐楊難當，破其子和於修城，追至赤亭。按：劉昭郡國志注「下辨縣有赤亭」，而虞詡傳注以爲即南安之赤亭，誤。

石鼓閣。在州東九十里月臺山。

清暉閣。在文縣舊州治。宋張覺本有賦。

飛仙閣。在文縣西十五里。山巖刻「飛仙閣」三字。

邀月閣。在成縣舊州治。又有拓仙、發興二閣，皆宋時建。

安静堂。在文縣舊州廳後。宋吕凝之詩：「峽東秋空一綫青，萬山深處長官廳。此堂虚曠無餘物，四面齊開碧玉屏。」

坐嘯堂。在文縣舊州治。吕凝之詩：「使君坐嘯無他事，楊柳陰中早放衙。」

雙梧堂。在成縣舊州治。宋張行成記。

湖山堂。在成縣裴公湖雲錦隄上。

清風軒。在成縣舊州治。疊嶂前後，爲之屏几。宋晁説之記。

關隘

七防關。在州東二百里，路通陝西漢中府略陽縣。明設巡司於此，今裁。又白馬關，在州東二百四十里，今有州判分駐。又青崖關，在州南九十里。

化馬關。在州境西固城東五十里。明成化十九年築。又牛圈巷，在所東九十里，正德元年築。皆在山麓。

化石關。在州境西固城北九十里。又城西二里有武都關。

平定關。在州境西固城西北三十里。宋史地理志：福津縣有平定關。

望賊關。在州北一百七十里。道出秦州，有兵戍守。

玉壘關。在文縣東南一百二十里，路通四川劍州。

臨江關。在文縣西北一百二十里，本臨江砦。其下即臨江渡也，爲隴、蜀通道。又老鼠關，在縣西北，階州通路。

火燒關。在文縣北二十里。兩山壁立，中通一徑。

黄渚關。在成縣北七十里萬山中。明設巡司，今裁。

青閣。在州東南。方輿勝覽：福津縣有青閣、牛閣、赤閣、鵞鼻閣，舊爲往來險道。

安化鎮。在州北。九域志：福津縣有安化、利亭、石門、角弓、河口、故城六鎮。舊志：在州東北。利亭鎮在州東南一百二十里。俗訛爲栗亭。石門鎮在州西。又西爲角弓鎮，即故角弓峪。

平洛鎮〔六〕。在州東北一百五十里。九域志：將利縣有蘭臯、平洛、新安、東故城四鎮〔七〕。舊志：平洛鎮即故平洛縣。又東故城鎮在州東南。

扶州鎮。在文縣西。九域志：曲水縣有扶州、永定、宕由、道路〔八〕、方維五鎮。舊志：扶州即廢州也，方維在縣東南，詳見四川志。

泥陽鎮。在成縣東，即故泥陽縣。九域志：栗亭縣有泥陽鎮。又同谷縣有府城、西安二鎮。元統志：府城鎮本龍門鎮，後改。又西安鎮在縣西。

峯貼峽砦。在州西。九域志：福津縣有峯貼峽、武平、沙灘三砦。舊志：三砦俱在州西境。峯貼峽，本朝設把總駐守。

楊家砦。在州北一百里。方輿勝覽：階州有楊家崖，即家計砦，控白江、月掌山路。建炎、紹興間，吳玠兄弟圖保蜀口，時四川皆未有城，命各州皆擇地爲砦，而家計砦最扼險阻。又素有積粟，豐於水泉，寇至常不能破。

鐵鑪寨。在文縣南四十里。又哈喃壩寨，在縣西南六十里。陰平寨，在縣西八里，即故縣。

重石寨。在文縣界。九域志：縣有重石、毗谷、張添、磨蓬、留券、羅移、思村〔九〕、戎門〔一〇〕、特波九寨，水銀一務。

西固堡。在州西。本屬鞏昌府。本朝乾隆十八年來屬。城周六百丈，設州同、都司駐防。又殺賊橋，有外委防守，屬西固堡。

階州在城驛。在州治北。明置。東至文縣臨江驛一百四十里，西至殺賊橋驛一百二十里，北至小川驛二百五十里。

殺賊橋驛。在州西北一百二十里。明置。西至西固廳六十里，西北至岷州西津驛一百四十里。

文縣在城驛。在縣治西北隅。明置。至臨江驛一百里。

臨江驛。在文縣西北臨江關，爲隴、蜀孔道。

成縣在城驛。西至小川驛四十里，東至秦州徽縣九十里。

小川驛。在成縣西四十里，州東北二百五十里。舊名平洛驛，今改名。舊有驛丞，本朝乾隆七年裁，歸縣管。

津梁

南橋。在州城南。造舟爲梁，跨白龍江。

上板橋。在州北八里。其南一里又有下板橋。

紅丹橋。在文縣東四十里。又新津橋，在縣東三十里。

廣濟橋。在文縣東南一百十里。又玉壘橋，在縣東南一百十里，皆跨白水。

陰平橋。在文縣南門外，跨白水上，所謂陰平橋頭也。水經注：白水東逕橋頭，昔姜維之將還蜀也，諸葛緒邀之於此，後期不及，故維得保劍閣，而鍾會不能入也。通志：在縣西南一里白水急流中，有石二道，就石立柱成橋，長二十餘丈。

哈南橋。在文縣西南六十里，路通生番界。

什方橋。在文縣西三十里，白水所經。

陵墓

南北朝

楊難當墓。在成縣西四十里。九域志：墓在階州。

宋

楊政墓。在成縣東。

祠廟

杜工部祠。在成縣治左。

忠節祠。在文縣治西，祀宋劉鋭、趙汝鄉。

周文王廟。在文縣治西北。

武王廟。在州城内。

唐公廟。在成縣東南。縣志：祀唐高祖之祖李虎。

忠烈廟。在成縣治，祀宋將劉維輔。

名宦

漢

孔奮。扶風茂陵人。建武中，除武都郡丞。時隴西餘賊隗茂等夜攻府舍，殺郡守，畏奮追擊，乃執其妻子，欲以爲質。奮年已五十，惟有一子，終不顧望，窮力討之。吏民感義，莫不用命，遂擒滅茂等。奮妻子亦爲所殺。世祖下詔褒美，拜武都太守，舉郡莫不改操。爲政明斷，甄善疾非，郡中稱爲清平。

廉范。京兆杜陵人。顯宗時，爲武都太守，隨俗化導，各得治宜。

虞詡。陳國武平人。安帝時羌寇武都，以詡有將帥之略，遷武都太守。詡日夜兼行，令吏士各作兩竈，日增倍之，羌不敢逼。既到郡，兵不滿三千，而羌衆萬餘，攻圍赤亭數十日。詡多設方略掩擊，大破之，賊由是敗散。乃築營壁三百八十所，招流亡，假賑貧人，郡遂以安。先是，運道艱險，詡按行川谷，自沮至下辨，燒石翦木，開漕船道，於是水運通利，歲省四千餘萬。詡始到郡，户纔盈萬，二三年間，遂增至四萬餘户。鹽米豐賤，十倍於前。

隋

楊文思。華陰人。周天和初，爲武都太守。十姓獠反，文思討平之。

唐

裴守真。絳州稷山人。武后時，爲成州刺史。政不務威嚴，吏民懷之。及去，送者千數，出境尚不止。

五代　唐

郭瓊。平州盧龍人。清泰初，刺階州。城壘未葺，蜀人屢寇。瓊徙城保險，民乃無患。受詔攻文州，拔二十餘砦，生擒數百人。

宋

李渭。河陽人。知鳳州，兼階、成州鈐轄。初，屬户寇陷階州沙灘砦。渭至，詰所以然者，乃都校趙釗擾之。奏流釗道州，以恩信諭酋帥，復其砦。

景泰。普州人。仁宗時，知成州，奏平戎策十五篇。

宇文之邵。漢州綿竹人。英宗時，爲曲水令。轉運以輕縑高其價，使縣鬻於民。之邵言：「縣下江上山，地狹人貧，耕者無幾，方歲儉饑，羌夷數入寇，不可復困之以求利。」運使怒。會神宗即位求言，上疏不報，遂致仕。

劉昌祚。真定人。神宗時，知階州，討平毋家等族，又平疊州。

蒲卣。閬州人。通判文州。有獻議者，欲開文州徑路達陝西，卣言：「洮、岷、積石至文爲甚邇，自文出江油、鄧艾取蜀故道也。異時鬼章欲從此窺蜀，爲其阻隘而止。夏人志此久矣，可爲之通道乎？」議遂塞。

家愿。眉山人。大觀中，通判文州。郡守鄭行純憑内侍勢自恣，罷番夷互市，啓邊釁。愿争之不從，徑下令復其舊。守怒，交章互奏，俱報罷。

安丙。廣安人。寧宗時，調曲水丞。吴挺爲帥，知其才，邀致之。

劉鋭。知文州。嘉熙元年，北兵來攻，鋭與通判趙汝曏乘城同守，率軍民晝夜搏戰，殺傷甚多。拒守兩月餘，援兵不至，鋭度不免，集其家人，盡飲以藥，皆死。家素有禮法，幼子同哥才六歲，飲以藥，猶下拜受之，左右感慟。鋭及二子皆自刎死。汝曏，宣城人。善射，城破，猶提雙刃入陣，中十六矢，被執以死。事聞，爲立廟。

明

朱顯忠。如皋人。太祖時，從傅友德征蜀，克文州，留顯忠守之。蜀將丁世真誘番賊來攻，或勸出城求生。顯忠厲聲曰：「爲將守城，城亡與亡，豈有求活將軍耶？」決戰而死。贈都指揮使。

周尚文。西安後衛人。武宗時，守備階州，計禽叛番。

孫仲嗣。膚施人。性慷慨，好俠烈。崇禎初，由歲貢生爲階州學正。流寇充斥，當事知其才，委城守。寇憚之，不敢攻。後以大衆陷其城，與妻子十餘人並死之。贈國子博士。

本朝

毛洪麟。夏縣人。初以軍功授秦州知州，改階州。康熙十五年，賊復陷階州，洪麟退守州西之岡旗寨，竭力捍禦。大兵過境，供餽無缺。以民未復業，力請蠲免荒糧三千八百餘石，民屯亡丁一千有餘。州人立碑頌德。

人物

韓國元。藁城人。任西固守備。康熙四十八年，番夷入掠邊民，國元身先士卒，與賊戰，殺數十人，力屈遇害。時西固所千總洪章，同安人，亦戰死。

南北朝　魏

楊大眼。武都氐人。少驍捷，跳走如飛。太和中，用爲軍主，以功封安城縣子，累除平東將軍、荆州刺史。大眼拊循士卒，見傷痍爲之流泣。自爲將帥，恒身先兵士，當其鋒者莫不摧拉。

宋

牛皓。福津人。爲川陝宣撫後軍中部將。紹興五年，金薩理罕至秦川，宣撫副使遣諸校分道伺之。皓至瓦吾谷，與金將遇，皓所部步卒不滿二百，金人見皓異於他人，欲招之，皓力戰死。「薩理罕」，改見秦州名宦門。

張詔。成州人。少隸張俊帳下，積功至和州守。嘗被旨介使金。孝宗聞其拜祐、獻二陵像事，嘉之。後帥興州，甚得士心。

丁焴。福津人。爲人剛直，不受私謁。累官太府少卿。嘉定間，爲利州路安撫使，兼知興元府。決事明白，吏民信服。魏了翁嘗曰：「武階一人而已。」

張威。成州人。居貧，賣藥自給。或言其才勇，乃令戍邊。開禧用兵，以功累擢沔州都統制，屢敗金兵。張福作亂，威擒戮之。終揚州觀察使。威爲將，每戰輒克，臨陣戰酣，則精采愈奮，兩眼皆赤，時號張鶻眼。每戰不操它兵，有木棓，號「紫大蟲」，揮之掠陣，敵皆靡。又創「撒星陣」，分合數變，以此輒勝。御軍嚴整，兵行無聲，每與百姓避路。

曹友聞。栗亭人，武惠王彬十二世孫。少有大志，與弟仲友不遠千里，尋師取友。登寶慶二年進士，辟天水軍教授。北兵再至，友聞與弟萬率所部戰敗之，以功累授關外四州安撫，權知沔州。北兵五十餘萬大至，制置使趙彥呐檄友聞控制大安以保蜀，友聞與弟萬俱戰死，北兵遂長驅入蜀。秦鞏人汪世顯，還師過戰地，嘆曰：「蜀將軍真男兒漢也。」盛禮祭之。事聞，贈龍圖閣學士，謚曰節。萬贈武翼大夫。

本朝

何宗韓。文縣人。雍正甲辰進士，授禮部主事，洊升刑部郎中，旋升大理寺少卿。天性純篤，嘗言生平所學惟「忠」「恕」二字。自刑部爲廷尉，遇大案，必反覆詳慎，以漢張釋之爲法。有蔓及者，必正色曰：「恐情、理、法三字不當如是。」所著有敦仁堂集義。乾隆十一年，入祀鄉賢祠。

郭俊實。文縣人。以孝聞於鄉里。乾隆元年旌。

汪養正。成縣生員。嘉慶四年，教匪滋事，養正率鄉勇堵禦。賊匪張漢潮竄至，鄉勇逃避，賊執養正誘降。養正罵賊不屈，臠割死。同時生員汪抱一亦以罵賊臠割死。生員拍丑辰罵賊，中賊矛死。

王中魁。成縣武生。嘉慶四年，教匪滋事，賊突至門，中魁執矛殺賊五人，因力不敵衆，被賊擒，誘降，中魁罵賊不屈死。

列女

明

竇氏二女。階州人。萬曆中，礦賊左朝登作亂，二女被劫，至竇家坪投崖死。

齊朝兒妻王氏。階州人。嫁甫七日，江水大漲，朝兒被溺。氏沿江哭三日，求屍不得，遂從夫溺處躍入。後於下流見二屍攜手而出。

楊忠妻張氏。文縣人。忠因救父，爲番所害，氏即自經。事聞，旌表。

郭萬春妻米氏。文縣人。萬春爲虎所銜，氏追擊虎，虎舍其夫而食之。事聞，旌表。

王植妻米氏。文縣人。與同縣米紹元妾王氏，皆以拒賊被殺。

石華如妻權氏成縣人。爲賊所逼，不從，連被數刃，氣未絶，乃觸石死。又同縣陳尚表妻姚氏、任某妻李氏，皆以拒賊被殺。

本朝

夏鍘妻張氏。階州人。與同州夏誌妻武氏，皆夫死守節，歷兵亂，遭豪强始終不辱。

張榮德妻何氏。階州人。爲强暴所逼，守正遇害。康熙年間旌。

王天眷妻李氏。階州人。事繼母以孝聞。天眷以營卒歿於戍，李痛不欲生，有爲議再適者，氏即自經死。又同州譚獻廷妻韋氏、宋德隆妻姚氏，皆夫亡殉節。

張明徵妻鄢氏。文縣人。夫死守節。順治四年遇土寇變，避入山寨，寨破，攜其女投崖下死。又毋月娃妻王氏，文縣人，夫亡殉節。

張于泰妻何氏。成縣人。夫亡守節。吴三桂僞將欲逼娶之，氏斷髮忿詈，誓死不從。

趙暘妻張氏。階州人。夫亡守節。乾隆六年旌。又同州節婦陳常修妻羅氏、焦可動妻楊氏、趙寅妻李氏、郭鳳翛妻李氏、楊廷桂妻吴氏、寇弼教妻蹇氏、賈時妻謝氏、生員房峒妻查氏、杜葉茂妻楊氏、席延士妻李氏、生員雷逢時妻李氏、監生王英妻邢氏，又烈婦王宏才妻王氏，俱乾隆年間旌。儒童高乾妻王氏、趙登甲妻劉氏、袁文學妻王氏、尚自銘妻馮氏、武生邢惓妻蹇氏、兵丁楊廷佐妻仇氏、陳鈞妻楊氏、王之信妻劉氏、向善妻羅氏，俱嘉慶年間旌。

楊梓妻何氏。文縣人。夫亡守節。乾隆三年旌。又同邑節婦郭獻瑞妻韓氏、張龍奎妻韓氏，俱乾隆年間旌。鄢仲妻潘氏、宋潔己妻席氏、張上達妻王氏、生員韓鑑妻何氏、吴廷秀妻張氏、生員米金粟妻張氏，俱嘉慶二十四年旌。

趙正嘉妻盧氏。成縣人。夫亡守節。又同邑節婦張渭妻陳氏、武殿織妻郭氏、閻詩妻汪氏，俱乾隆年間旌。吏員屈偉伸妻賀氏，嘉慶十二年旌。

土產

金。唐書地理志：文州貢麩金。明統志：文縣有金窟，在麻倉，與昭化縣接界。窟如井，取之甚難。

布。元和志：武州貢。

紬。唐書地理志：文州貢。

綿。唐書地理志：文州貢。

麻布。舊志：文縣出。

鹽。寰宇記：階州貢石鹽。

雄黄。元和志：武州出上品雄黄，色如雞冠。明統志：階州出雄黄。

水銀。寰宇記：階州土産。九域志：將利縣有水銀務。

瑪瑙漆。西固所出。

緑礬。寰宇記：階州産。

仇池石。通志：出仇池山。宋蘇軾所藏，以爲希代之寶。

雲石硯。郡志：出階州。

馬。寰宇記：階州貢。

熊。麃。明統志：俱文縣出。

鹿茸。唐書地理志：成州土貢。

狨皮。寰宇記：階州土貢。

麝香。唐書地理志：階州、文州、成州俱貢麝香。

羚羊角。唐書地理志：階州土貢。

山雞尾。唐書地理志：階州土貢。

蜜。唐書地理志：階州、文州土貢。

蠟。唐書地理志：成州、文州、階州俱貢蠟燭。

漆。郡志：成縣出。

柑。唐書地理志：文州貢。

椒。元和志：武州貢。寰宇記：階州貢山椒花。

藥。元和志：成州貢防葵、狼毒。唐書地理志：扶州貢當歸、芎藭。寰宇記：階州出大黄、巴戟。明統志：文縣出天門冬、麥門冬。

校勘記

〔一〕南秦州領武都郡　「秦」，原作「泰」，據乾隆志卷二一一階州古蹟(下同卷簡稱乾隆志)及魏書卷一〇六下地形志改。

〔二〕太守楊歸子擊破之　「守」，原空闕，據乾隆志及宋書卷六孝武帝本紀補。

〔三〕建安水逕建安城南　「建安城」，原作「建南城」，據乾隆志及水經注卷二〇漾水改。

〔四〕舊唐書地理志　「理」，原作「里」，據乾隆志改。

〔五〕鄧至王像檐桁失國來奔　「像檐桁」，乾隆志同，周書卷四九異域傳無「像」字。按，周書異域傳上文云「有像舒治者世爲泉酋帥」，又云「自舒治至檐桁十一世」，清修志史臣或因以檐桁爲像檐桁之省稱乎？

〔六〕平洛鎮　「洛」，乾隆志及元豐九域志卷三陝西路作「落」。

〔七〕東故城四鎮　「東故城」，乾隆志同，元豐九域志卷三陝西路無「東」字。

〔八〕道路　「道」，乾隆志及雍正甘肅通志卷一一關梁同，元豐九域志卷八利州路作「南」。

〔九〕思村　「村」，乾隆志、雍正甘肅通志卷一一關梁及宋史卷八九地理志同，元豐九域志卷八利州路作「林」。

〔一〇〕戎門　「戎」，乾隆志、雍正甘肅通志卷一一關梁及宋史卷八九地理志同，元豐九域志卷八九利州路作「戊」。

肅州直隸州圖

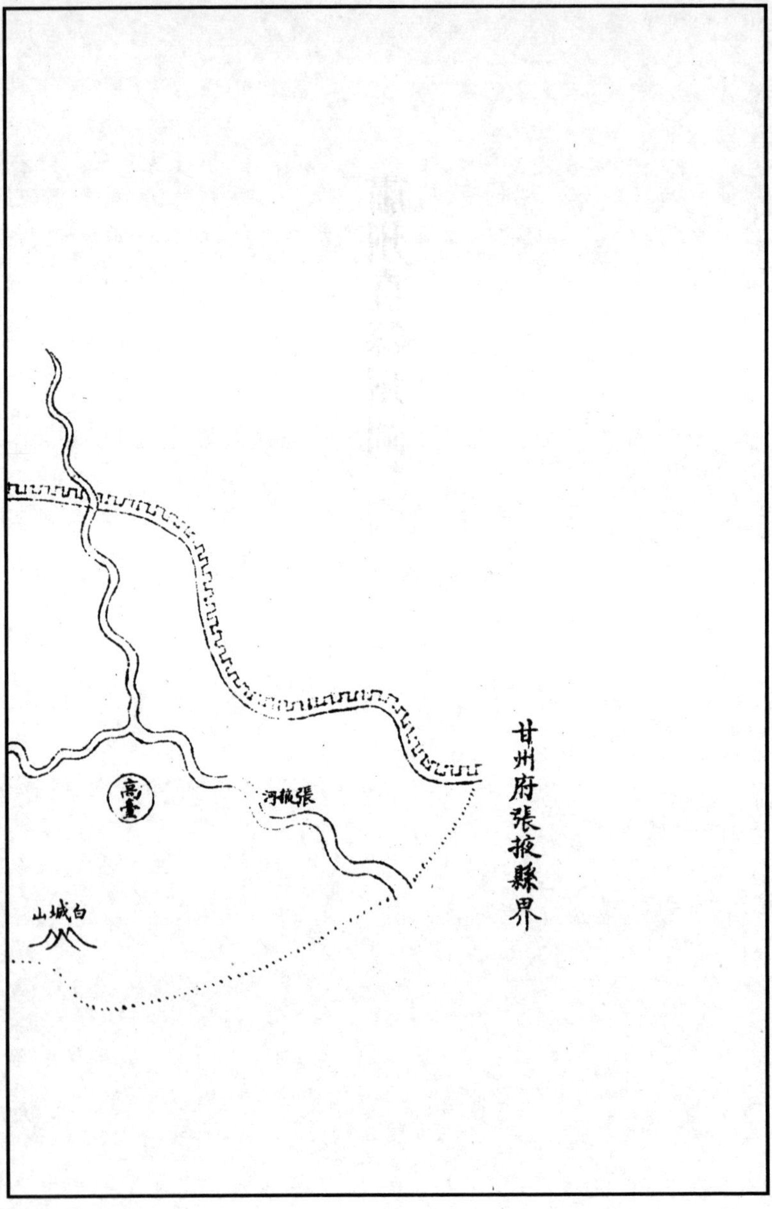
甘州府張掖縣界
張掖河
高臺
白城山

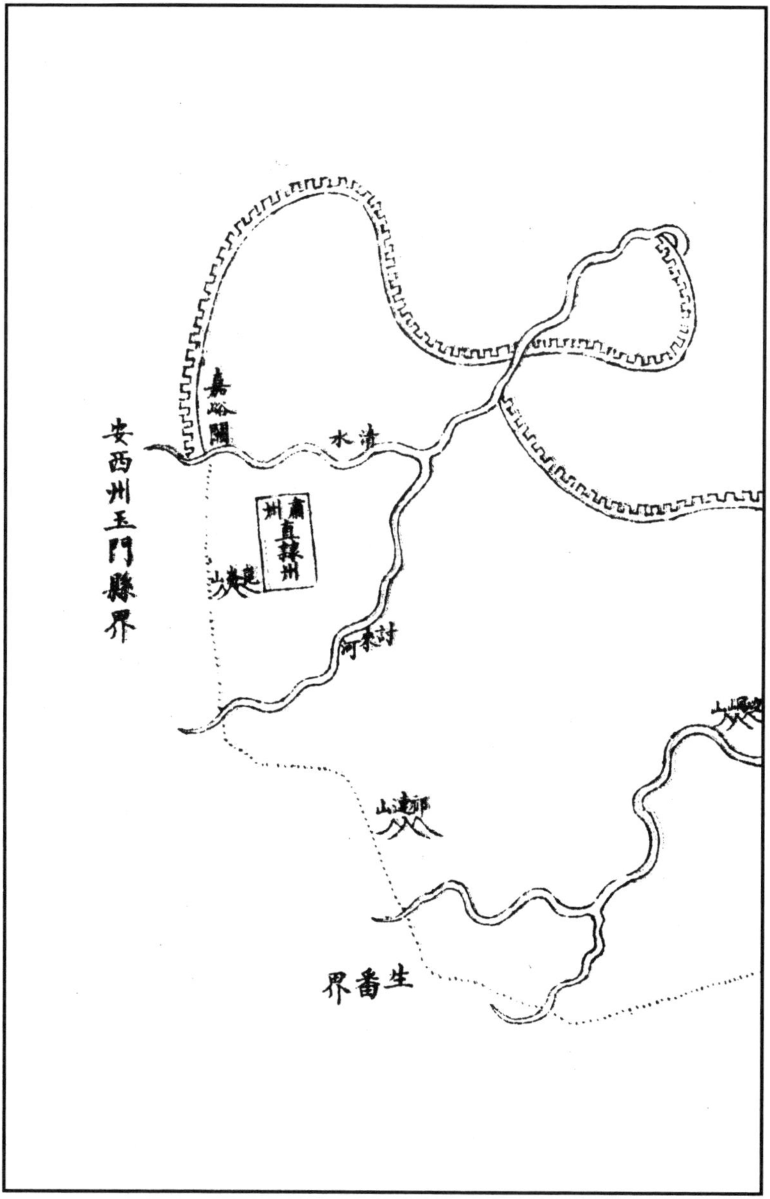
嘉峪關
清水
安西州玉門縣界
肅州直隸州
討來河
祁連山
生番界

肅州直隸州表

肅州直隸州			
秦			
兩漢	酒泉郡 本匈奴昆邪王分地，元狩二年開置。	祿福縣 郡治。後漢作福祿。	綏彌縣 屬酒泉郡。後漢改曰安彌。
三國	酒泉郡	福祿縣	安彌縣
晉	酒泉郡 義熙初，爲西涼都，後屬北涼。	福祿縣	安彌縣
南北朝	酒泉郡 魏初爲軍，孝昌中復置郡。	福祿縣	魏廢。
隋	開皇初郡廢。仁壽二年分置肅州。大業初州廢。	福祿縣 大業初屬張掖郡。義寧初改曰酒泉。	
唐	肅州酒泉郡 武德初復置州。天寶初復爲酒泉郡。乾元初復爲肅州，屬河西道。大曆初陷於吐蕃。	酒泉縣 州治。後隨州陷廢。	
五代			
宋	肅州 屬西夏。		
元	肅州路 至元七年置路，屬甘肅行省。		
明	肅州衛 洪武二十七年置，屬陝西行都司。		

續表

高臺縣			
表是縣屬酒泉郡。後漢曰表氏。		樂涫縣屬酒泉郡。	會水縣屬酒泉郡。
表氏縣		樂涫縣	會水縣
表氏縣	建康郡前涼分置。	樂涫縣	會水縣
廢。	建康郡周廢入張掖。	魏廢。周復置，後廢入福祿。	魏廢。
	證聖初置建康軍，天寶後亂廢。	福祿縣武德二年改置，屬肅州。天寶後亂廢。	
屬西夏。			
屬甘州路。			
高臺所初屬甘州衛，景泰七年分置，屬陝西行都司。		鎮夷所洪武三十年置，屬陝西行都司。	

大清一統志卷二百七十八

肅州直隸州

在甘肅省治西北一千四百七十里。東西距四百里，南北距一百五十里。東至甘州府張掖縣界三百一十里，西至安西州玉門縣界九十里，南至金佛寺南山一百二十里，北至邊牆三十里。東南至張掖縣界一百八十里，西南至雪山一百八十里，東北至張掖縣界二百八十里，西北至本州野麻灣堡邊牆七十里。本州境東西距一百九十里，南北距一百五十里。東至高臺縣界一百里，西至玉門縣界九十里，南至邊界一百二十里，北至邊牆三十里。東南至高臺縣界一百四十里，西南至雪山一百八十里，東北至本州金塔寺邊牆一百里，西北至邊牆六十里。自州治至京師五千五百十里。

分野

天文東井、輿鬼分野，鶉首之次。

建置沿革

禹貢雍州之域，古西戎地。戰國時，月氏戎居之。漢初，爲匈奴昆邪王分地。武帝元狩二年，見本紀。地理志作太初元年，不同。開置酒泉郡，治禄福縣。後漢、晉志皆作福禄。後漢、晉因之。義熙初，李暠都此，稱西涼。後屬北涼。後魏太武平涼，以酒泉爲軍，屬敦煌郡。孝昌中，復置酒泉郡。隋開皇初，郡廢。仁壽二年，分置肅州。大業初，州廢，以福禄縣屬張掖郡。義寧元年，改縣曰酒泉。唐武德二年，復置肅州。八年，置都督府。貞觀元年，府罷。天寶初，復曰酒泉郡。乾元初，復曰肅州，屬河西道。大曆元年，陷於吐蕃。宋景祐初，屬西夏。元至元七年，置肅州路總管府，屬甘肅行省。明洪武二十七年，改置肅州衛，屬陝西行都司。本朝雍正二年，裁衛，併甘州府。七年，改置肅州，直隸甘肅省。領縣一。

高臺縣。在州東南二百七十里〔一〕。東西距二百里，南北距一百一十五里。東至甘州府張掖縣界四十里，西至本州界一百六十里，南至邊界一百二十里，北至邊牆五里。東南至張掖縣界一百四十里，西南至本州界一百八十里，東北至張掖縣界四十里，西北至本州界一百七十里。漢置表是縣，屬酒泉郡。後漢曰表氏，晉因之。前涼張氏分置建康郡，後魏因之。後周廢入張掖縣。唐證聖元年，置建康軍。天寶後廢。宋屬西夏。元屬甘州路。明初屬甘州衛，景泰七年始分置高臺所，屬陝西行都司。本朝雍正二年，改置高臺縣，以鎮夷所併入，屬甘州府。七年，改屬肅州。

形勢

河山襟帶，爲羌戎通驛之路。元志。南有雪山，嵯峩萬仞；北有紫塞，延袤千里。羌番入貢之要路，河西保障之咽喉。通志。

風俗

織毛褐，勤耕牧，務本業，尚釋教。舊志。

城池

肅州城。周八里有奇，東、南、北三門，環以濠，廣八丈三尺。明洪武二十八年因舊改築，成化二年增築東關厢城，東西二里，南北一里有奇，亦環以濠。本朝乾隆三十一年修。

高臺縣城。周四里，門三，濠廣一丈五尺。本朝乾隆二十九年重修。

學校

肅州學。在州治東南。即舊衛學，明成化三年建。入學額數十二名。

高臺縣學。在縣治東北。即舊所學，明嘉靖二十三年建。入學額數十五名。

酒泉書院。在州城東南隅。明嘉靖二十六年建，本嘉靖二十三年所建新興學舍舊址。

高臺縣書院。在縣城東門外。本朝乾隆三十七年建。

户口

原額民丁共六千九百八，今滋生民丁男婦大小共三十一萬九千七百六十八名口，屯丁男婦大小共十三萬二千二百九十五名口，統計二萬二千五百三十七户。

田賦

田地共三千七百五十三頃八畝二分有奇，額徵銀共一百十二兩九錢一分六釐，糧共二萬五百七十二石一斗七升。

山川

觀音山。在州東南一百八十里，與雪山相連。又有紅山，在州東南一百六十里。寒水石山、硫黄山，在州南一百五十里。

西陲今略：山北麓在金佛寺西南二十里，雖與祁連相連，相去甚遠也。自觀音而西爲紅山，寒水石山、硫黄山皆相連。通典：酒泉縣有九龍山。寰宇記：九隴山在縣南一百里，周地圖記云：「昔有神人坐張掖西方山上，西射酒泉郡西金山之白神〔二〕。射得九籌，畫此山上，遂成九隴，因名。」或曰：即今清水堡之九九山也。

祁連山。在州南。隋書地理志：福禄縣有祁連山。行都司志：在肅州衛南一百六十里，亘涼、肅之界。西陲今略：山在衛永安堡一百二十里，相連者有火山。又十六國春秋：酒泉南有銅駝山，人言犯之者輒大雨雪。沮渠蒙遜永安九年，遣工取之，得銅萬斤。今無考。

文殊山。在州西南三十里。兩峯南北對峙，水泉中流。昔人多鑿洞穿穴，繪塑佛像，又名羅漢洞。西陲今略：又有濫泥山，一名淖泥山，在西南百餘里文殊山南。其山多水泉，地濘泥，故名。

崑崙山。在州西南。竹書紀年：穆王十七年，西征崑崙丘，見西王母。漢書地理志：金城臨羌縣西北塞外有西王母石室、崑崙山祠。十六國春秋：張駿時，酒泉太守馬岌上言：「酒泉南山即崑崙之體也。周穆王見西王母，樂而忘歸，即謂此山。上有石室玉堂，珠璣鏤飾，煥若神宮。禹貢崑崙在臨羌之西，即此明矣。宜立西王母祠，以裨朝廷無疆之福。」駿從之。隋書地理志：福禄縣有崑崙山。括地志：山在酒泉縣西南八十里。明統志：山在肅州西南二百五十里，東與甘州山連。其巔峻極，經夏積雪不消，世呼雪山。西陲今略：山在卯來泉堡西南一百八十里，俗呼雪達巴。東北又有小雪達巴，即祁連山。祁連至此漸卑，故加「小」云。按：明統志、今略所云與括地志道里不合。今略又云嘉峪關西二十里，地名大草灘，灘南有山名崑崙。蓋此乃古之崑崙，而明統志所云乃祁連之西麓耳。「達巴」舊作「打板」，今改。

牌樓山。在州西南百里卯來泉堡南。形如牌樓。

洞庭山。在州西。元和郡縣志：在酒泉縣西七十里，四面懸絶，人不能上。遥望皦皦如鑄銅色，山中出金。寰宇記：酒泉縣有鴻鷺山。穆天子傳云「天子循黑水至於璧玉之山」，謂此。今爲鴻鷺所棲，故名。明統志有嘉峪山，在州西。一名玉石山。

舊志：嘉峪山在衛西七十里，即璧玉山，西麓即嘉峪關也。

黑山。在州北一百八十里，屹立沙漠中。一名紫塞。其山口在西北一百四十里。又有黑山，在鎮夷所東北二十里。

大乾糧山。在州東北，下古城堡東北六十里。一名沙山。其側有小口子。又有金山，在州東北八十里。元和志：玉門縣東六十里有金山，出金。以里數計之，應即是此。

孤紅山。在州東北，金塔寺東北三百五十里，凡往來哈密北山者必聚於此。又狼心山，在堡北六百里，南去鎮夷所五百里，爲邊人往來之路。

榆木山。在高臺縣南四十里。上産榆樹，故名。東起梨園，西盡暖泉，延長百餘里。

白城山。在高臺縣西南八十里。石磴曲折，有林泉之勝。

崆峒山。在高臺縣西，鎮夷所城南。隋書地理志：福禄縣有崆峒山。元和志：山在福禄縣東南六十里。黄帝西見廣成子於崆峒。漢武帝行幸雍，祀五畤，登崆峒。並謂此山也。按：隋志、元和志雖皆言在福禄縣，然隋之福禄即今肅州，唐之福禄乃改漢樂涫所置，在肅州東百里，非一地也。其山又在東南，則應在今高臺縣舊鎮夷所南界。又按：隋時樂涫之地，廢入福禄，則謂二志所言即一山，亦可。明統志於鎮夷所不載，而於肅州衛則仍云山在東南六十里，是引元和志之言，混在隋縣之中，誤矣。

鵝頭山。在高臺縣西，鎮夷城西北五十里。以形似名。

石硤山。在高臺縣西北，鎮夷城西北七里。亦曰石峽口，張掖河所經也。其水自此北流，兩崖石峽，壁立若門。

合黎山。在高臺縣北，東接張掖。水經注：山在酒泉會水縣東北。史記正義：山在張掖縣西北二百里。行都司志：在高臺所北十里，鎮夷所東北三十里，與黑山相接。西陲今略：山起山丹石硤，至於鎮夷，延長三百餘里。其山産茶。

紅崖。在高臺縣鎮夷城西十五里，其色赤，形如屏障。

討來河。在州南，下流合張掖河，即古呼蠶水也。漢書地理志：福禄縣呼蠶水，出南羌中，東北至會水，入羌谷。寰宇記：呼蠶水，一名潛水，俗謂之福禄河，西南自吐谷渾界流入。行都司志：在肅州衛北一百里，源出祁連山下，合清水河，同沙河逕古會水縣，入張掖河。州志：河水與城東水磨渠同派，至威虜城，又名廣福渠。又東至岔口，與鎮夷黑河合流。一名天倉河，在衛東北三百里。西陲今略：討來川，在金佛寺南一百十里。西北遶南山之後，其勢甚急。至卯來泉堡西南分流，北流謂之討來河。又折而東北，逕渭城西北，合清水、紅水、白水、沙河。又東逕下古城南，折而北流出邊，爲天倉河。又東逕金塔寺北三十里，至岔口，合張掖河。按：輿圖，今討來河發源州西南五百餘里番界中，有三派，最西曰討來河。其西又有輝圖巴爾呼河，北流百餘里，與討來河合。又東北百餘里，南有巴哈額齊訥，二河分流二百里許合流。又北數十里，與討來河會爲一。又東北二百餘里入邊，繞州南，至州東北合西來之水。又東北出邊，過金塔寺，稍折而北，又轉東與張掖河合。又北五百餘里，入居延海。其發源甚遠，與漢志出南羌中、寰宇記出吐谷渾界流入之説相合。都司志謂在州北百里，今略又以爲西流，皆誤。「輝圖巴爾呼」舊作「哈土巴爾呼」，「巴哈額齊訥」舊作「巴哈額濟餒」，今並改。

張掖河。自甘州府張掖縣流入，經高臺縣北，又西北經故鎮夷所城南出邊，即弱水之下流也。禹貢：弱水餘波入於流沙。史記正義：「合黎水逕張掖縣，又西逕合黎山，折而北流，逕流沙磧之西，入居延海。」司馬貞索隱：「弱水西北至會水，入合黎山腹。」行都司志：黑河在高臺所北二百步，又在鎮夷城西四里，逕城西北出口，即張掖河也。西陲今略：黑河自高臺所南發源，東北流逕甘州，復折而西北，流入所北，環所三面。又西流逕深溝堡北，折而北流，出石硤，與討來河合，謂之天倉河。又東北入居延海。

白亭海。在州東北。元和志：在酒泉縣東北一百四十里，一名會水。以衆水所會，故曰會水。以北有白亭，故曰白亭海〔三〕。方俗之間，河北得水，便名爲河，塞外有水，便名爲海。按：漢志呼蠶水至會水入羌谷，今討來、張掖二河會流之處在州東北三百餘里，此白亭海當指討來河瀦水之處，非漢志之會水也。

紅水。在州東南三十里。源出南山，北流合白水，至下古城東南，入討來河，水有紅色，故名。又白水，源出州西南二十里，下合紅水。又有沙河，在州東四十里，源出雪山，北流入討來河。

清水。在州北五十里。源出州西北清水泉，東流入討來河。又有黑水，在州西北一百二十里，源出黑水泉，會清水流。

放驛湖。在州東南一里。周六里餘，亦名站家湖。

鏵尖湖。在州東南二十里。有二湖，皆放牧之所。

鄭家湖。在州北七里鄭家堡前。又倉兒湖，在州北二十五里，俗謂之大湖場。又花城兒湖，在縣北八十里，地屬新城堡。

五壩湖。在高臺縣東十二里。又大蘆灣湖，在縣東北二十里。黑家站家湖，在縣東四十里。

鴛鴦湖。在高臺縣西十里。又七壩湖，在縣西十五里。月牙湖、高臺站家湖，皆在縣西北五里。水磨湖、海底湖，皆在縣西北十里。葦蕩湖，在縣西北十五里。狼窩湖、李家湖，皆在縣西北二十里。

官軍湖。在高臺縣鎮夷所城東南三里。又局匠湖，在城東南十里，舊爲牧放之地。夜不收湖，在城東北五十里胭脂堡旁。

大湖。在高臺縣鎮夷所城西一里。又烏嚕訥湖，在城北邊外五百里。「烏嚕訥」舊作「兀魯乃」，今改。

黄草壩渠。在州西南十五里，自西南至東北長六十餘里。又沙子壩，在黄草南，去州西南三十餘里，長七十里。兔兒壩，在州西南文殊山口，長二十餘里。俱引討來河水溉田。按：肅州引討來河爲渠十四，共溉田五百餘頃。又紅水壩，在州南二十五里，長一里。其北有花兒壩，長十五里，洞子壩，長十里，俱引紅水。又王子莊大河，引討來河、紅水壩河、臨水河各處尾水，分渠十一，溉田六百二十三頃。乾隆三十二年增渠十三，五十年又增渠一。按：紅水共引渠十二，溉田四百餘頃。又豐樂川壩，在州東南，其下又分爲河東、河西等十壩，共支渠十四，溉田二百二十餘頃，皆引豐樂川水，溉清水、金佛寺、河清等堡田。又暖泉壩，在州東三十里，乃亂石堆北湖中有滚鍋泉，水流成渠，溉小泉兒、暖泉堡田。又鉢和寺壩，在州西北四十里，溉新城堡田。

納淩渠。在高臺縣東南二十里，分渠十，溉田一百九十頃。又有站家、豐稔、永興、黑泉等五渠俱在縣東南。五壩至十壩五渠，在縣之東北、西北。紅崖、橙槽、河東、河西、上中下三壩、暖泉、古城、毛家等十渠，俱在縣西南。皆分引黑河及山泉水，共溉田八百餘頃。按：本朝乾隆十八年，甘州府設撫夷廳，以肅州之八壩、九壩二渠及橙槽渠、下壩渠、暖泉渠，俱因就近歸撫夷廳管理。

千人壩渠。在高臺縣鎮夷所城南二百八十里，引山水溉田一百二十七頃。按：高臺縣新舊渠道俱引黑河、擺浪等水，源出祁連山東，共三十八渠，溉田一千六百四十二頃。

鴛鴦池。在州東北四十里，下古城北四里。産白鹽，邊人至秋每牧於此。

鹽池。在高臺縣鎮夷所城西南。元和志：在福禄縣東北八十里，周迴百姓仰給焉。行都司志有白鹽池，在所西南四十里，産白鹽。

暖泉。在州東十五里大湖中，有涌泉，不涸不凍。

卯來河泉。在州西南二百五十里濫泥山下，有泉水東北流。

榆樹泉。在州西北八十五里小鉢和寺山口。

羊頭泉。在州北二百三十里，金塔寺北一百二十里。又九眼泉，在州北三百八十里。又沙棗泉，在州東北二百三十里金塔寺北一百七十里。

酒泉。在州東北。應劭地理風俗記：「酒泉郡，其水若酒，故曰酒泉也。」顔師古漢書注：「舊俗傳云城下有金泉，泉味如酒。」肅鎮志有崔家泉，在城東北一里崔家莊側。涌出清泉，碧澄北流，人疑以爲「酒泉」，但色味不同。又有路家海子，在城西二十五步，汪洋不竭，水色稍黄，人亦稱「酒泉」。西陲今略：城東北一里許有泉，色黄而味類酒。

古蹟

福禄城。河西舊事云：福禄城，隋謝艾所築。

建康故城。在高臺縣南。晉置。十六國春秋：咸康元年，張駿分建康郡屬涼州。呂光大安元年，張大豫求救於嶺西諸郡，建康太守李隰起兵應之。龍飛二年，沮渠男成自樂涫進逼建康，推太守段業爲主，稱涼州牧、建康公。後魏廢。唐書地理志：甘州西北百九十里祁連山北有建康軍。證聖元年，王孝傑以甘、肅二州相距迴遠置。名勝志：城在高臺所西南四十里。舊志：建康軍城，在所東南十里。

表是故城。在高臺縣西。漢置，屬酒泉郡。後漢曰表氏。五行志：靈帝光和初，酒泉表氏地動涌水，民舍皆傾。縣易處，更築城郭。周書史永和傳：建康表氏人〔四〕。蓋魏時分築建康郡，而地形志誤失也。隋廢。章懷太子曰：「表是故城，在張掖西北。」

樂涫故城。在高臺縣西北，鎮夷城西南。漢置，屬酒泉郡。後漢、晉因之。十六國春秋：呂光龍飛二年，沮渠男成自福禄敗，奔樂涫。酒泉太守壘澄等來討，男成拒敗之，遂進攻建康。李暠建初元年，以張體順爲建康太守，鎮樂涫。後魏廢。隋書地理志：福禄有後周置樂涫縣，尋廢。元和志：肅州管福禄縣，西至州一百里，本漢樂涫。後魏太武帝平涼，改縣爲戍，隸敦煌鎮。孝文帝改爲樂涫縣。隋改縣爲鎮。武德二年，改置福禄縣，取舊名也。舊唐書地理志：福禄縣，於樂涫故城置。

會水故城。在高臺縣鎮夷城西北。漢置，屬酒泉郡。地理志：北部都尉治偃水障，東部都尉治東部障。後漢、晉因之。

闞駰曰：「衆水所會，故名。」後魏廢。

酒泉故城。今州治。漢置。十六國春秋：苻堅建元二十一年，吕光自西域東還涼州。酒泉太守宋皓城守不下，光攻殺之。段業天璽三年，酒泉太守王德叛，自稱河州刺史。業遣沮渠蒙遜討之，德焚城奔晉昌。蒙遜永安二年，李暠遣唐瑤攻酒泉，獲太守益生。及暠建初元年，自敦煌遷都酒泉，是爲西涼。蒙遜元始八年，殺暠子歆於臨澤，進克酒泉。後魏太延五年，滅北涼，沮渠牧犍弟酒泉太守無諱奔晉昌。帝使元絜守酒泉。太平真君元年，無諱圍酒泉，誘元絜執之，遂陷酒泉。二年，復遣奚眷討酒泉。無諱戰敗，遂棄敦煌，渡流沙。元和志：後魏太武平沮渠氏，以酒泉爲軍，屬敦煌鎮。孝昌中，改鎮，立瓜州，復置酒泉郡。開皇三年，罷郡，立酒泉鎮，所領縣並屬甘州。仁壽二年，以境守遼遠，分置肅州。隋末陷賊。武德二年，復置肅州。大曆元年，陷於西蕃。東至甘州四百里，西至瓜州四百八十里，南至吐蕃雪嶺二百五十里。酒泉縣，郭下，本漢福禄縣，義寧元年分置酒泉縣。唐書宣宗紀：大中五年，張義潮以肅州歸於有司。宋史：景祐二年，趙元昊攻唃厮羅，取瓜、沙、肅三州。元史地理志：肅州，宋爲西夏所據。元太祖二十一年西征，下之。至元七年，置肅州路總管府。按：郡治之福禄縣，前漢志本作禄福，後漢志始作福禄，而魏志龐淯傳及皇甫謐列女傳載龐娥事，所云禄福趙君安之女，又云禄福長尹嘉，當時仍作禄福。疑自晉以後始改爲福禄也，然元和諸志皆不詳。

安彌廢縣。在州東。漢置綏彌縣，屬酒泉郡。後漢曰安彌，晉因之。十六國春秋：苻堅建元二十一年，吕光自西域還，涼州刺史梁熙遣其子拒之於酒泉。光將彭晃與戰於安彌，敗之。沮渠蒙遜永安七年，襲李暠於酒泉，至安彌，去城六十里，暠出戰，破之。後魏，縣廢。

威遠城。在州東北。唐書地理志：肅州有酒泉、威遠二守捉城。肅鎮志：城在衛東北三百八十里，明初立爲所，後廢。其地有旗杆山，即當時立旗招撫叛民處。

威虜城。在州東北。明初，置威虜衛，尋廢。嘉靖七年，番夷雅爾穆刺等内附，巡撫唐澤議於肅州迤北境外威虜舊城及天倉墩、毛目城、白城子等地散處其衆。二十八年，巡撫楊博檄副使王儀等修葺威虜并金塔寺古城，添設白煙墩等城堡凡七，墩臺十有二，安置番帳七百餘所。肅鎮志：城在衛東北一百三十里。又白城子，在衛東北一百二十里。今皆廢。金塔寺城，在衛東北六十里，今爲堡。「雅爾穆喇」舊作「牙木蘭」，今改。

胭脂城。在高臺縣鎮夷城東南六十里，周一里。

毛目城。在高臺縣鎮夷城北一百五十里。乾隆元年，設縣丞駐防，並設把總。又有平朔城，在城北二百二十里。二城皆周一里，相傳皆元時守禦，屬威遠衛。

古連城。在高臺縣鎮夷城北一百八十里。

高臺站。今高臺縣治。行都司志：本漢樂涫縣地。明洪武五年，馮勝定河西，置高臺站，因西有臺子寺爲名。正統中張掖人劉寬建言，於鎮城西一百六十里設所。景泰七年，始設高臺千户所於此。舊志：高臺在所西二十里，有古臺基，相傳李暠所築，後人建寺其上。

鎮夷所。在高臺縣西北一百二十里。舊志：明洪武二十九年，都指揮馬溥於黑河之北築堡爲哨馬營。三十年，設鎮夷千户所，三十三年廢。永樂初復置，後爲黑河衝決。天順八年，徙治東南，築城周四里，東至高臺所界六十里，西至來州衛界四十里，南至肅州衛界五十里，北至邊界五里。本朝雍正二年裁所，并入高臺縣。今爲鎮夷營。

遮虜障。在州北。元和志：在酒泉縣北二百四十里，李陵與單于戰處。隋鎮將楊玄於其地得銅弩牙箭鏃。寰宇記：酒泉有故長城，在縣北。漢書謂之遮虜障。舊志：故長城，在衛北四百里，東自狼心山，西至哈密北山一帶，俱有遺址。又衛城極北有北大路，元時爲往來通道，久廢，轍迹猶存。按：漢遮虜障在居延城，去今州境尚遠。元和志所記道里與漢書不合。

祁連戍。在高臺縣鎮夷城南。元和志：在福禄縣東一百二十里。

關隘

嘉峪關。在州西七十里嘉峪山西麓。明初置。洪武五年，馮勝下河西，乃棄瓜、沙，以嘉峪關爲中外巨防。西域入貢，路必由此。土城周二百二十丈。弘治七年，扁關曰「鎮西」。嘉靖十八年，修築近關邊牆。隆慶二年，設守備駐防。本朝康熙十三年，改設遊擊，兼轄野麻灣、新城、金佛寺、卯來泉四堡。乾隆四十年，設巡檢。舊設土城，周二百二十丈，乾隆五十七年修。南山有牧馬廠，距嘉峪營三百六十里。又鎮標中左右三營、城守營牧馬廠，均在州南討來川。西陲今略：關西北五十里有石關兒、石硤天險。硤外有扇馬營，去州一百六十里。

兔兒關。在高臺縣西北，鎮夷城北四十里。

邊牆。自州西嘉峪關南起，至州東北討來河西岸止，長一百二十餘里。又高臺縣邊牆，西北自鎮夷城北張掖河東岸起，東南至平川堡，北接張掖縣界，長一百六十餘里。

鎮夷營。在高臺縣西北，即故鎮夷所城，周四里三分。本朝設遊擊駐防，兼轄雙井、鹽池、深溝、毛目城四堡，距本營二十里深溝南草灘有牧馬廠。

河清站堡。在州東少南一百里。東南至清水堡，西南至金佛寺，皆五十里。明置，名上河清堡，並置驛於此，城周二百五十丈。萬曆二十一年，以地僻，移驛於鎮夷雙井堡。四十四年，廢爲民堡。西北又有中河清、下河清堡。又永定堡，在州東南三十里。

金佛寺堡。在州東南九十里，東至清水堡五十里。城在近山，周二里四十丈。今有把總。西陲今略：又有永安堡，在金佛寺堡西十里觀音山口。州境諸口多隘，惟此口路闊山寬。豐樂川從此發源，引渠溉田。又紅山莊，在永安堡西十里紅山口，西北至文殊山口四十里。

卯來泉堡。在州西南七十里，東南至金佛寺七十里，西北至嘉峪關四十里。城在半山，周一百四十丈，倚山爲險。今有把總。

新城堡。在州西北三十里，西至野麻灣二十里，北臨邊牆。城周二百五十丈。今有把總。

野麻灣堡。在州西北七十里，西南至嘉峪關五十里，北近邊牆。城周一百四十丈。今有把總。

王子莊堡。在州北一百里。初察罕巴勒子莽格和爾耕牧之地，後與諸番族互相攻殺，遺衆流散，其地遂墟。舊有州同駐防。本朝乾隆二十七年，移駐金塔堡。「察罕巴勒」舊作「察黑包」，「莽格和爾」舊作「滿個虎力」，今並改。

兩山口堡〔五〕。在州北少東二十五里。東至下古城堡二十五里，西至新城三十里，北臨邊牆。城周一百四十丈〔六〕。今有把總。又威虜堡，城周一百六十丈，今設千總駐守。

臨水堡。在州北少東四十里，東至雙井堡六十里，北至下古城堡一十里，東南至河清堡七十里，城周二百丈〔七〕。今有把總。

下古城堡。在州東北五十里，東至雙井堡四十里，南至臨水堡十里，北臨邊牆，東北至金塔寺五十里，城周一百二十三丈。今設經制外委。西陲今略：有大口子，在堡北二十里。

金塔寺堡。在州東北一百里，即明金塔寺城也。本朝順治年間建修，乾隆五十年復修。城周四百三十二丈。本州州同乾隆二十七年由王子莊堡移駐此處。又舊設遊擊駐守，今改設副將。距本營一百十里涼水泉有牧馬廠。西陲今略：威虜城在堡北六十里。天倉墩在堡東北二百六十里。明時墩軍呼爲鬼門關。其西十里有夜摸墩，皆戍守處。

紅崖堡。在高臺縣西南一百二十里，自堡西北至清水堡五十里。明初置，城周二里有奇。本朝設守備。距堡十五里南山鎮夷壩有牧馬廠。其東北三十里有暖泉堡，亦明初置，後廢。

黑泉堡。在高臺縣西五十里，西南至紅崖堡八十里。城周三里有奇。明置驛於此，今設額外外委。又定安堡，在縣西三十里。

九壩堡。在高臺縣西北四十里，由堡西至胭脂堡二十里，城周二里有奇。自縣西北至東，又有八壩、七壩、六壩等堡，皆久廢。

沙盌堡。在高臺縣鎮夷城東二十五里，黑河北，南至深溝堡十里，北至邊一里，城周二百丈。

胭脂堡。在高臺縣鎮夷城東南五十里，東至九壩堡十里，南至黑泉堡二十里，北至邊一里，城周二百四十丈。

深溝堡。在高臺縣鎮夷城南二十里，黑河南，西至鹽池堡四十里，城周二百丈。明置，并置驛於此。今有把總。又有臨河堡，俗名花牆兒，在深溝東南二十五里，亦明置，今廢。

草溝井堡。在高臺縣鎮夷城南一百里，東至甘州三灣堡六十里，城周二百三十二步。

鹽池堡。在高臺縣鎮夷城南少西五十里。東至深溝，西至雙井，皆四十里。城周一百八十丈。明置驛於此，今有把總。西南草灘白水泉有高臺營牧馬廠。

雙井堡。在高臺縣鎮夷城西南七十里，西至本州臨水堡六十里，城周一百二十四步。今有把總。

清水堡。在高臺縣鎮夷城西南一百五十里，東至紅崖堡五十里，西至本州金佛寺五十里，南至南山口二十里，西北至河清堡五十里。城周二百七十五丈。明初置，屬肅州衛。萬曆中，改屬鎮夷所。本朝初設守備，今改都司。距本營七十里條湖子草灘有牧馬廠。西陲今略：有九九山，在東南三十里，山口通西寧，重岡複嶺，狹隘難行。

四壩堡。在高臺縣東北二十里許，黑河之北，城周二里有奇。東至三壩灣十里，西至五壩十里，南至黑河半里，北至邊牆一里。又西十里有五壩堡，城周一里。舊皆屬甘州衛，今屬高臺。

酒泉驛。在州城東關，西至嘉峪關七十里。又臨水驛，在州東四十里臨水堡。皆明置。

高臺驛。在高臺縣南關。又黑泉驛，在縣西北五十里黑泉堡。又西北五十里至深溝堡，有深溝驛。又西北三十里至鹽池堡，有鹽池驛。又西四十里至雙井堡，有雙井驛，東去臨水驛六十里。皆明置。鹽池、雙井二驛，舊有驛丞一員兼管。本朝乾隆七年裁驛丞，設巡檢兼管。二十八年，歸高臺縣管理。

津梁

楚壩橋。在州東南金佛寺觀音山口内，跨討來河。山水漂浮林木，至此紛紜交積，水從下流。其木日久堅定，人馬皆行其上。明嘉靖中，參將崔麟曾斫斷以禦寇，後歲久又復成梁。

天生橋。在州南永安堡南八十里，討來河水從西來，至此入地伏流，不數武而復出。人行地上如橋然，可通人馬。

黑河渡。在高臺縣西北，鎮夷城西十里。

陵墓

南北朝

西涼武昭王墓。在州西。十六國春秋：王葬建世陵。元和志：在酒泉縣西十五里。

祠廟

西王母祠。在州西南崑崙山，前涼張駿建。

劉師祠。在州治南。師字薩河，涼沮渠蒙遜時人，西求仙歸，至此卒，曰：「吾血當化珠丹。」門人因立廟曰珠丹祠。求二物者，至誠輒得焉。

毛公祠。在州北王子莊。

馬王廟。在州東北金塔堡。本朝雍正九年建。

龍王廟。在州東北金塔堡。本朝雍正四年建。

寺觀

九蓮寺。在州北王子莊西壖。本朝雍正八年建。

孔雀寺。在州北王子莊。本朝雍正十二年建。

總聖宮。在州北王子莊西壖。本朝雍正十一年建。

名宦

漢

辛慶忌。狄道人。元帝時，爲酒泉太守，所在著名。

段彭。永平末，爲酒泉太守。北匈奴及車師後王圍戊己校尉耿恭，遣彭救之。建初元年，彭討擊車師，大破之於交河城。

翟酺。廣漢雒人。延光三年，爲酒泉太守。叛羌千餘騎從敦煌來鈔郡界，酺赴擊，斬首九百級，羌衆幾盡，威名大震。

尹嘉。漢陽人。爲禄福長。龐娥之刺李壽也，詣縣請受戮。嘉解印綬縱娥，娥不肯去，遂彊載還家。

後漢

耿秉。扶風人。肅宗即位，拜秉征西將軍，遣案行涼州邊境，勞賜保塞羌胡。進屯酒泉，行太守事，救戊己校尉〔八〕。與謁者王蒙、皇甫援發張掖、酒泉、敦煌三郡及鄯善兵七千餘人，擊車師，車師降。卒，謚桓侯。

梁統。爲酒泉太守，後爲武威太守。以破隗囂功，封爲成義侯。

竺曾。爲酒泉太守，後爲武鋒將軍。以破隗囂功，封助義侯。

辛彤〔九〕。先爲敦煌都尉，後爲敦煌太守。竇融承制，拜酒泉太守，以代竺曾。

唐

公孫武達。京兆櫟陽人。貞觀初，肅州刺史。突厥入寇，謀南趨吐谷渾。武達以精兵二千與戰，薄之張掖河。潛命上流度兵，虜已半濟，乃兩岸夾擊，斬溺略盡。璽書勞之。

王方翼。并州祁人。高宗時，爲肅州刺史。時州城荒毁，又無壕塹，數爲寇賊所乘。方翼發卒濬築，引多樂水環城爲壕。又出私財造水碾磑，税其利以養飢餒，宅側起宅十餘行以居之。屬蝗起，諸州貧人死於道路，而肅州全活者甚衆。州人爲立碑頌美。

人物

三國　魏

龐淯。酒泉表氏人。初以涼州從事守破羌長。會武威太守張猛反，殺刺史邯鄲商，猛令曰：「敢有臨商喪，死不赦。」淯聞之，棄官奔走，號哭喪所。衷匕首詣猛門，欲因見以殺猛。猛知其義士，教遣不殺，由是以忠烈聞。太守徐揖請爲主簿。後郡人黄昂反，城陷，揖死。淯乃收斂揖喪，送還本郡，行服三年。文帝踐祚，拜駙馬都尉，遷西海太守，賜爵關内侯。

楊豐。本名阿若，酒泉人。建安中，郡中强族黄昂殺太守徐揖，重募取豐。豐單騎入南羌中，合衆得千餘騎，趨郡。未到三十里，令騎下馬曳柴揚塵。酒泉人望見，以爲東大兵至，遂破散羌，捕得昂殺之。黄初中，舉郡孝廉。州表其義勇，即拜駙馬都尉。

晉

祈嘉。酒泉人。少清貧好學，年二十餘，西至敦煌，依學官誦書。貧無衣食，爲書生都養以自給。遂博通經傳，精究大義。西遊海渚，教授門生百餘人。張重華徵爲儒林祭酒。朝士守令受業獨拜牀下者二千餘人。

隋

趙才。酒泉人。少驍武，便弓馬。煬帝時，從征吐谷渾，以功進金紫光禄大夫，再遷右候衛大將軍。每有巡幸，才恒爲斥候。將幸江都，才入諫，請還京師。帝大怒，以屬吏，旬日出之。

明

芮寧〔一〇〕。肅州人，任遊擊將軍。正德中，土魯番蘇爾坦瑪蘇爾寇肅州，寧率千户許釗，百户張璽、吴英、陳泰、王忠、劉威至黄草壩，遇賊，寧中流矢死，全軍陷殁。贈都督同知，世襲指揮使，建祠祀之。「蘇爾坦瑪蘇爾」舊作「速壇滿速兒」，今改。

本朝

楊如柏。肅州人。以孝稱。乾隆三十七年旌。

李登學。高臺人。諸生，以孝稱。乾隆四十七年旌。同邑廩生賈生連，亦以孝稱，嘉慶十九年旌。

列女

漢

龐淯母。趙氏女，字娥，酒泉人。父安，爲同縣李壽所殺。娥兄弟三人，時俱病物故，讎喜自賀。娥陰懷感憤，乃潛備刀兵，常帷車以候讎家，十餘年不能得。後過於都亭，刺殺之，詣縣自首，遇赦得免。州郡表其閭，太常張奐嘉歎，以束帛禮之。

明

劉體乾妻高氏。肅州衛人。年二十一，夫亡，哀痛，雙目爲瞽，鄉里稱之。

本朝

李興魁妻韓氏。肅州人。年二十二，興魁病歿，氏撫三子成立。康熙年間旌。同里張應業妻郭氏，亦夫亡守節，爲鄉里矜式。

福賜爵妻某氏。高臺人。年二十，賜爵亡，氏孝敬翁姑，撫孤成立。雍正十二年旌。

馬良驥妻蕭氏。肅州人。夫亡守節。同州節婦武靖國妻尉氏、張奇珍妻程氏、劉繼縉妻崔氏、張宏義妻楊氏、柴用宏妻張氏、郭仲傑妻馮氏、武輔妻葛氏、車大用妻張氏、張鳴謙妻黄氏、閻覺妻田氏、崔慥妻張氏，俱乾隆年間旌。

王協和妻郭氏。高臺人。夫亡守節。同邑節婦景日華妻蔣氏、段喜妻談氏、郭興虎妻王氏，俱乾隆年間旌。

魏嘉奇妻卜氏。肅州人。夫亡守節。同州節婦蕭貢烈妻薛氏、王伏用妻羅氏、武衍宗妻陳氏、李象賢妻惠氏，俱嘉慶年間旌。

閻豹妻賀氏。高臺人。夫亡守節。同邑節婦盛如輔妻王氏、車任炳妻王氏，俱嘉慶年間旌。

土產

金。元和志：酒泉縣洞庭山出。唐書地理志：肅州貢麩金。

鹽。唐書地理志：福禄縣有鹽池。

茶。西陲今略：合黎山產茶。

野馬皮。元和志：肅州貢。

礪石。元和志：肅州貢。

藥。元和志：肅州貢肉蓯蓉、柏脉根。

校勘記

〔一〕在州東南二百七十里　「東南」，原脱「東」字，乾隆志卷二一二肅州建置沿革（下同卷簡稱乾隆志）同，與本志上下文所敘四至不符，據雍正甘肅通志卷四疆域補。

〔二〕西射酒泉郡西金山之白神　「白神」，原作「百神」，乾隆志作「北神」，據太平寰宇記卷一五二隴右道肅州及太平御覽卷五〇地部九隴山條引周地圖記改。

〔三〕以北有白亭故曰白亭海　「海」，原脱，乾隆志同，據元和郡縣志卷四〇隴右道肅州補。

〔四〕建康表氏人　「氏」，原作「是」，據乾隆志及周書卷二八史寧傳改。

〔五〕兩山口堡　「山口」，原倒作「口山」，據乾隆志及雍正甘肅通志卷一一關梁乙。

〔六〕城周一百四十丈　乾隆志及雍正甘肅通志卷一一關梁俱作「城周一百二十丈」。

〔七〕城周二百丈　乾隆志及雍正甘肅通志卷一一關梁俱作「城周三百六十丈」。蓋一據舊築，一據新築而言。下文各堡與乾隆志及通志城周或有不同，準此。

〔八〕救戊己校尉　「救」，原作「至」，據後漢書卷一九耿秉傳改。按，據後漢書耿恭傳，時耿恭爲戊己校尉，屯金蒲城；關寵亦爲戊己校尉，屯柳中城。永平十八年，耿恭、關寵俱受匈奴圍困，關寵上書求救，肅宗采取司徒鮑昱建議，遣征西將軍耿秉屯酒泉，行太守事。秉合諸郡之兵七千餘人，擊走匈奴，降服車師。此其救戊己校尉之前因後果也。

〔九〕辛彤　「彤」，原作「形」，據後漢書卷二三竇融傳及資治通鑑卷四〇漢紀改。

〔一〇〕芮寧　「寧」，原作「凝」，據乾隆志及雍正甘肅通志卷三七忠節志改。按，本志避清宣宗諱改字。下文同改回。

安西直隸州圖

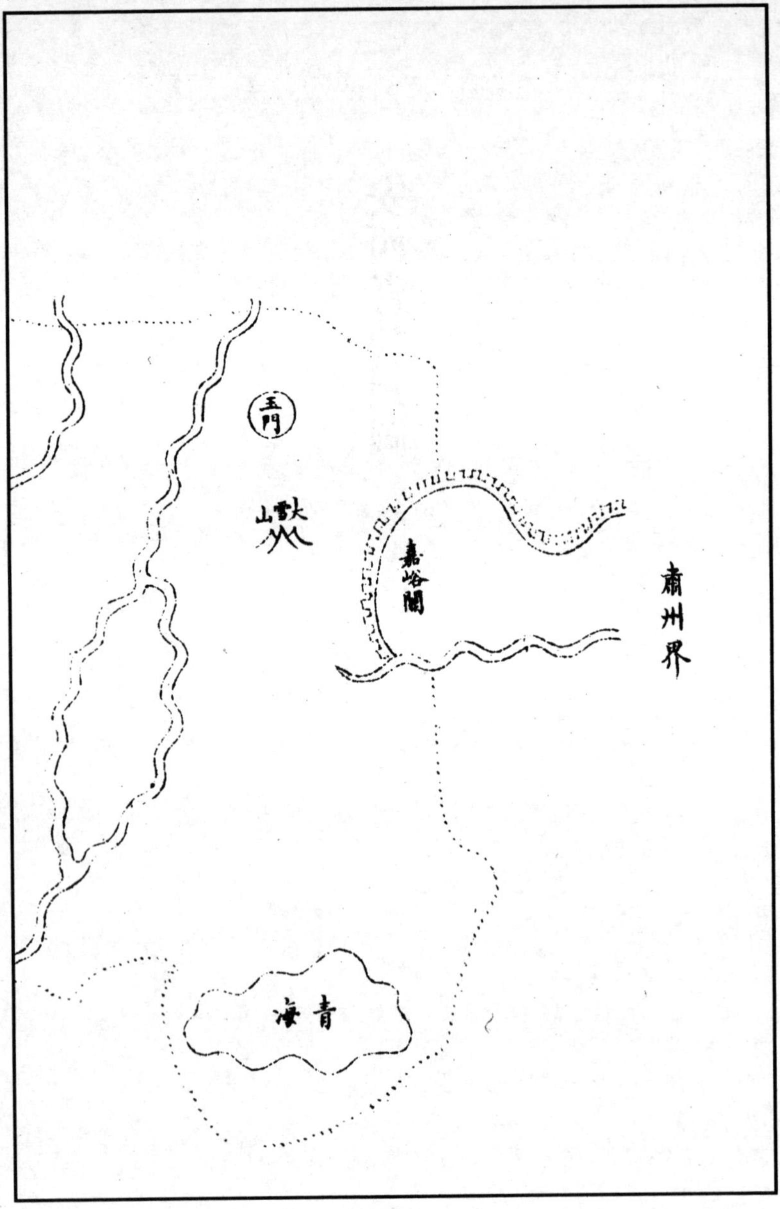
玉門
大雪山
嘉峪關
肅州界
青海

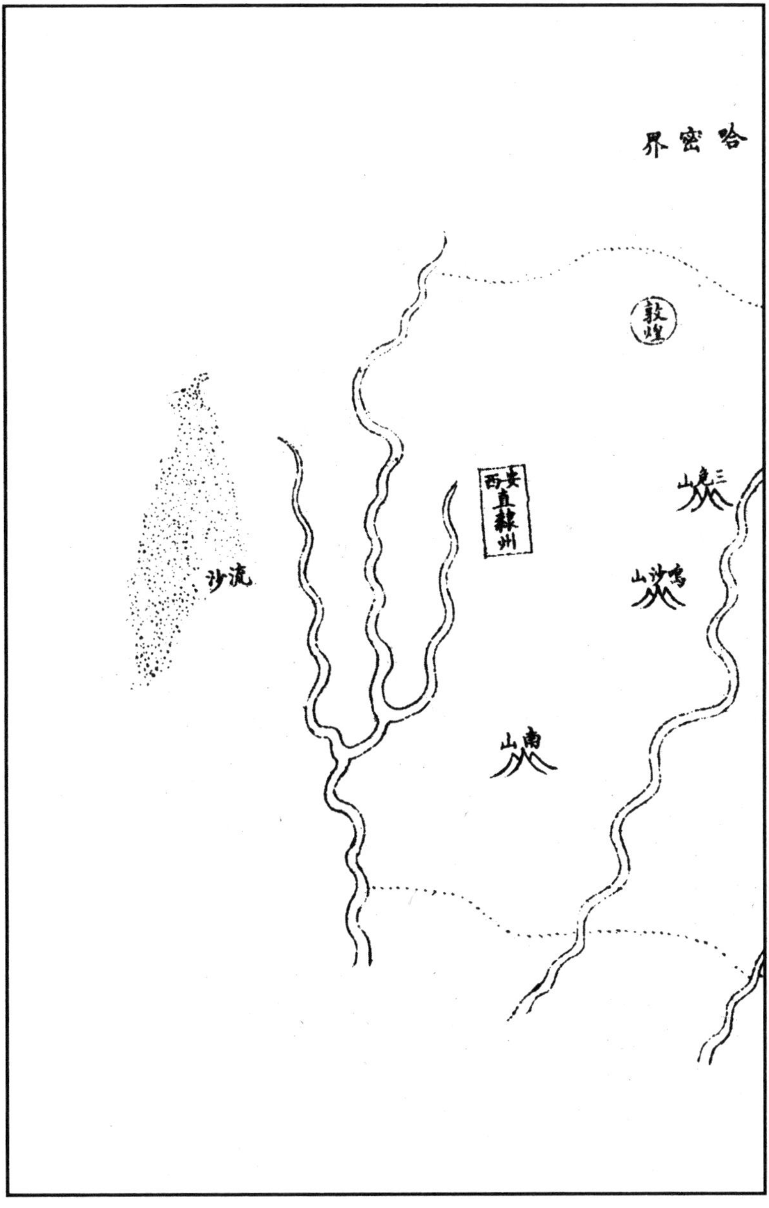
哈密界
敦煌
安西直隸州
三危山
鳴沙山
南山
流沙

安西直隷州表

	安西直隷州		
秦			
兩漢	敦煌郡地。	冥安縣屬敦煌郡。	廣至縣屬敦煌郡。
三國		冥安縣	廣至縣
晉	晉昌郡元康五年分置。	冥安縣郡治。	廣至縣
南北朝	魏分置常樂郡。周改晉昌曰永興。	冥安縣周廢爲涼興縣。	廣至縣周廢。
隋	開皇初二郡俱廢，屬敦煌郡。	常樂縣改置，屬敦煌郡。	
唐	瓜州晉昌郡武德二年置州，屬隴右道。大曆十一年陷吐蕃。大中五年收復，後又廢。	晉昌縣武德七年改名，州治。	
五代			
宋	屬西夏。	入西夏。	
元	瓜州至元十四年置，屬沙州路。		
明	赤斤蒙古、沙州二衛地。		

續表

	敦煌縣
	大月氏地。
淵泉縣 屬敦煌郡。	敦煌郡 本匈奴渾邪王分地，元鼎六年分置。
淵泉縣	敦煌郡
宜禾縣 元康五年分置，俱屬晉昌郡。 伊吾縣 屬晉昌郡。 新鄉縣 元康五年置，屬晉昌郡。 淵泉縣 屬晉昌郡、	敦煌郡 前涼置沙州，後爲西涼郡。
宜禾縣 魏爲常樂郡治，周廢。 魏廢。 新鄉縣 周廢。 淵泉縣 周廢。	瓜州敦煌郡 魏太武置敦煌鎮，明帝改置州。
	敦煌郡 初廢郡，大業初復置。
	沙州敦煌郡 武德五年置西沙州。貞觀七年改名。建中二年陷吐蕃。大中五年收復，號歸義軍節度使。
常樂縣 改置，屬瓜州，隨州陷廢。	沙州 仍號歸義軍。
	景祐二年入西夏。
	沙州路 至元中置路，屬甘肅行省。
	沙州衛 永樂三年置，成化十五年改置罕東左衛，後廢。

	玉門縣
敦煌縣郡治。 效穀縣屬敦煌郡。 龍勒縣屬敦煌郡。	玉門縣屬酒泉郡。 延壽縣屬酒泉郡。
敦煌縣 效穀縣 龍勒縣	玉門縣 延壽縣
敦煌縣 效穀縣 龍勒縣 陽關縣屬敦煌郡，後廢。	玉門縣元康中分置會稽縣，屬晉昌郡。西涼分置會稽郡。 延壽縣
敦煌縣周改名鳴沙。 效穀縣周廢入鳴沙。 龍勒縣魏分置壽昌郡，周郡縣俱廢入鳴沙。	會稽郡魏分置玉門郡，周廢郡，改置會稽縣。 魏廢。
敦煌縣大業初復故名，郡治。	玉門縣開皇中廢會稽郡，改縣名，屬敦煌郡。
敦煌縣州治，後陷廢。 壽昌縣武德二年改置，屬沙州，後廢。	玉門縣屬肅州，後陷吐蕃，廢。
	入西夏。
	屬肅州路。
	赤斤蒙古衛永樂二年置，後廢。

續表

池頭縣 屬酒泉郡，後漢改曰沙頭。	乾齊縣 屬酒泉郡，爲西部都尉治。		
沙頭縣	乾齊縣		
騂馬縣 屬酒泉郡。	涼寧郡	沙頭縣 元康中分屬晉昌郡。	乾齊縣 改屬敦煌郡。
魏廢。	涼寧郡 周廢。	魏廢。	魏廢。

大清一統志卷二百七十九

安西直隸州

在甘肅省治西北二千四百里。東西距八百六十五里，南北距四百餘里。東至肅州界五百七十里，西至古營盤接流沙界二百九十五里，南至南山二百里，北至青墩硤接哈密界二百餘里。本州界，東至三道溝界十里，西至蘆草溝九十里，南至南山三百里，北至半泉八十里。自州治至京師六千五百八十里。

分野

天文東井、輿鬼分野，鶉首之次。

建置沿革

禹貢雍州之域，古西戎地。漢爲敦煌郡地，後漢因之。晉元康五年，分置晉昌郡。後魏又分置常樂郡。後周武帝改晉昌曰永興。按：隋志但言後魏置常樂郡於常樂，無晉昌郡。元和志、寰宇記皆云後周改晉昌爲永興，不同。隋開皇初，二郡俱廢爲常樂縣，屬敦煌郡。唐武德五年，改置瓜州，兼置總管府。八年，府罷。天寶初，復曰晉昌郡。乾元初，復曰瓜州，屬河西道。大曆十一年，陷於吐蕃。大中五年來歸。宋景祐二年入西夏。元至元十四年，復置瓜州，屬沙州路，二十八年廢。明初爲赤斤蒙古、沙州二衛地，後皆廢。本朝雍正五年，置安西廳於此，設同知，領安西、柳溝、沙州三衛，屬甘肅布政使司。乾隆二十四年，以安西、柳溝二衛地改置淵泉縣，爲安西府治，又改赤金所爲玉門縣。二十五年，改沙州衛爲敦煌縣。二十七年，移置府治。三十九年，裁淵泉縣，改府爲州，移治焉。

領縣二。

敦煌縣。在州東北二百七十里〔一〕。東西距四百三十五里，南北距二百九十里。東至甜水井一百四十里，西至大營盤二百九十五里，南至南山一百里，北至青墩峽一百九十里。漢置敦煌縣，爲郡治。後漢因之。後周改縣為鳴沙。隋大業初，復曰敦煌。唐武德初，爲瓜州治。建中二年，陷於吐蕃。五代時，爲歸義軍治。宋景祐二年入西夏。元爲沙州路治。明置沙州衛。本朝初因之，屬安西同知。乾隆二十五年改置縣，二十七年爲安西府治。三十九年，裁淵泉縣，改安西府爲州，以縣屬之。

玉門縣。在州東三百里。東西距二百七十里，南北距二百五十里。東至肅州界一百四十里，西至本州界一百三十里，南至雪山界一百里，北至鹽池界一百五十里。漢置玉門縣，屬酒泉郡。後漢因之。東晉時，西涼分置會稽郡。後魏又分置玉門縣。後周廢玉門郡，改置會稽縣。隋開皇初，又廢會稽郡，改會稽縣曰玉門，屬敦煌郡。唐初改屬肅州。開元中，廢爲玉門鎮。天寶十四載，復置。後陷吐蕃，廢。宋屬西夏。元屬肅州路。明永樂二年置赤斤蒙古衛，以處故元丞相古什子塔爾尼。後爲土魯番所侵，內徙肅州，遂廢。本朝康熙五十七年，復置赤斤衛。雍正四年，裁衛改所，屬靖逆同知。乾隆二十四年，改爲玉門縣。「古什」舊作「苦兀」，「塔爾尼」舊作「塔力尼」，今並改。

形勢

國當乾位，地列艮墟。水有縣泉之神，山有鳴沙之異。川無蛇虺，澤無兕虎。舊志。雪山爲城，冥水爲池。前陽關而後玉門，控伊西而制沙漠。全陝之咽喉，極邊之鎖鑰。通志。

風俗

與甘、肅州同，人物尤繁富。寰宇記。美水草，可耕屯。舊志。

城池

安西州城。周六里七分，門四，濠廣七尺。本朝雍正六年築，乾隆三十三年，移建舊治南三里。三十九年，以新城繞道之水，仍修復舊城。

敦煌縣城。周三里三分，東、西、南三門，濠深七尺。本朝雍正三年建。乾隆七年，於東、南、北三面加築外郭，周五里七分。東、南、北及西南，共四門。三十一年重修。

玉門縣城。周二里三分，南、北三門。本朝康熙五十六年因舊城改築，乾隆三十一年修。

學校

安西州學。在州城内。本朝乾隆二十四年建。入學額數六名。

敦煌縣學。在城内偏西舊沙州衛署。本朝雍正六年建，乾隆二十八年改爲學。入學額數六名。

玉門縣學。在縣城。本朝乾隆二十四年建。入學額數六名。

淵泉書院。在州治。

鳴沙書院。在敦煌縣西門外。本朝乾隆五年建。

昌湖書院。在玉門縣。

户口

民丁原額無，今滋生民丁男婦大小共七萬七千八百七十三名口，統計六千零九十四户。

田賦

田地共二千七百五十七頃四畝一分有奇，額徵糧共一萬三千九百六十六石八斗九升一合。

山川

南山。在州南五十里。一名雪山，亦名祁連山。高峯疊巘，積雪春夏消釋，入河溉田。山自蔥嶺分支，由和闐之南綿亘而東，經安西一州二縣，皆曰南山。元和志：雪山在晉昌縣南一百六十里，東南連吐谷渾。舊志：雪山在柳溝衛南三百里，東西綿亘不絶，今亦名南山。

北山。在州東北一百四十里。

三危山。在敦煌縣東南。三峯聳峙，如危欲墜，故名。尚書舜典：竄三苗於三危。禹貢：雍州，三危既宅，三苗丕敘。孔安國傳：「三危，西裔之山。」水經注：山在敦煌縣南。魏書：太平真君六年，討吐谷渾，杜豐追被囊，度三危山，至雪山，生擒之。唐書地理志：敦煌縣東四十七里有三危山。括地志：山在敦煌縣東南三十里。山有三峯，故曰三危。俗亦名卑羽山。寰宇記：俗亦名爲昇雨山。

鳴沙山。在敦煌縣南。水經注：敦煌縣南七里有鳴沙山。元和志：一名神沙山。其山積沙爲之，峯巒危峭，踰於石山。四面皆沙，隴背有如刀刃。人登之即鳴，隨足頽落。經宿風吹，輒復如舊。有一泉名沙井，綿歷古今，沙填不滿，水極甘美。寰宇記：一名沙角山。辛氏三秦記：「河西有沙角山，其沙粒麄黄，有如乾精。」又河西舊事云：「沙州天氣清朗，即沙鳴，聞於城内。」

羊膊山。在敦煌縣南。寰宇記：山多巖石，少樹木，甚似魯國南鄒山。又有王母樗蒱山，山有鹽池，在縣西南。行都司志：在沙州城南。

龍勒山。在敦煌縣西南三百里。漢龍勒縣，因山以名。括地志：龍勒縣在壽昌縣南一百六十五里。舊志：在沙州衛西南。

金山。在玉門縣赤金所東。元和志：在玉門縣東六十里，出金。寰宇記：山在延壽縣，有玉石障。

寬臺山。在玉門縣赤金所東南，嘉峪關西。山寬如臺，故名。

赤斤山。在玉門縣赤金所西三十里，即赤斤蒙古之山硤也，當北來西去之通道。明參將崔麒敗賊於此。

獨登山。在玉門縣赤金所北。元和志：在玉門縣北十里。其山出鹽，鮮白甘美，有異常鹽，取充貢獻。又玉門縣南有紅山。

白龍堆。在敦煌縣西。漢書西域傳：樓蘭國最在東垂，當白龍堆，乏水草。地理志：敦煌郡正西關外有白龍堆沙。舊志：沙形如卧龍，無頭有尾，高大者二三丈，卑者丈餘。東倚三危，北望蒲昌，綿延起伏，西盡流沙之地，是爲西極要路。

流沙。在敦煌縣西。尚書禹貢：導弱水至於三危，餘波入於流沙。山海經：出鐘山西行，又南行崑崙墟，西南入海。漢書注：「在敦煌西八十里。」郭義恭廣志：在玉門關外，南北二十里，東西數百里。有三斷石，名曰三隴。晉書：張駿使楊宣越流沙，伐龜兹、鄯善。魏書：太平真君三年，沮渠無諱度流沙，據鄯善。周書：鄯善西北有流沙數百里，夏日有熱風，爲行旅之患。風之欲至，惟老駞知之，即鳴而聚立，埋其口鼻於沙中。人每以爲候，亦即將氊擁蔽鼻口。其風迅駛，斯須過盡。若不防者，必至危斃。

窟窿河。在州東一百三十里雙塔堡東。源出土葫蘆溝，西北流至雙塔堡，入蘇賴河。內多大穴，深不可測，畜産誤入，即不能出。舊志：在柳溝衛西四十里。又黑水河，在舊柳溝衛西九十里，其水微黑。

宫阜河。在州南山下。河分三道：西爲頭道，中爲二道，東爲三道。頭道河在州東南三百餘里，其南可通金雞打坡。

西几馬河。在玉門縣赤金所西。源出所南草地，有數派，會流而北，又折東北流三百里，注於阿拉克池。又呼濟爾河，在所東，上源亦有數派，北流折東北，亦注於阿拉克池。池周數十里。按：寰宇記玉門縣有衆泉北流入延興海，即此。

昌馬河。在玉門縣西南一百二十里。源出南山，北流逕衛西，又西北入柳溝衛界，爲布隆吉爾河，即南籍端水之源也。肅州新志：河舊口直趨四道溝，過橋灣而西，匯諸溝之水，達於黨河之尾，歸於哈喇淖爾。本朝康熙五十八年，於塔喇圖築靖逆城，始堰昌馬河口，逼水東流，分爲靖逆東、西二渠溉田。「塔喇圖」舊作「達爾圖」，「哈喇淖爾」舊作「哈拉渾爾」，今並改。

南籍端水。在州北。漢書地理志：冥安縣南籍端水，出南羌中，西北入其澤。元和志：晉昌縣冥水，自吐谷渾界流入大澤。東西二百六十里，南北六十里。豐水草，宜畜牧。按：輿圖及新志，今有蘇賴河，亦名布隆吉爾河，發源靖逆衛南山，曰昌馬河。北流轉而西，經舊柳溝衛北，會十道溝水爲蘇賴河。又西經州北三十里，又西經敦煌縣西北，黨河自南來注之。又西流三十里許，入哈喇淖爾。其流長七百餘里，池方數十里，即古南籍端水也。今州縣屯田俱藉此水灌溉。本朝乾隆四年，於蘑菇灘開濬渠道，引昌馬河水以益之，分渠爲七。

懸泉水。在敦煌縣東。元和志：在沙州東一百三十里，出懸泉山。漢將李廣利伐大宛還，士衆渴乏，引佩刀刺山，泉飛湧出，即此也。水有靈，車馬大至即多出，少至即出少。敦煌耆舊記：水有懸泉之神。寰宇記：一名神泉，出龍勒山腹。

氐置水。在敦煌縣西。漢書地理志：龍勒縣有氐置水，出南羌中，東北入澤溉民田。舊志：在沙州衛西。按：輿圖今有黨河，亦名錫爾噶勒津河，發源敦煌縣東南山中，北流二百餘里，折西流百餘里，會南來之一水，又折北流逕沙州舊城之東，新城之西，流百餘里，入蘇賴河，溉田甚廣。當即古氐置水。五代高居誨使西域記「沙州西渡都鄉河」，亦即此。但漢龍勒即唐壽昌，在沙州西一百五里，今此水近傍沙州，與漢、唐志不甚合。疑今沙州或唐以後西徙龍勒之境，今不可考。又元和志壽昌縣有龍勒水，在縣南一百八十里龍勒山上，即李陵至東浚稽山徘徊觀虜處。按李陵所至龍勒水，在居延北塞外，此非其地。「錫爾噶勒津」舊作「西勒哈金」，今改。

石脂水。在玉門縣赤金所東南。劉昭郡國志注：「博物記曰：延壽縣南有山石出泉水，大如筥簇，注地爲溝。其水有肥，如煮肉洎，凝膏然之極明，不可食，謂之石漆。」元和志：在玉門縣東南一百八十里。泉中有苔如肥肉，然之極明。水上有黑脂，人以草盝取用，塗鴟夷酒囊及膏車。周武帝宣政中，突厥圍酒泉，取此脂然火，焚其攻具，得水愈明，酒泉賴以獲濟。明統志：石油出肅州南山。通志：今赤金所東南一百五十里有石油泉，土人取以然燈。即石脂水也。

布魯湖。在州東北，即蘇賴、昌馬兩河下流經行停瀦之處。澄波千頃，葭葦彌望，浴鳧飛鷺，宛然澤國。由是西行，踰柳溝城，爲古南籍端水。舊志：在柳溝衛東北一百二十里。

三道溝。在州東二百五十里。自此而西至柳溝衛東二里，又有四道、五道、六道、七道、八道、九道、十道，共七溝，皆草地出泉，北入蘇賴河。惟四道溝泉流獨盛，即所云昌馬河，乃蘇賴河之源也。其頭、二道溝，在玉門縣靖逆衛界。按：漢置淵泉縣，闞駰曰「地多泉水」，蓋即指此。

屯田渠。在州東。自州東北至州西長九十里。又回民渠，自東至西南長六十里。餘丁渠。東西長三十五里。皆引蘇賴河水以溉田。

通裕渠。在敦煌縣。分黨河水溉田，長二十里。又普利渠，長二十三里。永豐渠，長三十二里。慶裕渠，長十七里。大有渠，長四十二里。又窑溝渠、伏羌新渠、伏羌舊渠、莊浪渠，皆分黨河水以溉田。

雌黃洲。在敦煌縣境。寰宇記：其土出雌黃丹砂，因産物以爲名。

鹽池。在敦煌縣東。元和志：在沙州敦煌縣東四十七里。池中鹽常自生，百姓仰給焉。又黨河西四十里有西鹽池，四面皆沙山。

藥泉。在敦煌縣東南石堡城。味略如酒，相傳飲之愈疾。水有二源，北流合一，又北流爲水峽，未至踏實而没。又東南一百四十里有大泉，南三百五十里有塔兒泉。

月牙泉。在敦煌縣南十里鳴沙山麓，南鄰黨河。淵渟澄澈，映月無塵，環以流沙，雖遇烈風而泉不爲沙掩。舊傳水産鐵背魚、七星草，服之可長生。舊志：在沙州衛南十里。

古蹟

晉昌故城。在州東。漢置冥安縣，屬敦煌郡。晉咸康五年，分置晉昌郡。十六國春秋：苻堅建元二十一年，吕光自西域還，晉昌太守李純以郡迎降。段業神璽二年，晉昌太守王德以郡降。李暠庚子元年，晉昌太守唐瑶移檄六郡，推暠爲沙州刺史。沮渠蒙遜元始十年，晉昌太守唐契叛。周書：魏大統十二年，瓜州民張保叛，晉昌人吕興等害郡守郭肆，以郡應保。隋書地理志：敦煌郡統常樂縣，後魏置常樂郡，後周併涼興、大至〔二〕、冥安、淵泉，合爲涼興縣。開皇初，郡廢，縣改爲常樂。元和志：瓜州，晉惠帝置晉昌郡，周武帝改爲永興郡，開皇三年罷郡，縣屬瓜州。唐武德五年，别於晉昌置瓜州。大曆十一年，陷於西蕃。州境東西三百九十三里，南北六百八十四里。東南至肅州四百八十里，西至沙州三百里。晉昌縣，郭下，本漢冥安縣，因縣界冥水爲名。開皇四年，改爲常樂縣。武德七年，又改爲晉昌縣。唐書：大中五年，張義潮以瓜州來歸。宋史夏國傳：景祐二年，元昊取瓜州。元史地理志：瓜州，宋初陷西夏。夏亡，州廢。至元十四年復立，隸沙州路。二十八年，徙居民於肅州，但名存而已。明統志：瓜州城，在肅州西五百二十六里。

淵泉故城。在州東舊柳溝衛東。漢置，屬敦煌郡。闞駰曰：「地多泉水，故以爲名。」後漢書注：「在今晉昌縣東北。」晉咸康初，分屬晉昌郡。後周併入涼興縣。

廣至故城。在州西。漢置，屬敦煌郡。地理志：宜禾都尉治崑崙障。後漢因之。晉元康五年，分置宜禾縣，皆屬晉昌郡。十六國春秋：段業天璽中，分敦煌之涼興、烏澤，晉昌之宜禾三縣，爲涼興郡。進李暠都督涼興以西諸軍事。隋書地理志：後周併涼興、大至、冥安、淵泉爲涼興縣，開皇初改爲常樂。所云大至，即廣至也。唐改隋常樂爲晉昌，而別置常樂縣於此，屬瓜州。章懷太子曰：「廣至故城，在常樂縣東，今謂之縣泉堡。」元和志：常樂縣東至州一百十五里，本漢廣至縣地。魏分廣至置宜禾縣，後魏明帝改置常樂郡。隋於此置常樂鎮。武德五年，置常樂縣。寰宇記：在常樂縣西北，恒以大石棧之，稍開即有風暴至傷人。又有宜禾故城，漢宜禾都尉所居，在晉昌縣西北界。魏正光元年，僑立會稽郡於此。舊志有涼興城，在廢瓜州西一百七十里。

瓜州故城。今敦煌縣治，古瓜州，亦月氏戎地。左傳襄公十四年：范宣子將執戎子駒支，親數諸朝曰：「昔秦人迫逐乃祖吾離於瓜州。」又昭公九年：詹桓伯曰：「允姓之姦，居於瓜州。」漢書西域傳：大月氏本居敦煌、祁連間，至冒頓攻破月氏，而老上單于殺月氏，以其頭爲飲器，月氏乃遠去。武帝紀：元狩二年，匈奴昆邪王來降，以其地爲武威、酒泉郡。元鼎六年，分酒泉置敦煌郡。地理志：敦煌郡，武帝後元年分酒泉置，治敦煌縣。中部都尉治步廣候官，杜林以爲故瓜州地，生美瓜。應劭曰：「敦，大；煌，盛也。」十六國春秋：咸康元年，張駿分敦煌、晉昌、高昌三郡，及西域都護、戊己校尉、玉門大護軍三營爲沙州，以楊宣爲刺史。永和十年，張祚改敦煌郡爲商州。隆和元年復故。苻堅建元二十一年，吕光自西域還至玉門，敦煌太守姚静以郡迎降。段業神璽二年，敦煌太守孟敏以郡降，以爲沙州刺史。敏卒，衆推效穀令李暠爲敦煌太守。庚子元年，暠自稱沙州刺史、涼州牧。建初元年，遷都酒泉。李歆嘉興四年，沮渠蒙遜入酒泉，以索元緒爲敦煌太守。魏書：太平真君三年，沮渠無諱走渡流沙，李暠、孫寶據敦煌，遣使内附。元和志：沙州，漢敦煌郡。前涼張駿於此置沙州，因鳴沙山爲名。後魏太武於郡置敦煌鎮。明帝罷鎮，立瓜州，取故地爲名，尋又改爲義州。莊帝又改爲瓜州。大業三年，又罷州爲敦煌郡。隋末陷賊。武德二年，復置瓜州。五年，改爲沙州。建中二年，陷於西蕃。東至瓜州三百里，北至伊州七百里。敦煌縣，郭下，本漢舊縣，周武帝改爲鳴沙縣，大業二年復爲敦煌。唐書吐蕃傳：憲宗時，沙州刺史周鼎爲唐固守，贊普徙帳南山，使尚綺心兒攻之〔三〕。鼎請救回鶻，踰年不至。議焚城郭東奔，兵馬使閻朝殺鼎，自領州事，城守者八年。又二歲，糧械皆竭，於是出降。大中五年，沙州首領張義潮奉瓜、沙、伊、肅、甘等十一州地圖以獻，詔號歸義軍節度使。八年，義潮入朝。十三年，以長史曹義金領州務。後中原多故，諸城多没。五代史：唐莊宗時，沙州留後曹義金遣使附回鶻以來，拜爲歸義軍節度使。晉天福七年，沙州曹元忠遣使來。周世宗時，又以元忠爲歸義軍節度使。宋史：太平興國五年，曹元忠卒，子延禄來貢。咸平五年，爲從子宗壽所害。大中祥符末，授宗壽子賢順本軍節度。元史地理志：沙州，宋景祐初陷西夏。元太祖二十二年，破其城，以隸八都大王。至元十四年，復立州。十七年，升爲路。去肅州千五百里。舊志：明洪武二十四年，沙州首領阿魯哈錫哩遣使朝貢。永樂三年，置沙州衛，以授其首領坤濟勒。宣德七年，上言諸夷侵掠，願徙居察罕城，不許。正統十一年，其首領訥格以困於衛喇特，率部屬來歸，徙置内地，衛遂廢。古瓜州在新瓜州西十五里，東距淵泉縣城四十五里，有土城。明史西域傳：自赤斤蒙古西行二百里，曰苦峪。自苦峪南折而西百九十里，曰瓜州。「阿魯哈錫哩」舊作「阿魯哥失里」，「坤濟勒」舊作「困即來」，「訥格」舊作「喃哥」，「衛喇特」舊作「瓦剌」，今並改。

龍勒故城。在敦煌縣西。漢置，屬敦煌郡。後漢及晉因之。後魏置壽昌郡。後周時，郡縣俱併入鳴沙。唐改置壽昌縣，屬沙州，後廢。元和志：壽昌縣東至州一百五里，本漢龍勒縣，因山爲名。周武帝省入鳴沙縣。大業十一年，於城内置龍勒府。武德二年，改置壽昌縣，因縣南壽昌澤爲名。唐書地理志：壽昌縣，永徽元年省，乾封二年復置。開元二十六年又省，後復置。治漢龍勒城。按：舊唐志、寰宇記皆云後魏改壽昌縣。參考隋志，蓋後魏於縣置壽昌郡，非改縣名也。

涼寧舊郡。在玉門縣界。晉置。十六國春秋：永和九年，張祚廢張靈曜爲涼寧侯〔四〕。沮渠蒙遜永安九年，所部酒泉、涼寧二郡叛降西涼。魏書地形志：涼寧郡領園池、貢澤二縣。周、隋時省。

新鄉廢縣。在州東南。晉元康五年分置，屬晉昌郡。後周廢。通典：瓜州南至新鄉鎮一百八十里。

伊吾廢縣。在州北。晉置，初屬敦煌郡，元康五年分屬晉昌郡。後魏廢。通典：在晉昌縣北。

效穀廢縣。在敦煌縣西。漢置，屬敦煌郡。漢書注：縣本魚澤障。桑欽説：「孝武元封六年，濟南雀不意爲魚澤尉，教民力田，以勤效得穀，因立爲縣名。」十六國春秋：段業時，沙州刺史孟敏署李暠爲效穀令。隋書地理志：後周併效穀郡入敦煌郡，又併效穀縣爲鳴沙縣。

玉門廢縣。在今玉門縣東。漢置，屬酒泉郡。闞駰曰：「漢罷玉門關屯戍，徙其人於此。」晉書地理志：元康五年，別立會稽縣，屬晉昌郡。十六國春秋：李暠庚子元年，東伐涼興，并擊玉門諸城，皆下之。建初元年，分酒泉南人五千户置會稽郡。周書：魏大統十二年，瓜州張保據州叛，遣令狐整救涼州，整至玉門郡，召集豪傑，説保罪逆，馳還擊之。先定晉昌，進軍擊保，保奔吐谷渾。隋書地理志：敦煌郡統玉門縣。後魏置會稽郡，周廢郡，併會稽、新鄉、延興爲會稽縣。開皇中，改爲玉門，併得魏玉門郡地。元和志：玉門縣，東至肅州二百二十里，本漢舊縣，後魏孝明帝改爲玉門郡。周武帝省入會稽縣。開皇十年復改爲玉門縣。唐書地理志：肅州酒泉郡玉門縣，貞觀元年省，後復置。開元中，爲吐蕃所陷，因於縣城置玉門軍。天寶十四年，哥舒翰奏廢軍，重置縣。五代晉高居誨使于闐記：自肅州渡金河西百里，出天門關；又西百里，出玉門關，即故縣也。寰宇記：十三州志云：「玉門縣長三百里，石門周匝山間，裁經二十里，衆泉北入延興海。」通志：今赤金所去肅州二百三十里，與古玉門縣道里相仿，蓋即玉門縣地也。

延壽廢縣。在玉門縣東南。後漢置，屬酒泉郡。晉因之，後魏廢。寰宇記：十三州志云，縣在郡西。按：劉昭郡國志注：「延壽縣有石漆。」元和志：「石脂水，在玉門縣東南一百八十里。」延壽縣當在其地。

沙頭廢縣。在玉門縣西南。漢置池頭縣，屬酒泉郡。後漢改曰沙頭。三國志：魏初，河右擾亂，隔絶不通。敦煌功曹張恭遣從弟華攻酒泉沙頭、乾齊二縣，別遣騎東緣酒泉北塞，徑出張掖北河，以迎太守。晉書地理志：元康五年，分沙頭縣屬晉昌郡。十六國春秋：段業天璽二年，酒泉太守王德叛，敗奔晉昌。沮渠蒙遜追至沙頭，破之。後魏廢。

乾齊廢縣。在玉門縣西南。漢置，屬酒泉郡。地理志：西部都尉治西部障。孟康曰：「乾，音干。」三國魏皇初初，張恭攻酒泉乾齊縣，即此。晉改屬敦煌郡，後魏省。

騂馬廢縣。在玉門縣界。晉書地理志：酒泉郡統騂馬縣。十六國春秋：呂光太安元年，攻克酒泉，進次涼興。王穆自敦煌東還，單騎奔騂馬。騂馬令郭文斬之。後魏省。寰宇記：相傳昔有騂馬二匹，爲匈奴掠去，數載自歸，以其地爲邊防，因立騂馬戍也。

柳溝衛城。在州東一百六十里。城周六里三分，門四。漢置淵泉，屬敦煌郡。後漢因之。晉元康五年，分屬晉昌郡，後周併入涼興縣。隋爲常樂縣地。唐爲晉昌縣地。宋入西夏。元爲瓜州地。明爲赤斤蒙古衛地。本朝康熙五十七年，置柳溝所於柳溝堡，設通判領之。雍正三年，改屬安西同知。五年，升衛，移治於此。其地向在邊外，名布隆吉爾。舊設遊擊，乾隆二十六年改設都司。距營二十五里七里泉有牧馬廠。又忒布忒河有安西營牧馬廠。

苦峪城。在州東南，東去嘉峪關四百二十里，去赤金所二百里。明史西域傳：宣德十年，沙州衛都指揮僉事坤濟勒爲哈密所侵，走赴塞下。邊臣請移之苦峪，命治苦峪城。正統六年，城成。十三年，邊將護哈密使臣至苦峪，赤斤都指揮總加勒等率衆圍其城。天順七年，哈密衰微，迤北酋沙佳斯蘭襲破其城，王母率親屬部落走苦峪。成化二年，兵部言「王母避苦峪久，今賊已退宜令還故土，從之。八年，土魯番襲破其城，執王母。十年，都督和順退居苦峪，命權主國，築苦峪城，移哈密衛於其地。十八年，和順襲哈密，破之，遂還故土。行都司志：自此至哈密分三道。城東有河，城中有三墩。又西一百二十里至王子莊，城小而堅。西八十里至布隆吉爾河。「坤濟勒」舊作「困即來」，「總加勒」舊作「總兒加陸」，「沙佳斯蘭」舊作「乩加思蘭」，「和順」舊作「罕慎」，今並改。

黨城。在敦煌縣南一百六十里黨河口。建置不知所始，城基尚存。又黨河口西十里有古城。按：通志自黨城東南至額爾德尼布拉克六百里，有水草。西通色爾騰，西南通阿嚕、大小柴達木鹽池要路。「額爾德尼布拉克」舊作「額爾得尼布喇克」，今改。

騸馬城。在玉門縣東七十里。西十里爲火燒溝，又西爲八楞墩。明史西域傳：回回墓西四十里曰騸馬城。

古陽關。在敦煌縣西南一百三十里。漢書地理志：龍勒縣有陽關、玉門關，皆都尉治。西域傳：孝武擊破匈奴右地，始置酒泉、武威、張掖、敦煌四郡，據兩關焉。晉書地理志：敦煌郡統陽關縣。元和志：陽關在壽昌縣西六里，以居玉門關之南，故曰陽關。本漢置，謂之「南道」，西趣鄯善、莎車。後魏嘗於此置陽關縣，周廢。晉高居誨使于闐記：「西渡都鄉河至陽關。」按：漢晉諸書，陽關在今敦煌縣境，而肅州新志謬引烏嚕木齊西境之陽巴勒噶遜，聞見淆訛，未由審定。伏讀高宗純皇帝聖製陽關考，以陽關、玉門關均在黨河之西，陽關西而偏南，故以陽名。詳覈形勢，應在今黨河西南，與紅山口相近。王維送元二使安西詩「西出陽關」云云，考唐之安西初治西州，即今闢展，再徙高昌，即今吐魯番之交河，三徙龜茲，即今庫車。三遷總在哈密之西，是安西實在陽關外，而陽關之屬敦煌縣境，尤爲無疑。仰見睿裁論定，印證明確，實非自古耳食之流所能窺尋萬一。由是陽關之名既定，而玉門關之在陽關迤北者，亦從此可推。彼以吐魯番之玉門當之者，其無稽又不待辨矣。

古玉門關。在敦煌縣西一百五十里。漢書西域傳：西域三十六國，東則接漢，扼以玉門、陽關。又：武帝欲通大宛諸國，遣趙破奴擊虜。樓蘭王於是列亭障，至玉門。後貳師軍擊大宛，遣軍正任文將兵屯玉門關爲後距。後漢書：永元中，班超久在絶域，年老思故土，上疏曰：「臣不敢望到酒泉，但願生入玉門關。」十六國春秋：苻堅建元二十一年，呂光平龜茲東還，自高昌至玉門，敦煌、晉昌二郡迎降。元和志：玉門故關，在龍勒縣西北一百一十八里，謂之北道。西趨車師前庭及疏勒，此西域之門户也。唐書地理志：壽昌西北有玉門關。

罕東左衛。在敦煌縣城内。明永樂中，罕東部人阿扎克與衆族不相能，率衆逃居沙州境。後部落日蕃，不受罕東統屬。

正統間，沙州全部内徙，遂盡有其地。成化十五年，從其酋所請，置罕東左衛於沙州故城，授都指揮使。嘉靖七年，率部内徙，沙州遂爲土魯番所有。「阿扎克」舊作「奄章」，今改。

罕東衛。在敦煌縣東南。明洪武三十年，酋長索諾木喇什遣使入貢，置罕東衛，授指揮僉事，與赤金、哈密同主西域貢道。嘉靖初，土魯番復陷哈密，罕東殘破，率部來歸，分處肅州塞内，其地遂墟。「索諾木喇什」舊作「鎖南吉剌思」，今改。

安定衛。在敦煌縣南，罕東衛西，距甘州一千五百里。本漢婼羌，唐爲吐蕃地。元封宗室布延特穆爾鎮之，地名薩里輝和爾，廣袤千里。明洪武七年來貢，分其地爲鄂端、烏爾珍、碩沙克、特哩木四部。八年，置安定、鄂端二衛，封布延特穆爾爲安定王〔五〕。成化中，爲土魯番殘破。正德中，伊伯勒、阿喇圖什等侵據其地，餘衆散徙。「布延特穆爾」舊作「卜烟帖木兒」，「薩里輝和爾」舊作「撒里畏兀兒」，「鄂端」舊作「阿端」，「烏爾珍」舊作「阿真」，「碩沙克」舊作「若先」，「特哩木」舊作「帖里」，「延特穆爾」舊作「烟帖木兒」，「伊伯勒」舊作「亦不喇」，「阿喇圖什」舊作「阿爾禿斯」，今並改。

曲先衛。在敦煌縣西南，安定衛西，古西戎地。唐屬吐蕃，元置察遜塔拉元帥府。明洪武四年，置察遜衛，授土酋桑濟索克爲指揮同知。後爲多爾濟巴勒所攻，併入安定，居烏爾珍地。永樂四年，指揮哈斯、桑濟索克、桑濟等奏言西蕃侵暴，仍乞立衛，徙治藥王灘，以桑濟領衛事，并徙安定衛於色爾騰。成化中，爲土魯番所擾，率部族内徙，遂失故地。「察遜」舊作「曲先」，「搭拉」舊作「答林」，「桑濟索克」舊作「散即思」，「多爾濟巴勒」舊作「多兒只把」，「哈斯」舊作「哈三」，「桑濟」舊作「三即」，「色爾騰」舊作「昔兒汀」，今並改。

關隘

新瓜州城。在州西南三十里，舊爲安西衛地。本朝雍正十三年，吐魯番爲準噶爾所擾，其酋額敏和卓率所部回民内附，於安西鎮西築五堡居之。頭堡在鎮西南二十五里，二堡在頭堡西南十里，三堡在二堡西北十里，四堡在三堡西北四里，五堡在四堡東北十里。別於頭堡數里之内築新瓜州城。

靖逆衛城。在玉門縣西北一百二十里。本朝康熙五十七年置。舊爲赤金衛地。城周二里，南、北四門。雍正四年，移柳溝通判治此。乾隆二十四年裁衛，屬玉門縣，設遊擊、千總駐守。距營七十里黄渠沿拾墩湖有牧馬廠。

巴顔布喇。在敦煌縣西南一百二十里，通伊遜、察罕、齊老圖及當色爾騰、柴達木之要路。又沙棗城，在縣西南三十里，通錫爾哈勒津當城之要路。千佛硤墩，在縣城東南四十里，通黨城、石堡城之要路，俱有兵戍守。通志：沙州外境西北有二路：一路自巴顔布拉克西北二百里至多布溝，由多布溝西南一百五里至呼魯蘇台，其地濱哈喇池，蘇賴河所匯也。又西北一百六十里至都爾伯勒津，又八十里至博碩噶，又七十里至巴哈瑪尼圖，又六十里至阿固布拉克，又一百二十里至伊克瑪尼圖，又一百四十里至綽諾呼都克。其間五六百里，有水草，無夷人住牧，通塔哩木河來路，此西北路也。一路自呼魯蘇台西南七百三十里，至伊遜、察罕、齊老圖，當孔道西通伊犂、塔里木河，南通西海等處要路。其間千餘里，有水草，無夷人住牧，此西路也。又正南一路，自縣一百八十里至黨城，自黨城東南至額爾德尼布拉克六百里，有水草，亦無夷人住牧。西通色爾騰，西南通阿嚕、大小柴達木鹽池戈壁要路。「伊遜」舊作「衣松」，「察罕」舊作「插漢」，「齊老圖」舊作「七老圖」，「當色爾騰」舊作「黨色爾騰」，「柴達木」舊作「柴打木」，「錫爾哈勒津當城」舊作「錫爾哈金黨城」，「巴顔布拉克」舊作「巴顔布喇」，「呼魯蘇台」舊作「葫蘆斯太」，「哈喇池」舊作「哈拉池」，「都爾伯勒津」舊作「多勒博金」，「博碩噶」舊作「博西蓋」，「巴哈瑪尼圖」舊作「巴哈馬尼圖」，「綽諾呼都克」舊作「綽努呼都克」，「塔哩木」舊作「塔里母」，「伊犂」舊作「伊里」，「戈壁」舊作「郭必」，今並改。「額爾德尼布拉克」，譯見前。

渾采口。在玉門縣南。其西南曰伊瑪圖嶺、白楊河、青頭出口（六）。縣東南又有紅泉口，皆通西海、蘇賴、陶賫等處之要路，舊有邊牆，今增築，設兵戍守。

昌馬河口。在玉門縣西南一百五十里，通錫爾哈勒津、蘇賴、陶賫等處之要路。又縣北地名布魯爾通崑都崙要路，俱有墩兵瞭守。「錫爾哈勒津」，譯見前。「陶賚」舊作「滔來」，今改。

馬蓮井。在州境，舊設縣丞駐此。本朝乾隆三十八年，改設州判。

柳溝堡。在州東二百三十里，城周一里三分。本朝康熙五十七年，置柳溝所，築堡於此。雍正五年，升衛，移治布隆吉爾。東北至博囉呼都克四十里，有兵戍守。又北一百二十里至木龍泉，又一百三十里至伊克伊瑪干呼圖克，又二百四十里至特卜什呼都克。地多沙磧，間有水草，路通北套阿濟山及巴里坤。「博囉呼都克」舊作「布魯湖墩」，「伊克伊瑪干呼圖克」舊作「伊克衣馬幹古墩」，「特卜什呼都克」舊作「鐵布什古墩」，今並改。

橋灣堡。在州東二百七十里。有土城。本朝雍正十年，築南北二門，設都司駐守。距本營十五里陸道溝有牧馬廠。東南至柳溝堡四十里。自堡西北行九十里，爲東黃蘆岡，又九十里爲尖山子，又九十里爲東長流水，又一百里爲白芨芨灘，又一百里至馬蓮井。別自茨窩西北行一百二十里爲烏拉大泉，又北七十里爲蘆岡泉，又北八十里爲半池泉，爲州東北境，接哈密界。

踏實堡。在州西南九十里，東北至雙塔堡一百二十里，西至塔兒泉驛七十三里。城周一里八分。本朝雍正五年築。六年，設守備駐守。十年，改設都司。乾隆四十四年，改設千總。距本營一百二十里石包城有牧馬廠，又州西二道林有瓜州營牧馬廠。其西南一百里有巴圖墩，二百里有石堡城，通雪山後要路，俱有兵戍守。自石堡城而南五十里至三道宮阜河。又二百五十里至額爾德尼布拉克，有二路：一，東至伊克錫爾哈勒津水源二百八十里；一，西南至烏拉達巴五十里。其間山徑崎嶇，爲青海諸夷往來要路。自烏拉達巴西南至大、小柴達木鹽池，通噶斯大路，最爲衝要。「額爾德尼布拉克」，譯見前。「伊克錫爾哈勒津水源」舊作「伊克薩喇爾赤金水源」，「烏拉達巴」舊作「烏喇打板」，「柴達木」舊作「柴達馬」，今並改。

雙塔堡。在州西一百三十里，至踏實堡一百二十里。城周一里有奇。本朝雍正六年築，設千總。距堡二十里柳條湖有牧馬廠。

黃墩堡。在敦煌縣東北六十三里，東至伯勒齊爾堡七十里。城周二里有奇。本朝雍正五年築，舊設守備。十年，改設都司。乾隆二十七年，改設千總。四十七年，改設把總。距本營九十五里折腰湖有牧馬廠。其東北三十里有庫庫沙克沙，設兵防守。又外境西北二百二十里至博囉川井〔七〕，一百五十里至博囉圖肯，三十里至蘇蘇林，二十五里至蘆扞泉，七十九里至苦水，一百三十里至哈什布拉克，八十里至哈密水尾，三十五里至哈密城。自沙州至哈密共六日程，沙磧中間有泉水，惟蘆扞泉至哈什布拉克二百三里乏水，必馱水行。「伯勒齊爾」舊作「北爾齊」，「庫庫沙克沙」舊作「庫庫沙克墩」，「博囉川」舊作「博洛川」，「博囉圖肯」舊作「博洛圖肯」，「蘇蘇林」舊作「鎖鎖林」，「哈什布拉克」舊作「哈什布喇」，今並改。

伯勒齊爾堡。在敦煌縣東北一百三十里，東至州一百五十里。城周一里五分。本朝雍正十二年築。

惠回堡。在玉門縣城東九十里。明史西域傳「自出嘉峪關西行至黑山兒，又七十里曰回回墓」，即此。城周一里二分。本朝雍正五年築，乾隆五十年修，設千總駐防。距堡九十里青頭山有牧馬廠。堡北寬臺山、後柳灣俱通崑都崙要路，有墩兵瞭守。

赤金堡。距玉門縣一百十里。本朝康熙五十六年築，現設都司駐守。距本營一百七十里南山外境魚兒渾有牧馬廠。

八楞墩。在州南四十里。又蘆柴溝墩在縣西南，俱有兵防戍。

得勝墩。在州北五里。舊無水泉，本朝乾隆二十二年，大兵討準噶爾，師出其地，湧甘泉數十處，敕建龍神廟於此。

邊牆頭墩。在州東北二十里。又外境正北至壘墩子一百四十里，又八十里至石板墩，八十里至白墩子，二百十里至金溝硤，一百二十里至鏡兒泉。其間多沙磧，間有水草。通北套阿濟山、巴里坤、哈密要路。

布隆吉爾驛。在州東一百六十里柳溝衛城內。東至柳溝堡七十里，又東至靖逆營一百里。

安西驛。西南至瓜州口驛六十里，東至小灣驛七十里。

赤金硤站。在玉門縣西二十里，其東四十里至赤金湖。又東七十里至回回墓，又東九十里至嘉峪關。又自赤金硤西一百里至靖逆營，又西七十里至柳溝衛。皆設馬站。

津梁

布隆吉爾橋。在州東柳溝廢衛東北布隆吉爾河岸。又黑水橋，在衛西南九十里。天生橋，在衛南九十里。

祠廟

龍王廟。在州北五里得勝墩。本朝乾隆二十二年，大兵討準噶爾，師出其地，甘泉湧出數十處，士馬得濟。奉敕建廟，封助順昭靈龍神，欽賜「神功顯濟」扁額，春秋致祭。

寺觀

永安寺。在州東橋灣堡西里許，本朝雍正十年建。

雷音寺。在敦煌縣南三十里。即千佛洞，唐建。巖石間舊有佛像萬計。

名宦

三國　魏

倉慈。淮南人。太和中遷敦煌太守。郡在西陲，曠無太守二十歲，大姓雄張，遂以爲俗。慈到，抑挫權右，撫恤貧羸，甚得其理。先是，屬城獄訟衆猥，縣不能決，多集治下。慈躬往省閱，料簡輕重，自非殊死，但鞭杖遣之，一歲決刑曾不滿十人。又常日西域雜胡欲來貢獻，諸豪族多逆斷絶。既與貿遷，欺詐侮易，多不得分明，胡常怨望。慈皆勞之，以府見物與共交市，使吏民護送道路，由是民夷翕然稱其德惠。

皇甫隆。安定人。嘉平中，爲敦煌太守。初，敦煌不甚曉田，常蓄水，使極濡洽，然後乃耕。又不曉作耬犂〔八〕，用水，及種，人牛功費既費，而收穀更少。隆到，教作耬犂，又教衍溉〔九〕。歲終，率計其所省庸力過半，得穀加五。

晉

吾彦。吴郡吴人。爲敦煌太守，威恩甚著。

南北朝　魏

韋瑱。杜陵人。恭帝三年，除瓜州刺史。州通西域，蕃夷往來，前後刺史多受賂遺，夷寇犯邊，又莫能禦。瑱雅性清儉，兼有武略，蕃夷贈遺，一無所受。胡人畏威，不敢爲寇。公私安靜，夷夏懷之。

唐

張守珪。河北人。開元中，爲瓜州刺史、墨離軍使。時王君㚟死，河西震懼，守珪督餘衆完故城。版築方立，虜奄至，衆失色。守珪置酒城上，會諸將作樂。虜疑有備，引去。於是修復位署，招流冗使復業。詔以瓜州爲都督府，守珪爲都督。州地沙瘠不可蓺，常潴雪水溉田。是時渠堨毀，材木無所出。守珪密禱於神，一夕水暴至，大木數千章塞流下，因取之，修復堰坊，耕者如舊。州人神之，刻石紀事。

郭虔瓘。歷城人。開元初，屢遷右驍衛將軍，兼北庭都護。突厥默啜圍逼北庭，虔瓘固守，斬突厥同俄特勒降其都於城下〔一〇〕。默啜壻火拔頡利將其妻來歸降。以功拜冠軍大將軍，尋改安西都護。

賈師順。岐州人。爲長樂令。吐蕃悉諾邏陷瓜州，并兵攻城，遣人夜見師順，曰：「州已失守，孤城詎可久？不早降以全噍類乎！」師順曰：「我受天子命守此，義不可下。」數日，又求贈於師順，師順請脱士卒衣襦。悉諾邏知無有，乃撤營去。師順開門收器械，復完守備。吐蕃果還襲，見有備，乃去。

裴行儉。聞喜人。儀鳳二年，十姓可汗阿史那匐延都支及李遮匐扇動蕃落，浸逼安西，連和吐蕃。議者欲討之，行儉曰：「吐蕃叛渙，干戈未息，安可更爲西方生事？今波斯王死，望差使往波斯册立，路經二蕃，必可便宜行事。」帝從之，命其往册波斯王。路出西州，人吏部迎。行儉召其豪傑子弟千餘人，隨己而西，又蕃酋子弟投募萬人。行儉假爲田獵，都支與遮匐卒聞軍至，計無所出，遂擒之。高宗廷勞之曰：「比以西服未安，遣卿總兵討逐，孤軍深入，經途萬里，深副朕委。」

封常清。猗氏人。天寶十一載，以常清爲安西副大都護，持節充安西四鎮節度經略支度營田副大使。俄而北庭都護程千里入爲金吾令，常清權知北庭都護，持節充伊西節度等使。常清性勤儉，私馬不過一兩匹，賞罰嚴明。

張義潮。張掖人。沙州首領。大中五年，奉瓜、沙、伊、肅、甘等十一州地圖以獻。始，義潮陰結豪英歸唐，一日，衆擐甲譟州門，漢人皆助之，虜守者驚走。遂攝州事，繕甲兵，耕且戰，悉復餘州。以部校十輩操梃，内表其中，走天德城以聞。帝嘉其忠，擢義潮沙州防禦使。俄號歸義軍，遂爲節度。

李觀。洛陽人。興元元年，拜四鎮北庭行軍、涇原節度。在鎮四年，勵卒儲糧，訓整安輯。渾瑊與吐蕃戰平涼，觀伺知吐蕃狡謀，擇精兵五千，要伏險道，賴觀與李元諒之師以免。

馬璘。扶風人。永泰初，遷四鎮行營北庭節度使。璘詞氣慷慨，以破虜爲己任，前後破吐蕃三萬餘衆。中興之猛將也。

解琬。元城人。聖曆初，充使安撫烏贊勒及十姓部落，咸得其便宜，蕃人大悦。以功擢御史中丞，兼北庭大都護、持節西域安撫使。在軍二十餘年，務農習戰，邊境安之。卒年八十餘。

人物

後漢

張奐。敦煌淵泉人。舉賢良對策第一，擢拜議郎。歷遷度遼將軍、護匈奴中郎將。永康初，論功當封，奐不事宦官，賞遂不行。建寧初，中常侍曹節等矯制使奐圍竇武，奐深病爲節等所賣，固讓封侯。因災異上疏，請改葬竇武、陳蕃，徙還家屬。天子深納奐言，而不得自從，轉奐太常。曹節等疾之，陷以黨罪，禁錮歸田里。奐少立志節，爲將有勳名。及歸，杜門不出，著尚書記難三十餘萬言。所著銘、頌、書、教二十四篇。長子芝，次子昶，並善草書。

蓋勳。敦煌廣至人。初舉孝廉，爲漢陽長史，歷官討虜校尉。靈帝問：「天下何苦而反亂如此？」勳曰：「倖臣子弟擾之。」時宦者蹇碩在坐，以此恨勳。董卓亂政，自公卿以下，莫不卑下於卓，惟勳長揖争禮。然内厭於卓，不得意，疽發背卒。

侯瑾。敦煌人。少孤貧，性篤學。恒傭作爲資，暮還，輒爇柴讀書。以禮自牧，獨處一房如對嚴賓。徵辟不到，作矯世論以譏切當時。覃思著述，以莫知於世，作應賓難以自寄。又按漢記撰中興以後行事爲皇德傳三十篇。西河人敬其才而不敢名，皆稱爲侯君。

三國　魏

張恭。敦煌人。先是，河右擾亂，隔絶不通，敦煌太守馬艾卒，官府又無丞。恭時爲郡功曹，郡人以恭素有學行，推行長史事，恩信甚著。乃遣子就東詣太祖，請太守。至酒泉，爲賊黄華所拘，劫以白刃。就終不回，私與恭疏曰：「大人率厲敦煌，忠義顯然。今大兵垂至，但當促兵以犄之，願不以下流之愛，使就有恨於黄壤也。」恭即遣從弟華攻酒泉，別遣鐵騎緣北塞，迎太守尹奉。華恐，遂降，就竟平安，奉得之官。黄初二年賜恭爵關内侯，拜戊己校尉。數歲，徵還，以子就代之。就後爲金城太守，父子著稱於西州。

周生烈。敦煌徵士，姓周生，名烈。何晏論語集解有烈義例。餘所著述，見晉武帝中經簿。

晉

段灼。敦煌人。果直有才辨，爲鄧艾鎮西司馬，從艾破蜀有功，封關内侯，遷議郎。武帝即位，上疏追理艾，帝甚嘉其意。

後復陳時宜數千言，帝覽而異焉，擢爲明威將軍、魏興太守。

索靖。敦煌人。少有逸羣之量，與鄉人氾衷、張甝、索紾、索永稱「敦煌五龍」。四人並早亡，惟靖該博經史，兼通内緯。武帝擢爲尚書郎，與尚書令衛瓘俱以善草書知名。泰安末，拜遊擊將軍。與賊戰，被傷而卒。著五行三統正驗論，辨理陰陽氣運。又撰索子、晉詩各二十卷〔一二〕，并草書狀。

索綝〔一三〕。靖少子。靖每曰：「綝廊廟之才，非簡札之用，州郡吏不足污吾兒也。」懷帝時，爲馮翊太守。與雍州刺史賈疋等共立愍帝，累拜尚書左僕射。後爲劉聰所殺。

氾騰。敦煌人。舉孝廉，除郎中。屬天下兵亂，去官還家，散家財五十萬，以施宗族。柴門灌園，琴書自適。張軌徵之爲府司馬，騰曰：「門一杜，其可開乎？」固辭。病卒。

索襲。敦煌人。虚靖好學，遊思於陰陽之術，著天文地理十餘篇，不與當世交通。張茂時，敦煌太守陰澹請爲三老，會病卒。澹素服會葬，謚玄居先生。

索紞。敦煌人。博綜經籍，明陰陽天文，善術數占候。鄉人從紞占問吉凶，門中如市。紞曰：「攻乎異端，戒在害己。」遂詭言無驗，乃止。惟以占夢爲無悔吝，乃不逆問者。凡所言莫不驗。

宋纖。敦煌效穀人。少有遠操，隱居酒泉南山。明究經緯，弟子受業三千餘人。註論語，及爲詩頌數萬言。年八十，篤學不倦。張祚徵至姑臧，遣其子太和以執友禮造之，纖稱疾不見。遷太子太傅，遂不食而卒。謚玄虚先生。

南北朝　魏

宋繇。敦煌人。少以孝聞，隨張彦至酒泉，追師就學，晝夜不倦，博通經史。事涼武昭王，歷位通顯。家無餘財，雖兵革間，講誦不廢。後入魏，拜河西王右丞相，錫爵清水公。曾孫遊道受知齊神武。文襄以爲尚書左丞。性剛直，疾惡如讎。

張湛。敦煌人。弱冠知名涼土。好學能屬文，素有大志。仕沮渠蒙遜爲兵部尚書。涼州平，拜寧遠將軍。司徒崔浩識而禮之。浩注易，敘曰：「敦煌張湛、金城宗欽、武威段承根，三人皆儒者，並有儁才。每與余論易，以左氏傳卦解之，遂相勸爲解注，故爲之解。」其見稱如此。湛至京師，家貧不立，操尚無虧。浩薦爲中書侍郎，湛知浩必敗，固辭。每贈浩詩頌，多箴規之言。兄銑閑粹有才幹，性至孝，母憂，哀毀過人，服制雖除，而疏糲弗改。卒於征西參軍。

闞駰。敦煌人。博通經傳，聰敏過人。三史羣言，經目則誦，時人謂之宿讀。注王朗易傳，撰十三州志。沮渠蒙遜甚重之，令典校經籍，刊定三千餘卷。後入魏，爲樂安王從事中郎。

劉昞。敦煌人。隱居酒泉，不應州郡命。弟子受業者五百餘人。涼武昭王徵爲儒林祭酒，遷撫夷護軍。雖有政務，手不釋卷。以三史文繁，著略記百三十篇八十四卷、敦煌實録二十卷。沮渠牧犍尊爲國師，命官屬以下皆北面受業。太武時，拜樂平王從事中郎。

索敞。敦煌人。爲劉延明助教，專心經籍，盡能傳延明業。入魏爲中書博士，京師貴遊之子皆受業於敞。敞以喪服散在衆篇，遂撰比爲喪服要記。出補始平太守，卒於官。

周

令狐整。敦煌人。世爲西土冠冕。整幼聰敏，沈深有識量。孝武西遷，鄧彦竊據瓜州，整執彦送京師。周文嘉其忠節，表爲都督。尋而城人張保殺刺史搆逆，整集豪傑襲保，保遂奔吐谷渾。詔授壽昌郡守。整以國難未靖，欲舉宗效力，遂率鄉親二千餘人入朝，隨軍征討。累進位大將軍，歷居内外，所在見稱。

隋

令狐熙。整子。性嚴重，不妄通賓客。博覽羣書，尤明三禮。周時，以通經爲吏部上士，累轉夏官府都上士，俱有能名。高祖受禪，累遷鴻臚卿，兼吏部尚書，判五曹尚書，號爲明幹。歷汴州刺史、桂州總管，皆有政績。少子德棻，最知名。

唐

王君㚟。瓜州常樂人。開元中，爲河西隴右節度使，以擊破吐蕃功，遷大將軍，封晋昌縣伯。後吐蕃陷瓜州，回紇等四部叛，君㚟力戰死。帝痛惜之。

五代　唐

李琪。河西敦煌人。兄珽仕梁，至右散騎常侍、侍講。琪少舉進士、博學宏辭，與珽皆以文章知名。事梁爲翰林學士。梁兵征伐四方，書詔皆琪所爲，下筆輒得太祖意。末帝時爲相。梁亡，仕唐至右僕射。爲人重然諾，喜稱人善，亦以文章自負。

列女

本朝

張皓妻耿氏。安西人。夫殁守節，事姑孝謹。教二子成立。乾隆七年旌。

呂登魁妻李氏。安西人。夫官安西提標把總，歿於陣，氏矢志守節，撫孤成立。乾隆五十七年旌。

李秉端妻周氏。敦煌人。夫亡守節，撫孤成立。嘉慶二十五年旌。

崔秀妻劉氏。玉門人。夫充靖逆營馬兵。乾隆二十年，從征巴里坤，戰歿。氏誓以死守，遇强暴，守正不屈，被殺。乾隆二十六年旌。

土産

瓜。漢書地理志：敦煌，古瓜州地，生美瓜。顔師古曰：「其地今猶出大瓜，長者，狐入瓜中食之，首尾不出。」

野馬皮。元和志：沙州貢。唐書地理志：瓜州貢。

礬。唐書地理志：瓜州貢黄礬、絳礬。沙州貢黄礬。

石膏。元和志：沙州貢。

胡桐律。唐書地理志：瓜州貢。

校勘記

〔一〕在州東北二百七十里　乾隆志卷二一三安西州建置沿革（下同卷簡稱乾隆志）同。按，此方位與實際不符。據輿圖，安西州治在敦煌縣治東北，乾隆朝修欽定皇輿西域圖志謂安西州治在敦煌縣治東二百七十里，是也。則此「東北」當作「西南」。

〔二〕大至　乾隆志同。按，大至即廣至，避隋煬帝諱追改。下文「淵泉」，隋志本作「閏泉」，避唐李淵諱改。本志既將「閏泉」回改作「淵泉」，此「大至」亦當回改爲「廣至」。

〔三〕使尚綺心兒攻之　「兒」，原脱，乾隆志同，據新唐書卷二一六下吐蕃傳補。

〔四〕張祚廢張靈曜爲涼寧侯　「張靈曜」，乾隆志及十六國春秋卷七三前涼録同，晉書卷八六本傳作「張耀靈」。

〔五〕封布延特穆爾爲安定王　「布」，原脱，乾隆志同，據本志上下文補。

〔六〕青頭出口　「出」，乾隆志同，疑當作「山」字。

〔七〕又外境西北二百二十里至博囉川井　「博」，原作「專」，據乾隆志及本志下文改。

〔八〕又不曉作樓犂　「樓」，原作「樓」，乾隆志同，據三國志卷一六倉慈傳裴松之注引魏略改。下文同。

〔九〕又教衍溉　「衍」，原作「行」，據乾隆志及三國志卷一六倉慈傳裴松之注引魏略改。

〔一〇〕斬突厥同俄特勒降其都於城下　「降其都」三字疑衍。考新、舊唐書郭虔瓘本傳，皆敘同俄特勒單騎馳逼城下，被郭虔瓘伏擊斬殺。本志約略其詞，當謂「斬突厥同俄特勒於城下」，而混入「降其都」三字，實匪夷所思。

〔一一〕又撰索子晉詩各二十卷　「各」，原脱，乾隆志同，據晉書卷六〇索靖傳補。

〔一二〕索紞　「紞」，原作「琳」，據乾隆志及晉書卷六〇索紞傳改。下文同改。

迪化直隸州圖

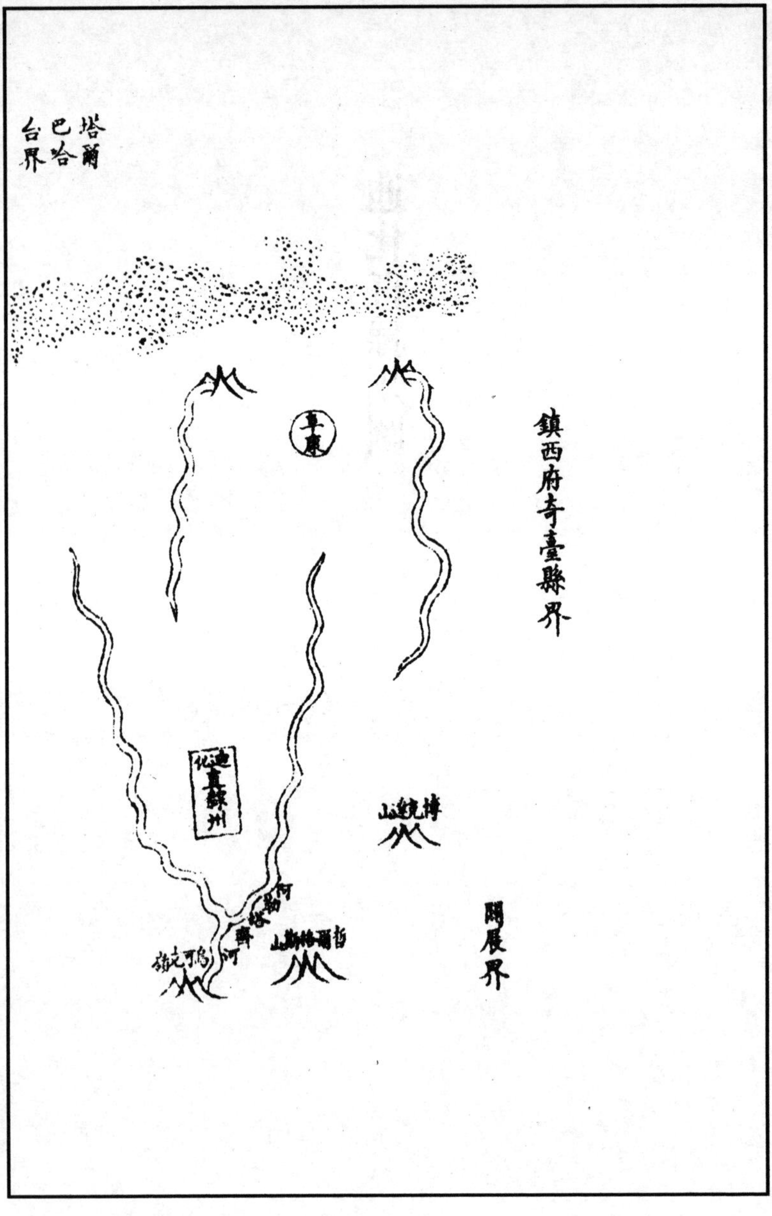
塔爾巴哈台界
鎮西府奇臺縣界
阜康
迪化直隸州
博克達山
哲爾格斯山
烏可克嶺
闢展界

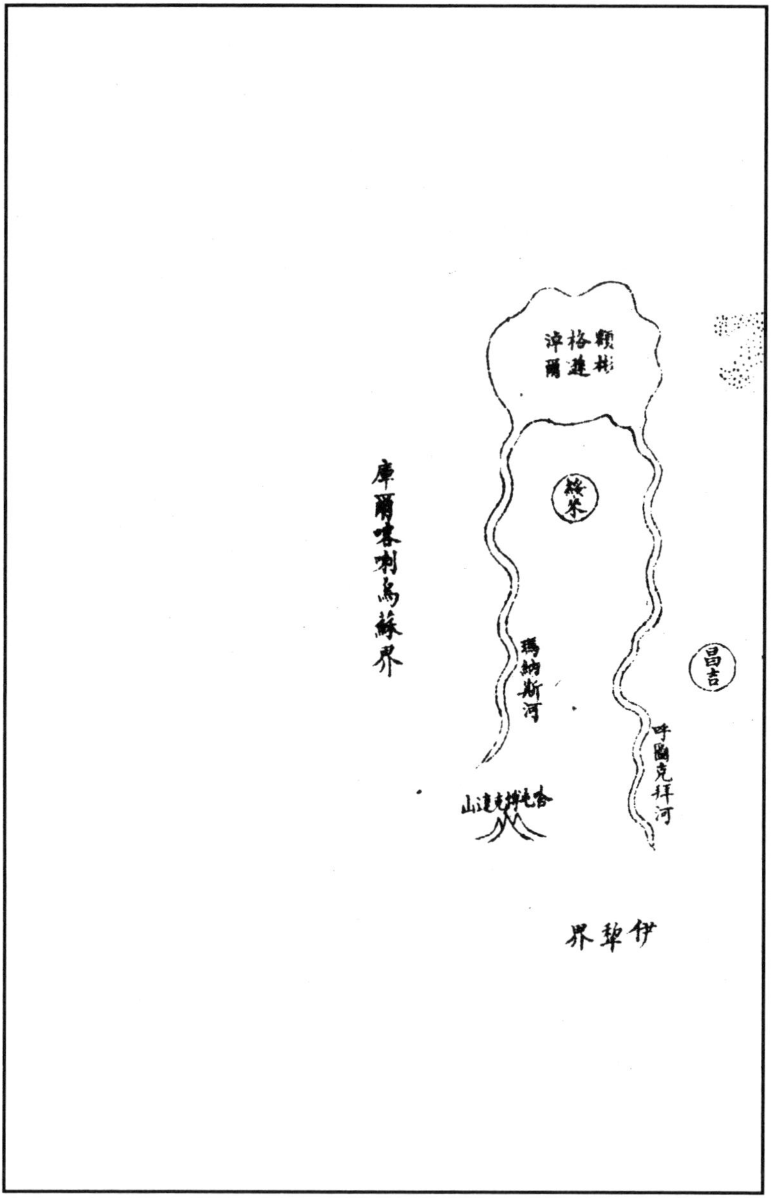
顆彬格達淖爾
綏來
庫爾喀喇烏蘇界
瑪納斯河
昌吉
呼圖克拜河
伊犁界

迪化直隸州表

	迪化州	昌吉縣	阜康縣	綏來縣
秦				
兩漢	蒲類前國地後漢爲蒲類國地。	蒲類後國地後漢爲移支國地。	烏貪訾離國、單桓國地	烏孫國地後漢移支國地。
三國	蒲陸國地	蒲陸國地	烏貪國、單桓國地屬車師後部。	烏孫國地
晉		高車國地		
南北朝	魏爲高車地，後入蠕蠕。周爲突厥地。	魏入於蠕蠕。周爲突厥地。	魏爲蠕蠕地。周爲突厥地。	魏爲高車地。周爲突厥地。
隋	西突厥鐵勒地	西突厥鐵勒地	東突厥地	西突厥鐵勒地
唐	後庭縣本蒲類，隸西州，後隸北庭都護府。寶應間更名。	後庭縣地	金滿縣貞觀中置，隸北庭都護府。	西突厥地後內屬爲鹽泊都督府，隸北庭都護府。
五代				
宋	高昌國北庭地			回鶻地
元	回鶻五城地		回鶻五城地	回鶻地
明	衛拉特地		衛拉特地	衛拉特地

大清一統志卷二百八十

迪化直隸州

在甘肅省治西北五千七百二十里，距鎮西府治一千三百八十里。東至木壘烏蘭烏蘇，接鎮西府奇臺縣界。西至安濟哈雅，接庫爾喀喇烏蘇界。南踰天山，接闢展屬界。北至額彬格遜淖爾，接塔爾巴哈台界。自州治至京師八千八百九十里。

分野

天文東井、輿鬼〔一〕，鶉首之次。

建置沿革

漢爲蒲類前國，後漢爲蒲類國。三國爲蒲陸國。北魏初，爲高車地，後入於蠕蠕。周爲突厥地。隋爲西突厥，鐵勒屬焉。唐初爲蒲類縣，隸西州；後隸北庭大都護府。寶應元年，更名後庭縣。宋爲高昌國北庭地。元屬回鶻，爲五城地。明屬衛拉特。舊名瓦剌，今改正。本朝初爲準噶爾庫木諾雅特游牧處，噶勒丹多爾濟之昂吉。乾隆二十年，官兵進討準噶爾，噶勒丹多爾濟率其屬迎降，地皆内屬。有舊城，周三里，賜名迪化，别於舊城北建迪化新城。二十五年，設迪化同知。三十八年，改設直隸迪化州，於城西三十里建鞏寧城，爲知州治。三十九年，設昌吉縣。四十一年，設阜康縣。四十四年，改綏來縣隸焉。領縣三。

昌吉縣。在州西一百二十里。東至頭屯河，接本州界。西至呼圖克拜河，接綏來縣界。南至天山，接闢展屬界。北至葦湖，接塔爾巴哈台界。漢蒲類後國。後漢移支國。三國爲蒲陸國。晉屬高車。魏入於蠕蠕。周爲突厥地。隋爲西突厥鐵勒地。唐屬後庭縣。元爲回鶻五城地。明屬衛拉特。本朝乾隆二十七年，昌吉河建寧邊城，始於其地設管糧通判。三十八年改設州同，三十九年裁州同，改設縣，隸迪化州。

阜康縣。在州東北一百四十里。東至得勒呼蘇台，接鎮西府奇臺縣界。西至甘泉鋪，接本州界。南至天山，接闢展屬界。北至葦湖，接塔爾巴哈台界。漢烏貪訾離國、單桓國地。後漢爲車師所併，後復立。三國屬車師後部。魏爲蠕蠕地。周爲突厥地。隋爲東突厥。唐貞觀十四年爲金滿縣，隸北庭都護府。元爲回鶻五城地。明屬衛拉特。本朝初，爲準噶爾圖爾古特部游牧處。入版圖後，建阜康堡。乾隆二十九年，設巡檢。三十三年，改爲管理糧屯縣丞。三十九年，改爲州判。四十一年，改設阜康縣，隸迪化州。

綏來縣。在州西北三百八十里。東至圖古里克，接昌吉縣界。西至安濟哈雅，接庫爾喀喇烏蘇界。南至天山，接伊犂東路界。北至葦湖，接塔爾巴哈台界。漢烏孫國地。後漢移支國地。三國烏孫國地。魏高車國地。周突厥地。隋爲西突厥鐵勒地。唐爲西突厥處密部，後内屬爲鹽泊都督府，隸北庭都護府。宋、元爲回鶻地。明屬衛拉特。本朝初爲準噶爾呼拉瑪部游牧地，納木奇之昂吉。乾隆二十八年入版圖後，建綏來堡。三十三年，設縣丞。四十二年，建綏寧、康吉二縣。四十四年，設綏來縣，隸迪化州。

形勢

居天山之陰，地當孔道。托克喇山、博克達山環其東，烏可達嶺、哲爾格斯山拱其南，鄂倫池瀦其左，烏嚕木齊河經流其南北。山環水遶，土膏沃衍。阜康縣，平原沃壤，廣饒水草，宜耕牧。綏來縣，瑪納斯河環其西，哈齊克河經其東，左右迴抱，地勢寛平。俱見西域圖志。

風俗

與鎮西府同。其人勇猛敢戰，隨畜逐水草，不知田作。後漢書西域傳。

城池

迪化州城。本朝乾隆三十八年建，名鞏寧城，周九里。門四：東曰承曦，西曰宜穡，南曰軌同，北曰樞正。四十八年修，嘉慶八年重修。又迪化漢城，乾隆三十年建。

昌吉縣城。本朝乾隆二十七年建，名寧邊城，周三里。三十八年爲縣治。門四：東曰文同，西曰武定，南曰諧邇，北曰燮遐。五十六年修。

阜康縣城。本朝乾隆二十七年建，四十一年爲縣治。周三里。門四：東曰綏惠，西曰振武，南曰麗陽，北曰安朔。

綏來縣城。本朝乾隆四十二年建。左右二城。左爲綏寧城，周三里，門四：東曰迎曦，西曰兆成，南曰來薰，北曰寧漠〔二〕。右爲康吉城，周三里，門四：東曰延旭，西曰慶豐，南曰麗端，北曰肇遐。

學校

迪化州學。本朝乾隆三十四年建。入學額數四名。

昌吉縣學。本朝乾隆三十四年建。入學額數四名。

阜康縣學。本朝乾隆四十二年建。入學額數四名。

綏來縣學。本朝乾隆四十四年建。入學額數四名。

各縣義學。昌吉、阜康義學，本朝乾隆三十二年設。綏來義學，四十六年設。又濟木薩、呼圖壁均有義學。

户口

民丁原額無，今滋生民丁男婦大小共十萬三千五十二名口，統計一萬二千二十八户。

田賦

田地共六千九百七十二頃一分有奇，無額，收房地租銀共一萬三千七百九十七兩二錢三分三釐，牲畜税四千九百六十七兩八錢三分有奇，額徵草折半糧共五萬八千三百十六石六斗二升一合。

臺站

郭倫拜牲底臺〔三〕。

昂吉爾圖淖爾臺。

哈喇巴勒噶遜臺。

哈畢爾噶布拉克臺。

根特克臺。

輯懷城臺。以上迪化州境。

阜康縣底臺。

滋泥泉臺。

三台塘臺。

大泉塘臺。以上阜康縣境。

羅克倫臺。

呼圖克拜臺。

圖古里克臺。

瑪納斯臺。

烏蘭烏蘇臺。

安濟哈雅臺。以上綏來縣境。

卡倫

洛克倫。

昌吉。

阿爾哈特克。

大卡子溝。

添棚溝。
澤打板。
大西溝。
板窩鋪。
水西溝。
三岔河。
烏什城。
紅渣山口。以上烏嚕木齊提標城守營所管卡倫，十二處。
紫泥泉。
呼圖壁。
牛莊子。
安濟海。
瑪納斯山口。
三岔口。
頭道河子。
石山口。

哈濟克。
魚窩鋪。
大河拐。
沙門子。以上瑪納斯左右二營所管卡倫，計十二處。
車排子。
五里泉子。
大河沿子。
腰塘子。
小草湖。以上庫爾喀喇烏蘇營所管卡倫，計五處。
大泉沙山口。
火燒溝。以上濟木薩營所管卡倫，計三處。
紅山嘴。
後溝。
五箇山。以上喀喇巴爾噶遜營所管卡倫，計三處。
羊圈灣。
噶順溝。

七箇井子。
北木城。
駱駝巷。
鏡兒泉。
尖山子。以上烏嚕木齊鎮標三營，並城守營所管卡倫，計七處。
下八户。
素必口。
噶順布拉克。
蘇吉塘。以上古城緑營所管卡倫，計四處。
素必口。古城滿營所管卡倫。
白山子。木壘營所管卡倫。
木城子。
駱駝巷。
托里烏蘇。
鄂什布。
羊圈灣。以上巴里坤營所管卡倫，計五處。

河源小堡。
廟爾溝。
上莫艾。
哈什布拉。
三間房。
一椀泉。
截打板。
頭道溝。
柳樹溝。
葫蘆溝。
南山溝。
栅門口。
三道栅。
胡吉太。
鹽池。
土古魯。

葦子硤。

鹹水硤。以上哈密協營所管卡倫，計十八處。

伊拉里克。吐魯番滿營所管卡倫。

東呵呵雅爾。

西呵呵雅爾。

桂樹溝。

哈爾起布拉克。

丫頭溝。

沱古斯。以上吐魯番差營所管卡倫，計六處。

山川

托克喇山。在州東五十里。山脈自哲爾格斯山東行，至此停折而北，爲州境東障。漢書載蒲類國，治疏榆谷，即其地。

博克達山。在州東南，天山最高峯也。其東南爲闢展境。托克三河，發源南麓。多倫、庫里諸泉發源北麓。本朝乾隆二十年討準噶爾，大兵道出其麓。西域平，軍旅凱旋，咸祭告。有告祭、歲祭博克達鄂拉文。

阿拉癸山。在州南七十里。山深林密，險窄難行。谷内倚山一角有土城，鑿山如梯，以通行道，號稱關隘。

哲爾格斯山。在州南。古爾班哲爾格河出其西。

古爾班多博克山。在州西南。東去哈屯博克達山四十里。

額林哈畢爾噶山。在州西南。舊音額林哈畢爾罕。東南去古爾班多博克山六十里。本朝乾隆二十二年，討阿睦爾撒納，遣官祭告。西域平，秩於祀典，有告祭、歲祭額林哈畢爾噶鄂拉文。

哈屯博克達山。在州西。山勢聳峻，次於博克達山。

巴爾巴什山。在州西北三十里。

通古斯巴什山。

雅瑪里克山。

阿顏台和洛山。

巴顏哈瑪爾山。

博羅哈瑪爾山。

奇拉圖魯山。

阿爾噶里圖山。以上諸山，皆在州西北境。自六十里至五百六十里，層峯相接，迤邐不絶。當孔道之南，皆相附近，天山之分支也。

烏可克嶺。在州西南。東至哲爾格斯山三十里。

孟克圖嶺。在昌吉縣南。山脈自吟屯博克達山東行三百餘里至此，岡巒特峻。

阿察河。在州東。有三泉出天山北麓，北流五十里，匯爲一河，餘波入於沙磧。

阿勒塔齊河。在州南。源出烏可克嶺北麓，分二支，夾州城各北流，入於地。其西南有三水，並來入之。

昌吉河。在州西昌吉縣南。源出孟克圖嶺，有四支合而北流，經兩屯之間，踰孔道北，又東北行入於地。

羅克倫河。在州西昌吉河之西。有二源，西北流入於呼圖克拜河。

呼圖克拜河。在州西，當孔道。有五源，出天山北麓，會諸河水入於額彬格遜淖爾。

圖古里克河。在州西。源出巴顔哈瑪爾山，北流百里，踰孔道，入於地。

哈齊克河。在州西。有三源，出哈屯博克達山東北麓，東北流踰孔道，入於地。

瑪納斯河。在州西綏來縣治之西境。有五源，出哈屯博克達山北麓，合西北流，循綏來縣治之西折而北，會烏蘭烏蘇，又北流入額彬格遜淖爾。

和爾郭斯河。在州西。舊音和落霍澌。源出天山、額林畢爾噶山北麓，凡數處，合流五十里。至孔道北，復分三支，入於地。

安濟哈雅河。在州西。凡三源，東北流一百一十里，踰孔道北，瀦爲小澤。

察罕水。在州東。源出額得墨克嶺，北流入於地。

烏蘭水。在州東。源出天山北麓，東北流至和濟格爾，入於地。

多倫水。在州東。源出博克達山北麓，北流至阜康縣城南，左右皆有泉，同出，北流入於地。

庫里葉圖泉。在州東。源出博克達山北麓，北流四十里，入於地。

納里特泉。在州東。源出額得墨克嶺北麓，北流，入於地。

鏗格爾泉。在州東。爲鄂倫淖爾上流。其東又一泉，合而北流，至都爾伯勒津城南。

必柳泉。在州東。源出天山，徑都爾伯勒津城南。其東有濟布庫泉，北行十里，入必柳泉。

多博綽克泉。在州東。有三源，相去各三十里。

濟爾瑪台泉。在州東。有三道，相距各二十里。西爲奇台泉，又西爲格眼布泉。

烏里雅蘇台泉。在州東。源出天山北麓，北流入於地。西二十里有一泉，在木壘北。

阿克塔斯泉。在州東。有三道，相去各三十里。

額彬格遜淖爾。在州西北。會呼圖克拜河、瑪納斯河、烏蘭水，諸流咸集，周可五十餘里，一巨澤也。本朝乾隆三十一年，秩於祀典，有歲祭額彬格遜淖爾文。

鄂倫淖爾。在州北。亦曰達布蘇淖爾。南距州城四十里，周十里許。其東別有小池。

關隘

靖遠關。在綏來縣西，長四千四百二十三丈。本朝乾隆四十二年建。

愷安城。在濟木薩周二里。本朝乾隆三十七年建。

保惠城。在愷安城西。周一里。本朝乾隆四十二年建，設縣丞駐此。有濟木薩營，設參將。

寧邊城。距迪化城七十里，安西提標左營駐此。
景化城。在呼圖壁，周三里。本朝乾隆二十八年建，安西提標右營駐此。
康吉城。瑪納斯協左營駐此。
綏寧城。瑪納斯協右營駐此。
廣安城。在吐魯番，周四里。本朝乾隆四十四年建。
慶綏城。在庫爾喀喇烏蘇，周三里。本朝乾隆四十六年建，設遊擊防守。
安阜城。在精河，周二里。本朝乾隆四十六年建，設都司防守。
嘉德城。在喀喇巴爾噶遜，周二里。本朝乾隆四十六年建，設守備防守。
阜康汛。有千總駐防。
濟木薩營。牧馬廠在阜康縣南山、北川。
鞏寧城守營。牧馬廠在州屬南山、鹹泉、後山。
瑪納斯營。左營牧馬廠在綏來縣南山、塔西河，右營牧馬廠在南山、清水河。
庫爾喀喇烏蘇營。牧馬廠在南山根西湖地方。
喀喇巴爾噶遜營。牧馬廠在五箇山。
精河營。牧馬廠在濟爾噶郎博水大河廠。
烏嚕木齊中營。牧馬廠在大西溝，左營牧馬廠在烏梁，右營牧馬廠在大東溝、石門子。

祠廟

昭忠祠。在州治。本朝嘉慶十一年建。

龍王廟。在迪化滿城外東南。

寺觀

玉皇閣。在迪化滿、漢二城適中之上方山。

列女

本朝

馬伏妻劉氏。昌吉人。夫亡，守節。嘉慶二十五年旌。

趙成得妻劉氏。阜康人。夫亡守節。嘉慶二十年旌。

徐芳伯妻侯氏。綏來人。因遣犯李集文强逼不從，被害。乾隆四十八年旌。

閻子禄妻張氏。綏來人。因夫兄閻奉明强逼不從，被害。嘉慶十年旌。

土産

馬。

牛。

駱駝。

羊。後漢書西域傳：蒲類國多牛、馬、駱駝、羊。

白麥。

青麰麥。

黄麻。

葱韭。

胡荽。五代史四裔傳：回鶻，其地宜白麥、青麰麥、黄麻、葱韭、胡荽。

野雞。西域圖志：迪化州土貢野雞。